NEW PERSPECTIVES ON
INSURANCE CONTRACT LAW

保险合同法新论

周玉华 / 著

中国法制出版社
CHINA LEGAL PUBLISHING HOUSE

序

　　《保险法》自 1995 年 10 月 1 日实施以来，已历经四次修改，最高人民法院也相应公布了《关于适用〈中华人民共和国保险法〉若干问题的解释》（一）至（四）。《保险法》第五次修改正在进行中，学术界、司法和保险实务界对《保险法》的理论研究和实践不断深化，特别是自 2021 年 1 月 1 日起实施的《民法典》对《保险法》的研究和适用产生了重要影响。

　　《保险法》与《民法典》是特别法和一般法的关系。保险合同关系，《保险法》有规定的，适用《保险法》的规定；《保险法》没有规定的，适用《民法典》的相关规定。当然，保险合同关系不仅要遵守《保险法》的规定，也要符合《民法典》关于民事活动基本原则的要求。如何正确理解《保险法》和《民法典》之间的关系，准确适用法律，是当前亟需解决的重大课题。

　　我一向主张，要准确理解《保险法》的规定，科学地掌握和处理好保险合同的理论和实践问题，需要把握好以下三个方面：

　　一是把握好《保险法》与《民法典》之间特别法与一般法的关系。既要防止套用民法和合同法的一般理论、思维、逻辑和法律条文来处理保险合同纠纷，也要防止片面强调《保险法》的特殊性而排斥《民法典》基本原则的适用。

　　二是把握好保险的原理和基础知识。《保险法》是调整和规范各种保险关系和保险活动的，解释和适用《保险法》不能望文生义，违背保险的原理和常识。

　　三是把握好保险惯例和保险交易习惯的适用和效力。保险作为一种传统的商事活动，具有悠久的历史，形成了保险活动当事人约定俗成，且一直遵守的一些保险惯例和保险交易习惯，不能简单地一概否定。

　　近年来，国外保险立法也有许多新进展。为消除欧盟成员国之间妨碍统一保险市场建立的法律壁垒，依据欧盟于 2003 年颁布的《制定更一致的欧洲合同法的行动纲领》的指导精神，2007 年 12 月，欧盟保险合同法重述小组向欧盟委员会提交了《欧盟保险合同法重述》初稿，2009 年正式稿公布。2010 年 5 月，欧盟委员会成立了专家组，考虑如何将《欧洲合同法框架草案》转换为各成员国和业界都满意的欧洲合同法协调方案。2010 年 7 月 1 日，欧盟委员会发布了《关于欧洲合同法进程政策选择的绿皮书》，考虑了 7 种可供选择的欧洲合同法协调方案。同时，绿皮书明确规定一些最为普及的特定领域合同的法律规范可以纳入欧盟合同法规则，例如货物买卖、租赁、保险以及金融服务领域的合同法。因此，欧盟委员会将《欧盟保险合同法准则》（Principles of European Insurance Contract Law）作为《欧洲合同法共同参考框架》第三章的第四部分。《欧盟保险合同法准则》为欧盟保险法统一奠定了成功的基础。随后法国于 2004 年修改了《保险合同法》；英国修改了《1906 年海上保险法》，2008 年颁布新的《保险法》，2015 年又加以修订；德国也在 2008 年修改了《保险合同法》，2018 年再次加以修订。日本原来是由 1891 年日本《商法典》对保险关系进行规范，随着 2005 年《公司法》、2006 年《信托法》单行法化后，2008 年 5 月 30 日日本国会通过了新的《保险法》，日本《商法典》商行为编第十章规定的所有关于保险的规定，于 2010 年 4 月 1 日新《保险法》正式生效时同时废止。

从上述欧洲国家和日本保险立法变化趋势可以看出，国家一方面为了促进保险业的稳步发展，构建社会公共保障体系的有力支撑，加强了对保险人免受投保人欺诈性索赔的保护；另一方面为寻求平衡，也对保险人作了限制性规定。例如加重保险人合同前的信息提供义务，确立投保人存在过失情形下保险人"比例赔付"原则（摒弃以前的"全赔或全不赔"原则），投保人违反保单约定义务时保险人不得在无因果关系情形下解除合同等。

随着全球化的发展，各国保险立法和实践都在相互借鉴，各国《保险法》"趋同"或"同一"的趋势日渐明显。国外这些最新立法动向和实践，也为我国《保险法》的修改和学术研究提供了有益的参考。我国《保险法》的修改一直在进行中，《保险法》的修改曾经纳入十三届全国人大常委会 2021 年度立法工作计划，有望继续纳入十四届全国人大常委会五年立法规划。

周玉华博士新作《保险合同法新论》，既全面吸收了保险法的最新研究成果，也反映了保险立法的最新进展，对学术界、司法和保险实务界的最新热点和难点问题都作了系统的论述，阐明了自己的观点，是一部难得的理论性和实务性结合较好的全新著作。该书具有如下特点：第一，全面地吸收了我国目前保险最新立法和学术研究成果，资料新颖、翔实；第二，对我国保险法最新的学术观点进行了评析，提出了自己的见解，具有较高的学术价值和参考意义；第三，对保险合同法的基础理论进行系统全面的阐释，厘清了《保险法》与《民法典》之间的关系，逻辑结构严谨、分析透彻；第四，对财产损失保险、机动车辆强制保险和商业三者险、保证保险、人寿保险、团体保险等保险合同实务中的难点和热点问题进行了深入的阐释，观点清晰；第五，为《保险法》的修改提供了有益的参考。该书用了较大篇幅从比较法的角度分析了我国《保险法》的立法得失，提出了完善建议。相信该书的出版，将为我国保险法理论研究增添新的活力，对广大保险法工作者、司法和保险实务界的同志都会有较高的参考价值。

是为序。

李玉泉

中国人民保险集团股份有限公司原执行董事、副总裁

中国人民健康保险股份有限公司原副董事长、总裁

2023 年 6 月于北京

本书法律文件缩略语对照表

全 称	简 称
《中华人民共和国民法通则》	《民法通则》
《中华人民共和国合同法》	《合同法》
《中华人民共和国担保法》	《担保法》
《中华人民共和国侵权责任法》	《侵权责任法》
《中华人民共和国民法典》	《民法典》
《中华人民共和国保险法》	《保险法》
《中华人民共和国海商法》	《海商法》
《中华人民共和国信托法》	《信托法》
《中华人民共和国消费者权益保护法》	《消费者权益保护法》
《中华人民共和国道路交通安全法》	《道路交通安全法》
《机动车交通事故责任强制保险条例》	《交强险条例》
《最高人民法院关于审理买卖合同纠纷案件适用法律问题的解释》（法释〔2012〕8号公布，法释〔2020〕17号修正）	《买卖合同司法解释》
《最高人民法院关于适用〈中华人民共和国合同法〉若干问题的解释（二）》（法释〔2009〕5号）	《合同法司法解释（二）》
《最高人民法院关于贯彻执行〈中华人民共和国继承法〉若干问题的意见》〔法（民）发〔1985〕22号〕	《继承法司法解释》
《最高人民法院关于适用〈中华人民共和国保险法〉若干问题的解释（二）》（法释〔2020〕18号）	《保险法司法解释（二）》

全　称	简　称
《最高人民法院关于适用〈中华人民共和国保险法〉若干问题的解释（三）》（法释〔2020〕18号）	《保险法司法解释（三）》
《最高人民法院关于适用〈中华人民共和国保险法〉若干问题的解释（四）》（法释〔2020〕18号）	《保险法司法解释（四）》
《最高人民法院关于审理海上保险纠纷案件若干问题的规定》（法释〔2020〕18号）	《海上保险司法解释》
《最高人民法院关于适用〈中华人民共和国民法典〉总则编若干问题的解释》（法释〔2022〕6号）	《民法典总则编司法解释》
《最高人民法院关于适用〈中华人民共和国民法典〉有关担保制度的解释》（法释〔2020〕28号）	《担保制度司法解释》
《全国法院民商事审判工作会议纪要》（法〔2019〕254号）	《九民纪要》
《最高人民法院关于审理道路交通事故损害赔偿案件适用法律若干问题的解释》（法释〔2012〕19号公布，法释〔2020〕17号修正）	《道路交通损害赔偿司法解释》
《最高人民法院关于审理民事案件适用诉讼时效制度若干问题的规定》（法释〔2008〕11号公布，法释〔2020〕17号修正）	《民事诉讼时效司法解释》
《最高人民法院关于审理人身损害赔偿案件适用法律若干问题的解释》（法释〔2022〕14号）	《人身损害赔偿司法解释》

目　录

上编　保险合同总论

下编　保险合同分论

上　编

保险合同总论

第一章　概　述

第一节　保险合同的概念

一、保险的概念

保险制度最大的功能在于将个人在生活中因遭遇各种人身危险、财产危险及对他人责任的危险所产生的损失，在共同团体中分摊消化。保险业作为金融业的重要组成部分，兼具风险保障、资金融通和社会管理等重要功能，在平衡预期、对冲风险、促进消费投资、畅通经济循环等方面具有十分重要的作用。[①] 对于这一人类用于弥补各种损失所创设的制度，各国保险法都有明文规定。基于保险本身的性质不同于一般民法所规定各种债的关系，所以保险法就其特有的保险权利、义务关系加以规范而成为民法的特别法。如果当事人因保险关系发生纠纷，首先以保险法的规定及其特有的基本理论为准，然后再依据一般民法规定。也即，在适用保险法的规定及其理论之前首先确定，其法律行为是否构成"保险"，所订立的合同是否为"保险合同"。我国《保险法》第2条明确规定："本法所称保险，是指投保人根据合同约定，向保险人支付保险费，保险人对于合同约定的可能发生的事故因其发生所造成的财产损失承担赔偿保险金责任，或者当被保险人死亡、伤残、疾病或者达到合同约定的年龄、期限等条件时承担给付保险金责任的商业保险行为。"该定义仅列出当事人之间因保险合同所产生的给付义务的几项特征（交付保险费、支付赔偿财务损失以及不可预料或不可抗力的事故为给付条件），尚不足以充分描述保险的特性。境外有学者从保险制度的历史发展及其功能的角度，将"保险"定义为：当事人基于对价（保险费）对于不可预料的事件提供约定的给付，使承保的危险得以分散于面临同种类危险的多数人，且其危险承担是基于大数据计算法则而定的。[②] 在上述保险

---

① 李丹：《发挥保险保障功能　服务经济社会高质量发展》，载《中国金融家》2022年第9期。
② 叶启洲：《保险法》（第7版），元照出版有限公司2021年版，第16页。

定义的基础上，有的学者进一步依据德国法理论将保险的概念细分为危险、补偿需要性、团体性、有偿性、独立的法律上的请求权，即保险系受同类危险威胁的人为满足其成员损害补偿的需要，组成的双务性且具有独立的法律上请求权的共同团体，根据合理计算共同聚资，对危险所致损失予以补偿的经济制度。① 这些要素的要求目的在于界定何种法律行为适用于保险合同法，以及何种经营活动应当受到保险监督管理机构的监督。境外有关理论及实务部门对保险的要素分析，对于我国保险法的解释与适用有一定参考价值。

二、保险合同的概念

民法上的合同，其概念有广义、狭义、最狭义三种。广义的合同是指当事人之间达成的确定权利义务的协议，既包括私法意义上的合同，还包括公法意义上的合同（如行政合同、劳动合同）。狭义的合同专指私法上的合同，它包括债权合同、物权合同和人身合同三种。最狭义的合同专指其中的债权合同，即把合同限制在债的关系之内。从罗马法上的"Contractus"开始就采取具体的狭义的概念。《法国民法典》（2004）将合同规定在第三编契约或合意之债部分（第1101条以下），较近的立法中有逐渐扩大的趋势。② 《德国民法典》将合同的成立与解释规定在民法总则中（第145条以下），而不是规定在债编中。民法总则是规范全部民事关系的原则，因此对于合同的规定不仅适用于财产关系，也适用于身份关系；至于由合同所产生的债权债务关系则在债编（第305条以下）作更详细的规定。③ 我国现行法所谓的合同究竟是狭义还是最狭义概念？我国《民法典》第464条第1款规定："合同是民事主体之间设立、变更、终止民事法律关系的协议"，这里的关键在于对"民事法律关系"如何理解。如果解释为仅指债权债务关系，则应属于最狭义概念。鉴于《民法典》将合同规定在债权一节，且明确合同为发生债的原因（第468条），我国民法尚无物权行为的概念，在我国法律中有关身份的协议（如结婚、两愿离婚、收养、遗赠抚养等）均不称为合同，故此所谓"民事关系"一词，应作限制解释，理解为债权债务关系。因此我国民法上的所谓合同仅指债权合同，属于最狭义概念。由前述保险的基本意义可知，保险合同为这个共同团体（保险人）和其成员（即被保险

---

① 江朝国：《保险法基础理论》，中国政法大学出版社2002年版，第23—34页。
② 罗结珍译：《法国民法典》，北京大学出版社2010年版，第296页。
③ ［德］赫尔穆特·科勒：《德国民法总论》（第44版），刘洋译，北京大学出版社2022年版，第165页。

人或投保人）以保险为目的所订立的合同。我国《保险法》第 10 条将保险合同定义为"投保人与保险人约定保险权利义务关系的协议"。这个定义过于简单，未能揭示保险合同的基本内涵。国内较为公认的保险合同概念是："保险合同是指投保人交付约定的保险费，保险人对保险标的因保险事故造成的损失，在保险金额范围内承担赔偿责任，或者在合同期限届满时承担给付保险金的协议。"① 这一定义揭示了现行法下保险合同的核心内涵，即投保人支付保险费和保险人提供危险负担的对价平衡的法律关系。

第二节　保险合同的特征

一、债务合同

保险合同属于债法上合同的一种，因为通过合同的成立生效，所以被保险人在保险事故发生时可以向保险人请求保险赔偿，另外保险人也具有保险费请求权。但因保险合同所产生的债属特种之债，学理上称之为"特种合同"，以示和一般合同的债的不同之处，所以民法上有关债的一般规定也适用于保险合同，如行为能力、要约与承诺的约束力、格式合同、债的效力等，但须以《保险法》无特别规定为限。违反《保险法》第 16 条告知义务的规定属于民法上的缔约过失责任，通知、协助和保密义务属于民法上合同的附随义务，且因保险法有特别规定，不适用民法上关于损害赔偿请求权和违约责任的规定；按照一般民法原理，意思表示错误由表意人自己过失所致，不得撤销其意思表示，而《保险法》第 16 条却规定，投保人故意或因过失不履行如实告知义务，足以影响保险人决定是否同意承保或者提高保险费率，从而使保险人陷于错误的危险估计的，不论投保人有无过失都可以解除合同。另外，民法上的同时履行抗辩权及不安抗辩权和保险法上有关保险费交付及保险人在财产状况改变时终止合同的规定也有差异。

二、双务合同

合同以各当事人是否负对价关系的债务为区别标准，可分为双务合同与单务合同。保险合同为双务合同，投保人和保险人互享权利、互负义务。以投保人保险合

---

① 李玉泉主编：《保险法学——理论与实务》（第 2 版），高等教育出版社 2010 年版，第 5 页。

同的内容为例，投保人（被保险人）负有支付保险费的义务，这是不争之处。但保险人所负的义务是什么，学说上至今仍有争论。

（一）金钱给付说

有学说认为，保险合同中保险人所负的义务以"保险事故发生"为要件，例如财产保险，是在火灾、雷击、爆炸等灾害发生之后；责任保险，则是在被保险人依法对第三人须负赔偿责任之时。因保险人大多以给付金钱作为保险赔偿，所以称之为金钱给付说。该说主张保险人的给付是附有停止条件的法律行为。依此，保险合同为双务合同，其内容为一方负无条件的交付保险费义务，另一方则负附停止条件的保险金给付义务。

（二）危险承担说

该说反对金钱给付说，主张保险人的义务并不始于保险事故发生时，而是整个保险期间保险人均负有承担危险的义务，例如提取责任准备金的义务。对投保人而言，即使保险事故未发生，保险合同所提供的保护已具有精神上及经济上的价值。例如，通过保险合同的订立，船东无须再准备损害赔偿金。所以在保险期间开始后，投保人或被保险人即具有期待权，通过保险事故的发生，此危险承担才由隐性的阶段进入实现的阶段，即期待权的实现。且只有危险承担说才能解释为什么保险合同关系因投保人不尽如实告知义务而保险人解除合同时，保险人无须返还已收受的保险费。危险承担说对于保险人给付义务的重点在于保险人所提供的保护包括保险事故发生前的危险承担，使投保人在精神上及经济上免于忧患；而金钱给付说却只着重于保险事故发生时的金钱给付，不足以涵盖保险的功能及意义。该说为通说，所以保险合同为双务合同的内容应为投保人负无条件的交付保险费义务，保险人也负无条件的相互给付义务（不仅只在保险事故发生时的金钱给付而已），彼此互相具有对价关系。① 例如保险合同的投保人有先支付保险费的义务，不得依民法的规定主张同时履行抗辩权；且保险人对于人寿保险的保险费不可以诉讼请求支付。所以民法上有关债的迟延给付的规定不适用于保险合同中保险费延迟支付的情形。保险合同为双务合同，与同是双务合同的买卖合同不同。买卖合同成立时，卖方仅负交付标的物的义务，而买方仅负给付价款的义务。除此之外，双方并不存在其他条件。至于保险合同的投保人，有交付保险费的义务，保险人仅在特定偶然事故发生的条件下才负给付保险金的义务。

---

① 叶启洲：《保险法》（第 7 版），元照出版有限公司 2021 年版，第 46 页。

三、有偿合同

合同以各当事人是否互负对价关系的给付义务为区别标准，可分为有偿合同与无偿合同两种。保险合同既然是双务合同，那么也是有偿合同。保险合同的成立以约定交付保险费为要件，如果未约定此代价，则合同不发生效力。危险共同团体如果没有保险费的累积，何来资金用于赔偿保险事故发生时被保险人遭受的损害？有学者认为保险合同不得为赠与的标的，保险人不得无偿赠与被保险人保险合同。如果赠与人以自己为投保人，而以受赠人为被保险人，和保险人订立保险合同（第三人利益保险合同），投保人既然负有缴费的义务，对危险共同团体而言并不是没有对价，该保险合同仍然是有效的。① 本书认为实务中有很多保险公司为营销和公益目的赠送保险的情形，这些保险均非无效，而只是保险费由保险人代缴而已，保险公司在经营过程中一般都有公益捐赠的权利和额度。此外须加注意的是，保险虽以其有偿性为要件，但投保人所支付的对价并不必须以保险费为名。如果某法律行为实际上具有保险的各种特征，其所支付的对价虽然不冠以保险费的名义，但也不妨碍其有偿性。

四、最大善意合同

保险合同是最大善意合同。《民法典》第 7 条规定了诚信原则，在保险合同中同样适用，而且标准更高。最大善意合同又称为诚信合同，通常合同的订立，无不出于当事人的善意，而保险合同的缔结更是基于当事人最大的善意。这是因为保险的宗旨在于互助共济，当事人在订立保险合同时，保险标的通常为投保人掌握，保险人对于保险标的的状况往往较难详细调查，有赖于投保人的告知而决定其所负担的责任。此外，保险事故发生与否，与投保人对标的的保管是否已尽注意的义务密切相关，所以保险合同须具有善意性。这种善意性不仅适用于保险合同的当事人，即投保人与保险人，也适用于受益人、被保险人。它一方面要求投保人、被保险人在订立合同时对于保险人书面询问有如实告知的义务，对于危险增加也有通知的义务，如果投保人不如实告知，不论是否出于故意还是过失，均足以影响合同的效力。投保人不但有如实告知的义务，而且对其所承诺履行的义务，也应绝对遵守。所谓"承诺履行的义务"，是指在法定义务、基本条款约定的义务以外承诺的义务，《保险

---

① 参见凌湄、王卫国：《论赠与保险的法律效力》，载《中国保险》2014 年第 5 期。

法》称之为"特约条款"。通过特约条款的履行，保险人不但可以知悉过去的风险因素、现在的风险状况，而且可以预测未来风险的大小，进而采取措施控制将来的风险，使得保险人承担风险的大小与收受的保险费的多少相当，构成对价的平衡。特约条款承诺的义务极为重要，当事人对特约条款所约定的义务应该严格履行，当事人一方违背特约条款时，他方可以解除合同，即使危险发生也是一样。另一方面它要求保险人在订立合同时，应向投保人说明保险合同的主要内容，否则将导致未说明条款的无效。

五、继续性合同

合同以其所发生的债的关系，在时间上有无继续性为标准，可分为一时性合同与继续性合同两种。前者，其债的关系内容，一次即可实现，如买卖、赠与等；后者则须继续地实现，如租赁、保管等。保险合同的继续性，如机动车保险的标的物因保险事故发生而遭受损害时，保险人即应负赔偿的责任，而不是在理赔之后保险合同归于消灭。基于这个特性，私法上情势变更原则也适用于保险合同。如保险合同内所载危险增加时保险人可以提高保险费，危险减少时被保险人也可请求保险人重新核定保险费的条款。保险合同基于其继续性的特征，特别重视当事人之间的关系，其权益不得任意转移。财产保险的标的为保险利益，保险利益为某一特定人对某一客体（包括有体物和无体物）所存在的一种经济上的关系，如果这种关系遭受侵害，该特定人将蒙受损失。所以原则上，保险利益随同危险负担的转移而转移，这时原投保人（原被保险人）的保险利益消失，保险合同应当终止，而新的保险利益承受人应另行投保。但如果原保险合同所定的保险期间未过，基于经济因素的考虑，在法律上规定，合同效力延至受让人。由此可见保险合同为继续性合同，具有对人合同的性质。

此外，保险合同基于其继续性的特征，与一时性合同有许多不同之处，例如在保险合同生效之后，如果当事人之间因特定原因欲使合同消灭，解除合同应当视为无溯及力，即合同权利义务关系的消灭只对将来发生效力，否则在效力消灭之前的法律关系将陷入复杂混乱的局面。保险合同继续性存在，就如自来水、煤气、电力供应合同等继续性合同一般，对合同当事人而言，特别重视信赖基础，要求当事人各尽其力实现合同目的，除给付义务以外，尚发生各种附随义务以维护当事人的合法权益。信赖基础一旦丧失，或因其他特殊原因难以期待当事人继续维持这种结合关系时，法律允许一方当事人有权解除合同。所以保险条款约定有较多的双方当事人解除合同的原因，与一时性合同中约定当事人不得擅自解除合同的严格遵循"恪守合同"精神形成鲜明对比。

六、不要式合同

保险合同为债权合同，和不动产物权转移合同的性质有别。因为不动产物权的要式性规定意义，在于借合同文字来表明物权取得或丧失的效力，有文字依据，可以避免争执。保险合同内容复杂，为确定当事人彼此之间的权益，应当制作保险单或暂保单。但此也仅具有避免举证困难的作用而已。保险合同的有效成立应依据一般债权合同的原则，当事人一方要约、另一方承诺，保险合同即有效成立。更何况，保险合同的内容在合同订立前都已由保险人拟定好，当事人另一方很少有机会改变。据此，保险合同的要式性似乎没有存在的必要。如果须经单独设计保险合同内容，而双方当事人约定以要式方式履行作为保险合同有效成立的要件，当属例外。合同效力的发生以其是否必须采取一定方式为依据，可分为要式合同与不要式合同。如果为要式合同，在未履行一定方式时合同原则上不产生效力。现代民法都以方式自由为原则，除法律特别规定或当事人特别约定外，大多数为不要式合同。

（一）学说争论

保险合同究竟是要式合同还是不要式合同，国内保险法学者见解不一。综合归纳，可分为两说。

1. 要式合同说

要式合同又称书面合同。该说认为，依据我国《保险法》第13条的规定，保险人应当及时向投保人签发保险单或者其他保险凭证，并在保险单或者其他凭证中载明当事人双方约定的合同内容。经投保人和保险人协商同意，也可以采取前款规定以外的其他书面协议形式订立保险合同。同时第18条规定了一般保险合同应记载的法定基本事项，据此可认定为保险合同的订立以具备一定的方式、载明一定的事项为要件，所以保险合同为要式合同。因此，保险合同的成立为法律行为中要式行为的一种，应采取保险单或其他凭证的书面形式。投保人所作出的投保的要约意思表示，与保险人所能承保的承诺意思表示，即使口头上已达成一致，但双方当事人未订立保险单或其他凭证的书面合同以前，很难说该保险已合法成立。

2. 不要式合同说

不要式合同又称口头合同或诺成合同。该说认为保险合同为债权合同的一种，以当事人双方意思表示一致为成立要件，因一方提出要约，另一方予以承诺，保险合同在实质上即成立，无论要约或承诺，都无须以特定方式作出，任何言辞或行为足以显示双方愿意接受特定条件拘束时，保险合同即成立，所以保险合同为不要式合同或口头合同抑或诺成合同。保险合同为诺成合同，当事人就保险条件（标的、费率、危险）的意思表示一致，合同即成立，保险单的制作与交付，仅为完成保险合同的最后手续，也是证明保险合同是否成立的方法。保险合同在法律上的效力，并不是自始系于保险单。保险合同为不要式合同。我国《保险法》第13条虽然规定"保险人应当及时向投保人签发保险单或者其他保险凭证……当事人也可以约定采用其他书面形式载明合同内容"，但这属于法律对保险人的训示规定，而非强制性规定，所以保险合同由投保人提出要约之后，保险人如果口头上作出承诺，保险合同即发生效力，无须等待书面形式的完成，除非当事人能够证明约定的书面方式完成为合同生效的要件。此不仅是因为保险合同为债权合同，且依其性质也没有必要采取书面形式。因为保险合同成立之后，大都以既定保险条款或《保险法》的规定为内容，不属于法律法规规定须采用书面形式的情况。此外，参考德、日保险法立法例，保险合同的生效也并非以书面形成的完成为要件。保险合同在成立之后，保险人应签发保险单或其他凭证给投保人或被保险人作为凭据。这类书面文件一般都只由保险人盖章、签名，而且所谓保险人签名，事实上只需具有签名权的人的复制签名或盖章即可。另外，保险单必须载明保险合同的内容，一般保险条款及特别条款都为保险合同的一部分；在总括保险中，除了以总括保险单（流动保险单）为整个总括保险合同的证书外，针对个别标的也应当由保险人发给个别保险单以兹证明。但总括保险合同效力期间所涵盖的任何单独标的的保险内容，仍以总括保险合同为准，个别保险单充其量只是一种保险人对投保人通知行为的履行证明而已，并无其他特别的法律意义。严格地讲，保险单只是保险合同的组成部分（尽管是最重要的部分），而不是保险合同的全部。在订立和履行保险合同过程中形成的所有文件和书面材料都是保险合同的组成部分，不仅包括保险单，还包括投保单、投保人的说明、保证；关于保险标的风险程度的证明、图表、鉴定报告（或体检报告）；保险费收据；变更保险合同的申请、批单；发生保险事故的通知、索赔申请、损失清单、损失鉴定，有关费用支出的发票、收据等，都可以作为保险合同关系的证明。

（二）境外立法例分析

就境外立法例而言，日本2008年《保险法》第2条第1款规定了保险合同的定义，即"无论使用保险合同、共济合同或其他任何名称，当事人的一方约定以一定事由的发生为条件支付财产上的给付（生命保险合同以及伤害疾病定额保险合同的情形下仅限于金钱支付。以下称之为'保险给付'），另一方对此约定支付与该一定事由发生的可能性相对应的保险费（包括共济费，以下相同）之合同"。由此可见，只要双方当事人意思表示达成一致，即产生效力，不以其他要件为合同的生效要件。综观日本《保险法》的全文，并没有类似我国《保险法》第13条的规定，仅日本《保险法》第6条、第40条、第69条第1项分别规定了损害保险、生命保险和伤害疾病定额保险缔结时的书面交付。以第6条损害保险书面交付为例，保险人于损害保险合同缔结后，必须及时向投保人交付载有下列事项的书面资料：保险人的氏名或名称；投保人的氏名或名称；被保险人的氏名或名称以及其他用以确定被保险人的必要事项；保险事故；损害保险合同约定的，填补由该期限内发生的保险事故所造成的损害之期限；保险金额（损害保险合同约定的保险给付限额，以下本章中相同）；没有约定保险金额的，其理由；具有保险标的物（损害保险合同约定的因保险事故而发生损害之物）的，用以确定该标的物的必要事项；具有第9条但书所规定的约定保险价值的，该约定保险价值；保险费及其支付方法；约定必须履行第29条第1款第1项所规定通知义务的，该约定趣旨；损害保险合同缔结年、月、日；书面资料作成年、月、日；保险人（法人及其他团体的情形下，其代表人）必须在前款所规定的书面资料上签字或记名盖章。此外，德国《保险合同法》第3条第1项，美国加州《保险法》第22条、第380条等规定，均不以保险单或其他书面之制作为成立要件。就法院判决而言，英美法院早期虽曾一致赞成保险合同应采取书面形式，但这一见解自19世纪末期起被扬弃。目前一般认为只要双方对于保险合同的主要内容（包括保险标的、保险事故、保险期间、保险金额及保险费）意思表示达成一致，口头保险合同就是有效且可强制执行的合同，保险单的签发，除当事人特别要求外，并不是保险合同的成立要件。日本法院通说也采取不要式合同说。日本学说也一致认为保险合同为不要式合同。在英美法系，现今学者通说认为除要约内容特别要求外，保险单的交付并不是保险合同的成立要件。我国台湾地区多数学者也认为保险合同为不要式合同①。将保险合同强制规定为要式合同，有异于保险法发达国家的立法，例如英、美、德、日等。为解决这一问题，只有将我国《保险法》第13条理解为宣示性规定，仅对保险人方面有约束力，违者应认为保险人手续上有欠缺，但不影响合同的效力。保险合同效力的发生自何时开始，主要依据保险人对投保人的要

---

① 参见陈云中：《人寿保险的理论与实务》，三民书局股份有限公司1994年版，第175页。

约何时承诺、承诺何时为投保人所了解或到达投保人确定。只有双方当事人同意约定以某一特定行为的完成为保险效力发生的开始（如约定保险单或暂保单的交付），才能认定该保险合同为约定要式合同。

（三）保险合同要式性的分析

上述两说各有其根据及理由。釜底抽薪的解决之道为修订现行《保险法》，将现行《保险法》第13条修正为"保险合同的保险人，应投保人的请求，应交付保险单"以止争论。但在《保险法》未修订前的现阶段下，本书认为保险合同为不要式合同较妥。理由如下：

1.《保险法》第10条关于保险合同的定义并未将保险合同为要式合同的要件加以明文规定。《保险法》第13条前半段规定："投保人提出保险要求，经保险人同意承保，保险合同成立。"由此可见，保险合同在双方当事人意思表示一致时即成立。至于发给保险单或其他凭证，仅是保险人单方面的行为。《保险法》第13条第1款后半段及第2款规定的宗旨在于规范保险人，经投保人或被保险人请求应履行发给保险单或其他凭证的义务。即使保险人拖延不发给保险单，也不影响保险合同的成立与效力。这与仓储合同、运输合同等，均不因未出具仓单、提单、载货证券等，而对合同的成立或生效有所影响的情形相同。

2. 保险人填发保险单必须耗费一番手续及时日。保险在实质合同已成立后，如果发生保险事故，以形式条件尚未完成为原因得不到保险人的赔偿，实在有违保险在分散危险与弥补损失方面的功能，有碍交易的灵活与安全，与保险的理论相违。

3. 现代商业习惯上，对押汇，以及提单、载货证券、仓单的买卖及质押，均要求须附有保险单，所以保险单已为贸易上必要的证明文件，其目的在于证明保险合同的存在，尤其是人寿保险合同的保险单，更具有"存款证书"的作用。因此投保人或被保险人对保险人有请求交付保险单的权利，以证明其保险合同的存在，而不是保险合同的效力或成立取决于保险单或暂保单是否出具。

七、非要物合同

保险合同是要物合同还是非要物合同，或者说，保险合同是实践性合同还是诺成性合同，学术界颇有争议。不少人认为，保险合同的成立必须以投保人交付保险费为条件，因此是要物合同。我们认为这种观点是值得商榷的。因为衡量一种合同是要物还是非要物的，与该种合同的内容并无本质上的联系，而主要取决于国家立法如何规定。无论是从我国现有的法律来看，还是从理论上分析，保险合同均应是非要物合同。

我国《保险法》第 13 条规定："投保人提出保险要求，经保险人同意承保，保险合同成立……"从该规定来看，保险合同成立与否，取决于保险人是否同意承保。我国《保险法》第 14 条规定："保险合同成立后，投保人按照约定交付保险费，保险人按照约定的时间开始承担保险责任。"这里投保人按照约定交付保险费，即指按照保险合同的约定交付保险费，在合同成立之前，这种约定条款是不可能存在的，更谈不上交付保险费。

如果一概主张保险合同的成立必须以投保人交付保险费为条件，那么是以投保人交付所有保险费为条件，还是以交付第一期（或部分）保险费为条件？对一些分期分批支付保险费的保险合同，又该如何解释？如果以投保人交付所有保险费为合同成立的条件，那么在分期分批交付保险费的保险合同中要等到投保人交付完最后一期保险费时，合同才算成立。保险人可以对前一期间投保人因保险事故造成的损失不承担赔偿责任，显然是行不通的。若是以投保人交付第一期保险费为合同成立的条件，那么以后每期交付保险费是不是投保人的义务？若是义务，众所周知，义务是在双方当事人订立保险合同后才产生的，交付保险费是投保人的最基本义务这一点，持保险合同是要物合同观点的人均不否认。这种交付保险费是合同义务，但交付部分（或第一次）保险费却又成了合同成立的要件，在理论上无法自圆其说。事实上，在英美法系国家越来越多的人主张保险合同是非要物合同。即使当事人约定，保险合同必须到保险费交清时才生效，也不能因此就认为保险合同是要物合同，这只是当事人约定的保险合同何时生效的一种附加的延缓或停止条件而已，与保险合同的成立是两个概念。①

八、附合合同

附合合同是指合同一方当事人事先拟好合同条款，另一方当事人只能考虑订立或不订立，就合同的条款内容没有太大的协商余地。它与协商合同相对应，协商合同是由缔约双方经过充分的协商而订立的。在实际的经济活动中，绝大部分合同都是此类合同。保险合同是附合合同，其基本条款及费率是由国家金融监督管理部门制定或保险人事先拟定并经国家金融监督管理部门备案的。除特殊险种外，投保人如同意投保，就必须接受这些基本条款。保险合同的这一特征是由保险业的迅速发

---

① 李玉泉：《保险法》（第 3 版），法律出版社 2019 年版，第 57—58 页。

展决定的，保险人承保的风险越来越复杂，同时保险人每年签发的保险合同数以千万计，不得不简化手续，追求高效，这就使保险合同逐渐走向技术化、定型化和标准化。由于保险条款是典型的附合合同，因此产生《民法典》和《保险法》关于格式条款解释规则适用于保险条款的问题。

九、射幸合同

保险合同为有偿合同，有偿合同依民法上的概念可分为实定合同及射幸合同。前者在合同成立时，当事人的给付义务及给付的范围均已确定，一般的有偿合同都属于实定合同；后者当事人一方或双方的给付义务，取决于合同成立后偶然事件的发生。订立保险合同的目的在于使保险人在特定不可预料或不可抗力的事故发生时，对被保险人履行赔偿或给付的义务，所以也是射幸合同的一种。但保险为一种具有道德上值得承认，且对任一有诚意的人具有分散危险经济作用的制度，和同属射幸合同的赌博行为大不相同①。前者须以保险利益为标的，在保险利益遭受侵害时而产生的损失，由保险人来补偿，主要在于补偿被保险人的损害而已，非增加其利益，否则为不当得利；后者则仅以少数赌注，约定在某特定事故发生时，获取约定的金额，其可能所得的利益并不是用以补偿其在该事故发生时遭受的损害，所以两者不得混为一谈。自 16 世纪末以来，保险合同不是以保险利益为标的的，即属无效，已为世界各国所公认。我国《保险法》也不例外。

第三节　保险合同法的概念

一、保险合同法在民法中的地位

如上所述，保险合同法是调整合同主体之间因保险合同产生的权利义务关系的法律规范，是保险法的重要组成部分。它主要规范保险合同的订立、合同的有效和无效以及合同的履行、变更、解除等问题。保险合同法具有以下两个最主要的特征：第一，保险合同法是调整平等主体之间因保险合同产生的债权债务关系的法律；第二，保险合同法是强调实质自由与平等，协商、等价有偿和自愿原则的法律。

---

① 英美保险法学者称保险合同为射幸合同（Aleatory Contract），是指当事人一方的给付义务确定不变，他方是否负给付义务，则取决于特别事故发生与否的合同。所以射幸合同一词较为精确的解释应为"保险合同为仅在承保事故发生时保险人始负担给付义务的合同"。

　　保险合同法实质上是民法上债权制度的一个分支，合同为债发生的原因之一，而保险合同是民法上诸多合同中的一种，其立法的指导思想、法律原则和法律制度，无不建立在民法债权基本制度的基础之上。民法就其基本原则与基本制度的各项规则对于保险合同法具有支配作用，而保险合同法同时也具有自身的特殊规则，在一定条件下可以排除民法某项具体制度的适用。2020年《民法典》颁布后对《保险法》有重要影响。我国是实行"民商合一"的国家，《民法典》自2021年开始实施后在我国民商事法律体系中居于统领地位，为其他民商事立法和执行提供依据。根据《立法法》第88条、第92条规定的法律适用原则，我国法律法规的适用遵循"上位法优于下位法""特别法优于一般法""新法优于旧法"等原则。《民法典》与《保险法》属于一般法和特别法的关系，意味着特别法立法主旨及内容应当符合并遵照一般法的规定，但是特别法对某一事项有特别规定的，特别法优于一般法。根据一般法和特别法的关系，《民法典》与《保险法》的关系在合同法部分主要表现在两个方面：一方面，保险合同作为保险业承载责任的载体，也是合同的一种，《民法典》总则编和合同编针对合同的订立、履行和终止这样一个完整过程设定的合同"从生到死"的法律规则，大部分是适用于保险合同的，尤其是在《保险法》没有特别规定时，就需要援引和适用《民法典》的规定。但是另一方面，《保险法》对保险合同也有一些特殊的规定，保险合同毕竟不同于普通合同，《民法典》关于合同的规定并不完全适用于保险合同。① 如何在正确理解《民法典》基础上弄清两者差异之处及掌握法律适用尺度就成为在《民法典》颁布实施后摆在我们面前的一个重要问题。因此，在适用保险合同法时应妥善把握两者之间的辩证关系。

　　（一）民法基本原则在保险合同法中的体现

　　既然我国实行"民商合一"，那么保险合同法作为民法的特别法，必须服从于民法的基本原则，反映民法的基本理念。民法的实质精神必须贯穿于保险合同法始末。

　　1. 平等原则

　　原《民法通则》确认，民法调整的法律关系的主体，是平等主体，当事人在民事活动中地位平等。《民法典》第4条充分体现了该原则。《保险法》第11条第1款

---

　　① 从制定机关来看，《民法典》为全国人大制定的基本法，《保险法》为全国人大常委会制定的民事单行法，但效力位阶上均属于法律，没有上下位法之分。新法优于旧法意味着新旧法对同一事项的规定不同时则应当适用新法。按照颁布时间，《保险法》颁布在前，《民法典》颁布在后，虽然规定的事项有重复，但《民法典》不属于《保险法》的新法，可以将《保险法》看成《民法典》的特别法，适用特别法优先原则。

也明确规定："订立保险合同，应当协商一致，遵循公平原则确定各方的权利和义务。"可见平等原则也是保险合同法的基本原则。究其本质，保险合同是民事合同的一种，是平等主体之间商品经济关系的特殊表现形式，保险合同双方均为具有独立意志、独立利益的主体，相互之间不存在依附关系。

2. 实质自由原则

《民法典》第5条规定："民事主体从事民事活动，应当遵循自愿原则，按照自己的意思设立、变更、终止民事法律关系。"此即西方法学所称的"合同自由原则"。该原则在保险合同关系中则体现为当事人按照自己的意志决定合同的缔结、相对人的选择、合同的具体内容、变更和解除合同、选择合同的方式等方面，不受任何单位和个人的非法干预。具体内容有：除非法律、行政法规另有规定，保险公司和其他单位不得强制他人订立保险合同；任何单位或者个人都不得干预保险人履行赔偿或者给付保险金的义务；保险人对于责任免除条款的说明义务；附合合同条款解释有利于被保险人等。本书认为，为实现实质自由，《保险法》对保险合同双方当事人权益制衡设计上必须重新架构，既应保护经济上处于相对弱者地位的投保人或被保险人的利益，同时也应保护保险人的利益，以其达成利益平衡方有利于保险业长期稳健发展。

3. 诚实信用原则

诚信原则是民法的基本原则之一，同时又是债法、合同法的原则，合同当事人双方均应遵守最大诚信原则，也理所当然为《保险法》的基本原则。虽然任何法律行为无不以诚信为基础，但由于保险合同具有射幸性，特别强调诚信或善意的本质。因此投保人与保险人均负有一定的义务，但我国《保险法》仅规定了保险合同订立前有告知义务制度及订立合同后安全维护和危险通知义务制度等，以防止被保险人滥用保险合同，而对于保险人遵守最大诚信的义务则规定明确说明义务，但如通知义务、附随义务、弃权及禁止反言等，则未规定。

4. 公序良俗原则

公序良俗原则源于《民法典》第8条，在《民法典》颁布之前源于原《民法通则》第7条以及原《合同法》第1条规定，意指当事人的民事行为的目的和内容不得相悖于社会公共利益，不能与良好的社会道德观念相冲突，因此对保险合同关系当事人的意志自由也构成法律约束。《保险法》的许多具体制度也源于这一原则，如保险利益制度，禁止不当得利原则（整个损害保险制度的基础）、故意杀害被保险人、故意制造保险事故等保险欺诈行为的效果规定。

（二）保险合同法与民法基本制度

1. 民事主体制度

民法有关民事权利能力和民事行为能力的规范，同样也是确定保险合同主体地位和行为资格的准绳。就自然人而言，须具有完全行为能力或限制行为能力人在特定条件下实施的行为才具有法律效力。同样地，保险人也须具有法人资格。

2. 民事代理制度

民事代理是民事主体通过他人的行为为自己设定民事权利义务，我国《民法典》规定了代理产生和运作的基本规则，这些规则是确定保险代理人、保险经纪人法律地位和行为后果的法律依据。

3. 民事行为制度

我国原《民法通则》规定的民事行为制度，是保险合同的基本法律依据。首先，民法关于民事法律行为生效的条件，是确定保险合同效力的法律依据。保险合同的成立也同样须满足合同主体合格、标的合法和意思表示真实三项条件，否则无效。其次，民法关于民事行为无效、可撤销及其后果的规定，也是确定无效、可撤销保险合同的法律后果的依据。① 特别是《保险法》中的合同法部分，为《民法典》（尤其是合同编）的延伸。因此《民法典》中关于合同关系或者法律行为的规范，除《保险法》另有特别规定外，对于保险合同均可直接适用。例如《民法典》合同编总则中关于行为能力、意思表示、法律行为等规定，以及通则中关于合同、债务不履行、合同效力、债的保全和代位、债的变更与转让以及债的消灭等规定，除保险法另有规定外，原则上均可以直接适用于保险合同。所以处理保险合同上的纷争时，必须同时注意《民法典》的相关规定。例如保险合同的解除，在《保险法》没有特别规定的情形下，应当依照《民法典》相关规定决定其方式与对象。因为《民法典》为民事基本大法，修法不易且较为耗时，某些属于合同法的共同问题，本应在《民法典》中统一规范的条款，于是就以《保险法》先行规定，以解决保险合同方面的纷争。例如关于保险合同条款的内容控制（《保险法》第 19 条）以及保险格式条款的不利解释（《保险法》第 30 条）。鉴于《保险法》的前述规定与《民法典》已经产生矛盾，建议保险法修订时予以删除，自动适用《民法典》，以免产生叠床架屋之嫌（详见后述相关章节论述）。

---

① 参见尹田主编：《中国保险市场的法律调控》，社会科学文献出版社 2000 年版，第 210—220 页。

4. 民事责任制度

民事责任包括违反合同的民事责任和侵权行为的民事责任两种。民事责任制度包括民事违法行为（违约、侵权），民事责任原则（过错责任原则与无过错责任原则），承担民事责任的形式（损害赔偿责任、违约责任、强制实际履行）等内容。我国实行"民商合一"，保险法为民法的特别法，《保险法》对于保险人及其代表人的违约行为或业务上的侵权行为所负的民事责任未明确规定的，自应准用《民法典》有关规定。

第一，就不履行债务责任（违约责任）而言，这些内容同样适用于保险合同法。保险人不依约履行其义务，如保险人意思表示迟延、未发催缴通知、拒绝和解与抗辩、未为终止通知、拒绝或迟延赔付等构成保险人违约的各种行为，按照英美法，投保人可基于违约请求赔偿，但若违约出于欺诈或恶意，或违约行为本身等于独立的故意侵权行为，保险人除应给付迟延利息及诉讼律师费外，还应承担法定或约定违约金，而不局限于保险金额为保险人所负最高责任。就我国《保险法》而言，如果保险人不履行给付义务、附随义务和不真正义务，均有可能构成《民法典》项下的违约行为而承担违约责任。给付义务的违反产生民法上的违约责任承担，但《保险法》对保险合同违约责任另有规定的，适用《保险法》的规定。《民法典》对通知、协助、保密等附随义务的违反也有专条规定，但具体后果承担要结合《保险法》的特殊规定。《民法典》合同编第八章违约责任部分适用于保险合同。（1）损失填补规则同样适用于财产保险合同和补偿型人身保险合同。《民法典》第584条规定了违约损害赔偿的范围，这点与《保险法》关于损失补偿原则的规定相似。作为保险制度的理论基石，损失补偿原则是指保险事故发生使被保险人遭受损失时，保险人必须在保险责任范围内对被保险人所受的损失进行补偿。但是与一般合同不同，一般合同情形下双方都有可能承担补偿对方损失的责任，但是保险合同只有一方（保险人）承担该项责任。违约损害赔偿包括可得利益损失，这是与基于合同无效产生的赔偿范围最大的区别。《民法典》第584条第2句规定的是可预见性规则，可预见性规则是限制损失赔偿范围很重要的规则，可预见性规则与减损规则、损益相抵规则、与有过失规则共同构成了限制损失赔偿范围的基本框架。《保险法》第23条第2款也规定，保险人未及时履行前款规定义务的，除支付保险金外，还应当赔偿被保险人或者受益人因此受到的损失。这就是保险人违反及时核定损失这一主付义务时应承担的违约责任的规定。（2）防止损失扩大规则适用于保险合同。《民法典》第591条规定：当事人一方违约后，对方应当采取适当措施防止损失的扩大；没有采取适当措施致使损失扩大的，不得就扩大的损失请求赔偿。当事人因防止损失扩大而支出的合理费用，由违约方负担。本条是对减损规则的规定，完全沿袭了原《合同法》第119条规定，同时也与《保险法》第57条规定相同。减损义务属于不真正义务，不真正义务的违反并不适用违约责任违反的规定，对方通常不能请求义务人履行，如不履行也不发生赔偿责任，而是适用不真正义务项下义务人自担风险的后果。（3）过错相抵和损益相抵规则。《民法典》第592条规定，当事人都违反合同的，应当各自承担相应的责任。当事人一方违约造成对方损失，对方对损失的发生有过错的，可以减少相应的损失赔偿额。本条是对双方违约和与有过错规则的规定，第1款与原《合同法》第120条相同，第2款来源于《买卖合同司法解释》第22条。《买卖合同司法解释》第23条规定的损益相抵规则未见诸《民法典》明文，该解释第23条规定："买卖合同当事人一方因对方违约而获有利益，违约方主张从损失赔偿额中扣除该部分利益的，人民法院应予支持。"损益相抵规则，作为限制违约损害赔偿范围的重要规则，虽然《民法典》未明文规定，但是实践中也能够类推适用到其他合同。《保险法》第23条、第60条和第61条也有类似禁止被保险人不当得利的规定。

第二，就侵权责任而言，责任保险中确定被保险人应当承担的侵权或者违约赔偿责任，就基本依据《民法典》侵权责任编的相关规定。《民法典》人格权编赋予受害人的人格权受到侵害时向侵权人要求承担侵权责任的请求权基础，是责任保险发展的环境条件。《民法典》第777条至第782条、第790条第1款、第791条、第807条第2款属于典型的侵权责任法规范。第777条与第807条第2款是兼具构成要件与法律后果两种要素的不完全法条（构成上需要侵权责任编予以补充故意要件），第782条、第790条第1款与第791条是兼具构成要件与法律后果的完全法条，第778条、第780条、第781条是关于侵权法律后果的规定，第779条是关于侵权构成要件的规定。这些规定属于侵权责任法性质的规定或规范，属于侵权责任编的特别法。《民法典》人格权编与侵权责任编合并可能更为科学。当然，人格权独立成编是《民法典》的一大亮点。首先强调人的生命权和健康权，这是人身保险赔偿和人身损害赔偿的价值基础和权利依据。《民法典》关于民事法律责任，特别是侵权责任编关于侵权责任的规定既是侵权赔偿的请求权基础，也是责任保险经营的基础；同时，侵权责任编是受害人向侵权人要求承担侵权行为责任的请求权基础，是责任保险发展的环境条件。民法典在既有侵权责任法的基础上，全面规范、完善和提升了产品生产销售、机动车交通事故、医疗、环境污染和生态破坏、高度危险、饲养动物、建筑物等领域的侵权责任规则。这势必全面强化相关领域主体的风险和责任意识，催生责任保险的市场需求。

5. 民事诉讼时效制度

《保险法》有专门的诉讼时效和除斥期间的规定，对于《保险法》有特别规定的，按照特别法优于一般法的原则，应当优先适用。对于《保险法》没有规定的，则可以适用民法的规定。关于保险求偿权的诉讼时效，我国《保险法》第 26 条的规定就可以排除《民法典》第 188 条规定的适用。但《保险法》对保险求偿权以外其他的请求权并未规定专门的诉讼时效，原则上准用《民法典》第 188 条规定。关于除斥期间，我国《保险法》第 16 条规定了投保人未履行如实告知义务时保险人解除合同权的除斥期间，第 32 条规定的年龄不真实情形下保险人解除权的除斥期间以及第 58 条规定的部分损失时的解除权显然与《民法典》关于意思表示不真实产生的撤销权除斥期间以及构成合同根本违约项下的合同解除权的除斥期间的规定不一致，在此种情形下应当以《保险法》的规定为准。如果《保险法》对在其他情形下（如《保险法》第 27 条、第 51 条、第 52 条）产生的合同解除权除斥期间未作规定，原则上可准用《民法典》，但究竟准用撤销权还是解除权的除斥期间，则存在疑问，本书认为应该根据解除的事由具体加以判断。

二、保险合同法的基本原则

（一）合同自由原则

这是民法上的实质自由原则在《保险法》中的具体体现，投保人可以自愿选择保险公司投保。保险公司不得以任何方式强制或变相强制投保人投保，法律、法规另有规定的除外。这里的法律、法规另有规定，主要是指强制保险的情形。例如机动车强制保险、船舶污染强制责任保险等。按照《保险公司管理规定》的规定，保险公司不得委托未经中国保监会认可的保险代理人为其展业；不得接受未经中国保监会认可的保险经纪人介绍的保险业务；不得向任何非法中介机构支付保险手续费、保险佣金或类似的费用。保险公司不得以排挤竞争对手为目的，非正常降低保险费率或扩大保险责任范围开展保险业务，进行恶性价格竞争。保险公司不得伪造、散布虚假事实，损害其他保险公司的信誉、声誉。保险公司不得利用中国保监会、其他政府部门或法院的判决、处罚决定，攻击竞争对手，牟取商业利益。保险公司不得以抢占市场为目的，劝诱投保人或被保险人解除与其他保险人的保险合同。保险公司不得利用政府部门、其他国家权力机关，垄断性行业、部门或企业，非法排挤、阻碍其他保险公司正常开展保险业务活动。这些禁止规定均是为了防止保险公司利用经济实力等方面的优势地位在缔约时对投保人存在欺诈、重大误解或者显失公平等情况。

（二）最大善意原则

这是民法上的诚信原则在保险中的体现。受到英美保险法文献和判决的影响，我国保险法著述中也经常使用最大善意原则（Utmost Good Faith）的概念，或者将保险合同称为最大善意合同，并经常用来作为订约时投保人告知义务、危险发生时通知义务、申请理赔时的陈述与说明义务的理论基础。后来更进一步发展出保险人应负责说明（披露）义务。最大善意原则的意义与我国民法上的诚信义务并无不同。英美保险合同法上之所以特别强调最大善意原则，可能是因为其合同法原理并不像欧陆民法承认一般性的诚信原则。善意原则在英美合同法中具有相对的特殊性，而在欧陆国家，例如德国《保险合同法》因为直接适用民法上的诚信原则本就理所当然，故其保险法文献上极少提及最大善意原则。在我国法制下保险合同重视诚信或者善意的程度，与其他民法合同也没有什么不同。不论是适用最大善意原则还是诚实信用原则，作为立法基础或者调整合同上的权利义务，其意义都是一致的。

（三）禁止不当得利原则

这也是民法上诚信原则的体现。保险制度以填补被保险人的损失为目的，而不在于让被保险人获得损失补偿以外的利益。被保险人若是因为保险给付获得额外利益，将违反保险的目的，并且间接诱发道德危险。因此在损害保险中原则上并不允许被保险人获得超过损害额的利益，这被称为禁止不当得利（也被称为禁止不当得利原则或者损失填补原则）。《保险法》直接基于禁止不当得利原则所设置的规范，包括禁止重复保险（《保险法》第 56 条）、保险代位（《保险法》第 60 条）以及禁止超额保险（《保险法》第 55 条）。而以填补抽象损害（不能以金钱估计的损害）为目的的险种（定额保险），因为无从判断被保险人的损害额，无超额填补的可能性，所以不适用上述基于禁止不当得利原则的规定。禁止不当得利原则还包括禁止被保险人通过故意制造保险事故来非法获利的含义。保险合同是以团体的力量分散个人的危险与损失的良善制度，具有高度的互助精神。但也因为保险给付的射幸性使得保险制度同时隐藏着投保人、被保险人或者受益人主观上的心理危险（道德危险）。利害关系人可能故意促使保险事故发生来获得非法利益。此种来自利害关系人心理状态的危险称为道德危险或者主观危险。各国保险法无不尽力加以防止或者排除，我国《保险法》也不例外。

《保险法》与此有直接关系的规定包括：（1）以保险利益作为保险合同特别生效要件（《保险法》第 12 条、第 48 条）；（2）以被保险人的书面同意作为死亡保险的特别生效要件（《保险法》第 34 条）；（3）对于死亡保险的被保险人设置年龄或者精神状态与保险金额的限制（《保险法》第 34 条）；（4）将投保人、被保险人的故意行为列为法定除外不保的危险（《保险法》第 27 条）；（5）人寿保险受益人故意杀害被保险人时剥夺其受益权（《保险法》第 43 条）。上述规定的内容，本书将在后续章节中进一步说明。

（四）对价平衡原则

这是民法上平等原则在《保险法》中的具体体现。投保人交付的保险费与保险人承担的风险之间是一种对价关系，应具有精算上的平衡，此即对价平衡。对价平衡原则源于保险制度的技术性规则，为维持保险机制运转所必需，因而具有价值中立的特点。保险人的赔款实际上不是保险人自身的钱，而是同类险种投保人缴纳保险费积累的资金池，只有保险人严格控制保险赔付才能使得最终保险赔付与资金池相等。个案上表现的对被保险人的慷慨实际上损害保险共同体的利益，如果保险人经营难以持续则最终损害整个社会全体公民的利益。《保险法》中的保险合同解除与保险费扣除、危险程度变化与保险费调整、如实告知义务的限定与不可抗辩规则等，都体现了对价平衡的原则和精神。在现阶段，尊重和强调对价平衡原则，有助于正确理解保险机制及其法律规则、保护被保险人利益与尊重保险行为特点的关系。与有过错责任原则是对价平衡原则中"给付与对待给付均等"内涵的具体体现。《民法典》第 592 条和第 1173 条规定分别适用于合同法和侵权法中的过错相抵规则。过错相抵是债法的概念，是在侵权之债中存在多个加害人或者受害人亦有过错而减轻加害人的赔偿责任，在违约之债中一方违约但如果另一方对损失的发生存在过错的，则应当适用过错相抵原则，减轻违约方的责任。与有过失制度是过错责任原则的发展和延伸，体现了过错责任依据过错确定责任的要求。我国《民法典》确认与有过失制度对于督促和教育当事人合理行为，特别是促使受害人采取合理措施注意自身的财产和人身安全，从而预防和减少损害的发生，具有重要作用。以网约车为例，网约车司机将家用车辆擅自变更为商业运营车，出行频率增加导致危险概率和事故发生次数增加，在保险费未变动的前提下，按比例减少保险金给付显属合理。比例赔付原则在保障保险合同有效的基础上，保证保险共同体在收支上的平衡，维护保险人的经营安全。①

---

① 参见韩璐璐：《违反危险增加通知义务全为拒赔之质疑与完善——以网约车保险纠纷为中心》，南京大学 2020 年硕士学位论文。

第二章 保险利益

第一节 保险利益学说的历史演进

基于社会历史与法律传统的不同，英美法系和大陆法系国家有着不同的发展轨迹。欲了解保险利益的精义须先探讨其历史发展的背景。

一、早期大陆法系关于保险利益的理论学说

大陆法系保险利益学说的形成，大体经历了一般性保险利益学说、技术性保险利益学说、经济性保险利益学说三个阶段。[①]

（一）一般性保险利益学说

保险利益这一概念发源于 13 世纪末北意大利的海上保险。基于当时买卖的原则，一物不可数卖，所以也有禁止重复保险的规定。此外，当时的学者虽已强调只有损害才可获得赔偿，但是依当时的观念，"损害"仅指标的物本身的毁损或灭失，并未探讨其更深的含义。

直到 16 世纪，以填补损害为功能的现代意义的保险才真正出现。某保险人和一位商人约定，如果某物沉没，他将支付 1000 元。结果在该物沉没之后，发觉该物只值 500 元。问：该保险人应付 1000 元还是 500 元？对此问题，学者桑特拉（Santema）认为保险人在保险事故发生后只负责赔偿该物真正的价值，则在上述案例中，保险人只需付 500 元。同样的情形也发生在另一案例中：某商人为某物投保，其对该物并无所有权或只有部分所有权，在保险事故发生后，却要求赔偿全部的约定金额，桑特拉对此案提出观点：保险人必须支付全部保险金额，而不能对投保人欠缺所有权提出抗辩。另一学者斯达卡（Straccha）表示反对，认为该商人只能就属于他的所

---

① 参见叶启洲：《保险法》（第 7 版），元照出版有限公司 2021 年版，第 101—104 页。

有权部分请求理赔，其同时首次提出，被保险人申请领取保险金时，应当证明其对保险标的具有保险利益。学者德卡拉蒂斯（De Casaregis）对这一思想进行发扬，并初步创立了保险利益学说。

德卡拉蒂斯赞成斯达卡而反对桑特拉的观点，他认为保险行为和赌博行为区分的关键在于在保险中决定赔偿金额的标准是保险利益，而且只有在被保险人能证明他的保险利益（即对该物的所有权）的情况下对保险人才具有请求权。如果前述例子属于保险行为，则保险人可抗辩被保险人无所有权而拒绝理赔；反之，如果为赌博行为，保险人仅在事故发生后依照所约定的金额赔偿即可。对于何谓保险利益，德卡拉蒂斯采取了简单的认定方法，将保险利益等同于所有权，即凡是对保险标的具有所有权者必然具备保险利益，否则就视为没有保险利益。应当说，德卡拉蒂斯以保险利益这一概念将保险行为与赌博行为区别开来，对于推动保险业和保险法的发展作出了不可磨灭的贡献，其将保险利益等同于所有权，使得保险与赌博的区别非常直观。① 但是必须指出，将保险利益视为所有权，仅仅是保险法发展初期对保险利益的朴素认识，伴随着保险制度的不断发展，其狭隘性越来越凸显出来，必然为新的保险利益学说所取代。

（二）技术性保险利益学说

随着保险业不断发展出运费保险、信用保险、第三人利益保险及责任保险等新险种，保险利益的关系日益复杂。一般性保险利益学说主张保险利益仅限于所有权，显然过于狭隘不能适应新环境的发展需要。在此背景下德国学者贝内克（Benecke）于1805年提出了"技术性保险利益学说"，他认为保险利益分为直接利益关系和间接利益关系。直接利益关系就是所有权关系，间接利益关系是非所有权人如抵押权人、质押权人等对保险标的现有的利益。根据他的观点，所谓非所有权人应包括那些通过不动产抵押、动产质权、代理商的佣金等和物发生关系的人。贝内克曾这样说明：并不是只有物的所有权人在物遭受损害或丧失时，才遭受损失。除此之外，不动产抵押权人、动产质权人等对于物的完好无损，也有相当的保险利益，因此上述人如所有权人一样，也可为防止这种权利受到侵害而投保。

基于无保险利益保险即无法成立的确信，贝内克不只创设了所谓"间接保险利益"，而且也为人寿保险提出了保险利益存在的必要性，他认为通过死亡，某人可能因此受到金钱上的损失。为防止滥用保险，如果对他人的生命无利害关系，即无金

---

① 参见任以顺：《保险利益研究》，中国法制出版社2013年版，第7页。

钱上蒙受损失的可能性，则不能以他人的生命为保险的标的物，而且其保险也不可超出其金钱利益的数额，所以如果债权人对债务人有 1000 元的债权请求权，则可以债权人为被保险人投保 1000 元的寿险。19 世纪末德国学者埃格伦伯格（Ehrenberg）进一步发展了贝内克的技术性保险利益学说，埃格伦伯格首先将保险分为定额保险和损害保险。定额保险只要危险事故发生，保险人就须给付所保的金额，这种保险一般都用于人身保险；反之在损害保险中，必须先确定所发生的事故，例如火灾，是否真的造成损害，然后还需确定该损害的价值是多少。而损害保险又分为积极保险和消极保险，前者在于防止财产价值的丧失或减少，后者在于防止赔偿义务的产生。此外，他又将积极保险分成三种保险形态：（1）所保的是现实存在的物的价值；（2）所保的是存在的请求权价值；（3）所保的是将要获得的价值。根据埃格伦伯格的定义，损害保险的标的是一种人对客体的关系，通过这种关系，被保险人因特定保险事故发生而蒙受损失。埃格伦伯格将整个保险利益学说在他的所谓保险利益体系中加以介绍，并就整个保险利益间相互的关系加以分析。

（三）经济性保险利益学说

经济性保险利益学说的观点虽然在 20 世纪前就已存在，但其在保险利益学说中真正明确地被社会广泛承认，是在经过所谓"形式学说"论战之后，才完全成立。依形式学说，不论如何，物权法上的所有权人即为保险利益的享有人，这种保险利益依据德国《保险合同法》第 69 条的规定在所有权转移时转移到受让人身上，并且只要卖方形式上仍然是所有权人，则在保险事故发生时，即当然为保险金支付的请求权人，即使受让人（即买方）已承受的危险负担也相同（参考《德国民法典》第446 条）。这时买方只能类推适用《德国民法典》第 281 条的规定，将对保险人的请求权，视为《德国民法典》第 281 条中的对第三人损害赔偿请求权，请求卖方依给付不能的效力的规定将其对保险人的请求权转让给买方；同理，在所有权保留买卖中，当事人约定卖方在全部价款受清偿前，保留标的物所有权，不适用保险合同效力转移规定。即如果标的物交付后因保险事故发生遭损失，其保险赔偿请求权人仍然是卖方（形式上的所有权人）。在让与担保中，物的所有人向人借款时，以其物的所有权转移给对方，作为担保，其物的形式上所有权人为担保受让人，所以也不适用保险合同效力转移的规定。在代送买卖中，买方虽然自标的物交付于运送人时，即负担危险，但如果所有权未转移，则保险合同的效力仍未转移。

依形式学说，上列的各所有权人，虽不负担危险，即因不可归责于双方当事人的事由，以致发生毁损或灭失时，该项危险由对方负担（而只具有空洞形式的所有权），但《保险法》规定，保险合同效力的转移以所有权转移为依据，所以其相对人虽已因负担危险，在经济观点上，应受保险的保护，但仍无法适用保险合同转移的规定，在危险事故发生时，取得赔偿请求权。

经济性保险利益学说指出形式说的不足，认为形式说拘泥于民法上的所有权概念，使得真正对标的物的存在或毁损、灭失具有经济利害关系的人，在取得所有权之前，不能获得保险的保护。因此，该学说主张危险负担说更为合理，认为保险利益的归属，应该依据何人负担标的物的危险而定。例如，出卖人乙于某年 1 月 5 日交运货物后，标的物的毁损危险按合同约定于 1 月 5 日即转移给买受方甲，因此甲从 1 月 5 日起即取得对该货物的保险利益。至于该货物的所有权于同年 1 月 8 日由甲受领时，才转移给甲，这并不妨碍甲提前获得对该货物的保险利益。①

二、早期英美法系关于保险利益的理论学说

英美法系保险利益学说起先来源于实践过程中对判例的总结，后来在成文法中再次被重申和强调。在 1746 年以前英国由于成文法不要求被保险人对保险标的有任何既存利益，导致赌博行为泛滥，为名人投保相当盛行，职业赌徒充斥保险市场，被保险行业深恶痛绝。为纠正被扭曲的保险制度，英国《1746 年海上保险法》首次正式以法律条文的形式要求，被保险人对承保财产具有利益为存在有法律约束力之海上保险合同的前提条件。该法的颁布标志着可保利益原则作为一个法律规制正式诞生。②《1774 年人寿保险法》则首次对人身保险的可保利益作出明确规定。该法第 1 条要求保单持有人必须对被投保生命具有可保利益。第 2 条要求将与保险单有利害关系的人的姓名列于保单上。第 3 条要求具有可保利益的保单持有人不得提出超过其可保利益价值的索赔。《1909 年海上保险法（赌博合同法）》进一步明确，赌博合同是犯罪，被保险人因缔结这种合同而构成犯罪。后来该法成为欧洲各国海上保险立法的楷模，对保险利益的经典定义影响深远。美国商事立法权不在联邦议会而归属各州。关于保险法，美国全国并无统一法规，各州各行其是，因此不存在统一的可保利益概念。比较有名的州保险法，有《纽约州保险法》和《加州保险法》。《纽约州保险法》第 3205 条和第 3401 条分别对人身保险与财产保险的可保利益进行了定义。《加州保险法》第 281 条对财产保险中的可保利益作了规

---

① 参见叶启洲：《保险法》（第 7 版），元照出版有限公司 2021 年版，第 102—104 页。
② 杨芳：《可保利益研究——兼论对我国相关立法的反思与重构》，法律出版社 2007 年版，第 19 页。

定。伴随着现代保险业的蓬勃发展，现今绝大多数国家均在立法中对保险利益原则明确加以规定。

尽管英国《1746 年海上保险法》开始在成文法中正式确认可保利益原则的法律地位，但是纵观英美等保险法的演进不难看出若干具有典型代表意义的判例和学说对保险利益理论的形成起着关键作用。这就不得不提到两个案情相同但裁决截然相反的判例：实际利益期待论（Factual Expectancy）的勒克拉斯诉胡格（LeCras v. Huges）案和合法关系论（Legal Interest）的卢森娜诉克劳福德（Lucena v. Craufurd）案。

（一）实际利益期待论

实际利益期待论源于曾经担任英国《1906 年海上保险法》草案起草者的曼斯菲尔德大法官在 1782 年审理勒克拉斯诉胡格（LeCras v. Huges）案中所作的判决。这个判决涉及当时在英国与西班牙的战争中缴获的一艘船只和战利品。1782 年一艘满载着从西班牙缴获的战利品的英国船只在海上沉没。为保证这些战利品顺利返回英国，此前缴获船舶的英国船长和船员为船货投保了英国的航程保险。当时英国国王颁布特许令对捕获敌国船货进行奖赏。但是当船长勒克拉斯向保险人胡格索赔时，保险人以投保人缺乏保险利益为由拒绝赔偿，因为在当时的普通法中奖赏不能算合法权利。曼斯菲尔德大法官认为，在本案中尽管船长对捕获船只没有合法利益，但对其安全到港后能得到英国国王奖赏的实际利益期待也足以构成保险利益。

（二）合法关系论

在卢森娜诉克劳福德案中，尽管案情与前案类似，但埃尔顿大法官（Lord Eldon）认为作为保险利益的利益，只能是法律上可以强制执行的利益，例如财产权利或者合同产生的财产利益。仅对获得英皇奖励的期待，不论其可能性有多少，既不是一种法律上的利益，也不是一种衡平法上的利益。他认为投机的收益无足轻重（Speculative Profits are Nothing）。保险利益存在与否取决于合法权利，严格的法定关系是保险利益的来源，即使这种法定关系并不涉及经济利益。若不存在合法关系，即使存在经济利益也不会成立保险利益。

（三）存在合法关系的实际经济利益论

其实在审理卢森娜诉克劳福德案时还有一个伊顿法官，其认为被保险人对保险标的是否具有保险利益，取决于两个因素：一是被保险人对保险标的具有合法权利（Legal Interest），二是被保险人对保险标的存在有实际利益的期待（Factual Expectancy）。一项具有法律上承认的请求权并伴随着实际上的利益预期就产生了对该物的保险利益，即"存在合法关系的实际经济利益论"。① 这种理论是对前述两种理论的折中，但更具有说服力，并后续成为英美保险法的主流学说。

第二节　保险利益的意义

一、保险利益的概念

综合上述对保险利益各种学说的介绍不难发现，经济性、合法性和确定性是保险利益三个必不可少的基本要素。② 所谓保险利益，指的是一种人与被保险客体间存在的不为法律所禁止的可以确定的经济上的利益关系。只有这种关系受到侵害，保险事故才算发生，被保险人才能向保险人请求赔偿保险金。需要强调的是这种保险利益应该是能用金钱衡量和确定的，《保险法》的损失赔偿原则决定了只有在经济利益损失范围内根据经济损失的价值以金钱的方式加以补偿。这种情形通常可以用"损害是利益的反面"这一原则加以说明。也就是说，保险利益应存在于何人，是以谁会因为保险事故的发生而受到损害为准，而不是以其对被保险的客体是否具有任何权利为准的。

保险利益之所以具有这样的意义，是因为其中心概念在于防止有心人士通过保险这一制度来获取任何财产上的不当利益；反过来说，借助保险利益的决定，也可以判别出何人可领取保险金而不会有不当得利的情形。基于这个理由，对他人财产毫无利害关系的投保人，并不会因该物受损而遭受不利，因此不能使其领取保险金而产生不当得利，否则保险合同将与赌博没有什么区别；反之，对他人之物有经济上利害关系的第三人，也不会因为原所有人已对该物投保而不能另行获得保险的保护，理由在于，其所受损害和所有人所受损害并不相同。例如，假使该物正置于保管人的保管之下，当该物遭毁损灭失时，即使所有人已对该物投保，但那是在弥补所有人本身因为该物毁损灭失的不利，保管人对所有人的责任并不因为所有人的投保而免除，保管人如果欲摆脱其不利，只有另行投保责任保险。③

根据以上论述，我们可以看出，保险利益这个概念，不但可以防止不当得利，实际上也是为了补偿因为标的物毁损灭失所受到的损害而存在。既然称为损害，必

---

① 参见秦红：《浅析保险利益学说的历史发展》，载《现代商业》2008 年第 11 期。
② 任以顺：《保险利益研究》，中国法制出版社 2013 年版，第 22 页。
③ 江朝国：《保险法基础理论》，中国政法大学出版社 2002 年版，第 80 页。

定是从经济角度出发，因此，根据我国《保险法》第12条第6款的规定，"保险利益是指投保人或者被保险人对保险标的具有的法律上承认的利益"。这个内容包含了以下两层含义：（1）保险利益由投保人或被保险人享有；（2）保险利益是指法律上承认的利益。从这条规定可以同时看出我国《保险法》关于保险利益概念及其归属的见解。我国《保险法》第12条第6款规定的保险利益为法律上认可的利益，相形之下似乎略显狭窄。因为对于保险利益补偿损害这一功能来说，重要的不仅仅是利益是否为法律所认可，而且也在于它是否能够弥补某些人在经济上所受到的确定的损失。

保险利益的概念在《保险法》中所扮演角色的重要性无与伦比，其所涉及的不只是保险合同效力的问题，更是决定保险标的、保险价值、损害的发生、重复保险、超额保险及保险合同利益移转的准绳，甚至有人称之为保险的标的。保险利益在财产保险中是指被保险人对于保险标的物、特定财产上的利益或一般财产上的利益所具有的利害关系。此项利害关系将因保险事故的发生而遭受破坏。在人身保险中，保险利益则是投保人对于被保险人的生命、身体和健康所具有的经济上、精神上或者感情上的利害关系。财产保险合同所要保护的客体，在财产保险中即为被保险人对于保险标的物的利害关系，也就是说，财产保险合同所保护的就是保险利益，并非该标的物本身，所以有学说认为保险利益就等同于保险标的（物）。不过传统学说见解仍然将"保险标的"理解为有形的保险标的物。这种理解将使保险利益的概念功能受到限制，本书认为不妥。

二、保险利益的功能

保险制度在发展早期是没有保险利益概念的，后来为防止赌博行为，也为防止道德危险，才出现了上述关于保险利益的概念。保险利益学说的部分意义可由其历史发展中得知，但随着经济及法律生活的发展和保险技术的细微化，保险利益概念在《保险法》上功能的多样化也随之出现。

（一）区分赌博与保险

保险制度在早期发展的时候，因其射幸性与赌博行为极为相似，外观上颇容易造成混淆。但因为保险制度具有分散风险的积极功能，应受到法律制度的肯定与鼓励；相反地，为区分保险与赌博两种截然不同的行为，早期保险法学者便以当事人对于标的物是否具有保险利益来区分该行为究竟是保险还是赌博。由于现今保险制度已经成熟，这一概念功能已经不具有重要性。

（二）防止道德危险

所谓道德危险是指因投保人、被保险人或者受益人的主观心理状态对于保险利益所带来的潜在危险，与欧陆学说上所谓的主观危险相类似。由于保险事故的发生将让被保险人的保险利益受到破坏，被保险人也将因维护自己的保险利益而不至于促成保险事故发生。所以保险利益的概念及将之作为保险合同的生效要件，可相当程度上防止道德危险的发生。

（三）限制保险给付金额

在保险利益学说发展的初期，保险利益的概念在于区分有社会经济作用的保险和纯投机的赌博行为。后来技术性保险利益学说将其功能转换为区分同一物之上的各种不同保险利益，使一物可多重保险而不存在重复保险的问题，但保险的标的仍然是物本身。而后，为贯彻财产保险的标的物为保险利益的概念，探讨保险利益的重点就集中在寻找各种保险利益的定义，通过保险利益的个别化、具体化，确定各保险类别所承担的损害发生及范围。有学者主张保险利益客观上的经济价值，换算为金钱数额后称为保险价值。[①] 因为我国《保险法》在制定时，立法者并未意识到保险合同是以抽象的保险利益而非具体的保险标的物为保护对象，所以在《保险法》条文中，通常被写为保险标的物的价值，而非保险利益的价值。此种价值也是投保及保险给付的上限。订约时，不得超额投保或超额承保（《保险法》第55条）。通过保险利益的概念（即某一特定人对某一特定客体的关系），不仅可决定保险事故发生时真正受损害的人，也可限制保险人的最高赔偿额，因为此关系都具有一定的价值，而关系遭受破坏程度（损害）不可能超越该价值。损害的概念除了因物质本身受到毁损灭失之外，还可因价值关系受到侵害（如遭盗或没收）而发生，这是基于保险的标的不是物本身而为保险利益的结果。保险事故发生后，依"损害为保险利益的反面"原则，被保险人遭受的损害最多是保险利益价额的全部，保险人不得超过这一数额进行补偿。因此保险价值也是保险给付的法定上限。按照保险价值确定保险人的承保最高限额就是保险金的概念。在损害保险（财产保险）范围内，保险利益概念具有将保险赔偿给予真正受害人的功能，这特别表现在标的物所有权保留买卖或让与担保的情形中，所有权人虽具有形式上的所有权，但就经济观点而言，真正具有所有权人保险利益的应当是买受人（危险负担人），所以我国《保险法》第49

---

① 江朝国：《保险法基础理论》，中国政法大学出版社2002年版，第56—79页。

条所指"所有权移转"应为所有权人保险利益移转。《保险法司法解释（四）》第1条规定，保险标的已交付受让人，但尚未依法办理所有权变更登记，承担保险标的毁损灭失风险的受让人，依照《保险法》第48条、第49条的规定主张行使被保险人权利的，人民法院应予支持。不过，保险利益的这一功能在人身定额保险中难以发挥作用。因为定额保险所填补的抽象损失，难以用金钱估计其价值，所以无从认定其价款。

三、保险利益适用的范围

（一）英美法系国家：既适用于人身保险又适用于财产保险

人身保险利益是英美保险法特有的概念。投保人以他人的寿命或者身体为保险标的，订立的保险合同是否具有保险利益，以投保人和被保险人相互是否存在金钱上的利害关系或者其他私人相互间的利害关系为判断依据，有利害关系则有保险利益。大多数投保人以自己的生命为标的申请保险，自不在话下。以他人为被保险人投保须具有可保利益（即能够从他人的生命延续中获得合理的利益预期）。该利益产生通常基于血缘关系、婚姻关系、业务关系（用人单位对员工，债权人对债务人等），同时经被保险人同意后也视为具备保险利益。美国法院判例还认为人寿保险人有义务保持合理的慎重不向对被保险人没有可保利益的人签发寿险保单。[1] 又如，美国《纽约州保险法》第146条规定，订立人寿保险合同，而具有保险利益的，有：（1）血亲或者姻亲相互间以感情为基础的切实利害关系；（2）上列以外的人，对被保险人的生命、健康或者安全有合法且实际的经济利益，但是以被保险人的死亡、伤残而取得保险金为其唯一利益的，没有保险利益。[2]

（二）大陆法系国家：仅适用于财产保险，不适用于人身保险

大陆保险法系显然没有将保险利益的概念应用于人身保险领域。只要投保人已经取得被保险人的同意订立保险合同，合同即合法有效。德国、法国、瑞士、日本、意大利、韩国等国家的法律即采取同意主义原则。保险利益概念除适用于财产保险外也适用于人身保险，但基于下列的原因也为大部分欧陆学者所弃：

1. 保险利益为某特定人对某特定客体之间的关系，此特定客体可为有体物或无

---

[1] ［美］穆里尔·L. 克劳福德：《人寿与健康保险》，周伏平等译，经济科学出版社2000年版，第152页。

[2] 任自力等译：《美国纽约州保险法》，光明日报出版社2020年版，第136页。

体物，而称之为关系连接对象。通过确定保险利益性质种类，可决定保险价值的多少，被保险人只能在这个范围内享受保险合同的保护，所以保险利益决定保险价值的功能在人身保险中无法发挥。人身保险虽也有关系连接对象，但其价值无法以金钱价值客观确定。但须注意的是，人身价值的不可估计性和古董或艺术品的客观市价不同。后者经当事人同意约定价值后，该价值即为被保险人可能遭受损害的最大范围，所以仍适用保险法上保险人代位权或重复保险规定；前者在人身保险中，即使约定保险金额，这个金额也只为保险人赔偿范围的依据而已。就被保险人而言，其接受理赔之后，并未表示所受的"抽象性损害"已完全受补偿，所以《保险法》上有关重复保险或保险人代位权的规定不适用。

2. 保险利益概念的功能在于补偿被保险人具体性的损害或防止重复保险、超额保险，以避免发生《保险法》上不当得利的情形。但在人身保险（除医疗费用保险之外），人身的生命价值无客观标准，所以在保险事故发生后，即使被保险人或其他享有保险赔偿请求权人获得双重赔偿，也无法认为其有《保险法》上不当得利的情形。

保险利益概念可决定谁有权将保险利益投保，而无须他人的同意，但如果将这个原则贯彻于人身保险，则主观危险发生的对象为人的身体甚至生命，是极为不道德的。所以如果第三人对他人（被保险人）的生存与否具有利益，而欲以该他人的生命为保险事故发生的对象，须经他人的书面同意，然后由被保险人以其自由意思指定其为受益人。因此，只要该被保险人同意以其生命为保险标的，投保人是否对之具有保险利益的规定，并无多大的实质意义可言。

布鲁克（Bruck）、哈根（Hagen）、黑特（Ritter）、比肖夫（Bischoff）等德国派学者认为保险利益的概念只适用于财产保险的范围内，或者更正确地说，在损害保险的范围内，也即除财产保险外，还包括责任保险或人身保险中的医疗费用保险。凡目的只在于补偿具体损害的保险种类都属"损害保险"，其相对概念则为"定额保险"。在损害保险中，保险利益为其中心概念。《保险法》上的损害，即为保险利益的反面。保险人赔偿范围不得超过损害，否则即为不当得利，所以有关重复保险、超额保险禁止或保险人代位权的规定，即适用于此。对整个损害保险而言，保险利益的定义可为"一种特定的关系，基于这种关系，某特定人在保险事故发生时将遭受财产上的不利"；在积极损害保险中，保险利益则为"某特定人对于某特定客体的价值关系，这个价值关系在保险事故发生时，遭受破坏，引起被保险人财产上的损害"；而在消极保险中，可定义为"某特定人对于一种不利的关系，这个关系因保险事故的发生而产生，因而被保险人的财产将遭受负担"。例如责任保险的标的，为责任义务保险利益，其关系连接对象为对第三人的损害赔偿义务，即在保险事故发生时，被保险人对第三人负有损害赔偿的义务。因这种责任义务将造成被保险人整体财产上的负担，所以可通过保险制度将之分散于共同团体内的其他成员。由上所述可知，财产保险中所欲保护的是被保险人的损害，此损害的真正意义为保险利益的反面，所以保险的标的为保险利益，应属无疑。此外，值得注意的是，同属大陆法系的日本《保险法》，在实务界和学术界也采用该说。

（三）我国立法做法：既适用于财产保险也适用于人身保险

我国《保险法》第 12 条、第 31 条等规定要求财产保险的保险事故发生时被保险人对保险标的物有保险利益；对于人身保险，要求合同订立时投保人对被保险人有法律承认的亲属关系、劳动关系，如无前两者，投保人就必须征得被保险人同意。可见，我国《保险法》对于人身保险合同兼采英美的利益主义和欧陆的同意主义。依据我国《保险法》第 31 条的规定，投保人对下列人员具有保险利益：本人；配偶、子女、父母；前项以外与投保人有抚养、赡养或者扶养关系的家庭其他成员、近亲属；与投保人有劳动关系的劳动者。除前款规定外，被保险人同意投保人为其订立合同的，视为投保人对被保险人具有保险利益。订立合同时，投保人对被保险人不具有保险利益的，合同无效。投保人以他人的寿命或者身体为保险标的订立保险合同，或者以对血亲或者姻亲之间的亲属关系为保险利益，或者以投保人取得被保险人同意为判断依据，投保人和被保险人之间因抚养、赡养、扶养等关系以及劳动合同关系形成的实用性关系，投保人对被保险人有保险利益；投保人和被保险人之间无保险利益的，但是征得被保险人同意订立保险合同的，合同仍视为有效。在保险利益学说的发展过程中，曾有德国学者，如贝内克（Benecke）、刘易斯（Lewis）、冯·冀尔克（Von Gierke）和佐米-普拉（Sohmidt-Rimpler）等主张，保险利益的概念也适用于人身保险，即为自己利益以他人生命、身体为保险标的，必须以某种特定利益的存在为先决要件。如债权人以其债权金额为保险金额订立保险合同，而在债务人死亡时，直接从保险人处获取该保险金额的给付。这种保险严格来说，并不是人身保险，而是信用保险，即债权人为避免其对于债务人的债权，在债务人死亡的时候无法获偿，所以以保险合同来保障其债权。这时被保险人应为债权人自己，而不是债务人，保险利益为债权人对债务人的债权满足利益，保险金额为债权金额而不是债务人本身生命的价值。保险合同所欲弥补的是债权人的具体损害（债权无法清偿）。但是，在这种保险中，保险事故发生的对象既然为"人"而不是"物"或其他具有财产价值的客体，未经该本人的同意，即以之为危险发生的对象，显然违背道德观念，所以被后来法制所禁止。真正的人身保险的保险标的，应为特定的生命或身体，该特定人即为被保险人。保险的目的在于弥补该被保险人生命、身体在保险事故发生后，所遭受的无法以金钱价值计算的"抽象性损害"。享有保险赔偿给付请求权的人应为被保险人自己或其指定的受益人。第三人（不论是投保人还是任何第三人）须经被保险人书面同意才能成为受益人。也就是说，对于人身保险，德国主流采"被保险人同意"说。

四、保险利益的存在

（一）保险利益须存在于何人（保险利益的归属）

1. 英美法系规定

财产保险中被保险人是保险事故发生所致损失的直接承受者，应当具有保险利益的主体无疑是被保险人。如英国保险法学者侨顿·迪克逊和约翰·斯蒂尔在其论著中认为：保险利益构成了保险标的与被保险人之间由法律认可，基于经济关系产生的法律保险利益。至于人身保险，被保险人本身的生命和健康就是保险的标的，无法成为保险利益的归属主体，只能是投保人或者受益人，除非投保人和被保险人属于同一人。英国《1774年人寿保险法》规定，任何人或者团体均不得就任何人的生命或其他事件订立保险合同，除非此种保险合同的受益人对其具有保险利益。由此可见英国立法认为人身保险合同中保险利益的主体是受益人，因为保单中只有一个保单持有人（Policyholder）的概念，他既是投保人也是被保险人。美国各州法律对于该问题的立场并不一致，其中多数州将人身保险利益的主体限定为投保人或者保单持有人。保单持有人是对投保人和被保险人属于同一人时对投保人的称呼。如《加州保险法》规定，就另一个人所投保的任何人寿或者伤害的保险合同均无效，除非投保人在投保时对被保险人具有保险利益。另外，《纽约州保险法》就明确要求受益人必须对他人生命具有保险利益。该法第3205（b）（2）条规定："保险合同的保险金可以付给被保险人、被保险人的遗产代理人或者在合同订立时对被保险人具有保险利益的人，任何其他人不得直接地或者通过转让方式或其他方式取得以第三人为被保险人的保险合同。"①

---

① 任自力等译：《美国纽约州保险法》，光明日报出版社2020年版，第89页。

2. 大陆法系规定

在财产保险中只有欧美法系才有所谓保险利益概念的存在，大陆法系只有在损害保险中承认保险利益（如前所述）；在人身保险中大陆法系否认保险利益的概念，秉承同意主义。只要被保险人同意投保人就自己的健康和生命投保，即视为具有保险利益。因此人身保险中保险利益的主体是投保人。至于受益人是否需要可保利益，由于大陆法系秉承同意主义，投保人指定受益人必须经过被保险人同意，因此大陆法系仅规定受益人经被保险人同意即可，无须类似欧美法系需要审视受益人在领取保险金时与被保险人是否具有血缘、债权、劳动合同等保险利益关系。

3. 我国规定

根据我国《保险法》第12条第1款、第2款、第6款的规定："人身保险的投保人在保险合同订立时，对被保险人应当具有保险利益。财产保险的被保险人在保险事故发生时，对保险标的应当具有保险利益""保险利益是指投保人或者被保险人对保险标的具有的法律上承认的利益"，以及第31条第3款"订立合同时，投保人对被保险人不具有保险利益的，合同无效"，第48条"保险事故发生时，被保险人对保险标的不具有保险利益的，不得向保险人请求赔偿保险金"，可知保险利益归属于人身保险的投保人或者财产保险的被保险人；这些规定都是在表示财产保险被保险人对保险标的具有保险利益以及人身保险的投保人对被保险人必须具备保险利益的重要性。由此可见"保险利益"如何重要了。我国《保险法》（1995年版）第12条不分险种，规定投保人对于保险标的必须具有保险利益，并在第52条规定人身保险的保险利益的范围，这显然是采取了英美法系的主张，因为大陆法系仅在损害保险中才有保险利益的相关规定。我国《保险法》（1995年版）第11条第2款"投保人对保险标的不具有保险利益的，保险合同无效"的规定又类似大陆法系损害保险的规定。目前《保险法》第12条和第31条是2009年修订而成，已经对原有规定作出较大完善。

（二）保险利益须于何时存在

保险利益须在何时存在？是在订立保险合同之际即须存在，还是在保险事故发生时存在即可？大陆法系因将保险利益的概念限于损失补偿保险才会适用，且以保险事故发生时保险利益遭受损失的人为被保险人，所以解释上不发生保险利益究竟应在何时具备的判断问题。但在英美法系，由于保险利益的概念适用于各种险种，才产生这一问题。

1. 在英美法系，保险利益的具备究竟应在何时判断，因险种而异。在海上保险中，英国通说认为基于国际贸易惯例与需要，被保险人或受让人仅须在损失发生时对于保险标的具有保险利益，即可以请求给付保险金；在陆上财产保险中，虽有不少学者或法院判决附带意见（Dicta）认为为避免赌博所造成的致命错误，被保险人不仅须在投保时，且须在损失发生时对于保险标的具有保险利益。但英美法院普遍认为除成文法另有规定或合同另有约定外，被保险人无须在合同订立时对保险标的具有保险利益；在人身保险中，通说认为人身保险的当事人必须在订立保险合同时具有保险利益，至于合同订立后保险利益即使减少、中止或甚至完全丧失，保险给付请求权也不受影响。

2. 大陆法系多数国家否定人身保险领域有适用保险利益概念的必要，而是以同意主义取代。如德国《保险合同法》在第五章（人寿保险）第 150 条第 2 款规定："以他人的死亡为保险事故合同，其约定的保险金额超过一般丧葬费用的，须经该第三者的书面同意方能生效。"

3. 关于保险利益，从我国《保险法》第 12 条规定来看，显然是采取英美法系的主张，所有险种均需具备保险利益。但我国《保险法》第 31 条规定，人身保险订立保险合同要么具有保险利益，要么取得被保险人同意。可见，我国保险法又吸收了大陆法系有关保险利益的原则。现行《保险法》第 12 条第 1 款、第 2 款规定："人身保险的投保人在保险合同订立时，对被保险人应当具有保险利益。财产保险的被保险人在保险事故发生时，对保险标的应当具有保险利益。"①

【案例】中国平安财产保险股份有限公司江苏分公司诉江苏镇江安装集团有限公司保险代位求偿权纠纷案②

裁判要旨：1.《保险法》第 60 条第 1 款规定，因第三者对保险标的的损害而造成保险事故的，保险人自向被保险人赔偿保险金之日起，在赔偿金额范围内代位行使被保险人对第三者请求赔偿的权利。根据该条款的文义及保险代位求偿权制度的立法目的，保险人行使代位求偿权必须以被保险人对第三者享有损害赔偿请求权为前提，这里的赔偿请求权既可因第三者对保险标的的实施的侵权行为而产生，亦可基于第三者的违约行为等产生，不应仅限于侵权赔偿请求权。

---

① 我国《保险法》2009 年修订时修改了 1995 年《保险法》第 11 条第 1 款关于"投保人对保险标的应当具有保险利益"的规定。学者多认为保险利益的存在，依英美保险通例，因险种而不同。损失补偿保险在损失补偿原则的限制下，必须是被保险人在保险事故发生时对保险标的的有保险利益；定额给付保险不受损失补偿原则的限制，但为防止道德危险，必须在合同成立时有保险利益。因此 2009 年将第 11 条进行修改，分人身保险和财产保险两种情形对此作出不同的规定。

② 案例来源：《最高人民法院公报》2017 年第 1 期。

2. 施工过程中造成发包人的设备毁损灭失，承包人以其对该设备也具有保险利益，且发包人已对该设备投保财产损失保险为由，主张驳回保险人对其行使代位求偿权的请求的，因承包人虽对施工所涉发包人设备也具有保险利益，但该保险利益系责任保险利益，不同于发包人对其设备具有的所有权保险利益。保险利益不同，可以投保的保险类别亦不同，不能相互替代。承包人欲将施工过程中可能产生的损害赔偿责任转由保险人承担，应当投保相关责任保险，而不能借由发包人投保的财产损失保险免除自己应负的赔偿责任。故其主张不应予以支持。

第三节　保险利益的内容

一、财产保险中保险利益的内容

财产上保险利益的内容依据其作用可以分为积极财产的保险利益以及消极财产的保险利益。积极财产的保险利益，是指对于债权、物权、准物权所享有的现存利益和期待利益。消极财产的保险利益是指因债务不履行、侵权责任或其他原因所产生的责任的不利益。财产保险的保险利益，简略说明如下：

（一）积极财产保险利益的种类

1. 债权

基于合同产生的利益就是债权，但是债权可能是财产法上的债权，也可能是身份法发生的债权，此处的讨论仅限于财产法上的债权。产生财产债权的原因很多，合同只是其中一种，因合同产生的固然属于讨论的范围，因其他原因产生的，必要时予以说明。

（1）对债权本身有保险利益。债权人因债务人履行债务而获得利益，因此债权人对债权合同产生的债权本身有保险利益。例如货物人对运送合同产生的运费债权有保险利益，出租人对租赁合同产生的租金债权有保险利益，定作人对承揽合同产生的债权有保险利益。承保债权人对债务人债权的保险称为保证、信用保险。

（2）对依据债权可以请求的标的物有保险利益。不过学说对此多有争议。依据债权可以请求转移动产物权、不动产物权或占有的，到底债务的履行要达到何种程度，债权人才对该动产或不动产有保险利益呢？举例而言，无权出卖人就无处分权财产进行处分，甚至就同一标的可分别与不同的多数人订立买卖合同，如果不同的买受人都对出卖人就同一标的物有请求交付的权利，此时是否所有的买受人均可基于该前项权利产生保险利益而投保呢？截至目前尚无定论。买受人在未完成标的物的交付之前，本书认为，已经取得所有权或限制物权的，对该标的物有保险利益，应无疑义。债权人若已经获得买卖标的物的"占有"，即使还没有取得所有权或限制物权，债权人对之也有保险利益。占有在法律上具有特殊的重要性，其是一般债权与物权的过滤器，常被作为一般债权和担保物权的区分标志，合法的占有本身就是一种利益，占有人对这种利益具有保险利益。单纯取得物权还没有完成标的物的交付，更未取得所有权或限制物权的，由于买受人在标的物实际交付完成前对该标的物欠缺直接性，为了避免每个买受人都有保险利益，都投保保险，造成保险法律关系的混乱，应该采取否定意见才对。

（3）可消灭的保险利益。财产保险的保险利益有一种称为"可消灭的保险利益"，是一种偶发性的保险利益（Contingent Interest），是指保险利益产生之后，又可能因为法院判决、合同相对人的行为或自己的选择而使保险利益丧失。英国《1906年海上保险法》第7条明文承认这种保险利益。例如在国际贸易中，买方虽然对于购买的货物具有保险利益，但后来因为卖方迟延交付货物，买方决定拒绝接收货物，其已取得的保险利益也随之消灭，卖方恢复取得对该批货物的保险利益。

2. 物权或准物权的现存利益

（1）物权的现存利益。所谓物权，包括所有权和限制物权。所有权包括单独所有及共有。共有又分为共同共有和分别共有。所有人不论是单独所有、分别共有或共同共有，对于其所有物都有保险利益。基于所有权的保险利益，在丧失所有权时，保险利益丧失。若仅订立买卖合同，尚未将所有权转移给买方，卖方还保留有所有权，因此还保有保险利益。例如甲将小客车出卖给乙，但在交付乙之前发生保险事故，因该小客车尚属于甲所有，甲对小客车仍然有保险利益。所有人的所有物被盗窃、抢劫或抢夺，只是丧失占有，仍然保有所有权，因此仍然有保险利益。限制物权分为用益物权和担保物权。用益物权包括地上权、不动产役权、典权等；担保物权包括抵押权、质权、留置权、动产抵押权、航空器抵押权、船舶抵押权及海事优先权等。用益物权的存在以标的物的存在为前提，标的物若毁损灭失将导致用益物权无所附加，因此用益物权人对于该用益物权所附的不动产有保险利益。担保物权基本同上，担保物权的存在也是以担保标的物存在为前提，若担保物毁损灭失，则担保物除了符合代位物的规定外也归于消灭，担保物权人的优先受偿利益就会受到不利影响，因此担保物权人对于担保物权所附的动产或不动产也有保险利益。不过前述保险利益的大小仍然受到利害关系大小的限制。例如抵押权人对于抵押物固然有保险利益，但是其保险利益的范围不得超过抵押物的价值，也不能超过担保的债权额。占有依据民法的规定并不是物权，只是一种利益，占有人对于占有物如果是有权占有（例如基于所有权、承租权、承揽合同、借用合同而占有），占有人基于物权或债权对占有物本来就有保险利益；若为无权占有（例如租赁合同期满后继续占有他人所有的租赁物等），则因无权占有人仍然有返还占有的义务，占有人当然有保险利益。

（2）准物权的现存利益。准物权，包括矿业权、渔业权、知识产权等，其权利的存在与否，与权利主体有利害关系，因此其权利主体对之具有保险利益。

（3）物权或准物权的期待利益。基于物权或准物权，依照其正常用途即正常方法经营或操作，所可以期待的利益称为物权或准物权的期待利益。例如房屋所有人，以房屋订立租赁合同，对租赁有期待利益；进口商对进口货物享有所有权，对该进口货物转售有可期待的利润，有期待利益。财产上的期待利益必须建立在"已经取得物权或者准物权"（即现实利益）的基础上。盗窃者对于盗窃物没有保险利益，对于盗窃物产生的天然孳息和法定孳息（期待利益）一样没有保险利益。

3. 积极财产保险利益的共同要件：强制性、合法性和直接性

积极财产保险利益，不论是基于债权、物权还是可期待利益产生的利益，都必须同时具备强制性、合法性和直接性。直接性是指保险事故的发生与被保险人遭受的利益损失之间有直接的因果关系。分为四种情形：（1）利害关系有强制性、合法性且有直接性时，具有保险利益。例：专利权人因专利的分红合同，对生产该专利产品的工厂整个保有保险利益；抵押权人对于抵押物有保险利益；保证人对担保同一债务的抵押物有保险利益。[①]（2）有直接性但欠缺强制性时，没有保险利益。财产的存在虽然对自己有事实上的直接利益，若该直接利益无法请求法院强制执行，对于该财产仍然缺乏保险利益。例如农业互助社诉新荷兰收费公路公司（Farmers Mutual Ins. Co. v. New Holland Turnpike Co.）一案中，当事人一方新荷兰收费公路公司的营业项目之一就是兴建公路、设置过路收费站收取过路费，知悉纽约市政府打算修建一座横跨哈德逊河的桥梁。由于设置桥梁的位置与通行费收取密切相关，于是自愿捐献三分之一的建桥费用，条件是在特定的河面建桥。桥梁建成后归纽约市政府

---

① 按照我国《民法典》第392条的规定，既有物保又有人保时，债务人提供物保的，债权人优先就该物保实现债权；既有第三人提供的物保又有第三人提供的保证，则债权人可以进行选择。在有债务人提供的物保情形下，债务人作为担保物权人负担第一责任，保证人负担第二责任，因此该抵押物全部存在与否与保证人保证责任大小息息相关，保证人对抵押物的全部应当具有保险利益。

所有，但是新荷兰收费公路公司仍然以该桥梁为标的物投保火灾保险。在保险期间桥梁发生火灾。上诉法院认为新荷兰收费公路公司对大桥虽然有利害关系，但没有强制力（注：不是对通过车辆的过路费没有强制力），即不得请求法院强制执行，因此新荷兰收费公路公司对该桥没有保险利益，保险合同无效，保险人无须赔付保险金。① （3）欠缺直接性时，没有保险利益。举例来说，股东对公司财产是否具有保险利益？这个问题因各国立法不同、时代不同以及公司种类不同，法院的见解也不一致。公司的财产多少决定公司的股份价值大小。公司财产的毁损灭失理论上对股东或多或少都存在利害关系，但其与股东权益的受害之间是否有直接性，各国认定不同，见解也不一致。通说认为，无限公司的股东，须就公司的债务对第三人承担连带无限清偿责任，公司财产的存在与否与无限责任股东的责任息息相关，因此应认为股东对于公司财产具有保险利益；反之，股份有限公司的股东以及有限责任公司的股东，因对公司财产的毁损灭失缺乏直接的利害关系，应认为其对于公司财产没有保险利益。（4）有直接性但欠缺合法性时，没有保险利益。占有人根据其以自主的意思或是他人的意思而占有，可以分为时效取得所有权和时效取得限制物权，因此占有物的毁损灭失与占有人仍然有利害关系，占有人即使明知其无权占有，对其占有物也有保险利益。如前所述，占有人即使是恶意的无权占有，占有物的毁损灭失与占有人仍然有利害关系，因此恶意占有人对其占有物有保险利益，以该占有物为标的物所订立的保险合同，除非违背公序良俗，否则仍然有效。在因盗窃、抢夺、抢劫而取得占有的情形下，赃物的毁损灭失对于犯罪人来说虽然有利害关系，但是因为"缺乏法律价值的正面评价"，所以这种利害关系不能构成"可以保险的利益"（Insurable Interest）。而在善意受让赃物的情形下，只要受让人是善意的并支付合理对价，按照民法的规定还是可以取得所有权的，只是原所有权人（受害人）可以行使返还请求权，在受害人尚未行使返还请求权且受让人（占有人）返还（交付）标的物于受害人之前，受让人仍然保有所有权，并具有保险利益，可以以该标的物投保。若赃物的受让人在受让之时就是恶意的，即明知是赃物仍然购买，则该恶意行为因违背公序良俗而无效，受让人无法善意取得所有权。此时恶意无权占有人（恶意的受让人）对于该赃物虽然有利害关系（因为"占有"），但缺乏"法律价值的正当评价"而没有保险利益。

---

① 刘宗荣：《保险法——保险合同法及保险业法》（第5版），三民书局股份有限公司2021年版，第149页。

（二）消极财产保险利益的种类

消极财产，是指因债务不履行或因侵权行为而产生的赔偿责任遭受的经济利益损失。凡是此种经济利益损失有利害关系的，对该责任发生就有保险利益。

1. 债务不履行责任（违约责任）。债务人不履行债务原则上必须承担赔偿责任，因此债务人就债务不履行的损害赔偿责任有保险利益。例如保管人或运输业都是依据合同对他人财产负有保管的义务，若未尽善良管理人注意致使保管物或运送的货物毁损灭失，应该承担损害赔偿责任，保管物或运送的货物安全与否与之有利害关系，当然有保险利益，保管人或运送人为转嫁可能发生的赔偿责任，可以投保责任保险。

2. 侵权责任。关于侵权行为后果，原则上采取过错责任为主，无过错责任为辅的原则。根据《民法典》第1165条的规定，行为人因过错侵害他人民事权益造成损害的，应当承担侵权责任。侵权责任的构成有四个要件：一是侵权主体存在过错，二是侵权行为，三是侵权后果，四是因果关系存在。该条表明被害人须举证证明上述四要件同时具备，侵权行为才能成立，也就是举证责任在被害人一方。

无论是债务不履行责任还是侵权责任，其主体所负的责任都有利害关系，因此具有保险利益，且所负的责任越高，责任主体的负担越大，其依赖责任保险转嫁风险的需要也越发迫切。

举例说明，物流企业应该投保货物运输险还是物流责任险呢？货物运输险属于财产损失保险，是积极保险的一种，保险公司对由自然灾害和意外事故造成的货物损失负担赔偿责任。被保险人一般是实际货主，保险标的是被保险人对其拥有的货物的所有权关系。承运人通常以自己为投保人，以货主为被保险人投保货物运输险。而保险法规定，投保人仅负有缴纳保险费义务，享有保险金请求权的是被保险人，也就是说，物流公司无权向保险公司索赔。而且，保险公司在赔偿被保险人（货主）后，依法取代其享有的向负有赔偿责任的物流公司求偿的权利，物流公司所承担的风险并未转移。如果承运人以自己为被保险人投保货物运输险，在形式上具备了保险金请求的权益，但由于其对货物运输险的保险标的不具有保险利益，承运人还会面临着因无保险利益而被保险公司拒赔的法律风险。物流责任险属于责任保险，即消极保险，投保人和被保险人为物流公司，保险标的为被保险人依法对运输货物的损失应负的民事赔偿责任。它与仓储过程中保管人的仓储责任险融合在一起，为物流的各个环节提供保障。只有物流责任险才能真正转移承运人的货运风险。可见，在投保时甄别不同险种要求的保险利益至关重要。

二、人身保险中保险利益的内容

根据我国《保险法》第31条的规定，人身保险利益分为以下几种：（1）对本人的保险利益。本人对自己生命的存亡以及身体的健康最具有利害关系，因此本人对自己的身体和生命当然具有保险利益。（2）对于家属具有保险利益。家属在保险法中仅限于配偶、子女、父母，及其以外与投保人有抚养、赡养或者扶养关系的家庭其他成员、近亲属。（3）与投保人有劳动关系的劳动者。为以上三类人投保，无须被保险人书面同意，但死亡保险除外。依照我国台湾地区有关规定，承认债权人对债务人有保险利益①，对为本人管理财产或利益的人有保险利益②，基于有效合同也产生人身保险利益，但上述有保险利益人等之间（债权人若以债务人为被保险人）投保死亡保险，必须获得债务人的书面同意。我国《保险法》关于人身保险利益的规定内容较为狭窄，不利于扩大保险覆盖范围从而满足保险实务的需要，本书建议增设兜底条款，扩大至"其他有利害关系的人"，这样有利害关系的人均为法律承认有保险利益，即全部采纳前述的"实际利益论"，删除现行《保险法》第31条中需要被保险人同意的要求。

第四节　保险利益的转移

保险利益的转移，又称保险利益的变动。不同的变动方式、不同的保险类型，以及对保险合同性质的不同理解，都将对保险合同施加不同的影响力，以下便以保险利益变动对保险合同的影响为核心展开论述。

一、继承

（一）被保险人死亡时

1. 财产保险。被保险人死亡时，除保险合同另有规定外，继承人继承保险合同

---

① 例如金钱借贷的债权人对债务人，保证人对主债务人、债权人对一般保证人或连带保证人（但物权担保人除外）、连带保证人以已清偿为条件，在其他保证人应分担的范围内对该其他保证人有内部请求权而产生的保险利益。
② 例如公司对其董事、监事、经理，无限公司对其股东、合伙人，商号对其管理人，共同继承人对其推选产生的遗产管理人等。

的权利义务，因而保险利益也随之转移于其继承人。《保险法司法解释（四）》第 3 条规定，被保险人死亡，继承保险标的的当事人主张承继被保险人的权利和义务的，人民法院应予支持。

2. 人身保险。因保险的种类不同而异，如为死亡保险时，被保险人死亡，即为保险事故发生，则属于保险金请求权转让的问题，保险合同并未变动。如为伤害保险时，被保险人死亡，即为保险标的的消失，并发生保险金给付，保险合同因此终止，自然不存在保险合同或保险利益的转移。以上情形，不论投保人与被保险人是否同属于一人，都是一样的。

（二）投保人并不是被保险人，而死亡时

1. 财产保险。投保人死亡，而保险事故尚未发生时，其保险合同的权利义务由其继承人继承。因此保险利益随保险合同的保险标的的转移而转让于继承人。

2. 人身保险。投保人死亡，而被保险人尚生存时（投保人与被保险人非同一人），保险合同仍为继承人的利益而存在。[①] 目前学术通说认为，投保人死亡而被保险人尚生存时保单权益归属投保人的继承人所有，新受让继承人一般与被保险人也保持亲属关系，如果丧失亲属关系则应取得被保险人的同意，同时允许被保险人有保单的赎回权（被保险人在支付保单现金价值给投保人继承人后可以变更自己为新投保人）。

二、转让

（一）保险利益可否单独转让的学说之争

保险利益是否可以单独转让，向来学者见解不一，主要可分为两种：第一，肯定说，该说认为保险利益是可以用金钱估价的利益，自然可以转让。第二，否定说；该说认为保险利益无论属于财产还是人身，均不得脱离保险标的而单独转让。财产保险，投保人可以将其存在于标的财产上的权益转让给他人，受让人受让标的财产而对标的取得保险利益，不是转让人单纯转让财产的结果。至于人身上的保险利益，也不可转让。保险利益之所以不得单独转让，是基于公序良俗的理由，以防止无保险利益之投保人，通过转让保险利益谋取不法利益。本书认为，否定说较为合理，理由有三：（1）详阅本节后述，"保险利益是否可以随保险标的的转让而转移"。

---

① 参见林刚：《指定第二投保人的法律思考与分析》，载《保险理论与实践》2017 年第 9 期。

（2）为维护公序良俗，并避免违法背德的行为所致。（3）保险利益的性质的学说，非以价值说，而是以关系说为通说，请详阅本章前述保险利益的性质。

（二）我国关于保险利益可否单独转让的法律规定

1. 财产保险。保险利益可以随保险标的的转让而转移，不能脱离标的单独转让，保险标的的受让人仍需对保险标的具有保险利益。在投保人以法律行为或合同转移保险标的时，除投保人在损失发生前征得保险人同意，在保单上批注的以外，保险利益则不随之当然转移，保险合同失效。通常来说，保险人在接到投保人请求转移保险利益的通知时，在危险不增加情况下可予以同意；若危险显有增加，则须重新约定保险费率，或终止合同。在财产之动产保险中，无记名式或指示式保单不禁止保险利益的转移，如货物运输的保单可随保险货物自由转让，无须保险人同意。在非法律或合同有规定的情况下，保险利益转移时须提前或同时办理保险单转让手续。

2. 人身保险。在人身保险方面，投保人对其本人或其家庭成员，近亲属的生命或身体有保险利益。这项保险利益具有专属性，因此投保人对其保险利益自然不能转让，所以不会发生保险利益是否可以随保险标的转让而转移的问题。投保人对于同意第三人为其投保的被保险人的生命或身体有保险利益。这种保险利益不一定有专属性，应就不同情况作不同的处理。只要被保险人对新的受让人表示同意，保险利益随着保单投保人的变更而发生转移。

三、破产

（一）财产保险

比较法上，在财产保险中，投保人破产时，其保险利益转移给破产债权人或破产管理人，保险合同仍为破产债权人或破产管理人而存在。但通常受到保险合同约定的责任期限的限制。若在保险责任期限内发生保险事故，破产债权人或破产管理人均享有索赔请求权；若超过该期限，破产债权人或破产管理人则丧失索赔请求权。在投保人为自然人时，由于我国尚未实行自然人破产制度，有关保单的执行按现行法院强制执行规范处理。未来我国一旦确认自然人破产制度，就可以依照前述境外个人破产立法例有关平等比例受偿的原则处理。

（二）人身保险

在人身保险中，投保人破产，保险利益应转移于破产债权人，由破产债权人依破产程序分配。因为人身保险多为长期性人寿保险，而破产重组有时间限制，不能等到保险期限届满，此时破产债权人可以将该保单现金价值纳入破产财产财团，此时保险合同终止。无论是否已经指定受益人，即使发生被保险人死残的保险事故，受益人也不能享受保险金索赔权。但是此时应保障被保险人或者受益人享有赎回权，被保险人或者受益人可以通过支付破产管理人保单现金价值的方式将自己变更为投保人，将保单从破产财产中剔除。

第五节　保险利益的消失

保险利益之存在是保险合同的效力是否继续存在的要件。假如保险利益消失，则保险合同的效力终止。保险利益消失，或由于保险事故发生，或由于保险标的灭失。这里分财产保险与人身保险两种情况：

一、财产保险

订立财产保险合同的目的在于获得损害的补偿。因此在财产保险合同的存续期间，保险利益因保险事故发生而消失，则保险合同的效力应立即终止。假如保险利益未经保险事故发生而消失，其合同的效力也应终止。至于保险合同的标的物毁损灭失，保险人应负责任的事由已不存在，保险合同已无继续的必要，应立即终止。

二、人身保险

在人身保险合同存续期间，因保险事故发生及保险标的的灭失，致使保险利益消失，其合同当然终止。这与财产保险的情形相同。但有一例外，即在人身保险合同存续期间，投保人与被保险人之间的关系，如丧失《保险法》所规定的一定身份关系时，除两者的关系能转移于他人外，原则上保险利益随之消失。保险利益消失后，保险合同是否因此而丧失效力？论者看法不一，约可分为以下两种：

（一）失效说

该说认为投保人与被保险人之间，如果在人身保险合同存续中，变更《保险法》第31条各款的关系，也可认为保险利益消失，这是人身保险方面的特征，例如投保人依民法规定，对于其家属方面的保险利益，约定假如夫妻离婚，即丧失原有家庭成员资格，保险合同自然丧失其效力。

（二）继续有效说

该说认为投保人在人身保险合同成立时有保险利益的，保险合同即发生效力，其后虽丧失保险利益，例如夫妻离婚等，但也不影响其在合同上的权利。如投保人同时为受益人时，可以继续享受合同的权利。人身保险，尤其是人寿保险，具有储蓄及投资的性质，到期后所领取的保险金额为其自己所支付保险费及利息的累积额，或甚至少于这种累积额。投保人基于善意，为被保险人投保人寿保险。其后即使因为人事变迁，导致投保人对被保险人丧失保险利益，也不应影响其所应享有的权益。否则，多年的储蓄及投资，不是因其自己的过失而落空，不但对投保人显然有失公平，且有违保险的目的。

对于上述两说，从我国《保险法》第 12 条关于人身保险的投保人在保险合同订立时，对被保险人应当具有保险利益的规定来看，我国采取的是继续有效说。投保人在保险合同成立时，有保险利益的，保险合同即生效力，事后丧失保险利益时，不影响其合同上的权利。

第三章　保险合同的种类

第一节　财产保险与人身保险

以保险事故发生所在的客体为区分标准，可将保险分为财产保险与人身保险两类。此分类历史悠久，也是现行保险所采取的分类标准。

一、财产保险

财产保险是指投保人根据合同约定，向保险人交付保险费，保险人按保险合同的约定对所承保的财产及其有关利益因自然灾害或意外事故造成的损失承担赔偿责任的保险。财产保险，包括农业保险、责任保险、保证保险、信用保险等以财产或利益为保险标的的各种保险。

二、人身保险

人身保险是指以人的生命、身体或健康为承保客体的保险，包括人寿保险、健康保险、伤害保险及年金保险。

传统观点认为只有财产保险具有填补损害的性质，人身保险则具有储蓄性，且人身无价故不具有损害填补的性质。将保险分为财产保险和人身保险的目的在于确定禁止不当得利原则的适用范围仅限于财产保险。因此保险代位等在人身保险中均不适用。但是该传统分类显然忽略了人身保险中尤其是健康保险与伤害保险的医疗费用给付部分，其实与一般财产保险的性质毫无差异，也应该有禁止不当得利原则的适用。

就保险合同所保护的内容而言，可将保险合同分为财产保险及人身保险。财产保险以补偿投保人的财产损失为目的。该财产损失不仅可因被保险人的财物或利益直接受到损害，也可因被保险人对第三人负有损害赔偿责任而发生。但是财产保险所欲保护的标的并不是指该保险合同内所规定的标的物，如财产保险的房屋，机动车保险的汽车，或责任保险中的第三人身体、生命或财物等。财产保险的标的为"保险利益"，而保险利益是一种关系，一种存在于被保险人和某一标的物之间的具有经济价值的关系，如一般房屋所有权人所订立的财产保险，其标的物为该房屋，但其保险的标的事实上应为房屋所有权人对该房屋的经济价值；抵押权人所订的财产保险的标的应为抵押权人保险利益，其保险价值由该抵押权人保险利益的价值决定而不是该房屋的价值。两种保险并行不悖，保险利益不同，因此不产生重复保险的问题。在机动车保险中，其保险标的也不是汽车本身，而是被保险人和该辆汽车的关系，所以该汽车遭窃而汽车本身虽未受损，但原被保险人的保险利益（即对该汽车的关系）却已遭到侵害，所以也算损害事故的发生。同理，在责任保险中，保险的标的为责任义务保险利益（存在于被保险人和第三人之间的损害赔偿请求权关系）。由此可知，财产保险的标的为保险利益，而不是物本身。根据我国《保险法》第12条第4款的规定，财产保险是以财产及其有关利益为保险标的的保险，这容易使人误认为保险标的即为物本身，严格来说是不合适的。

财产保险既然以保险利益为标的，被保险人在保险事故发生时应取得的保险赔偿，也仅能限于补偿保险利益遭受侵害的范围内。损害为保险利益的反面，财产保险的目的在于满足被保险人因损害发生而产生的需要，所以也可称为"损害保险"或"补偿具体损失保险"。反之，人身保险合同所保护的内容为被保险人生命身体的完整不受侵害性，如人寿保险、健康保险或伤害保险等。我国《保险法》虽将保险利益的概念也适用于人身保险，但并无多大意义。人身保险基于生命、身体的无价性，保险合同当事人可自由约定保险金额，在保险事故发生时，直接以之为赔偿额加以支付。因此，人身保险又称为"定额保险"或"补偿抽象损失保险"，而不存在超额保险或重复保险的问题。但需注意的是，在人身保险中也有属于损害保险性质的，例如健康保险或意外伤害保险中的医疗费用保险，其目的仅在于补偿被保险人因治疗疾病所产生的费用，被保险人不得因疾病或受伤接受治疗而不当得利，所以重复保险或保险人代位权的规定在此也是适用的，因此在学说上称之为"中间性保险"。在人身保险中区分其是否为定额保险或损害保险的关键在于确定其保险合同的目的是否为"费用的补偿"。若是，则为损害赔偿，应适用有关损害保险的规定。

代位权的规定设置在我国《保险法》第二章保险合同第二节财产保险合同中，应适用于财产保险。对于人身保险，即人寿保险、健康保险及伤害保险（意外伤害保险），我国《保险法》排除有关代位权规定的适用。

但就保险法理而论，保险人代位权规定的立法宗旨，在于防止被保险人在损害发生时出现不当得利的情况。而不当得利可能只以"补偿具体损害原则"为先决要件，具体损害又以可用金钱计算的保险利益为前提。被保险人就其保险利益的价值投保，在保险事故发生后，可以依约向保险人请求补偿其损害，一旦其损害被补偿之后，其对第三人的损害赔偿请求权，即应转让给保险人，不得再向该第三人请求损害赔偿，否则即为不当得利。这是保险代位权规定的精神之一。反之，在人身保险中，我国《保险法》虽规定也须具有保险利益，但其保险标的为人的生命、身体，其价值无法估计，所以在保险事故发生后，其损害也无法以金钱估计，保险人支付的保险赔偿并不是"补偿具体损害"，而是"补偿抽象损害"，被保险人在获得自己的保险赔偿后，其损害并不是已经补偿，所以如果其对第三人具有损害赔偿请求权时，仍可以行使该请求权，其请求不得转移至保险人，不发生不当得利的问题。但在例外的情形下，如人身保险中医疗费用、丧葬费用，保险合同的目的仅在于补偿"具体损害"，即其目的也仅补偿财产上的损害，本来属于财产保险的保险人代位权规定在这里也应有适用的余地。因此，我国《保险法》第 46 条规定，人身保险的被保险人因第三者的行为而发生死亡、伤残或者疾病等保险事故，保险人向被保险人或者受益人给付保险金后，不得享有向第三者追偿的权利。但本书认为这里所称的代位权禁止，应指属于"定额保险"的部分，不包括属于"损害保险"的部分。

定额保险只适用于无价的以身体、生命为保险标的的人身保险，固属当然，但人身保险不一定是定额保险，所以可依其性质分为补偿具体损害的"损害保险"及补偿抽象损害的"定额保险"。因此伤害保险和健康保险属"中间性保险"，并不因其属于人身保险的范围，而完全不适用损害保险的有关规定。在保险事故发生时，必须先确定应受补偿的损害是抽象性的还是具体性的，不因其保险人为经营人身保险或财产保险的保险公司而受到影响，也不因其合同属于人身保险或财产保险而改变其本质，这点在财险公司也开展意外伤害险和健康医疗保险的业务表现无遗。至于人身保险的相对概念应为非人身保险，这是就其危险事故发生的对象而言的。财产保险必为损害保险，而人身保险也可能为损害保险，人身保险和财产保险两者并不是相对概念。更何况财产保险的标的也不是生命、身体的相对概念——物，而为保险利益。

第二节　损害保险与定额保险

一、损害保险

所谓损害保险是指填补被保险人具体损害的险种。所谓的具体损害是指可以以金钱加以估计、评价的损害。传统分类下的财产保险均属于损害保险。此外，人身保险中也有部分险种属于损害保险。健康保险与伤害保险中实报实销性的医疗保险，因系填补被保险人具体的医疗费用损失，性质上也属于损害保险。保险的目的在于补偿损害，而损害在保险法上可分为具体损害（如财产的损害）和抽象损害（如人身的损害），以补偿被保险人具体损害为目的的保险为损害保险，反之，以补偿抽象损害为目的的保险为定额保险。两者的主要区别在于损害保险的保险人只在被保险人实际遭受损害，且在其损害可依一般人的概念计算其价值的范围内，负保险赔偿的责任，如积极保险中的所有权人保险、增值保险、期待利益保险、抵押权人保险等，或消极保险中的责任保险、必要性费用保险。在这种保险中，保险事故发生时须确切计算其价值，保险人的赔偿数额不得超过这个价值，否则被保险人会不当得利。反之，在定额保险中，其保险标的的价值无法客观计算（如人的生命），在危险事故发生时被保险人的损害既然无法估计其价值，所以保险人须依订约时所约定的金额进行保险给付，不产生被保险人不当得利的问题。由此可知在定额保险（人寿保险）中，并无保险价值概念存在的必要。

二、定额保险

定额保险是指填补被保险人抽象损害的险种。所谓抽象，是指在保险法的评价上被保险人所受到的损害并不以具有财产价值的实质损害为限，也包括不具有财产价值的感情、道德及伦理上的利益。例如人的死亡及残疾即属于这种抽象的损害。健康保险与伤害保险中定额型医疗费用的给付，一般也被认为是填补抽象损害。

保险合同区分为损失补偿保险与定额给付保险，已为多数保险立法例及学说所共采。[1]日本"损害保险法制研究会"经过 30 年的研究，在 1995 年 7 月公布的《损

---

[1]　德国《保险合同法》第二章称损害保险，第三章称人寿保险；日本《保险法》第十章保险，第一节称损害保险、第二节称生命保险，均隐含损失补偿保险与定额给付保险的区分。

害保险合同法修正草案及伤害保险合同法（新设）草案理由书》① 中，建议在该国《商法》第三编商行为第十章保险中增订第三节"伤害保险"相关条文，也将伤害保险区分为"定额给付方式的伤害保险"与"损害补偿方式的伤害保险"。日本 2008年新《保险法》将保险分为损害保险、生命保险和疾病健康定额保险三种。我国《保险法》将保险合同区分为"财产保险合同"与"人身保险合同"，纯粹是以保险标的作为分类标准，未能顾及作为保险合同规范对象的权利义务性质的差异，导致适用上常常产生争议。本书建议应将保险合同区分为损失补偿保险及定额给付保险。将保险分为损害保险和定额保险的目的，与前述财产保险和人身保险相同，都在于禁止不当得利原则的适用。损害保险所填补的损害是金钱可以估计的具体损害，依照禁止不当得利原则，被保险人在保险事故发生后不得因保险给付而获得比实际损害更高的补偿。被保险人获得超额利益的可能性应以重复保险、超额保险以及保险代位等相关规定予以防止。至于定额保险中，因为被保险人仅受到无法用金钱加以估计的抽象损害，无论保险人给付金额如何，均难认定被保险人因此获得超过其损害额的不当利益，因此，定额保险可以不适用禁止不当得利原则。

第三节 积极保险与消极保险

虽然损害保险的目的在于补偿被保险人在保险事故发生时所遭受的损害，但其所赔偿的损害的范围可以是保险合同中保险标的遭受侵害所产生的损失，也可能是实际上是保险事故发生后，造成了第三人损失，但由于法律强制力这份损失需要由被保险人来承担，这就导致了保险人损失。因此就保险法上损害的性质而言，可区分为积极保险和消极保险。

一、积极保险

被保险人针对自己享有固有权益的标的进行投保，保险事故发生后，直接造成保险人积极保险利益的减损（比如丧失标的物的所有权等）。最常见的就是那些财产损失险。② 积极型财产保险是以已经存在的现实物质财产及其有关利益为保险标的的

---

① 详见日本损害保险法制研究会编印：《损害保险合同法修正草案及伤害保险合同法（新设）草案理由书》（1995 年确定版）。

② 江朝国：《保险法基础理论》，中国政法大学出版社 2002 年版，第 111 页。

保险，如车辆损失险、营业中断保险、保证保险、信用保险等。

二、消极保险

"消极保险利益乃指要保人或被保险人，对于保险标的之不安全存在时，所可能遭受之不利益也。"[①] 消极保险是以被保险人因过错行为造成第三者人身伤亡、财产损失，依法应负的民事损害赔偿责任（消极保险利益）为保险标的的保险，如第三者责任保险、产品责任保险等。最常见的就是第三者责任保险。

第四节　海上保险与陆上保险

一、海上保险

海上保险也可称为水险，是指将可以货币估价的财产权益（即各种保险利益）作为保险标的，对于海上一切事变及灾害所产生的毁损灭失及费用承担赔偿责任的一种保险。海上保险基本上为货物运输保险的一种，与陆空保险（也是货物运输保险）对应，但有时也可包括非航行中所产生的危险，如建造中船舶的保险也适用海上保险的原则。海上保险为其他保险种类的源泉，属财产保险，所以有关旅客生命、身体健康的保险不适用海上保险的规定。海上保险虽然也属于财产保险的一种，但依历史传统，各国法律均将其规定在海商法中，因此为保险法的特别法。我国《保险法》第182条的规定"海上保险适用《中华人民共和国海商法》的有关规定；《中华人民共和国海商法》未规定的，适用本法的有关规定"也同此理。

二、陆上保险

除了海上保险外，其他都可称为陆上保险，如财产保险、人身保险等。但陆上保险和陆空保险的概念也不同：陆空保险专指陆上运输保险、内河运输保险、航空运输保险，而陆上保险并不仅限于运输保险。需特别注意的是，在我国区分海上保险和陆上保险的实质意义，并不是相当大。依《保险法》第182条的规定，除特别规定外，保险法（即陆上保险法）的规定也适用于海上保险。不像德国《保险合同法》第209条明文规定，陆上保险的规定及原则不适用于海上保险，所以在探

讨德国有关保险法学的理论时，务必注意这点，例如陆上保险所用的相当因果关系理论不适用于海上保险，因为后者，依通说应采用"主要因果关系原则"（或近因原则）。

第五节　为自己利益保险、为他人利益保险、为自己或他人利益保险

一、为自己利益保险

投保人对保险标的或者被保险人（为投保人本人）具有保险利益，向保险人申请订立保险合同，并负有交付保险费的义务，而在危险事故发生时，享有保险赔偿请求权。这是保险的最基本类型，称为"为自己利益保险"。在这种保险中，投保人和被保险人是同一人，所以无论规定投保人还是被保险人具有保险利益，从保险的本质上来说都没有问题。我国《保险法》第 12 条规定人身保险的投保人在保险合同订立时，对被保险人应当具有保险利益；被保险人是指其财产或者人身受保险合同保障，享有保险金请求权的人。财产保险中的被保险人在保险事故发生时对保险标的应该具有保险利益。被保险人可以同时为投保人。保险利益既为保险的标的，且保险合同的效力因保险利益的存在而存在，保险的目的在于危险事故发生时，补偿受害人的损失。受害人之所以会有损失，是因为其保险利益遭受了侵害。保险法上"损害即保险利益的反面"原则意即于此。损害和保险利益体现为投保人和被保险人为同一人。投保人既为保险合同的相对人，仅负有缴纳保险费及遵守合同的义务，因此投保人无须具有保险利益。对此，或许有人认为如果投保人对标的无须具有保险利益，而让其投保，是否易造成主观危险的发生，本书以为此虑纯属多余。保险事故发生后，保险赔偿请求权不属于投保人，而属被保险人。即使被保险人在获得保险赔偿请求权后，自愿将其转让给投保人，也属于民法上债权转让的问题，和保险法无关。此外，在保险法的关系上，投保人无非是保险费缴纳义务人而已，并不是保险合同利益"受益的人"，有义务而无利益是投保人的特征，保险事故发生，对其既无利益可言，主观危险的发生也并不会因投保人对之无保险利益而特别提高。

二、为他人利益保险

投保人可不经委托，为他人的利益订立保险合同，称为"为他人利益保险"，在这种财产保险合同中的被保险人为第三人，而且所保的标的，为此第三人的保险利益，也是危险事故发生时蒙受损失，享有赔偿请求权的人。这种保险形态最常见于国际贸易中，如以 CIF① （成本+保险费+运费）为条件的交易。此外，陆、海、空旅客运送公司也常以自己为投保人，乘客为被保险人，和保险人订立团体意外伤害险。至于投保人为什么订立这种保险，使自己尽合同义务，而使他人享受权利，则为其内部关系，不在讨论之列。这种保险多见于损害保险，不要求投保人具有保险利益，因为发生事故时受损害的人为被保险人。在为他人利益保险中，投保人不是被保险人，不是保险合同保护的对象。保险事故发生后，投保人对事故发生负有赔偿责任的，依我国《保险法》第 60 条有关代位追偿的规定可以成为代位追偿权行使的对象。这在运输保险和信用保证保险业务中较为常见，需特别注意。我国《民法典》第 522 条第 1 款源于原《合同法》第 64 条，规定的是"不真正第三人利益合同"；第 2 款是《民法典》新增的条文，规范了"真正的第三人利益合同"。两者的区别在于"第三人是否享有对债务人的请求权"。除财产损失保险、人身保险（被保险人、受益人享有保险金请求权）外，典型的第三人利益保险还有第三者责任保险（受害者对保险人享有直接请求权）。在法律效果上，如果债务人未向第三人履行债务或者履行债务不符合约定的，第三人可以请求债务人承担违约责任。就权利取得方式而言，只要第三人未在合理期限内明确拒绝，即可取得合同为他设定的权利；第三人也可以在合理期限内明确拒绝他人对自己无故增加的利益。一旦第三人明确拒绝，则关于第三人利益的合同不发生法律效力。第三人并不享有合同当事人才享有的变更、撤销、解除的权利。因此在不违反法律或者当事人约定的情况下，为他人利益保险准用于《民法典》关于第三人利益合同的规定。

三、为自己或他人利益保险

除上述保险之外，在财产保险中，投保人也可为自己或他人订立保险合同，称为"为自己或他人利益保险"，又称关系人保险。这种保险运用保险利益学说分析，

---

① 参见李然：《FCA/FOB/CIF 三种术语中出口商风险的深入解读》，载《对外经贸实务》2015 年第 8 期。

它可保投保人自己的保险利益，这时投保人和被保险人是同一人；或以被保险人的保险利益为标的，则被保险人和投保人为两人。其效果为在保险事故发生时，如果证明所损害的是投保人的保险利益，则投保人（这时也为被保险人）可请求给付保险金，如果证明第三人的保险利益遭受损害，则此第三人为被保险人，保险赔偿请求权则归他享有。目前国际贸易上，通常以 CIF 为买卖条件的，卖方都购买这种保险。以上是纯依保险的本质而言的。此外保险法上所称的"受益人"，是指被保险人和保险人约定享有赔偿请求权的人。受益人不是保险合同当事人，不负保险费交付的义务，也不是被保险人，所以也无须具有保险利益，只是依私法自治原则当事人之间约定受益的人，此人可为投保人、被保险人或任何第三人，存在与否不影响保险合同的关系。在理论上受益人通常仅见于人身保险中，因为在人身保险中，如果被保险人死亡，其本来享有的理赔请求权必须由第三人行使。在财产保险中受益人即被保险人本身，没必要存在受益人，如果被保险人和保险人约定在保险事故发生时，由第三人领取保险赔偿，此第三人虽依一般用语也可称为"受益人"，但和保险法上所称的"受益人"性质不同。因此在财产保险中，如果投保人和被保险人不是同一人，保险合同内也无特别约定，其保险赔偿请求权应归被保险人享有，因为被保险人是保险事故发生时受损害的人。受益人的指定须被保险人同意，否则受益人的指定无效，保险合同上的利益也仍归于被保险人。我国《保险法》第 31 条规定了人身保险投保人具有保险利益的几种特定情形，且在第 34 条第 1 款规定"以死亡为给付保险金条件的合同，未经被保险人同意并认可保险金额的，合同无效"，但被保险人同意未准用于也属人身保险的健康保险和意外伤害保险；所以似乎只要投保人对被保险人依《保险法》第 31 条的规定具有保险利益，则即可为之订立健康或意外伤害保险，而无须征得被保险人的同意，这在受益人为被保险人自己或其继承人时，似乎没有诱发主观道德危险的可能。有学者以为，对于人身保险合同，要么全部采取英美法的"保险利益主义"，要么全部仿德国立法采取"同意主义"，而不要采取范围极其狭窄的"利益主义"和"同意主义"的混合主义。为提高寿险保单流通性、兼顾团体保险的发展，本书建议参考英美法的"保险利益主义"。长期以来，保险法未区分个险与团险的区别，要求团险业务也要满足个险对保险利益的合规的要求，保险实务界不得不将本属于团险的业务（如学平险、乘意险等）全部改为个单业务，徒增成本，不利于发挥团险费率低、受众广的优势，不利于扩大保险保障的覆盖面，最后阻碍了团险业务的发展与壮大。

第六节　定值保险与不定值保险

依我国《保险法》第 55 条规定，保险标的的保险价值，既可以由投保人和保险人约定并在合同中载明，也可以按照保险事故发生时保险标的的实际价值确定。在损害保险（财产保险及意外险）中，保险价值为计算损害的标准。保险价值依目前各国立法例的规定，既可以在订约时订立，也可在损害发生时以当时的实际价格确定。在订约时确定的，是定值保险，海上保险大都属于定值保险；在损害发生时才估计保险价值的为不定值保险，大部分的陆上保险如财产保险属于不定值保险。

一、定值保险

所谓定值保险，是指当订立合同时，对保险标的的价值加以评定，并将其评价额在合同中载明，所以也叫定价保险合同。定值保险合同与定额保险合同不可混为一谈，后者指当事人预先约定保险金额，在保险事故发生时，即按该数额给付保险金，而不得增减，也就是无须再行计算，主要常见于人身保险中的人寿保险。

二、不定值保险

不定值保险是指保险合同上不载明保险标的的价值，而仅记载"保险标的的价值，须至保险事故发生时按照保险标的的实际价值确定"等字样，所以这种保险合同也叫作不定价保险合同。以上两者区别的意义，在保险金给付时可明晓。前者如以该载明的价值为保险金额，在发生全部损失或部分损失时，均以约定价值为标准计算赔偿金额；后者保险标的既然未载明价值，所以发生损失时，须以保险事故发生时的实际价值为标准计算赔偿金额，不过其赔偿金额不得超过保险金额。

定值和不定值这两种保险合同限于损害保险适用，人身保险中人寿保险部分属于定额保险，也就无此分类；但属于损害保险的补偿型意外伤害和健康保险，可作上述两种合同的划分。

第七节　原保险与再保险

以保险责任的次序为区分标准，可将保险分成原保险和再保险。原保险，是指投保人与保险人订立的原始保险合同，是针对再保险合同而言的。再保险是指保险人以其所承保的危险，转向他保险人保险的保险合同。例如投保人乙向保险人甲订立财产保险，而保险人甲再以其承保的财产保险，向保险人丙订立保险合同。在这种情形下，甲乙之间的合同称为原保险合同，甲丙之间的合同称为再保险合同。我国《保险法》第 28 条规定："保险人将其承担的保险业务，以分保形式部分转移给其他保险人的，为再保险。应再保险接受人的要求，再保险分出人应当将其自负责任及原保险的有关情况书面告知再保险接受人。"该条表明再保险规则既适用于财产保险也适用于人身保险。

再保险合同，以有原保险合同为前提，所以再保险的投保人，必为原保险合同的原保险人。原保险人以其所承保的危险转向其他保险人投保，因此再保险的保险利益，不属原保险的保险利益，而是原保险合同上的利益，即因原保险合同而负担赔偿损失的责任。例如房屋所有人以其房屋投保财产保险，则其所有为房屋，而再保险的保险利益，并不是房屋，而是原保险合同上的利益。因此再保险人的责任，以不超越原保险人的责任范围为限。

第八节　现在保险、追溯保险、未来保险

根据保险利益存在的时间，可将保险分为现在保险、追溯保险及未来保险。一般而言，保险的对象都为现在存在的保险利益，过去的利益不得作为保险的对象，但也有例外：在海上保险中，有所谓"无论是否已发生损失"（Lost or Not Lost）条款，如果保险合同双方当事人都出于善意，即在订约之际，被保险人的利益早已消灭，保险人仍应依约赔偿其损失①。德国《保险合同法》第 2 条是关于追溯保险的规

---

① 英国《1906 年海上保险法》第 6 条第 1 款便是。参见汪鹏南：《海上保险合同法详论》，大连海事大学出版社 1996 年版，第 47—48 页。

定："保险合同的承保效力可以追溯至保险合同订立之前而发生；如果保险人在作出承保承诺时已经知晓保险事故不可能发生，其无权向投保人收取保险费；如果投保人向保险人作出投保申请时知晓保险事故已经发生，则保险人可以拒绝向其支付保险金。"日本《保险法》第 5 条也专门对追溯保险作出规定。① 我国《保险法》无此规定，但我国《海商法》第 224 条有关于追溯保险的规定。此外，对将来存在的保险利益也可以所谓"未来保险"方式投保，这种保险大抵发生在货物运输保险或仓库保险中。由保险人和被保险人订立一份"流动保险单"，被保险人在保险合同成立之后，在将来每次运送货物或货物进仓时再将有关资料告知保险人即可。在这种保险中，其保险期间（指合同有效期间）和保险人的责任期间（指保险人对标的损害应负责的期间）不一致。

---

① 日本《保险法》第 5 条（溯及保险）规定：（1）约定填补由损害保险契约缔结前发生的保险事故（损害保险契约所约定的使该损害保险契约所填补的损害发生的偶然事故。以下本章中相同）所造成的损害的，在投保人对该损害保险契约提出要约或承诺时，投保人或被保险人知道保险事故已经发生的，该约定无效。（2）约定填补由损害保险契约要约前发生的保险事故所造成的损害的，在保险人或投保人对该损害保险契约提出要约时，保险人知道保险事故没有发生的，该约定无效。

第四章 保险合同的主体和关系人

法律关系以权利义务的关系为内容，保险作为一种法律关系，必有主体享受权利、履行义务，保险关系的主体一方为保险人，另一方则为投保人，此外双方也各有关系人。现就我国目前《保险法》及其相关规定分述如下：

第一节 保险合同的主体

一、保险人

保险人是与投保人订立保险合同，并依约承担保险危险的人。保险人是指经营保险业务的各种组织，保险人在保险合同成立时有收取保险费的权利，在承保事故发生时，有依其承诺负担赔偿的义务。

（一）公司型和非公司型

保险人根据组织形式可分为公司型和非公司型。保险公司的组织形式有有限责任公司、股份有限公司和国有独资公司三种，后续增加相互保险公司、自保公司。2000 年 3 月，保监会制定颁布《保险公司管理规定》，规定设立保险公司或保险公司设立分支机构必须经中国保险监督管理机构批准。

（二）财产、人身和再保险公司

保险人根据业务经营范围分为财产、人身和再保险三类。经中国保险监督管理机构批准，财产保险公司可以经营的业务包括：企业财产损失保险、家庭财产损失保险、建筑工程保险、安装工程保险、货物运输保险、机动车辆保险、船舶保险、飞机保险、航天保险、核电站保险、能源保险、法定责任保险、一般责任保险、保证保险、信用保险、种植业保险、养殖业保险等及其前述保险业务的再保险。人身保险公司可以经营的业务包括：人寿保险、意外伤害保险、健康保险、年金保险等以及前述保险业务的再保险。再保险公司可以经营接受财产保险公司的再保险分出业务、接受人身保险公司的再保险分出业务、经中国保监会批准接受境内保险公司的法定分保业务、办理转分保业务、经营国际再保险业务等。保险公司申请增加业务经营范围的，其资本金、经营年限、经营业绩等应符合中国保险监督管理机构的有关要求。

二、投保人

投保人为合同的相对人。就保险本质而言，保险的目的在于保险事故发生时，由保险人对某特定人因此而产生的损失负补偿的责任，这个补偿义务的产生当然须经保险人和其合同相对人约定。出面和保险人约定的人即为投保人，其因此负有交付保险费的义务，如果投保人是为避免自己的损失而要求保险人承保，则须对标的物具有保险利益，否则在保险事故发生时，即无损害可言，保险人也无从补偿。因此，在这种情形之下投保人和被保险人（保险事故发生时受损害的人）为同一人，投保人对标的物须具有保险利益的规定无可厚非，这也是保险实务上一般的情形。但投保人也可为他人的利益而和保险人订立保险合同，以该他人为被保险人，以该他人的保险利益为保险标的，而在保险事故发生时受损害的人当然为被保险人，如果合同上无其他特别规定，保险赔偿请求权应归属于被保险人。需特别强调的是，这个赔偿请求权归属于被保险人。这并不是由投保人指定受益人所致，而是基于保险的内容在于补偿真正受害人的结果。又因保险合同本质上并不都是民法上的为第三人利益合同，所以如果保险合同上未注明被保险人，且由保险合同的内容也无从得知被保险人是谁，这时即假设投保人欲以自己利益为保险标的而同时也是被保险人，所以首先须确定投保人对该标的（物）是否具有保险利益，如果没有，则保险合同失效；如果有，则合同有效。

以上所述针对财产保险而论，投保人无须均具有保险利益。财产保险中一般没有单独投保人的概念，只有被保险人的概念，投保人与被保险人是一个人，保单条款中也只有被保险人一个角色。被保险人作为被保险标的的权益拥有者而直接出面与保险人缔约，充当投保人角色。但在人身保险中，欧陆保险法自19世纪中叶开始即不适用保险利益的概念，因容易引起道德危险，所以以被保险人（危险发生的人）的书面同意代替保险利益，因此投保人也无须具有保险利益。简言之，投保人只是保险人合同上的相对人，负有交付保险费的义务，并不是必须具有保险利益而在保险事故发生时遭受损害的人。德国《保险合同法》第 80 条关于保险利益的规定①是在第二章损害保险的一般规定中，可见在德国只有损害保险中才有保险利益概念的适用。

第二节　保险合同的关系人

基本上，保险人的相对人为一群多数需要保险保护的人，这群人聚合在一起组成危险共同团体，希望在危险事故发生时能将其本应独自承担的损失，通过保险人而转嫁给其他成员。为这个目的则要求保险人承保（担）这个危险，所以保险法上称之为投保人，是保险人的合同相对人，彼此互尽、互享合同上的权利义务。但是随着保险技术的演进，及受其他法律关系的影响，保险关系的内容也由"保险人对投保人"的单纯性，转变为复杂多元化。例如被保险人、抵押权人、保险标的的受让人、受益人等概念在保险法上的意义及地位如何，都有探讨的必要。

一、被保险人

（一）财产保险

1. 被保险人。财产保险的被保险人是指保险事故发生时有请求保险人进行保险给付权利的人。我国《保险法》第 12 条第 5 款规定，被保险人是指其财产或者人身受保险合同保障，享有保险金请求权的人。投保人可以为被保险人。该定义因未区分财产保险和人身保险，而多为学者诟病。例如人身保险中的死亡保险，保险事故发生时可以请求保险金给付的人只能是受益人，被保险人已经因为保险事故发生而死亡，当然不能成为享有保险金请求权的人。而且享有保险金请求权的人也不仅限于保单上记载的被保险人。

2. 附加被保险人。在英美保险实务中，机动车责任保险的被保险人，除保单记

---

① 德国《保险合同法》第 80 条（缺乏保险利益）规定：（1）如果保险合同生效时保险利益不存在或当保险合同是为将来计划或其他利益订立，但上述利益并未实现的，投保人可以免除缴纳保险费之义务。但保险人有权请求投保人支付合理的业务费用。（2）保险合同生效后保险利益消失的，保险人有权保有从保险合同生效之日起到保险利益消灭之日止的保险费。（3）如果投保人为获取非法财产利益而以虚构的保险利益投保，则保险合同当属无效；保险人有权保有从合同生效至其知晓合同无效事由这段期间之保险费。

载的被保险人之外还包括被保险人许可使用或者其他对被保险车辆的使用应负责任的人，学说上称为附加被保险人。附加被保险人制度起源于机动车保险，盛行于机动车责任保险。因此被保险人如允许第三人使用被保险机动车，第三人即为附加被保险人，第三人赔偿被害人之后，保险人有赔偿该第三人的义务。近年来保险业还推出车损险的附加被保险人，对于经过被保险人许可而使用被保险车辆的人，因为驾驶车辆不慎致使车辆发生毁损灭失，保险人也应该依照合同理赔，且不得对该附加被保险人行使代位权。附加被保险人的制度也延伸到进出口信用保证保险等险种，常常将其在海外或者大陆的子公司也列为附加被保险人，美国保险实务中团体年金保险计划等团体保险也将员工（被保险人）的眷属列为附加被保险人。我国《保险法》虽然没有规定附加被保险人的概念，但是在道交车损险和机动车三者险中均承认被保险人认可的驾驶员驾驶车辆造成道交意外事故，仍然在保险赔偿范围内。

3. 共同被保险人。依照法律规定或合同约定，有数个被保险人时被称为共同被保险人。关于共同被保险人值得讨论的问题是，保险标的物上存在租赁关系时，如果由出租人出面订立财产损失保险合同，被保险人只注明出租人姓名而未注明承租人姓名，保险标的物因承租人的过失致使毁损灭失时，在保险人理赔后可否对承租人行使代位求偿权？或是解释上应将承租人视为共同被保险人，不在保险人代位求偿的范围内？在阿拉斯加保险公司诉通讯公司案（Alaska Insurance Co. v. Communication Inc.）中，美国阿拉斯加州最高法院的判决曾经明确指出：如果房屋的出租人依照租赁合同有义务购买火灾保险，并维持火灾保险合同的效力，而房屋租赁合同又没有约定承租人对于其过失造成的火灾应负赔偿责任时，即使承租人有过失且未被列为被保险人，就保险人行使代位权而言，承租人是房屋所有人的共同被保险人，不得对其行使代位权。我国《民法典》第714条规定，承租人应当妥善保管租赁物，因保管不善造成租赁物毁损、灭失的，应当承担赔偿责任。我国没有共同被保险人的概念，承租人不会被保单列明为共同被保险人，因此承租人因过错造成租赁物毁损灭失，财产损失保险的保险人享有代位求偿权。但美国法对隐含的共同被保险人的利益保障更盛，似应值得我国参考。

（二）人身保险

在人身保险中，被保险人一般是指以其生命或身体为保险标的的人。为了保护人身的安全，避免发生道德风险，在死亡保险或者伤害保险中，法律对于被保险人的资格以及投保程序都有严格的限制规定，其中最重要的是投保人与被保险人不是同一人时，投保人必须在投保时对被保险人具有保险利益，否则合同不生效力。在生存保险或者生存死亡两全保险中，以生存为保险事故时，通常投保的目的是保障被保险人医疗或者养老，因此被保险人常常同时就是受益人。一般在生存死亡两全保险中即使指定受益人，生存金的领取人仍然是被保险人，只有身故保险人的领取权人为受益人。在死亡保险或者生存死亡两全保险中以死亡为保险事故时，通常投保的目的是保障被保险人身故后被保险人家属的生活，因此常常指定被保险人的家属为受益人。

二、受益人

在财产保险合同中，负交付保险费义务的人为投保人，保险标的为被保险人的保险利益，所以，享受保险合同利益的人也为被保险人。投保人如果和被保险人是同一人，可称之为"为自己利益保险"；如果不是同一人，则为"为他人利益保险"。因此，在财产保险中，"受益人"如果合同无特别约定，就是指被保险人，没必要特别指定"受益人"。

在人身保险中，包括人寿死亡保险、健康保险及伤害保险常有以被保险人死亡为保险事故已发生的要件，所以除投保人、被保险人之外，尚有受益人在保险事故发生时，领取保险合同上的利益（即保险赔偿金额）。这就是受益人制度的由来。也就是说，只有人身保险才适用受益人的概念。

但在实务中常常出现下列疑难问题：

1. 财产保险合同中约定的"受益人条款"是否有效？在车辆、船舶等固定资产的融资活动中，提供资金的贷款人为保障自身利益，通常要求借款人在抵押物保单中增加特别约定，将贷款人指定为"受益人"或"第一受益人"。就财产保险而言，我国《保险法》中无"受益人"的规定，这与多数国家和地区的立法例相同。《保险法》也无国外保险法立法例中的第一受益人（Primary/First Beneficiary）、第二受益人（Second Beneficiary）的区分。而实务中贷款人要求作为借款人的投保人在抵押物财产保险合同中赋予贷款人"第一受益人"身份，在《保险法》中并无依据，那么该约定是否有效？第一受益人是否具有保险金请求权？司法机关对此有不同观点。第一种意见认为，受益人是人身保险合同特有概念，因此否认财产保险中指定受益人的合法性，也否认财产保险合同中指定的受益人有向保险公司申请索赔的请求权和向法院起诉的诉权。第二种意见承认受益人是人身保险合同中的特有概念，故在财产保险合同中约定的受益人不是保险法意义上的受益人，其实质是被保险人将自己请求保险金的权利通过债权转让的方式让渡给第三人而使该第三人成为财产保险合同中的受益人，其享有权利的基础是被保险人向其转让保险金请求权。该约定经被保险人同意又无其他无效情形的，可以确认其效力。第三种意见认为，第一受益人的约定是为了保障抵押权人对保险金的优先受偿权，本身不违反法律的禁止性规定。根据"在抵押物灭失、毁损或者被征用的情况下，抵押权人可以就该抵押物的保险金、赔偿金或者补偿金优先受偿"的规定，当抵押物发生保险事故灭失时，贷款人可以作为抵押权人对相应的保险金享有优先受偿权。不过在车辆已被修复未灭失的情况下，贷款人的抵押权仍有保障，不存在对保险金主张优先受偿的必要。第四种意见认为，第一受益人仅指享有优先受领保险金利益的人，但并未赋予其保险金请求权。这类财产保险合同因牵涉他人利益，实际属于第三人利益合同。除非法定或者双方约定赋予第三人向债务人的直接请求权，否则仍应遵循合同相对性由债权人主张合同权利。财产保险合同应遵循《保险法》关于财产保险合同的规定，由被保险人向保险人主张保险金，第一受益人可作为第三人参加诉讼，以保障其合法权益。① 部分地方性司法文件认可这种做法。② 第二种至第四种观点都有其法理依据，且均认可财险受益人的存在，本书表示赞同。但保险监督管理部门对涉及受益人的财产保险条款持否定态度，禁止在财产保险中约定"第一受益人"条款，否则不会给予审批备案，保险实务中多以特别约定的方式指定财险受益人，不像欧美保险单就跟动产产权凭证一样，只要移交保单凭证就算完成保单权益的转让。我国保单没有前述保单那样高度的流动性，原因可能是我国《保险法》对保单的限制太多。

2. 团体人身保险合同中约定被保险人近亲属以外的第三人（如工作单位）为死亡保险金受益人，该约定是否有效？第一种意见认为将被保险人死亡金请求权指定为其所在单位，属于单位利用自己的优势地位侵犯其员工（被保险人）的合法权益，逃避自己应当承担的员工意外伤害赔偿责任，应当认定无效。第二种意见认为受益人指定属于被保险人生前将保险金请求权让渡第三人，该约定符合被保险人真实意

---

① 柏荣团队民法典时代金融实务问题剖析二：《财产保险"第一受益人"还能约定吗？》，载柏荣团队 ABS 法律评论微信公众号 2021 年 1 月 25 日。

② 《绍兴市中级人民法院关于审理涉及机动车保险领域民商事纠纷案件若干问题的指导意见》第 11 条：［特别约定"第一受益人"］在涉及机动车财产保险诉讼中，合同双方被保险人与保险人特别约定了"第一受益人"，若机动车构成全损且无证据表明第一受益人已经放弃要求保险人支付保险金，应由第一受益人主张相关权利，投保人、被保险人作为原告的主体不适格。但有证据证明第一受益人只享有部分保险利益的除外。《重庆市高级人民法院关于保险合同纠纷法律适用问题的解答》（渝高法〔2017〕80 号）：财产保险合同中约定的"受益人条款"是否有效？答：受益人是人身保险合同中的特有概念，故在财产保险合同中约定的受益人不是保险法意义上的受益人，其享有权利的基础是被保险人向其转让保险金请求权。该约定经被保险人同意又无其他无效情形的，可以确认其效力。

思表示，应当确认其效力。本书认同第二种意见。《保险法》第 39 条第 2 款规定：
"……投保人为与其有劳动关系的劳动者投保人身保险，不得指定被保险人及其近亲
属以外的人为受益人。"但《保险法司法解释（三）》第 13 条规定："保险事故发
生后，受益人将与本次保险事故相对应的全部或者部分保险金请求权转让给第三人，
当事人主张该转让行为有效的，人民法院应予支持……"

　　本书认为，受益人指定条款实际上是保险金请求权人将自己的该财产性权益以
债权转让方式让渡给第三人，只要该约定经被保险人同意又无其他法定无效情形的，
可以确认其效力。在财产保险诉讼中，被保险人与保险人特别约定了"第一受益
人"，若保险事故发生且标的物全损或者保险人应当承担全部赔偿责任，该约定只要
符合被保险人真实意思表示且无证据表明第一受益人已经放弃要求保险人支付保险
金以及其他无效情形，应由第一受益人主张相关权利，投保人、被保险人作为原告
的主体不适格。但有证据证明第一受益人只享有部分保险利益的除外。在投保人为
其有劳动关系的劳动者订立的人身保险合同中，订立时被保险人的死亡金请求权不
能指定为其近亲属以外的第三人（如工作单位），但保险事故发生后受益人将与本次
保险事故相对应的全部或者部分保险金请求权转让给所在单位，只要符合受益人真
实意思表示且无其他无效情形就应当确认其效力。

第三节　保险辅助人

　　保险合同的成立及履行常常需要借助其他人的力量，这些人包括保险代理人、
保险经纪人。

一、保险代理人

（一）保险代理人的分类

　　2020 年 11 月 12 日，中国银保监会公布《保险代理人监管规定》，首次同时规定
兼业代理机构、专业代理机构及个人代理人，修订整合《保险专业代理机构监管规
定》《保险销售从业人员监管办法》《保险兼业代理管理暂行办法》等规定办法，理
顺法律关系，统一监管尺度。《保险代理人监管规定》第 2 条明确规定其保险代理人
是指根据保险公司的委托，向保险公司收取佣金，在保险公司授权的范围内代为办
理保险业务的机构或者个人，包括保险专业代理机构、保险兼业代理机构及个人保

险代理人。保险兼业代理机构是指利用自身主业与保险的相关便利性，依法兼营保险代理业务的企业，包括保险兼业代理法人机构及其分支机构。个人保险代理人是指与保险公司签订委托代理合同，从事保险代理业务的人员。保险代理机构从业人员是指在保险专业代理机构、保险兼业代理机构中，从事销售保险产品或者进行相关损失勘查、理赔等业务的人员。

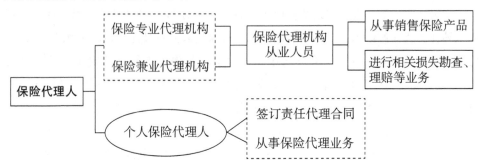

（二）保险代理合同的性质及其适用

保险代理人执业必须接受保险监管机关的管理。根据《保险代理人监管规定》，保险专业代理公司、保险兼业代理法人机构在中国境内经营保险代理业务，应当符合国务院保险监督管理机构规定的条件，取得相关经营保险代理业务的许可证。至于个人保险代理人和保险代理机构从业人员只需要办理登记而无须领取业务许可证。个人代理人必须具有《代理人资格证书》和保险人核发的营业证书并签订代理合同，方可从事代理业务。这些营业资格的限制主要理由在于加强代理人的管理以保护保险人，属于"禁止、强制规定"，如果保险代理人违反规定非法营业，则应受行政监督机关的取缔及处分，但所产生的保险法上有关代理行为的法律关系并不是无效的。

保险代理人因代销保险业务，所以属于保险人方面的辅助人，其对外关系方面适用《民法典》中规定的委托合同，还是行纪合同、中介合同，抑或居间合同呢？[①] 按照《保险代理人监管规定》第2条第4款的规定，个人保险代理人是指与保险公司签订委托代理合同，从事保险代理业务的人员。第53条规定：保险代理人从事保险代理业务，应当与被代理保险公司签订书面委托代理合同，依法约定双方的权利

---

① 我国《民法典》合同编第二十三章是关于委托合同的规定，其中第919条规定：委托合同是委托人和受托人约定，由受托人处理委托人事务的合同。我国《民法典》合同编第二十五章是关于行纪合同的规定，其中第951条规定：行纪合同是行纪人以自己的名义为委托人从事贸易活动，委托人支付报酬的合同。《民法典》第二十六章是中介合同的规定，其中第961条规定：中介合同是中介人向委托人报告订立合同的机会或者提供订立合同的媒介服务，委托人支付报酬的合同。

义务，并明确解付保费、支付佣金的时限和违约赔偿责任等事项。委托代理合同不得违反法律、行政法规及国务院保险监督管理机构有关规定。保险代理人根据保险公司的授权代为办理保险业务的行为，由保险公司承担责任。因此，保险代理人没有代理权、超越代理权或者代理权终止后以保险公司名义订立合同，使投保人有理由相信其有代理权的，该代理行为有效。个人保险代理人、保险代理机构从业人员开展保险代理活动有违法违规行为的，其所属保险公司、保险专业代理机构、保险兼业代理机构依法承担法律责任。因此，保险代理明显不属于行纪、居间和中介，而属于委托。那么代理与委托是一样的关系吗？按照《民法典》第 162 条的规定，代理分为委托代理、法定代理两种，由此可见委托是代理的表现形式。《民法典》第 165 条规定：委托代理授权采取书面形式，授权委托书应当载明代理人的姓名或者名称、代理事项、权限和期限，并由被代理人签名或者盖章。可见保险代理完全符合代理的法律特征：（1）主体包括代理人和被代理人；（2）有明确的授权和权限；（3）被代理人对代理人的代理行为承担法律后果。可见保险代理人与保险人属于代理关系，应当适用《民法典》有关代理以及委托合同的规定，不过法律法规或当事人另有规定或约定的除外。在讨论代理人的法律行为对保险人产生的效果时，应着重其对外代理权存在与否的认定，至于其本身是否具有保险法上的代理人资格，属于行政监督机关监督的对象，不在讨论之列。

（三）保险代理人的权限及其行为效果归属

保险代理人分自然人和法人两种。依目前大陆法系保险法的观念，保险代理人虽大多为独立营业的法人，但保险人聘用的代理人也可视为保险代理人，并且不论代理人是专业还是兼业、佣金式还是薪水式、独家代理还是多家代理。更有甚者，在保护被保险人的目的范围内，经总代理授权的复代理人，虽未直接由保险人授权，也适用代理效果归属原则，因为一般的投保人或被保险人无法判断其内部关系。

我国《保险法》第 127 条第 1 款规定："保险代理人根据保险人的授权代为办理保险业务的行为，由保险人承担责任。"因此有关代理人的责任承担问题应适用民法上有关代理的规定，以下仅就此并兼顾保险合同的特性加以分析：

1. 代理人的代理权

保险代理人可以接受投保人的要约，且投保人对于保险人的书面询问应如实告知，如实告知的义务也可以向保险代理人履行。因此如果投保人的要约意思表示完成且已到达保险代理人或为其所了解，视为已对保险人生效，投保人不得再任意改变意思。在财产保险中，保险代理人既然有为保险人经营保险业务的权利，所以对于投保人的要约，可表示承诺与否，如一经代理人承认，除非双方当事人有其他约定，保险合同于此时立即生效；保险合同，依法理，并非要式合同或要物合同，理由见"保险合同的特征"的分析，此不再赘述。但如果保险代理人的权利受到限制，即不得代理保险人作出承诺的意思表示，其效力如何应依民法有关代理权限对第三人效力的规定。具体地说，保险人不能以之对抗善意的投保人，但投保人因过失而不知上述事实的，不在受保护之列。在人寿保险中，因常涉及被保险人身体健康检查情况，所以一般代理人都没有签约的权利，保险人都在审查投保申请及体检报告后才能作出承诺。此外，保险代理人可以在保险单制作完成之后代替保险人将之交与投保人，并接受投保人或被保险人的告知、终止合同或解除合同等意思表示，也可以代收保险费或代核赔款等业务，并直接对本人（保险人）发生效力。

【案例】刘雷诉汪维剑、朱开荣、天安保险盐城中心支公司交通事故人身损害赔偿纠纷案①

裁判要旨：营销部的行为在民法上应当视为保险公司的行为。因此，虽然投保人持有的保单是假的，但并不能据此免除保险公司根据保险合同依法应当承担的民事责任。投保人通过保险公司设立的营销部购买机动车第三者责任险，营销部营销人员为侵吞保险费，将自己伪造的、内容和形式与真保单一致的假保单填写后，加盖伪造的保险公司业务专用章，通过营销部的销售员在该营销部内销售并交付投保人。作为不知情的善意投保人有理由相信其购买的保险是真实的，保单的内容也并不违反有关法律的规定，营销部的行为在民法上应当视为保险公司的行为。因此，虽然投保人持有的保单是假的，但并不能据此免除保险公司根据保险合同依法应当承担的民事责任。

2. 代理人的表见代理

以本人名义从事代理行为，而欠缺代理权的情形，民法上称为无权代理，其结果为未经本人承认，对本人不发生效力；但如果在客观上有使人误信为其有代理权或不知其没有代理权的事实，则该代理行为有效，本人应负授权人的责任，这是民法上表见代理的原理。我国《民法典》第172条对表见代理也作出了明确规定。② 表见代理的发生有两种情形：（1）行为人没有代理权、超越代理权或代理权终止后，仍然实施代理行为；（2）相对人有理由相信行为人有代理权的。保险代理人原有某

① 案例来源：《最高人民法院公报》2012年第3期。
② 参见王利明等：《民法学》（第6版）上，法律出版社2020年版，第256—257页。

种范围的代理权，后因保险人撤回部分代理权使原有代理权受到限制，或保险人撤回全部代理权，使原有代理权消灭。《民法典总则编司法解释》第28条规定："同时符合下列条件的，人民法院可以认定为民法典第一百七十二条规定的相对人有理由相信行为人有代理权：（一）存在代理权的外观；（二）相对人不知道行为人行为时没有代理权，且无过失。因是否构成表见代理发生争议的，相对人应当就无权代理符合前款第一项规定的条件承担举证责任；被代理人应当就相对人不符合前款第二项规定的条件承担举证责任。"

由于代理权的授予、限制或撤回，并不是尽人皆知的，所以可能使第三人误以为保险代理人仍有代理权，例如保险人有表见授权的情形：将公司招牌、图章、保险单，印有公司名称的信笺，或其他文件交与他人，在他人离职后未从他人处收回上述文件。他人出示该文件赢取客户信任并携款潜逃，虽然保险人未授予其代理权或与其订立代理合同，但为保护善意且无过失的相对人，保险人仍应对该客户负原授权人的责任。这时该客户相对人可以主张表见代理行为的效力及于保险人，保险人不能以未授予代理权为由与之对抗；且只有投保人或被保险人才可以主张这项效力。

3. 知悉事项的归属

保险代理人既然可以代保险人从事保险业务，那么代理人在订立合同或执行业务之时，所知悉的事实或所接受的告知事项，对本人直接发生效力，即使代理人未向保险人转达也是一样的。在实务中也许会有保险单订有投保人或保险人对代理人告知或代理人自己已知悉的事项，对保险人不产生效力的条款，其效力如何，颇值研究。保险合同是私法上债行为的一种，除了强制或禁止规定外，当事人都可以自由约定其内容，但是如果一方面允许代理人代替保险人从事经营行为，另一方面却又限制其因此而得知的消息不得直接归属于保险人，显然极大地影响被保险人或投保人的权益，而且违背代理制度的本质，所以这个约定无效。因此，代理人在订约时已明知投保人所称的标的物曾遭火灾，而未告知保险人，在事故发生时，保险人不能以投保人在订约时未说明这一事故而免责。投保人或被保险人关于履行保险合同的行为是否对保险人构成"欺诈"，而据此撤销意思表示，需依保险代理人是否知晓该情况而定。若是，则保险代理人所知即为保险人所知，保险人不可以不知情为由主张投保人或被保险人"欺诈"。

4. 代理人欺诈的意思表示撤销

我国《民法典》第148条规定："一方以欺诈手段，使对方在违背真实意思的情况下实施的民事法律行为，受欺诈方有权请求人民法院或者仲裁机构予以撤销。"据此，保险代理人以欺诈手段诱使投保人订立保险合同，如告知不实的承保范围，投保人可依上述条文的规定撤销其意思表示。如果保险人不知且不可能得知该欺诈的事实，保险人也不得主张保险代理人为"第三人"，从而投保人不得撤销其意思表示，因为代理人是经保险人授权或依合同受其委托之人，其行为效力和保险人的行为效力相同。保险代理人恶意欺骗投保人，称为其所签订的空白投保申请书非单纯死亡保险而是具有储蓄性质的生存保险合同，保险人主张投保人不具备撤销意思表示的要件，理由是第三人，即保险代理人夸大保险责任的行为构成欺诈，而保险人对此并不知悉。对此，境外案例认为，如果投保人委托代理人代答投保申请书上所列的问题，也许可以认为代理人此时为受投保人委托之人或辅助人从而可归责于保险人。本书认为，此时代理人是以说服客户投保或按照保险人的要求从事展业活动，虽不是保险人本身直接的代表人，但毕竟是保险人的利益代表人，可谓其"所相信的人"，和我国《民法典》第149条"第三人实施欺诈行为"规定中所称的"第三人"性质不同。

5. 投保人的可归责性

在保险法上经常发生某法律效果产生与否由投保人的可归责性而定的情况，例如在订立合同时违反如实告知或其他义务时，投保人的可归责性可能受代理人行为的影响而消灭或减弱。探讨这种"可归责性影响"问题，特别是投保人在订约时是否履行告知义务具有重要影响，而其效果的判断几乎都着重于是否由投保人亲自填答保险人所提出的问题，或委托保险代理人代为回答而定。

投保人亲自回答问题时，如果保险代理人对于不明确的问题以己意解释确定，或对投保人在回答问题时所产生的疑问自动排除，则投保人的违反告知义务不具有可归责性。但投保人的盲目信赖也为法所不允。法院在判断可归责与否时必须考虑投保人的"个别性"，尤其根据其智力、教育程度、经验能力、处理事务熟练程度、生活环境、精神状态来判断其"了解可能性"。

如果投保人交由保险代理人填答申请书上的问题，由此所产生的法律效果是否可归责于投保人，需具体分析。如果填答的问题答案为客观上一般人都能注意及认识的（特别是涉及标的物地点的问题），投保人应当信赖保险代理人填答的正确性，如果有错误，或者投保人声明正确而代理人误写或遗漏时，投保人可不负责；反之如果是涉及投保人个人的问题，不是保险代理人所能回答的，在代答之后投保人又未对不实或不全的说明加以检查，则可归责于投保人。此时保险代理人的行为已构成对投保人的代理。

6. 代理人为履行辅助人

关于保险合同的履行，保险代理人为保险人的履行辅助人，所以依据一般民法原理如果有故意或过失时，保险人应与自己的故意或过失负同样的责任。如果代理人因故意或过失违反其应尽的义务损害投保人利益时，保险人须承担民法上损害赔偿的责任，使投保人恢复至假设该义务已经完全履行的状态。

这类有关保险人对其代理人因保险辅助人身份从事的作为或不作为应负责任的判决有逐渐增加的趋势，其主要用意一方面在于提高投保人或被保险人对其本身行为法律效果的认识，以采取适当措施保护自己的权利；另一方面在于加重保险人对代理人的监督管理，保护一般保险大众。但是要注意当事人（即保险人和投保人）能否以约定方式排除保险人对其代理人行为的责任。这在一般民法上债的行为是可以适用的，但基于保险合同为附和合同的特性，如果保险人只是单方在其保险单上注明排除这项责任，应属无效。除此之外，上述原则不仅适用于合同已存在时的履行阶段，依目前保险法发达的国家的法学观点，也适用于合同缔结之时，保险人对于保险代理人在缔结合同时故意或过失的行为也应负责。学理上属于所谓"缔结合同过失"的范围。这类情况大多发生在人寿保险代理人因过失未将投保人的投保申请书转交保险人承诺，或对投保申请书内所填事项应先审查而未审查，使投保人无法及时更改，以致保险人在保险事故发生时以此为由拒绝赔偿。对于这些因代理人的过失，导致投保人无法依保险合同获得保险赔偿所产生的损害，保险人基于代理人为其履行辅助人的原因，也须负民法上损害赔偿的责任（非保险赔偿）。但投保人须负举证责任，证明如果代理人已尽义务，就不会发生此损害。或者证明保险代理人本应及时拒绝投保申请而未拒绝，导致投保人延误时间，未能及时另行投保，以致损害发生等。但如果投保人对于保险合同的订立也有过失，则适用民法上"过失相抵"原则。

例如，某农妇向保险代理人要求投保"第三人责任保险"，且因认为该代理人为村会计，处事应无问题，所以在提出申请书后，未再询问该保险申请书是否已经交给保险人批单。一个月后事故发生，保险合同仍未成立，投保人主张，保险人的代理人因过失致保险合同未能成立，保险人须负民法上的损害赔偿责任。结果法院判决该农妇败诉。理由为：本案保险代理人因过失未尽快将投保申请书转交保险人订立保险合同，所以保险人虽因保险合同未有效成立，而无须承担保险赔偿的责任，但对其代理人的过失，基于本人的身份对此"缔结合同过失"应负损害赔偿的责任。

另外，投保人虽然因此受到损害，但是，任何一位负有义务投保第三人责任保险的人，不论老幼、性别，本应善尽注意义务，尽早完成订约，以保护自己和第三人。投保后，在一个月的期间里，投保人未再询问代理人其投保结果如何，显然对合同的未成立也负有过失，依"过失相抵"的原则，保险人可无须负责。

7. 代理人的信赖责任

关于保险代理人在保险法上的地位及民法上代理法律关系的适用，已如前述。其中最重要的观点在于探讨保险代理人从事的行为是否应归责于保险人的问题，以保护被保险人或投保人的利益。通说常以信赖责任原则来解释保险人为什么需要对投保人因此遭受损害承担民法上损害赔偿的责任，而且更进一步要求按照保险代理人对投保人所告知且较有利的承诺事项负保险合同上的责任。保险人不得主张：其代理人为履行辅助人，所以对其故意或过失只负民法上的损害赔偿责任，保险合同的效力仍应依原保险条款，不因代理人的行为而改变。实际上保险合同的内容应随着保险代理人的不实声明、解释或叙述而改变，保险人须按新合同内容负保险赔偿的责任。这两种责任的差别在于，如果保险人只负民法上的损害赔偿责任，则投保人须证明，因保险代理人的过失导致无法得到保险合同的保护以致产生损害。这种情形显然对投保人不利。投保人在海边拥有一座休闲别墅，向保险代理人要求投保"暴风雨险"，且要求承保潮水所造成的损害。保险代理人于是告知投保人，暴风雨险也包括潮水损害，但为确实起见，将询问保险人后作出答复。保险人在接到其代理人的通知后，以书面方式告诉保险代理人，潮水损害不是暴风雨险所承保的危险内容。保险代理人未将这个事实转达给投保人，而是将保险单交付投保人时告知，潮水损害包括在内。后来果真发生潮水损害，投保人主张保险人应负保险赔偿责任。保险人则抗辩，即使保险代理人没有过失行为，即告知实情，投保人也不可能和任何其他保险公司订立潮水损害保险合同，因为在全国境内，潮水损害属除外危险，其保险代理人的过失并未引起投保人额外的损害，所以保险人无损害赔偿责任可言。法院对此案判决投保人胜诉，保险人在此所负的责任并不是民法上的损害赔偿责任，而是就其保险代理人所答应的保险合同内容的履行责任，这种责任为信赖责任而和"缔结合同过失"责任不同。

（四）保险代理人与所属公司的关系

保险代理人与其所属公司间的法律关系之所以有加以厘清的必要，主要问题在于万一代理人因自身不法行为对受害的投保人或第三人承担侵权的损害赔偿责任时，其所属公司是否因其间的法律关系负连带赔偿责任？再者，因代理人侵权行为或债务不履行，使所属公司遭受损害时，对所属公司应负何种责任？这个问题，有赖于探讨双方的法律关系才能解决。

1. 个人代理人与保险公司之间的法律关系

个人代理人与保险公司间的关系，有人认为属委托，有人认为属劳动关系，不一而足。依本书之见，应从保险实务运作上加以探讨。从个人营销制度发展的历史来看，保险公司一直将个人代理人视为一种平等合作的代理关系。我国保险学术和实务界通说认为个人代理人与保险公司是一种民事代理关系。保险代理人接受保险公司的委托，以保险公司的名义招揽保险业务，按业务量向保险公司收取佣金。代理行为所产生的权利和义务的后果直接由保险人承担。但是后来有一段时期保监会开始倡导保险公司实行劳动合同制的个人代理人制度。一方面，可保障保户及第三人的权益；另一方面，更可加强所属公司对其监督管理的责任，如其有不法行为时，保险公司要强调其对业务员已尽选任或监督的注意，如此对于整个社会及保险管理秩序都有莫大的助益。如果属于劳动合同制个人代理人，就按照劳动合同法有关规定处理两者之间的法律关系。但目前保险公司营销主流采取个人代理制，虽然代理人须受保险公司的训练监督，在展业过程中须受所属公司的指挥监督，而且所属公司也须替其办理登记且代理人大都实行底薪+佣金提成制，但仍然不能将个人代理人与保险公司之间的关系视为劳动合同关系。当然我国个人营销制度改革后保险公司可以招聘正式员工作为销售人员，此时该销售人员是保险公司的内部员工，应当以劳动关系规范两者关系。

个人代理人与保险公司除适用民法上委托代理的规则外，尚有其独特之处：（1）在一般代理关系中，代理人超越代理权的行为，只有经被代理人追认，被代理人才承担民事责任；而在保险代理中，为了保障善意投保人的利益，保险人对保险代理人越权代理（若构成表见授权）也承担民事责任，除非为恶意串通。（2）个人代理人在代理业务范围内所知道或应知事项，均可推定为保险人所知或应知。投保人对个人代理人所为如实告知，不论代理人是否转达给保险人，保险人不得再以未尽告知义务为由拒绝承担民事责任。因此，代理人如果有不法行为给投保人或第三人造成损害时，依民法有关代理权行为效果归属原理，保险公司与代理人应负连带损害赔偿责任。

2. 保险代理机构与其聘用的从业人员之间的法律关系

保险代理机构与其聘用的从业人员之间属于劳动合同关系。但值得讨论的是，保险公司向保险代理机构授予代理权，而保险代理机构复授权给其所属的代理人，保险代理机构的从业人员是否成为保险公司的复代理人？有学者认为，为避免保险公司一方面放任保险代理机构的从业人员的行为，另一方面主张从业人员的行为效力不及于保险人，而拒绝理赔是站在保险法保障投保人（被保险人）权益及保险合同最大诚信合同的原则下，实有必要使保险代理机构从业人员的行为效力及于保险公司，所以应视代理机构的从业人员为保险公司的复代理人。但本书认为，这种说法固有其实益，但是与现行法制不符。基本上我国民法并无复代理的规定，且因保险代理人是根据保险公司的代理合同或授权书代理保险业务的人，其只被赋予招揽业务的权利，而且并未获得可转委托其雇员代为招揽业务的同意或约定，因此代理机构从业人员的行为效力应及于保险代理机构而非保险人，两者之间属于劳动合同法调整的范围。依本书见解，保险代理机构按照我国《民法典》第 1191 条第 1 款有关"用人单位的工作人员因执行工作任务造成他人损害的，由用人单位承担侵权责任"以及第 170 条第 1 款"执行法人或者非法人组织工作任务的人员，就其职权范围内的事项，以法人或者非法人组织的名义实施的民事法律行为，对法人或者非法人组织发生效力"的规定，应负与自己的故意、过失相应的责任；即使其从业人员有无权代理或越权代理的情形发生，基于表见代理的规定，只要客观上有一定事实使他人信赖其为保险代理机构的员工，保险代理机构即应负授权人的责任。《民法典》第 170 条第 2 款规定："法人或者非法人组织对执行其工作任务的人员职权范围的限制，不得对抗善意相对人。"因此保险代理机构不得主张其从业人员的行为超出其职权范围而对其无效，其在债务履行范围内（即代理招揽保险）就其从业人员的职务行为负同样的责任。而保险公司基于代理合同及授权书也须就保险代理机构的代理行为（包括表见代理）负授权人即本人的责任，如此这般，不仅可达到规范保险公司的目的，对投保人（被保险人）的权益也有保障。

（五）保险代理人对外的代理权

保险代理人在以所代理的保险公司名义执行业务时，涉及授权范围大小的问题。以下针对代理人是否具备保险合同的缔结权、告知义务受领权、保险费收受权等问题加以论述。

1. 保险合同的缔结权

（1）个人代理人。个人代理人是与保险公司直接缔结代理协议的自然人，是否具有缔结合同的权利应当区分寿险和财险进行讨论：在寿险方面，由于核保（含体检）是一项专门的技术，不是寻常的业务员所能胜任的，而且业务员是以招揽保险而获取报酬的人，很难期望其能以公平的态度为公司与投保人缔结合同。本书以为，从保险公司业务经营观点及维持整个危险团体的利益出发，对于业务员是否有缔约权，仍应采取否定的见解。但如果有一定的客观事实，足以使投保人（被保险人）信赖其为保险公司的代理人，而有缔约的权限时，基于表见代理的原则，仍应令保险公司负授权人的责任，以保障被保险人的权益。在财险方面，由于财险业在承保的程序上与寿险有所不同（因寿险的危险多属内藏型，财险多属外现型），且在实务中，财险具有速办速决的特质，因此除特殊情形外，代理人在展业时通常必须立刻表示承保与否，这已成为不变的惯例。再者，一般财险保单在实务运作上均系由各险种的主管部门自行签订，主管部门的经理、经理授权的职员，对于投保人的要约均有表示缔约与否的承诺权。所以代理人只要在授权范围内，在保险展业过程中所作出的意思表示，均具有拘束财险公司的效力。

（2）保险代理机构从业人员。保险代理机构从业人员与其所在的保险代理机构一般为劳动合同关系。在寿险代理人方面，保险公司与代理公司所订定的代理合同，授权范围多为替其招揽业务、代收第一期保险费、转收有关文件等，并未被授权变更、修改保单条款。此外，也不得对投保人作保单条款以外的任何承诺。由此可知，代理机构从业人员并无缔约与否的承诺权。即使代理机构拥有缔约权，其承诺与否也不是其代理机构所能决定的，理由同寿险公司的代理人。在财险代理人方面，理论上保险代理机构既然替保险公司招揽业务，所以对投保人的要约自有承诺的权利，但这一权利也受到限制。在保险实务运作上，其授权范围大多为洽揽业务、调查、查勘、转达要约资料或办理特案理赔等。所以从其须将保户的各项投保资料送交财险公司来看，并无缔约承诺权，因此其所属的从业人员当然也没有这一权限。

为保证投保人缔约意愿的真实性，我国保险实务一般要求投保人必须亲笔签名，《保险法司法解释（二）》第3条规定投保人或者投保人的代理人订立保险合同时没有亲自签字或者盖章，而由保险人或者保险人的代理人代为签字或者盖章的，对投保人不生效。但投保人已经缴纳保险费的，视为其对代签字或者盖章行为的追认。保险人或者保险人的代理人代为填写保险单证后经投保人签字或者盖章确认的，代为填写的内容视为投保人的真实意思表示。但有证据证明保险人或者保险人的代理人存在《保险法》第116条、第131条规定的欺骗、隐瞒等违法情形的除外。

2. 告知义务受领权

《保险法》第16条规定，投保人对于保险人的书面询问应如实告知。根据这个规定可知，投保人告知的相对人，也即受领告知的人，在解释上应为保险人或其代理人，投保人必须向保险公司的代表人董事或经理人履行告知义务。但这一解释在保险实务上是不可行的，在保险招揽过程中，投保人仅有可能与向其招揽的业务员接触，根本无缘见到保险公司的代表人董事或经理人，更不用说必须对其履行告知义务。以下特就财险、寿险公司和保险代理公司的代理人是否拥有告知义务的受领权分别加以分析：

（1）个人代理人。首先就寿险方面而言，由于在保险招揽实务中，投保人除了与体检医生接触外，仅代理人因协助填表的方便可与之会面；且投保人的危险情况并不是只有身体状况而已，还涉及其经济财务、家庭背景、特殊嗜好等，这正需要靠代理人从投保人处调查得知，因此如果不赋予代理人享有告知义务的受领权，而仅认为体检医生有该权限，不仅于理不合，也使代理人存在的效用大打折扣。此外，虽然本书前述中否认代理人的缔约权，但这并不是与受领权之间有相互依存的关系，所以也不足以作为否定后者存在的理由。如此一来，在业务员具有告知受领权的情形下，代理人的知悉或因过失而不知时，视同保险公司的知悉或过失而不知，将使投保人更有保障。至于财险公司的代理人，其争议较少。在其拥有承保同意与否的缔约权之前提下，其自有接受投保人告知的受领权。

（2）保险代理机构从业人员。保险代理机构从业人员与其所在的保险代理机构之间一般为劳动合同关系，在我国保险代理人不具有缔约承诺权的情形下，并不当然认为其无接受投保人告知的权限，且按一般代理人可代理的经营业务来看，其在展业时所知悉的事实，或所接受告知的事项，对于保险公司应产生效力，虽然代理人未向公司转达效果也是一样。因此当其所属从业人员在从事展业之际，应有接受投保人告知的权限，理由与上述个人代理人相同。

3. 保险费收受权

（1）个人代理人。保险公司有财险、寿险之分，对于财险公司展业人员，由于大多数财险公司将之视为公司的职员，所以其有收受保险费的权利并无争议。而在寿险方面其是否有权收受保险费，分析如下：在首期保险费方面，学者对此看法相当一致，都认为其有收受而将之转交寿险公司的权利；且在保险实务上，保险公司多授权代理人在投保人提出要约时具有收受首期保险费的权限。寿险公司如果未授此权，投保人应在合同生效前交付首期保险费（保险费的交付虽不是保险合同的生效要件，却可视为保险合同的效力中止条件）。如此一来，保户须来保险公司处缴纳保险费，这不仅导致实务上的困难，对保险公司来说，也容易造成人力资源的浪费；对投保人来说，也将因此不便而降低其投保意愿。另外，需特别注意的是，即使代理人员出具暂时保险费收据或正式保险费收据的行为未被授权，也构成所谓表见代理的事实，因为在暂时保险费收据中往往有寿险公司的负责人签名或盖章，因此寿险公司也须负授权人责任，仍应产生保险费交付的效力。

至于续期保险费方面，有恐代理人员私自侵吞保险费而影响保险公司资金的运用，认为应采否定说者；有恐投保人无法分辨谁是保险费收取权人，而赞成代理人员有续期保险费收取权者。依本书的意见，应视寿险公司是否授权给代理人员，或者是否出具保险费收据给业务员而定。在出具收据或有授权的情形下，如前首期保险费中所述，其即使无权收受续期保险费，依民法表见代理的规定仍产生交付的效力；反之，则并无收受的效力。在我国保险业务发展初期，保险公司一般都授权其代理人员具有收受续期保险费的权限，但随着代理人侵占挪用保险费的现象频发，后多采取银行转账缴费的方式，尽量避免甚至杜绝现金缴费。

（2）保险代理机构所聘从业人员。保险代理机构是否有权收受保险费，应从其与保险公司间的代理合同来看。保险公司一般授权保险代理机构代收首期保险费，且其也将保险费收据交由代理，所以当其从业人员向投保人收受首期保险费并出具保险费收据时，其自有收受首期保险费的权利。但如果代理机构并无收受首期保险费的权限，其所属从业人员自无收受首期保险费的权利。至于续期保险费方面，保险公司可以不授予代理机构收受的权利；相应地，其从业人员也没有收受的权利，不过保险公司既然授予其收受首期保险费的权限，实在没有限制其收受续期保险费的道理。至于财险代理人方面，就我国港台地区实务来看，其授权情形与寿险公司略有不同，因其大都限制财险代理机构收受保险费，所以财险代理机构的从业人员自无收受保险费的权利，除非是在保险公司有特别委托的情形下，但其从业人员也必须经代理机构的授权才有这一权限。

二、保险经纪人

（一）保险经纪人的定义与条件

根据《保险法》第 123 条和《保险经纪人监管规定》第 2 条的规定，保险经纪人是指基于投保人的利益，为投保人与保险公司订立保险合同提供中介服务，并依法收取佣金的机构，包括保险经纪公司及其分支机构。保险经纪从业人员是指在保险经纪人中，为投保人或者被保险人拟订投保方案、办理投保手续、协助索赔的人员，或者为委托人提供防灾防损、风险评估、风险管理咨询服务、从事再保险经纪等业务的人员。为规范保险经纪人的行为，维护保险市场秩序，《保险经纪人监管规定》对设立保险经纪公司的条件、申请设立、变更和终止、业务范围等内容作出了具体规定。保险经纪公司须向保险监督管理部门申领《经营保险经纪业务许可证》，并向工商行政管理机关办理登记，领取营业执照后才能从事经纪业务。与保险代理人不同，目前自然人形态的保险经纪人尚属罕见，法律只承认法人形式存在的保险经纪公司。

（二）保险经纪行为的性质及其法律适用

保险经纪行为是适用《民法典》的委托合同，还是行纪合同、中介合同，抑或居间合同？① 根据《保险经纪人监管规定》第 2 条的规定，保险经纪人是指基于投保人的利益，为投保人与保险公司订立保险合同提供中介服务，并依法收取佣金的机构，包括保险经纪公司及其分支机构。第 48 条规定，保险经纪人从事保险经纪业务，应当与委托人签订委托合同，依法约定双方的权利义务及其他事项。委托合同不得违反法律、行政法规及中国保监会有关规定。第 49 条规定，保险经纪人从事保险经纪业务，涉及向保险公司解付保险费、收取佣金的，应当与保险公司依法约定解付保险费、支付佣金的时限和违约赔偿责任等事项。可见保险经纪人通常被视为投保人的代理人，应当适用《民法典》有关代理以及委托合同的规定，但保险经纪人的行为如涉及在多个保险人和投保人之间撮合交易的，适用《民法典》关于中介合同的规定更为妥当。保险经纪人的佣金通常由保险人而非投保人支付，但投保人支付的保险费中就包含经纪人的佣金。经纪人撮合交易属于中介行为，不构成双方代理。司法实践中，保险经纪人若非直接获得授权成为投保人的代理人，其与保险人之间达成的保险条款不能约束投保人。② 中介合同本身就源于委托。所以《民法典》第966 条规定中介合同准用委托合同规则。将保险经纪人视作投保人的代理人的观点不能准确诠释经纪人居间撮合的性质，除非有投保人的明确授权，此经纪人性质转为代理人，从而可以为投保人提供咨询、询价、收受保险费、洽商保险条款等服务，并具备完成合同订立、代为索赔等权限。这显然已经超越中介身份的权力界限，在法律上不能适用中介合同规则，此时经纪人基于委托关系签订的经济合同应适用委

---

① 我国《民法典》合同编第二十三章是关于委托合同的规定，其中第 919 条规定：委托合同是委托人和受托人约定，由受托人处理委托人事务的合同。我国《民法典》合同编第二十五章是关于行纪合同的规定，其中第 951 条规定：行纪合同是行纪人以自己的名义为委托人从事贸易活动，委托人支付报酬的合同。《民法典》第二十六章是关于中介合同的规定，其中第 961 条规定中介合同是中介人向委托人报告订立合同的机会或者提供订立合同的媒介服务，委托人支付报酬的合同。

② 参见（2015）浙海终字第 240 号"晨州船业、人保广东、华融金融租赁海上保险合同纠纷"案。

托合同规则。①

（三）保险经纪人的代理权限

依保险通例，经纪人为投保人的代理人，受投保人委托，基于丰富的保险经验，代替投保人与保险人签订保险合同，所以须基于善良管理人的注意义务为投保人计算，在最优惠的条件下，订立保险合同。保险经纪人在本质上既然是投保人的代理人，所以依法理也可在保险事故发生时，代投保人或被保险人接受赔偿金，代为意思表示，如终止合同、解除合同、撤销意思表示或代受保险人的意思表示等。而且，保险经纪人虽向保险人收取报酬，但其报酬的来源出自投保人的保险费，所以实际上为民法上接受报酬的受托人，为委托人处理事务。我国《保险法》第 128 条规定："保险经纪人因过错给投保人、被保险人造成损失的，依法承担赔偿责任。"保险经纪人如果未尽善良管理人的注意义务，维护投保人利益，应负损害赔偿责任。但在实际上，如果保险经纪人也有为保险人代收保险费的情况，这时也同时为保险人的代理人，投保人在将保险费交付于经纪人时，也发生保险费已交付的效力。

保险经纪人存在的意义不只在于依其丰富经验代投保人订约而已。通过经纪人的订约，可形成一股"保险合同投保团体"，保险经纪人可借此力量和保险人进行保险合同内容的商讨，获取最有利的保险条件；在某一投保人或被保险人发生保险事故时，代为向保险人提出索赔，保险人在决定是否赔偿或赔偿范围时，往往必须考虑该保险经纪人手中的"潜在订约力量"而作出某种程度的退让。所以健全的保险经纪人制度，有助于保险人和投保人或被保险人之间的平衡。

如果保险经纪从业人员受聘于保险经纪公司，则其与经纪公司之间关系如何？《保险代理人监管规定》颁布实施后，经纪人在取得经纪人资格后受保险经纪公司招募训练培养，其展业行为，也须受其所属公司的管理监督。因此，其内部法律关系的性质，也可基于报酬给付方式的不同而异，也即如同保险代理机构聘任的代理人与保险代理公司的法律关系一般，其报酬大多以固定薪金＋绩效奖励的方式给付的，属于劳动合同关系。保险经纪公司对其从业人员的职务行为按照《民法典》第 170 条和第 1190 条的规定承担同样的责任，通常为终局责任；除非从业人员存在过错，此时保险经纪公司可以向其追偿。但需特别说明的是，由于保险经纪人基于维护被保险人的利益，代向保险人洽订保险合同，所以其经纪公司及经纪人在保险招揽时，其受领投保人告知的效力不及于保险公司。但其如果存在故意或重大过失，保险经

① 李飞：《〈民法典〉框架下保险经济合同的法律性质探究》，载《上海保险》2021 年第 1 期。

纪公司有权向其追偿。

就保险经纪人的对外代理权而言，由于保险经纪人本质上属于投保人的代理人，因此并无缔约与否的承诺权，其聘任经纪人员也仅是替保户寻求最优惠的条件，作为缔约的媒介，所以其聘任经纪人员自然也无缔约与否的承诺权。保险经纪人处于投保人的代理人的地位，所以其并无收受保险费的权利，至多仅将保险费转交于保险人而已。但在海外保险实务上，经常发生保户将保险费交给经纪人的事实，且保险公司常为简化手续起见，将保险费收据交由经纪人代收，因此在这一情况下，保险经纪人代收保险费交与保险人，应可视为履行投保人的债务，或推断投保人有许诺（同意）经纪人代理保险的情形。基于民法双方代理的例外规定，经纪公司所属的经纪人员向保户收取保险费，或保户向其交付保险费，应当产生保险费交付的效力。

第五章　保险合同的成立、生效与解释

第一节　保险合同的成立

一、合同成立的一般原则

合同的成立就是当事人通过要约和承诺就交易内容达成一致的过程，英美法系和大陆法系在合同的成立上存在重大的法律分歧，《国际货物买卖合同公约》对两大法系作了较好的调和，达成了两大法系国家都可以接受的统一规则。我国是公约成员国，理所当然地继承了公约的精神，并在1999年颁布的《合同法》以及2020年颁布的《民法典》中对要约邀请、要约、要约的撤回、要约的撤销、承诺、承诺的期限、承诺的方式、承诺的送达、承诺的生效都作了详细的规定。保险合同属于法律行为分类上的双方行为，相对立的意思表示趋于一致而成立的法律行为，民法上有关法律行为的一般规定，尤其是意思表示及合同的规定也适用于此。而一般合同的成立则以要约和承诺为要件。最常见的合同行为，如买卖合同，买方和卖方双方当事人都可以作出要约或承诺；但在保险的场合下，依惯例都由投保人扮演要约提出的角色，通常为填写投保申请书且同时履行保险法上的缔结合同前的告知义务，然后由保险人或其代理人据此决定是否作出承诺的意思表示。如果保险人将要约的内容扩张、限制或变更而作出承诺，则视为拒绝原要约而发出新要约，迟到的承诺也视为新要约。

二、保险合同成立的一般原则

保险是指当事人约定一方支付保险费于他方，他方对于因不可预料或不可抗力的事故所致的损害，负担赔偿责任的行为，据此所订的合同，称为保险合同。因此，凡对于特定的保险标的，一方同意支付保险费，他方同意承担其危险的，保险合同实质上已经成立。对此本书在保险合同的性质中已论及，保险合同应为不要式合同，即诺成合同，但在缔结的过程中，仍应遵循下列程序：

1. 投保人的申请（要约）

保险合同的成立，须有要约与承诺，固然可以采取口头方式，但是通常由投保人填写投保书（或投保申请书），申请投保。所谓投保书，即为投保人向保险人详述投保意思的书面说明。其表达的内容，包括保险标的、危险种类、保险金额、投保人的姓名与住址以及与该项危险有关的一切资料，从而成为保险人决定承保与否并订立合同的根据。依保险惯例，投保人对其投保书上的陈述签名，虽未经阅读，但依法应受其拘束。即使投保书由他人代填，但要通过投保人签名、盖章也视同本人亲自填写。投保书可记载条件的限制，这时应适用民法上条件的规定。在各种保险单中，明文规定投保书是保险合同内容构成的一部分。保险合同原则上应由投保人自行签订，但投保人如委托代理人订立，应载明代订的宗旨，以便保险人在审核投保书时，判断投保人对于保险标的物或被保险人有无保险利益，以决定是否承保。

【案例】王连顺诉中国人寿保险公司永顺县支公司保险合同纠纷案①

裁判要旨：人身保险的投保人在保险合同订立时，对被保险人具有保险利益（1995 年《保险法》未规定）。

人员流动是社会发展正常现象。以可流动人员的身体作为保险标的的人身保险合同，投保人在投保时对保险标的具有的保险利益，可能由于人员流动而在投保后发生变化。对人身保险合同，只能根据投保人在投保时是否具有保险利益来确定合同效力，不能随保险合同成立后的人事变化情况来确定合同效力，这样才能保持合同的稳定性。被告永顺人保以陈晓兰调离后，永顺人保已没有可保利益为由，主张本案合同无效，理由不能成立。

2. 保险人的同意（承诺）

保险人就投保人所提出的要约，加以同意，即作出承诺，保险合同在此时成立。但是，惯例上，通常是保险人对投保人在投保书上所填写的各项投保条件进行审核后，表示同意或认可，即为"承诺"。假若保险人未予认可，即未作出承诺，则保险合同不成立。保险人如果对于投保人填写的投保书内容加以更改而同意的，这时保险人的同意，仅属于新要约，尚须投保人的承诺，保险合同方才成立；不可拘泥于我国《保险法》第 13 条第 1 款"投保人提出保险要求，经保险人同意承保，保险合同成立"的规定，而认为保险人的同意，均属承诺。保险人接到投保人要约，应在合理期间内作出承诺，否则视为拒绝要约，该要约因此失去约束力。但如果投保人

---

① 案例来源：《最高人民法院公报》2001 年第 4 期。

预付保险费，而保险人经过合理期间后，仍保持沉默，也未退回保险费，即可认为默示的承诺，而成立保险合同。我国《保险法》第 13 条第 1 款与第 2 款规定："保险人应当及时向投保人签发保险单或其他保险凭证。保险单或者其他保险凭证应当载明当事人双方约定的合同内容。"在投保人以填写申请书方式发出要约时，一般而言，有关合同内容的事项都已包括在申请书内。重要的事项包括保险费（率）、保险客体、保险事故种类、保险金额、所适用的保险条款及保险期间等。除此之外，目前保险法发达的国家的保险单上也附有"资料保护条款"，目的在于禁止保险人将有关投保人或被保险人的个人资料透露给第三人。保密义务是一种附随义务，我国《保险法》第 116 条和第 131 条体现了该宗旨。第 116 条严禁保险公司及其工作人员泄露在业务活动中知悉的投保人、被保险人的商业秘密；第 131 条严禁保险代理人、保险经纪人及其从业人员泄露在业务活动中知悉的保险人、投保人、被保险人的商业秘密。

投保人在合法的要约行为完成后，保险人的承诺须以意思表示向投保人作出。但如果有其他行为可确定保险人作出承诺的意思，保险合同也成立，例如保险单的签发和交付等。如果保险人将要约的内容扩张、限制或变更而作出承诺，则视此承诺为新要约，对此新要约，投保人必须作出承诺的意思表示，保险合同才算成立。此承诺的表示也可通过保险费的交付得知。

关于要约的约束力期间，我国《民法典》第 481 条规定："承诺应当在要约确定的期限内到达要约人。要约没有确定承诺期限的，承诺应当依照下列规定到达：（一）要约以对话方式作出的，应当即时作出承诺；（二）要约以非对话方式作出的，承诺应当在合理期限内到达。"由此可知投保人在提出投保申请后，在合理期限内，保险人不作出承诺时，投保人不受其要约拘束。所谓"在合理期限内"，通说是指依据通常的交通方法，书信往返所必需的时间。对此，我国《保险法》并无特别规定，所以也可作如此解释。立法理由为：为保障投保人的利益，确定法律关系，投保人可因此明确知道何时期间经过之后，即可另行觅保，从而避免重复交付保险费的危险。如果保险人作出的承诺与投保人要约内容相悖时，如何认定保险合同效力呢？德国《保险合同法》第 5 条规定，如果投保人在收到保险单之日起 1 个月内未以书面形式对此提出异议的，则推定投保人已接受保险单，但前提是保险人将保单送达时对保单中修改部分及其法律后果向投保人作出明确提示。如果保险人不提示，保险合同以投保单记载内容为准。此法条立意甚佳，可供我国《保险法》修订时参考。

三、特殊的合同形式

保险合同的成立除了依一般合同成立的原则，即投保人要约，保险人承诺（例外可以由保险人要约）以外，也可能因特殊情形而成立，以下仅就实务上常发生的情况加以说明。

（一）暂保承诺

暂保承诺的功能在于保险人决定是否对投保人的要约作出承诺前，提供暂时的保险保护。在实务上保险人为争取顾客信赖，常在洽谈有关保险合同订立事项之后，保险人未正式承诺保险之前，先答应投保人提供及时的保护。这种暂保承诺的效力在保险人或其代理人作出之后及时发生效力，至于投保人是否已交付保险费，不予考虑。因此如果保险人或其代理人在投保人提出投保后，而未正式承诺前（如因保险费未订，或危险事故未审查），以口头方式答应投保人及时提供保险保护，则危险事故发生时保险人仍应负保险赔偿的责任。至于实务上常发生的问题，即保险人或其代理人否认曾作出这项承诺，属于举证的问题，不在讨论之列。这种特殊保险合同可因附终期而在期限届满时，或在保险人或投保人拒绝订立保险合同时，丧失效力，如果本保险合同真正成立，则暂保承诺的效力和本保险合同的效力依所谓"效力合一说"合为一体。关于保险费的起算及保险期间，应以暂保承诺成立之时为准。关于暂保承诺的效力，可通过下面的例子说明：某工厂所有人甲欲向保险人乙以其对该工厂的所有权人保险利益投保火灾险，在洽商之时，乙表示有关保险费及承保危险须经计算及评估之后才可决定，但是在保险合同成立前，可提供暂保。隔日该厂遭焚毁，而甲在后来和乙再次商谈有关保险费率时并未向乙提起该事故。此案德国法院认为本保险合同的保险人可依投保人违反告知义务的规定解除合同，但这并不妨碍暂保承诺的效力，所以保险人乙对甲仍应负保险赔偿的责任。德国保险监督机关的规定虽也要求暂保承诺应采用暂保单形式，但保险法学界却一致认为暂保单的制作与否并不影响其效力。该判例后来在德国《保险合同法》第49条中予以正式明确。①

---

① 德国《保险合同法》第49条（临时保险）规定：（1）如保险合同中规定了暂保条款，则保险人将会根据本法第7条第1款及第2款的规定将保险合同条款及相关信息及时告知投保人。（2）如果在保险合同订立时，合同一般条款和承保险别尚未送达投保人，则保险人在此时点确定的险别应当成为保险合同的有机组成部分并为投保人提供暂时保护。如果对保险合同的承保险别存有疑义，则订立合同时对投保人最为有利的承保险别应当成为保险合同的组成部分。

（二）预约保险

预约保险合同又称"开口保险合同"，是主要用于货物运输保险和再保险业务的一种不定期保险合同。用于货物运输保险时，保险人依合同规定对被保险人分批发运的全部货物自动承担保险责任。我国《海商法》接纳了预约保险承保方式在海上保险中的适用，并通过第231条至第233条对预约保险合同及其法律制度的基本框架作了规定。[①] 用于货物运输保险时，保险人自动承保被保险人分批发运的所有货物，通常以保险凭证作为每批货物的保险单。用于再保险时即为"预约再保险"，再保险人必须接受依合同规定分出的分保额。预约保险合同一般无保险期限的规定，而代之以注销条款。合同双方当事人均有权依条款规定，在一定期间（通常为30天）内发出解除合同的注销通知，合同至到期日终止。我国《民法典》第495条有关预约合同的规定同样适用于保险领域。预约保险合同和保险合同涉及两个不同的法律关系，违反预约合同并不构成违反本约的缔约过失责任[②]。预约保险合同设立了保险合同的缔结义务。投保人在预约保险合同约定的期限内须将其出运的货物全部在保险公司投保，保险公司在该期限内不得拒绝投保人的投保。只有待通知申报确认后，保险公司才就每一个保险合同下被保险人所遭受的损失负有赔偿义务。至于被保险人在预约保险签订后另行向其他保险公司的投保或者保险人不予承保的行为，则属于合同的违约责任解决范畴。

（三）总括保险

通常财产保险合同的成立都须以双方当事人对保险标的意思表示一致为要件之一，但在实务上有由投保人和保险人在订立保险合同时，未将个别的保险利益确定，而只是暂时以种类为保险内容，等将来个别保险标的产生时再进行告知，而成立合同关系的情况。这类保险可称为总括保险或流动保险。德国《保险合同法》第89条对总括保险进行了定义[③]，而我国《保险法》则无相关规定。但《关于大型商业保险和统括保单业务有关问题的通知》（保监发〔2002〕16号）明确保险公司承保大

[①] 王海波：《海上保险法域保险法之协调研究》（国家社科基金后期资助项目），法律出版社2019年版，第417页。

[②] 范硕：《预约合同制度的构建——基于〈民法典〉的时代背景》，中国法制出版社2020年版，第183页。

[③] 德国《保险合同法》第89条：（1）在对多数保险标的物的集合保险中，每项单独的标的物都属于集合保险的组成部分。（2）如果投保人与保险人订立集合保险，则在保险事故发生时那些与投保人共同生活的家庭成员的财产或在保险合同约定的工作地点为投保人的员工的财产都属于保险合同的承保范围。上述混同应被视为为第三人利益订立的合同。

型商业保险，可采用异地承保、共保或统括保单的方式。统括保单这种保险方式在货物运输保险或再保险中最常见，仓库营业者也常常以之投保责任险，以保障其对于不断进出仓库的货物受损害时应负的责任。例如某贸易公司可和保险人约定就该公司对所有在某一定期间（一般都为 1 年）进出口货物的利益投保简单货物险，或仓库营业人向保险人投保所有在一定期间内存于仓库内货物的责任险。在总括保险合同成立后，投保人负有义务将个别标的告知保险人，而保险人也负有对之承保的义务。但在例外情况下彼此也可在总括保险合同中约定一方或双方对个别标的的投保或承保与否具有选择的权利。如某成衣制造商和保险人约定以总括保险方式对工厂里制造的成衣投保盗窃险，制造商负有在每月将其产量通知保险人的义务，以便计算保险费。某日该厂遭窃，在调查时发现制造商经常故意误报数量，法院据此认为制造商违反保险法上应尽的义务而判决保险人不负保险赔偿的责任。但须注意的是，在运输保险中，除了总括保险单外，通常在投保人履行告知标的义务之后再签发个别保险单，但这并不代表保险合同的成立与否须以个别保险的存在为要件。投保人的告知标的并不是投保，而是依据已存在的保险合同履行义务而已。

（四）团体保险

人身保险领域还有一种集合保险，叫作团体保险。与总括保险不同的是，团体保险是指以一张保险单为众多被保险人提供人身保障的保险。团体保险是以团体为保险对象，以集体名义投保并由保险人签发一份总的保险合同，保险人按合同规定向其团体中的成员提供保障的保险。它不是一个具体的险种，而是一种承保方式。团体保险主要见于人身保险领域，一般有团体人寿保险、团体年金保险、团体意外伤害保险和团体健康保险四类。有关团体保险的内容请见本书相关章节的介绍。

第二节　保险合同的生效

合同成立包括要约和承诺两个过程，复杂的情况还可能包括要约邀请和反要约。根据我国《保险法》第 13 条第 1 款"投保人提出保险要求，经保险人同意承保，保险合同成立"的规定，保险合同成立也适用《民法典》要约和承诺的规定。《民法典》关于合同成立的规定也适用于保险合同，表现在两个方面：一是有利于帮助厘清保险合同成立、生效的时间。中华联合保险与 SK 海力士财险再保险事项发生的有关再保险合同成立的纠纷就是明显例证，终审法院援引合同成立理论推翻一审，判定再保险合同成立。① 二是《民法典》第491条的规定有利于帮助厘清以电子形式存在的网络保险合同成立时间和地点的认定问题②。通说认为保险合同属于非要物合同和非要式合同，因此保险合同自保险人同意承保之时生效，除非保险双方当事人约定保险合同只有缴纳（第一期保险费）或者出具保险单才生效时，保险合同须等待条件成就和期限届至时才生效。我国《保险法》第13条第3款规定："依法成立的保险合同，自成立时生效。投保人和保险人可以对合同的效力约定附条件或者附期限。"同时《民法典》第502条第1款也规定："依法成立的合同，自成立时生效，但是法律另有规定或者当事人另有约定的除外。"我国《保险法》第13条规定的附条件和附期限就是《民法典》第502条规定的当事人另有约定的情形，因此《民法典》和《保险法》关于保险合同生效的规定也无差异。保险合同究竟在何时生效，对于合同双方当事人的权益有极重大的影响。在我国现行民商合一的立法体制下，保险法是民法的特别法，因此保险合同所产生的法律问题，如果《保险法》没有规定，则应依《民法典》处理。为彻底了解并有效解决保险合同的成立生效问题，应从一般法律行为（含单方行为，双方行为即合同及合同行为）探讨保险合同的不同层面产生的效力问题。保险合同四个效力层面可组成一简图，如下图所示：

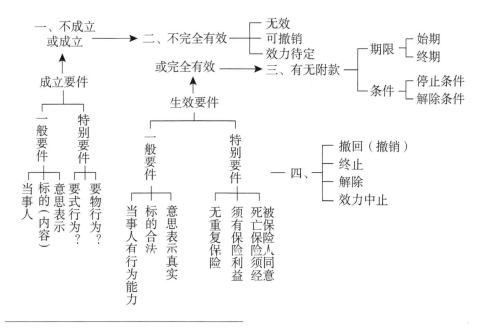

---

① 参见宋文娟：《SK 海力士再保险合同纠纷结案》，载《中国经营报》2016 年 12 月 10 日。

② 《民法典》第 491 条规定：当事人采用信件、数据电文等形式订立合同要求签订确认书的，签订确认书时合同成立。当事人一方通过互联网等信息网络发布的商品或者服务信息符合要约条件的，对方选择该商品或者服务并提交订单成功时合同成立，但是当事人另有约定的除外。

上述四个效力层面，除第四层面是保险合同完全生效后，因有撤销、终止或解除的原因经权利人撤销、终止或解除合同，或有中止原因发生或复效所致保险合同的效力发生变动，与本节内容无直接关系外，其余一、二、三层面均与本节内容有关。根据我国《保险法》第13条第1款的规定，投保人提出保险要求，经保险人同意承保，保险合同即告成立。合同的生效是指依法成立的保险合同对合同主体产生法律约束力。一般情况下，合同一经成立就产生法律效力，即合同生效。双方当事人依合同开始享有权利，承担义务，并不得任意更改合同的有关内容。附条件、附期限的民事法律行为要符合所附条件或所附期限届满时才能生效，保险合同往往属于此类民事法律行为。

一、成立要件

第一个层面须先判断合同是否成立，其判断标准为成立要件是否全部具备。如果欠缺成立要件，合同不成立，自然不发生任何效力。所谓成立要件又分为一般成立要件及特别成立要件。一般成立要件包括当事人（一方为保险人，一方在寿险为投保人，在财险多称被保险人）、标的（即合同内容，包括承保范围、保险标的、保险费、保险期间等必要事项）及意思表示（要约与承诺一致）。至于特别成立要件，则涉及是不是要式合同及是不是要物合同的问题。如果因有合同特别约定将保险合同认定为要式合同及要物合同，则保险合同必须满足以下三个要件，才能成立：（1）要约与承诺意思表示一致；（2）保险人签发保险单或其他保险凭证（简称签单）；（3）投保人或被保险人或其他利害关系人交付第一期保险费或一次性趸交（简称交费）。依本书见解，保险合同为诺成合同（即不要式合同），当事人就保险条件（标的、费率、危险）互相意思表示一致，合同即成立，保险单的制作与交付，仅为完成保险合同的最后手续，也是证明保险合同是否成立的方法。保险合同在法律上的效力，并不是自始系于保险单。保险单的制作与交付，是合同成立后保险人应履行的义务，其作用虽可作为保险合同的证明，但并不是说明保险合同的成立，以保单的制作与交付为要件。

二、生效要件

保险合同具备成立要件后还需进一步判断其是否完全有效，判断的标准为生效要件。所谓生效要件，也可分为一般要件及特别要件。根据我国《民法典》第143条的规定，合同成立生效一般要件包括当事人必须具有完全行为能力、标的（合同内容）必须适当、当事人意思表示必须真实。特别要件则规定在《保险法》中。

（一）当事人必须具有完全行为能力

民事权利能力是法律赋予主体享有民事权利、承担民事义务的资格或者法律地位。依照《民法典》第20条、第21条的规定，自然人从出生时起到死亡时止具有民事权利能力，法人及其他组织（指原《民法通则》规定的个体工商户、农村承包经营户、个人合伙、联营，以及其他能够经营的组织），在其核准的经营范围内，具有《民法典》所要求的民事权利能力。自然人作为订约主体时，法律规定其须达到相应的年龄，具有相应的精神智力状况。按照《民法典》第144条、第145条的规定，具有完全民事行为能力人可以独立缔结合同。限制行为能力人可以订立与其年龄、智力和精神健康状况相适应的合同或者订立纯粹获利性的合同，订立的其他合同属于效力待定合同，则须经过其法定代理人追认。不满8周岁的未成年人和不能辨认自己行为的精神病人是无民事行为能力人，不具有合同行为的能力，不是缔约主体。除合同系由其法定代理人代订可发生效力之外，其自行订立的一概无效。

（二）标的（合同内容）必须适当

按照《民法典》第143条的规定，标的（保险合同内容）合法有两方面的含义：一是不违反法律和行政法规强制性规定；二是不违背公序良俗。所谓不违反法律和行政法规的强制性规定，是指保险合同的内容不得与法律和行政法规的强制性规定相抵触，也不能滥用法律的授权性或任意性规定达到规避法律的目的。"公序良俗"包括公共秩序与善良风俗两个方面。公序，即社会一般利益，包括国家利益、社会经济秩序和社会公共利益；良俗，即一般道德观念或良好道德风尚，包括社会公德、商业道德和社会良好风尚。

（三）当事人意思表示必须真实

订立保险合同是当事人为了达到保险保障的目的，为自己设定权利、义务的法律行为。这种行为是有目的、有意识的活动，当事人应当能够明确自己行为的后果，自愿承担相应的法律后果。如果合同的订立不是出于当事人的自愿，而是基于不真实的意思表示，那么这样的保险合同属于无效或者可撤销合同。我国《民法典》第146条和第154条规定，行为人与相对人以虚假的意思表示实施的民事法律行为或者恶意串通、损害他人合法权益的民事法律行为无效。根据《民法典》第147条、第149条、第150条、第151条的规定，欺诈、胁迫、显失公平、重大误解实施的民事法律行为，受害人可以申请撤销。

（四）特别生效要件

1. 没有保险利益的合同无效。具体而言，根据《保险法》第31条和第48条的规定，非损失补偿性保险合同，投保时投保人对保险标的无保险利益的，合同无效；损失补偿性保险合同，保险事故发生时，投保人对保险标的无保险利益的，也无效。

2. 根据《保险法》第34条第1款的规定，以被保险人死亡为给付条件的保险，未经被保险人书面同意并认可保险金额，其合同无效。

3. 德国《保险合同法》第78条第3款规定，恶意订立的重复保险合同当属无效。

三、保险责任期间的确定

保险合同为射幸合同，所以保险责任期间的确定对双方当事人均极为重要，我国《保险法》第18条规定保险合同应记载"保险期间和保险责任开始时间"。在保险合同中约定保险期间，包括约定期限届至和约定条件成就两种方式。

（一）约定期限届至

约定日历时间指在保险合同中明确指出保险期间开始和终止的日历时间。如约定"保险期间自××××年×月×日×时起，至××××年×月×日×时止"。财产保险、人身意外伤害保险的保险期间一般为1年，多采用这种方式。海上船舶保险，由于各国使用的时间互有差异，保险单上经常载有使用时间的标准，例如北京时间或格林尼治时间等。保险期间超过1年的定期死亡保险、定期年金保险、两全保险等合同，也采用这种方式。

（二）约定条件成就

即在保险合同中指出某一事件的发生作为保险期间的开始或结束。例如，海洋货物运输保险一般实行"仓至仓"条款，在合同中约定，保险责任从保险货物运离发货人在起运地的最后一个仓库或储存处所时开始，至货物到达收货日在目的地的第一个仓库或储存处所时终止。据此，保险期间的开始以货物运离发货人在起运地最后一个仓库或储存处所为标志。海上货物运输保险、航空意外伤害险、旅客意外伤害险等，常采用约定条件成就的方式约定保险期间。人寿保险中的终身死亡保险、终身年金保险等，一般以日历时间约定保险期间开始的时间，保险期间的结束则以被保险人死亡为约定成就条件。

保险期间即为保险人应负责任的期间，但对于保险人责任的认定尚有事故说及损失说两种。依事故说，保险人仅对于发生在保险期间内的保险事故负责；依损失说，保险人对于发生在保险期间内的损失负责。保险实务中除约定采用损失说之外，多以事故说为主说。① 但为控制危险，采用事故说也常设有限制，例如健康险常有 30 日或 90 日的等待期间（观察期）；伤害险仅对于保险期间内遭受意外伤害事故，自意外伤害事故发生之日起，因同一原因在 180 日内所致的死亡、残疾或医疗费用负保险责任；雇员诚实保证保险也多订有发现期间条款，对于在一定期间内未发现的损失不负保险责任等。

保险合同具备成立要件及生效要件后，原则上即成立生效，通常成立生效的时点应当一致，但如果附加生效条件和生效期限时，其效力的发生即受附加条件和期限的限制，这是第三层面的问题。附期限有附加生效期限及终止期限之分，附加条件有生效及解除条件之分。附生效条件的合同分别以条件成就时生效，例如保险合同约定以投保人缴纳第一期保险费为合同生效条件时，则无保险费不生效。附生效期限合同，自期限届至时生效，在此之前发生的保险事故，保险人自不负保险责任。在始期届至前发生的保险事故，保险人不论是否已收取保险费或已签发保险单或其他凭证，均可不负保险责任；反之，始期届至后发生的保险事故，保险人不论是否已收取保险费或已签发保单或其他凭证，均应负保险责任。

第三节　保险合同的解释

保险合同成立后，合同主体有时会就保险合同内容及履行时的具体做法等方面产生不一致甚至相反的理解而导致分歧或纠纷。由于保险合同比较特殊，主体之间的争议不仅产生于投保人与保险人之间，有时还会产生于投保人与被保险人、被保险人与受益人以及上述主体与第三人之间。争议所反映出的问题非常复杂，专业性很强。解决保险合同争议问题较为复杂的是保险合同的解释。

---

① 在一般情况下，只要一次独立的保险事故最初发生在保险期内，保险人就对这次事故造成的全部损失负赔偿责任。如某建筑物投保火灾险，保险期间自 2020 年 8 月 25 日 0 时起至 2021 年 8 月 24 日 24 时止。该建筑物于 2021 年 8 月 24 日 23 时 30 分发生火灾，一直到 8 月 25 日扑灭。虽然，事故大部分损失发生在合同期限届满后，但由于技术上很难将损失分摊，且火灾事故发生在保险期间内，保险人应赔偿全部火灾损失。同上例，如保险期间约定自 2021 年 8 月 25 日开始，由于火灾发生在合同期间开始之前，尽管损失发生在保险期间内，保险人仍无须承担责任。人寿保险则更是采用事故说。如某人投保死亡险，保险期间至 2015 年 5 月 18 日 24 时结束，该人于同年 3 月身患绝症，5 月中旬生命垂危，直至 5 月 19 日 5 时死亡，保险人免责。这是因为死亡保险以死亡为保险事故，并不严格追究死亡原因。

一、民法中的合同解释规则

格式合同又称附合合同，是指合同条款由当事人一方预先拟定，对方只能表示全部同意或者不同意的合同，即一方当事人要么从整体上接受合同条件，要么不订立合同。为防止格式合同纠纷的发生，维护合同的公平，我国原《合同法》第39条至第41条就附合合同作出了三条规定。《民法典》颁布实施时基本沿袭了前述条文完整的合同解释规则，分别体现在第496条至第498条的规定中。该合同解释规则包括以下三方面：

1. 意外条款的排除规则。《民法典》第496条第2款规定：采用格式条款订立合同的，提供格式条款的一方应当遵循公平原则确定当事人之间的权利和义务，并采取合理的方式提示对方注意免除或者减轻其责任等有重大利害关系的条款，按照对方的要求，对该条款予以说明。提供格式条款的一方未履行提示或者说明义务，致使对方没有注意或者理解与其有重大利害关系的条款的，对方可以主张该条款不成为合同的内容。

2. 内容控制规则。《民法典》第497条规定，具有本法第一编第六章第三节和本法第506条规定的无效情形，提供格式条款一方不合理地免除或者减轻其责任、加重对方责任、限制对方主要权利，或者提供格式条款一方排除对方主要权利的条款，无效。

3. 不利解释规则。《民法典》第498条规定，对格式条款的理解发生争议的，应当按照通常理解予以解释。对格式条款有两种以上解释的，应当作出不利于提供格式条款一方的解释。格式条款和非格式条款不一致的，应当采用非格式条款。

以上三条规则就是民法对附合合同解释最重要的三项规则，内容详见后述。

二、我国保险合同解释规则

（一）意外条款排除规则

1.《民法典》与原《合同法》、《保险法》意外条款排除规则

我国《保险法》在1995年颁布之初并未正式采纳意外条款排除规则、内容控制规则、不利解释规则，同时，在实务中，一般适用、参考我国原《合同法》第39条、第41条的规定精神（《民法典》实施后，就直接适用《民法典》了）。2009年我国《保险法》第二次修订时完善了第17条保险人缔约过程的明确说明义务、第30条的不利解释规则，增加了第19条保险格式条款内容控制规则，构建了格式条款完整的解释规则体系。

《民法典》与原《合同法》、《保险法》意外条款排除规则对比一览表

《保险法》第 17 条	原《合同法》第 39 条	《合同法司法解释（二）》第 9 条	《民法典》第 496 条
订立保险合同，采用保险人提供的格式条款的，保险人向投保人提供的投保单应当附格式条款，保险人应当向投保人说明合同的内容。 　　对保险合同中免除保险人责任的条款，保险人在订立合同时应当在投保单、保险单或者其他保险凭证上作出足以引起投保人注意的提示，并对该条款的内容以书面或者口头形式向投保人作出明确说明；未作提示或者明确说明的，该条款不产生效力。	采用格式条款订立合同的，提供格式条款的一方应当遵循公平原则确定当事人之间的权利和义务，并采取合理的方式提请对方注意免除或者限制其责任的条款，按照对方的要求，对该条款予以说明。格式条款是当事人为了重复使用而预先拟定，并在订立合同时未与对方协商的条款。	提供格式条款的一方当事人违反《合同法》第三十九条第一款关于提示和说明义务的规定，导致对方没有注意免除或者限制其责任的条款，对方当事人申请撤销该格式条款的，人民法院应当支持。	格式条款是当事人为了重复使用而预先拟定，并在订立合同时未与对方协商的条款。 　　采用格式条款订立合同的，提供格式条款的一方应当遵循公平原则确定当事人之间的权利和义务，并采取合理的方式提示对方注意免除或者减轻其责任等与对方有重大利害关系的条款，按照对方的要求，对该条款予以说明。提供格式条款的一方未履行提示或者说明义务，致使对方没有注意或者理解与其有重大利害关系的条款的，对方可以主张该条款不成为合同的内容。

　　相较于合同法，《民法典》关于意外条款的排除规则有两点变化：第一，扩大了格式条款使用方提示说明义务的范围。《民法典》第 496 条对格式条款的规定相对于原《合同法》第 39 条的变化很大，新增加了"与对方有重大利害关系"等的规定。"与对方有重大利害关系"的范围非常广泛。例如，管辖地的条款、约定仲裁方式的条款、交货期限、交货地点、交货质量安排、付款方式与期限等，这些都可能是与对方有重大利害关系的条款，这样可能迫使格式条款的使用方到处用加粗、加黑、加下划线的方式提醒对方注意，这样到处画重点等于没画重点，到处标红等于没标红。这样不仅不能真正起到提示义务，还会给未来司法适用埋下隐患，因为对方动不动就会主张提供格式条款一方没有尽到提示义务。第二，规定了没有及时尽到提示说明的法律后果。原《合同法》第 39 条没有作任何规定，后来《合同法司法解释（二）》进行了补充，认为当事人可以撤销格式条款。但是这种撤销有局限性。一方面，撤销要形成诉讼，主张形成诉权，增加了相对人的负担，单纯的抗辩是没有用的。另一方面，撤销会涉及撤销权的除斥期间，撤销权不可能无限期持续，这也影响到对相对人的保护。现在《民法典》第 496 条明确规定，如果提供格式条款一方没履行提示义务，对方可以主张该条款不成为合同的内容，等于合同没写过这条内容。

2.《保险法》第17条的免责条款明确说明义务

《民法典》第496条的规定与《保险法》第17条关于格式条款的范围和效力认定的规定相似但又存在差异。这种差异主要表现在：（1）提示和说明范围不同。《民法典》的范围为免除或者减轻其责任等与对方有重大利害关系的条款，而《保险法》仅限于免除保险人责任的条款。（2）义务履行的标准不同。《民法典》要求采取合理的方式提示并按照对方要求对该条款进行说明，而《保险法》第17条第2款规定的是"作出足以引起投保人注意的提示，并对该条款的内容以书面或者口头形式向投保人作出明确说明"。这表明：①两者提示的标准一致，《民法典》要求格式条款提供方"采取合理的方式"，虽然未明确利害关系条款的提醒方式，但是可沿用《合同法司法解释（二）》关于"在合同订立时采用足以引起对方注意的文字、符号、字体等特别标识"，与《保险法》规定提示必须"足以引起投保人注意"是一致的，提示义务履行标准并没有降低。②说明的标准方面不同。《民法典》关于说明义务履行的前提是对方提出要求，而《保险法》无论对方要求与否都必须以书面或者口头形式向投保人作出说明，而且是"明确"（标准更高）；《民法典》要求未履行提示和说明义务，致使对方没有"注意或者理解"，《保险法》仅规定没有"引起注意"即可。（3）义务履行对象和不履行的后果不一致。《民法典》规定的是该所有利害关系条款"不成为合同的内容"，《保险法》规定的是仅限于免除保险人责任的条款"不产生效力"，不过虽然措辞有差异但都产生"不适用"的相同效果。显然利害关系条款是不仅包括免责条款在内的，《民法典》需说明的对象范围更广。

（二）合同内容控制规则

《民法典》与原《合同法》、《保险法》列举的格式条款无效对比一览表

原《合同法》第40条	《保险法》第19条	《民法典》第497条
有下列情形之一的，该格式条款无效： （一）具有本法第五十二条和第五十三条规定情形的； （二）提供格式条款一方免除其责任、加重对方责任、排除对方主要权利的。	采用保险人提供的格式条款订立的保险合同中的下列条款无效： （一）免除保险人依法应承担的义务或者加重投保人、被保险人责任的； （二）排除投保人、被保险人或者受益人依法享有的权利的。	有下列情形之一的，该格式条款无效： （一）具有本法第一编第六章第三节和本法第五百零六条规定的无效情形； （二）提供格式条款一方不合理地免除或者减轻其责任、加重对方责任、限制对方主要权利； （三）提供格式条款一方排除对方主要权利。

如果将原《合同法》第 40 条的规定与《民法典》第 497 条第 2 项的规定加以比较，就会发现，《民法典》的条文中合同无效前加了"不合理"这个限制性的规定，也就是说，免除或者减轻其责任、加重对方责任、限制对方主要权利如果是不合理的才无效；反之，如果是合理的那就是有效的。这就留下了适当的弹性，毕竟格式合同有其商业上合理的考量。

相较于《民法典》，《保险法》第 19 条的规定存在差异，即格式条款无效的范围不同。《民法典》第 497 条规定的三种情形的格式条款，无论格式条款方是否履行提示和说明义务均无效；而《保险法》第 19 条仅规定了两种情形无效。显然《民法典》格式条款无效情形范围要比《保险法》宽。两项条文规定的不一致会导致法律适用裁判标准的差异。

合同意外条款排除及不利解释两种规则，还不涉及合同条款和《保险法》规定是否相抵触的情况，在互相抵触时，则应考虑有关内容控制规则的问题。《保险法》第 19 条是原《合同法》第 40 条所规定的格式条款内容控制规则在《保险法》上的重申与衔接。但是无论是原《合同法》第 40 条还是《保险法》第 19 条都仅描述了无效格式条款的类型，并未提供实质性的判断标准，学界与实务界的研究则主要在条文的字义解释层面展开——纠缠于何谓"主要权利""依法应承担的义务"及"依法应享受的权利"，最多从比较法的角度介绍德国法上绝对强制规范、相对强制规范及任意强制规范的参考指引作用。[①] 最高人民法院也曾经试图采用列举的方式在《保险法司法解释（二）》中具体列明某些常见的保险格式条款属于无效格式条款，但终究因为争议较大只能留待司法实践继续探索。

一般而言，保险法的规定从目的上来看可以分为三种：第一种是基于维护保险制度的理念或者社会公益而存在的绝对强制规定，例如我国《保险法》规定没有保险利益的合同无效，这种规定无论如何不可以变更，否则可能造成破坏保险制度的后果。第二种是为了保障相对处于弱势的被保险人而订立的相对强制规定，例如我国《保险法》第 16 条规定，保险人应当在知悉或者应当知悉投保人未履行如实告知义务后的 30 日内或者保险合同成立 2 年之内行使合同解除权。它的目的在于要求限制保险人的合同解除权的行使。因此，如果保险人在合同条款中能够作出更有利于被保险人的约定，那么这种规定未尝不可以因此而变更。第三种是任意性的规定，也就是法条只是用来作为提示的功能，对双方当事人都不具有约束力，双方当事人

---

① 杜景林：《合同规范在格式条款规制上的范式作用》，载《法学》2010 年第 7 期。

可以自行在合同条款中更改，如我国《保险法》第 20 条第 2 款有关书面协议形式的规定。所谓内容控制规则，便是合同条款同法律条文的意义相抵触时，应该对违反不同性质条文规定的条款效力给予不同的评价。换句话说，如果条款违反的是绝对强制规定，那么条款当然无效，以杜绝保险人与被保险人以协议的方式来规避保险制度的基本原则（例如：约定投保人或被保险人无须负如实告知义务，即明显对被保险人有利。但如果任凭这种约定有效，可能使保险公司的财务不健全，破坏保险制度的运作）。如果违反的是相对强制规定，则应当进一步判断条款本身对被保险人有利与否，有利的则为尚不违反相对强制规定保护被保险人的本意，因此还可允许，否则便属无效。至于合同条款如果与任意性规定有所出入，则只要确定经过双方当事人的同意，由于不会产生破坏保险制度或者损害被保险人利益的顾虑，条款的效力更是毋庸置疑。这种条款效力的方式，就是内容控制规则的意义所在。

（三）不利解释规则

关于不利解释规则，《民法典》、原《合同法》以及《保险法》均规定一致。保险格式条款不利解释规则实质上是格式条款的解释原则在保险合同下的具体应用，是国家通过立法"强行矫正"合同双方的不平等关系，为投保人或被保险人提供的一种司法救济。根据该解释规则的目的和精神，只有真正涉及保险人提供的保险格式条款的异议时才采用，且应当以合同解释的一般原则为前提和基础。《保险法》第 30 条的规定属于强制性法律规定，不允许当事人以约定排除其适用。关于第 30 条的保险法司法解释内容是具体贯彻落实该法条而作的进一步解释，也属强行性规范，保险人在保险合同中设置的诸如"本公司对保险合同条款拥有最终解释权"的规定，因违反上述强制性规定，应依法认定为无效。

不利解释规则的法律规定对比一览表

原《合同法》第 41 条	《保险法》第 30 条	《民法典》第 498 条
对格式条款的理解发生争议的，应当按照通常理解予以解释。对格式条款有两种以上解释的，应当作出不利于提供格式条款一方的解释。格式条款与非格式条款不一致的，应当采用非格式条款。	采用保险人提供的格式条款订立的保险合同，保险人与投保人、被保险人或者受益人对合同条款有争议的，应当按照通常理解予以解释。对合同条款有两种以上解释的，人民法院或者仲裁机构应当作出有利于被保险人和受益人的解释。	对格式条款的理解发生争议的，应当按照通常理解予以解释。对格式条款有两种以上解释的，应当作出不利于提供格式条款一方的解释。格式条款和非格式条款不一致的，应当采用非格式条款。

综上，《保险法》与《民法典》的规定存在不一致的地方会导致司法适用的混乱。根据特别法优于一般法的规定，当特别法对某个事项有特别规定时，应当优先适用。但是有意见认为《民法典》的立法技术更加先进全面，更利于投保人利益的保护，《保险法》的规定相对落后，不应当适用。如果适用《民法典》的规定，则必须先删除《保险法》的特别规定。理由是：（1）《民法典》适用引入"合理性"标准，赋予法官自由裁量权，即《民法典》合同控制内容条款放宽，只有不合理限制一方权利或者增加义务的条款才会被认定为无效。（2）《民法典》"格式条款法定无效"事由比较宽，更利于消费者利益保护。（3）《保险法》和《民法典》关于意外条款排除规则实质差异有两点：第一，《民法典》提示的范围广，保险人作为格式条款的提供方有义务提示所有涉及利害关系的条款，而不仅限于《保险法》提及的免责或者限制责任的条款；第二，《民法典》对利害关系条款只有在投保人提出要求的前提下才有说明义务。本书认为，《民法典》关于格式条款的规定更利于保障被保险人利益，但应当在全社会范围内普遍适用才有保护的意义。建议删除《保险法》第17条关于免除保险人责任条款的明确说明义务的规定，自动适用《民法典》第496条关于意外条款排除规则的规定，避免将来给司法适用带来混乱。

三、保险法常见争议条款

目前保险格式条款内容控制规则在适用方面要解决的首要问题是《保险法》第19条是否可以适用于所有的保险格式条款？其适用范围有无必要进行限制？若有，其合理的边界又如何确立？《保险法》第19条直接来源于原《合同法》第40条，后者又是借鉴德国法的有关规定而来，债法现代化运动后，德国法上有关格式条款内容控制的规范从《一般交易条款法》纳入《德国民法典》。《德国民法典》第307条是内容控制规则的总则性规定，该款第1项规定："第1款和第2款以及第308条和第309条，只适用于约定偏离或者补充法律条文的规定的一般交易条款中。"尽管字面上并未直接表明，但按立法理由，该条正是将宣示性条款与核心给付条款排除在其适用范围之外。① 所谓宣示性条款是指重复法律规定的条款。所谓核心给付条款通常包括价格约定、具体的给付与对价给付的关系等条款。在立法者看来，此类条款经受住意思表示瑕疵等法律行为法的检验后，即应当交由市场竞争机制来淘汰，而

---

① 王静：《保险格式条款内容控制规则实证研究》，载《林勋发教授七十华诞祝寿论文集》，元照出版有限公司 2020 年版，第 137 页。

无须再适用内容控制规则。① 即在保险合同中应当将涉及保险给付事由的风险范围（包括危险描述条款与危险限制条款）、保险金计算方式或者给付标准及保险费等核心给付条款排除在《保险法》第 19 条的适用范围之外。《保险法》第 19 条合理适用范围应仅限于具有远期性、不确定性的约定义务条款，尤其是隐藏性义务条款。

从保险司法实务中涉及的险种、条款类型及无效认定率来看，由于《保险法》第 19 条欠缺实质性的判断标准，在结果导向的"实质争议观"的指引下，法院倾向于不加限制地扩张该规则的适用范围。这些争议较大的免责条款主要包括：车损险按责赔付条款；医保范围用药条款（剔除不属于社保的报销范围或者自费的医药项目和医疗费的约定）；残疾程度比例赔付条款；交强险条款的限额规定；主挂车赔偿限额条款；车辆未经年检或检验免责条款；超载增加绝对免赔率条款；驾照过期或者无效免责条款；营运车辆驾驶人无有关从业资格证条款；未提供上岗证和营运证商业三者险不予赔偿的条款；肇事逃逸免责条款；保险生效期间及保险期间条款；路产损失等增加的绝对免赔率条款；高保低赔条款；临时号牌过期免责条款；不承担鉴定费、诉讼费及其他费用条款；保险责任范围条款；家庭成员不属于第三者的免责条款；不计免赔条款；"索赔前置程序"条款；交强险投保人不属于第三人的条款；停运损失不赔条款；车上人员责任险的无责免赔条款；免赔率条款；医疗事故的解释条款；指定定损点或者指定定点医院条款；不明原因火灾损失免责条款；重大疾病的释义条款；保险金计算赔偿方式条款；车损险扣除道交险后再按责赔付条款；意外险的猝死免责条款；保险人保留对定点医院变更权利的条款；主车或者挂车未投保交强险的不赔条款；车上人员责任险扣除交强险后再按责赔付条款；团体意外险职业类别条款；全损险中八级以上（含八级）大风等保险责任范围条款；安全生产责任保险中非在工作时间、工作场所内发生意外死亡免赔条款；雇主责任险保险单中的"特别约定"第 6 款关于对不在《出海船舶户口簿》中最新的"出海船民情况登记"中的船员不承担保险责任的记载等。

四、保险法条款解释规则的应用

由于我国立法、司法解释及学说都未能为《保险法》第 19 条的适用提供明确的指引，司法实务中对于《保险法》第 19 条的适用不够有序，尤其在适用范围方面，

---

① 有关内容控制的基本原理，详见解旦：《格式条款内容控制的规范体系》，载《法学研究》2013 年第 2 期。

任意扩张不合理的错位或疏漏同时并存。有学者将之总结为"滥用"、混用和漏用三个方面。①

（一）"滥用"

《保险法》第19条适用于所有保险格式条款，因此司法实务中存在无效格式条款认定范围扩大化的情形。

1. 适用于非格式条款。保险交易中虽然大量使用格式条款，但也不乏当事人协商一致的条款。根据《保险法》第19条的规定适用内容控制规则的重要前提条件是采用保险人提供的格式条款，但有的法院却将之适用于经双方当事人协商的特别约定条款。如双方当事人在投保单特别约定中写明"经双方协商，被保险人同意，投保车辆发生保险事故造成公路设施、通信光缆、光电设施损害，在其他免赔率基础上增加20%的绝对免赔率"。对此有法院依据《保险法》第19条的规定判决该特别约定条款无效。②

2. 适用于保险责任范围条款。保险合同的核心是风险的承担，基于不同险种、不同费率精算基础的考虑，只有经明确限定的风险与损失才属于保险人应承担的范围。保险责任范围条款以保险人应承担的责任为先决条件，在此范围内排除的风险与损失才属于免责条款。如果本就不属于保险责任范围，则免责更无从谈起，所以保险责任范围条款不能等同于免责条款。尽管最高人民法院在司法解释中对此已有明确区分③，但司法实务中仍然存在混淆的情况。例如某保险公司在《借贷安心保险》中约定的保险责任范围为"保险期间内被保险人因遭受意外伤害而致身故或全残"，保险人按照约定承担给付保险金责任，并用列举方式在条款中对全残进行释义。被保险人投保后发生交通事故致四级残疾不符合条款列举的全残情形。但法院认为关于全残的定义属于排除被保险人依法应享有权利的免责条款，且未提示说明有违公平原则，故该条款无效。④

3. 适用于免赔率条款。保险费是保险人承担风险的对价。保险金给付与保险费之间的对价平衡关系既体现了风险转移与分担的技术性，也是维护保险制度正常运

---

① 王静：《保险格式条款内容控制规则实证研究》，载《林勋发教授七十华诞祝寿论文集》，元照出版有限公司2020年版，第137页。
② 参见山东省郯城县人民法院（2014）郯商初字第69号民事判决书。
③ 参见最高人民法院民事审判第二庭编著：《最高人民法院关于保险法司法解释（二）理解与适用》，人民法院出版社2013年版，第228—229页。
④ 参见河南省三门峡市中级人民法院（2013）三民三终字第277号民事判决书。

行的基石。保险格式条款，尤其是某些免责条款的设计正体现了费率厘定的公平性，并兼具抑制道德风险的作用，最为典型的就是绝对免赔率条款。免赔率条款会使被保险人能够获得的赔偿受到一定的限制，但"自担部分损失"的约定既可以激励被保险人提高谨慎行事的注意义务，也具有充分的费率精算基础。有的法院出于片面保护被保险人利益的考虑在个案上裁判该免赔率条款无效，损害了整体被保险人组成的危险经营共同体的利益。例如机动车第三者责任保险条款中约定，违反机动车安全装载规定（超载）的，在通常免赔率基础上增加10%的免赔率，且附加的不计免赔险条款中约定，该增加的免赔率也不得免除。有的法院认为，在投保人不计免赔险的情况下，保险公司仍然通过增加免赔率来减轻其赔偿责任，属于加重投保人责任、排除投保人权利的情形，该超载免赔率条款无效。① 又如，机动车车辆损失险条款约定，被保险机动车的损失应当由第三方负责的，无法找到第三人时，免赔率为30%。有的法院认为，投保人购买车辆损失保险就是为了得到及时理赔的保障，该免赔率条款不符合缔约目的，有违公平原则，且该条款免除了保险人的责任，排除了被保险人的主要权利，应认定为无效。

4. 将因果关系要求适用于状态免责条款。保险法学说上通常按免责条款事由将免责条款分为三类：一是原因免责，即当保险事故是某些特定原因导致时，保险人方可免责；二是状态免责，即保险事故发生时只要被保险人处于某种特定危险状态下保险人即可免责；三是事故形态免责，即由某些特定形态事故造成的保险标的损失，保险人可以免责。并非所有的免责条款均需与保险事故发生具有因果关系。如前述状态免责情形下，保险人只要证明事故发生当时某种特定危险状态的存在即可免责，无须再证明该危险状态与保险事故发生之间存在直接因果关系。机动车辆保险条款及意外伤害保险条款中通常约定的被保险人酒后驾驶、无有效驾驶证及保险车辆未在规定检验期限内进行安全检验等，均属于典型的状态免责。但有的法院认为，保险车辆发生事故与未按规定进行检验或驾驶证过期之间不存在因果关系，该保险格式条款加重了投保人的责任，属于无效条款。

（二）混用

合同法上，对格式条款的规制通常是沿着意外条款排除规则（明确说明义务）、内容控制规则、不利解释规则三种路径展开（具体体现在我国《民法典》第496条、第497条、第498条）。这三种路径按照合同缔结、效力及解释的环节依次展开，体

① 参见陕西省河洛市中级人民法院（2013）商中民一终字第226号民事判决书。

现了从程序保障到实质正义的公权介入意思自治领域强度的逐层递进。在保险法上则分别载于《保险法》第 17 条、第 19 条及第 30 条。三种规制方式循序渐进，适用范围、适用要件及对于格式合同的打击力度各不相同。《保险法》第 17 条规定了缔约过程中保险人的提示和明确说明义务，未经明确说明免除保险人责任的格式条款不能成为合同组成部分。第 19 条则对于所有的保险合同格式条款，如有不当情形则法院可以直接以国家强制力否定其效力。第 30 条适用于保险合同当事人就条款理解产生争议时，即在确认条款有效前提下提供解释的方法。但有的法官对于这三种规制方式各自的适用范围缺乏体系化的认识，不加区分地将三者一概用作否定保险格式条款效力的工具。

1. 在司法裁判中《保险法》第 17 条与第 19 条的混用。有的法院认为争议的格式条款属于免责条款，保险人没有证据证明履行了提示和明确说明义务，然后依据《保险法》第 19 条认定该条款无效。也有的法院在适用法律的逻辑秩序上存在错乱，先直接否定条款的效力，认为争议的格式条款免除了保险人应当承担的义务或者加重了被保险人的责任，属于无效条款，再以保险人未能提供证据证明已经履行了明确说明义务，认为该免责条款不生效。最高人民法院在有关司法解释的说明中也强调要正确认识《保险法》第 17 条与第 19 条的关系，保险格式条款只有在符合《保险法》第 17 条的规定产生效力后才存在依据第 19 条确认其效力的问题。[①]

2.《保险法》第 19 条与第 30 条的混用。就某些保险格式条款的理解产生争议时也可能影响到个案中保险人是否承担保险责任，此时就会存在《保险法》第 19 条与第 30 条混用的情况。如果双方当事人对合同中重大疾病的释义条款存在不同理解引发对被保险人所患疾病是否属于保险责任范围的争议。有法院认为，就此应当作有利于被保险人的解释。这属于典型的保险格式条款不利解释规则的适用，但法院最终却以《保险法》第 19 条、第 30 条共同作为裁判的法律依据，将条款解释的争议转化为条款无效的认定。

3.《保险法》第 17 条、第 19 条和第 30 条同时混用。在司法实践中还出现就同一个保险格式条款同时适用三种规制方式的情形。例如就道路货运承运人责任保险合同中有关分项赔偿限额的格式条款，有法院认为，该条款是格式条款，保险人无证据证明履行了说明义务，该条款实际上也排除了被保险人依法享有的权利，而且

---

① 最高人民法院民事审判第二庭编著：《最高人民法院关于保险法司法解释（二）理解与适用》，人民法院出版社 2013 年版，第 237—240 页。

双方就此存在不同理解,应当作出不利于保险人的解释。① 《最高人民法院公报》刊载的典型案例中也呈现出这种混用的倾向。② 从裁判结果来说,被保险人的主张得到了法院的支持,但究竟是因为保险格式条款未经明确说明而不构成合同内容,还是因为格式条款的效力被法院所否定,又抑或是确认条款效力但作出了对保险人不利的解释,则不得而知。

(三) 漏用

《保险法》第 19 条是原《合同法》第 40 条在保险法上的体现。所以相较于《合同法》第 40 条,《保险法》第 19 条理应成为保险格式条款无效裁判时优先适用的法律依据。但有意思的是,在存在前述大量对《保险法》第 19 条滥用、混用情形的同时也存在法官对原《合同法》第 40 条而非第 19 条的选择偏好。在 2013 年度上海法院金融商事审判十大案例之"张某诉甲保险公司财产保险合同纠纷案"中,法院也是依据合同法的规定认定按责赔付的车辆损失险条款无效。③ 2009 年《保险法》修订后已经引入新的《保险法》第 19 条,法院在裁判时为什么没有优先适用《保险法》第 19 条呢?从判决的梳理来看,由于内容控制规则的模糊性,导致裁判标准的冲突性。法院对于格式条款的效力无论如何认定,在自由裁量的范围内均难谓违法。同样的条款不同法院甚至同一法院的不同法官对其效力往往会作出截然相反的认定。

总之,综观前述《保险法》第 19 条适用的不够有序之处,过于抽象、概括的法律规定一方面让法官在具体适用时留有极大的自由裁量空间,另一方面也同时加重论证与说理的负担,法官为了增强裁判理由的说服力与裁判结果的安全性,选择将相关法条混合适用,容易导致裁判标准的冲突。而且以上现象也映射出保险纠纷裁判理念存在误区。在保险案件审理中,有的法官将保险合同的实质公平直接等同于被保险人一方诉求的支持。《保险法》第 19 条在法律解释层面的不够清晰,与此种裁判理念叠加,加剧了适用范围过度扩张的结果。保险究其本质而言,是面临共同危险需要保障之人所组成的共同团体,保险人不仅是保险合同的一方当事人,更是危险共同体的管理人,合同是实现风险管理的方式。保险人与被保险人之间的争议不能简化为个案合同当事人之间的利益冲突,仍然需要考虑所有危险共同体的利益。

---

① 参见湖南省邵阳市大祥区人民法院 (2013) 大民初字第 620 号民事判决书。

② 参见《段天国诉中国人民财产保险股份有限公司南京市分公司保险合同纠纷案》,载《最高人民法院公报》2011 年第 3 期。

③ 参见上海高级人民法院《2013 年度金融审判白皮书》;上海第一中级人民法院 (2013) 沪一中民六 (商) 终字第 353 号民事判决书。

不加限制地扩张适用内容控制规则会导致法官极易以宣布格式条款无效的方式直接设定保险合同的权利义务，从而否定保险人管控风险方式的合理性及保险费对价的公平性。但是，这种对保险格式条款事后的、个案的司法规制，相较于事前的、更具专业性与行业整体性的行政规制是否更具有妥当性，值得怀疑。保险格式条款解释规则的适用是一个复杂的问题。无限制地扩大保险格式条款解释规则的适用范围，会导致司法对市场机制的过度干预。法官不应当背离理性中立的裁判者立场，直接干预保险产品的设计。在极具专业性且充满创新的保险格式条款领域，法官应当慎重使用司法自由裁量权，在尊重保险格式条款技术品性与被保险人利益保护之间维持适度平衡。当务之急是系统梳理争议观点，合理界定《保险法》第 17 条、第 19 条和第 30 条等保险合同条款解释规则的适用范围，厘清"人身保险伤残评定标准是否属于免责条款"等类似存在争议问题，统一对该类行业规范标准的裁判标准，厘清根本属性，减少诉累。

第六章　保险合同的履行

第一节　投保人、保险人的权利

一、投保人（被保险人、受益人）的权利

（一）保险金给付请求权

财产保险的被保险人、人身保险的受益人的主要权利都是对保险人享有保险金给付请求权，财产保险的被保险人与人身保险的受益人是保险事故发生时有权利领取保险金的人。保险给付以金钱给付为原则，以其他给付（例如提供维修替换、给付医疗救助等）为例外。

（二）解除合同的权利

按照我国《保险法》第 15 条的规定，投保人有随时解除保险合同的权利。那么，第三人利益合同的解除权由谁享有？以及解除权的行使是否必须经过第三人的同意呢？2014 年第 2 期《最高人民法院公报》刊登的"王连顺诉中国人寿保险公司永顺县支公司保险合同案"中，裁判要旨认为，投保人解除人身保险合同时，未通知被保险人和受益人的，当然无效。保险合同不因此解除，保险人仍应当履行保险金给付义务。人身保险合同是典型的第三人利益合同，最高人民法院以公报案例的形式表明，投保人解除第三人利益合同必须经过利益第三人的同意。然而，该裁判规则确立后，在上海市第二中级人民法院（2009）沪二中民三（商）终字第 411 号"李某与卢某、B 保险股份公司人身保险合同纠纷案"中，卢某解除了其与 B 保险股份公司签订的以卢某之前妻李某为被保险人的人身保险合同，而李某则主张该合同的解除因未经其同意而无效，法院最终认定卢某作为投保人享有解除权，且无须经过被保险人的同意。在（2018）京民申 4764 号案件中，法院认为涉案保险合同属于利他合同，但无论是《保险法》具体规定抑或是原《合同法》相应立法精神，均不足以推断出投保人必须征得受益人同意才能解除保险合同的结论。《保险法司法解释

（三）》出台后立即定分止争，其第 17 条规定，投保人解除保险合同，当事人以其解除合同未经被保险人或者受益人同意为由主张解除行为无效的，人民法院不予支持，但被保险人或者受益人已向投保人支付相当于保险单现金价值的款项并通知保险人的除外。由此可知，投保人解除合同的权利也不是完全不受限制的，以被保险人或受益人行使赎回权为例外。

（三）保险费返还请求权

不论是财产保险还是人身保险，投保人都只是合同的当事人，除非投保人同时也是财产保险的被保险人或者人身保险的受益人，否则对保险人没有保险金给付请求权。但是如果发生法定的返还保险费的事由，投保人作为保险合同的当事人具有请求返还全部或部分保险费、解约金或者保单现金价值的权利。我国《保险法司法解释（三）》第 16 条规定："保险合同解除时，投保人与被保险人、受益人为不同主体，被保险人或者受益人要求退还保险单的现金价值的，人民法院不予支持，但保险合同另有约定的除外。投保人故意造成被保险人死亡、伤残或者疾病，保险人依照保险法第四十三条规定退还保险单的现金价值的，其他权利人按照被保险人、被保险人继承人的顺序确定。"保险费返还时并不是全额返还，要视具体情况而定。一般来说，在合同生效后期限届满前终止的，保险人只需返还现金价值，可以保有合同生效到终止期间的风险保险费。我国《保险法》第 47 条规定："投保人解除合同的，保险人应当自收到解除合同通知之日起三十日内，按照合同约定退还保险单的现金价值。"如果是在犹豫期内退保的，则可以在扣除工本费后退还全部保险费。如果是由于代理人销售误导等过错造成的退保，则保险人须退还全部保险费。

二、保险人的权利

（一）收取保险费的权利

保险人最大的权利就是收取保险费。在财产保险合同中，投保人支付保险费不是合同生效的前提条件。合同成立后，保险人按照合同约定承担保险责任，而无论投保人是否支付保险费。因此，在财产保险合同中保险费成为保险人的既得债权。在投保人没有按约定支付保险费的情况下，保险人当然可以通过诉讼的方式请求其支付。人身保险续期保险费有中止和复效的规定，且为避免形成强制储蓄人身保险合同的保险人不能强制投保人履行支付保险费的义务，即保险人对人身保险的保险费不得以诉讼方式请求投保人支付。保险费的给付方式分为一次性给付与分期交付两种，前者多见于财产保险和其他短期人身保险（伤害保险和健康医疗保险），后者多见于人身保险合同中的人寿保险。有关保险费缴纳的内容详见本书相关章节的论述，此处不再赘述。

（二）保险人的合同解约权和终止权

1. 合同解除权

我国保险法规定了投保人自任意解除权，而限制了保险人可以解除合同的法定情形，另外特约条款项下保险人还享有约定解除权，具体见本书相关章节的论述。有学者认为《保险法》第 5 条是《民法典》第 563 条第 2 款关于继续性合同当事人随意解除权的适用，不过仅赋予投保人随意解除权而已。[①] 还有学者认为我国保险法关于保险人解除权制度仍有待完善，理由在于三个方面[②]：一是解除权行使条件不完备。以《保险法》第 51 条规定的安全维护义务为例，该条规定对于被保险人安全维护义务的范围未加任何强制性约束条件。另如《保险法》第 52 条规定了危险增加通知义务项下的保险人解除权，但没有规定危险增加未通知义务与保险事故发生是否有因果关系，以及该危险是合同订立时所不存在的"不安全因素和隐患"，否则不能适用本条的解除权。二是解除权行使的除斥期间不完善。第 16 条如实告知、第 32 条年龄错误告知项下有解除权除斥期间的规定，但是第 27 条谎报和虚构保险事故、第 51 条的违反安全维护义务、第 52 条违反危险增加通知义务，却对解除权的除斥期间没有规定，是因为不受除斥期间的限制，还是可以类推《保险法》其他解除权的除斥期间的规定，不无疑问。三是解除权行使的法律后果不完善。解除权行使后是让合同自始无效，还是从发生解除事由之日起向后生效，法律未作明确规定；另外对重大过失违反义务应否摒弃"全有"或"全无"的法律后果，以及解除权行使前应该先行通知、给予合理期限并事先告知投保人解除的法律后果时才能产生解除的效果等规定，欧盟和德国等国立法值得我国参考和借鉴。保险人依《保险法》第 51 条的规定，可以行使解除合同的权利，但同时也须尽书面通知义务，否则不发生合同终止的效力。第 51 条立法明确，无不明的地方，且要求保险人须以书面方式通知以昭慎重，虽然其意在保护投保人或被保险人，但缺少"宽限期"的规定，似嫌美中不足。因为标的物虽存在不安全因素和隐患，保险人应先建议投保人或被保险人消

---

① 陆青：《合同解除论》，法律出版社 2022 年版，第 274 页。
② 王海燕：《保险合同解除权研究》，中国政法大学出版社 2020 年版，第 285 页。

除后再行使用，但依理应给予一段相当的缓冲期，使投保人或被保险人有充分时间进行修复或作其他打算，以示公平。因此本书认为保险监督机构在审核保险单条款时，应令保险人酌定宽限期，以保护投保人或被保险人。

2. 终止权

《保险法》规定了在特定情形下保险人有终止合同的权利（详见本书相关章节介绍），这里以《保险法》第58条第1款规定的保险标的部分受损时终止合同的权利为例加以说明。依民法上有关继续性合同的原则规定，继续性合同定有期限者，在期限届满之前，当事人一方除非有特殊情况否则不能任意终止合同，以维护该继续性合同的稳定性。保险合同也属继续性合同的一种，且都有保险期间，所以原则上保险合同的当事人不得任意终止保险合同的效力。但《保险法》有规定在例外的情况下，当事人也可以行使终止权。《保险法》关于保险合同终止效力的立法原则，依保险合同的本质来看，除了前述陆续到期保险费未交付的情形外，大多都以基于当事人本身及危险承担对价平衡的因素发生变动为主。至于因保险事故发生使保险标的受到部分的损害，保险人对于以后保险事故所致的损失，其责任以赔偿保险金额为限，保险合同的效力本无终止的必要，但保险人和投保人本着诚实信用原则订立保险合同，在标的物发生部分损害时的理赔过程中，投保人对保险人的信赖程度发生动摇，或保险人对投保人也有这种情形，而不想再继续受该合同的约束，当事人应有终止合同的权利，这属于上述因当事人本身因素的变动而产生的立法原则。该法理不仅可适用于财产保险，也应适用于责任保险或其他财产保险，所以德国《保险合同法》在火灾保险、冰雹保险或责任保险中都有保险标的分损终止权的规定。

保险标的部分受损时，保险人有终止合同的权利。终止权产生的要件如何，需依据法条规定作出解释，不属本处讨论的范围。本处所欲讨论的是，终止权产生之后，保险人在行使终止权时，所须尽的义务事项。依我国《保险法》第58条的规定，保险标的发生部分损失的，在保险人赔偿后30日内，投保人可以终止合同；除合同另有约定外，保险人也可以终止合同，但应当提前15日通知投保人。由此可知，保险事故发生且保险标的部分受损之后，保险人可以终止保险合同，但须先通知投保人，在通知到达后经过15日的期间，保险合同的效力方才终止。更需注意的是，本条项并未规定通知的形式，所以保险人如果以口头方式通知投保人终止合同也可。依本书之见，凡有关保险合同所产生的事项且须由保险人通知的，都应采取书面方式，这不仅可以避免将来举证的困难，增加投保人或被保险人对该通知的慎重性，且比较符合保护投保人或被保险人的原则。但如属保险人应通知事项，以不要式方式对投保人或被保险人较为有利，仍以不要式为宜；反之，若属投保人或被保险人应通知的，以不要式为原则，但如果该项通知的后果不利于投保人或被保险人，仍应采取要式方式。对此有人认为违反当事人平等的原则，但就保险人和投保人或被保险人的地位来看，保险人为专门从事保险业务的人，对于行政处理事项，有专人负责，以书面方式履行通知义务，并不造成额外负担；但投保人或被保险人本身并不是专职保险人士，有关其应通知事项义务的履行，应力求简便，避免增加其烦累。

此外，保险人关于标的部分受损终止权的行使，除了应先尽通知义务外，还受到除斥期间的限制，即依我国《保险法》第58条的规定须在赔偿金额给付1个月内行使合同终止权。本条项所规定的期间为"真正除斥期间"，保险人不得提早于赔偿金额给付前或赔偿金额给付后逾1个月后通知行使终止权。这和"非真正除斥期间"之规定"最迟"在赔偿金额给付后1个月内须行使终止权，而保险人因此可以在赔偿金额给付前行使终止权不同。此外，我国《保险法》第58条有关保险人行使终止权通知义务的规定，是专为保护投保人或被保险人而设立的。如果保险人所订的条款对投保人或被保险人较为不利，如条款中规定"当事人一方可以随时终止合同"而无其他要件或宽限期，应属无效。

（三）代位权

保险代位求偿权又称保险代位权，是指保险人享有的，代位行使被保险人对造成保险标的损害负有赔偿责任的第三方之索赔求偿权的权利。保险代位权是各国保险法基于保险利益原则，为防止被保险人获得双重利益而公认的一种债权转移制度，本书认为保险代位权其实质是民法清偿代位制度在保险法领域的具体运用。第三人清偿产生的代位权常见于其他大陆法系国家（地区）民法债编总则中。我国《民法典》合同编第四章合同的履行第524条是关于第三人代偿的规定，可惜对第三人代位清偿后产生的代位权却无明确规定。《民法典》第535条规定的债权代位仅仅指因债务人怠于行使其到期债权，对债权人造成损害的，债权人可以自己的名义代位行使债务人的债权，与第三人清偿代位权完全是两个不同的概念。

三、投保人、保险人行使权利的时效和期间

（一）诉讼时效

由保险合同所产生的权利，包括保险给付请求权，保险合同解除后的恢复原状

请求权（例如返还保险给付请求权等），保险费、解约金、保单现金价值的返还请求权，保险代位权等。我国台湾地区规定，由保险合同所生的权利，自得为请求之日起，经过 2 年不行使而消灭，同时列举了三项例外情形（投保人或被保险人对危险的说明有隐匿、遗漏、不实的，自保险人知情之日起算；危险发生后，利害关系人能证明其非因疏忽而不知情的，自其知情之日起算；投保人或被保险人对保险人的请求，系由第三人的请求产生的，自投保人或被保险人受请求之日起算）。但我国《保险法》第 26 条仅规定了保险给付请求权的民事诉讼时效，对其他保险合同项下的请求权（保险费返还请求权、赔偿请求权、代位权等）的民事诉讼时效却未作任何规定，似乎有所遗漏。按照一般法和特别法的关系，对保险给付请求权以外的权利理应按照《民法典》第 188 条中有关民事诉讼时效的规定加以处理。

（二）除斥期间

除斥期间是相对于解除权、撤销权、终止权等形成权而言的。按照我国《保险法》的规定，投保人和保险人均享有解除权。投保人是整个合同有效期间都有解除权，没有除斥期间的限制；而保险人是有除斥期间限制的。只有《保险法》第 16 条项下的如实告知义务、第 32 条规定年龄错误告知项下的解除权和第 58 条保险标的部分损失后的保险人解除权有明确的除斥期间的规定，其他解除权均未规定除斥期间。这时应当适用于《保险法》第 16 条关于基于未如实告知义务的合同解除权除斥期间的规定，还是视作保险法未作规定时应当适用民法关于违约解除权和意思表示不真实的撤销权的除斥期间，有待研讨。本书认为，应当根据不同情况加以具体分析与判断才较为妥当，毕竟保险法中保险人的解除权和终止权与民法中的违法解除权和撤销权适用场景还是大相径庭的。而且《民法典》第 564 条规定的合同解除权和第 541 条规定的合同撤销权的除斥期间还不一致。合同解除权只有在知道解除事由之日起 1 年内行使的相对期间，而撤销权还有一个自债务人行为发生之日起 5 年内没有行使就视为放弃的绝对期限的限制。[①]

---

① 陆青：《合同解除论》，法律出版社 2022 年版，第 168 页。

第二节 投保人、保险人的义务

本节仅就投保人、保险人的义务进行初步分类、列举，具体内容留待后述。

一、义务的内容

民法理论将合同义务群分为主给付义务、从给付义务、附随义务、不真正义务。决定债的关系的必要内容并规定双务合同的履行抗辩权的为主给付义务；为确保主给付义务实现而使债的关系圆满完成的义务为从给付义务；在债的关系发展过程中为促进主给付义务实现而使得债权人的给付利益最大化，基于诚信原则产生的义务，如通知、说明、警告、保密、保护、协助等为附随义务。

附随义务与主给付义务的区别有三：其一，主给付义务自始确定，并决定债的关系的类型，附随义务随着债的关系的发展，根据个别情况要求一方当事人有所作为或不作为，与任何债的关系均可发生；其二，主给付义务构成双务合同的对待给付，可诉请履行和主张同时履行抗辩权，附随义务原则上不属于对待给付，不能诉请履行和不发生同时履行抗辩权；其三，因主给付义务的不履行，债务人可以解除合同，附随义务的不履行，债权人原则上不得解除合同，但就其所受损害，可以请求损害赔偿。不过违反附随义务情节严重的（例如故意违反附随义务），也可以导致解除合同的法律后果。2002年修订的《德国民法典》就规定了违反附随义务可以成为解除合同的事由。

附随义务与从给付义务的区别在于：可以独立诉请履行的为从给付义务，不能独立诉请履行的为附随义务，附随义务通常仅能请求损害赔偿。例如，甲出卖某车给乙，交付该车并转移其所有权是甲的主给付义务，提供必要的文件是从给付义务，告知该车的特殊危险性是附随义务。从给付义务本身不具有独立意义，不决定合同的类型，具有辅助主给付义务的功能，确保债权人的权益最大限度地得到满足。从给付义务可以来源于约定，也可以基于诚实信用原则的推导。在双务合同中，若一方未履行或未恰当履行从给付义务导致双方订立合同的目的不能实现，则一方的从给付义务与对方的主给付义务处于对等给付义务，具有履行上的牵连性，可成立双务合同抗辩权。在双务合同中，若一方未履行从给付义务导致对方合同目的不能实现，构成根本违约的，对方享有法定解除权。

附随义务和不真正义务的区别是，债务人违反附随义务虽然大多数情况不导致产生解除合同的法律效果，但仍可以请求相对方承担损害赔偿责任。违反不真正义务也不产生损害赔偿，仅使负担此义务的一方遭受权利减损或丧失（而无法受到补偿）的不利益。我国《民法典》对合同附随义务有明确规定，包括第 500 条、第 501 条"先合同义务"，第 509 条第 2 款"履行中的附随义务"以及第 558 条"后合同义务"。从中可见合同附随义务形态包括告知、通知、协助、保密、旧物回收等。第 591 条关于"违约后的减损义务"属于不真正义务。第 500 条、第 501 条保留了原《合同法》第 42 条、第 43 条缔约过失责任与保密义务分开的结构。从渊源上看，这两条是对海牙国际私法协会《国际商事合同通则》第 2.15 条、第 2.16 条改写的产物。如其官方注解所述，两者均属恶意磋商（Negotiation in Bad Faith）。移植到我国《合同法》就具体化为恶意磋商与故意隐瞒重要事项等缔约过错，而未顾及其与传统大陆民法附随义务的联系。因违约责任被界定为无过错责任，而缔约过失责任以当事人恶意为条件，二者的性质差异较为明显。因此关于缔约过失责任的性质有三种学说，第一种为"侵权责任说"，认为缔约过失责任更接近于侵权责任。《法国民法典》第 1382 条将其构成要件归纳为先合同过错、先合同损失以及过错和损失之间的因果关系。[1] 我国多数学者也将缔约过失责任解释为一种特殊的侵权责任形式。[2] 第二种为"独立责任说"，该说学者认为缔约过失责任是一个与契约责任、侵权责任并列的独立责任形式。[3] 第三种为"合同说"，该说学者将缔约过失责任视为一种类似契约的债的关系，因此应建立在契约法上，在契约法中的给付义务之外建立保护或照管义务。现代契约制度已经不把意思表示作为契约义务的唯一义务，信赖也应成为契约义务的根据。[4] 本书赞同"合同说"。德国债法改革后将缔约过失责任定位为违反契约前附随义务的法定责任，但在法律适用上还是沿着类似契约责任的思路进行，并没有将其认定为独立责任或侵权责任。

---

[1] 王利明：《合同法研究》（第 1 卷）（第 3 版），中国人民大学出版社 2015 年版，第 333 页。陈吉生：《论缔约过失责任》，法律出版社 2012 年版，第 58 页。

[2] 冉克平：《缔约过失责任性质新论——以德国学说与判例的变迁为视角》，载《河北大学》2020 年第 2 期。张金海：《耶林式缔约过失责任的再定位》，载《政治与法律》2010 年第 6 期。

[3] 崔建远主编：《合同法》（第 7 版），法律出版社 2021 年版，第 91 页。

[4] 叶建丰：《缔约过失制度研究》，载梁慧星主编：《民商法论丛》（第 19 卷），金桥文化出版（香港）有限公司 2001 年版，第 533—534 页。王洪亮：《缔约过失构成与类型》，法律出版社 2022 年版，第 94 页。

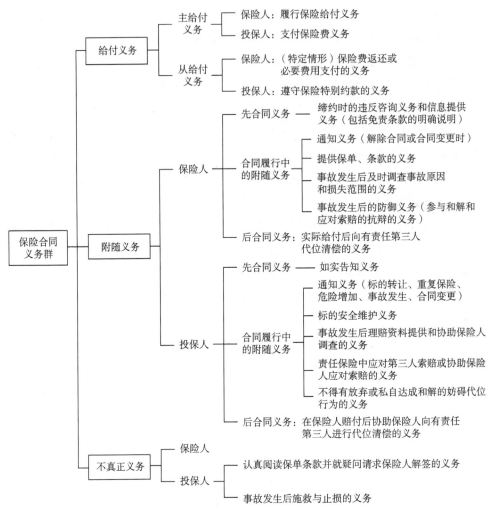

图：保险合同当事人义务群示意图①

（一）投保人的义务

投保人的义务主要包括以下四个方面：

1. 主合同义务，缴纳保险费的义务。

2. 从合同义务，投保人、被保险人遵守保险合同特约条款义务。

3. 附随义务，包括我国《保险法》第 16 条规定的投保人违反如实告知义务、第

---

① 多数财产保险的投保人与被保险人为同一人，因此被保险人须履行合同当事人的义务，但也有投保人与被保险人不同一的第三方利益性质保险合同的个别情形，此时被保险人仍应视同投保人一样履行缴纳保险费义务的其他合同义务。

49 条规定的因保险标的转让危险增加通知义务、第 51 条规定的投保人安全维护义务、第 52 条规定的危险增加情形下的通知义务等。

4. 不真正义务，《保险法》第 57 条规定的危险发生后及时施救止损的义务。

（二）保险人的义务

保险人的义务主要包括以下三个方面。

1. 主合同义务：保险事故发生时，保险人负有赔偿或给付保险金的义务。

2. 从合同义务：（特定情形下）保险费退还的义务。

3. 附随义务，包括：

（1）缔约时的信息提供义务（包括格式条款的明确说明义务）。

（2）防御义务（参与和解和抗辩的义务）。责任保险事故发生后，保险人除应按照我国《保险法》第 66 条规定承担投保人、被保险人的抗辩费用外，还应当承担抗辩义务。[①] 从长远看，责任保险人的义务应从消极补偿义务派生的参与抗辩权向积极的抗辩义务转变，这才能满足被保险人购买责任保险的合理期待。[②]

（3）通知义务。例如保险人在作出理赔决定后及时通知受益人的义务[③]；或者接到受益人报案通知后及时通知受益人提供以及后续补充提供理赔申请资料的义务；在财险欠费或寿险保单续期保险费欠缴时及时通知投保人缴费的义务；寿险保单发生中止和复效时及时通知投保人，以及其他《保险法》规定或保险合同约定的通知义务等。

（4）提供保单和条款的义务。虽然保单的出具不是保险合同成立的必要条件，在英美法中保单还常是一种权利凭证，移交该凭证意味着保单权益的转让，保单本身具有重大意义。因此保险人负有制作保单并提交给投保人的义务。

二、违反义务的后果

（一）违反主合同义务的后果

保险费给付是保险人最大的义务。我国学术通说一般认为投保人交保险费，保险人并不能行使同时履行抗辩权。但本书则认为投保人是需要承担法律规定的违约

---

① 吴亦锋：《责任保险人抗辩义务的引入路径》，载《法学》2022 年第 7 期。

② 王静：《责任保险人参与权的司法规范》，载《法律适用》2019 年第 22 期。

③ 关于核定结果通知义务，《保险法》第 23 条第 1 款规定，保险人应当将核定结果通知被保险人或者受益人。前述条文并未规定通知义务履行的期限。但是，前述核定结果通知义务属于及时核定损失的附随义务，因此，笔者认为，保险人应在完成核定损失义务后，将结果毫不延迟地通知被保险人或受益人。

责任的。保险人不履行保险给付义务，投保人可以要求其履行，并对延迟履行造成的损失请求损害赔偿（支付合同约定的罚息、利息、违约金等）。由于缴纳保险费和支付保险金是保险合同双方当事人相对应的主义务，任何一方如果违反可能构成迟延履约，或者根本违约，应当承担相应的违约责任。对于投保人违反缴纳保险费义务的情形，在《保险法》没有特别规定的情况下，本书主张可以准用民法关于同时履行抗辩权的规定，在财产保险领域，一旦投保人不履行缴纳保险费的义务，保险人甚至可以通过诉讼方式追讨，经催告仍然不缴纳的，享有解除权，同时保有损害赔偿权。在人身保险领域，现行《保险法》为避免形成强制储蓄禁止对人寿保险续期保险以诉讼方式追讨，并专门设置寿险合同中止和复效的规定。但德国和日本的保险法均无该制度，中止和复效规定仅为英美法系所采，多为当事人约定条款，个别州以成文法方式要求保单必须有复效条款，一般不限于寿险，至于财产险和责任险保险人只要收到补缴的保费也可让保单复效，尤其在新险种保费上涨时对被保险人格外有利。① 后被逐渐摒弃。因此本书建议，未来修法时可参照德国和日本的立法对人寿保险采取与财产保险费相同的规定，当投保人不缴纳保险费时为保险人提供法律救济，例如可以诉讼追讨、经通知催告后解除合同，同时保有损害赔偿请求权。《保险法》第36条和第37条关于人寿保险合同中止、复效以及不丧失价值的规定仅限于人寿保险费，不属于一般性效力的规定，不适用于财产保险陆续到期的保险费。借保险人的催告及订宽限期的义务，提醒投保人履行缴费义务，也给予其缓冲准备期间，如果宽限期间经过之后投保人仍未交付的，保险人也可以解除合同，合同的效力中止，但在解除权行使前，投保人也可补缴保险费及其他费用以复效。中止和复效的规定都是基于保护投保人或被保险人的立场而设，与人寿保险费的特质无关，这点由德国《保险合同法》第39条有关陆续到期保险费未交付效果的规定同时适用于人寿保险及各种损害保险的立法例也可得知。

（二）违反从合同义务的后果

在特定情形下保险人还负有向投保人返还全部或者部分保险费的义务。违反此从合同给付义务者应当承担违约责任，但守约方并不因此获得解除合同的权利，只能请求其继续履行并请求损害赔偿，违反从合同义务情节特别严重而使合同目的根本无法实现，可以上升至违反主合同对待给付时，合同相对方才享有解除合同的权利。

---

① ［美］小罗伯特·H. 杰瑞、［美］道格拉斯·R. 里士满：《美国保险法精解》，李之彦译，北京大学出版社2009年版，第232页。

（三）违反附随义务的后果

附随义务的具体形态有事前通知、事中协商、事后保密等。[1] 当事人为缔结合同而接触、准备或磋商过程中的说明、告知、保密及保护等义务属于先合同义务；实现给付结果的准备过程中的通知、协助、保密等义务属于附随义务；实现给付结果后的通知、协助、保密等义务属于后合同义务。

附随义务的功能有二：一是促进实现主给付义务，使债权人的给付利益获得最大可能的满足（辅助功能），例如，花瓶的出卖人应妥善包装，使买受人能够安全携回；二是维护对方当事人人身或财产上的利益（保护功能），例如，用人单位应注意其所提供的工具的安全性，避免员工因此而受到伤害。

违反附随义务是否构成违约，我国《民法典》等法律法规、司法解释对此没有明确规定。通过最高人民法院判例以及诚实守信原则，学界通说认为负有附随义务的一方不履行该义务，亦应当承担违约责任。传统观点认为合同解除主要适用于合同当事人互负对待给付义务的双务合同，通常也只能因违反给付义务而引发。然而随着对债的关系研究的深入，理论界不断扩充债的义务体系，将附随义务作为合同义务的一种类型，对于违反附随义务能否产生损害赔偿责任并无争议。然而对于违反附随义务能否产生法定解除权以及在何种情况下才能产生法定解除权，理论和实践均有争议。投保人的义务除了支付保险费义务外，其他义务均属于附随义务或者不真正义务，在这些义务中如告知义务属于先合同义务。对于违反附随义务的后果，先期学者认为附随义务不同于主合同义务，通常仅具有补充协助的作用，如果违反，债权人不得解除合同但可以要求损失赔偿来救济。近年来民法理论有所松动。债务人在双务合同中违反义务的，债权人可以解除合同，不再苛求债权人履行合同。经债权现代化改革后，《德国民法典》第 324 条明确承认违反附随义务的合同解除权，并明确违反附随义务的法定解除权的要件有三，分别是债权人主张法定解除时合同处于生效状态，存在损害行为，因该损害行为产生合同目的达不到或者合同信赖严重损害的后果，并不要求债务人主观可归责。[2] 同样违反附随义务的结果通常有两个：一是允许债权人请求损害赔偿（包括违约方自行承担损失），二是允许债权人解除合同。

基于对价平衡原则，保险法赋予保险人在特定条件下违反附随义务的法定解除

---

① 参见裴雷：《合同中附属义务的完善》，载《时代经贸》2020 年第 8 期。
② 杜麒麟：《论违反附随义务之法定解除》，载《郑州大学学报》（哲学社会科学版）2020 年第 1 期。

权，比较典型的是德国《保险合同法》第19条（告知义务）、第22条（欺诈性不实陈述）、第23条（危险增加）、第28条（违反附随义务）、第30条（保险事故发生后的通知）、第31条（投保人提供信息的协助义务）、第82条（损失预防与降低）。针对告知义务，欺诈性不实陈述和危险增加，德国《保险合同法》规定可以解除合同并不承担赔偿责任（详见后续相关章节）。第28条针对违反附随义务规定了两种情形，第一种是保险事故发生前保险人可以在知道投保人故意或因重大过失违反附随义务后1个月内不经事先通知而解除合同。第二种是保险事故发生后：（1）保险合同中约定了投保人违反附随义务时保险人的免责条款，则当投保人故意违反上述义务时，保险人可以免予承担保险责任。如果投保人基于重大过失违反附随义务，保险人有权根据投保人的过错程度减少赔付的保险金额。（2）尽管出现前述情形，如果投保人违反附随义务的行为既未导致保险事故的发生也未导致保险人承担保险责任的情况出现，则保险人不能拒绝承担保险责任。但如果投保人故意违反附随义务，则不适用上述原则。（3）如果投保人违反危险增加通知义务或者在保险事故发生后及时通知保险人的义务，并且保险人以书面形式告知了投保人违反上述义务的法律后果，此时保险人才可以依照前述规定全部或者部分免除赔偿责任。

而我国《保险法》第16条规定，只要投保人故意违反如实告知义务，即使该隐瞒事项与保险事故发生并无因果关系，保险人仍然可以解除合同（例如，投保人故意隐瞒罹患癌症事实却因车祸身亡）。第51条第3款规定，只要在投保人或者被保险人未履行合同中对于保险标的的安全维护应尽责任的，保险人均可以单方面主张增加保险费或者解除合同、拒绝赔偿。本书认为应当对保险人法定解除权的赋予加以因果关系的限制，如果投保人未履行约定义务而该义务对于危险承担并无关联或者不足以造成合同目的无法实现的损害后果，保险人不享有合同解除权，但可以寻求损害赔偿。在保险给付的场合通常表现为减少保险人的给付，让投保人自担部分损失。

（四）违反不真正义务的后果

不真正义务，为一种强度较弱的义务，对方通常不能请求义务人履行，若不履行也不发生损害赔偿责任，只产生由义务人自担损失的不利后果。不真正义务的理论依据是诚实信用原则，比较典型的就是减损义务。《民法典》第591条规定："当事人一方违约后，对方应当采取适当措施防止损失的扩大；没有采取适当措施致使损失扩大的，不得就扩大的损失请求赔偿。当事人因防止损失扩大而支出的合理费用，由违约方负担。"在此情形下，被保险人违反对自己利益的照顾义务（不真正义务），即所谓对自己的过失。被保险人在法律上虽未负有不损害自己权益的义务，但既然因为自己的疏忽造成损害的发生与扩大，依照公平原则自应根据其过失程度承担减免赔偿金额的不利后果。另外，《民法典》规定了买卖合同中买受人的受领义务、检验义务均属于不真正义务。当事人因防止损失扩大而支出的合理费用，由违约方承担。理解不真正义务要明确两点：一是不真正义务的违反，本质上是权利人对自己利益的疏忽或者放弃，相对方没有过错，因而不可归责于相对方。二是权利人违反此义务，不得诉诸履行、不得解除合同、不得要求损害赔偿。不真正义务与附随义务的区别在于后者是向对方所承担的义务，违反该义务应向对方承担责任；而前者并非向对方承担的义务，违反该义务也不会产生要求违约方担责的情况，只是违约方自己遭受不利益。德国《保险合同法》第82条将"损失预防与降低"视为一种附随义务。① 鉴于我国《民法典》将减损义务单列一条，有不同于其他义务的特别规制，本书认为将保险法中的减损义务单列视为一种不真正义务，实属必要。我国《保险法》关于减损义务的规定见于第57条，即保险事故发生后，被保险人应当尽力采取必要的措施，防止或减少损失。保险事故发生后，被保险人为防止或者减少保险标的的损失所支付的必要的、合理的费用，由保险人承担；保险人所承担的费用数额在保险标的损失赔偿金额以外另行计算，最高不超过保险金额的数额。虽然该条对未履行减损义务的后果之一——扩大的损失如何处理未作明确，但可以依据《民法典》第591条的规定处理，即没有采取适当措施致使损失扩大的，不得就扩大的损失请求赔偿。

---

① 德国《保险合同法》第82条（损失预防与降低）规定：（1）保险事故发生时，投保人有尽量避免或减轻损害之义务。（2）投保人应当遵循保险人的合理指示，如果情况允许，投保人应主动请求保险人指示。如果多个保险人发出不同的指示，投保人应自行作出合理判断行事。（3）当投保人违反本条第1款和第2款规定的附随义务时，保险人可以拒绝承担保险责任。当投保人基于重大过失违反上述义务时，保险人应根据投保人的过错程度，相应地减少保险金数额；投保人应就其不存在重大过失承担举证责任。（4）尽管存在本条第3款规定的情况，但如果投保人违反附随义务的行为与保险事故发生以及保险人责任范围并无直接关联，则保险人仍应承担保险责任，但投保人故意违反上述义务的情形除外。

第七章　投保人的具体义务

第一节　交付保险费的义务

在讨论投保人交付保险费的义务之前，首先须重申的是，本书认为保险合同为有偿合同，但非要物合同。即保险合同，除非当事人之间有特别约定，否则依《保险法》的规定，并不是以交付保险费为生效要件。理由为，保险合同是债权合同，只要双方当事人约定，一方承担交付保险费的义务，另一方在保险事故发生时负有给付保险赔偿的义务，保险合同即为有效成立。对保险人而言，在保险合同成立后，保险费债务即成为可以请求履行的债权，如果投保人不履行，正如境外立法例所述，保险人可以诉讼方式请求投保人履行，这不仅适用于财产保险，也适用于人寿保险。但我国《保险法》第 38 条明文规定，寿险的保险费不能以诉讼方式请求，目的在于防止寿险变成强制储蓄。但从该条项的宗旨来看，是就第二期以后的保险费而言的，对于第一期的保险费，保险人在保险合同成立后仍可以诉讼方式请求投保人支付。保险人为避免将来追讨第一期保险费的诉累，一般将交付第一期保险费作为合同生效的条件，以平衡双方的利益，这也为《保险法》认可。因此保险费的交付，一般而言，仅为保险合同生效后，投保人所负的义务而已，不是保险合同的生效要件。对投保人而言，最重要的义务就是交付保险费。保险费为保险承担危险的代价，在概念上根本不可能有无偿的保险合同。

一、交付保险费的义务人

投保人因订立保险合同而成为保险人的相对人，我国《保险法》第 10 条第 2 款规定投保人是负有支付保险费义务的人。保险人也只能以投保人为合同债务人请求交付保险费。保险费的交付属于债的清偿，且其性质并非不能由第三人代为清偿，所以可以由任何人交付，即使是和投保人无关系的人也无妨。从保险人的角度来看，由谁缴纳保险费是无关紧要的。德国《保险合同法》第 34 条（第三方支付）明确规定："保险人将接受任何一位承付者缴纳的保险费，除非投保人有异议，否则保险人不应拒绝。"所谓对保险费的交付有利害关系的人，是指保险费交付与否产生的效果影响其利益的人，例如人寿保险单的被保险人、受益人以及投保人的债权人、继承人、家属、抵押权人等。但需注意的是，无论对保险费的交付是否具有利害关系，第三人交付保险费属于任意行为，保险人对第三人（包括被保险人）并不具有保险费请求权。在分期交付保险费的情形下，如果第三人代付一期保险费，并不能据此推定其有承担以后陆续到期保险费交付的义务。与此同时，缴纳保险费本身不会授予付款人任何获取保险金的权利，因此对保单没有保险利益，而自愿缴纳保险费的人对保险金不享有任何权利。投保人可以自己缴纳保险费或授权其他人缴纳保险费。

【案例】陆永芳诉中国人寿保险股份有限公司太仓支公司保险合同纠纷案①

裁判要旨：人寿保险合同未约定具体的保险费缴纳方式，投保人与保险人之间长期以来形成了较为固定的保险费缴纳方式的，应视为双方成就了特定的交易习惯。保险公司单方改变交易习惯，违反最大诚信原则，致使投保人未能及时缴纳保险费的，不应据此认定保单失效，保险公司无权中止合同效力并解除保险合同。

保险费的债务人只有投保人，已如前述。如果保险合同的关系不只限于因保险合同而产生的利益全部转移他人，则原投保人退出保险合同的关系，原保险合同的权利义务关系转移给新投保人，新投保人即负有交付保险费的义务。例如财产保险有关保险标的转移的情形，如果投保人与被保险人属于同一人，且因保险标的（保险利益）转移他人，原保险合同本应依保险合同无保险利益丧失效力的原则而失效，保险利益的受让人为保护其保险利益须另行订立新保险合同。但立法者在保险合同所订的保险合同存续期间届满之前，基于经济因素的考虑并保护受让人，以法律规定强制例外地不使原保险合同丧失效力。德国《保险合同法》第95条就规定："如果投保人将保险标的转让他人，则受让人代替出让人承受投保人于其所有权存续期间由保险关系所产生出来的权利及义务。出让人和受让人对于保险期间内，承受保险关系后所到期的保险费，须负连带交付的责任。"据此新投保人也成为保险人的债务人。我国《保险法》对这种情形未作明文规定，只是在第49条第2款规定："保险标的转让的，被保险人或者受让人应当通知保险人……"因此可推断合同义务在依法变更后移存于受让人。原投保人不再负有交付保险费的义务，保险人在保险费

---

① 案例来源：《最高人民法院公报》2013年第11期。

未付的情形下，除依规定可以主张其产生的效果外，不得向原投保人请求交付保险费。但原投保人自愿交付保险费的，保险人不得拒绝。

保单的受让人与该保单的投保人一样，通常没有缴纳保险费的义务，但保险费总得有人缴纳，否则保单就会失效。另外，投保人可以由银行或用人单位代为缴纳，事先授权缴费法、自动转账法和工薪预扣法都有助于投保人防止保单失效。

二、保险费的到期

保险费债务本质上属于投保人依保险合同履行给付的债务，所以如果当事人约定了交付期，则该约定的日期即为到期日；如果没有约定，则在保险合同成立之后，保险人即可以请求投保人交付，投保人在接到请求之后仍未交付的，即须负给付延迟的责任。同时，依本书的见解，保险合同虽非要式合同，但投保人为确认合同成立及了解合同内容，可以要求保险人签发保险单或其他保险凭证，所以保险人在请求交付保险费时应同时交付保单。如果当事人依"合同自由原则"，以约定方式使保险合同成为要式合同，则保险合同在保单制作之后才开始生效，甚至当事人可约定须在保单交付时保险合同才开始生效。在这种情形下，投保人当然只有在保单制作或交付时（即在保险合同成立之后），才负交付保险费的义务，所以投保人在交付保险费时，也可以要求保险人交付保险单。依此，不论保险合同是否依其法律性质非要式合同，或依约为要式合同，或以交付保险费为合同有效成立的要件，除非当事人特别约定保险费交付时间，否则应在保险人交付保险单时始负交付保险费的义务。这是基于保险合同的特性所产生的结果，所以德国《保险合同法》第 37 条规定，原则上保险费在保险合同成立后，即应由投保人交付，否则保险人有权解除合同。在保险事故发生时，如果投保人并未支付全部保险费或首期保险费，除非投保人对漏交保险费没有过错，否则保险人可以拒绝承担保险责任。只有保险人已经用单独书面通知形式或者在保险单中以显著条款告知投保人不履行缴纳保险费的法律后果后，保险人才能免予承担保险责任。

我国《保险法》对于第一期和续期保险费交付的到期日并未作特别规定，但依合同债务履行的原理，如果合同约定以第一期保单交付为保险合同成立生效的要件，则在投保人未缴纳第一期保险费时，保险合同不生效。不过投保人也可以要求约定除保险费缴纳外还需以保单交付为合同生效要件，以求利益平衡。这是我国寿险业所采纳的惯常做法。这里所述的是一次交付及第一期保险费到期日的问题，至于陆续到期的保险费应在何时交付，我国《保险法》也无特别规定。如果当事人约定了交付日期，则不成问题；在未约定的情形下，依法理应在前期保险费所保期间终止时再次缴纳下一期保险费。原则上应为第一期保险费缴费日按季、半年、年计算的对应日。第一期保险费缴纳日往往也是合同生效日，续期保险费如果约定按季、半年、年的频次缴纳，则续期保险费缴纳日也可以分别是按季、半年、年计算的合同生效对应日。在我国保险实务中，财险保单一般期限为1年，都约定以一次性交付保险费为原则，但也有例外约定按月、季、15日等分期交付的。寿险保单续期保险费通常按每年一次的频率交付，首期保险费缴纳后如果连续2年未交续期，则产生合同中止的效力，中止而未复效的产生与合同解除相同的效果。此为寿险与非寿险保单的差异。

三、违反保险费交付义务的法律后果

保险费交付是投保人履行保险合同应尽的义务，而不是保险合同生效的要件。如果将保险费的交付规定为合同生效要件，就视保险合同为要物合同，这是误解的。所以保险费未付的效果本应遵循一般合同不履行的规定。但由于《保险法》未如《海商法》第234条般对未交保险费及其后果作出明确规定，导致保险人无法在《保险法》中找到以诉讼方式请求缴纳保险费的请求权基础以及解除合同、拒绝理赔的权利依据。人寿保险的第一期保险费性质与财产保险的保险费性质一样，但续期保险费性质特殊，我国《保险法》第38条明令禁止以诉讼方式索要，且在第17条及第36条、第37条（合同中止与复效）特别规定其陆续到期保险费未付的效果，根据特别法优于一般法的原则，该规定可以排除民法一般规定的适用。这是就保险合同当事人无特别约定而言的，如果有特殊约定，则须视其双方约定决定其效力。

（一）财产保险

1. 未交全部保险费或者第一期保险费

实务上财产保险都约定以一次交付保险费为原则，但也有例外约定分期交付的。关于保险费未付的效果，可以将一次交付保险费和分期交付保险费中的第一期保险费视为同类，陆续到期保险费则为另一类。我国《保险法》第14条规定，保险合同成立后，投保人按照约定交付保险费。保险合同应以保险费的约定，还是以保险费的交付为生效要件，学者见解不一：

第一种观点认为，保险费的交付是保险合同的生效要件。要避免保险业者为取悦保户，以延迟收取保险费作为恶性竞争的手段，影响保险人的清偿能力。因此为健全保险业的经营，以法律规定未支付一次交付的保险费及第一期保险费的保险合

同不产生效力，如果保险事故发生在保险费支付之前，保险人不负保险赔偿的责任，希望以此督促投保人尽快交付保险费。

第二种观点认为，保险费的约定为保险合同的生效要件。这是因为保险费的约定是保险合同的构成要件之一。保险合同如未约定保险费，则该保险合同绝对无效。如果约定了保险费，则保险合同不但成立，且当即发生效力。至于投保人应在何时交付保险费，则基于合同自由的原则，由当事人自由约定，法律没有必要干预。因此，保险费的约定才是保险合同的生效要件。但合同没有特别约定的情况下，原则上应当认定合同生效，保险人承担相应的责任。在埃姆林保险公司、晨洲船业集团有限公司海上、通海水域保险合同纠纷〔（2020）最高法民再199号〕一案中，最高人民法院认为本案保险责任开始后，保险人不得以被保险人未支付保险费为由解除合同。即使保险人有权解除合同，也不能豁免其对于合同解除之前的赔偿或者给付义务，合同解除的效力不具有溯及力。

本书同意第二种观点。关于第一种观点，本书认为，为督促投保人交付保险费以巩固保险人的清偿能力，以法律规定使保险人在保险费未付的情形下不负保险赔偿的责任，固然值得赞同，但是，以保险费交付为保险合同生效要件，会导致不仅保险人在保险事故发生时无须承担保险赔偿的责任，同时，也不得向投保人请求交付保险费。故该观点似有不妥。

诚然在民法上的其他各种合同中也有所谓"要物合同"，如使用借贷、消费借贷、寄托等，按其性质都须以物的交付为合同有效成立的要件，但保险合同的重点在于其有偿性。通过保险费的聚集来赔偿受害人以分散危险，保险费在约定之后，即成为确定之债，对此债务的履行，一般合同法已设有规定以保护当事人的利益，保险人可以诉讼方式请求，或者解除合同而使其效力溯及既往地消灭。但在解除之前合同的效力仍然存在，以保护可解除合同者的相对人。由此可知保险合同是否为要物合同对双方当事人的影响为：（1）如果为要物合同，可确保保险人清偿资金的聚集，但也可在合同因保险费未付而生效导致不能取得收取保险费的权利；对投保人而言，则在保险合同成立后未交费前仍不受保险保护，但也不负支付保险费的义务。（2）如果为非要物合同，保险人在合同成立后，可通过诉讼方式请求交付但也须负承担危险的义务，或者在延迟给付的情形下解除合同，二者择一；对投保人而言，则在保险合同成立后，即立即受到保险保护，但也负交付保险费义务。两者比较之下可知采"要物合同"对于保险制度的优点仅在于保险事故发生时，保险人是否须负保险赔偿的责任以保险费是否已交付为准，可确保其清偿力。但关于保险人的清偿力，可以借助保险业设立最低资本额的规定得到保障。而且在采取非要物合同的情形下，保险人虽然可能在保险事故发生时，因未解除合同而仍须负保险赔偿责任，但对保险费仍可以红利充抵或其他方式获取，其间的差别只在于"已收取"和"未收取"的时间差距。此差距对保险业而言，影响极微。并且，如果认为保障保险人清偿力重于一切，那么以保险费交付为合同生效要件的立法原则也不妥当，因合同既未生效，投保人也无给付保险费义务。对此，德国《保险合同法》对于第一期保险费未交即采取"兑现原则"，在第37条规定，在保险事故发生时保险费如果未付，保险人不负赔偿的责任，但合同仍有效，保险人仍然可以请求保险费的交付①。这值得我国《保险法》修订时参考。我国司法实务中也有类似但未获法院支持的案例。在（2020）鲁民终687号案中，法院认为保险合同约定保险人对交费之前发生的事故不负赔偿责任的同时，保险人仍有权收取保险费，属于保险人单方免除了其应负担的责任，权利义务不相一致，保险人无权以此免除保险责任。但是在（2017）沪民终244号案中，法院却认为保险合同约定在投保人或被保险人未交保险费的情况下，保险人有权解除合同并不予承担违约期间的赔偿责任的，保险人不负赔偿责任不以保险人行使合同解除权为前提。若投保人或者被保险人均可在保险事故发生后通过补缴保险费的方式获得保险赔偿，则对保险人显失公平。

2. 陆续到期的保险费未交

在财产保险中如果约定以分期方式交付保险费，陆续到期的保险费即为确定的债务，投保人对之有履行的义务，至于未履行的效果如何，我国《保险法》均未作任何规定，故对于陆续到期保险费未交付的，保险人以诉讼方式请求交付，在我国法律中并没有明文的请求权基础。但在实务上，保险合同对于陆续到期保险费未付的效果几乎都有特别规定，从而有拘束当事人的效力，如"不按期付保险费，本保单费自动失效"，或"保险费到期未交付的，本合同的效力及时中止"等。在（2010）浙海终字第126号案中，大地保险提出抗辩称"根据保单'特别约定'条款，金禧公司未按时支付保险费，保险合同已经自动终止，船舶沉没发生于保险责任期间之外，故被告可以依法拒赔"，得到了宁波海事法院的支持。法院认为从公

---

①　德国《保险合同法》第37条（延迟支付首期保险费）规定："（1）投保人未及时支付保险费或首期保险费，保险人有权解除合同，除非投保人对于未支付保险费的事实没有过失。（2）在保险事故发生时，如果投保人并未支付全部保险费或首期保险费，则除非投保人对未支付上述保险费的行为并无责任，否则保险人可以拒绝承担保险责任。只有在保险人已用单独书面通知形式或在保险单中以显著条款告知投保人不支付保险费的法律后果后，保险人才能免予承担保险责任。"

平、合理的角度进行衡量，原告按期缴纳保险费，被告才承担保险责任，原告不按期缴纳保险费，保险合同自动终止，被告不承担保险责任，并无不公平、不合理可言，原告不能获得赔偿，完全是由于其违约造成的。依此，在保险合同效力丧失或中止之后，保险人不再受该保险合同的约束，但也同时丧失了其对后续保险费的请求权。但须注意的是，保险单上附有保险费到期未付，保险合同效力自动中止、终止或失效的条款，该条款效力如何，依目前我国《保险法》的概念，颇值得探讨。因为我国《保险法》对于财产保险陆续到期保险费未付的效果，并无特别规定，而民法上也无任何强制或禁止的规定，所以当事人可以自由约定从而具有拘束双方的效力。保险合同是双务合同，保险费缴纳是投保人的主合同义务，对此债务，我国台湾地区规定：保险人应当可以债权人身份向投保人请求支付。投保人不为给付时保险人得申请法院强制执行，并得请求损害赔偿；或者在投保人给付延迟时定相当期限，催告其履行，如于期限内不履行时得解除合同，解除合同后若有损害并得请求赔偿。《欧盟保险合同法准则》明确规定投保人在保险人经催告后仍不缴纳保险费的，保险人有权依书面通知终止保险合同；在合理催告后经过两个月的期限，保险合同自动终止、保险人责任自动解除。① 而且《欧盟保险合同法准则》第七章还赋予保险人对投保人保险费的诉讼请求权，该保险费的诉讼请求权的诉讼时效为从缴费到期日起经过一年而届满。德国 2008 年《保险合同法》第 37 条、第 38 条②也分别规定了投保人迟延支付首期保险费和迟延支付后续保险费，经保险人书面催告并在催告通知所在期限届满后仍未缴纳的，则保险人可以不经事先通知而终止保险合同，免予承担保险责任。其中关于续期保险费未交及其后果值得我国

---

① 《欧盟保险合同法准则》第5：103 条（合同终止）规定：（1）如果第5：101 条（b）项或者第5：102 条第（1）款（b）项所指期间届满后保险费仍未支付，且第5：101 条（b）项规定的付款通知或者第5：102 条第（1）款（b）项规定的付款提示明示保险人有权终止合同，则保险人有权依书面通知终止保险合同。(2) 在下列情形下，视为保险合同终止：(a) 在第5：101 条（b）项的付款期间届满后两个月内保险人未以诉讼方式请求保单持有人支付首期保险费的；(b) 在第5：102 条第（1）款（b）项规定分期支付保险费场合规定的付款期间届满后两个月内保险人未以诉讼方式请求保单持有人支付首期保险费的。

② 德国《保险合同法》第38 条（延迟支付后续保险费）规定：（1）如果投保人未及时缴纳第2 期及以后的保险费，则保险人可以书面方式通知投保人应在两周以上的给付期间内缴纳剩余保险费，上述通知费用由投保人负担。只有当保险人在书面文件中告知投保人拖欠保险费的本金和利息，并根据本条第2 款、第3 款规定告知投保人期限届满后的法律后果时，上述期限才具有法律效力。(2) 如果保险事故发生在上述期限届满后，并且投保人仍未支付保险费本金及利息，则保险人可以免予承担保险责任。(3) 在上述期限届满后，只有投保人仍未缴纳保险费本金及利息，保险人可以不经事先通知而终止保险合同。保险人可以在要求投保人支付保险费的书面文件中，向投保人明确说明如保险期限届满后投保人仍未支付保险费本金及利息的，保险合同即告终止。如果投保人在保险合同终止后或在上述给付期限届满后1 个月内支付了保险费本金及利息，若保险事故尚未发生的，则可排除终止合同之效力。

立法借鉴。

3. 保险费只缴纳一部分时

如果投保人未缴纳保险费或者第一期保险费（保险费分期支付情形），一般保险合同不成立或者不生效。但是如果财产保险合同生效后投保人只缴纳部分保险费，保险事故发生后保险人是否需要赔付，是否可以追究投保人违约责任？诚然，我国《保险法》仅仅赋予保险合同双方当事人可以通过条款特别约定合同生效条件的方式保护保险人，即投保人不缴纳首期保险费，保险合同可以不生效。但是如果投保人缴纳了寿险的首期保险费或者财产保险的部分保险费、保单已经生效时，在法律禁止保险人行使寿险保险费诉讼追索权、未赋予保险人保险费催告权和终止合同权利的情形下，如何从公平角度平衡保险人和投保人的权利呢？寿险只能严格适用《保险法》第33条明文规定的效力中止和复效的规定，在财险领域由于《保险法》无明文规定，法院根据诚实信用和公平原则进行灵活处理的空间较大。山东省高级人民法院民二庭《关于审理保险合同纠纷案件若干问题的解答》第1条明确规定："保险合同约定不按时足额支付保险费，保险人有权解除合同且不予赔偿或者支付保险金的，保险人主张解除保险合同，人民法院应予支持，但应同时判决退还已经收取的保险费。如果保险人未行使合同解除权，对于保险合同解除前发生的保险事故，被保险人或者受益人主张保险人赔偿或者给付保险金的，人民法院应予支持，但是应当扣减应收取的保险费。保险合同约定未支付保险费，保险人不承担保险责任的，保险事故发生后，如果保险合同不存在无效情形，被保险人或者受益人主张保险人赔偿或者给付保险金的，人民法院不予支持。保险合同约定未足额支付保险费，按照保险事故发生前保险人实际收取的保险费与投保人应当交付的保险费的比例承担保险责任的，保险事故发生后，保险人主张按照比例承担赔偿或者给付保险金责任的，人民法院应予支持。"不过对财产保险的投保人缴纳部分保险费的情形下且保险事故已经发生时保险人如何承担保险责任，实务中，人民法院有两种操作方式：一种方式为保险人在该合同生效投保人缴纳部分保险费情形下，是没有权利拒赔的，而应当全额赔付，不过可以扣除欠缴的保险费。山东省高级人民法院认为即使投保人缴纳部分保险费，保险人仍然应当全部赔付，但可以扣减欠缴的保险费。① 另一种

---

① 《山东省高级人民法院关于审理保险合同纠纷案件若干问题的意见（试行）》第1条规定：保险合同生效后，投保人未按约定缴纳保险费，除合同另有约定外，保险事故发生后，保险人不能以投保人拖欠保险费为由免除其应承担的保险责任，但可以扣减欠交的保险费。保险合同约定按已交缴保险费与应交保险费的比例承担保险责任的，依照其约定。

方式为应当采用比例责任原则，即保险人按照投保人所交付保险费占应交保险费的比例来承担保险责任。例如，《浙江省高级人民法院关于审理财产保险合同纠纷案件若干问题的指导意见》第 2 条规定："财产保险合同约定以投保人交付保险费作为合同生效条件的，投保人已交付部分保险费但未交足的，应认定合同已生效，保险人按已交保险费与应交保险费的比例承担保险责任。但保险人在保险事故发生前已书面通知投保人解除合同的除外。"其他省高级人民法院也有类似规定。[1] 这些法院司法实践中倾向于认为在投保人缴纳部分保险费情形下，保险人可以要求按已交保险费与应交保险费的比例承担保险责任，对于投保人未交部分的保险费不再追偿，这是对价平衡原则的体现。由于法无明文规定，加之各地法院对此问题的理解各不相同、无法统一，必然导致法律适用上的混乱。建议《保险法》修订时对此予以明确，本书认为在保险人未及解除合同的情况下适用比例给付原则更符合公平和对价平衡原则。

(二) 人寿保险

1. 未付第一期保险费或一次性交付保险费的效果

人寿保险的保险费大多都以分期方式交付，第一期保险费未付的效果应和财产保险第一期或一次性交付保险费未付的效果相同，不再赘述。我国《保险法》第 36 条和第 37 条都规定了人寿保险费未付的效果，第 36 条既规定"合同约定分期支付保险费，投保人支付首期保险费后，除合同另有约定外，投保人……超过约定的期限六十日未支付当期保险费的，合同效力中止……"第 37 条第 1 款又规定"……自合同效力中止之日起满二年双方未达成协议的，保险人有权解除合同"。这时如果保险合同仍未生效，何来中止或解除合同？同理，在第 38 条规定，保险人对保险费不可以诉讼方式请求，只能依法解除合同或依合同所载条件减少保险金额或年金，意在保护投保人或被保险人在合同成立生效后，不致因不愿继续受具有长期性的人寿保险合同的约束，而全部丧失其以前所缴保险费的应得利益。因此如果无特别约定，保险合同在双方当事人同意时即已生效，投保人须负给付第一期保险费的义务。投保人迟延给付保险费时，保险人可以解除合同并请求损害赔偿。

---

[1] 例如，《江西省高级人民法院关于审理保险合同纠纷案件若干问题的指导意见（一）》第 3 条规定：财产保险合同约定以投保人交付保险费作为合同生效条件的，投保人已交付部分保险费但未交足的，应认定合同已经生效，保险人按已交保险费与应交保险费的比例承担保险责任。但保险人在保险事故发生前已书面通知投保人解除合同的除外。

2. 人寿保险第二次以后分期保险费到期未交付的效果

至于人寿保险第二次以后分期保险费到期未交付的效果,《保险法》对此有特别规定。为避免形成强制储蓄,我国《保险法》禁止以诉讼方式追讨人寿保险第二次以后的分期保险费,为给保险人提供救济手段,我国《保险法》专门设置第 36 条和第 37 条关于合同中止和复效这种保险的特殊效力规定。原则上,保险合同在投保人未依约支付保险费,超过规定的期限 60 日后仍未交付,合同的效力中止。投保人如欲恢复合同的效力,则必须与保险人达成协议并交付保险费。若自中止之日起两年内未达成协议,保险人有权解除合同。上述有关复效的规定,表面上看起来好像是把合同的效力完全委诸当事人的协议,相当公平,合理,但深思起来,这项规定其实不符合保险法法理。因为所谓复效,实际上只是延续原先合同的效力而已,并不是说,复效的合同对于中止的复效的合同而言是一个新合同。因此,一个中止后又复效的合同,应该跟一个未曾中止而持续进行的合同在法律上具有相同的评价。合同中止后交付保险费,与未曾中止的交付保险费,性质上也没有差异。所以从理论上来说,只要投保人一交保险费,中止的合同便应恢复效力,完全无须经过投保人和保险人双方的协议。除此之外,如果在合同中止期间,被保险人的身体状况发生变化,而这种变化属于保险人在最初订立合同时便已预测到的,本来在合同未中止效力时,保险人不能用这种变化作为拒绝承保的借口,但在中止的状况下,却可以依法用协议的方式来达到这个目的。对于只因疏忽而漏缴保险费或者一时无力支付的被保险人来说,这样的结论未免太过残酷。因此《保险法司法解释(三)》第 8 条规定:"保险合同效力依照保险法第三十六条规定中止,投保人提出恢复效力申请并同意补交保险费,除被保险人的危险程度在中止期间显著增加外,保险人拒绝恢复效力的,人民法院不予支持。保险人在收到恢复效力申请后,三十日内未明确拒绝的,应认定为同意恢复效力。保险合同自投保人补交保险费之日恢复效力……"从某种程度来看,我国司法界已经承认交付保险费合同即复效的规则。

另外,我国《保险法》采取自动中止主义,保险法发达国家(地区)为促使保险人和投保人双方在保险关系发生变动时实质力量的平衡,常责令保险人在主张因投保人或被保险人行为所产生的效果时,须先证明已经以书面方式将该效果通知对方。对于人寿保险费未付的效果,一般采催告中止主义,即保险人未经合法催告投保人缴纳续期保险费,合同不产生中止的效力。而且催告应以书面方式并注明保险费未交付的效果，否则不是合法的催告，也不产生催告的效果。① 我国保险实务中已有续期保险费催缴的做法，但《保险法》尚无明文规定，似应在将来修正时予以完善。

除了以保险人的特定条例和特别许可为由之外，几乎没有其他正当理由可以不缴纳保险费。因此人民法院通常认为仅涉及投保人本人境况（如疾病、意外事故、贫困、无知、无行为能力或失踪）的原因均不构成不缴纳保险费的理由。保险人放弃收取保险费的权利或不要求缴费的及时性、拒绝承付、不正当解除保险合同或收费失误，均可以作为不缴纳保险费的正当理由。对于保险人已承保的风险，投保人通常无权取回已缴纳的保险费。在以下各种情况下，根据美国寿险实务保险人必须退还保险费：未成年的投保人解除保险合同；因事实错误或提前缴纳保险费；以及保单规定的特定情形（如投保人在犹豫期将保单退还保险人；被保险人在自杀条款规定的期限内自杀身亡）。

我国《保险法》对投保人为缴纳保险费情形下除寿险合同效力中止外未赋保险人任何救济的权利。《欧盟保险合同法准则》和德国《保险合同法》的规定值得我们借鉴。按照民法债法理论，投保人未履行或者未完全履行保险费缴纳义务时，债权人有权主张同时履约抗辩权而终止履约或者解除合同。在保险合同中就意味着投保人须负迟延责任，保险人有权拒赔，同时经催告后可以解除合同。保险人可以通过书面催告程序督促投保人履约，保险人有在催告合理期限投保人仍拒绝履约之后于必要时解除保险合同的权利。因此就我国目前保险法现状而言，保险合同双方当事人对保险费催缴有特别约定的，这种保险人的私力救济方式应当得到法律认可。不过保险法发达的国家（地区）允许这种私力救济，但也渐有限制此类条款的趋势，责令保险人在主张"保险费未付，合同失效"条款效力之前必须先证明，已在到期前将该条款的效力以书面形式告知投保人，以提醒其注意，且如果在到期后才告知，合同的效力丧失必须延至告知到达后，经过一定的宽限期才发生。如果未履行告知的义务，条款不发生效力。这种保险法学思想主要根源在于，保险合同为附合合

---

① 参见德国《保险合同法》第37条、第39条，但根据美国寿险实务，除非法律或保单有明确规定，保险人没有寄交缴费通知单的义务。但如果保险人持续寄发缴费通知单，使得投保人对缴费通知单产生依赖性，则保险人不能在没有提醒的情况下，突然停发通知单，并宣布保单失效。但某些州法律规定，保险人必须向投保人寄发缴费通知，在这些州内，如果保险人未寄发缴费通知，因不缴保险费而宣布保单失效的权利将受到一定限制。纽约州法律的部分内容规定如下：关于寿险保单应缴保险费通知单……如果保险人没有在保险费到期日之前适时（至少提前15天，但不能超过45天）寄发缴费通知单，投保人未能如期缴纳保险费，则在应缴保险费逾期后的1年内，保险人不能因不缴纳保险费而宣布在本州交付或签发的寿险保单失效。

同，为使双方当事人能立在实质的合同缔结自由原则之上，必须使投保人关于其行为足以引起权利义务变动的情形能从保险人处得到充分的法律知识，以便保护其权益。尤其这种条款和一般民法上关于到期保险费未付的效果并不一致，保险法虽然不禁止保险人订立这种条款，但须依一般诚实信用原则的概念，将此条款的效力在发生前让投保人知悉，以示公平。对保险人而言，通过这种限制，可能会增加行政上费用的支出，但这可消化于保险费计算之中，所以在实行上并不会造成多大阻碍。

四、预交保险费的法律效果

（一）保险空白期保险人责任险认定

投保人缴纳首期保险费到保险公司出具正式保单之前的这段时间，被称为"保险空白期"。针对该保险空白期，我国保险行业协会曾出具文件，倡导保险公司在空白期对被保险人提供临时保险。[1] 由于各地对保险空白期保险人责任认定不一，给法律适用带来困惑。保险空白期的保险责任问题早在 2001 年"广州信诚保险案"中就初见端倪。一审和二审法院作出了完全相反的审判结果，引发了巨大争议。[2] 目前保险行业协会倡导的临时保险合同责任是一种约定责任，保险人责任的承担，需以保险人向投保人作出提供临时保障的承诺为前提。我国的临时保险合同制度因只停留于行业协会的建议层面，缺乏必要的法律约束力，故少有保险公司践行，甚为遗憾。[3]

《保险法司法解释（二）》第 4 条规定："保险人接受了投保人提交的投保单并收取了保险费，尚未作出是否承保的意思表示，发生保险事故，被保险人或者受益人请求保险人按照保险合同承担赔偿或者给付保险金责任，符合承保条件的，人民法院应予支持；不符合承保条件的，保险人不承担保险责任，但应当退还已经收取

---

[1] 我国保险行业协会曾在《关于推荐适用〈人身保险产品条款部分条目示范写法〉的通知》中建议："各公司按照新《保险法》要求做到保险合同自成立时生效。若对合同效力约定附条件或者附期限，则鼓励各公司根据实际情况在投保人支付首期保险费起至本公司同意承保或发出拒保通知书并退还保险费期间为被保险人提供临时保障。"

[2] 罗涛、谭浩：《"信诚案"再思考——关于〈保险法〉亟待修订的一些条款的分析》，载《广东财经职业学院学报》2006 年第 2 期。

[3] 个别保险公司有在保险空白期赠送投保人个人意外伤害保险的做法，此意外险与投保人拟投保险种条款保障范围并非完全一致，与《保险法司法解释（二）》规定的默认法定临时保险保障完全不同。

的保险费。保险人主张不符合承保条件的，应承担举证责任。"① 司法实务中也出现大量援引上述"相对强制临时保险条款"的判决。如在（2014）临商终字第 746 号案中，投保人向保险人提交了投保单，并于保险事故发生前向保险人支付保险费。法院依据《保险法司法解释（二）》第 4 条认定，保险人未提供证据证明该投保不符合承保条件，故该次保险事故发生时，即使未向投保人出具正式保单，保险人仍应对该次火灾事故承担保险理赔责任。并进一步指出，保险人预收保险费，且符合承保条件，应认定合同成立生效，保险人应当按照保险合同承担赔偿责任。②

（二）分歧意见

"保险空白期"问题实质就是预收保险费和保险合同成立的关系问题，学术界对这个问题有两种截然对立的观点。

一种观点是赞成上述《保险法司法解释（二）》，理由是：（1）该规定开创了中国保险业临时保险制度的先河，对投保人和被保险人利益是极大的保护。从民法关于权利与义务相一致的基本原理分析，保险人对其预先收取保险费的行为应当提供相应的对价。（2）如果保险人收取了保险费且符合承保条件，仍认定保险合同不成立，保险人不必对此前发生的风险负责，则等于在法律层面上肯定或宣示保险人的迟到承诺为合法，无疑有违保险法的最大诚信原则，因此这部分人主张应当鼓励和提倡引入西方国家的强制临时保险制度。③（3）一旦被保险人死亡再通知投保人不

---

① 地方司法文件也有类似规定：（1）《福建省高级人民法院民事审判第二庭关于审理保险合同纠纷案件的规范指引》第 6 条（保险人预收保费）：保险人接受投保单并预收保险费后，在合理期限内拒绝承保的，保险人对拒绝承保前发生的保险事故不承担赔付责任，但应当及时退还预收保险费，如未及时退还，还应赔偿投保人相应的利息损失。保险人接受投保单并预收保险费后，非因投保人原因在合理期限内未对投保单及时处理，合理期限届满后发生保险事故，保险合同有约定的从约定；没有约定的，如果符合合同约定的承保条件，应认定保险合同成立，保险人应当承担保险责任，反之则应认定保险合同不成立，保险人不承担保险责任，但应向投保人退还预收保费并赔偿相应的利息损失。前款情况下，保险人对投保人是否符合承保条件，承担举证责任。本条所指的合理期限，应根据保险行业的通常标准进行判断。（2）济南市中级人民法院《关于保险合同纠纷案件 94 个法律适用疑难问题解析》第 89 条规定人身保险中的投保人按照保险人的要求，预交了保险费，但由于保险人或其代理人自身的原因，未及时对投保单作出处理，如果发生了应予赔偿或给付保险金的保险事故，作如下处理：①被保险人符合承保条件，应认定保险合同成立。保险人应当承担保险责任。承保条件根据保险业的通常标准进行裁判。②被保险人不符合承保条件，应认定保险合同不成立。保险人对未及时处理投保业务有过错的，承担缔约过失责任。

② 本书在威科先行数据库中按照"《最高人民法院关于适用〈中华人民共和国保险法〉若干问题的解释（二）》第四条规定"的关键词进行检索，共发现有 653 个案例，法院援引前述条文判决保险公司承担赔付责任。

③ 刘洋：《"保险空白期"之保险责任研究》，中国海洋大学 2015 年硕士学位论文。张瑜：《"空白期"保险责任制度研究》，烟台大学 2014 年硕士学位论文。

符合投保条件，有对受益人保护不周之嫌，应当督促保险人及时行使核保权或者严格规范核保的合理期限，有学者认为保险人在预收保险费 5 日内必须作出是否承保的意思表示，否则视为同意，这样可以很好地在保护投保人合理期待权和尊重保险人核保权之间达成平衡。①

另一种观点则认为《保险法司法解释（二）》与《保险法》存在矛盾，理由是：（1）在暂收保险费的情况下，《保险法司法解释（二）》采用合同推定成立的观点，只要符合客观承保条件，无须保险人作出同意承保的意思表示保险合同即告成立，而《保险法》明确规定了保险合同成立的条件，即保险人同意承保合同才成立，两者相互矛盾。（2）《保险法司法解释（二）》未规定"当事人另有约定"的除外情形，破坏了投保人和保险人意思自治原则，使得投保人和保险人关于指定生效日或者生效条件的约定归于无效。（3）证明标准问题。核保政策属于保险人商业机密，而且很多属于核保人主观裁量的范畴，随意性和差异性比较大。既往保险人内部文件和规定的效力在法院采信度不高，保险人往往因举证不能而承担不利后果。保险实务中保险人暂收保险费拖延承诺阻却合同成立的情形并不多见，空白期发生保险事故也是小概率事件。《保险法司法解释（二）》第 4 条所设情形从利益平衡角度考虑仅保险人对不符合承保条件负有举证责任已经足够（举证难），无须强制性推定合同成立。

（三）境外法理论及启示

域外立法对"保险空白期"的纠纷解决主要形成了"临时保险"与"暂保单"的制度。简单来说就是指保险人在接受投保书后决定承保并签发正式保单之前向投保人提供临时保险保障的制度。在此期间如果发生保险事故，保险公司有义务按照暂保单的约定或者暂时承诺的内容承担临时保险责任并予以赔付。

1. 英美法的临时保险制度

例如，美国纽约州法院在此类案件的判决中便指出："（保险公司）收了钱就表示它愿意承担一定的责任。本着权利义务相一致的原则，既然享有收钱的权利，就理应承担赔付的义务。"在美英等国"暂保单制度"之下，临时保险的始期为保险人签发暂保单或保险费收据之时。② 美国法院认为自保险人收到投保申请书及第一期保险费之时起，保险人即对被保险人提供暂时性保障（Interim Coverage），当事人之间

① 樊启荣：《保险合同成立疑难问题研究——以我国"〈保险法〉第二次修改"为背景》，载《法商研究》2008 年第 4 期。

② 郭东丽：《保险空白期法律问题研究》，吉林大学 2020 年硕士学位论文。

存在暂时性合同（Temporary Contract）。冈特诉约翰·汉考克互助人寿保险公司（Gaunt v. Jonh Hancock Mutual Life Insurance Company）一案中，第三人冈特申请保险，在案涉保险合同的申请表上面明确记载："以保险人总部同意承保为条件，保险合同回溯至投保人提出投保申请书之日生效。"冈特已依保险单的要求完成体检，并给付了第一期保险费，但是在被告约翰·汉考克互助人寿保险公司签发保险单之前遭枪击身亡。冈特的母亲向保险公司请求给付，但保险公司以保险合同尚未生效为由拒绝给付，冈特的母亲就向法院提起诉讼。法院判决认为："投保人在给付保险费及通过其他保险合同前提条件之后，即令保险人作出最后同意承保的表示，也取得暂时性的保障。因为保险合同约定以保险公司总部的最后承诺为保险合同回溯至投保人提出投保申请日生效的前提，对于投保人而言是不够清楚而有疑义的，如果约翰·汉考克互助人寿保险公司就保险合同的生效日希望有另外的解释，保险人必须以极其清楚的用语。保险人也就是保险合同复杂用语的起草人，必须承受因疑义解释原则导致的不利后果。"采取相似间接的判决，还有弗里兹诉老美国保险公司案（Fritz v. Old American. Ins. Co.）。该案是一个通过邮购指南销售保险合同的情形。该案的被保险人洛伊·胡克斯（Loy Hooks）收到一张兼印有意外保险空白投保申请书且开始的 30 天保险费只有 25 美分的特别优惠价格的广告。那张广告就保险单的内容作了详细的描述，并且附有一张申请表，申请表只要填写四个空白栏目即可。洛伊·胡克斯填写了申请书，并附上保险费寄给保险公司，保险公司在 11 月 13 日或 14 日就收到了申请书及保险费。不巧，被保险人洛伊·胡克斯在 11 月 15 日因交通意外事故身亡。保险公司在 11 月 17 日才开始审查投保人申请书，事后签发了一张 11 月 21 日生效的保险单寄给被保险人。该保单的受益人向保险人请求保险给付遭拒，于是以申请书所附"保险单一经签发，立即生效""就如同你的申请是在公司的总部获得批准一样，你的保险单立即生效，并且寄送给你"等说明字样为据主张在投保申请书寄出的时候，保险即发生效力，向法院提起诉讼。法院首先采取以"被保险人的合理期待"为解释合同生效的标准，并认定："在通过邮购指南销售保险的情形，如果可以合理期待在投保申请书附上应付的保险费寄发时，保险合同立即发生效力，则对于保险合同即应做出这样的解释，除非有相反的规定，且约定十分明白清楚地为被保险人明知。"①

---

① 刘宗荣：《保险法——保险合同法及保险业法》（第 5 版），三民书局股份有限公司 2021 年版，第 57 页。

第七章　投保人的具体义务 | **133**

2. 德国的暂保单制度

2008 年德国《保险合同法》也专门设立暂时性保险制度，值得我国借鉴。第一，以法律条文明文规定，避免以立法授权方式委托立法。第二，将暂行性保险合同规定在保险通则中，对于各种保险一律适用，只有邮购或者远距离通讯订立的保险合同除外。① 第三，关于暂时性保险的保险费依据正式保险单应支付保险费比例计算。2008 年德国《保险合同法》第 50 条规定："在正式保险合同签订前，保险人请求投保人支付暂时性保险的保险费的，只能就暂时性保险期间依照正式保险单应支付保险费的标准比例请求。"第四，暂时性保险合同的内容——除另有交付的条款及条件外，以保险人订约时通常使用的条款为准；通常条款有数个时，若有疑义，以最有利于投保人为原则。2008 年德国《保险合同法》第 49 条第 2 项规定："保险合同订立时，保险的一般条款及条件未送交投保人的，若没有相反的明示约定，保险人订约时通常使用的条款构成暂时保险整体的一部分。通常使用的条款有数个而应该适用哪个有疑义时，应以订阅时保险人所适用的数个条款中最有利于投保人的一个，构成暂时性保险整体的一部分。"第五，暂时性保险效力的开始与终止，原则上从缴纳保险费开始，到正式保险合同生效为止。（1）从缴纳保险费起生效，2008 年德国《保险合同法》第 51 条规定："暂时性保险，以保险人另外以书面或在保险单中以显著的说明告知为条件，自缴纳保险费开始生效。任何违背第 1 项的规定致不利于投保人的约定都被禁止。"（2）暂时性保险的终止，2008 年德国《保险合同法》第 52 条规定："暂时性保险，在投保人订立承保范围相似的正式保险合同或其他暂时性保险合同生效时，终止效力。投保人所签订的正式保险合同或其他暂时性保险合同须待保险费缴纳才生效力，且保险人已经另外以书面或在保险单中以显著的注明告知投保人须缴纳保险费合同才生效力以及其他法律效果的，暂时性保险的效力在投保人拒绝缴纳或延期缴纳（正式保险合同或其他暂时性保险）保险费时，失去效力，不适用第一句的规定。第 1 项的规定在投保人与其他保险人订立正式保险合同或其他暂时性保险合同的情形下不适用。投保人应该及时将订立合同的事实通知前保险人。投保人，依据第 8 条的规定撤销保险合同②或依照第 5 条第 1 项及

---

① 2008 年德国《保险合同法》第 49 条第 1 项最后一句除外规定，将符合《德国民法典》第 312b 条第 1 项及第 2 项通过邮购或远距离通讯方式订立的保险合同排除在外。

② 依照德国《保险合同法》第 8 条第 1 项、第 2 项的规定，投保人可以在保险合同订立后 14 日内以书面方式撤销保险合同。

第 2 项的规定①提出异议通知，且未与订立暂时性保险的保险人订立正式保险合同的，暂时性保险合同在保险人收到上述撤销或异议通知时，失去效力。"

（四）我国的规定

我国也是承认临时保险制度的，《保险法司法解释（二）》虽然已经在某种程度上引入强制临时保险制度，但是效力层级上尚显欠缺。由于我国没有法律的强制性规定，鼓励保险公司在保险空白期提供临时保障的措施并未见成效，为充分保护投保人利益，建议在保险法修订时正式引入预收保险费模式下的临时保险制度，同时设置一项例外情形，即明确规定：保险人在接受了投保人提交的投保单并收取了保险费，在保险合同正式生效前的期间内，如果投保人发生保险事故，保险人应当按照保险合同承担赔偿或者给付保险金责任，但是投保人故意隐瞒保险事故在保险人预收保险费之前已经发生的情形除外。主要理由是：首先，强制临时保险制度以预收保险费为前提，既然保险人预收保险费就视为承保通过，推定合同成立，就要承担相应的合同义务；在投保人死后再去证明其是否符合投保条件徒劳无益，故应当删除《保险法司法解释（二）》"投保人符合投保条件"的前置条件设置，督促保险公司谨慎作出在承保之前预收投保人保险费的决策。其次，只要是在保险追溯期间且投保人是善意的，没有故意隐瞒保险事故已经发生的情形，一旦发生保险事故，保险人就应当承担保险责任。最后，临时保险制度与尊重当事人意思自治并不矛盾，在当事人对合同生效约定附条件和附期限时，保险合同是在合同成立之后所附条件成就或者所附期限届至时（时间比成立时间稍晚）生效，临时强制保险覆盖期间相应地也从保险人收取投保单并预收保险费之日起延长至保险合同正式生效之日止。

第二节　如实告知义务

保险合同为最大善意合同，在保险合同订立时，投保人须尽善意告知保险人所承担危险的有关事项，以便保险人据以确定保险费。告知义务的内容，以保险人书面所提的问题为限。所谓书面的询问即指投保单、体检表或其他附件。这时投保单

---

① 依照德国《保险合同法》第 5 条的规定，如果投保人收到的保险单与投保人的投保申请书或双方合意的内容有变更（不同或偏离）时，以保险人履行"明确标识内容变更之处"，且告知投保人"若不在收到保险单后一个月之内向保险人以书面方式提出异议，视为投保人同意其变更"程序为前提，客观上如果投保人也未在一个月内就保险单的变更以书面方式提出异议，则视为投保人同意保险单的变更。

具有双重法律上的意义：一方面它是投保人要求承保的意思表示（要约），另一方面也是知悉事项的表示。这种相关事项的告知，保险法理论上称为"缔约前的告知义务"。投保单所询问的问题，投保人须逐一回答填写，保险人也须就订约有关事项予以查询。例如在人寿保险中，保险人为确定被保险人的身体状况，都备有约定的医院或医生为被保险人体检；在财产保险中则应派核保人员勘查财产所在地并估计其价值；工程责任险中也应勘查施工地点等。如果投保人有不如实告知的情况，保险人可以据之解除合同。以下就境外告知义务的立法情况，我国《保险法》中构成违反告知义务的要件，违反此义务的情形及其效果分别加以论述。

一、境外立法例

（一）德国《保险合同法》

告知义务规定在德国《保险合同法》第 19 条①："投保人在合同缔结时，就其所知的所有危险承受的重要事项，应告知保险人。违反前项规定而不告知重要事项时，保险人可以解除合同。投保人违反如实告知义务非基于故意或重大过失，保险人不得解除合同。在上述情况下，保险人有权在通知投保人之日起 1 个月内终止合同。保险人知悉该不告知的事实或不基于投保人的责任（故意、过失）而未告知时，不得解除合同。保险人只有向投保人专门说明过不如实告知义务的法律后果时才享有解除权，如果保险人已经知晓投保人未如实告知的风险状况和重要事实时，保险人不享有解除权。由于保险合同的变更导致保险费比原保险费增长 10% 或者保险人因投保人未如实告知而拒绝承保时投保人可以在收到保险人通知之日起一个月内直接终止合同并无须事先通知保险人。"第 21 条规定："解除权限于一个月内行使；此期间，自保险人知悉告知义务违反的事实时起算。保险事故发生后，保险人可以解除合同，除非告知义务违反与保险事故发生及保险人的责任范围无关。在投保人故意违反如实告知义务的情况下保险人可以拒绝承担保险责任。保险人行使解除权的期限为合同生效后 5 年内。如果投保人故意违反告知义务的，上述期限为 10 年。"第 22 条规定："投保人违反告知义务的同时具有诈欺情况时，保险人的撤销权与解除权并存，即保险人基于诈欺危险事实所产生的合同解除权不受影响。"

另外，关于违反告知义务合同被解除后保险费退还问题，该法第 39 条规定，如果在保险期间届满前终止保险合同，则保险人仅有权保有从合同生效至合同解除期

---

① 参见孙宏涛：《德国保险合同法》，中国法制出版社 2012 年版，第 66—67 页。

间的那部分保险费。如果保险人依照第 19 条第 2 项解除合同或由于投保人故意不实陈述而导致合同无效，则保险人有权保有从合同生效起至撤销合同或宣告合同无效之日止的保险费。

综上所述，德国《保险合同法》采用主观主义的立法，所以关于告知义务的违反，特别注重根据投保人不同的主观心理状态而采取不同的法律效果。即投保人因故意或重大过失（有责任而违反）时才承认保险人的解除权，否则仅有保险费变更权。违反事实与保险事故的发生须具有因果关系，才产生解除效果，否则即使解除，保险人的给付义务仍然存续。

（二）日本《保险法》

告知义务原来规定在日本《商法典》第 644 条、第 645 条、第 678 条，但 2008 年日本国会将保险法单列出来并颁布实施，前述日本《商法典》关于保险法的规定全部废止。日本《保险法》将险种分为"损害保险""生命保险"和"伤害疾病定额保险"三类。该法第 4 条①、第 37 条②、第 66 条③分别规定了上述三类险种项下如实告知义务的内容。该法第 28 条第 1 款、第 55 条第 1 款、第 84 条第 1 款则分别规定了违反基于投保人保险人告知义务的解除权。按照前三款条文的规定，投保人或被保险人因故意或重大过失未披露事实或者就应当披露的事项陈述虚假事实的，保险人可以解除合同。同时保险人自知道相关解除事实之日起，解除权一个月内不行使而消灭；合同生效满 5 年，解除权也消灭。

（三）英国《2015 年保险法》

最大善意原则（Principle of Utmost Good Faith）、保险利益原则（Principle of Insurable Interest）及损害补偿原则（Principle of Indemnity）为英美保险法上的三大原则。英国《1906 年海上保险法》第 17 条明文规定："海上保险是以最大善意为基础

---

① 日本《保险法》第 4 条规定：缔结损害保险契约时，就与损害保险契约所填补损害的发生的可能性（以下本章中称之为"危险"）相关的重要事项中，保险人要求告知的内容（第 28 条第 1 款以及第 29 条第 1 款中称之为"告知事项"），投保人或被保险人必须如实告知。

② 日本《保险法》第 37 条规定：生命保险契约缔结时，就与保险事故（被保险人的死亡或于一定时点的生存，以下本章中相同）的发生的可能性（以下本章中称之为"危险"）相关的重要事项中，保险人要求告知的内容（第 55 条第 1 款以及第 56 条第 1 款中称之为"告知事项"），投保人或被保险人必须如实告知。

③ 日本《保险法》第 66 条规定：缔结伤害疾病定额保险契约时，就与给付事由（起因于伤害疾病的治疗、死亡等，作为保险给付的要件由伤害疾病定额保险契约约定的事由，以下本章中相同）发生的可能性（第 84 条第 1 款以及第 85 条第 1 款中称之为"告知事项"）相关的重要事项中，保险人要求告知的内容，投保人或被保险人必须如实告知。

的合同，若当事人一方违反此原则，他方可以解除合同。"这一原则，不仅适用于海上保险，也适用于其他一般保险，这是由保险合同的性质决定的。2015 年，英国颁布新的保险法。该法第二部分有关公平陈述义务就明确规定，在订立保险合同前被保险人必须对保险人公平地陈述风险。对风险的公平陈述是指对第 3 条第 4 款所列事项进行披露，以能够让一名理性保险人从合理的陈述中获取并理解相关信息，其中的每一个关于事实的实质性陈述总体上是正确的，且每一个关于预期或信赖的实质性陈述都是基于诚实信用作出的。披露应当遵循以下规则：应披露被保险人知道或应当知道的每一个重要情况，或在未能满足前项要求时应为揭示该等实质性情况而向保险人进行充分的信息披露以使一个谨慎保险人可以进行进一步的询问。① 对于降低风险的事项、保险人已知的事项、保险人应当知道或推定保险人知道的事项、保险人放弃了解的事项，如果保险人未问及，则被保险人无须披露。被保险人知道的事项是指：（1）为本法第 3 条第 4 款 a 项之目的，本条规定了被保险人知道或者应当知道的事项；（2）自然人被保险人仅需知道其已经知道的事项或者负责被保险人保险事务的一个或多个人已知的事项。非自然人被保险人仅需知道或应当知道一个或多个下列人员已知的事项：部分被保险人的高级管理人员或者负责被保险人保险事务的人。下列情况下，自然人不能凭借本条第 2 款第 b 项或第 3 款第 b 项的规定而知晓被保险人的保密信息，如果（a）该自然人是被保险人的代理人或者被保险人的代理人的雇员；（b）信息是由被保险人的代理人（或代理人的某一雇员）通过与他人（该人与保险合同无关）的业务关系所知悉的。②

二、告知义务的法律性质

告知义务的理论基础有两个，一个是诚信原则（最大善意原则），另一个是对价平衡原则。因为投保人或被保险人对保险标的物或自身健康的风险状况最为了解，且这些危险状况直接影响保险人承保的决定，因此基于诚信原则投保人对关乎保险人决定是否承保以及如何订约有重大影响的事项负有如实告知的义务。同时被保险人转嫁的风险大小影响到保险人应收取多少保险费，这样就需要符合商业保险的对价平衡原则，并实现同一险种的多数被保险人之间的公平。除以上两大原则外，境外保险法对告知义务的规定均明显受到消费者权益保护思想的影响，让上述两个原

---

① 王翰培、任自力译：《英国 2015 年保险法》，载尹田主编：《保险法前沿》（第三辑），知识产权出版社 2015 年版，第 229 页。

② 郑睿：《论英国海上保险合同告知义务之演进与立法启示》，载《中国海商法研究》2015 年第 4 期。

则的贯彻在适用时受到相当程度的限制。

关于投保人订约前的告知义务的性质在德日学理上曾有诸多理论。在德国保险法学说上，告知义务一直被认为属于投保人在保险合同上所负有的不真正义务的一种。与此相关的理论争议在于不真正义务究竟可否被强制履行或因其违反而可以请求损失赔偿的真正义务，即"义务理论"说；还是仅为权利人主张自己法律上权利的要件，即"前提理论"说。此义务法律性质的争议同样也发生在对保险合同法中通知义务性质的争论上。不过这一争论似乎已经尘埃落定，德国通说认为这是不真正义务①，是投保人的对己义务，即使违反也仅产生自身权利减损的效果，不至于对合同相对人负任何责任。告知义务发生在订约前，属于投保人承担的先合同义务。因为投保人必须在要约时依照保险人的书面询问进行如实告知，之后保险人根据其告知估计危险、计算保险费并决定是否承保。但我国保险法学通说认为投保人订约前的如实告知义务和保险人的说明义务是一种先合同义务，且为真正义务，违反这些缔约义务不仅会导致合同被解除或相应条款无效，而且还需要承担缔约过失责任，赔偿因此给对方造成的损失。② 本书认为告知义务既非合同的主从给付义务，也非不真正义务，而是附随义务。

三、我国《保险法》违反告知义务的规定

（一）违反告知义务的客观构成要件

我国《保险法》有关告知义务的规定见于第 16 条第 1 款："订立保险合同，保险人就保险标的或者被保险人的有关情况提出询问的，投保人应当如实告知。"以下拟从这项规定之中，选出一些可能产生争议的部分，作为讨论的主题。

1. 告知义务人

告知义务人的主体原则上是投保人，因为他是订立保险合同时保险人的相对人，所以我国《保险法》第 16 条第 1 款即规定"订立保险合同，保险人就保险标的或者被保险人的有关情况提出询问的，投保人应当如实告知"。至于被保险人是否具有同样的义务，并无明文规定，所以在适用上将发生问题。这个问题在投保人和被保险人是同一人的情形下固然不会发生，但是在投保人和被保险人分属不同的人时将会产生重大的影响。因为在后一情形下，如果被保险人不负告知义务，保险人只能要

---

① 汪信君、廖世昌：《保险法理论与实务》（第 4 版），元照出版有限公司 2020 年版，第 32 页。
② 参见贾林青：《保险法》，中国人民大学出版社 2018 年版，第 117 页。

求投保人告知有关事项，并且只有在投保人故意或过失不履行如实告知义务时，才可主张因此而产生的效果。如果被保险人对于危险估计的有关事项有意违反第16条第2款的规定，保险人仍不得直接主张解除合同，除非依法条规定投保人有违反上述告知义务的事实。对此问题目前我国大部分学者并未加以讨论，只有少数学者在论及告知义务时认为，告知义务主体仅限于投保人，而不包括被保险人。原《保险法司法解释（二）》（征求意见稿）曾经将被保险人负有告知义务专门予以明确，但不知为何在正式稿中却被删除。本书认为，我国《保险法》第16条有关具体告知义务的规定应适用于被保险人，应无疑义。除当事人外，作为保险标的的被保险人或所有人对于标的的危险状况最了解，当然也应负告知义务。日本《保险法》第28条、第55条、第84条（基于告知义务违反解除权）均明确规定，投保人或被保险人因故意或重大过失就告知事项没有如实告知或予以不实告知的，保险人可以解除生命保险合同。因此在日本，损害保险、生命保险和疾病伤害定额保险中的投保人或被保险人均负有告知义务。但是我国如实告知义务人仅为投保人，不包括被保险人，因此日本立法例值得借鉴，况且我国《保险法》关于确定和控制危险的规定中，如有关保险事故发生后通知义务、资料提供义务，还有危险增加的通知义务等，义务履行主体都有被保险人，如实告知义务既属同类，被保险人当然负有依诚实信用原则将知悉事项告知保险人的义务。我国《保险法》第16条第2款至第4款条文是否有意漏列被保险人一词无从得知，重要的是，在被保险人（非投保人）违反如实告知义务时，是否直接或依类推解释的方式适用第16条则成疑问，根本的解决办法似乎在《保险法》修订时，将被保险人列入保险条款中，或者就有关投保人和被保险人不是同一人，而彼此的行为或知悉事项的告知在《保险法》上具有同等的评价时，订立所谓"被保险人视为投保人"条款，而无须在个别条款中再重复并列投保人和被保险人的用语。

2. 告知义务的相对人

投保人告知事项的领受人为保险人，但是如果保险人的代理人或业务员对有关事项进行书面询问，则投保人对之履行如实告知义务也产生效力。在人寿保险或健康保险中，保险人应指定体检医生检查被保险人的身体状况作为危险估计的参考。但体检医生的体检是否可以相对减轻或免除有关该体检项目的告知义务，我国《保险法》并没有规定。为平衡当事人权义关系，本书持肯定观点。理由在于这时法律上该体检医生就是保险人的代理人，被保险人或投保人是否违反告知义务应由该体检医生决定。投保人或被保险人固然应将自己所知悉的健康状况事项依诚信原则告知该医生，如果有故意或过失不履行如实告知义务的情形，保险人可以解除合同。但是关于人体的健康情形，并不是每个人本身都能尽知，所以常有投保人或被保险人已尽如实告知义务，而仍有和其所知事实不相符的情形。为杜绝此漏失，保险人可指定医生检查以发现事实，此后，医生所知即为保险人所知，医生依其专业应知或无法推诿不知也为保险人应知或无法推诿不知，同时投保人或被保险人对于这些事项也不再负告知义务。因此，保险人的检查医生对被保险人体检报告中，关于开刀的手术痕、肿瘤、肝脏等病状记载为"无异常"，体检结论为"合格"，即使被保险人曾患肝癌，未主动告知该医生，也属保险人所应知或无法推诿不知，保险人不得因此主张解除合同的效力。但是体检并不能完全替代投保人的如实告知，如由于投保人隐瞒肝癌病情，保险人开具的体检项目仅限于体表项目检查，未让投保人进行脏器类检查，因此根本无法检查一般人不易发觉的隐藏性疾病严重影响保险人危险估计，此时保险人仍然可主张解除合同。如果保险人进行了脏器类检查，则但凡体检医生通过化验检查可以发现的病症，即为保险人所知；如果体检医生因水平、经验不足对于检查的结果未能作出适当的判定，或因故意或过失而作出错误的判断，则属保险人应知，投保人或被保险人对之免除告知义务。故《保险法司法解释（三）》已经明确体检不能完全代替投保人的如实告知。

3. 义务的履行期

（1）保险合同订立时

依我国《保险法》第16条第1款"订立保险合同，保险人就保险标的或者被保险人的有关情况提出询问的，投保人应当如实告知"的规定可知，投保人或被保险人应在合同订立时履行告知义务。之所以规定"订立合同时"是为了区别如实告知义务的性质和保险合同成立后投保人或被保险人的告知义务。所谓"合同成立后"指保险人对投保人的要约作出承诺的意思表示且已发生效力，在判断上并不困难。困难的是何时订立合同？是投保人提出投保时，还是保险人作出承保意思表示前？解决此问题对于投保人和保险人的权利义务关系影响甚大，尤其投保和承保两行为不是同时成立更显其重要性，例如投保人提出投保而在回答保险人的书面询问时将其所知悉事项告知保险人（没有故意或过失不履行如实告知义务的情况），而在送件后出单前才知悉有重要事项未告知保险人。那么保险人能否依第16条的规定解除合同？投保人能否主张其在提出投保时（即保险人的书面询问提出时）已履行如实告知义务，所以保险人不得解除合同？依第16条的立法理由而论，本条的意义及目的在于责令投保人提供信息以使保险人控制危险及估计保险费，所以在保险人作出最后决定

（承保）之前，投保人都应负担如实告知义务。据此，本条所谓的"订立合同时"应泛指保险人作出承保意思表示之前。这就是为什么学理上称我国《保险法》第16条所规定的是"合同成立前的告知义务"而和合同成立后的其他告知义务有所区别。

（2）保险合同订立后

保险合同成立后，至保险事故发生前，如果标的的危险状况改变，则应属于"危险增加通知义务"的范围，没有《保险法》第16条适用的余地。但是，要特别注意的是合同的效力中止之后再复效的，投保人是否仍需履行第16条所规定的如实告知义务？或合同期间届满之后再续约时是否也适用？或合同变更时，又如何？关于这些问题，保险法未明确规定，只能依靠法理来解释了。

①合同效力中止后复效时

保险合同效力中止，是指保险合同的关系形式上虽仍存在，未失效也未终止，但保险人和投保人双方不负对待给付义务的情形。我国《保险法》第36条第1款规定："合同约定分期支付保险费，投保人支付首期保险费后，除合同另有约定外，投保人……超过规定的期限六十日未支付当期保险费的，合同效力中止，或者由保险人按照合同约定的条件减少保险金额。"在中止期间，不仅保险人不负危险承担责任，投保人也不负保险费给付义务。所以学理上有将保险合同效力中止称为保险合同效力中断的观点。保险合同效力的中止，既非终止（向将来发生效力消灭的效果及溯及既往地消灭的效果），也不是失效，所以有其复效之时，正如我国《保险法》第37条第1款规定："合同效力依照本法第三十六条规定中止的，经保险人与投保人协商并达成协议，在投保人补交保险费后，合同效力恢复……"合同复效时投保人或被保险人是否负有告知义务取决于复效合同性质的认定，即复效合同究竟是签发新单还是原合同的继续。德国保险法学界认为，保险合同效力中止后复效，本质上仍属原合同效力的继续，而不是订立新合同，因此投保人无须再履行如实告知义务，保险人也不得再引用该条要求投保人重新履行告知义务，即使投保人不知抗辩而仍告知，如果有故意隐匿或过失遗漏等不实告知，保险人也不得主张解除合同。对此，德国保险学者全无争执，一致否定投保人在合同复效时的告知义务。但其他国家有学者和实务持相反的观点，认为告知时期除合同订立时外，合同复效时保险人也有确定危险的必要，自应包括在内。观诸美国绝大多数法院虽基于复效是原合同的继续而否定复效时自杀条款所定的自杀期间重新起算，但基于公共政策而认定复效时，不可抗争条款的抗争期间应重新起算。美国寿险保单也多规定复效时有告知义务①，日本寿险保单也有类似条款②。

②续约时

保险合同的续约是指保险合同的保险期间届满后，当事人为使原保险合同的效力不终止，约定使合同效力继续的情况。保险合同的续约和保险合同效力中止后恢复效力的性质不同。前者原合同的保险关系因期间届满而终止消灭；后者保险关系形式上并不消灭，只是其效力暂时中断而已。前者本质上属于两个合同，后者则通说认为一般同属一个合同。保险合同效力中止后恢复效力时，投保人无须自负如实告知义务，已如前述，因为本属同一合同。在保险合同续约的情况下，其本质原属两个合同，续约在法律上的意义为再订约，所以投保人本应负如实告知义务，但是若该合同的续约基于双方当事人在原合同内所订"自动续约条款"，显然表示双方当事人有意以原合同的内容不加改变而继续其效力，保险人接受投保人在原合同订立时的告知事项，所以投保人也无须再履行如实告知义务。此外，若合同内并无"自动续约条款"，而在期间届满时或以前以订约方式延长该合同的效力的情形也是一样的。只有在原合同因期间届满而丧失效力后，当事人在隔一段期间后以原合同为内容而续约时，属真正的新合同订立，投保人有必要重新履行如实告知义务。

③合同内容变更时

保险合同内容的变更是指保险关系依双方当事人的同意而变更。就形式上来说，保险合同变更并不属原合同的订立，但若改变的内容对保险人的危险估计有影响时，则对我国《保险法》第16条而言，视为新合同的订立，投保人负有重新履行如实告知的义务，例如增加保险标的或保险灾害。至于不影响原合同对价平衡的，则不属于新合同成立，如提高医疗给付，或增加保险人的责任等情形。

4. 履行的方式

我国《保险法》第16条第1款只规定了投保人对保险人的询问应如实告知，至于保险人的询问采取哪种形式（书面、口头或其他方式），未作规定。另外投保人或被保险人的说明或告知是否须采取书面形式，甚至口头告知也可，也无明文规定。依通说，投保人除了以书面方式外，也可以口头方式履行其如实告知义务，因为重点只在于保险人是否已知悉所需的资料，方式如何可不予重视。但如果投保人主张对所询问事项已口头说明或告知，则需负举证的责任。对于投保时的保险人的询问

---

① ［美］约翰·F. 道兵：《美国保险法》（第4版），梁鹏译，法律出版社2008年版，第42页。
② 参见日本新种特别养老保险普通保险约款，特别养老保险普通保险约款（1992年3月27日改正）第17条。

方式，一直有询问告知主义和无限告知主义的区分。询问告知义务与无限告知义务相比，询问告知义务对投保人比较有利：（1）保险人的询问往往根据以往的经验，保险人没有询问到的问题，投保人不告知不构成告知义务的违反。（2）投保人的告知以其所知为限，据其所知回答保险人的询问即为履行了告知义务。即使事后证明他的回答与事实不符，也不构成违反告知义务。目前，很多国家的保险立法采用询问回答告知的形式。我国的保险立法也一样。根据《保险法》第 16 条规定，保险人可以就保险标的或者被保险人的有关情况提出询问，投保人应当如实告知。这是对投保人在合同订立时履行告知义务的形式要求。

5. 义务的内容

（1）重大事项。投保人或被保险人对保险人所提的询问有隐匿、遗漏等不实告知的情况，保险人并不是当然即可解除合同，而须视其所未告知或说明不实的事实是否为重要事项而定。所谓重要事项，概括而言即我国《保险法》第 16 条第 2 款所规定的"足以影响保险人决定是否同意承保或者提高保险费率"，因此，投保人或被保险人如实告知义务的内容为须将上述情况据实告知保险人。各国立法例大致与此相同。英国《2015 年保险法》第 17 条第 3 项规定："凡是以影响谨慎的保险人（Aprudent Insurer）决定保险费率的事项或影响估计危险的事项（Infixing the Premium or Determining Whetherhe Will Take the Risk）均为重要事项。"第 4 项规定了可能成为重要事项的例子：（a）与风险有关的特殊的、不寻常的事实；（b）促使被保险人对该风险寻求保险的特殊情况；（c）任何与某一特定类型保险或某一类行为所涉及问题相关的，并被一般性地认为应在公开陈述风险时提及的情况。[①] 瑞士《保险合同法》第 4 条第 2 项规定："在合同缔结时，投保人就其所知有影响危险承受性质的事情，应当正确地告知保险人。"德国《保险合同法》第 16 条第 1 项规定："投保人在合同缔结时，就其所知的所有危险承受的重要事情须告知保险人。"日本《保险法》第 28 条第 1 项规定："（基于告知义务违反的解除）投保人或被保险人因故意或重大过失就告知事项没有如实告知或予以不实告知的，保险人可以解除损害保险契约。"至于何种事实才具有重要性，我国《保险法》第 16 条也没有明确规定，解释上应与上述规定相同，即保险人进行危险估计的有力事实，如果其知悉真相，就会拒保或不以该条件投保。至于这类重要事项范围如何，又依其保险种类不同而异。如企业财

---

① 王翰培、任自力译：《英国 2015 年保险法》，载尹田主编：《保险法前沿》（第三辑），知识产权出版社 2015 年版，第 232 页。

产保险，建筑物处所本身的质料、周围的环境、用途等，船舶保险中则涉及船舶的性能与特殊构造、船级及船龄、国籍、存在于船长的特定事实、发舶，日期等。本书认为不能依告知义务人或保险人的主观意思决定，须根据事实的性质，综合各种情况进行客观公正的考察。假如该事实足以影响保险人承受危险的决定时即为重要事实，而义务人主观上认为不重要，在询问时未作出告知，也构成告知义务的违反。对于有关事项的未告知或告知不实，保险人需证明其重要性。假如发生争执时应当由法院根据危险的性质加以判断。如果保险人对此问题已经以书面形式标明（如加入投保单所附询问表），就可以视为重要事项；反之，如果保险人只概括地在书面上询问"是否有其他疾病"或类似的文句，虽然该问题表面上已经"书面标明"，投保人对之是否有违反如实告知义务的情形，仍须由其所未告知或不如实告知的事实是否为重要事项而定。例如：一只眼睛即使不正常，也并不妨碍生活，很难认定其为足以变更或减少保险公司对于危险的估计的重要事项，保险人不可以投保人未告知实情而解除合同。我国《保险法司法解释（二）》第 6 条规定："投保人的告知义务限于保险人询问的范围和内容。当事人对询问范围及内容有争议的，保险人负举证责任。保险人以投保人违反了对投保单询问表中所列概括性条款的如实告知义务为由请求解除合同的，人民法院不予支持。但该概括性条款有具体内容的除外。"

（2）书面询问事项。其一，投保人如实告知义务范围的重要事项为"重大事项"，已如前述，但何谓"重大事项"难以判断。尤其对投保人而言，身为"外行人"，如何善尽诚信原则，倾其所知，无所不言，实在比登天还难，因此立法技术的演进即由"自动申告主义"① 转为"书面询问主义"，以限制投保人的告知义务范围。其二，关于投保人所告知或说明的事项，为避免将来举证的麻烦，也有必要采取书面方式。其三，投保人的告知范围以重大事项为限，哪个为重大事项只有保险专家知道，故保险监督管理部门信赖保险人的专业知识及诚信原则，授权其制定询问内容，作为重大事项的推定依据。

由此可知，我国《保险法》第 16 条第 1 款规定的"订立保险合同，保险人就保险标的或者被保险人的有关情况提出询问的，投保人应当如实告知"，其立法宗旨不仅在于避免当事人之间的举证困难，而且另有限制投保人告知义务的范围，及重要事项推定的含义。这可由同条第 2 款规定的"投保人故意或者因重大过失未履行前款规定的如实告知义务，足以影响保险人决定是否同意承保或者提高保险费率的……"前

---

① 德国 1939 年以前即采用自动申告主义。

后相互呼应可知。而本条第 1 款虽未在文中规定书面询问事项推定为重要事项的文字，但此由前后条文对照及保险法理"对价平衡原则"也可推知，不待明文规定。否则任意由保险人以书面询问方式提出种种无关的琐事，对投保人严加考试，作为试验投保人善意与否的试金石，并同时测验其记忆力作为承保的根据，恐怕不是保险监督管理部门的初衷。而且，关于"重大事项"的推定，投保人固然可以举证推翻，但如法谚所云"举证之所在，败诉之所归"；加之保险专业人才济济，为使法官信服其书面询问的内容都属于"重大事项"岂非易如反掌？由此来看，对保险人的保护可谓周全。

（3）投保人或被保险人知悉或应知事项。如实告知义务的内容除必须是重要事项之外，还必须是投保人或被保险人所明知、应知或不能诿为不知，学理上称之为知悉及应知事项。至于是否为应知悉事项须依投保人或被保险人的地位环境、所处状况判断。保险法上的违反如实告知义务解除权，不以纯客观上是否具有当事人未告知保险人的事实为要件，而只限于其所知悉或应知悉的范围。如果责令投保人或被保险人对于其所不知或无法得知但事实上确实存在的事实，也须向保险人作出告知或说明，虽然符合保险对价平衡的原则，但也不能要求其为"无所不知的专家"，事实上也做不到，并且违反私法上不处罚"善意"的原则。另外，也不可将解除权的发生只适用于纯主观的当事人"明知"的情形，否则投保人或被保险人几乎都可以之为借口免予被解约的后果，尤其是否明知，除非投保人或被保险人承认，否则在举证上将很困难。因此除了"明知"事项之外，如果依一般人的常识就投保人或被保险人的地位及其他相关环境属于应知悉，也应负告知的义务，这才符合保险合同"最大善意"的原则。

（4）保险人所不知的事项。保险人所知或所应知的事实不属于投保人如实告知义务的范围。我国《保险法》第 16 条的最终目的在于避免保险人因投保人的不告知或不如实告知而影响危险估计的正确性，保险人的危险估计除了可能因投保人对于重大事项因故意或过失而不履行如实告知义务外，仍须视保险人本身对该事项是否知道或者应当知道而定。保险人明知的，即不会产生错估危险的情形；若仍错估，则应由保险人自己承担后果，和投保人无关。保险人应当知道的，也免除投保人告知义务。例如某投保人曾经肝癌住院治疗发生人寿保险单附加的一份医疗健康保险单项下的赔付，保险人赔付了附加险的医疗费，但保险人未及时解除主险的人寿保险单，不久病人因病身故。保险人以投保人未如实告知肝硬化、乙肝的事实主张主险拒赔但未获得法院支持，原因在于保险人对投保人做出附加险理赔，视为保险人已经知悉投保人以往病史，当时未及时解除投保人名下其他人身保险，事后主险理赔时不得再以投保人违反如实告知义务而解除合同。此外，保险人基于合同相对人的地位，关于合同的缔结也应负有一般人应具有的注意义务，这是所有合同行为的共通原理。投保人对于应如实告知的事实不仅限于其所知悉，其应知悉但因过失而不知悉，也属告知义务的范围，保险人也应负同样对等的责任。因此，保险人所知或应知（即无法诿为不知）的，投保人对之即使有隐匿、遗漏或不如实告知的情形，保险人也不得主张解除合同。日本《保险法》第 28 条（基于告知义务违反的解除）第 2 款规定："虽有前款的规定，但保险人在下列情形下依然不能解除损害保险契约。1. 损害保险契约缔结时，保险人知道前款之事实，或者因过失未能知道的。2. 可以为保险人提供缔结保险契约之媒介行为者（可以为保险人代理缔结保险契约之人除外。以下称之为'保险媒介人'），妨碍投保人或保险人告知前款事实的。3. 保险媒介人劝诱投保人或被保险人不告知或不如实告知前款事项的。"德国《保险合同法》第 19 条第 5 款（告知义务）也明文将保险人所知或所应知的事实排除在投保人应尽告知义务范围之外。①

（二）违反告知义务的后果

1. 解除权的产生

根据我国《保险法》第 16 条的规定，违反告知义务时，保险合同并不当然无效，保险人也不当然免除支付保险金的义务，法律仅赋予保险人合同解除权。违反告知义务的法律效果，各国立法例并不一致，主要有两种观点：

（1）无效主义。该观点认为告知义务为保险合同的成立要素，故告知义务人违反告知义务时，保险合同自始归于无效。采此主义的法国《保险合同法》第 2 条第 1 项上段规定："因投保人的故意隐匿或虚伪告知时，假如其行为足以变更或减少保险人对于危险的评价者，保险合同无效。"日本改正前的《商法典》第 398 条及第 429 条均规定："保险合同缔结时，因投保人（或被保险人）的恶意或重大过失，不告知重要事实或就重要事项为不实告知，其合同无效。"

（2）解约主义。该观点认为违反告知义务时，保险合同并非当然无效，仅认为一定期间内保险人有解除合同的权利，使产生与无效同一的结果。近年多数立法例

---

① 德国《保险合同法》第 19 条第 5 款规定："只有保险人在单独的书面文件中向投保人说明不履行如实告知义务的法律后果时，保险人才可以享有第 2 款至第 4 款规定的权利。如果保险人已经知晓投保人未告知的风险事实或投保人未如实告知的重要事项，则保险人不能行使上述权利。"

均采此主义，如德国《保险合同法》第 19 条第 2 项规定："违反前项规定而不告知重要事实时，保险人可以解除合同。"英国 2015 年《保险法》附录第一部分第 2 款规定："如果违反公平陈述义务的行为是故意或重大过失的，则保险人（a）可以解除合同并可拒绝全部索赔；且（b）无须退还任何已经收取的保险费。"第 6 款规定："如果保险人在未出现就保险资格问题违法时仍会签订合同，但会要求更高的保险费，则保险人可以按照比例降低一项索赔的赔偿额。该比例＝实际支付的保险费/更高的保险费×100％。"[①] 日本《保险法》第 28 条第 1 款规定："保险合同缔结时，因投保人（或被保险人）的恶意或重大过失，不告知重要事实或就重要事实为不实告知，保险人可以解除合同。"我国《保险法》第 16 条的规定也属于这类情况，不过对于投保人年龄的误告采取比例赔付主义。[②]

在同一保险合同中，因个别事实而违反告知义务时，保险人可就个别的理由解除合同，各解除权与其他解除权相互独立，假如因一解除权消灭，还可以行使另一解除权。例如被保险人在保险合同缔结时患有肝炎、肝硬化，而其父亲因肝癌死亡，这两个事实与保险人对被保险人生命危险的估计均有重要关系；被保险人假如因故意或重大过失而就此两者中之一未告知保险人时，保险人就可以解除合同；而被保险人在订约时虽隐瞒其患有肝炎、肝硬化的事实，但保险人的体检医生若以普通医生应有的注意检查被保险人的身体，不待本人告知，也能发现其疾病，故此种体检医生的重大过失，不能说是被保险人的重大过失，从而保险人不得以被保险人因故意或重大过失隐瞒此事实为理由，解除保险合同。又假如就集合之物总括保险，在保险标的物的一部分违反告知义务时，保险人是否可以解除全部合同？我国《保险法》对此并无明文规定。但德国《保险合同法》第 30 条第 1 项规定："保险人依本节规定而解除合同时，可以就保险标的物的一部分为之；至于其他部分，以保险人对该部分以同一条件也不会缔结合同为限，才有解约权。"对此问题，似可作同一的解释，即依保险人的意思，除去该违反义务的一部分，是否欲使合同继续存在而定。

[①]　王翰培、任自力译：《英国 2015 年保险法》，载尹田主编：《保险法前沿》（第三辑），知识产权出版社 2015 年版，第 241 页。

[②]　年龄实际也是投保人应当履行如实告知义务的重要内容，但是不同于《保险法》第 16 条关于违反如实告知义务后果的规定，在年龄不实导致投保人短交保险费的情况下，我国《保险法》第 32 条专门规定了不同的保险人救济手段，对于投保人、保险人而言有补交保险费或者比例赔付的选择权。我国《保险法》仅规定年龄误报、重复保险和超额保险时保险人有权按照比例赔付的三种情形。该条第 2 款规定投保人在违反年龄告知的附随义务时保险人有比例赔付的权利。投保人多交保险费时，保险人只承担返还多收保险费的义务。

2. 解除权的行使

（1）解除权人及相对人

因告知义务人违反告知义务，而行使解除权的人，当然应为保险人。保险合同的当事人为保险人与投保人，保险人应向投保人行使合同解除权。但需注意下列几点：第一，投保人有数人时，解除的意思表示以向其全体作出为原则，但在保险合同中假如订有"投保人有数人时，应推定一个代表人，该人代表其他投保人；如无推定代表人或代表人处所不明时，保险人对投保人中一人的行为，其效力及于他人"的条款，解除的意思表示仅对投保人的代表人作出即可，若未推定代表人或该代表人处所不明时，对投保人中的任意一人作出即可。第二，投保人死亡时，因保险合同仍为继承人的利益而存在，故解除的意思表示可以对其继承人作出；假如继承人有数人，需要向其全体作出。无继承人时，保险人可以请求被继承人的遗产管理人作出解除的意思表示。假如对保险金受益人或被保险人作出解除的意思表示，当然不会产生解除的效力，保险金受益人仅享受领取保险金额权利的利益，因为他与被保险人均为保险合同当事人以外的第三人。但假如在保险合同的基本条款中有"因投保人或其所在地不明，或因其他正当理由，无法向投保人作出解除的意思表示，可以向被保险人或保险金受益人作出解除的意思表示"，则解释上认为该被保险人或保险金受益人有受领解除意思表示的代理权。就我国寿险实务而言，解除权应向相对人行使，但投保人如在保险事故发生前或发生后死亡，解除权的行使即产生问题。因此，应在保险条款中增订如下内容：合同解除及加收保险费请求权，应向投保人行使，但投保人死亡的，可向合同继受人或受益人行使。第三，保险人假如不知相对人的住所，可以公告送达方式作为意思表示的通知，但以其不知相对人的住所非因其自己的过失为限。第四，人民法院宣告投保人破产时，投保人向破产管理人作出解除保险合同的意思表示。第五，在财产保险中，假如保险标的物所有权让与他人，因保险合同仍为受让人利益而存在，故保险人应向受让人行使解除权。

（2）解除的方式

解除权是形成权的一种，即因当事人一方的意思表示，使既已成立的法律关系发生溯及消灭的效果，但该意思表示无须他方承诺。《保险法》没有规定保险人行使因违反告知义务所产生的解除权的方式，解释上可以适用民法有关的规定，即不问口头或书面，明示或默示均可。但通常都以书面方式通知，该通知到达相对人时，才发生效力。至于投保人是否知悉其内容，则在所不问。解除的意思表示必须明确，不许附加条件，且须明示解除权发生原因的具体事实，使相对人可以提出抗辩的事实，维护自己的利益。

（3）解除的期间

因违反告知义务所产生的解除权，在保险合同成立的同时即已发生，不论保险人的保险责任是否已经开始。此项解除权不限于保险事故发生前才能行使，在保险事故发生后也可以行使。保险人多在保险事故发生后，才发现有违反的事实，此时即有解除的必要。但为使法律关系早日确定，《保险法》一般规定解除权的除斥期间。

至于违反告知义务的事实，在保险事故发生前已经消灭的，保险人是否仍然可以行使解除权，法律没有明确规定，值得研究。瑞士《保险合同法》第 8 条第 1 项规定："告知义务人所隐匿或告知不实的事实，假如在保险事故发生前消灭的，保险人即不得再主张保险合同解除权。"故在此一问题的解释上，可以借鉴。

关于投保人和被保险人违反告知义务时保险人解除权的行使，我国 1995 年《保险法》是没有除斥期间规定的。国内众多学者早就建议应该增订自保险人知悉投保人的不如实告知之日起，向后计算一定的时间作为行使解除权的期限。告知义务违反的效果是赋予保险人合同解除权，但该解除权应适当加以限制，即增加解除权除斥期间的规定，如：除斥期间为书面询问之日起 2 年内或保险给付请求之日起 3 个月内。同时还应区分保险事故是否发生，否则会让投保人或受益人有可乘之机。[①] 我国《保险法》在 2009 年修订时在第 16 条第 3 款增加了除斥期间的规定（知悉可解除事由后的 30 日内或者自合同成立后的 2 年内）。德国《保险合同法》2008 年修订后将不如实告知义务的解除权除斥期间从原来的 2 年增加到 5 年，对于故意不履行的情形更是延长到 10 年。为平衡投保人和保险人之间的利益，我国现行法下基于违反告知义务的解除权的除斥期间也似有延长的必要。

3. 解除的效果

保险人行使合同解除权后，其法律效果如何？法律没有明文规定，在解释上应当适用民法的规定，使其发生溯及消火的效果，与自始未订约者一样。保险人、投保人一方未履行的，不再履行已履行的，互负恢复原状的义务。假如保险人在保险事故发生后解除合同，则无须给付保险金；已给付的，可以请求返还。投保人已缴纳的保险费，假如依此原则，也可以请求返还；但根据我国《保险法》第 16 条投保

---

① 保险事故发生在合同订立 2 年之内，但受益人等如故意拖延至合同订立 2 年后才提出理赔申请，待保险人发现有解除的原因时已超过 2 年的除斥期间，保险人因解除权已归于消灭，就会后悔。

人故意不履行如实告知义务而解除保险合同时，保险人无须返还其已收受的保险费，则在此情形下，其法律上的性质如何？学者中有人认为是投保人的损害赔偿，对保险人负担危险的报酬，也有人认为是法律对投保人所特设的制裁，本书认为最后一种观点比较妥当。

各国立法例对解除效果的规定不尽相同。德国《保险合同法》第 39 条规定："（1）如果在保险期间届满前终止保险合同，则保险人仅有权保有从合同生效至合同解除期间的那部分保险费。如果保险人依据本法第 19 条第 3 款（告知义务）解除合同或由于投保人故意不实陈述而导致合同无效，保险人有权保有从合同生效时起至撤销合同或宣告合同无效之日止的保险费。如果保险人依据本法第 37 条第 1 款（延期支付首期保险费）的规定解除合同，其可以要求投保人给予适当的费用补偿。"可见当违反如实告知义务解除合同时，保险人有请求给予保险费的权利，但不得超过现在进行中的保险时期，原则上，承认解除无溯及力，仅向将来发生效力，保险人不用返还已经经过的保险期间收取的风险保险费。

投保人违反如实告知义务依一般法理属于缔结合同时的过失，理由在于因其违反义务，致使合同的相对人（保险人）在订约时未能依实际存在的因素计算保险费。缔结合同时的过失产生的法律后果在民法上本来应该是相对人的损害赔偿请求权，这是一般原则；但《保险法》对此另有特别规定，赋予保险人解除合同的权利，且在保险事故发生后也是一样。另外，依一般原则解除合同后当事人有恢复原状的义务，即保险人本应将已收受的保险费返还给投保人，对此《保险法》第 16 条第 3 款和第 4 款视投保人不同的主观心理状态作出了不同的规定。即对于投保人故意不履行如实告知义务的，保险人对于保险合同解除前发生的保险事故，不承担赔偿或者给付保险金的责任，并不退还保险费（即保险人以前所收受的保险费仍然有效，没有必要返还）；投保人因重大过失未履行如实告知义务，对保险事故的发生有严重影响的，保险人对于保险合同解除前发生的保险事故，不承担赔偿或者给付保险金的责任，但可以退还保险费。由此来看，我国《保险法》对于因违反如实告知义务所规定的解除权，具有"溯及既往"的效力，使合同自始无效，而不用恢复原状。在重大过失的情况下才有返还保险费的情况。

如前所述，《保险法》第 16 条所规定的投保人如实告知义务并非真正的法律义务，而仅仅是附随义务而已。因此，违反此义务，保险人无法以诉讼方式强制请求其实际履行或赔偿损害，而仅能行使法律所赋予的特定权利（即合同解除权），使投保人负担因自己违反义务产生的不利后果。这种解除权的行使可就保险事故发生前和保险事故发生后分别加以讨论。

（1）保险事故发生前

保险合同在投保人提出投保申请书，保险人根据其内容核保后作出承保的意思表示之后，保险合同成立。在合同成立之后，若保险人发觉投保人有故意或过失违反如实告知义务的情形，即可行使合同解除权，使合同发生溯及自始消灭的效果。这种解除权属于保险法上的法定解除权，在保险人以意思表示向投保人作出时即生效。解除合同之后，其效果也分为两种，一种为惩罚恶性较大的故意不履行如实告知义务，规定"并不退还保险费"。但若有未收受保险费的情况，保险人仍然可以请求给付，以符合本条惩戒性规定的法意。此由德国《保险合同法》第40条第1项关于投保人违反应尽义务时保险费归属的规定，条文中不言"不退还保险费"，而规定"保险费仍应归属保险人"可知。但是不退还的金额应该仅限于保险人解除合同时同一年度的保险费。至于解除该年度以后的保险费（在多期保险费一次性趸交的情形下），由于保险人已不可能再承担所保的危险，因此仍然应该退还，否则对价平衡原则将遭到破坏。另一种是在过失不履行如实告知义务的情况下，规定保险费可以全部退还。对于保险事故发生前保险人行使解除权仅须考察投保人未告知事实是否为影响风险评估的重要事实即可，无须考察未告知事实与保险事故之间的因果关系，否则对无从预知事故灾害发生的保险人而言过于严苛。

（2）保险事故发生后

投保人有违反如实告知义务，自然不应享有保险合同本有的保险保障，故即使保险事故已经发生，保险人仍可以解除合同的方式，免除保险赔偿的责任。我国《保险法》第16条第4款"保险人对于保险合同解除前发生的保险事故，不承担赔偿或者给付保险金的责任"意即如此。

需讨论的是，如果投保人或被保险人故意隐匿或过失不如实告知的事项，虽然对整体危险的估计有重大影响，但对于已发生的保险事故并无影响，保险人是否也可以在保险事故发生后解除合同而免除给付保险赔偿义务？若投保人因故意或过失不履行如实告知义务的事项与保险事故的发生无关（即无因果关系），保险人是否能以解除合同方式免除保险理赔的责任，学说上仍有争议，各国立法例也不尽相同，以下介绍正反两说。

①因果关系说。此说主张，只有投保人未履行如实告知义务的事项和保险事故的发生之间具有因果关系，保险人才可以解除合同，不负保险赔偿责任。如果已经赔偿的，保险人可以请求返还。至于未如实告知事项和保险事故发生之间是否有因

果关系，需由投保人或被保险人证明。能证明彼此间没有因果关系的，保险人不可解除合同并应负理赔责任。①

②非因果关系说。此说和因果关系说的主张正好相反，认为投保人只要有违反如实告知义务的事实，不论其与保险事故的发生是否具有因果关系，保险人都可以据之解除合同，免负保险赔偿责任。此说又称危险估计说。因为其重点只在于投保人的违反如实告知义务可能影响保险人在订约时的危险估计，至于事后是否影响保险事故的发生不在讨论之列。法国及美国大多数州皆采此说。②

针对上述两说，本书认为，非因果关系说只论投保人是否违反如实告知义务的表面事实，而不论事实上是否影响保险事故的发生。其理论基础显然侧重于投保人的诚实信用，但"诚实信用原则"是我国《保险法》第16条的立法基本原则之一，同时应注意"对价平衡性"，这也是为什么投保人所应告知的范围以重大事项（即足以影响保险人的危险估计）为限。在保险事故发生前，投保人未将所知或所应知的事项如实告知，已违反"诚实信用原则"，若所涉及的事项属于重大事项而影响保险人的危险估计，又破坏"对价平衡原则"，保险人可以解除合同，并保留保险费收取的权利，可谓合情合理。至保险事故发生后，若投保人违反如实告知义务，和保险事故的发生并无关联，则"对该事故而言"对价平衡原则并未遭受破坏，故不应让保险人免除保险赔偿的责任。此种法理也可由我国《保险法》第52条的规定得知。《保险法》第52条第2款规定的宗旨为，危险增加本应依第52条第1款的规定通知保险人，否则应承担特定的不利法律效果，但若后来损害的发生不影响保险人的负担，投保人的通知义务可以免除，则保险人不得主张本可主张的法律后果。保险事故发生时保险人解除权未行使或危险增加对于保险事故的发生及保险人的给付范围没有影响，保险人仍须负给付的义务。其基本理论也是由"对价平衡原则"概念而来，和第16条相同。据此，因果关系说似乎较为合理。

从我国《保险法》第16条的规定来看，保险法对于违反告知义务是否需要因果关系介入的处理，因是否出于故意而有所不同：若出于故意，不论未知事项是否与保险事故的发生有因果关系，一律可由保险人解除保险合同；若出于重大过失，则

---

① 参见德国《保险合同法》第21条规定："保险人在保险事故发生后解除合同的，若告知义务的违反并不影响保险事故的发生或保险人应负责任的范围时，其给付义务仍不改变。"日本《商法典》第645条第2项但书规定："但经投保人证明危险的发生并非基于其告知或不告知的事实的，不在此限。"

② 法国《保险合同法》第21条第1款规定："投保人故意隐匿或者虚伪告知时，假如其行为足以变更或者减少保险人的危险评价，保险合同无效；虽此行为对于危险事故的发生并无影响，亦同。"

仅限于未告知事项与保险事故有因果关系时，保险人才能解除合同。原则上，投保人的主观心态必须出于重大过失，同时也一并将告知事项与事故发生之间的因果关系列入，保险人此时方可行使解除权，德国《保险合同法》第 19 条将故意和重大过失视为同等的主观恶性（可归责性），无论故意或重大过失均要求未告知事项与事故发生之间具有因果关系。我国《保险法》第 16 条这种针对主观恶意的大小分别对待的规定初看具有其合理性，但实际还是破坏了对价平衡原则而不甚可取。试想投保人故意未如实告知罹患重大疾病，后死于交通事故，疾病与交通事故并无因果关系，结果其所投保的意外伤害保险因故意未告知罹患重疾事实就拒赔意外死亡事故，显失合理性。① 但保险人在事故发生前基于投保人罹患重疾严重影响风险评估的事实即可解除合同，而无须强求因果关系。

我国《保险法》第 16 条用了两个"重大影响"，一个是决定如实告知的重大事实的范围，一个是决定根据未如实告知事实与保险事故发生是否具有因果关系来决定保险人是否有权解除合同。本书认为：未来《保险法》修正时应当明确以下三点：（1）投保人所未如实告知的事项，无论出于故意与否，必须是保险人在知悉后加收保险费才能承保或者拒保的，才属于应告知而未告知的重大事项。（2）在满足应告知而未告知事项后，还要看保险事故是否发生。如果事故发生，还要看该未如实告知事实与保险事故发生是否具有因果关系。只有具有因果关系，保险人才能解除合同。不论投保人系出于故意还是重大过失，都应当通过因果关系的介入来判断解除权行使的条件是否成就。（3）只有投保人故意不履行如实投保义务，保险人才能解除合同，同时免予承担全部保险责任。投保人基于重大过失违反如实告知这一附随义务时，保险人可以根据投保人的过错程度减少赔付的保险金，投保人应就其无重大过失的事实承担举证责任。重大过失不履行应当摒除原"全赔或全无"的原则而视不同过错程度比例给付。欧盟统一保险法运动中，欧盟法律委员会对保险告知义务违反后果多元化持肯定态度，并将成为现代各国保险法的改革趋势。② 欧盟各国保险法赋予保险人解除合同或者比例给付的选择权。1990 年法国修改《保险法》时引入比例原则，当投保人对重要事项有欺诈性不实告知时保险人有权解除合同，否则保险人只得请求按比例原则减少保险金给付数额。根据德国 2008 年《保险合同法》

① 德国《保险合同法》第 19 条对此将应告知事项之违反分为"可归责"及"不可归责"两种情形。若构成前者，保险人可解除合同；若构成后者，保险人只能依该法第 41 条第 1 项的规定主张加收保险费。

② 蔡大顺：《论重大过失行为之法律责任体系于保险法上的重构》，载《政治与法律》2016 年第 3 期。

第 24 条、第 26 条和第 28 条规定，投保人故意违反如实告知、危险增加通知等附随义务时，保险人不承担保险金赔付责任；若发生严重疏忽的违约行为，保险人有权减少与投保人或者被保险人过错严重程度相应的保险金额。所谓比例给付就是保险人发出解除合同通知之前灾害已发生，则保险金要根据约定的保险费和如果知道保险标的的真实情况将会实施的标准之间的差额比例给予减少。对于无过错的失实陈述，保险公司应当支付全额保险金；对于重大过失的不如实陈述，保险公司应当适用比例原则进行赔付；对于故意导致的失实陈述，保险公司可以解除合同或者拒赔。对投保人违反如实告知义务，保险人行使解除权必须满足以下条件：投保人具有故意或者重大过失的主观恶意；该违反告知行为与保险事故发生具有因果关系或者保险人知悉该真实情况就不会订立合同或者提高保险费。① 日本《保险法》在改革中历经激烈讨论后虽然未采纳该比例赔付模式，但日本保险业实践中保险合同的条款设计时却多采纳该种模式。

4. 解除权的阻却

投保人如果违反告知义务，保险人固然可以作出解除保险合同的意思表示，但有时因其有某种特定事由，而阻却其解除权的行使，这些事由通常为：

（1）弃权（Waiver）：指权利人对于某种权利或利益，任意地放弃或使之消灭的意思表示（the Voluntary Abandon Mentor Extinguish Ment by A Party of Some Right or Advantage）。投保人违反告知义务时，保险人为保护自己的利益，本可行使合同解除权；但若保险人明示或默示抛弃该权利后，事后不得再行使。此种弃权的意思，无须相对人作出承诺（Any New Consideration）即可发生效力。例如保险人知道解除的事项后，继续收取保险费；或在保险事故发生，保险人接受投保人损失的通知后，作出拒绝赔偿的表示，但该拒绝的内容，对于投保人违反告知义务一事，予以原谅；或保险人要求投保人提出损失的证明，或保险人知悉违反事实后，沉默或不采取任何行动，继续达一个月或其他法定期间等，即其适例。我国《保险法司法解释（二）》第 7 条规定："保险人在保险合同成立后知道或者应当知道投保人未履行如实告知义务，仍然收取保险费，又依照保险法第十六条第二款的规定主张解除合同的，人民法院不予支持。"

（2）禁止反言（Estoppel）：保险人已知或因过失而不知。是指当事人一方对于

---

① 王家骏：《我国〈保险法〉告知义务"全有全无模式"之批判与制度改革选择》，载《法律科学》（西北政法大学学报）2008 年第 1 期。

他方因信赖自己的行为而有所作为，致受损害或不利时，其事后对该行为不得提出否认的主张。英美保险法采用禁止反言原则，以限制保险人滥用解除或终止合同的权利；假如将此原则适用于违反告知义务所产生的解除权，则保险人对告知义务人在订约时应告知的事项，已知或因过失而不知者，保险人不得行使解除权。各国立法例对此规定不尽相同。德国《保险合同法》第 16 条第 3 项上段规定："保险人知悉该不如实告知的事实时，不得解除合同。"第 17 条第 2 项上段规定："保险人知悉该不实告知的事实时，不得解除合同。"保险人不得行使解除权，仅以保险人已知悉者为限。日本《保险法》第 28 条第 1 项但书也设有同样的规定："但保险人知悉该事实或因过失而不知时，不在此限。"即除保险人已知悉外，并及于因过失而不知。我国《保险法》对此并无明文规定，本书认为从诚实信用原则的衡平理念角度出发，在保险合同订立时，保险人对于违反告知义务的事实已知或依通常注意对该事实应知，或无法诿为不知（即因过失而不知），或声明不必告知者，即不得行使解除权。

至于如何判断保险人已知或因过失而不知的问题，保险人的辅助人，例如体检医生或业务员等已知或因过失而不知，是否视为保险人已知或因过失而不知的问题，值得研究。分述如下：

第一，保险人已知或因过失而不知。在何种情形下，才认为保险人对于违反告知义务事实已知或因过失而不知？这与解除权的行使有重要关系，须注意的情形如下：

①应在订立保险合同时决定保险人已知或因过失而不知。故该违反事实即使在申请投保时为保险人所不知，但若在承诺其申请而订立保险合同时知悉，保险人自不得行使解释权。至于该事实，本应为保险人所知，但因过失而不知也不得行使。

②保险人已知或因过失而不知的事实，是指告知义务人所隐匿、遗漏或不实告知的事实，而不以一般显著的事实或保险人业务上一般认为应知的事实为限。至于世间周知的事实，推定保险人知悉，例如报纸所揭露的著名事实，又如大家已周知的名人既往症等。

③所谓"因过失而不知"，是指保险人欠缺交易上必要的注意，对于应知事实未能知悉，假如能尽此注意，则可得知。但此"必要的注意"，并非指法律所要求注意义务的注意，而是指保险人在交易上为防止自己受到不利所应尽的注意。欠缺此种注意，即有过失，而不问其是重大过失或轻微过失。例如投保人是否曾向其他保险人投保而被拒保这一事实，在询问表中未载明，以致投保人遗漏未告知，使保险人不知该事实，就可解释为保险人的过失，保险人是知悉什么事情为危险估计上具有

重要性的专家，其就此重要事实制成询问表，告知义务人就保险人在表内询问的事项予以告知，即已尽告知义务；至于询问表中未涉及的事项，即使有重要性，也与义务人无关，其不利自当由保险人负责。假如投保人投保重疾险附加住院健康保险，投保人因肝癌住院治疗获得保险人住院补贴和医疗费给付，此时视为保险人知悉投保人罹患肝癌的事实，应该对投保人投保的所有其他重疾险进行风险评估，如果发现投保人带病投保就应当及时解除作为主险的重疾险，但是保险人未依此规定重新评估投保人的风险状况，待投保人因罹患肝癌申请重疾险主险理赔时，保险人无权拒赔，因为此时可认定其怠于尽交易上必要注意义务，构成过失。

【案例】韩龙梅等诉阳光人寿保险股份有限公司江苏分公司保险合同纠纷案[①]

裁判要旨：保险人或代理人代投保人激活"自助式保险卡"且未询问的，投保人无告知义务。

阳光人保网站上可查阅被保险人的职业分类表，在网上激活的过程中，被保险人职业栏如选择"营业用货车司机"，保险卡会因被拒绝承保而不能激活。但是，本案所涉保险卡系民兴代理公司内勤代为激活，激活过程中，民兴代理公司仅向其业务员宗芹询问而未询问投保人刘继，但宗芹并未询问过刘继的职业，使得刘继没有机会就其职业状况履行如实告知义务。因此，刘继并未违反投保人如实告知义务。

第二，保险人的辅助人已知或因过失而不知。因保险人知悉或因过失不知违反告知义务的事实，阻却解除权的行使；但体检医生、业务员等保险人的辅助人已知或因过失而不知，与保险人已知或因过失而不知，是否同视？

①体检医生已知或因过失而不知。境外判例及学说多数认为，视同保险人已知或因过失而不知。需注意的是，因为保险体检与普通体检的目的不同，其方法也不同，故在认定体检医生有无过失时，其检查方法也应加以考虑。普通检查是专以治疗病患为对象的诊疗行为，一般身体罹疾患者接受诊疗时，为早日痊愈，一般均自动告知其既往症及现在症，与医生密切合作，同时也可利用充分时间，在设备齐全的环境下，对病患实施各种检查试验从而推断病因；反之，保险体检，以保险统计基础审查被保险人的可保性，以估计被保险人生命危险的程度为目的，故被保险人往往采消极隐瞒的不合作态度，加之检查方法通常仅限于听诊、检查便尿、测量血压等体表检查方法，且在设备不全的环境下进行，因此认定体检医生的过失时，对于此种保险检查的特点也应斟酌。原则上体检不能代替告知，但保险人事先知道被

---

① 案例来源：《最高人民法院公报》2010年第5期。

保险人的体检结果，仍以投保人未就相关情况履行如实告知义务为由要求解除合同的，人民法院不予支持。

②保险代理人已知或因过失而不知。保险代理人的法律地位通常仅为保险人的代理人，具有受领告知和收受保险费等权限，从而保险代理人已知或因过失而不知，应视同保险人已知或因过失而不知。特别是免检投保的情况下，因无体检这一过程，投保人履行告知义务，通常就是对"健康声明书"的内容逐一翔实填写，此外就其他相关事项告知保险代理人，因保险代理人取代体检医生的角色而接受告知，故保险代理人的已知或因过失而不知，应视同保险人的已知或因过失而不知。

5. 解除权的消灭

解除权因除斥期间经过未行使而消灭。按照我国《保险法》第16条的规定，基于违反如实告知义务的保险合同解除权的除斥期间为"自保险人知道有解除事由之日起，超过三十日不行使而消灭。自合同成立之日起超过二年的，保险人不得解除合同"。此两年期间就是境外立法例中常见的"不可抗辩期间"。

6. 解除权的行使

我国《民法典》关于解除权行使的规定为有权解除的一方当事人单方通知即可，被通知人有异议的可以提交法院或者仲裁机构解决，即行使解除权应当事先通知对方。同样，保险人基于《保险法》第16条项下的拒赔前提也是必须先通知对方解除合同。我国《保险法司法解释（二）》第8条规定："保险人未行使合同解除权，直接以存在保险法第十六条第四款、第五款规定的情形为由拒绝赔偿的，人民法院不予支持。但当事人就拒绝赔偿事宜及保险合同存续另行达成一致的情况除外。"

【案例】何丽红诉中国人寿保险股份有限公司佛山市顺德支公司、中国人寿保险股份有限公司佛山分公司保险合同纠纷案①

裁判要旨：1. 基于保险合同的特殊性，合同双方当事人应当最大限度地诚实守信。投保人依法履行如实告知义务，即是最大限度诚实守信的一项重要内容。根据《保险法》的规定，投保人在订立保险合同前，应当如实回答保险人就保险标的或者被保险人的有关情况作出的询问，如实告知影响保险人对是否承保以及如何设定承保条件、承保费率作出正确决定的重要事项。对于投保人故意隐瞒事实，不履行如实告知义务的，或者因过失未履行如实告知义务，足以影响保险人决定是否同意承保或者提高保险费率的，保险人有权解除保险合同，并对于保险合同解除前发生的

———————
① 案例来源：《最高人民法院公报》2008年第8期。

保险事故不承担赔偿或者给付保险金的责任。

2. 如果保险人在明知投保人未履行如实告知义务的情况下，不是进一步要求投保人如实告知，而是仍与之订立保险合同，则应视为其主动放弃了抗辩权利，构成有法律约束力的弃权行为，故无权再以投保人违反如实告知义务为由解除保险合同，而应严格依照保险合同的约定承担保险责任。

第三节　危险增加时的通知义务

一、通知义务的法律性质

保险合同订立时，基于保险制度本身的"对价平衡"及最大诚实信用原则，《保险法》首先规定保险人的相对人如实告知义务，使保险人能充分获得估计危险、计算保险费基础的资料，并依此作出承保的意思表示之后，保险合同成立，双方的权利及义务即依合同的内容决定。但保险合同为继续性合同，即保险合同订立之后至合同内所约定的保险事故发生仍有一段时间，在此期间内如果有任何情况发生足以影响原对价关系的平衡，必须调整合同内容以符合公平正义，这也是情势变更原则之真谛所在。因此调整（变更）合同的内容，提供资料是首要的条件。

我国《保险法》第52条规定被保险人为通知义务人，理由何在？有人认为这时被保险人虽名义上只是保险关系人，但对有关标的的各种情况最熟悉，所以理所当然地由其负担告知或通知义务，况且第52条规定在"财产保险合同"一节中，所以如果有危险增加情况发生，通知义务人应只限于保险合同的当事人即被保险人而不及于其他人。该主张并不能令人信服。因为在保险法发达的国家（地区），投保人和被保险人的危险增加通知义务并不局限于财产保险领域，在人身保险中，投保人和被保险人也应负有危险增加的通知义务。依本书的见解，保险合同由投保人和保险人订立，投保人为保险合同的直接当事人，履行义务的主体应该是投保人，这在投保人和被保险人是同一人的情形下并无问题。但保险合同不乏为他人利益保险合同，即由投保人和保险人订立保险合同，以他人的保险利益或身体为保险标的，而自己负保险费给付义务，投保人的行为依保险法理的观点，和被保险人具有同等评价，则投保人视为被保险人。对此依各立法技术的不同，可以在各有关法条中并列投保人或被保险人，或在《保险法》中设所谓"被保险人视为投保人条款"，如德国。因此我国《保险法》将上述危险增加通知义务仅限于财产保险而不及于人身保险，属于立法章节上的疏忽，而且有关危险增加通知的义务，因在财产保险中也存在投保人和被保险人不一致的情况，在第三人利益合同中危险增加的通知义务，依其性质也应及于投保人。我国《保险法》第52条只列被保险人，应属待完善之处。

【案例】程春颖诉张涛、中国人民财产保险股份有限公司南京市分公司机动车交通事故责任纠纷案①

裁判要旨：在合同有效期内，保险标的的危险程度显著增加的，被保险人应当及时通知保险人，保险人可以增加保险费或者解除合同。被保险人未作通知，因保险标的危险程度显著增加而发生的保险事故，保险人不承担赔偿责任。以家庭自用名义投保的车辆从事网约车营运活动，显著增加了车辆的危险程度，被保险人应当及时通知保险公司。被保险人未作通知，因从事网约车营运发生的交通事故，保险公司可以在商业三者险范围内免赔。

二、通知义务的客观构成

（一）危险增加的意义

所谓危险增加，指作为保险合同基础的原危险状况改变为对保险人严重不利的状况。我国《保险法》第52条仅规定，当危险程度增加时，投保人、被保险人就必须履行他们的通知义务。这是否表示，只要一有危险增加的情况发生，义务人便须立刻告知保险人，而不论到底是何种危险？当然不是。参考《保险法司法解释（四）》和德国《保险合同法》规定的危险程度的增加，必须掌握"一个标准，三个特性"的规则。"一个标准"即判断保险标的危险程度是否显著增加，应以保险标的危险的增加程度"是否足以影响保险人决定是否同意承保或者提高保险费率"为标准。"三个特征"即判断保险标的危险程度是否显著增加应具体参考的三个因素，即增加的危险同时具有重要性、持续性、不可预见性三项要素才能成立。

1. 一个标准

根据《保险法司法解释（四）》第4条的规定，认定保险标的是否构成《保险法》第49条、第52条规定的"危险程度显著增加"时，应当综合考虑以下因素：（1）保险标的用途的改变。网约车、私家车载客，非营运家庭用车变为营运车，用途发生改变，例如专门以网约车载客为生的，一天中使用车辆频繁，当然可以认定

为危险程度增加。(2)保险标的使用范围的改变。有的保险合同中标明了使用范围，比如注明车辆行驶的范围是广东省内，如果车辆行驶到广东省外，就属于使用范围发生变化，危险程度增加。我们认为使用范围的变化应当与导致保险事故发生的近因相比较而言，如果近因不是使用范围变化，则保险公司不得以危险程度增加拒赔。(3)保险标的所处环境的变化。环境变化一般是由自然原因引起，属于客观因素，非主观原因。保险标的所处的环境是保险标的核保的重要因素，主要包括查明建筑物的主体结构及所使用的材料等，检验其所处的环境是工业区、商业区还是居民区，房屋是否属于高层建筑，周围是否通畅，消防车能否靠近；附近有无诸如易燃、易爆的危险源，救火水源如何以及与消防队的距离远近等。(4)保险标的因改装等原因引起的变化。常见的是车辆的改装和加装。保险车辆改装或加装由于其他原因导致保险车辆危险程度发生变化的，被保险人应当申请办理批改手续，否则保险公司可以危险程度增加为由拒赔。(5)保险标的使用人或者管理人的变化。保险标的使用人、管理人发生变化的，应当及时通知保险公司，未通知的发生保险事故，保险公司可以危险程度增加拒赔。(6)危险程度增加持续的时间。事故的发生一般都不是在短时间内，往往是持续的一段时间，持续时间短可能还有获得赔偿的机会，持续时间长可能认定为危险程度增加更确定些。(7)其他影响保险人决定是否继续承保或者提高保险费率的因素。

2. 重要性

保险合同订立后，虽然保险人所承保标的的危险状况变动了，但并不严重影响其对价平衡关系，不属于危险增加，对此投保人或被保险人没有通知的必要。危险状况的改变必须对保险人产生重要的影响。依据一般的观点或依据特定保险种类的性质对其是否具有重要性作出判断，假设在危险增加的情况下，任一保险人都会要求提高保险费或不愿再受原保险合同的约束。此见解也和我国《保险法》第16条有关违反如实告知义务的规定一样也必须是"足以影响保险人决定是否同意承保或者提高保险费率"。投保人或被保险人对"不具重要性的危险状况"的改变无须负通知义务。此外，我国《保险法》第52条规定"在合同有效期内，保险标的危险程度显著增加的，被保险人应当按照合同约定及时通知保险人"的立法宗旨是什么，未见学者讨论。依本书的见解，本条规定本意在于将"重要性"的认定问题通过当事人之间的约定解决。如上所述，不论保险合同内是否列举增加危险应通知的事项，投保人或被保险人在重要的危险情况改变后，都必须通知保险人，但其是否具有重要性应由保险人举证。现在如果当事人以明示约定的方式将危险增加应通知的事项规定在合同中，其是否真正具有重要性的问题似乎可不加讨论。因为投保人在订约时，已知什么是"危险增加通知事项"，且依自由意志愿意承担此义务，法律似乎无须再通过"是否具有重要性"的问题来特别保护。也就是说，如果保险合同内载有危险增加应通知的情形，投保人都必须在该情形发生后通知保险人，如违反此义务，就必须承担某种法律效果，不论其是否具有重要性；反之，保险人在依《保险法》规定不承担危险发生后的赔偿责任时须证明其重要性。但是不可忽略的是，并非所有的保险人所列应通知事项均会导致保险合同可被解除的后果。保险法上危险增加通知义务的法理基础在于情势变更原则，亦即仅在因情势变更致使合同双方当事人对价显然不平衡的情形下，才可以适用，若以"合同自由原则"欲排除"三性"判断标准的衡量无异于助长保险人的单方独断权。所以在此两原则相冲突的情况下，宁舍后者而取前者，以保障大众的利益。更何况保险合同为附合合同，有关内容都由保险人拟定，投保人或被保险人对之几乎没有商量的余地，因此如果将应通知事项完全由保险人决定，将使《保险法》丧失监督平衡双方权利、义务的性质。

3. 持续性

危险增加除了需具有重要性以致影响保险对价平衡的关系外，危险状况的改变必须具有持续性，即保险合同订立后，原危险状况因为特定情况发生而变换至另一个新的状况，且此新发生的状况必须继续不变地持续一段期间，否则如果原危险状况改变之后立即促使保险事故发生，则属于"保险事故发生的促成"，其效果依有关保险事故发生的规定而定，不是此所谓的危险增加。同理，如果危险状况只是一时的改变而后随即消失，又恢复原状，则不属危险增加。例如，在房屋火灾保险中，标的本为住房，后改变为储藏易燃物的场所，为危险增加；如果易燃物搬入之后即发生火灾，属于保险事故发生的问题；反之，只是暂时的寄存，一个月之后及时搬出，也未造成保险事故，不属于危险增加，投保人或被保险人对此无通知的义务。又如，在死亡保险中，本为航空公司地勤人员，转调为空勤人员，为危险增加；只是某日乘坐飞机因空难而死亡为保险事故发生；如果未发生空难，则两者都不是。

4. 不可预见性

除了重要性及持续性，危险增加必须具有危险状况改变的不可预见性。例如德国《保险合同法》第27条规定："非显著的危险增加不予考虑。依据情况可视为双方约定危险增加不影响保险合同的，也同。"即危险状况的改变须在订约当时未曾预料、未予估计，如果其危险状况已经计算在内，则不影响其对价平衡，所以不属于这里所谓的危险增加。例如，投保人寿保险，被保险人因疾病或年老死亡，其疾病或年老的发生为订约当时估计所及，不能以其在保险事故发生前患重病或年老而主张危险增加的效果。在判断危险状况改变是否具有不可预见性时，须衡量该保险的种类性质及其保险费计算的基础。如：渔船保险中保险费计算大概都以作业渔区为据，如果超越该保险渔区，则属危险增加，投保人或被保险人负有危险增加通知的义务。即保险标的危险的增加必须是当事人在订约之初未曾预料到，未在保险人估算危险之内的。例如当事人在保单中特别约定"本保单项下的保险车辆为非营运用车，若从事营运活动，出险后保险人不负赔偿责任"，表明当事人在订约时明确将投保车辆因营运性出险排除在保险人承保责任之外。如果某投保车辆在正常的非营运性使用过程中出险的，未超出保险人可以预见的范围，则其应承担责任。如将投保车辆借给他人出险，目的虽系办理私事，但属于对车辆的正常意义上的使用，并不超出当事人订约之初的预见范围，所以保险人应承担相应的保险责任。实际上，可预见的范围就是保险公司的保险责任，出险后可以获得赔偿，超过可预见的范围就是保险公司的免责范围，该解释实际上是支持了保险公司对危险程度增加拒赔的抗辩。我们认为哪些情形是危险程度显著增加，应当在保险合同中列明，并且向投保人明确说明。必须说明的是，关于危险增加的不可预见性曾有反对意见，认为事实上危险状况的改变是否可以预见不应是判断危险增加的要件之一，因为如果保险人虽预见某危险状况的改变，且由保险法上"保险标的危险程度增加时被保险人按照合同约定应当及时通知保险人"的规定可知，如果保险人未能预见危险增加的情形，如何将之预先规定在保险合同之内？此见解不无道理，但是本书认为，所谓"不可预见性"并不单指保险人对于危险状况改变是否会发生的预见性，而是基于保险费估计的观点，判断保险人在订约之际是否已预见这种危险状况可能发生而将之估计在承保范围之内。因此以不可预见性为保险法上危险增加的要件之一，并不妨碍我国《保险法》第52条第1款内容的妥当性。第52条规定的"危险"是针对保险合同签订时未曾预料、未予估计、足以影响保险人决定是否同意承保的事实。如果相关危险状况在保险合同订立前已经计算在内，则完全不影响对价平衡，自然也不适用危险增加通知义务。可见，安全维护义务针对"应当预见属于承保范围内的危险增加"，危险增加通知义务则特指"未能预见属于承保范围内的危险增加"。《保险法司法解释（四）》第4条第2款也采纳此观点，对于增加的危险属于保险合同订立时保险人预见或者应当预见属于承保范围的，不构成危险程度显著增加。

（二）危险增加的种类

我国《保险法》第52条第2款规定："被保险人未履行前款规定的通知义务的，

因保险标的的危险程度显著增加而发生的保险事故，保险人不承担赔偿保险金的责任。"未履行通知义务的法律效果，是保险人不负担损害赔偿责任。如此规定的目的应该是在惩罚未履行通知义务的义务人，使其不能享有请求保险金的权利。有疑问的是，是否所有符合上述要素的危险增加都应该一并适用这个规定？对于某些不履行通知义务的情况来说，这样的惩罚是否太重？以危险增加发生的形态来说，如果从"因谁而起"这个角度出发，危险增加依其成因可以分为主观的危险增加及客观的危险增加，区别的目的在于分别处以不同内容的义务及法律效果。

1. 主观的危险增加

所谓主观的危险增加，指危险增加是由于投保人或被保险人的行为所致。但在判断某危险状况的改变是否由投保人或被保险人的行为所致时，并不仅仅以该状况是否由其行为所致加以判断，必须由行为人主观上对于该状况的改变是否认知且是否有意使其发生而定。由于消极的不行为也属于行为方式之一，所以即使危险状况的改变不是投保人或被保险人基于有意识的行为产生，但投保人或被保险人已知悉且在法律或事实上可消除此状况时仍不作为，也属于消极的不作为方式促成危险增加。如他人将易燃物搬入屋内暂存，被保险人知悉，且依其情形也可以设法将其搬离，应为而不为，属于主观的危险增加。

2. 客观的危险增加

由上述主观的危险增加的意义可知，客观的危险增加指危险状况的改变不是由投保人或被保险人的行为所致，且投保人或被保险人知悉后，在法律或事实上也无法改变。

如此分类的主要理由在于区分投保人或被保险人的主观恶性，以便赋予不同的法律效果。因为从以上的叙述中，我们不难看出前者的可归责性明显大于后者，如果还是给予相同"保险人不承担赔偿责任"的法律后果，对于身不由己的投保人或被保险人来说，这样的处罚未免太苛刻。基于相同的理由，本书认为应对主观危险增加与客观危险增加加以区分，规定不同的法律后果。由于客观危险增加的可归责性低于主观危险增加的情形，保险人只能主张损害赔偿，不能同时主张解约。当出现主观危险增加的情形时，保险人可以主张解约。

上述内容我国《保险法》在立法时并未顾及，在适用上可能产生不公平的结果。本书建议，在日后修法之际，立法者应该针对上述主客观危险增加的区分，在法条中明文规定赋予不同的法律效果，以符合公平原则。

三、通知的方式

关于危险增加，因其影响了保险合同订立时的对价平衡关系，所以投保人或被保险人负有通知保险人的义务，但我国《保险法》并未规定通知的方式。

在民法上法律行为以方式自由为原则，但如果法律有特别规定或当事人有特别约定，就必须采取其规定或约定的方式，否则无效。关于危险增加通知的方式，《保险法》既然无特别规定，则属于不要式的法律行为。如果保险合同约定需采取书面方式，此约定似乎有拘束当事人的效力，这是就一般原则分析所得的结论。但保险合同规定危险增加的通知须采取书面方式，显然对被保险人不利，而《保险法》"未规定须采取书面方式"，是否可以视为强制规定，即为本问题的重点。如果是，那么保险合同的约定无效；如果不是，那么投保人或被保险人就必须遵循，否则就是违反应尽义务的规定。我国《保险法》并未列举哪些为强制规定。是否属于强制规定，依一般私法的原则，指法条内容有"应""不得"或法条内容虽未明示为强制规定，但依法理应属强制规定而言。至于所谓的法理，应当指《保险法》上基于保险制度的本质，及与保险合同的性质有关的内容，如"不当得利禁止""对价平衡""补偿损害""保险合同为最大善意合同"等。《保险法》第52条对于通知的方式既未规定应采取何种方式，也未禁止保险人"不得"以合同规定，且和《保险法》上的重要原则也没有冲突的地方，可以不将之作为强制规定。

依本书的见解，保险法上的强制规定应有两种。一种是绝对强制规定，这类规定保险合同的当事人不能以合同方式变更，否则无效，且不论其变更后是否对被保险人有利。例如保险利益的存在、重复保险、超额保险禁止的规定等。另一种是相对强制规定，这类规定原为投保人或被保险人所设，原则上也不能以合同方式变更。但是如果有利于被保险人或投保人的，不在此限。我国《保险法》第52条第1款即为相对强制规定。既然是相对强制规定，那么在解释何条规定属于相对强制规定时，就不能依一般私法上的原则加以判断，须以法条规定内容是否对投保人或被保险人较为有利为据。以这类规定为最低的合同内容标准，以符合保险法具有监督性质的本质及防止保险人以附合合同的方式剥夺投保大众的权益。因此我国《保险法》第52条未规定投保人或被保险人通知义务履行的方式，依民法的一般原则即须采取任何书面或口头方式，这是相对强制规定。如果保险人另以合同方式变更，强加严于保险法的通知义务则其约定应属无效。

四、危险增加通知义务违反的后果

（一）违反危险增加通知义务

德国2008年《保险合同法》第25—27条规定了禁止投保人实施增加承保风险

的行为，并将危险增加分为客观的危险增加和主观的危险增加。德国《保险合同法》第 23 条相当于我国《保险法》第 52 条危险增加通知义务。德国《保险合同法》第 24 条规定，如果投保人因一般过失违反不得实施增加承保危险的行为和及时通知义务或者非因投保人的客观原因导致的危险增加，保险人可以通知投保人并在 1 个月内终止保险合同。第 26 条规定，如果由于投保人故意违反不得实施增加承保危险行为和及时通知的义务，保险人可以拒绝承担保险责任。如果投保人系基于重大过失违反义务的情况下保险人可以根据投保人的过错程度相应地减少赔付金额①，即关于危险程度增加时保险人救济权利的规定。我国《保险法》第 52 条规定对于义务人未尽到危险增加的通知义务时，保险法赋予保险人选择权，要么提高保险费，要么解除合同。有学者认为保险法关于保险人危险增加解除合同的权利限制过于原则，需要对解除权行使条件加以明确限制。② 如果保险人来不及解除合同保险事故就发生了，保险人对保险事故是否承担保险责任呢？《保险法》第 52 条规定因保险标的的危险程度显著增加而导致的保险事故，被保险人未履行通知义务的，保险人不承担赔偿责任。可见我国《保险法》第 52 条规定可以免除保险人赔付责任，但《保险法》该项规定未考虑投保人的主观心理状态以及可能导致危险增加的其他客观原因，也没有分析投保人未履行安全维护义务（行为）和危险增加（结果）是否存在必然因果关系，而是简单地根据危险增加（客观现象）与事故发生（后果）两个事实就得出保险人免赔的结论甚为不妥。因此有学者主张保险人仍然需要视投保人主观情况、保险事故是否发生、因果关系存在与否以及除斥期间是否经过四要素来决定保险人是否应当承担保险责任。首先，只有在投保人因故意或者重大过失未尽到安全维护义务导致危险增加并且未及时通知保险人时保险人才免责，对于投保人无过失或者非因投保人的客观原因导致危险增加的情形下，保险人仍应当承担保险赔付责任。投保人存在严重过失时适用比例赔付原则，按照应收保险费与实缴保险费的比例支付保险金。其次，在危险增加后、保险事故发生前保险人可以选择不解除合同而要求增加保险费或将增加的风险列为除外责任（参考德国《保险合同法》第 25 条）。依该条，如果承保风险增加导致额外增加 10% 的保费或将新增风险列为除外责任，投保人可以退保。依据同法第 24 条，保险人也可以直接不经事先通知而终止合同，但在发现或获悉危险增加事实后 1 个月未终止的除外。再次，若保险事故发生后，

---

① 参见孙宏涛：《德国保险合同法》，中国法制出版社 2012 年版，第 60 页。

② 参见张力毅：《被保险人危险增加通知义务司法适用之检讨》，载《政治与法律》2019 年第 6 期。

保险人拒赔的前提则要视投保人擅自实施危险增加行为是否导致保险事故的发生。《德国保险合同法》第26条第3款规定："在下列情形下，保险人仍应承担保险责任：1. 承担的危险并非保险事故发生的原因；2. 事故发生后，保险人终止权除斥期间已届满，但保险人并未终止合同。"可见保险事故发生后保险人如欲以危险增加为由拒赔须额外增加因果关系之限制。最后，基于违反危险增加通知义务而产生的解除权的除斥期间，德国《保险合同法》第26条第3款规定了1个月的除斥期间，而我国《保险法》并未明文规定，该解除权如果没有期限限制，就会明显不公，属于立法漏洞。

（二）保险标的转让导致危险增加的通知义务

我国《保险法》第49条规定，因保险标的转让导致危险程度显著增加的，保险人自收到前款规定的通知之日起30日内，可以按照合同约定增加保险费或者解除合同。对于被保险人、受让人未履行前述通知义务的，因转让导致保险标的危险程度显著增加而发生的保险事故，保险人不承担赔偿保险金的责任。这种规定同样未考虑投保人的主观心理状态，而是简单根据客观行为与结果两个孤立的事实得出保险人免赔的结论。因此本书主张保险人仍然需要视投保人主观恶意程度、保险事故是否发生、若保险事故已发生则因果关系存在与否以及保险事故发生时保险人行使解除权除斥期间是否届满而分别对待。

第四节　保险标的的安全维护义务

一、维护安全的意义

我国《保险法》第51条规定被保险人应当遵守国家有关消防、安全、生产操作、劳动保护等方面的规定，维护保险标的的安全。对投保人违反安全维护义务的，保险人只能要求增加保险费或者解除合同。《保险法》第51条所涉安全维护义务本身具有一定的抽象性和原则性，实务中保险人通常将其与第52条（保险标的危险程度显著增加条款）结合提出抗辩，法院大多数也会在司法裁判中引入危险程度增加的问题。然而，司法实践中对于二者之间的逻辑关系存在明显分歧。有法院认为，第51条第3款、第52条应当同时适用，内在逻辑是被保险人违反安全维护义务，势必导致保险标的的危险显著增加，二者之间存在必然的因果关系。也有法院认为，被保险人在维护保险标的的安全的过程中虽然存在瑕疵，但不能据此认定涉案保险事故属于被保险人未履行安全义务而导致责任事故,更不能据此推断保险标的的危险程度必然增加。被保险人违反安全维护义务,是否必然导致危险程度显著增加尚存疑问。若是,则被保险人应根据第 52 条的规定及时通知保险人。那么法院应根据第 51 条还是第 52 条进行审理呢?根据第 51 条第 3 款的规定,保险人只能要求增加保险费或解除合同;然而,根据第 52 条第 2 款的规定,保险人可以不承担赔偿责任。二者的法律后果存在巨大差异。

事实上,安全维护义务与危险增加通知义务在功能上存在明显差异。首先,违反安全维护义务与危险程度显著增加并不存在逻辑必然性。遵守安全维护义务也可能导致保险标的危险增加(以家庭自用名义投保的车辆从事网约车运营),同理,违反安全维护义务也未必导致危险显著增加(在消防通道短暂堆放易燃物)。其次,从立法价值上考量,第 51 条针对的是"事前"风险控制,即强调对于保险标的的未来可能发生的风险的主动控制,是规范被保险人避免放任保险标的安全而发生损害结果或不得擅自从事增加标的承保危险行为的持续性义务,暗含保险人对危险的控制意愿,属于主动风险管控技术。然而,第 52 条重点规制的是"事后"风险变动,在保险标的的危险显著增加时要求被保险人履行通知义务,其并不包含对风险本身的控制,属于被动型风险管理。最后,就构成要件而言,二者的构建遵循的是完全不同的逻辑。第 51 条的实质在于保险人出于对应当预见承保范围内的风险,以增加保费或解除合同为威胁,激励被保险人采取措施防范危险状况的发生,达到风险的事前规制目的;而第 52 条是对不可预见的风险的防范,以保险人拒赔为威慑,敦促或迫使被保险人在危险增加(原因可能有多种)时及时通知,达到风险后规制目的。综上,被保险人安全维护义务与危险增加通知义务并非"一体两面"的关系,二者的适用也遵循不同逻辑。这也就不难理解有学者认为的"关于两个条款之间的定位,立法规定已经很明晰,至于解释适用上的协调问题,不应再由立法介入"的观点。[1]

二、义务违反的后果

本书认为,如果投保人违反安全维护的附随义务,保险人根据其主观心理状态或增加保险费或解除合同。如果投保人故意违反安全维护义务,则保险人有权解除合同、免于承担保险责任;如果投保人出于重大过失违反该附随义务,则保险人有

---

[1] 参见陈明之:《被保险人安全维护义务的规则重塑——以〈保险法〉第五十一条为中心》,载《保险理论与实践》2022 年第 6 期。

权根据投保人的过错程度减少给付的保险金数额，投保人应就无重大过失的事实承担举证责任。我国《保险法》第51条不区分投保人主观状态和因果关系判断而赋予保险人合同解除权的规定并不可取。本书赞同对被保险人违反标的安全维护义务造成保险事故发生的解除权或者全部拒赔权给予一定条件的严格限制，符合特定情形保险人仍应为比例酌减给付，不得一律拒赔。由于法律对于违反安全维护义务的后果的规定并不完善，因此在适用中通常会将危险程度显著增加作为违反安全维护义务的后果，从而适用危险程度显著增加的法律后果来对违反安全维护义务的案件进行裁决。有鉴于此，本书建议可以考虑将我国现行《保险法》中第51条的规定修改为："被保险人应当遵守国家有关消防、安全、生产操作、劳动保护等方面的规定，维护保险标的的安全。投保人、被保险人未按照约定履行其对保险标的的安全应尽责任，且有影响保险人决定是否承保，以及以何种费率承保的，保险人有权要求增加保险费、列为除外责任或者解除合同。保险人要求增加保险费或列为除外责任，投保人不同意的可以随时退保。保险人也有权不增加费或列为除外责任，就直接解除保险合同。保险人在解除保险合同前保险事故已经发生时，如被保险人因故意违反前述规定导致保险事故发生的，保险人有权拒绝赔偿。对于被保险人因重大过失未遵守前述规定，导致保险标的发生保险事故保险人可以视被保险人过错程度予以比例给付。"修改重点在于，分保险事故发生前与发生后两种情形区别对待，仅对事故发生后而保险人尚未解约的情况：一是强调因果关系的介入，二是强调根据主观恶性大小不同而给予不同的法律评价。对故意违反的保险人可以解除合同并全部拒赔，对重大过失违反的适用比例赔付原则。有学者建议对于被保险人系重大过失等特定情形下，保险人仍然须承担给付保险金的责任，但可以根据过错程度予以比例酌减。[①] 同时本书还建议应当将违反安全防范义务与事故发生之间存在因果关系，作为对保险人在保险事故发生后行使合同解除权的限制。

第五节　投保人合同变更的通知义务

一、通知义务的内容

投保人需要承担的通知义务主要有以下三个方面：

---

① 参见李飞：《论被保险人的维护保险标的的安全义务》，载《学术界》2021年第9期。

（一）重复保险的通知义务

在保险事故发生前，投保人除合同成立前的告知及危险增加的通知义务外，如果有重复保险的情况，也必须通知保险人。重复保险的相关内容见本书相关章节的论述。

（二）变更合同内容的通知义务

基于合同必须遵守原则（Pacta Sunt Servanda），依法成立后的合同对双方当事人都有约束力，不得由当事人一方予以变更而改变合同的效力。但保险合同为继续性合同，其效力持续期间较长，在此期间内如果有情势变更情形，为使当事人不必重新订立合同，仅变更原合同的某特定内容而使原合同继续有效，所以我国《保险法》第20条规定，当事人在这种情况下可以将欲变更的情况通知对方，并经与对方协商同意后对原保险合同的有关内容予以变更。变更保险合同，应当由保险人在原保险单或者其他保险凭证上批注或者附贴批单，或者由投保人和保险人订立变更的书面协议。

（三）恢复合同效力的通知义务

长期寿险的合同在效力中止后两年期间内可以申请办理复效，但必须通知保险人办理相关手续。

二、违反通知义务的法律后果

投保人变更合同内容或办理复效申请的通知义务适用范围仅限于变更保险合同或恢复保险合同效力。同时，其通知内容所产生的效力须经保险人承诺才能产生效力。其立法理由在于使法律关系早日确定，以保护被保险人，而不是规定保险合同的变更都须通知。至于通知方式如何，依各种通知的性质及法律规定而定，例如因危险增加导致保险合同内容的变更，法律规定了通知义务，但并未规定通知的方式，那么只需以口头方式通知即可。在实务上，保险条款就有规定投保人或被保险人任何的通知事项均须以书面方式履行的情况，效力如何颇值探讨。依本书的见解，有关保险合同变更的通知事项我国《保险法》已有规定，且未规定其履行方式，以保险法的规定为最低标准的原则（保险条款的规定不得较此严格），即以口头通知即可。保险合同中虽约定须履行一定的方式，但因显然对被保险人不利，所以其约定无效。反之，如果合同内规定有关保险合同变更通知事项须履行一定方式，如因保险标的价值升高，投保人通知保险人提高保险金额，且依上述条款规定须采取书面方式，则我国《保险法》既然对通知方式无特殊规定，所以其约定应为有效。如果投保人或被保险人未依其约定方式通知，其通知不发生效力。保险单上有概括规定

"凡依本合同规定投保人或被保险人须履行通知义务,其通知须采取书面方式",其规定并不是全然无效,而主要看其所须通知事项在保险法中是否已有明确规定。如果有,则其履行方式以法条规定为最低标准,保险条款的内容不得严于法条规定;如果无,则依保险条款的规定。

第六节　保险标的转让的通知义务

一、通知义务的内容

依据《保险法》第 49 条的规定,保险标的转让的,保险标的的受让人承继被保险人的权利和义务。保险标的转让的,被保险人或者受让人应当及时通知保险人,但货物运输保险合同和另有约定的合同除外。因保险标的转让导致危险程度显著增加的,保险人自收到前款规定的通知之日起 30 日内,可以按照合同约定增加保险费或者解除合同。保险人解除合同的,应当将已收取的保险费,按照合同约定扣除自保险责任开始之日起至合同解除之日止应收的部分后,退还投保人。被保险人、受让人未履行上述通知义务的,因转让导致保险标的危险程度显著增加而发生的保险事故,保险人不承担赔偿保险金的责任。

二、境外相关立法例

一是对人主义说,认为保险合同以双方当事人间相互信任为基础,因而除另有规定外,保险合同不因标的转移而转移。"对人主义"给保险标的转让人和受让人带来不便,或者导致重复保险,也会给保险人带来危害。奥地利采用此说,并区分标的物为动产和不动产而有所不同。

二是从物主义说,认为保险合同除另有规定外,于标的物转移后,仍为继受人、受让人或其他继受人的利益而存在。这是基于经济因素的考虑,在保险合同的保险期间未届满之时,以法律规定将其效力延至受让人。基于对保险标的的受让人的保护,德国、法国、瑞士、日本等多数国家采用此说,规定保险利益随保险标的之转让而转移,保险合同对保险标的的受让人继续有效。我国保险法也采从物主义说。

三、通知后的法律后果

根据《保险法司法解释(四)》第 1 条、第 2 条、第 3 条、第 5 条的规定,保险标的已交付受让人，但尚未依法办理所有权变更登记，承担保险标的毁损灭失风险的受让人，依照《保险法》第48条、第49条的规定主张行使被保险人权利的，人民法院应予支持；保险人已向投保人履行了《保险法》规定的提示和明确说明义务，保险标的受让人以保险标的转让后保险人未向其提示或者明确说明为由，主张免除保险人责任的条款不生效的，人民法院不予支持；被保险人死亡，继承保险标的的当事人主张承继被保险人的权利和义务的，人民法院应予支持；被保险人、受让人依法及时向保险人发出保险标的的转让通知后，保险人作出答复前，发生保险事故，被保险人或者受让人主张保险人按照保险合同承担赔偿保险金的责任的，人民法院应予支持。

第七节　保险事故发生的通知义务和资料提供义务

一、通知义务

对保险人而言，保险事故发生的通知极为重要，其主要目的在于使保险人能及时采取必要的措施，防止损失扩大，保全标的的残余部分，以减轻其损失，并调查事实、收集证据，保护其法律权益。所以我国《保险法》第21条规定："投保人、被保险人或者受益人知道保险事故发生后，应当及时通知保险人……"《海商法》第236条规定："一旦保险事故发生，被保险人应当立即通知保险人……"

（一）通知义务人

在各种财产保险中，保险事故发生，通知义务人应仅为投保人或被保险人，因为投保人为保险合同订立人，被保险人则是保险事故发生时直接受损害的人。受益人并不负有通知义务，因为受益人的制度只存在于人身保险中，其目的在于投保人和被保险人为同一人而发生保险事故时，可由第三人（即受益人）承受保险赔偿。在财产保险中，受益人即为被保险人，如果被保险人同意将其保险金请求权转让给他人，此他人虽因此受益，但就法理而言，其仅为由民法上债权的受让人，而不是保险制度上的真正受益人。反之，在人身保险尤其是人寿保险中，在保险事故发生时（被保险人死亡），可能发生无人通知保险人的情况，受益人既然是可以直接向保险人请求保险金的人，所以其也应负有通知义务。但是受益人的通知义务只适用于人身保险，不适用于财产保险。

（二）通知的方法

关于保险事故发生后通知的方法，我国《保险法》第21条并无特别规定，所以可以采取任何方法，如果保险合同中约定保险事故发生的通知须采取书面方式，即属违反相对强制约定且对投保人或被保险人较为不利，所以其约定应属无效，理由已于前文有关危险增加通知方式中述及，此处不再赘述。

（三）通知的期限

对于通知的期限，我国《保险法》第21条并未作出明确规定，只需"及时"即可。"及时"一词虽不如"24小时""5日内""一个月"等明确，却更具弹性，更能涵盖一切保险事故发生时通知义务人的具体情况。如果投保人身处不易通信之处，或因传达机关的过失而未将通知置于保险人可了解的范围内，导致保险人接到通知时已超过法定期限，会使通知义务人承受更为不利的风险。德国《保险合同法》第30条（保险事故发生后的通知）第1项规定："投保人知悉保险事故的发生后应立即通知保险人。在存在第三受益人的保险中该受益人也应当履行上述通知义务。"依德国保险法学者的见解，是否及时，应依《德国民法典》第242条规定的诚实信用（Treulind Glauben）原则加以判断。在英美的保险实务上，事故发生的通知期限均规定为"立即"（Immediate）或"尽快"（As Soon As Possible）。因此，甚至有事故发生后1年才通知，仍被法院认定为已尽通知义务的情况。由上可知，出险时通知义务人如果能立刻通知，而不立刻通知，有违保险法的最大善意原则，依我国《保险法》规定，即属违反"及时"通知的义务。除了法律依据外，还须视当事人之间的合同约定，例如我国《机动车辆保险条款》（保监会2000年制定）第28条规定，被保险人在保险车辆发生保险事故后应立即向事故发生地交通管理部门报案，同时在48小时内通知保险人。

（四）违反的效果

我国《保险法》第21条虽未规定违反通知义务的法律效果，但解释上却可依我国《保险法》第175条"违反本法规定，给他人造成损害的，依法承担民事责任"的规定，适用《民法典》有关债务不履行的规定，再加上我国《保险法》第15条"除本法另有规定或者保险合同另有约定外，保险合同成立后，投保人可以解除合同，保险人不得解除合同"的限制，使保险人仅能向违反通知义务者请求因此而产生的损害赔偿，但能否如对违反如实告知义务般保险人有权解约存疑。我国保险实务中有允许保险人解除合同的约定。例如我国《机动车辆保险条款》第30条规定，被保险人不履行本条款第24条至第29条规定的义务（第28条即为出险的通知义务），保险人有权拒绝赔偿或自书面通知之日起解除保险合同，已赔偿的，保险人有权追回已付保险赔款。本书认为出险通知义务与下文将述的资料提供义务，两者性质在保险法上与违反附随义务的评价相同。所以保险人在投保人和被保险人在保险事故发生后未履行及时通知义务情形严重时，保险人除请求损害赔偿外仍然可以解除合同或主张不负保险赔偿责任。《保险法》第21条规定："投保人、被保险人或者受益人知道保险事故发生后，应当及时通知保险人。故意或者因重大过失未及时通知，致使保险事故的性质、原因、损失程度等难以确定的，保险人对无法确认的部分，不承担赔偿或者给付保险金的责任，但保险人通过其他途径已经及时知道或者应当及时知道保险事故发生的除外。"根据上述规定，投保人、被保险人或者受益人知道保险事故发生后，负有及时通知保险人的法定义务。通知的内容包括保险事故的发生和造成损失的情况，具体包括出险时间、地点、原因、受损标的的种类、范围及损失程度等；通知应当及时，以便于保险人及时查勘现场、核定损失和确定责任。实务中有被保险人身故火化未及时尸检导致保险公司无法查明死亡原因而拒赔的案例。德国《保险合同法》第30条①关于保险事故发生后投保人违反通知义务保险人可以拒赔的规定，可资我国修法时借鉴。但本书认为为避免解除合同权利的滥用，保险人解除合同或者拒赔的前提同样应当满足因果关系等四要件。

二、事故发生后的有关资料提供义务

保险事故发生之后，通知义务人须在法定或约定期限内将事故的发生通知保险人，保险人在接到通知后应给付保险赔偿。保险人为确定保险事故发生的原因及赔偿范围或保全其代位权等所需的资料，应由被保险人或投保人提出。这是一般学者所公认的。但此义务的法理依据、范围及违反的后果，保险法既无明文规定，也未见学者深入研究，所以有讨论的必要。

（一）法理依据

我国《保险法》第22条第1款对资料提供义务有明确规定："保险事故发生后，依照保险合同请求保险人赔偿或者给付保险金时，投保人、被保险人或者受益人应当向保险人提供其所能提供的与确认保险事故的性质、原因、损失程度等有关的证明和资料。"其他涉及保险事故资料的提供及告知义务，则规定"保险人依照保险合

---

① 德国《保险合同法》第30条（保险事故发生后的通知）：（1）投保人在知晓保险事故发生后立即通知保险人。在存在第三受益人的保险中，该受益人也应当履行上述通知义务。（2）在投保人违反上述通知义务的情形下，保险人可以拒绝承担保险责任，但保险人已通过其他方式及时获悉的除外。

同的约定，认为有关的证明和资料不完整，应当通知投保人、被保险人或者受益人补充提供有关的证明和资料"。这和其他大陆法系国家的保险法一样都有明文规定。如德国《保险合同法》第31条（投保人提供信息的协助义务）规定："（1）保险事故发生后，保险人可以请求投保人或被保险人提供任何有关保险事故发生及确定赔偿范围必要的资料。保险人可以要求投保人提供一般情况下可以合理预期获得的相关资料。（2）在保险合同存在第三受益人的情况下，该第三人也应履行本条第1款规定的义务。"保险事故发生后投保人或被保险人如实告知义务的依据除了法律的规定外，还有当事人在合同中的约定。如我国《机动车辆保险条款》第12条规定，被保险人在索赔时应当向保险人提供保险单、事故证明、事故责任认定书、事故调解书、判决书、损失清单和有关费用单据。《中国人民保险公司海洋运输货物保险条款》规定，被保险人须在保险事故发生后一定期间内提供保险单正本、提单、发票、装箱单、磅码单、货损货差证明、检验报告及索赔清单等以办理理赔手续。除此之外，几乎任一保险条款都有类似的规定，要求投保人或被保险人提供或告知特定资料，否则不得办理理赔手续。依保险法理而言，这种义务是保险人控制危险及损失的方式之一，属于保险事故发生后的范围，基于保险合同是最大诚信合同，由保险人以合同方式订立，其依据并无不当。而且，将此义务和保险法上其他规定的义务加以比较，如实告知义务、危险增加通知义务、保险事故发生后资料提供及告知义务，具有同样的性质，法条对此虽无明文规定，但可以视为"隐藏性义务"而直接加诸投保人或被保险人。

（二）范围

需注意的是，此附随义务，《保险法》既然无明文规定，所以依合同约定适用时，虽无法依相对强制规定加以约束，但仍需按"公平正义"原则顾及其合理性。尤其有关此义务履行的范围及内容，保险人在制定保险条款时，不能以其本身的需要为出发点，尽量扩张投保人或被保险人应履行义务的范围，在其违反约定时主张失效或其他效果时以致损害投保人或被保险人的权益。

依本书的见解，保险人固然可以按保险种类，以合同方式要求投保人或被保险人在保险事故发生后提供及告知相关资料，但其范围不得超越保险人为确定保险事故发生，及赔偿范围或为行使代位权所必要的资料，而且必须以被保险人或投保人依一般情形可以获得的资料为限，避免保险人订立过苛的条件，致使投保人或被保险人因无法实现其要求而遭不利；或者所要求者虽属必要，但其资料的获得超越被保险人或投保人能力的范围，反而增加其负担。此由保险法发达的国家立法例"保险人可以要求的资料，以投保人或被保险人在公平合理原则之下所能获得的为限"（参考前述德国《保险合同法》第31条）也可知。至于哪些属必要或合理，只有仰赖法院在判决时按当事人的状况加以判断。

(三) 违反的后果

违反这种资料提供及告知义务究应负何种法律后果，我国《保险法》并无规定。也许有人认为，直接的法律后果为丧失该项损失的赔偿请求权，保险公司不负赔偿责任，或不得办理理赔手续，其结果仍和不负赔偿责任一样。实务中也曾有保险合同条款约定为"不负赔偿责任"，前已述及，这项保险事故发生后的资料提供及告知义务，依其性质和保险合同订立前的义务、合同成立后的危险增加义务等附随义务有类似的地方。

因此依本书的见解，德国《保险合同法》第31条规定可资借鉴。这种保险事故发生后资料提供或告知义务存在的理由，目的在于使保险人正确估计损害范围及确定事故发生原因，或掌握时间保护其法益。其性质在保险法上的评价应和保险事故发生后的通知义务相同。所以保险人在投保人和被保险人未依约定期限提供或告知有关资料情节严重时，仍然可以解除合同或主张不负保险赔偿责任，而不仅限于请求因此产生的损害赔偿。例如如果被保险人或其代理人在保险事故发生后，有欺诈行为或提供虚伪不实的资料，关于其法律后果，我国《保险法》虽无明文规定，但依保险法理其恶性可谓重大，为维护整体保险制度的功能，即使责以丧失保险赔偿请求权也不为过。

第八节　保险事故发生后的防损救灾义务

为使保险人自己控制危险，防止或减少损害，《保险法》一般都会分三个阶段分别科处投保人或保险人须履行某特定义务的责任。在合同成立前有如实告知义务，合同成立后保险事故发生前有危险增加或变更合同内容通知义务等，至于保险事故发生后则有保险事故发生通知、有关资料的告知及证明、防止及减少损害等义务。事故发生后的止损救灾义务与保险事故发生后的通知和资料提供义务、协助保险人应对索赔或协助保险人代位追偿等协助义务不同，前者属于不真正义务而后者属于附随义务。前者的法理依据是《民法典》第591条，后者的依据是《民法典》第509条（合同履行中的附随义务）与第558条（合同终止后的附随义务）。而《民法典》

第 591 条被公认为不真正义务。① 违反该义务不能导致损害赔偿权的产生而只产生自受不利益的后果，这也是不真正义务与附随义务的本质区别所在。

（一）内容

和保险事故发生后有关资料的提供或告知义务一样，有关保险事故发生后被保险人或投保人的防止及减少损害的义务，我国《保险法》第 57 条第 1 款即规定："保险事故发生时，被保险人应当尽力采取必要的措施，防止或者减少损失。"我国《海商法》第 240 条规定："被保险人为防止或者减少根据合同可以得到赔偿的损失而支出的必要的合理费用，为确定保险事故的性质、程度而支出的检验、估价的合理费用，以及为执行保险人的特别通知而支出的费用，应当由保险人在保险标的损失赔偿之外另行支付。保险人对前款规定的费用的支付，以相当于保险金额的数额为限。保险金额低于保险价值的，除合同另有约定外，保险人应当按照保险金额与保险价值的比例，支付本条规定的费用。"保险法发达国家也有类似规定，且我国目前实务上所使用的保险条款也有此约定，如《中国人民保险公司财产保险综合险》第 6 条规定："保险事故发生后，被保险人为防止或者减少保险标的的损失所支付的必要的、合理的费用，由保险人承担。"第 14 条规定："发生保险事故时，被保险人所支付的必要、合理的施救费用的赔偿金额在保险标的损失以外另行计算，最高不超过保险金额的数额。若受损保险标的按比例赔偿时，则该项费用也按与财产损失赔款相同的比例赔偿。"

（二）法理依据

保险事故发生时，投保人或被保险人应依规定将之告知保险人，使其可以采取必要的措施防止损失扩大，减轻损失，以维护其法律利益，这是保险事故发生通知义务的立法目的。但是除此之外，面对危险发生的一般善意投保人或被保险人绝不可能因该危险已由保险人承保而袖手旁观，静待保险人的处理。一般善意的投保人或被保险人在此时必会设法防止或减轻损害。已知前述，保险事故发生后的施救止损义务的法理依据是我国《民法典》第 591 条规定的不真正义务。违反这种义务而扩大的损失只能由投保人自行承受，不得请求保险人赔偿。保险人作为合同相对方对该义务的违反也不得诉请义务人强制履行或请求损害赔偿。但这种行为表现，就

---

① 《民法典》第 591 条规定：当事人一方违约后，对方应当采取适当措施防止损失的扩大；没有采取适当措施致使损失扩大的，不得就扩大的损失请求赔偿。当事人因防止损失扩大而支出的合理费用，由违约方负担。

其主观意识而言应受保险制度的鼓励及保护，且客观上不仅对被保险人有利，保险人也同时受益，因此保险法发达的国家在保险法上规定，这种行为所产生的费用应由保险人负担偿还，且独立于保险赔偿之外，即如果此费用的偿还金额和因损害而产生的保险赔偿金额合计超过保险金额，保险人也应负责，并且不可以合同方式改变（参考德国《保险合同法》第 83 条规定的立法宗旨）①，这是就投保人或被保险人自愿的行为而言的。另外，对保险人而言，保险事故发生后，固然因接到通知可以自行采取必要措施减少损害甚至防止损失扩大，但保险的标的物毕竟和投保人或被保险人距离最近，在危险发生时投保人或被保险人的救助行为可能最有效，所以保险法上有强制投保人或被保险人在保险事故发生时，负有实施防止或减轻损害行为的义务的规定，德国《保险合同法》第 82 条②的规定就是如此。我国《保险法》第 57 条仅将被保险人列为义务履行人而未包括第三人利益合同情形下的投保人，似有改进的必要。③

（三）费用偿还的范围

有关投保人或被保险人因欲防止或减轻损害所产生的费用，又称救助费用偿还，本是保险人义务之一，不属于本章所论投保人应尽义务范围之内，但这种费用偿还范围的确定和救助行为的性质关系密切，所以在这里一并讨论。

在保险法上保险事故发生时投保人或被保险人的救助行为不仅仅是单纯人性的反应行为，还是保险当事人应尽的义务之一。这种义务架构的理论基础主要在于保证被保险人或投保人基于人性发挥所从事的救助行为产生的费用得到补偿，避免投保人或被保险人在保险事故发生时，袖手旁观造成更大的损害，最终影响整个危险

---

① 德国《保险合同法》第 83 条（损失预防与降低的费用补偿）规定：投保人依据第 82 条（防损减灾义务的规定）所支出的费用，纵使未发生效果，若依据当时情况，投保人认为该费用系必要者，保险人应偿还。依照保险人的指示所产生的费用与其他补偿金额合计超过保险金额者，保险人也应偿还。保险人于投保人请求时应预付必要费用。如果保险人有权减少赔付的保险金，其也有权减少根据本条第 1 款规定所应支付的费用。

② 德国《保险合同法》第 82 条规定：（1）保险事故发生时，投保人有尽可能防止或减轻损害并遵照保险人指示的义务。（2）若情况允许，投保人应请求保险人指示。若有多数保险人且其指示互相对立时，投保人应依照符合其义务规定的判断行事。（3）投保人故意违反前项义务者，保险人免除给付的义务。因重大过失导致违反前述义务，保险人应根据投保人的过错程度，相应地减少保险金数额；投保人应就其不存在重大过失承担举证责任。（4）尽管存在本条第 3 款规定的情况，如果投保人违反附随义务的行为与保险事故发生以及保险人责任范围并无直接关联，则保险人仍应承担保险责任，但投保人故意违反上述义务的情形除外。

③ 我国《保险法》第 57 条第 1 款规定：保险事故发生时，被保险人应当尽力采取必要的措施，防止或者减少损失。

共同团体的利益，同时鼓励其在当时能不顾一切尽全力防止或减轻损害，发挥保险合同为最大善意诚信合同的精神。因此只要这类救助行为依一般情况来看是适当的，即使并未达到防止或减轻损害的效果，其费用也应由保险人负责偿还。并且，此偿还费用的金额不应受保险金额的限制，以免产生投保人或被保险人在实施救助行为时踌躇不前而未能竭尽全力的后果。另外，救助费用也应当有上限限制，否则保险人宁可舍弃投保人或被保险人的救助行为，也不愿承担此无法预算的费用，因此原则上保险人对救助行为所产生的费用虽负偿还的责任，但可以通过法律规定或合同约定等方式对偿还范围加以限制。如，我国《保险法》第57条第2款规定："保险事故发生后，被保险人为防止或者减少保险标的的损失所支付的必要的、合理的费用，由保险人承担；保险人所承担的费用数额在保险标的损失赔偿金额以外另行计算，最高不超过保险金额的数额。"

值得注意的是，我国《保险法》第57条、第64条和第66条为保险人设置了灾后施救止损费用、事故勘查调查费和被保险人应对第三人索赔的费用这三种费用的支付义务。第一种费用有保险金额的限制，而后两者和损害赔偿费用一起不得超过保险金额这个上限，而不似第一种费用与损害赔偿费单列计算。实际上，保险法对上述三种费用都设置了"必要的、合理的费用"的限制，将这个规定作为判断是否适当的标准，足以防止保险人负担过重的弊端。

（四）违反的后果

违反保险事故发生（时）后的救助义务，属于《民法典》第591条所规定的不真正义务，也应承担一定的法律效果，否则此义务的存在即没有意义。至于何种效果才算妥当，须依其义务本身的性质及兼顾当事人的立场而定。

救助行为之所以在保险法上被视为投保人或被保险人应尽的义务之一，主要理由即在于督促投保人或被保险人在保险事故发生后，其和标的物距离最近，所采取的救助行为最为有效，发挥保险合同为最大诚实信用合同原则的作用，防止或减少损害，直接对保险人有利，间接也施惠于危险共同团体内的成员。因此如果投保人或被保险人违反此义务导致损害扩大，则此扩大的损害即不应由保险人赔偿。如果扩大的损害和投保人或被保险人所违反的义务之间有相当因果关系，保险人不负赔偿的责任；反之，损害的扩大和投保人或被保险人是否已尽救助义务无相当因果关系，保险人仍然须负保险赔偿的责任。此外，违反此义务应只限于投保人或被保险人有重大过失或故意时而不及于具体或抽象的轻过失。因为被保险人或投保人不是救助行为的专家，不应让其具备善良管理人的注意能力，救助行为的措施是否适当，应以同样情形下理性人的立场（即所有危险共同团体内成员在此状况下可期待的行为）予以判断，不应依被保险人或投保人身份地位的不同而有差别待遇。以上所述的是违反救助义务的立法原则，因此为体现这一原则可以在我国《民法典》第591条中找到法理依据，同时在保险领域也体现在保险条款中规定"如果投保人或被保险人故意或重大过失违反救助义务，因此扩大的损失，本公司不负赔偿责任"。我国《保险法》第57条规定了保险事故发生时，被保险人应当采取措施防止或者减少损失的义务，科以被保险人减损的义务。保险人应承担合理必要费用，但对于被保险人因故意或者过失不履行减损义务导致损失扩大的部分的责任承担问题，保险法却无明文规定。未尽到减轻损失义务，按照过错责任原则的要求，一方在另一方违约后，未能采取合理措施防止损失扩大，其本身也是有过错的，过错人应对自己的过错行为所导致的后果负责。例如货物到港无人接收时承运人应及时处理鲜活易腐烂货物，怠于履行减损义务的，对于扩大的货物滞港费用，保险人可以拒赔，并从应支付的赔偿款中酌减扣除，扩大的损失应完全由投保人自行承担。

第九节　协助保险人进行代位求偿、应对索赔和协助保险人应对索赔的义务

一、协助保险人进行代位求偿

（一）内容

保险事故发生后被保险人有协助保险人代位追偿并不得从事妨碍代位行为的义务。妨碍代位的行为除我国《保险法》第61条第1款所规定的被保险人的放弃行为外还有被保险人以低于损失的金额与第三人达成和解，与第三人私自和解或者放弃抗辩权利都是对代位行为的妨碍。

1. 放弃行为。对于被保险人妨碍代位的行为，我国《保险法》第61条采取"免除给付义务说"，我国《海商法》第253条采取"依据妨碍程度酌情减轻责任说"。[①] 考察大陆法系保险立法，德国、法国、瑞士均采用后说。《欧盟保险合同法准则》第10-101条第2项规定："在被保险人以损害保险人代位权方式放弃对第三者的索赔权范围内，被保险人应丧失相关损失的补偿权。"可见"依据妨碍程度酌情减轻责任

---

① 樊启荣：《保险法诸问题与新展望》，北京大学出版社2015年版，第283页。

说"已经成为保险法发达的国家（地区）立法、学说与判例所共同遵循的原则，我国《保险法》第 61 条"免除给付义务"规定实有修改的必要。

2. 私自达成和解。理论上而言，任何存在第三人侵害或者违约所致损害的保险事件中，被保险人均负有不私自与第三人达成和解的义务。

（二）违反的后果

我国《保险法》第 61 条对违反妨碍代位的行为规定了明确的法律后果。一是保险事故发生后，保险人未赔偿保险金之前，被保险人放弃对第三者请求赔偿的权利的，保险人不承担赔偿保险金的责任。二是保险人向被保险人赔偿保险金后，被保险人未经保险人同意放弃对第三者请求赔偿的权利的，该行为无效。三是被保险人故意或者因重大过失致使保险人不能行使代位请求赔偿的权利的，保险人可以扣减或者要求返还相应的保险金。需要注意的是，由于保险代位制度（《保险法》第 60 条）适用于财产损失保险，并不适用于责任保险，保险人不能向被保险人行使代位求偿权是保险法公认的法律原则，否则就等于保险人将损失转回被保险人，保险人失去购买保险的意义。保险代位是财产损失保险中被保险人追偿侵权或者违约的第三人，而责任保险中是被保险人面临受害的第三人的追偿。机动车强制责任保险中的代位权不是《保险法》第 60 条规定的代位权，而是依据道路交通安全法等法律或者保险条款约定的追偿权。保险人在赔付第三人后依据法律规定或者保险合同约定可以对恶意被保险人行使追偿权，从而使得该恶意被保险人负终局的责任。[1] 德国《保险合同法》第 86 条是有关保险代位的规定，该条第 2 项规定"投保人必须依照规定的形式和期限来确保其赔偿请求权（对第三人的请求权）或该请求权的反担保，且在保险人行使该权利时，须提供必要的协助。如果投保人故意违反此义务，保险人免责，如同其未自第三人处取得赔偿一般。因重大过失违反该义务的，保险人可以依据其过失程度，比例减少其保险给付；重大过失不存在，由投保人负担举证责任"。其中明确规定投保人负有保全其请求权的义务，可供我国参考。

二、应对索赔和协助保险人应对索赔的义务

在被保险人成为侵权人面临第三者索赔时，被保险人负有直接应对索赔或协助保险人应对索赔的义务。协助保险人积极应对第三人索赔的这种义务在责任保险中表现尤甚。虽然保险人参与索赔不是法定权利，但实务中责任保险合同均有参与索

---

① 李青武：《机动车责任强制保险制度研究》，法律出版社 2010 年版，第 176 页。

赔的约定。受害人可直接诉请被保险人进行损害赔偿，被保险人应积极应对受害人为此提起的诉讼或仲裁程序，同时应及时通知保险人以便其决定是否提前参与诉讼或仲裁程序。当然在被保险人怠于向保险人理赔时，第三人也可以直接向保险人诉请给付，受害人有协助保险人应对索赔并提供相关事实查明信息和资料等义务。在保险人参与和解以及应对第三人索赔时，被保险人均有积极协助和配合的义务，虽然《保险法》对该义务并无明文规定，但根据诚实信用原则也是可以明白无误推断出此系被保险人应当履行的一项附随义务。

（一）内容

责任保险人不会放任被保险人自行决定应对第三人索赔的方式与方法的选择。依据索赔参与权条款，保险人对被保险人就其和第三人之间的损害赔偿责任的有无、大小等事项享有决定、和解以及抗辩的权利。根据《保险法司法解释（四）》第19条的规定，责任保险的被保险人与第三者就被保险人的赔偿责任达成和解协议且经保险人认可，被保险人主张保险人在保险合同范围内依据和解协议承担保险责任的，人民法院应予以支持。被保险人与第三者就被保险人的赔偿责任达成和解协议，未经保险人认可，保险人主张对保险责任范围以及赔偿数额重新予以核定的，人民法院应当予以支持。责任保险人经明示或者默示（经被保险人通知第三人索赔事实后保险人经过合理期限不为任何表示的或者明确援引保险条款的责任免责作出拒赔决定的）放弃索赔参与权，被保险人自行取得就第三人索赔进行和解或抗辩的地位，此后保险人不得拒绝接受被保险人自行和解或者抗辩的结果。

（二）法律后果

我国《保险法》第66条规定："责任保险的被保险人因给第三者造成损害的保险事故而被提起仲裁或者诉讼的，被保险人支付的仲裁或者诉讼费用以及其他必要的、合理的费用，除合同另有约定外，由保险人承担。"对于此种情形下被保险人负担的诉讼或者仲裁费用，无论保险条款如何约定都应当由保险人承担。因为我国《保险法》对投保人、被保险人的此项协助义务没有明文规定，所以违反义务的效果应如何确定，容易产生疑义。实务及学说多认为，基于此等义务在让保险人正确估计损害范围及确定事故原因，其性质应当和保险事故发生后的通知义务相同，故违反此种协助义务的效果，保险人不得解除保险合同或者主张不负保险责任，而只能请求投保人赔偿其因此遭受的损失。但若被保险人在保险事故发生后有欺诈行为或者提供、告知虚假不实的资料，主观恶性较大，为维护保险制度的功能可让其丧失保险给付请求权。本书认为，被保险人往往是财产保险的投保人，即使财产保险的投保人与被保险人不是同一人，基于第三人利益合同的性质，投保人仅负缴纳保费义务，被保险人则是保险合同的其他义务的真正承担人。因此，此项义务最好以附随义务的性质加以理解。而此附随义务的违反效果，法律上也没有明文规定，解释上可以适用我国《民法典》第509条、第558条规定的附随义务。违反附随义务，按照我国《民法典》第592条关于过失相抵的规定，可以依据投保人或者被保险人的过失程度，比例酌减保险给付数额。

第十节　严格遵守合同条款约定的义务（特约条款）

一、合同的内容

保险合同的内容，可分为基本条款及特约条款。

（一）基本条款

通常所谓"基本条款"，也就是我国《保险法》第18条所规定的必备的法定事项。主要包括：保险合同当事人的名称及住所、保险标的、保险责任和责任免除、保险期间、保险价值、保险金额、保险费及其支付办法、保险金赔偿或者给付办法、违约责任和争议处理等内容。漏列或欠缺前述法定事项的一项、几项或全部，保险合同是否因之而无效？我国保险法对此并无规定。本书认为，保险合同的法定事项如有漏列或欠缺，其对保险合同的效力，主要根据其漏列或欠缺的事项是否损害该保险合同的实质确定。若有害于保险合同的实质上的存在，则保险合同自始不产生效力；若无害于保险合同的实质上的存在，则保险合同不因此而无效。

（二）特约条款

特约条款，是指保险合同的当事人在保险合同基本条款外，另加约定，承认必须履行某些特种义务的条款。特约条款的事项，任由当事人自定，即使属于本质上与保险合同无关的事项，也可以由当事人约定后，列为特约条款。特约条款是保险人控制危险的方法。凡对于过去、现在或未来的事项，无论其本质上是否重要，一经特约，即成为保险合同的一部分，有绝对的效力。该特约除有利于被保险人外，还不得违反保险法的强制规定。

二、特约条款的性质

（一）特约条款与说明

两者的不同表现在：（1）特约条款为保险合同内容的一部分，通常必须记载在保险人签发的保险单上；说明是投保人对保险人的书面询问所作的陈述，可采取附件或言辞的形式，通常不必记载在保险人所签发的保险单上。（2）特约条款不论其在法律上有无重要性，一经违反，即可解除合同；至于说明，则须证明其变更或减少保险人对于危险的估计，保险人方可解除合同，但投保人证明危险的发生不是基于其说明或未说明的事实时，不在此限。（3）特约条款是保险人用以控制危险的方法；说明在于使保险人认识及正确估定其所承担的危险。（4）特约条款须严格遵守，不得违反；说明仅需大致符合即可。（5）特约条款，通常在缔订合同时，就有约定，且一经订立，就成为保险合同的效力要件；说明仅属于在缔约的过程中或合同成立后对保险人的书面询问，须如实告知而已。

（二）特约条款与条件

两者的不同有：（1）特约条款不论是否重要，如果违背，可以解除合同；条件则须属法律上的重要事项，才能影响合同的效力，如果不重要，无论是否成就，对合同来说都无关紧要。（2）如果违背特约条款，保险人须负举证的责任。条件的成就则因解除条件与中止条件的不同而有不同。解除条件的成就，须由保险人负举证责任；中止条件的成就，由投保人负举证责任。

（三）特约条款与除外条款、不包括条款

特约条款与除外条款及不包括条款，虽均在控制并确定其所承担的危险，但有如下的不同：（1）意义不同。特约条款，是指当事人在保险合同的基本条款外，承认履行特定义务的条款；除外条款，是指将原包括保险合同在内的危险，明文加以排除的条款，这种条款是缩小承保的危险范围的方法；不包括条款，是指原不是保险合同包括在内的危险，因条款明文而包括在内。例如人寿保险，被保险人故意自杀或因犯罪拒捕处死或越狱致死的，属于不包括危险。除外条款的意义与不包括条款正好相反：前者本来包括的危险，因其条款规定而将之除外；后者当然不包括的危险，因其条款规定而包括在内。（2）效力不同。特约条款为合同的效力要件，如果违背，即足以解除合同；除外条款在于缩小危险的范围，其成就时，仅能免除保险人在该除外项下的危险责任，不可以之作为解除全部合同的理由；不包括条款在

于扩大危险的范围，因其规定而加重保险人的责任。（3）内容不同。违背特约条款，因保险人的抛弃而不得再行主张；至于除外条款所规定的危险，不在合同范围内，即使经事后承认或抛弃，也不发生责任；不包括条款属于合同责任范围内，事故发生时，保险人应负赔偿责任。

三、特约条款的形式

常见的形式，大约有下列四种：

（一）附带条款

附带条款（Institute Clause）又称为协会条款或会定条款，仅见于海上保险合同中，是由保险业各同业者，因实际需要而共同议定，通常针对伦敦保险业协会（Institute of London Under Writers）的协议规定而言。如果是美国保险业制定的，则常冠以"American Institute"字样。这种条款，种类甚多，如船舶保险中的碰撞条款（Collision Clause）、货物保险中的仓至仓条款（Warehouse to Warehouse Clause）等。

（二）保证条款

美国纽约州保险法对"保证条款"所下的定义为："保证条款，是指保险合同上的任何条款，作为使合同生效的条件或作为保险人合同义务的停止条件，具有要求某种事实存在的效力，而这种事实可以减少合同保险范围内损害发生的危险。"损害的"发生"一词，应视作包括死亡、无能力、伤害或任何其他保险对抗偶然事故的发生在内。至于"危险"一词，应视作将实际上危险与道德上危险两者包括在内。例如对于堆存特别危险品的特约条款（Extra-Dangerous Storage Warranty）规定，被保险人保证在保险单有效期间，不得在保险单所列之处所的房屋内，堆存汽油、火柴等物。事后该房屋发生火灾，并发现该房屋存置有汽油、火柴等物，虽然火灾发生原因与汽油、火柴无关，但被保险人已违背保证条款，保险人可予拒赔，所以这项保证条款，在保险合同中极为重要。保证条款，通常可分为明示保证条款与默示保证条款两种。明示保证条款，是就个别特殊事项，由合同当事人双方协调，明文记载在保险单上。至于默示保证条款，是指依习惯，虽未明文记载在保险合同上，但也必须遵守，假如被保险人未遵守，保险人不负责任或可以终止合同。如果明文排除默示保证，则当事人可不遵守。以海上保险为例，保险人应有下列的默示保证：（1）关于船舶适航能力的保证；（2）关于不变更航程的保证；（3）关于航海的合法保证等。

担保依其性质还可分为允诺担保（Promissory Warranty）与肯定担保（Affirmative Warranty）。允诺担保为当事人在保险合同基本条款外，允诺在合同生效后履行特定义务的约定。英美法的肯定担保在于担保有关订约时（现在）或订约前（过去）某一事实的存在或事物的状态的陈述的真实性，如果不属真实，不论是否影响危险的评估，保险合同自始不产生效力或可以解除合同使之溯及失效；允诺担保在于担保有关合同订立后（未来）某一作为或不作为的履行或某一事实的存在，如果违反，将使保险合同自违反时起向后失效。肯定担保为当事人对于有关合同成立前事实的陈述，保证其真实性的声明。肯定担保的性质类似于告知义务，依美国法院见解，将其视同"说明"（告知义务），准用保险法关于违反如实告知义务的法律后果的规定，避免保险人滥用担保回避违反告知义务须具备重要性才能解除合同的规定。至于允诺担保则无须具有重要性，一有违背即构成解除合同的条件，即当事人违背允诺担保的，他方当事人可以解除合同。担保原是用以控制危险的，所以真正的担保（True Warranty）应与危险有关，但保险人常以约定性担保（Contractral Warranty）将与危险无关或与损失的发生无关的事项列为担保，终而赢得"伟大拒赔者"（the Great Repudiators）的封号。为消除投保大众对保险业的不信任感，伦敦众信人寿保险公司（The London Indisputable Life）首先于1864年在保单中声明放弃以任何理由作为抗辩的权利；在美国则由曼哈顿人寿保险公司（the Mahattan Life）首先于1864年在保单中引进不可抗辩条款（Incontestable Clause）；美国纽约州在著名的阿姆斯壮调查（The Armstrong Investigation）完成后，首先在标准保单条款法（Standard Policy Provisions Law）中规定寿险保单须载有不可抗辩条款。另外，美国各州法律也开始要求寿险公司在保单中载入声明，投保书中有关的陈述，除出于诈欺外，一律视为告知而非担保的条款。此外，为排除担保对投保大众的不公平，美国法院采用下列保单解释方法以降低担保的严格法则造成的冲击：（1）对可能有列为担保意图的保单条款，以其他方式加以解释；（2）尽量将担保条款解释为肯定担保，而非允诺担保；（3）将违反担保的效果解释为仅有使违反担保的期间效力中断，而非完全终止。担保除性质上确实属于允诺担保之外，不论其名称是什么，均视为肯定担保。

（三）追加条款

保险合同的当事人，在保险合同订立时或订立后，为适合特殊情形的需要，又经当事人双方同意，对于原有基本条款的规定，加以补充或变更的规定，称为追加条款或补充条款或附加条款。这种追加条款不论是追加还是变更合同内容，均须事先由投保人或被保险人填写批改（或变更）申请书，并经保险人认可。这项条款，通常加注于保险单的空白处，或以印就的条文加贴在保险单上，成为保险合同的一部分，称为批注，或称批改背书（Endorsement），或称附加条款（Rider）。例如以附加条款在保险单内，增加被保的危险、被保的财产、受益人人数，或减少其承保范围等。因其中途变更保险合同的条款，如果影响保险事故的危险范围，则保险费也可酌情随之调整。附加条款的效力，高于保险单内基本条款、附带条款与保证条款的规定；前附加条款的效力，受后附加条款的拘束。

（四）共保条款

共保条款（Co-insurance Clause），是指保险人与投保人约定就保险标的物的一部分，由投保人自行负担因危险而产生的损失。通常这种保险为"合力保险"或"共同保险"，是对财产保险而言的，人身保险则无此适用。其立法宗旨在于使投保人或被保险人对于保险标的的保管尽更大的注意，防范保险事故的发生，所以这种约定对保险人有利。一般保险的保险标的，大多为投保人或被保险人持有或在其控制中，而保险事故的发生往往与投保人或被保险人对保险标的的保管有无疏忽有关，如果能使投保人与保险人就保险事故造成的损害共同分担责任，则投保人对于保险标的的保管，因与本身利益相关，必然较为注意，更加谨慎地防范危险发生，所以有利于保险人。其保险条款是当事人在基本条款外，另外约定履行特别义务，所以其性质属特约条款的一种，有此约定，投保人不得将未经保险的部分，另外向其他保险人订立保险合同。如果违背，原保险人可以解除合同。但原保险人如果在事前或事后予以同意，即无异于抛弃共保条款，基于合同自由原则，保险合同的效力不受影响。

四、特约条款的效力

（一）境外立法例分析

特别约定条款制度受英国担保条款的影响很大，该国制度在2015年之前有以下几项主要特征：（1）采取严格遵守原则，又称为完全遵循原则。当事人对于担保事项必须严格且切实遵守，不允许有丝毫误差。（2）无重要性及无因果关系的要件。担保事项应当被遵守，不问其对承保危险是否有重要性；若被保险人违反担保条款，即使损失与担保条款的违反并没有因果关系，保险人也可以主张条款违反的效果。（3）无可补正性。被保险人违反担保条款时不得因该违反状态事后已经补正，或在损失发生前该担保条款后经确实遵守为由，主张解除其违反担保条款的责任。除了前述特征外，被保险人关于担保条款的违反是否为可归责，对于保险人主张违反担保条款的效果而言无关紧要。在英国法下，被保险人违反担保条款时，依据担保条款的不同性质，其法律效果可能为合同的自始无效，保险人当然无须承担责任。英国《2015 年海上保险法》已经朝向有利于被保险人的方向修正，该法第 10 条第 1 款规定：若任何法律规则规定，被保险人违反保险合同的保证（明示或默示的），可以免除保险人在合同项下的责任，则该等法律规则均在此废止。①

德国法更是早于 1942 年即修法明确规定，若保险合同约定的保险人可以因为投保人违反特别约定条款而免责的，须以投保人可归责为要件；若特别约定条款的违反对于保险人的责任并无影响，保险人不得主张免责的效果；且禁止在保单条款中约定赋予保险人解除权。2008 年德国《保险合同法》修订后，除维持可归责性、因果关系及禁止约定解除权外，更排除轻过失违反特约条款的法律效果、引进重大过失违反义务时的酌减给付。上述境外法律和学说理论的发展，对我国《保险法》修订具有参考价值。由于完全遵循原则对于被保险人相当不利，所以学说上有主张应将此原则从我国特别约定条款制度中抽离，也就是将"重要性""因果关系"或者"可归责性"纳为特别约定条款的构成要件，从而特别约定的事项应为与危险有关的重要事项；保险事故的发生与特约条款的违反之间无因果关系或不可归责于被保险人时，保险人不得主张违反特别约定条款的法律后果。

以我国台湾地区保险实务为例，该地区特别约定条款制度具有浓厚的英美法色彩。首先，特别约定条款无须对危险承担具有重要性，因为"与保险合同有关的一切事项"均可以成为特别约定事项。其次，特约条款一经违反保险人就可以解除合同，不问投保人或者被保险人有无故意或者过失。若保险事故已经发生，不论特约条款的违反与保险事故发生之间有无因果关系，均不会妨碍保险人的解除权行使。保险合同解除后，保险人除了对已经发生的事故不承担给付责任，解除合同前若已经发生保险事故并且已经给付保险金的，依据民法的相关规定，保险人也可以请求恢复原状。

（二）我国立法的规定

我国《保险法》中没有违反特约条款的规定，《海商法》作为优先适用法，仅有第 235 条对保证有所涉及："被保险人违反合同约定的保证条款时，应当立即书面通知保险人……"保险人收到通知后，可以解除合同，也可以要求修改承保条件、增加保险费。《海上保险司法解释》第 6 条至第 8 条是关于保证的条文，综合《海商法》第 235 条，可以看到我国违反特约条款的法律后果有以下几个方面：

---

① 茅姝馨：《2015 年英国保险法》，载《公司法律评论》2016 年卷。

1. 保险人的权利

（1）合同解除权。我国《保险法》第 15 条承认合同约定解约权，即双方当事人可以约定被保险人违反特别约定的义务时，保险人有权拒赔同时享有合同约定解约权，该解除权与《保险法》中规定的法定解除权都应得到法院的尊重。被保险人违反特约条款，保险人除有权解除合同外，保险事故已发生的，保险人有权拒绝承担保险赔偿责任。《海上保险司法解释》第 6 条也规定，保险人以被保险人违反合同约定的保证条款未立即书面通知保险人为由，要求从违反保证条款之日起解除保险合同的，人民法院应予支持。这肯定了保险人保证条款违反解约权以及自违反保证之日合同向后发生无效的效力。保险合同当事人一方，违背特约条款时，他方可以解除合同，危险发生后也是如此。在美国陈氏公司诉中国太平洋上海分公司船舶保险纠纷案〔（1997）沪海法商字第 486 号〕中，上海海事法院将在合理时间内开航认为是保证条款，该条款虽然未明确将之规定为保证条款，但从违反该条款的责任后果可以看出，合同当事人将其性质约定为保证条款，在违反保证条款的规定上同《海商法》第 235 条的适用。①

（2）要求修改承保条件、增加保险费的权利。在保险人收到通知以后，保险人拥有选择解除合同或修改承保条件或增加保险费的权利；若新的条件没有达成合意，保险合同自保证违反之日解除。在某船务公司诉太保某分公司一案〔（2018）琼民终 354 号〕中，保单约定被保险船舶的航行范围为"近海航区及长江 A、B 级"，为保证条款。保险单所附《沿海内河船舶保险条款》第 16 条也规定，保险船舶变更航行区域未经保险人同意的，保险合同自动解除。该轮船航行至保证航区外，后由于搁浅导致船舶全损，由于被保险人违反了保单中的保证条款，法院驳回了船东的保险赔偿金请求。船舶在人保远洋船舶险中，所列的保证项目达十几项，包括船级保证、船级社保证、船旗保证、所有权保证、光船出租保证等，这些保证与船舶的运营息息相关，一旦触发保证条款，保险合同就自动解除。同时，《海商法》第 230 条明文规定，因船舶转让而转让保险合同需由保险人同意，否则保险合同自动解除，其效果和保证类似。除此之外，船壳险保单中通常会有一些特别约定，比如关于禁止运输原木：保险船舶不得装运原木，一旦装运，保单立即终止，以及其他的类似条款，需要引起足够的重视。

---

① 詹昊、陈百灵、冯修华：《保险法原理精解与典型案例评析》，中国法制出版社 2007 年版，第 620 页。

2. 被保险人的义务

被保险人一旦违反保证须负通知义务，保险人可以解除保险合同。《海商法》第223条规定，由于被保险人故意未如实告知，保险人有权解除合同并不退还保险费。值得注意的是，履行保证条款义务与如实告知义务两者不能等同，援引如实告知条款需要证明未告知事项的重要性足以影响保险费或者是否同意承保。而被保险人一旦违反保证条款，一般情况下由于保证事项被推定为重要事项，保险人无须证明保证条款与承保、费率之间存在影响，就可以直接拒赔。

由于我国立法并未对特约条款的效力问题作出专门规定，司法实务界常将特约条款作为保险人免责或限制责任条款加以严格限制，并以未充分协商而否定特约条款效力。为扭转对该保险人不利的局面，有学者更进一步专门论述了构建这种违反特约条款解除权制度设置的必要性，同时认为特定情形下保险人免责不以行使合同解除权为前提。① 本书也赞同未来修法时应对特约条款及其遵守义务予以明确，以强化特别约定规范的保护功能，平衡危险共同体的对价平衡。

（三）特别约定条款适用的限制

1. 危险限制条款。若法律上对于特别约定条款的要件或违反后果设置有较为严格的规范来保护被保险人时（例如前述德国法），便会驱动保险人将本质上属于赋予投保人或者被保险人特种义务的特别约定条款，改装为危险限制条款（除外责任条款），以规避特别约定条款相关规定的限制或负担。由于除外责任的危险发生，保险人当然可以免责，无须考虑投保人或者被保险人的可归责性，也无须行使解除权，因此保险人若想让投保人承担特种义务，自然倾向于使用除外条款的形式而非特别约定条款。如果仅凭特别约定条款，保险人就可以不顾该违反的主观归责性或者与保险事故发生的因果关系而行使保险合同的解除权，同时依据传统民法理论，保险合同将溯及既往地无效，此时保险人不但对已经发生的保险事故无须承担保险责任，甚至可以依据恢复原状的规定（《民法典》第577条），请求返还先前已经给付的保险金。此后果与单纯地将该义务违反的行为理解为除外责任相比较，对于被保险人更为不利，从而依据"隐藏性义务"的理论将之回归适用特别约定条款，将更不利于被保险人。由此可见，特约条款的适用需要采用德国学说与实务广泛采用的隐藏性义务理论来保护被保险人为前提。

---

① 武亦文：《保险法上约定义务违反的法律后果——以保险人免责和解除合同为中心》，载《南大法学》2022年第6期。

2. 隐藏性义务条款。当然大陆法系的合同控制原则也是制约滥用特约条款的有力手段。保险公司在保险单上以订立"特别约定"条款的方式免除、减轻保险人的保险责任或限制被保险人的权利，如未能征得投保人同意，该"特别约定"条款不发生法律效力，仍应以保险格式条款解释规则确定双方的权利义务。举例说明：保险车辆在车厢举升状态下行驶、操作造成的一切损失和费用，保险公司不承担赔偿责任的特别约定无效。保险公司在保险单上以订立"特别约定"条款的方式免除、减轻保险人保险责任或限制被保险人权利，如未能征得投保人同意，该"特别约定"条款不发生法律效力，仍应以保险格式条款确定双方权利义务。法院认为，虽然某保险公司上诉主张，保险单特别条款中有"保险车辆在车厢举升状态下行驶、操作造成的一切损失和费用，保险公司不承担赔偿责任"的约定，而本案在保险车辆车厢举升状态下发生事故，故其依约不应承担保险责任，但上述约定不属于保险条款的固有内容，某保险公司于诉讼中提交的《机动车商业保险投保单》中亦没有相应记载，《保险法司法解释（二）》规定，"投保单与保险单或者其他保险凭证不一致的，以投保单为准。但不一致的情形系经保险人说明并经投保人同意的，以投保人签收的保险单或者其他保险凭证载明的内容为准"。本案中，某保险公司未提交有效证据证明其已经就该特别约定向焦某履行了说明义务并取得焦某同意，故该约定不发生法律效力，保险公司亦不得以该条款为依据主张不承担保险责任。①

其他法院判定特别约定条款无效的案例还有一起员工诚实保证保险案：某银行向某财险公司投保员工忠诚保证保险，保险单条款中关于"不保事项"约定"因下列事由所致损失，本公司不负赔偿责任：……被保险人未切实履行其内控稽核作业流程和风险管理规章制度的"。其目的在于赋予投保人履行内控稽核作业流程的义务，却以"不保事项"来表述，即是典型的隐藏性义务条款，应将其理解为特约条款。实务中经常见保险人在癌症重大疾病条款中约定指定医院条款。指定医院条款的目的在于限制被保险人必须在指定医院接受治疗，该条款一般视为隐藏性义务的约定，保险人并非一定取得解除权，并不能当然不负担保险责任。保险人通过将自己的给付责任限定在特定范围内的医疗机构实施治疗，有将保险欺诈的调查责任转嫁给被保险人的嫌疑，加重了投保人和被保险人的义务，让投保人或者被保险人无法实现通过健康保险分散医疗保险费用风险的保险合同目的，显失公平，可以依据《保险法》关于内容控制条款的规定，认定该指定医院条款无效。

---

① 北京市第四中级人民法院 2015 年度发布保险纠纷典型案例之案例五：（2015）四中民（商）终字第 00018 号。

第八章　保险人的具体义务

第一节　保险事故发生后的危险承担义务

一、危险承担的具体化

保险事故发生之后，保险人在保险合同订立后所承担的危险即由隐性的阶段进入具体化的阶段，投保人在订约当时的主要目的也在此时实现。但保险事故发生的时刻并不容易确定，尤其是有时保险事故发生自开始至结束之间常有一段期间，更是引起判断上的困扰，学理上称这种保险事故为"延伸的保险事故"。例如，持续燃烧甚久的火灾、因意外事故带来长期的后果，责任保险或医疗健康保险更是多有此例。因此在适用法条或保险条款时，只有就个案去判断是否以保险事故发生的开始或结束或中间某一特定时刻为保险事故发生的时点。在各种保险合同之中，有些只可能在保险期间发生一次保险事故，如死亡保险；有些则可能发生数次的保险事故，如医疗健康保险或火灾保险，不一而足。

（一）定额保险

在定额保险中，不论是生存保险还是死亡保险，在保险事故发生后，保险人都以金钱给付为保险赔偿的方式。必须注意的是定额保险并不是人身保险，人身保险中也有属于损害保险的，如健康或意外保险中的医疗费用保险。因此在人身保险属于定额保险时，保险人在保险事故发生后，应付的是保险合同内所列的保险金额固然没错，但属于损害保险时，保险人所应给付的范围只限于实际产生的侵害数额而已（如医疗费用）。由此可知国内学者有谓"保险事故发生之后，保险人应向被保险人或受益人给付保险金。这项保险金的数额，在人身保险中就是保险合同所列的保险金额，所以两者一致"的说法，显然不是完全正确的。

（二）损害保险

1. 以金钱给付为主，恢复原状为例外

在损害保险中，保险人的保险赔偿以金钱给付为原则，但也有采取其他方式作为赔偿的例外，此可称为恢复原状的保险赔偿，和民法上的赔偿方式原则上以恢复原状为原则，而以金钱给付为例外，正好相反。民法的损害赔偿方式在实务上也以金钱给付的方式为主，故就结果而言，两者赔偿的方式并无特别差异。依我国《保险法》第2条的规定，保险人可以"财"或"物"恢复原状的方式履行其保险赔偿责任。实务上使用的财产保险条款也大抵都有同样规定，机动车盗抢保险条款中约定，保险期间内，被保险机动车的下列损失和费用，保险人依照本保险合同的约定负责赔偿：（1）被保险机动车被盗窃、抢劫、抢夺，经出险当地县级以上公安刑侦部门立案证明，满60天未查明下落的全车损失；（2）被保险机动车全车被盗窃、抢劫、抢夺后，受到损坏或车上零部件、附属设备丢失需要修复的合理费用；（3）被保险机动车在被抢劫、抢夺过程中，受到损坏需要修复的合理费用。但需注意，必须更换的零件、配件在国内市场无法购买时，保险人可以其他厂牌的零件、配件更换。因保险事故损坏的被保险机动车，应当尽量修复。修理前被保险人应当会同保险人检验，协商确定修理项目、方式和费用。否则，保险人有权重新核定；无法重新核定的，保险人有权拒绝赔偿。

此外，由上述条款可知保险人在保险事故发生后，可以自由选择以金钱给付或恢复原状方式履行赔偿义务，且以保险金额为限，这在以金钱给付理赔时固无问题。但如果保险人选择"恢复原状"，甚至我国财产保险综合险保单中约定"重置价值"，实务中常常引发纠纷。财产损失保险确定保险标的（固定资产）价值时一般按照账面原值确定，但保险单填写保险责任给付方式选择"重置价值"。被保的机器设备可能已经使用一二十年，折旧后价值几乎为零，一旦发生火灾出现全损就意味着保险人要为被保险人购买一套新的机器设备，根本不能考虑折旧问题，对保险人甚为不利。境外保险实务中，保险人一般仅对新购置的厂房机器设备承担"重置价值"的赔偿方式，建议国内保险人对采用"重置价值"的保险给付方式慎之又慎。

2. 责任保险的特殊赔偿方式

保险赔偿方式较不明确的是责任保险人保险赔偿义务。就其外形来看似乎属金钱给付的方式，但是依责任保险的定义"保险人在被保险人依法应对第三者负赔偿民事责任，并被提出赔偿要求时，承担赔偿责任的财产保险"，可知被保险人在保险事故发生时，由保险人处所获得的，并不是任何属被保险人的标的物或身体遭受任何损害都可以向保险人请求赔偿，而是因保险事故的发生，被保险人因受他人的请求而借助保险人的危险承担脱离这种经济利益受到损失的可能性，学理上有称被保险人的请求权为"脱离不利请求权"。而这种"脱离不利请求权"的主要目的即在于使被保险人恢复未发生此不利前的状态，因此责任保险赔偿应属于恢复原状，而不是金钱给付。此外，保险人虽有时也可以直接将金钱给予被保险人，但这种金钱交付，不外乎偿还被保险人为保险人代垫的数额而已，和其他财产保险人向被保险人给付金钱，为补偿被保险人本身直接损害不同。区别责任保险人的保险赔偿是否为"金钱给付"或"脱离不利请求权"，并不是仅具有观念厘清的作用，而是在保险法上具有重大的意义。如果责任保险的被保险人在保险事故发生时，可以向保险人请求的是"金钱给付"，被保险人可以将此请求权转让给他人，这时保险人在被保险人未对第三人赔偿前将保险赔偿金给付受让人，其债权转移的效力不容否认。反之，如果责任保险的被保险人在保险事故发生时，仅为"脱离不利请求权"，依其性质是专为赔偿第三人而使被保险人脱离不利的请求权，被保险人不得将之转移给他人。保险赔偿金只能向第三人直接给付或在被保险人向第三人赔偿后才能给付被保险人，以符合使被保险人"脱离不利"的目的。

此外，责任保险发展至今，除了使被保险人脱离不利的状况外，更具有积极的保证第三人的目的。因此在保险法发达的国家已有"第三人直接向被保险人的保险人请求赔偿"的立法例，尤其是机动车第三者责任保险中已成为理所当然之事。但就保险人的赔偿性质而言，第三人并不是保险合同的当事人，所以保险人虽直接将保险赔偿金给付第三人，但实质上仍属为使被保险人脱离不利，恢复原来未发生保险事故前状态的保险赔偿。任何其他人（如被保险人的其他债权人），不得依其他法律关系向保险人请求给付保险赔偿金额，如果保险人仍给付的，对第三人（被害人）不产生效力。

二、保险赔偿的范围

（一）损害保险

如前所述，保险人在保险事故发生后应负的保险赔偿，不论以金钱给付或恢复原状方式履行其义务，其范围都只限于保险合同双方当事人所约定保险金额之内，且在损害保险中也不得超过被保险人遭受损害的范围。在确定损害的范围后，保险人并不是立即就该损害保险负赔偿的责任，还须再视保险金额和保险价值两者之间是否有不足额保险的情况。如果有，则保险人只就其比例支付保险赔偿即可。简言之，保险人在保险事故发生后的危险承担责任，最高的约定限制范围为保险金额，即使保险价值高于保险金额也是如此。但此原则也有例外，即所谓救助费用的偿还义务。此外，保险人在补偿损害本身之外，另有所谓的估计损失费用，和责任保险的诉讼费用在这里一并加以讨论。

保险法上的救助费用是指投保人或被保险人在保险事故发生时，为防止或减轻损害采取的必要行为所支出的费用。这种费用应由保险人承担，从理论上讲，救助费用和保险赔偿额合并超过保险金额时，无论超过多少，保险人也应当偿还。其法理基础为：防止或减轻损害的发生是投保人或被保险人应尽的义务，避免其在保险事故发生时，因其已经被保险而袖手旁观，从而造成更大的损害，最终影响整个危险共同团体的利益。同时，为鼓励投保人或被保险人在当时能不顾一切地尽力防止或减轻损害的发生，《保险法》强制规定其必要行为所产生的费用，即使和保险赔偿金合并超过保险金额，保险人也应偿还，但单就施救费用而言，以不超过保险金额为限。且这项规定不可以合同方式改变，否则应属无效，其理由已于前述有关"投保人或被保险人的具体义务"中详论，此处不再赘述。从实务上看，我国《保险法》第57条关于保险人对于救助费用的偿还范围，规定救助费用应在保险标的损失赔偿金额之外单独计算，但以不超过保险金额为限。救助费用的确定也适用不足额保险的原则，即以保险金额对于保险价值的比例决定。

我国《保险法》第64条规定："保险人、被保险人为查明和确定保险事故的性质、原因和保险标的的损失程度所支付的必要的、合理的费用，由保险人承担。"第66条规定："责任保险的被保险人因给第三者造成损害的保险事故而被提起仲裁或者诉讼的，被保险人支付的仲裁或者诉讼费用以及其他必要的、合理的费用，除合同另有约定外，由保险人承担。"估计损失费用为保险人或被保险人为证明及估计损失所支出的必要费用；责任保险的司法费用是被保险人被第三人提起事故赔偿诉讼或仲裁时支付的诉讼费用及其他合理费用。上述估计损失费用和责任保险的司法费用均应由保险人负担。理由为，被保险人在保险事故发生后应获得的保险补偿，不应因其他附属费用的支出而被"耗空"。这和救助费用偿还的本质虽然不同，但它们均在于保护被保险人所获保险赔偿的"实在性"，所以不能以合同方式变更。保险人除了就损害须负保险赔偿责任外，还应承担估计损失费用和责任保险中的司法费用，但只限于与损失赔偿额合并计算不超过保险金额范围，此和上述《保险法》第57条规定的救助费用偿还的范围不同。两者之所以有此差异，是因为救助费用的支出一方面意在鼓励投保人或被保险人尽力防止或减轻损害，另一方面也在于重视人性上

"见毁应救"的心态，所以即使救助的结果并无任何效果可言，完全损害仍然发生，则保险人对完全损害除应负责补偿之外，救助费用也应由其承担。但对于损害估计费用，以及责任保险的司法费用应受偿还的立法理由仅在于避免被保险人所应得的损害保险赔偿，因其他费用的支出而减少。其效用在保险赔偿和估计费用或责任保险中的司法费用合并在与损害赔偿额合并计算总额不得超出保险金额时已见，无须如救助费用般打破保险金额为保险合同双方当事人所约定的最高赔偿额的原则。救助费用偿还责任的立法目的大于保险金额的立法目的，所以其范围不受保险金额的限制；而估计损失费用和责任保险的司法费用的立法目的，其重要性小于保险金额的立法目的，所以仍受保险金额的限制，即实际损失赔偿金额与估计损失费用或责任保险中的司法费用合并在与损害赔偿额合并计算总额不得超过保险金额之和。此外，不足额保险的原则也适用于估计损失费用偿还的计算，此又和救助费用相同。责任保险的司法费用因责任保险属于消极保险，所以不适用不足额保险原则。

（二）定额保险

定额保险，即定额给付的寿险合同。其保险赔偿范围的计算一般遵循下列程序：从受益人处获得完备的索赔申请书、被保险人的死亡证明，计算赔付金额，进行赔付。然而通常在理赔调查时遇到一些问题：

1. 先排除免责的可能

（1）按照我国《保险法》第43条的规定，投保人故意造成被保险人死亡、伤残或者疾病的，保险人不承担给付保险金的责任。受益人故意造成被保险人死亡、伤残、疾病的，或者故意杀害被保险人未遂的，该受益人丧失受益权。此时保险公司仍然应当给予死亡给付，但通常是其他受益人或者次顺位受益人，或作为被保险人的遗产。如果投保人通过故意杀害被保险人而取得保单，那么根据大多数人的观点，保险公司无须向任何人进行给付。[①]（2）共同受灾。如果被保险人和受益人在同一灾难中同时死亡，如前述章节论述，通常推定受益人先于被保险人死亡，但被保险人死后的较短时间内受益人仍旧存活时不在此限。（3）被保险人的自杀行为。我国《保险法》第44条规定，以被保险人死亡为给付保险金条件的合同，自合同成立或者合同效力恢复之日起二年内，被保险人自杀的，保险人不承担给付保险金的责任，但被保险人自杀时为无民事行为能力人的除外。自杀就是故意杀害自己的行为。如

---

① 投保人为保险合同的当事人，其杀害被保险人，当然使保险人免责。其不似受益人仅系合同关系人。受益人故意杀害被保险人（包括未遂），仅能剥夺其受益权，不能使保险人因此而免责。

果保单中包含自杀免责条款，并且被保险人在免责期间（通常是保单签发之后两年时间内）自杀身亡，那么保险公司将不予理赔。如果自杀免责条款中包含"在保险合同订立后两年内被保险人在神志清醒或神志不清的状况下自杀死亡，保险人不承担保险责任"的用语，保险公司通常在自杀免责期间对被保险人由于神志不清而导致的自毁行为不提供保险保障。但法院在少数案例中也会认为如果被保险人无法抵制其在神志不清状况下的冲动或由于神志不清使他无法意识到自己在做什么的情况下自杀，不能援引自杀免责条款。有些保单无自杀免责条款，保险公司进行自杀死亡给付。但被保险人购买保单时就有自杀意图和在神志清醒状态下自杀，或者被保险人的继承人就是受益人的情况下，保险公司可以拒赔。（4）被保险人失踪。依据我国《民法典》第46条的规定，如果被保险人神秘失踪，无法解释的离家已4年以上，或遭遇海船失事等意外事件下落不明2年以上，尽管进行了积极的搜寻和探访，但仍然无从知道被保险人的下落。在这种情况下，可以由法院推定被保险人死亡。被保险人宣告死亡后又重新出现，保险公司有权收回该笔死亡给付，但保险公司在质疑索赔中根据和解协议进行全额给付时不在此限。许多以失踪者的生命为保险标的的寿险保单在展期内会由于未交保险费而中止（进行死亡推定之前）。这样，受益人就必须证实被保险人在保单失效之前就已经死亡，如果受益人无法证实被保险人在保单失效之前死亡的，保险公司将不进行死亡给付。如果被保险人已经失踪，受益人应当使这份保单一直有效，直到法院宣告死亡。如果被保险人死亡之日先于保险费缴纳截止之日，保险公司应向受益人返还多交保险费同时进行死亡给付。

2. 保险给付

在排除免责事由后保险公司如果确定索赔申请属于保险责任范围，下一步就涉及付给受益人保险金的计算问题：在美国寿险实务中，保险公司付给受益人的金额通常由以下内容加总得到：（1）保单的保额，或者是保单不丧失价值条款下的已扣剩余金额（如果保单有效）。一份万能寿险保单或者变额寿险保单的面值通常随时间的变化而变化。这样，被保险人死亡之日的保单面值就是死亡给付值。（2）任一付清保险费的额外给付。（3）任一应付意外死亡给付。（4）任一预付保险费（如果保险费收据表明这些保险费应付给受益人）。（5）根据有关法律要求或保单规定，保险公司应返还在发现被保险人死亡的那个月份中的预付保险费。（6）根据州法要求或者保险公司自己的规则所应支付的利息。保险公司从以上加项中再扣除：（1）任一未偿还的保单贷款和贷款利息。（2）任一在被保险人死亡之日仍未缴纳的保险费。（3）任一提前给付条款中已经付清保险费的给付。最后的余额就是对受益人的给付额。如果死亡是自杀免责条款期间的自杀身亡，则大多数保单中保险公司的责任限于已付的保险费（不计息）。

三、给付期限

（一）保险给付期限

关于保险给付期限，我国《保险法》第 23 条规定：保险人收到被保险人或者受益人的赔偿或者给付保险金的请求后，应当及时作出核定；情形复杂的，应当在 30 日内作出核定，但合同另有约定的除外。保险人应当将核定结果通知被保险人或者受益人；对属于保险责任的，在与被保险人或者受益人达成赔偿或者给付保险金的协议后 10 日内，履行赔偿或者给付保险金义务。保险合同对赔偿或者给付保险金的期限有约定的，保险人应当按照约定履行赔偿或者给付保险金义务。保险人未及时履行前款规定义务的，除支付保险金外，还应当赔偿被保险人或者受益人因此受到的损失。关于保险人应当承担给付责任之日如何起算的问题，根据对前述条款的不同理解学说和实务存在较大分歧。第一种观点认为应当从保险人收到被保险人或者受益人的赔偿或者给付保险金的请求后 30 日内起算；但是如果投保人或者被保险人未提交保单所列索赔材料导致保险人无法核定事故原因或者损失大小时，是否还赋予保险人延迟给付利息的责任呢？存在疑问。第二种观点认为保险金延迟给付利息应当自保险人与被保险人或者受益人达成赔偿或者给付保险金的协议后 10 日内起算。但是如果保险人明确拒绝给付并通知投保人、被保险人或者受益人，后续法院判决该拒赔无效，保险人除支付保险金本金外还需要支付保险金延迟给付利息吗？如果需要支付延迟给付利息，又从何时起算呢？这些问题均存在疑问。第三种观点认为违约责任要从保险人应当承担赔付责任而拒绝承担之日起计算，保险责任的确定以保险人与被保险人达成赔偿协议为准。如果被保险人存在未及时履行事故通知义务或者提交保单所列完整理赔材料等过错，导致保险人无法确定事故原因和损失大小而让双方无法达成赔偿协议导致保险金给付过程再三拖延时，保险人是否承担延迟给付利息，存在疑问。第四种观点认为只有在被保险人因保险人延迟给付遭受损失时，保险人才承担赔偿损失之责，而无给付延迟给付利息之说。至于损失存在与否，举证责任在于被保险人或者受益人。至于该损失与民法上延迟给付造成的损失是不是同等意思，存在疑问。如果是同等意思，则损失中理所当然地包括延迟给付利息。不过延迟给付利息利率是多少？又存在疑问。本书认为除非保险合同另有约定或者被保险人或受益人能证明其他损失的事实存在，保险人延迟给付利息应当与资金占用利息相当。在我国《保险法》没有明文规定的情形下，资金占用利息就按照中国人民银行授权全国银行间同业拆借中心自 2019 年 8 月 20 日起每月发布的一年期贷款市场报价利率计算。

我国《保险法》对保险金给付时限、违约金缺乏明确的强制性规定，保险人提供的保险合同格式条款往往欠缺保险金给付时限、延迟给付利息和违约金的约定，因此实践中难以确定保险人拒绝赔付追究其违约责任的起算时间以及计算其延迟支付利息或者违约金数额。我国现行《保险法》第 23 条关于理赔时限的规定在司法适用中存在较多分歧，法院判决也是五花八门。① 保险人应当依据《保险法》及保险合同定损核赔，除非保险人的理赔违反《保险法》第 23 条第 1 款规定且被保险人或受益人有证据证明存在损失。只有保险人存在"未及时核定、超过 30 日或达成赔偿协议后未在 10 日内或约定日期内给付保险金"的情形时，被保险人或受益人才有权向保险人主张损失，否则无权主张。通过汇总有关裁判观点来看，大多数法院判决赔偿利息的依据均不足，除了未正确认识拒赔权行使的正当性外，也没有查明是否存在违反《保险法》第 23 条第 1 款规定的情形，大多是径行、任意支持。例如：只要是赔偿权利人主张利息，法院即会作出支持认定。更有甚者，在被保险人或受益人前期未索赔而直接提起诉讼的情况下，法院也支持了利息损失请求。殊不知，这种"以诉代申请索赔"的方式损害了保险人勘查保险事故、责任核定、损失核定、保险金核定的权利。本书通过汇总有关裁判观点发现，大多数裁判文书中并无保险人单独就利息提出抗辩的记载。绝大多数保险人仅在答辩中主张不承担保险责任，没有充分考虑到曲解《保险法》第 23 条的法院支持利息的高概率。在理赔争议中，保险人应当就利息请求独立提出抗辩。通常的抗辩理由包括：已经在 30 日内拒赔且拒赔理由充分，不存在适用《保险法》第 23 条第 2 款的条件；拒赔是保险人的权利，拒赔并不构成违约，"合法"的拒赔应受到人民法院支持；双方就理赔一直处于沟通中，系索赔权人未按保险人的要求补充与事故发生、性质、损失程度等理赔勘查相关的材料，造成理赔工作难以开展或拒赔的责任在于被保险人等；索赔权人并未递交索赔申请，违反《保险法》或保险合同约定，不存在适用《保险法》第 23 条第 2 款的条件。"索赔权人以诉代申请索赔"的方式损害保险人勘查事故、损失核定的权利；保险人的理赔行为未给索赔权人造成损失，索赔权人就损失未能举证证明。由

① 例如在（2018）京 01 民终 5075 号案件中，法院认为 ZH 公司于 2016 年 4 月 29 日通知事故发生，保险公司应当最迟在 2016 年 7 月 28 日进行理赔或者支付保险金，否则就应当从次日起赔偿 ZH 公司的相应利息及其他损失，即法院认定理赔时限为事故发生通知之日起 3 个月内。

于保险公司存在多种客观原因导致延迟理赔的情形，这些情形下保险人并不存在给付保险金的确定义务，因此也就不存在延期支付的所有利息、违约金的问题。为督促保险人加速履行其保险金给付义务，《保险法》修订时应如《欧盟保险合同法准则》般明确规定保险人保险金给付时限和延迟给付利息、违约金。除《保险法》规定之外，保险合同当事人双方也可以通过意思自治以特约条款方式约定可以寻求私人救济之路。《保险法》第 23 条也通过"当事人双方另有约定除外"的措辞，充分认可当事人此类特别约定的效力。

我国台湾地区对此设定补充性规定："保险人应当在投保人或者被保险人交齐证明文件后，于约定期限内给付赔偿金额。无约定期限的，应于接到通知后 15 日内给付之。保险人因可归责于自己之事由致未在前项规定期限内为给付者，应给付延迟利息年利一分。"所谓"交齐证明文件"，是指交齐足以供判断该事故属于承保范围内的危险及损害数额的文件，不以保险合同约定的证明文件为唯一判断标准。各种不同险种合同所约定的证明材料不一，常见的有保险单、诊断证明书（健康保险与意外伤害保险）、死亡证明书（健康保险与意外伤害保险）、确定判决（责任保险）、交通事故责任认定书（机动车保险）等。保险金请求权人所提供的材料若与约定证明文件具有相同的证明力，保险人不得以该文件与条款约定的证明文件不符为由拒绝承担保险责任。

（二）保险给付请求权的诉讼时效

1995 年我国《保险法》第 26 条设置了关于保险给付请求权消灭时效的规定，后来在 2009 年修订时将该请求权消灭时效改为了民事诉讼时效。

保险索赔时效是被保险人按照保险合同和有关法律规定向保险人提出索赔的时效，其内容和性质经历了一个变化的过程。我国《海商法》首先于 1992 年颁布，比 1995 年《保险法》诞生时间还早，而且自 1992 年颁布实施以来从未被修改过。《海商法》第 264 条规定："根据海上保险合同向保险人要求保险赔偿的请求权，时效期间为二年，自保险事故发生之日起计算。"1995 年《保险法》第 26 条规定："人寿保险以外的其他保险的被保险人或者受益人，对保险人请求赔偿或者给付保险金的权利，自其知道保险事故发生之日起二年不行使而消灭。人寿保险的被保险人或者受益人对保险人请求给付保险金的权利，自其知道保险事故发生之日起五年不行使而消灭"。1995 年《保险法》第 26 条曾经沿袭 1992 年《海商法》第 264 条关于海上保险合同向保险人索赔的权利从事故发生之日起算的规定。

2009 年以前，《保险法》第 26 条关于时效的规定表述为被保险人"对保险人请求赔偿或者给付保险金的权利，自……年不行使而消灭"引起的争议不断，以致有人认为其属于"除斥期间"而非"诉讼时效"。更有保险公司在媒体上发布公告，称两年内发生交通事故的被保险人必须到保险公司登记，否则不予受理索赔。很多人认为，被保险人向保险人索赔的时效，本质上属于合同一方当事人要求另一方当事人履行义务的期间限制，与民法及合同法中关于债权请求权的行使期间是一个意思，属于除斥期间的概念，不适用诉讼时效，不适用中止、中断和延长的规定。中国保监会发布的《关于对〈保险法〉有关索赔时限理解问题的批复》，以及四川省高级人民法院于 2002 年 3 月 5 日公布的《关于适用〈中华人民共和国保险法〉若干问题的规定》对此专门予以澄清，并认为《保险法》第 26 条规定的期限属于索赔时限即消灭时效。因此到 2009 年《保险法》修订时，为了避免争议，删除保险合同索赔权"消灭时效"的表述方式，明确表述为"民事诉讼时效"，实现了与《民法通则》（1986 年版）第 135 条、第 137 条的表述统一，可以适用中止、中断和延长的规定，也更充分地保护了被保险人的权益。在我国，根据 2009 年修订后的《保险法》第 26 条的规定，人寿保险以外的其他保险，诉讼时效期间为 2 年；人寿保险的诉讼时效期间为 5 年。根据特别法优先于一般法的原则，在保险索赔请求权方面，民法上关于民事诉讼时效的规定不适用，因为《保险法》第 26 条有特别规定。

（三）保险赔偿金额确定的期限

保险事故发生后，投保人、被保险人或其他享有保险赔偿（保险金）请求权人，应当及时将保险事故的发生通知保险人，使保险人能及时调查保险事故发生的原因及确定理赔的范围，同时采取其他必要行为以保全其应有的权利，如将来向第三人行使代位求偿的权利。为使保险人能完成前述行为，被保险人、投保人、受益人或其他保险赔偿请求权人应向保险人提供其所能提供的确认保险事故的性质、原因、损失程度等有关的证明和资料，保险人依照保险合同的约定，认为有关的证明和资料不完整的，应当通知投保人、被保险人或者受益人补充提供有关的证明和资料，这是保险事故发生后，投保人或被保险人一方应尽的义务。

所以，现行保险条款都按保险种类分别直接规定投保人或被保险人在请求理赔时应提供的文件及资料。但需注意的是，其范围不得超出投保人、被保险人或保险赔偿请求权人，依一般客观的事实，在合理、可能的情况下所能获得者，否则即属违反诚实信用原则，保险人不得主张因此所产生的效果。

就保险人而言，在接到保险事故发生通知后，为履行其保险合同的赔偿义务，有调查及确定理赔范围的必要，否则如果赔偿金额不确定，也无从履行保险赔偿金给付的义务。因此"保险赔偿金额确定"为保险人履行给付义务的先决要件，这也符合民法上债务履行须"确定"的原则。但为防止保险人以调查程序为借口，迟迟不确定赔偿金额，依保险法理，一方面保险人可以要求投保人或被保险人一方提供证明文件及资料，另一方面保险人在投保人或被保险人履行这项义务后应在一定期限内确定赔偿金额范围，以示公平。这就是保险法上所谓"保险赔偿金额确定的期限"，而和后述的"保险赔偿金额确定后给付的期限"不同。

1. 境外学说与立法例的探讨

（1）欧盟对于保险人应当承担赔付责任的时限规定。《欧盟保险合同法准则》将时间限制规定得非常明确。第六章（保险事故）第 6：103 条明确规定：除非保险人拒赔或者在收到索赔申请后一个月内书面通知延迟受理索赔并有明确理由，则推定保险人受理索赔请求。第 6：104 条规定保险人应在受理索赔和确定全部或者部分赔付金额后 2 周内给付。第 6：105 条规定如果保险人未依前款规定赔付保险金，索赔人有权请求该保险金自赔付到期之日起的利息，并有权就保险人延迟赔付保险金造成的其他损失获得赔偿。

（2）德国。依德国《保险合同法》第 14 条第 1 项"保险人在确定保险事故与其应负责赔偿范围所作必要的调查完成时，应给付赔偿金额"的规定可知，一旦就保险事故发生的原因与保险人应负责的范围所作的必要调查完成时，保险人即应给付赔偿金额。因保险人的延宕，或因事件的复杂性，或因其他事由，导致调查工作长期未能完成的情况也很多。这时如果保险人迟迟不给付赔偿金，对被保险人的保护显然不周全，也有失保险的宗旨，因此德国《保险合同法》在同条第 2 项规定如果此调查在保险事故通知后 1 个月内尚未完成的，被保险人可在其请求的保险金总额内，请求保险人依当时客观情形进行，相当于其应负责最小数额的部分给付，以保障被保险人。同条第 2 项规定，调查的完成因可归责于投保人的事由而受阻者，前项期间停止进行。同条第 3 项规定，免除保险人给付迟延利息的约定无效。为配合保险人给付时限的规定，德国《保险合同法》第 31 条规定了保险人在保险事故发生后，可以要求被保险人提供必要资料以确定保险事故或保险人履行责任的范围。

（3）法国。《保险合同法》第 14 条第 1 项规定："事故发生或合同期满时，保险人应在约定期间内负损失赔偿金或根据保险合同规定支付保险金的义务。"所以法国立法例原则上任由当事人自行约定保险人赔偿金给付期限。但如果无约定时如何，则无明文规定。通说认为，为了确定损害额及其他费用，应依据一定的程序，应有一定的期间，被保险人才能请求，也就是须等补偿金额确定后，才是保险人给付的时期。由此可知，法国的立法例未将"损失范围确定的期限"和"确定的给付期限"加以区分，且损失范围确定的时期是什么，也未加以规定。

（4）日本。因保险事故发生时被保险人遭受的损失即已具体化，但保险人应在何时给付赔偿金，日本《保险法》并无明文规定。在生存保险中，被保险人在保险合同期满后仍生存时，即应给付；在死亡保险中，原则上被保险人在保险期间内死亡，其死因属于承保范围内时即应给付。而损害保险部分则较为复杂，通常解释以损害额确定时为标准，但当事人均以特约规定应在被保险人完成一定请求付款程序后一定期间内支付，也就是即使损害额已经确定，仍需等被保险人请求付款并经一定期间后才能给付。

（5）英美。从各个险种的保险单与判例中可知，英美通例认为损失证明文件交付于保险人时，为应付赔偿金额确定时，保险人应在收到损失说明书（Proof of Loss）后一定期间内给付。其实务与公理上认为公估人或理算人是受保险人委托，也就是保险人的特别代理人（Special Agent），其就有关估算与确定损失范围内所作的决定，原则上与保险人本身所作的决定效果相同，即具有表面证据（Prima Facie）的效果。理算人就被保险人的损失出具证明的赔偿金额，原则人是代表保险人作出承诺，保险人在接到损失人说明书后一定期间内即应支付。如美国纽约标准火灾保险单即载明保险人在接到损失说明书后60日内应予以给付可为例证。在人寿保险方面，美国保险监理官协会（NAIC）于1990年制定了《反不公平理赔法》，强调保险公司要及时进行理赔调查，及时处理在其合理保障责任范围内的任一索赔，该示范法还禁止有关保险保障的不实告知以及索赔延误。NAIC还制定了《反不公平寿险、意外事故险和健康险理赔模范管理条例》，作为对该《反不公平理赔法》的补充。大约有一半的州根据该模范管理条例或相关法律制定了本州的法规。根据模范管理条例制定的有关法规规定：保险公司在收到索赔通知之后的15日内必须向索赔人出具理赔书。一旦收到有关的损失证据，保险公司必须在一个合理的时间段对该索赔进行确认或者否决，并在确认后的30日内支付这笔无争议的死亡给付。对于每笔给付，保险公司都必须提供给付理由。其中必须包括对给付金额计算的合理解释。对于健康险理赔，还必须包括证明人的姓名（也就是医生、医院或者医疗机构里的其他证明人）以及所提供的保障服务和服务日期的解释。另外，保险公司必须在15日内，针对临近的理赔对索赔人进行书面答复。如果保险公司决定否决该索赔，则它必须在15日的决定时间内，向索赔人送交一份否决索赔的书面通知。否决索赔可能导致法律诉讼，败诉的保险公司付出的代价是昂贵的，包括支付律师费、诉讼费、原告精神赔偿金、惩罚性罚款，此外还有合同赔付等。

综合上述各国（地区）的立法例与学说，可知德国《保险合同法》规定最为周详，并兼顾保险人与被保险人的利益，法国、日本的通说虽然认为原则上保险人在损失赔偿金额确定后才予以给付，但因法无明文，所以多依赖当事人条款补充，较易产生疑义；至于英美法例，其损失补偿金额确定时点与大陆法系国家不同，也值得我们注意。有关保险赔偿金额确定的期限的立法理由已如上述，但何谓"保险赔偿金额确定期限"之时？依本书的见解，所谓"赔偿金额确定"指保险人和被保险人或其他有赔偿请求权人，就赔偿金额达成一致，而因此具有拘束双方当事人的情形，其方式可能为协议、和解、邀公估人或理算人勘估、仲裁诉讼等。

2. 赔偿金额确定期限的起算点

保险赔偿金额的确定，是指双方当事人就赔偿范围达成一致的意思表示。保险人在保险事故发生后，可能借调查程序拖延保险赔偿金额的给付。为解决此问题，有以期限的规定督促保险人尽快确定保险赔偿金额的范例。

关于此期限规定的立法例，大致有下列两种：

（1）以保险事故发生的通知并初次提出索赔请求之日为期间计算的起点，规定在一定期间内保险人必须完成调查、估算程序，确定保险赔偿金额作为给付到期的要件，但如果保险人的调查因被保险人的缘故而无法进行时，此期间停止进行。

（2）保险事故发生后，以被保险人或其他保险赔偿请求权人在履行提交损失证明，或其他相关文件资料义务后为期间的起算点。而后保险人必须在一定期间内完成调查、估算的程序，但如果可归责于保险人的事由不在此限。

第二种立法例以被保险人已提交有关证明文件资料为期间的开始，似较为合理。因为保险人在保险事故发生后自接到通知时起即可以主动开始调查、估算的程序，但关于保险事故发生的原因及损失范围的情况，被保险人方面应较熟悉，这也是保险法上应规定被保险人有按保险人的要求提交相关证明文件资料的原因。所以，在被保险人未提交这些证明文件之前实在不应开始计算期间。反观第一种立法例，虽然乍看之下似乎以保险事故发生通知后即开始计算期间，对保险人较为不利，但其中因有"保险人的调查因被保险人的缘故无法进行时，此期间停止进行"的规定，所以被保险人不依保险人的要求提出相关证明文件资料时，该期间无法继续进行。据此，两种立法例的基本原则实无差异，不同的只是期间的长短及违反的效果而已。

为督促保险人尽快确定保险赔偿的金额，我国《保险法》第 23 条第 1 款、第 2 款规定："保险人收到被保险人或者受益人的赔偿或者给付保险金的请求后，应当及时作出核定；情形复杂的，应当在三十日内作出核定……保险人未及时履行前款规定义务的，除支付保险金外，应当赔偿被保险人或者受益人因此受到的损失。"第25条规定："保险人自收到赔偿或者给付保险金的请求和有关证明、资料之日起六十日内，对其赔偿或者给付保险金的数额不能确定的，应当根据已有证明和资料可以确定的数额先予支付；保险人最终确定赔偿或者给付保险金的数额后，应当支付相应的差额。"由上述两条的规定可知，我国《保险法》以"索赔请求的30日内作出损失核定"+"索赔请求后60日内先予支付可以确定的数额"的方式督促保险人及时给付保险赔偿额。为保护被保险人，使其在提出赔偿或者给付保险金的请求和有关证明、资料之后，能尽早获得保险赔偿金，第25条后段规定，保险人或因异议或因其他因素致无法在60日内估定损失时，应先给付可以确定的赔偿金额，但这种给付仅具有暂时的效力而已，剩余赔偿或者保险金的给付，仍有待将来保险人的损失的最后估定，对此法律并无时间限制。

此外，我国《保险法》第23条有关督促保险人确定保险赔偿金额的规定，不仅适用于财产保险的范围，而且及于人身保险。这从德国保险合同法将督促保险人确定保险赔偿金额的规定置于总则篇中①也可知。就保险的性质而言，人身保险中保险金额的确定貌似没有什么估算上的困难，但死亡原因或属疾病、分娩、意外伤害等保险却存在调查估算的问题。保险人在接到相关证明文件资料后，仍有调查估算损失和鉴定伤残程度的必要。

我国《保险法》第23条为保护被保险人在保险事故发生后，尽快获得保险赔偿金，直接采取前述第一种立法例，强制以保险人收到被保险人或者受益人的赔偿或者给付保险金的请求之日后30日内，而非被保险人提交全部理赔申请材料后30日内核定保险赔偿的金额，防止保险人拖延调查估算程序。但这种立法方式是否有实际可操作性存疑。因为大多数情况下投保人、受益人等在出险后会口头通知保险人然后提交初步的索赔材料，但肯定不全，保险人据此仍难以确定事故责任和损失。加之第23条第1款未明确赔偿或给付保险金的请求究竟是口头索赔通知、初步索赔材料还是完整的索赔材料，这关系到赔偿金额确定时限的起算点。《保险法》对此语焉

---

① 德国《保险合同法》第14条（保险金的支付日）规定：（1）在证明保险事故发生和保险人责任范围的必要调查完成后，保险人有义务向被保险人赔付保险金。（2）如果在投保人向保险人请求理赔后1个月内上述调查仍未完成，则投保人可以请求保险人先行支付部分保险金。如果上述调查未能完成的原因是基于投保人的部分过错，则上述1个月期间将会暂停计算。（3）双方当事人达成的关于保险人可以免予支付延迟利息的约定无效。

不详，给保险实务造成混乱。另外也未顾及保险人"调查事实真相"的权益，因为复杂的理赔案件（还涉及多次补充证据等情况）不可能在30日内完成，因此《保险法》第23条自索赔提出之日起30日内核定损失的规定实不可采。虽然《保险法》规定自首次索赔之日起算，但存在扣除补充材料期间，而双方对何种材料提交完毕才足以认定损失常常争议不休，导致无法准确界定保险损失核定期限何时届满。为兼顾双方当事人的权益，应当将投保人、被保险人、受益人补充提交完全符合保险人理赔要求材料的时间作为该30日的起算日，从而将因被保险人和受益人的原因导致的补充材料的时间剔除。我国《保险法司法解释（二）》第15条规定：《保险法》第23条规定的30日核定期间，应自保险人初次收到索赔请求及投保人、被保险人或者受益人提供的有关证明和资料之日起算。保险人主张扣除投保人、被保险人或者受益人补充提供有关证明和资料期间的，人民法院应予支持。扣除期间自保险人根据《保险法》第22条规定作出的通知到达投保人、被保险人或者受益人之日起，至投保人、被保险人或者受益人按照通知要求补充提供的有关证明和资料到达保险人之日止。多数其他国家立法例也有同样做法，例如规定理赔时限开始计算后，此段补充证据的期间应当停止计算，直到保险人收到全部材料。

（四）保险赔偿金额确定后给付的期限

为使被保险人或其他保险赔偿请求权人在保险事故发生后能尽快获得保险赔偿金，《保险法》一方面规定有关保险赔偿金额确定期限的问题，另一方面则须对保险人在赔偿金额确定后给付的期限加以规定。关于前者，上文已详述，这里主要论述属于后者的问题。

根据我国《保险法》第23条及第24条的规定，应付的赔偿金额确定后，关于赔偿金的给付期限，合同有约定的从其约定。如果没有约定，则保险人必须在与被保险人或者受益人达成有关赔偿或者给付保险金额的协议后10日内履行赔偿或给付保险金义务；对于不属于保险责任的，应在核定之日起3日内发出拒赔通知。

（五）违反支付赔偿义务的法律后果

根据《保险法》第23条第2款的规定，保险人承担赔偿责任的前提仍然是被保险人遭受的损失应与保险人"未及时"履行赔付义务两者之间存在因果关系。在司法实践中，各地法院较为一致的观点是，在保险人未及时履行理赔义务时，被保险人或受益人向保险人主张保险金利息损失或资金占用损失与其通常具有因果关系。但是，对被保险人或受益人主张的其他类型损失（如间接损失），法院通常以损失与保险人未履行义务之间不具备因果关系为由予以拒绝。比如，在和平安保险与天宇公司财产保险纠纷案类似的孙国华、中国人民财产保险股份有限公司成都市分公司财产保险合同纠纷案（上海金融法院公布 2020 年度典型案例）中，尽管被保险人也选择了主张营运损失，法院则认为被保险人完全可先行支付修理费用进行维修后，再向保险公司主张赔付，该损失的产生是原告选择的结果，保险公司并无过错，故无须承担赔偿责任。因此，本书认为：尽管平安保险与天宇公司财产保险纠纷案作为最高人民法院公布的全国十大商事案件中唯一的保险案件，但是受制于《保险法》第 23 条第 2 款对损失因果关系的要求，在被保险人或受益人提出类似性质的损失索赔时，该损失与保险人未及时履行赔付义务之间是否存在法律上的因果关系，仍然会成为法院审查的重点。据此，在具体个案处理中，我们倾向于认为法院仍然会结合案件事实、合同条款约定、合同履行情况等综合判定保险人是否应承担保险公司迟延赔付（本案为延迟同意修理）造成的停运损失等其他类型的损失，而未必会机械地参照平安保险与天宇公司财产保险纠纷案的意见作为裁判依据。

第二节　保险人提供缔约信息义务

一、境外立法例研究

《欧盟保险合同法准则》将该义务分为合同成立前的信息提供义务和合同成立后的信息提供义务。对于合同成立前的信息提供义务，《欧盟保险合同法准则》第 2 节规定了订立合同前相关文本的提供义务、就承保范围不一致的警示义务、就承保期间开始的警示义务。对于保险人违反就承保范围不一致的警示义务，保险人须向保单持有人就由此发生的全部损失予以补偿，但其违反义务无过错时除外；同时保单持有人有权自其知道保险人违约之日起两个月以书面通知终止合同；对于保险人违反就承保期间开始的警示义务，保险人须向保单持有人就由此发生的全部损失予以补偿。对于合同成立后的保险人信息提供义务，《欧盟保险合同法准则》第 7 节第 2：702 条规定：经保单持有人请求，保险人应该向其提供下述有关信息：（a）对保险人合理期待的、关乎合同履行的全部事项；（b）保险人就同类保险合同提供的新版标准条款。

关于缔约前的信息提供义务，我国《保险法》虽然无明文要求，但似乎只有《保险法》第 17 条的明确说明义务与之类似。虽然保险学术和实务界均将保险免责条款明确说明义务视为一种先合同义务，但该义务并不等同于缔约前的信息提供义务。有学者专门为此撰文建议借鉴境外保险法发达国家（地区）有关缔约信息义务的立法和司法判例，希望引起我们对立法的重视。①

二、免责条款的明确说明义务

《保险法》第17条规定的明确说明义务也是告知义务的一种，属于先合同义务。违反说明义务的违约后果是该免责和限责条款不生效。本条是关于保险人的说明义务与免责条款明确说明义务的规定。保险人的说明义务既包括对保险合同内容的一般说明义务，更包括对免责条款的明确说明义务。针对该条的明确说明义务，分述如下五点。

（一）什么是"说明义务"

说明义务是诚实信用原则在保险合同订立过程中的具体体现。保险合同条款大都由保险人制定，而投保人常常受到专业知识的限制，对保险业务和保险合同条款不熟悉，加之对合同条款内容的理解也可能发生偏差、误解，均可能导致被保险人、受益人在保险事故或保险事件发生后，得不到预期的保险保障而产生歧义，引发纠纷。因此，保险人在订立保险合同时应当按照最大诚信原则，对保险合同条款的内容作出说明，使投保人正确理解合同内容、保障范围、责任承担，从而自愿投保。

（二）明确说明的对象

保险合同采用书面的格式条款，而格式条款是由保险人单方提出的，投保人只能概括地表示接受。我国《保险法》考虑到保险合同与普通合同在条款形式、确立及内容平等协商性方面存在的差异，故在第17条第1款明确规定："订立保险合同，采用保险人提供的格式条款的，保险人向投保人提供的投保单应当附格式条款，保险人应当向投保人说明合同的内容。"从该规定看，明确说明的对象必须是保险合同中约定的免责条款而且是免除（不包括减轻）保险人责任的条款；对于保险合同中约定的免除保险人责任之外的条款，保险人仅仅负担一般说明义务，而无明确说明义务。保险合同中免责条款的"明确说明"，不同于其他合同缔约前的告知，也不同于保险合同中非免责条款的一般说明。保险法强调对免责条款必须明确说明，意味着免责条款不仅要像其他条款那样印制在保险单上，而且应将免责条款的含义清晰明白、确定无疑地向投保人解释清楚。因为保险合同中有许多免责条款所用术语系

---

① 参见曹兴权：《保险缔约信息义务制度研究》，西南政法大学2003年博士学位论文。

保险专业用语，具有特定的内涵和外延，如果不加以明确说明，投保人往往会忽视其免责条款，或虽注意到该免责条款，但因各方面局限，投保人或被保险人也不会全面准确了解其含义。例如，机动车辆保险单载明：由于自燃、磨损、朽蚀、故障、轮胎爆裂、人工直接供油、明火烘烤造成保险车辆损失的，保险人不负责赔偿。但何谓"自燃""朽蚀"或"故障"，常难以准确理解，就是专业人员对此的解释恐怕也不尽一致。保险人未向投保人明确说明，投保人就不知"自燃"到底是指哪一种含义，也就没有对免责条款的判断和承诺，该免责条款也就不应产生效力。我国《保险法司法解释（二）》第9条规定："保险人提供的格式合同文本中的责任免除条款、免赔额、免赔率、比例赔付或者给付等免除或者减轻保险人责任的条款，可以认定为保险法第十七条第二款规定的'免除保险人责任的条款'。保险人因投保人、被保险人违反法定或者约定义务，享有解除合同权利的条款，不属于保险法第十七条第二款规定的'免除保险人责任的条款'。"

（三）"明确说明"的标准

明确说明需要符合以下几个标准：1. 明确说明是对免责条款的解释。2. 明确说明是保险人及其代理人就免责条款针对投保人个体的积极解释行为。3. 明确说明的结果是使投保人个体明了免责条款的具体内容、真实含义和法律后果。

（四）"明确说明"的方式

关于对免责条款明确说明的方式是口头的还是书面的在所不限。但在诉讼中，保险人应对自己已履行了明确说明义务负举证责任，否则应承担对其不利的裁判结果。从审判实践看，除投保人承认外，保险人以口头方式明确说明免责条款的，应提供口头向投保人明确说明的笔录、音像资料等；保险人主张以书面方式明确说明的，保险人应提供投保人阅后签字的明确说明内容。根据《保险法》第17条第2款的规定，保险人在订立合同时应当在投保单、保险单或者其他保险凭证上作出足以引起投保人注意的提示，并对该条款的内容以书面或者口头形式向投保人作出明确说明。保险人的说明是否清楚，应以正常的普通人能够理解的程度为限。保险人说明不清，视为未尽说明义务。《山东省高级人民法院关于审理保险合同纠纷案件若干问题的意见（试行）》明确规定："保险人在投保单、保险单或其他保险凭证上对免除保险人责任条款有显著标志（如字体加粗、加大或者颜色相异等），或者对全部免除保险人责任条款及说明内容单独印刷，并对此附有'投保人声明'或单独制作的'投保人声明书'，投保人已签字确认表示对免责条款的概念、内容及其法律后果均已经明了的，一般应认定保险人已履行提示和明确说明义务。但投保人有证据证明保险人未实际进行提示或明确说明的除外。"

由于在保险实践中，在明确说明义务的具体适用问题上各级法院的认识是存在差异的，因此免责条款效力的认定就要视履行明确说明义务的具体方式和效果等具体情况由法院自由裁量。《最高人民法院研究室关于对〈保险法〉第十七条规定的"明确说明"应如何理解的问题的答复》（法研〔2000〕5号）作出了具体化的解释，即"明确说明"是指保险人在与投保人签订保险合同之前或者签订保险合同之时，对于保险合同中所约定的免责条款，除了在保险单上提示投保人注意外，还应当对有关免责条款的概念、内容及其法律后果等，以书面或者口头形式向投保人或者其代理人作出解释，以使投保人明白该条款的真实含义和法律后果。需要说明的是，本条第2款中的"提示"的要求是足以引起投保人注意，否则就不能算作履行了"提示"义务，免责条款不能生效。有些保险公司在保单的最下角用小字体印着"请注意本合同中的免责条款"以对免责条款进行提示，显然这样过于简单且不显眼的提示根本不能足以引起投保人的注意。对于"足以引起投保人注意"的衡量标准，按照《保险法司法解释（二）》第11条至第13条的规定，"提示"至少应达到下列标准：（1）保单中的免责提示的字体必须大于其周围文字的字体；（2）提示应当在保单的显眼位置；（3）提示应当说明保险条款免责部分的具体条款（当然条款必须给投保人，并且应留下记录）；（4）保险条款中的免责部分应当加大加黑印刷。但是在一起具体案例中，保险公司在承保之前依行业惯例要求投保人签署了一份"声明与授权"，其中投保人声明保险人已经履行了免责条款明确说明义务，该"声明与授权"的效力被法院否定。保险法规定只要保险人在订立保险合同时在投保单、保险单或者其他保险凭证上作出黑体的提示，能够足以引起投保人注意，并对责任免除条款的内容以书面或者口头形式向投保人作出说明，就应当认定已经履行了对免责条款的明确说明义务。《保险法司法解释（二）》第10条规定："保险人将法律、行政法规中的禁止性规定情形作为保险合同免责条款的免责事由，保险人对该条款作出提示后，投保人、被保险人或者受益人以保险人未履行明确说明义务为由主张该条款不成为合同内容的，人民法院不予支持。"可见，对于法律和行政法规中的禁止性规定，保险人仅经过提示即可，"说明义务"的标准比其他免责条款要低得多。

（五）未明确说明的法律后果

《保险法》第17条明确规定："……未作提示或者明确说明的，该条款不产生效力。""责任免除条款"中包含有通常人不易理解的专门术语时，保险人对其概念、内容及其法律后果等所作的解释与说明，应当达到通常人所能理解的程度，否则该"免责条款"不产生效力。《保险法司法解释（二）》第13条规定："保险人对其履行了明确说明义务负举证责任。投保人对保险人履行了符合本解释第十一条第二款要求的明确说明义务在相关文书上签字、盖章或者以其他形式予以确认的，应当认定保险人履行了该项义务。但另有证据证明保险人未履行明确说明义务的除外。"如投保人能够提供其他证据证明保险人确实未履行明确说明义务的，保险人在诉讼中虽提交了具有投保人亲自签字或盖章的投保声明书，或包含投保声明栏的相关文书，关于免除保险人责任的条款仍不生效。

三、义务的争议

（一）问题的提出

2013年《保险法司法解释（二）》第9条至第13条用五个条文规定了保险人的说明义务，包括免责条款范围、法定禁止性条款提示、提示及明确说明的履行方式、非传统型保险说明义务的履行和举证责任的分配等内容。我国《保险法》第17条明确规定违反说明义务的后果是该条款不生效。如果保险人对某些免责或者限责条款未明确说明，灾害损失即使不在保险赔偿范围内，保险人仍然需要承担全额的赔付责任，而从来不考虑保险人是否存在主观恶意以及该未明确说明是否必然导致事故的发生，违背违约责任追究之基本法理。

保险人明确说明义务一方面在约束保险人滥用市场优势地位侵犯保险消费者知情权与维护保险市场诚信方面具有重要的理论意义，但是另一方面在司法中对被保险人利益的绝对保护，对保险人过度苛刻的要求饱受诟病。说明义务如何实现均衡保险合同双方当事人权益的功能，还有待未来修订《保险法》时予以完善。以往绝大多数法院均认为保险人未以显著的方式标注不能达到明确说明的法定要求而判决免责条款无效；即使保险人显著标注，并且投保人在"声明栏"签字认可保险人已经就相关免责条款进行了释明，法院仍会声称投保人未能理解相关免责条款的具体含义而判决保险公司败诉或者仅仅以"无法证明向投保人进行了解释说明"或者"未能举证曾经向投保人解释说明"而简单地否认保险人履行说明义务的种种努力。[①] 已经有学者开始认识到保险人说明义务的实践运行与预期的立法目的相悖，使

---

① 张怡：《论保险人说明义务之立法重构——兼评我国〈保险法〉第17条之规定》，载尹田主编：《保险法前沿》（第6辑），光明日报出版社2020年版，第129页。

其无论在理论上还是实务操作上均陷入困境。

原《合同法》第39条早就规定"提供格式条款的一方……采取合理的方式提请对方注意免除或者限制其责任的条款,按照对方的要求,对该条款予以说明"。可见依照要求进行说明并进行信息提供作为合同的一项附随义务,缔约双方均需遵守诚信原则协助对方实现合同目的。根据我国《消费者权益保护法》第26条第1款的规定:经营者使用格式合同的,应当以显著的方式提请消费者注意……,并按消费者的要求予以说明。可见格式合同使用者在消费者合同中承担比普通买卖合同程度更高的先合同义务——按要求说明外加提请注意义务。《中国人民银行金融消费者权益保护实施办法》(中国人民银行令〔2020〕第5号)第2条明确将金融消费者定义为"购买、使用银行、支付机构提供的金融产品或者服务的自然人"。2018年4月27日《中国人民银行、中国银行保险监督管理委员会、中国证券监督管理委员会、国家外汇管理局关于规范金融机构资产管理业务的指导意见》正式发布,"卖者尽责"和"买者自负"是资管业务的根本要求。卖者如果不"尽责",甚至有欺诈误导,就不应要求买者"自负",反而卖者要承担一定的赔偿责任,甚至多倍处罚。对此,2019年11月《九民纪要》第五部分"关于金融消费者权益保护纠纷案件的审理"已经从适当性义务、卖方举证责任、损失赔偿数额等方面进行了明确。《九民纪要》对适当性义务的适用范围采用了"高风险等级金融产品和高风险等级金融服务"的概念,但在《全国法院民商事审判工作会议纪要理解与适用》中却将范围拓展至"包括存款外的所有具有本金损失可能性的金融产品和服务"。事实上,评价金融产品适当性与否的标准绝不仅限于"风险适当性",金融产品的配置期限、属性与目的、客户的知识与经验等方面,均可能发生由错配导致的争议。在实践中,应切实将"金融消费者是否充分了解相关金融产品、投资活动的性质及风险并在此基础上作出自主决定"作为关键。卖方机构能证明其已经履行了适当性义务的,才会在纠纷解决中占据优势。即使在更加注重信息披露的金融消费领域,如证券交易、银行信贷,金融消费者也要有自行收集和处理信息的注意义务,强调卖者尽责、买者自负的风险合理分担原则,但是保险领域保险人的明确说明义务已经异化为主动全面的明确说明义务,强调确保信息弱者的完全理解,在利益平衡与权力分配上明显失当。

保险合同是格式合同的一种,应当适用《民法典》关于格式条款的说明义务。《民法典》第496条的规定基本延续原《合同法》第39条的规定,与《保险法》第17条关于格式条款的范围和效力认定的规定明显存在差异。这种差异主要表现在:(1)提示和说明范围不同。《民法典》的范围为免除或者减轻其责任等与对方有重大利害关系的条款，而保险法仅限于免除保险人责任的条款。（2）义务履行的标准不同。《民法典》要求采取合理的方式提示并按照对方要求对该条款进行说明，而《保险法》规定的是"作出足以引起投保人注意的提示，并对该条款的内容以书面或者口头形式向投保人作出明确说明"。这表明：①两者提示的标准一致，《民法典》要求格式条款提供方"采取合理的方式"，其虽然未明确利害关系条款的提醒方式，但是可沿用《合同法司法解释（二）》关于"在合同订立时采用足以引起对方注意的文字、符号、字体等特别标识"，与保险法规定提示必须"足以引起投保人注意"是一致的，提示义务履行标准并没有降低。②说明的标准方面不同，《民法典》关于说明义务履行的前提是对方提出要求；且保险法无论对方要求与否都必须以书面或者口头形式向投保人作出说明，而且是"明确"（标准更高）；《民法典》要求未履行提示和说明义务，致使对方没有"注意或者理解"，《保险法》仅规定没有"引起注意"即可。（3）义务履行对象和不履行的后果不一致。《民法典》规定的是该所有利害关系条款"不成为合同的内容"，《保险法》规定的仅限于免除保险人责任的条款"不产生效力"，虽然措辞有差异但都产生"不适用"的相同效果；显然利害关系条款是包括但不限于免责条款在内的，《民法典》需说明的对象范围更广。（4）格式条款无效的范围不同。《民法典》第497条规定的三种格式条款，无论格式条款提供方是否履行提示和说明义务均无效；而《保险法》第19条仅仅规定两种情形无效。显然《民法典》格式条款无效情形范围要比《保险法》宽。两项条文规定的不一致会导致法律适用裁判标准的差异。

（二）明确说明义务制度的完善

1. 建议删除《保险法》第17条的规定

综观境外的立法例和司法判例，均没有将免责和限责条款明确说明义务规定为保险人的一项强制性义务，只有我国《保险法》规定"明确说明"是保险人的一项义务。

本书建议同时删除我国《保险法》第17条、第19条、第30条的规定，沿用《民法典》第496条至第498条关于格式条款的规定，同样可以起到保护保单持有人的效果，且可以避免司法适用的混乱。① 我国《民法典》与《保险法》关于限免责任等格式条款最大的区别在于在《民法典》项下对于限免责任等利害关系条款，只有在投保人要求的情况下保险人才有说明的义务；而《保险法》则要求保险人对限免责任条款有全面主动明确说明义务，形成过分偏袒投保人、片面苛责保险人的失

---

① 周玉华：《民法典实施背景下保险法若干疑难问题研究》，载《法学评论》2021年第6期。

衡局面，实际效果也证明严重偏离立法初衷，反而是被动的询问回答方式可以达到两者之间的平衡。保险人说明义务的重构应该回归到普通合同格式条款的说明义务上来，即应放在形式化的、被动的信息提供义务与询问回答义务上面来，未来《保险法》修订时即使保留该第 17 条规定也有必要严格限制其适用的条件。1995 年颁布实施的《保险法》距今已有近三十年，民众保险知识已经普及和提高。本书认为，在《民法典》对格式条款已有明文规定的情况下有必要审视《保险法》第 17 条免责条款单独继续存在的合理性和必要性。目前也有为达到让保险公司全赔的目的，将体现对价平衡原则的保险业风险控制的商业惯例和约定（例如人身伤残损害赔偿比例给付、道交险按事故责任比例赔付等）、道交肇事逃逸等法定免赔事项也确定为免责条款，因保险人未明确说明也被扩大性地均认定无效。

如果剥夺保险人风险控制的手段和权利，将威胁保险业的健康持续经营。由于立法强化司法给予的投保人的倾斜性保护，保险消费者缔约时不注意合同细节，事后以不知为由滥用"说明义务"万能抗辩权力，有可能纵容投保人不当索赔与恶意诉讼。保险人支付赔款的钱不是自己的钱，都是投保人保险费积累而成的保险共同体，在成员发生事故需要补偿时提供经济资助以分散及消化危机。免责条款就是保险人基于充分的保险精算技术进行风险控制和转移的合理手段。免责条款的存在对保险共同体的经营具有正当性，保险人收取保险费是其承担保险责任的代价，通过免责条款的设置保险人可以过滤和剔除依照精算技术无法承担和无法估计的风险，维持保险技术层面的对价平衡。[①] 保险业不是承保所有的风险，投保人主动甄别其欲转嫁的风险类型、知悉所购保险商品的承保范围是包括保险交易在内的所有商业交易顺利实施的基本要求。投保人本着"买者自慎"的原则慎重对待自己的权利，阅读理解合同条款并就疑问向保险人寻求解答系投保人的不真正义务。投保人在保险合同协商订立的过程中负有阅读保险条款、就歧义或者不理解之处向保险人进行询问及对自己的签名认可负有法律责任的义务。该义务系属于投保人的不真正义务。对该义务的不履行，客观上不需承担损害赔偿责任，但可以让其权利遭受减损或丧失部分权益。目前说明义务赋予投保人的过度保护俨然成为否定保险格式条款的效力与投保人滥用权利的挡箭牌。

2. 用保险人的信息提供义务取代明确说明义务

我国保险立法对保险格式条款的规制采取区分原则，根据条款是否"免除保险

---

① 武亦文、杨勇：《保险法对价平衡论》，载《华东政法大学学报》2018 年第 2 期。

人责任",保险人分别承担"说明"和"提示+明确说明"义务。目前司法实务界认定保险人未尽说明义务的比例仍占绝大多数,其中仅以保险人"未能举证"作为判决理由的标准。产生此种情况的原因主要有:(1)"免除保险人责任"概念的宽泛性与模糊性。《保险法司法解释(二)》第19条的开放式规定并未起到合理确定条款范围的作用,最高人民法院对明确说明的范围采"折中论"。(2)对说明程度的实质判断标准。《保险法司法解释(二)》第13条第2款举证责任倒置的规定并不能脱离该解释第11条第2款独立存在,举证责任倒置的规定少有适用余地。(3)保险人说明义务具有主动性,与民事责任的严厉性结合,加剧了说明义务制度的"异化"。

因此,作为意外条款排除规则的《保险法》第17条承担了本应由第19条内容控制条款及第30条不利解释规则承担的实质判断功能,导致保险人说明义务制度容易演变为否认条款效力较简单的工具,阻碍了司法实践对条款内容公平性的探讨甚至抑制了内容控制规则的发展。从理论基础到审判实践,保险人说明义务面临"形式化危机"。保险公司作为企业,如果无法通过依法履行合理、明确的信息提供义务来免除自身特定责任,将难以正确衡量风险并限制企业行为,最终损害公共利益。而投保人作为消费者,负有一定程度的合同阅读义务,对其"家长式"的保护会造成另一种形式的不公。投保人签字及声明的签署应成为投保人履行阅读义务的初步证据,即保险人履行说明义务的初步证据,以实现举证责任的转换。

(三)保险人说明义务的重新定位

解决我国现行法上保险人说明义务过度问题的关键在于使其回归意外条款排除规则这一程序属性上,并通过以下手段缓和形式化标准可能存在的缺乏弹性问题。

1. 在坚持程序判断规则前提下,明确说明义务的强度应根据条款重要性作出调整。为避免回到实质审查的老路,对明确说明义务的衡量仍应以形式审查为落脚点,满足规定程序的条款均应纳入合同,再以内容控制规则进行第二轮审查。同时,应坚守说明义务的履行上限,当保险人以符合法律规定的加粗、加黑条款及投保人声明等形式履行说明义务时,应启动举证责任倒置,实现信息传递风险在提供方与接受方之间的合理配置。

2. 区分条款的订立与生效,强化内容控制规则的运用。①《保险法》第17条程序性功能的回归,使第19条的内容控制的实质判断功能和第30条的不利解释功能得

---

① 钱思雯:《保险人说明义务之解构与体系化回归》,载《保险研究》2017年第9期。

以拓展。应在实践中对不公平保险格式条款进行类型化总结，并建立起"黑名单""灰名单"制度，构建保险公司与投保人之间稳定的预期。

3. 以信息提供义务取代明确说明义务。我国《保险法》第17条规定的明确说明义务是境外保险立法未规定的，是格式条款制度的过度强化，建议用《欧盟保险合同法准则》、德国《保险合同法》等境外立法例中规定的信息提供义务加以取代，以实现价值的回归和利益的均衡。例如2008年德国《保险合同法》修订时新增的第7条第1款规定了信息提供义务："保险人应在投保人发出其意思表示前以文本形式及时向其提供自己的合同规定，包括一般保险条款以及依第2款颁布的条例中确定的信息。通知应以与所使用的通信手段相适应的方式清楚、明白地传达。合同经投保人请求以电话方式或者其他无法在投保人发出意思表示前以文本形式提供方式订立的，该信息必须在合同订立后毫不迟延地补正；即便投保人在发出其意思表示之前以特别的书面形式明确放弃那些信息，亦是如此。"根据同条第2款的授权制定的《德国保险合同信息义务条例》共有7个条文，分别就保险人在订立所有保险合同时应当提供的信息和订立人身保险及健康保险合同时应当额外提供的信息作了细致的规定。2018年德国《保险合同法》又增订第7a—7d条，进一步完善了捆绑销售、保险投资产品以及特定团体保险的保险人信息提供义务。除保险人的信息提供义务外，德国法上改善保险合同双方信息不对称地位、保障投保人自主决定权的制度还有德国《保险合同法》第6条规定的保险人的咨询义务。与保险人的信息提供义务相比，德国《保险合同法》第6条规定的咨询义务是个性化的，需要考虑投保人订立保险合同时的具体需要。此外，保险格式合同意外条款排除规则（必须满足《德国民法典》第305条及以下条文对一般交易条款订入控制的要求）在某种意义上也具有为保险消费者提供信息的功能，因为保险合同双方当事人的权利和义务几乎都由保险格式条款确定。保险人的信息提供义务、保险人的咨询义务和保险格式合同意外条款排除规则（限免条款的明确说明）这三种信息提供制度相互配合，共同构成德国保险消费者自主决定权保障的完整体系。

4. 根据保险合同性质确认信息提供范围并明确违反的法律后果。区分不同种类保险合同确认不同的信息提供范围，如财产保险与人身保险信息披露的范围存在区别。此外，金融属性越强的保险合同，在信息提供广度上应越接近于同类型的金融产品，更偏向于以信息披露制度进行公法上的监管。为确保保险人能够及时履行其信息提供义务，德国《保险合同法》给予撤回权和履行请求权、损害赔偿请求权两种救济手段。德国《保险合同法》第8条第2款第1项规定，如果保险人未以书面形式将保险单、包括一般保险条款在内的合同规定以及第 7 条第 1 款和第 2 款规定的其他信息送达投保人，撤回权将不起算。如果保险人未按照第 7 条的规定在投保人发出意思表示之前，而是之后才提供相关信息，撤回权的期限自相关信息到达投保人时才起算。虽然德国《保险合同法》第 7 条并未明确规定保险人违反信息提供义务的履行请求权和损害赔偿责任，但投保人完全可以《德国民法典》第 311 条第 2 款规定的缔约过失责任作为请求权基础。如果被保险人遭受了不受保险合同保障的损害，并且能够证明保险人及时履行德国《保险合同法》第 7 条规定的信息提供义务时本可在其他地方取得保险保障，保险人应当赔偿这一损害。① 保险人信息提供义务的内容非常广泛，例如保证投保人所投保的险种符合其实际需要，再如《九民纪要》中的适当性义务也属于保险人信息提供义务的内容。本书认为，信息提供义务履行属于保险人在合同订立前的先合同义务，也是一种附随义务。因此违反附随义务的法律后果可以适用《民法典》第 500 条规定。违反信息提供义务与第 500 条第 2 项 "故意隐瞒与订立合同有关的重要事项或者提供虚假情况" 完全吻合，因此保险人违反信息提供义务，与违反《保险法》第 16 条的如实告知义务等附随义务一样须承担损害赔偿责任。情节严重的（如故意违反），合同相对方可以解除或撤销合同。当然，信息提供义务包括合同成立前也包括合同成立后，合同履行过程中保险人一直负有信息提供的附随义务。

第三节　保险费返还义务

退还保险费是指保险人返还投保人已经缴纳的保险费，分为全部返还和部分返还。保险费返还的一般原则应遵循《保险法》第 47 条的规定。该条规定 "投保人解除合同的，保险人应当自收到解除合同通知之日起三十日内，按照合同约定退还保险单的现金价值"。原则上保险合同因不可归责于保险人的事由而无效或被解除的，保险人应当返还全部保险费；保险合同因可归责于保险人的事由而终止的，保险人应返还部分保险费。以下分不同的情况加以说明。

---

① 沈小军：《德国法上保险人的信息提供义务——兼论我国保险人明确说明义务的完善》，载《保险研究》2022 年第 6 期。

一、返还全部保险费的情形

（一）因保险合同无效

1. 欠缺保险合同生效要件而无效。

2. 没有保险利益的合同无效。

3. 死亡保险合同未经被保险人同意，以及未成年人死亡保险合同未经其父母书面同意而无效。

（二）保险责任开始前退保

保险责任开始前，投保人因各种原因要求解除合同的，应当向保险人支付手续费，保险人应当退还保险费。这是因为在保险责任开始前，保险人还没有开始履行合同约定的义务，若投保人要求解除合同，保险人应当将已经收取的保险费全部退还给投保人。

（三）保险人解除保险合同

1. 基于违反告知义务而解除合同。《保险法》第 16 条第 5 款规定，投保人因重大过失未履行如实告知义务，对保险事故的发生有严重影响的，保险人对于合同解除前发生的保险事故，不承担赔偿或者给付保险金的责任，但应当退还保险费。

2. 因投保人或被保险人违反"特约条款"，保险人解除合同的。

（四）因保险人存在过错而退保

投保人想要把保险费全部退回来，可以在犹豫期内退保、提供证据证明保险业务员有违规行为并申请全额退保等，具体如下：

1. 在保险犹豫期内退保，可以退已交保险费。所谓的保险犹豫期，就是指保险合同生效后的 10 天、15 天、20 天，具体天数以保险合同约定为准，在此期间退保，一般可以退全额保险费，不过有的保险产品还需扣除一笔工本费，大概也就 10 元。

2. 若投保时，发现保险业务员有违规行为，例如欺骗、诱导投保人/被保险人投保、夸大保险收益、返钱、收礼，那么在收集真实、有效的证据之后，可以要求保险公司全额退保。

3. 若投保人/被保险人在不知情的情况下，被他人在保单上面代签字，那么在收集真实、有效的证据之后，可以要求保险公司全额退保。

4. 如果投保人/被保险人投保后，一直都没有收到保险公司的回执，那么可以向保险公司申请全额退保。

5. 如果收到保险公司回执时，保险人没有进行必要的风险提示，那么投保人/被保险人可以要求保险公司全额退保。

6. 如果被保险人在等待期内出险，那么保险公司一般会重新决定承保结论，有延期、加费、除外、标准承保的可能。但若出险情况较为严重，比如在重疾险等待期内罹患恶性肿瘤，那么保险公司一般会拒保，并全额退还已交保险费。

二、返还部分保险费的情形

（一）中途投保人正常退保

一般情况下退保均只能返还部分保险费，此为投保人为获得保险人风险负担应支付的代价。财产保险多为一年期及以下的保险，保险责任开始后，投保人要求解除合同的，保险人可以收取自保险责任开始之日起至合同解除之日止期间的保险费，剩余部分退还投保人。这是因为保险人自保险责任开始之日起就承担起保障保险财产的风险损失的责任。

（二）基于违反危险增加通知义务的合同解除

《保险法》第52条规定：在合同有效期内，保险标的的危险程度显著增加的，被保险人应当按照合同约定及时通知保险人，保险人可以按照合同约定增加保险费或者解除合同。保险人解除合同的，应当将已收取的保险费，按照合同约定扣除自保险责任开始之日起至合同解除之日止应收的部分后退还投保人。

（三）基于危险减少或价值减少的部分退费

《保险法》第53条规定：有下列情形之一的，除合同另有约定外，保险人应当降低保险费，并按日计算退还相应的保险费：（1）据以确定保险费率的有关情况发生变化，保险标的的危险程度明显减少的；（2）保险标的的保险价值明显减少的。

（四）违反年龄如实告知义务的解除

根据《保险法》第32条的规定，投保人申报的被保险人年龄不真实，致使投保人支付的保险费少于应付保险费的，保险人有权更正并要求投保人补交保险费，或者在给付保险金时按照实付保险费与应付保险费的比例支付。投保人申报的被保险人年龄不真实，致使投保人支付的保险费多于应付保险费的，保险人应当将多收的保险费退还投保人。

（五）因犯罪致死而解除合同

《保险法》第43条、第45条规定，投保人、受益人故意造成被保险人死亡、伤残或者疾病的，或者因被保险人故意犯罪或者抗拒依法采取的刑事强制措施导致其伤残或者死亡的，保险人不承担给付保险金的责任。投保人已交足两年以上保险费的，保险人应当按照合同约定退还保险单的现金价值。

（六）标的转让导致危险程度增加时的保险费退还

根据《保险法》第 49 条第 3 款的规定，因保险标的转让导致危险程度显著增加的，保险人自收到通知之日起 30 日内，可以按照合同约定增加保险费或者解除合同。保险人解除合同的，应当将已收取的保险费按照合同约定扣除自保险责任开始之日起至合同解除之日止应收的部分后退还投保人。

（七）保险费返还特约条款

保险费返还特约条款是人身保险合同的内容之一。其内容规定了保险人退还全部或部分保险费的条件。例如，在死亡保险中，可以规定如果被保险人在特定期限内死亡，保险人除按保险金额给付死亡保险金以外，还要退还已缴纳的全部保险费；在健康保险中，可以规定如果给付的总额未超过所缴保险费的某一固定比率时，保险人退还所缴保险费与给付总额的差额，等等。

（八）超额保险时的退费

《保险法》第 55 条第 3 款规定，保险金额不得超过保险价值。超过保险价值的，超过部分无效，保险人应当退还相应的保险费。

（九）重复保险时的退费

《保险法》第 56 条第 3 款规定，重复保险的投保人可以就保险金额总和超过保险价值的部分，请求各保险人按比例返还保险费。

（十）标的部分损失时的退费

《保险法》第 58 条规定，保险标的发生部分损失的，自保险人赔偿之日起 30 日内，投保人可以解除合同；除合同另有约定外，保险人也可以解除合同，但应当提前 15 日通知投保人。合同解除的，保险人应当将保险标的未受损失部分的保险费，按照合同约定扣除自保险责任开始之日起至合同解除之日止应收的部分后退还投保人。

三、不退还保险费

（一）故意违反如实告知义务

按照我国《保险法》第 16 条的规定，投保人故意或者因重大过失未履行前款规定的如实告知义务，足以影响保险人决定是否同意承保或者提高保险费率的，保险人有权解除合同。投保人故意不履行如实告知义务的，保险人对于合同解除前发生的保险事故，不承担赔偿或者给付保险金的责任，并不退还保险费。

（二）欺诈性索赔项下的不退费

《保险法》第 27 条第 1 款、第 2 款规定，未发生保险事故，被保险人或者受益人谎称发生了保险事故，向保险人提出赔偿或者给付保险金请求的，保险人有权解除合同，并不退还保险费。投保人、被保险人故意制造保险事故的，保险人有权解除合同，不承担赔偿或者给付保险金的责任；除《保险法》第 43 条规定外，不退还保险费。

第四节 保险人的防御义务（参与和解与抗辩的义务）

一、防御义务的法律性质

综观各国（地区），对于责任保险人参与和解和抗辩行为的法律规制可以分为"权利主义"与"义务主义"两种立法例。所谓"权利主义"立法例是指站在侧重于保护保险人利益的立场上，将保险人参与责任关系确定程序之行为作为保险人的权利加以规定；所谓"义务主义"立法例是指站在侧重于保护被保险人利益的立场上，将保险人的参与行为作为保险人的义务加以规定，典型代表如德国[1]、美国。我国学者有认同"权利主义"立场的[2]，主张我国保险法应从权利角度规制该问题；也有学者主张，应仿照美国保险法的规定将保险人参与责任关系确定程序的行为规定为保险人"和解义务"[3]；也有主张责任保险人代被保险人抗辩既是权利又是义务的混合主义的。本书认为，我国保险立法与实务应当采用"义务主义"立法例。在现行法律体系下，借鉴德国和美国立法例代表主流趋势。

---

[1] 德国《保险合同法》第 100 条（保险人责任）规定："在责任保险中，对于保险期间内发生事故导致第三人向投保人提出索赔请求或第三人向投保人恶意诉讼的，保险人都有义务代替投保人应诉。"

[2] 樊启荣：《保险法论》，中国法制出版社 2001 年版，第 330 页。张俊岩：《责任保险中保险人参与权研究》，载《广东商学院学报》2006 年第 5 期。

[3] 美国责任保险单几乎都有抗辩条款（Contest Clause），要求保险人对保险责任范围内的任何诉讼都必须为被保险人进行抗辩，即使该诉讼是于法无据、错误的或欺诈的。李祝用：《责任保险人抗辩问题研究》，中国政法大学 2011 年博士学位论文。

二、违反防御义务的法律后果

违反防御义务是构成侵权还是违约，学者意见存在分歧。[①] 本书认为，在未来《保险法》修订时应当明确将保险人防御义务列为一项其应当履行的义务，但是在修法之前仍不妨基于诚信原则将其解释为保险人仍然负有为被保险人利益进行适当防御（及和解）的附随义务。防御义务作为一种附随义务，保险人若不履行，需要承担以下法律后果：

1. 保险人应支付经判决或调解确定的赔偿金额。但是被保险人与第三人恶意达成和解协议且金额严重不合理的，保险人仍有权拒绝。

2. 保险人应当承担被保险人因参与诉讼而支出的合理、必要的费用（包括诉讼费、律师费、为免于扣押支付的担保金等）。我国《保险法》第66条规定保险人有义务偿还必要合理费用，但未如第57条般规定该费用的最高限额（单独的施救费用以不超过保险金额为限），原则上前述司法费用加上保险人应承担的损害赔偿额合计以不超过保险金额为限。德国《保险合同法》第101条规定，保险人承担的上述义务应限定于保险金额范围内，对于投保人按照保险人指示提起的诉讼，诉讼费、律师费、保险给付以及延迟支付利息超过保险金额者，保险人对超过的部分仍然负有支付的义务。[②] 至于被保险人进行的抗辩是否符合保险人的意图，在所不问。

3. 保险人需要赔偿拒绝履行抗辩权给被保险人造成的损失。被保险人在保险人拒绝抗辩而导致损失（与预期相比）扩大的情况下，保险人不得就该扩大的损失请求被保险人补偿。保险人若违反防御义务，其保险责任虽然仍以约定的保险金额为限，但并非对被保险人所负超过保险金额的赔偿责任均无须负责。保险人违反防御义务，若被保险人赔偿责任的扩大与防御义务的违反之间有因果关系，也应该让保险人负责；且此时保险人对被保险人承担该部分责任的依据，当然不是保险人的保险赔偿责任，而是债务（防御义务）不履行的损害赔偿责任（不完全给付）。

[①] 李祝用：《责任保险人抗辩问题研究》，中国政法大学2011年博士学位论文。
[②] 李祝用：《责任保险人抗辩问题研究》，中国政法大学2011年博士学位论文。

第九章　保险合同效力的变动

第一节　保险合同的变更与转让

民法上合同的变更分为广义和狭义两种。广义的合同变更是指合同的内容和主体的变化，而主体的变化实际上是合同权利义务的转让。狭义的合同变更仅指合同内容的变化，不包括合同主体的变化。我国合同法上所说的合同变更，是狭义的合同内容变更。因此这里保险合同的变更也仅涉及合同内容的变更。保险合同主体的变更将在合同转让中述及。

一、保险合同的变更

（一）变更的内容

保险合同内容变更（狭义）是指当事人之间享有的权利、承担的义务发生的变更，表现为保险合同条款事项的变更。如保险标的、保险价值、危险程度、保险期限、保险费、保险金额等约定事项的变更，一般是由当事人一方提出要求，经与另一方协商达成一致后，由保险人在保险合同中加以变更批注，其法律效力对双方均有拘束力。保险合同内容的变更可分为两种情况：一是法定变更，即因保险标的的危险情况发生变化，投保人依法通知保险人而作出的变更；二是约定变更，即保险人或投保人根据自身需要提出的变更，如变更保险条款、增减保险金额等。

保险合同成立后，双方当事人均应受其拘束。合同的内容如果经双方当事人的同意，自然能予以变更。保险人在接到变更合同的通知后应予以审核同意。保险合同内容变更时，其在变更前的效力不变，变更后应依变更事项决定其效力。

1. 法定变更

常见的法定合同变更包括下列情形，在这些情形下当事人必须履行通知义务，否则就需要承担相应的法律后果。

（1）危险的变更。危险变更包括危险增加与危险减少两种情形。依我国《保险法》第 52 条的规定，所谓危险增加，是指据以确定保险费率的有关情况发生变化，保险标的危险程度明显增加。危险程度明显增加的，保险人可以按照合同约定增加保险费或解除合同。按照《保险法》第 53 条第 1 项的规定，危险减少的，除合同另有约定外，保险人应当降低保险费并按日计算返还相应的保险费。

（2）超额保险及保险费的变更。超额保险即保险金额超过保险价值，可适用我国《保险法》第 55 条的规定。但为避免当事人滥用超额保险的规定，任意主张其效果以改变合同内容，境外保险实务有认为保险金额高于保险价值 10% 以上才适用超额保险规定，可供参考。依我国《保险法》第 55 条第 3 款的规定，保险金额超过保险价值的，超过的部分无效。这和民法有关法律行为"部分无效"的规定道理相通。依我国《保险法》第 53 条第 2 项的规定，保险标的的保险价值明显减少，除合同另有约定外，保险人应当降低保险费，并按日计算退还相应的保险费。

（3）重复保险合同内容的变更。所谓重复保险，是指投保人对同一保险标的、同一保险利益、同一保险事故分别向两个以上保险人订立保险合同的保险。这是我国《保险法》第 56 条对重复保险所下的定义。损害保险（财产保险）中的重复保险已违反保险制度的基本原则，依民法上法律行为具有瑕疵时，其效力评价的原则应为无效，但基于保护善意投保人，所以保险法对此有特别的规定。依我国《保险法》第 56 条的规定，上述保险金额的总额超过保险标的的价值的，除合同另有规定外，各保险人对于保险标的的全部价值，仅就其所保金额负比例分摊的责任，但赔偿总额不得超过保险标的的价值。上述重复保险的情形，原来保险合同的效力，因重复保险的存在，依法律规定而发生内容变更的现象。

（4）保险标的物所有权的变更。依据《保险法》第 49 条的规定，保险标的转让的，保险标的的受让人承继被保险人的权利和义务。保险标的转让的，被保险人或者受让人应当及时通知保险人，但货物运输保险合同和另有约定的合同除外。

2. 约定变更

保险合同内容的变更除了依据法律规定外，也有依合同约定发生的变更。即除了法律上的强制性或禁止性规定外，当事人也可以约定的方式，改变保险合同的内容，如增加新种类危险的承保、提高保险金额、废除除外条款的效力、保险费交付方式的变更、当事人义务的变更等。但需注意的是，如果合同内容的变更是依约定进行的，其约定不得违反《保险法》上强制性或禁止性的规定，否则其约定不生效力。另外，由法律确定的保险合同双方应享有的权利及应尽的义务和由金融监督管理部门制定的基本条款的内容是不可以通过协商加以变更的。

（二）变更的后果

必须注意的是，保险合同变更事项虽大都须经投保人或被保险人通知保险人，但也有依规定或约定无须通知而直接生效的，合同变更的通知义务只限于"合同变更且须通知保险人"的情况。至于投保人或被保险人是否负有通知义务，除了依保险法上的规定外，还要看合同上的约定。合同上约定应履行通知义务的，不得违反保险法相关规定，否则其约定无效。此外虽依法律规定或约定，投保人或被保险人的确负有通知的义务，如果就其性质不需要保险人承诺的，也不产生合同变更的通知义务。为了提高保险人的责任意识，且为早日确定法律关系，使投保人或被保险人能即日另寻他保，有的保险法发达的国家（地区）强制规定保险人在一定期间内有必要作出拒绝与否的表示，否则视为承诺，即规定一定的期限如在 10 日内保险人未予拒绝的，视为承诺投保人的要求。例如德国《保险合同法》第 97 条规定，出让人或受让人应将保险标的物转让的事实立即通知保险人。否则如保险事故在该通知应送达保险人之日起 1 个月内发生并且保险人不会接受转让事实时，保险人可以拒赔。保险人在通知应被送达期间内通过其他途径知晓转让事实未表示异议，或者当保险事故发生时保险人终止权除斥期间已届满而未终止合同的，保险人仍应承担保险责任。但此规定不适用人寿保险，人寿保险合同的变更常涉及被保险人的身体状况，所以因兼顾保险人的立场，无须强制其在一定期间内作出拒绝与否的表示。

二、保险合同的转让

我国《民法典》对合同债权、债务的概括转让作了明确规定，即当事人一方经对方同意，可以将自己在合同中的权利和义务一并转让给第三人。除了协议转让外，在当事人发生合并、分立时，也会发生合同债权、债务的概括转让。当事人订立合同后合并的，由合并后的法人或者其他组织行使合同权利，履行合同义务。当事人订立合同后分立的，除债权人和债务人另有约定以外，由分立的法人或者其他组织继承对合同的权利和义务。因此，保险合同投保人或被保险人的变更实际上是保险合同的权利义务的概括转让。即投保一方合同主体变更，合同的其他内容并不变更。

（一）境外立法例

1. 法定转让

英美法系主张绝对当然继受主义，即当事人死亡或破产时，其继承人或破产管理人当然继受合同当事人的地位。大陆法系则主张相对当然继受主义，但仅就当事人破产加以规定，而未及当事人死亡。日本《保险法》第 8 条规定，对于为他人利益投保的保险合同，在投保人的保单被债权人扣押、投保人被宣告破产等情形下，保险人可以请求投保人以外的被保险人及其家属代缴保险费，此时债权人、破产管理人的解除合同不发生效力，但被保险人抛弃其权利的，不在此限。① 德国《保险合同法》规定投保人被宣告破产、开始和解程序或不动产受强制管理命令的，保险人可在 1 个月的期限内通知终止保险合同。

2. 约定转让

英美法系采用属人原则，除法定转让、共有人或合伙人承受共有或合伙财产、营业转让，或海上保险外，保险标的的转让，未经保险人同意，原保险合同对受让人不产生效力。大陆法系则采用相对当然继受主义，在日本先推定保险合同所产生的权利同时转移于受让人，但如危险有显著增加或变更，则保险合同失效。② 在德国受让人也继受保险合同的权利义务，但保险人可以在知悉转让时起 1 个月内，通知终止合同。

（二）合同转让与保险合同转让的关系

1. 问题的提出

《民法典》关于合同经协商可以变更的规定完全可以适用于保险合同，关键问题是其中关于合同的转让和债权、债务转让的规定是否适用于保险合同？《民法典》第 555 条规定，当事人一方经对方同意，可以将自己在合同中的权利和义务一并转让给

---

① 日本《保险法》第 89 条规定：1. 扣押债权人、破产管理人以及其他的伤害疾病定额保险契约（仅限具有第 92 条规定的保险费准备金之契约。以下自本条至第 91 条中相同）当事人以外之人等可以解除该伤害疾病定额保险契约者（次款以及该条中称之为"解除权人"）所进行的解除，自保险人收到通知时开始一个月后发生效力。2. 保险金受领人（仅限前款所规定的于通知发生时，投保人以外的、投保人或被保险人的亲属或被保险人。次款以及次条中称之为"介入权人"）经投保人的同意，于前款规定的期限到来之前，向解除权人支付若该伤害疾病定额保险契约的解除于该通知之日发生效力则保险人须向解除权人支付的金额，并就该支付行为通知了保险人的，前款规定的解除不发生效力。3. 若第 1 款规定的解除的意思表示发生于扣押的手续或投保人的破产手续、再生手续或更生手续中，则当介入权人完成了前款规定的支付与通知时，在与该扣押的手续、破产手续、再生手续或更生手续的关系上，视为保险人已经支付了因该解除的发生而应为的给付。

② 日本《保险法》第 29 条第 1 款规定：1. 在损害保险契约缔结后发生危险增加的情形下，即使将保险费变更为与增加后的危险相对应之金额从而该损害保险契约得以存续，保险人在满足下列所有要件的情形下依然可以解除该损害保险契约。2. 该损害保险契约规定，涉及该危险增加的告知事项的内容发生变更时投保人或被保险人必须及时通知保险人的。3. 投保人或被保险人由于故意或重大过失未能及时履行前项之通知的。

第三人。第 556 条规定，合同的权利和义务一并转让的，适用债权转让、债务转移的有关规定。

2. 概念的区别

实务中经常出现将保险合同转让与保险权益转让两个概念混同的观点。两者的区别在于保险合同转让是权利和义务一并转让，而保险权益转让一般仅指保险合同项下的权利转让，不包括义务。保险合同转让分为主动转让和被动转让。主动转让是投保人主动将保险合同转让给第三人；另外一种被动转让的情形包括财产保险合同随着保险标的的转让而转让，以及人寿保险投保人（与被保险人不是同一人）身故导致保险合同投保人变更为原投保人的法定继承人等情形。保险权益的转让，是指投保人、被保险人或受益人将自己在保单项下享受的权益转让给第三人，分为主动和被动两种。主动转让就是投保人等主动转让给第三人的情形。《民法典》第 545条至第 547 条是关于债权意定转让的规定，应可以适用于保单权益转让的情形。本书认为，保单受益权作为私法上的权利，均不存在不可转让的情形，除非该债权具有人身专属性不得转让。被动转让就是投保人死亡或破产后发生的转让。法定转让也多为被动转让，例如保险人履行完保险赔付责任后对违约或者侵权的第三人从被保险人处取得损害赔偿请求权（债权）。

3. 本书观点

本书认为，《民法典》第 555 条、第 556 条关于合同转让的规定可以适用于保险合同的转让，但是保险法有特别规定的除外。《保险法》第 34 条第 2 款规定：按照以死亡为给付保险金条件的合同所签发的保险单，未经被保险人书面同意，不得转让或者质押。由此可见，保险法承认保险合同可以转让或质押，不过设置了一个限制条件（即死亡给付合同转让、质押必须经被保险人书面同意），否则保险合同会因为新受让人与被保险人无保险利益而失效。

（三）保险合同转让的情形

1. 投保人变更

（1）财产保险合同

财产保险合同的转让分为法定与约定两种。法定转让是指投保人或被保险人死亡或破产时发生的转让。境外学说有的认为投保人（或被保险人）的继承人或破产管理人当然继受合同当事人的地位，有的认为如果被保险人（为他人利益保险）未代替投保人付费放弃保单权益时或保险人在一个月期限内行使终止权，原保险合同终止。否则，原保险合同继续有效。《保险法司法解释（四）》第 3 条明确规定：被保险人死亡，继承保险标的的当事人主张承继被保险人的权利和义务的，人民法院应予支持。该条与保险标的的受让人情况类似，只不过是因为死亡而非买卖等原因形成的转让。

（2）人身保险合同

①约定转让

支付保险费满两年以上的人寿保险合同具有现金价值，可以转让或质押。与财险合同不同，寿险合同多为长期合同，对于投保人缴纳的保险费，保险人都为之提存责任准备金，由责任准备金产生现金价值。此项现金价值本质上与银行存款无异，不论投保人是否继续交付保险费，现金价值始终归属于投保人，故也称不丧失价值（Non-Forfeiture Value）。人身保险合同转让就是投保人将合同的权利与义务（即人寿保险合同利益与缴费义务）转让给第三人（不包括受益人）。人寿保险合同利益，是指此一现金价值及保险合同届满或死亡事故发生后的给付。人寿保险合同利益的归属因投保人是否指定了受益人，以及其是否为现金价值或约定给付而异。保险单在有相当现金价值后，与一般有价证券无异，投保人可以进行种种处分，或以保单向保险公司质押，或以之出质或转让，或变更为展期保险，或减额缴清保险费。投保人以保单向保险公司质押实际上不是贷款，而是一种现金价值或死亡保险金的预付款（保险金的提前给付）。投保人利用保单现价延长保单期间的变更方法，不涉及合同权益的转移。只有当投保人为资金融通的目的，将保单转让他人或将保单出质以供债务的担保，甚或赠与他人，才涉及合同主体的变更。

A. 出质。保单出质是将部分保单权益作为贷款担保物而暂时让与他人。当投保人清偿贷款后，债权人一般将这部分权益再转让给投保人。在美国寿险实务中，通常要求受益人在抵押转让表上签名。如果不可撤销受益人不同意进行抵押转让，其权益通常优先于受益人。按照一般规则，抵押转让的受让人对保单的权益优先于可撤销受益人。一般情况下，法院将为获得银行等金融机构贷款而进行的绝对转让视为抵押转让。我国民法将质权分为两种，一种为动产质权，一种为权利质权。前者的标的以动产为限，后者的标的为一切可转让的债权及其他适合出质的权利。人身保险单在有现金价值后当然可以成为权利质权的标的。根据我国民法典相关规定，除依法可以转让的股票和知识产权出质时需要办理登记手续外，一般动产和其他权利出质均不需要登记，但要转移占有。以保单权利设定质权时，出质人也应交付权利证书（即保单）。出质期间（债务偿还期间）禁止原保单持有人非法转让保单，以保全质权。质权人取得保单的红利或约定给付用以充抵被担保债权的本息。在保单质权担保的债权已届清偿期而未受清偿时，质权人可以通过出售或退保等方式处分出质保单权益。

B. 转让。投保人就自己的生命投保寿险，除非法律有禁止性规定或指定受益人时抛弃处分权（即指定了不可撤销受益人），可以随时将保险合同利益让与他人，不受任何限制。投保人以他人的生命投保寿险，若欲将之转让给他人，须先征得被保险人的同意，否则不生效力。在这里，投保人是将保险单全部权利与义务转让给受让人，受让人在被保险人死亡时有权领取全部保险金。因此又称绝对转让，以和上述就保单出质的相对转让相区别。

保险人在转让过程中起着重要的作用。保险人起草的许多保单中都包含规定转让方式的条款或要求须经保险人许可的转让条款。投保人必须遵循这些条款，否则保险人不受该转让约束。如果保险人对受让事项一无所知，而将保险金付给其认为有权获得保险金的人，将无须承担任何责任。然而，如果转让人已告知转让事项，而保单又未禁止转让，保险人不能不考虑受让人权益而给付保险金。保险人对转让效力不负任何责任，因为保险人对影响保险合同效力的许多因素无法控制或不知情。然而，如果保险人确实知道转让可能是无效的，那么他就不能置之不理。

要形成对当事人有约束力的有效转让，必须先满足一定的形式规定。这些规定包括：符合保单条款、转让人具有权利能力，以及告知保险人。美国有些州还规定：必须将转让书或保单交付给受让人。只有涉及保单绝对转让时才必须考虑受让人对被保险人是否具有可保利益。法院不会因为抵押转让的受让人缺乏可保利益而认为抵押转让无效。如果投保人本是基于诚信原则而不是为规避法律规范（如购买保单是为了将保单转让给原来不可能购买保单的其他人），他可以按自己的意愿对该保单进行绝对转让。即使受让人对被保险人不具有可保利益，大多数法律也认为该转让有效。

投保人偶尔会将同一保单的相同保单权利转让给两个不同的受让人。在这种情况下，保险人必须面对有争议的受让。依照美国法的规定，后继受让人的权利取决于转让的先后次序，第一受让人的权利优先于后继受让人。依照英国法的规定，首先将转让事项通知保险人的受让人的权利优先于后通知的受让人，而不论其转让的先后顺序。

在保险实务中，受益人与投保人一样，也可以在被保险人死亡之前转让自己享有的保单权益。在被保险人死后，即使保单条款禁止转让，一般也不能阻止受益人转让他对保险金的权益，但禁止挥霍信托中的有关条款可以阻止受益人将保险金权益让与他人。投保人可以通过保单转让以外的方式转移其保单权益。未留遗嘱继承、遗嘱继承、财产清算协议、离婚判决、资产拍卖或衡平法上的转让均可使转让生效。①

②法定转让

通说认为与财产保险合同一样，人寿保险合同投保人死亡或破产时其保单权益应为其继承人或破产管理人的利益而存在，假如被保险人死亡，为保险事故发生（在财险则为合同继承问题）。

2. 保险人的变更

保险人无论为公司还是合作社，均可因合并、分立而变更其组织。这种情形保险人随之发生变更。因合并而消灭的公司或合作社，其权利义务因之而概括转移于合并后存续或新设的公司或合作社。

第二节　保险合同的无效

一、合同的无效

合同严重欠缺有效要件，绝对不允许按当事人合意的内容赋予法律效果，即为合同无效。合同无效与合同不成立不同，前者是合同已经成立，但欠缺有效要件；后者是欠缺合同的成立要件。

（一）无效的原因

法律无效合同有以下两种基本形态：

1. 合同绝对无效。符合《民法典》第144条、第146条、第153条、第154条规定的情形的一律是无效合同，包括：无民事行为能力人签订的合同，行为人与相对人以虚假的意思表示订立的合同，违反法律、行政法规的强制性规定的合同，以及行为人与相对人恶意串通损害他人合法权益的合同。

2. 合同相对无效。包括效力待定合同和可撤销的合同。效力待定合同是指合同虽然成立，但是需要他人行使追认权后才能使合同生效或者归于无效。效力待定合同的效力不确定，处于悬而未决的不确定状态之中。在效力待定合同经追认权人同

---

① ［美］穆内尔·L. 克劳福德：《人寿与健康保险》，周伏平等译，经济科学出版社2000年版，第309—330页。

意后，其效力溯及于行为成立之时。效力待定合同经追认权人拒绝后，自始无效。通常包括限制行为能力人缔结的合同、无代理权人以被代理人名义缔结的合同、无处分权人处分他人财产订立的合同三种情形。可撤销合同是指合同因欠缺一定的生效要件，其有效与否，取决于有撤销权的一方当事人是否行使撤销权。可撤销情形具体是指我国《民法典》第147条至第151条规定的情形，包括因重大误解订立的合同，在订立合同时显失公平的合同，一方以欺诈、胁迫的手段或者乘人之危使对方在违背真实意思表示情况下订立的合同。对上述合同，受害当事人一方有权要求撤销。

【案例】刘向前诉安邦财产保险公司保险合同纠纷案①

裁判要旨：保险事故发生后，保险公司作为专业理赔机构，基于专业经验及对保险合同的理解，其明知或应知保险事故属于赔偿范围，而在无法律和合同依据的情况下，故意隐瞒被保险人可以获得保险赔偿的重要事实，对被保险人进行诱导，在此基础上双方达成销案协议的，应认定被保险人作出了不真实的意思表示，保险公司的行为违背诚信原则构成保险合同欺诈。被保险人请求撤销该销案协议的，人民法院应予支持。

（二）无效的法律效果

我国《民法典》第155条规定："无效的或者被撤销的民事法律行为自始没有法律约束力。"这就是合同无效的溯及既往的效力。对无效合同的后果承担，《民法典》第157条有明确的规定："民事法律行为无效、被撤销或者确定不发生效力后，行为人因该行为取得的财产，应当予以返还；不能返还或没有必要返还的，应当折价补偿。有过错的一方应当赔偿对方由此所受到的损失；各方都有过错的，应当各自承担相应的责任。法律另有规定的，依照其规定。"

二、保险合同的无效

保险合同的无效，是指保险合同成立后，因违反法定或约定事项，在法律上自始不生效力。其无效的原因除适用《民法典》关于违反强制性规定的无效、违背公序良俗的无效及不依法定方式的无效等外，我国《保险法》对于无效的情形、原因及效力有特别的规定。

---

① 案例来源：《最高人民法院公报》2013年第8期。

（一）无效的原因

1. 法定无效与约定无效

法定无效原因，《保险法》有特别规定的，适用《保险法》的规定；《保险法》没有特别规定的，适用其他法律、法规所规定的合同无效的原因。约定无效原因由投保人和保险人在订立保险合同时以保险条款确定。如约定保险费不得欠缴若干，否则合同无效。但这种约定，也必须不违背《保险法》的强制性规定及公序良俗，并明确记载在保险合同内。

2. 绝对无效与相对无效

（1）绝对无效，即任何人均可以主张其合同的无效，这样的无效属于绝对无效，且自始无效。其情形如下：①保险合同订立时，保险标的的危险已发生或已消灭，除双方当事人不知情外，其合同无效。[①] ②第三人订立的死亡保险合同，未经被保险人书面承认，并约定保险金额，其合同无效。③以无民事行为能力人为被保险人而订立的死亡保险合同无效，但父母为其未成年子女投保的除外。④无保险利益。

（2）相对无效。民法典规定的效力待定合同和可撤销合同，在《保险法》无特别规定的情形下，适用于保险合同。

3. 全部无效与部分无效

无效，就其范围分为全部无效与部分无效。前者保险合同全部不生效力，后者保险合同仅一部分无效，其余仍有效。例如保险金额超过保险标的价值的合同，如无欺诈情况，该合同仅在保险标的价值的限度内有效。

4. 自始无效与嗣后无效

以无效开始的时间划分，有自始无效与嗣后无效两种。前者是保险合同开始即属无效，如以上所列举的无效都是；后者是保险合同成立后，因某种原因丧失其效力，例如财产保险的被保险人对于保险标的的丧失保险利益的，保险合同失效。

（二）无效的后果

保险合同不论属于法定无效，还是属于约定无效，只要其为全部无效，该项合同自始即不发生效力。这时当事人已为的给付，如保险费、保险金等，依不当得利

[①] 德国《保险合同法》第2条规定：1. 保险合同的承保效力追溯至保险合同订立之前而发生。2. 如果保险人在作出承保承诺时已经知晓保险事故不可能发生，则其无权向投保人收取保险费；如果投保人向保险人作出投保申请时知晓保险事故已经发生，则保险人可以拒绝向其支付保险金。3. 如果保险合同是通过代理人订立的，出现上述情形时，代理人与被保险人所知悉的事项都应考虑在内。

的规定，领取人负返还的责任，甚至应负担损害赔偿的责任。但保险合同部分无效，仅这一部分不发生效力，其余部分仍然有效。这是一般原则，也应有例外。如保险人不受拘束而可以主张合同无效时，保险人可以对他方请求偿还费用，其已收受的保险费，无须返还。反之，如投保人不受拘束时，保险人不得对该投保人请求偿还费用，其已收受的保险费，应予以返还。

第三节　保险合同的终止

一、合同的终止

1. 终止的概念

合同终止这一概念在民法中为广义上的用语，有着特定的内涵与外延。它与传统大陆法上的合同解除、终止和消灭的概念有明显区别。

（1）终止与解除

19世纪以来，德国起草民法第一份草案时，曾经把终止作为解除的一种类型，但是制定民法第二稿时，认为终止与解除的性质毕竟不同，开始把二者分开，不但名称不一样，效果也不同。后来，其他大陆法系国家（地区）的判例学说也多区分解除与终止，认为终止是当事人一方作出意思表示，使继续性合同关系向将来消灭的行为，是一种与解除并列的法律制度。当事人终止合同的权利叫终止权，是一种形成权。合同终止仅使继续性合同关系自终止之日起向将来发生效力消灭的效果。以前的合同关系仍然有效，因而终止不发生恢复原状的后果，当事人基于合同所为的给付不用返还。此外，终止的原因也不限于违约，当事人基于自己的需要而提出终止，一般也被允许。解除仅以违约为产生原因，在效力上溯及合同成立之时，可以要求恢复原状。这样，解除与终止便成为不同的概念和制度。

（2）解除与撤销

解除与撤销虽然都是合同消灭制度，但两者并不相同：其一，从适用范围来看，撤销的适用范围比较广泛，不仅适用于欠缺有效要件的合同领域，而且适用于有瑕疵的意思表示及民事行为场合；而解除仅适用于有效成立的合同提前消灭的情况。其二，从发生的原因来看，撤销的原因由法律直接规定，而解除的原因既有法定的（如不可抗力导致合同不能履行），也有约定的。其三，从发生的效力来看，撤销都有溯及力①；而解除的后果，一般认为往往无溯及力，只有在当事人有特别约定或法律有特别规定及违约解除非继续性合同时，才有溯及力。②

在我国，合同解除、终止、消灭的关系如何？根据我国《民法典》第557条的规定，有下列情形之一的，债权债务终止：（1）债务已经履行；（2）债务相互抵销；（3）债务人依法将标的物提存；（4）债权人免除债务；（5）债权债务同归于一人；（6）法律规定或者当事人约定终止的其他情形。合同解除的，该合同的权利义务关系终止。该条规定列举了导致合同终止的七种原因。对这些原因进行考察，它们分为两种类型：一是合同解除；二是合同消灭（包括清偿、提存、抵销、免除、混同等）。后者是指合同的权利、义务按约履行完毕或可视为履行完毕而导致的债权、债务自然消亡的情形。而前者是合同非正常消灭的一种制度，又是合同终止最为重要的原因之一，就民法典的上述规定看，该条赋予了合同终止制度全新的含义。它既包括使有效成立的合同关系因合同约定的权利、义务的全部履行或抵销、提存等可视为权利义务履行完毕而归于消灭的情形，也包括因法定或约定条件出现而使权利义务尚未履行或未完全履行的合同关系归于消灭的情形，是对传统大陆法中的合同解除、终止及消灭等制度进行整合而形成的一个广义上的概念。因此在我国，合同终止是合同解除的上位概念，合同解除是合同终止的一个事由，它们之间为种概念和属概念的关系。

2. 合同的解除

（1）解除的分类

①法定解除和约定解除。合同解除的条件由法律直接规定的，为法定解除；以合同形式加以约定的，为约定解除。我国《民法典》第563条第1款规定了五种合同法定解除的事由；第2款规定了持续履行的不定期合同（又称继续性合同）的当事人随时解除权③。约定解除是指当事人可以约定一方解除合同的条件。解除合同的条件成就时，解除权人可以解除合同。约定解除的条款内容和行使方式由当事人自定。

---

① 《民法典》第155条规定，被撤销的民事行为或合同自始无效；同时根据《民法典》第157条规定，民事法律行为被撤销后，应当返还原物，或者折价补偿。且当事人行使撤销权，不影响其要求有过错的对方进行损害赔偿的权利。

② 对于金钱给付性质的合同产生溯及既往的效力，对继续性合同只能产生向后的效力。《民法典》第566条规定，合同解除后，尚未履行，终止履行；已经履行的，根据履行情况和合同性质，当事人可以请求恢复原状或者采取其他补救措施，并有权请求损害赔偿。

③ 《民法典》第563条第2款规定，以持续履行的债务为内容的不定期合同，当事人可以随时解除合同，但是应当在合理期限之前通知对方。

②单方解除和协议解除。前者是指解除权人行使解除权将合同解除的行为。它不必经对方当事人同意，只要解除权人将解除合同的意思表示直接通知对方即可。当然，对方对解除合同有异议的，任何一方当事人均可以请求人民法院或仲裁机构确认解除行为的效力。协议解除，是当事人双方协商一致解除合同。它是通过订立一个新合同使当事人之间的合同关系完全归于消灭，至于协议解除后的法律效果均应由双方当事人在协议中一并约定。

（2）解除的程序

①解除权行使方式。依据《民法典》第565条的规定，当事人一方依法主张解除合同的，应当通知对方。解除权效力发生的具体时间采用"到达生效主义"。由于解除权为形成权，无须对方同意，所以该通知一经送达立即生效。通知载明债务人在一定期限内不履行债务则合同自动解除，债务人在该期限内未履行债务的，合同自通知载明的期限届满时解除。

②解除权异议。依据《民法典》第565条的规定，对合同解除有异议的，通知到达对方当事人后，对方当事人可以请求人民法院或者仲裁机构确认解除合同的效力。当事人一方未通知对方，直接以提起诉讼或申请仲裁的方式依法主张解除合同，人民法院或仲裁机构确认该主张的，合同自起诉状副本或者仲裁申请书副本送达对方时解除。

（3）合同解除权消灭

解除权为一种形成权，民法针对形成权的存续，规定了除斥期间制度。依我国《民法典》第564条的规定，法律规定或者当事人约定解除权行使期限，期限届满当事人不行使的，该权利消灭。法律没有规定或者当事人没有约定解除权行使期限，自解除权人知道或者应当知道解除事由之日起1年内不行使，或者经对方催告后在合理期限内不行使的，该权利消灭。

（4）合同解除的法律后果

我国《民法典》第566条第1款规定："合同解除后，尚未履行的，终止履行；已经履行的，根据履行情况和合同性质，当事人可以请求恢复原状或者采取其他补救措施，并有权请求赔偿损失。"该款对合同解除的法律后果作了明确规定，对于合同解除前当事人的债权、债务关系的效力应具体问题具体分析。我国对继续性合同解除后的法律效力并无明确规定，只能依据法理和司法实务加以分析。按照大陆法系民法法理，继续性合同解除无溯及力，已为的给付不用返还对方，当事人不能请求恢复原状；非继续性合同解除产生溯及力，当事人可以请求恢复原状。该法理对作为持续性合同的保险合同应当也有适用的余地。

二、保险合同终止的事由

（一）因解除而终止

保险合同的解除，是指保险合同当事人因保险合同成立后的法定或者约定事由，行使解除权而使保险合同自始无效的法律行为。保险人或者投保人解除保险合同的权利，称为解约权。解约权为形成权，只需权利人行使就产生保险合同解除的后果，无须对方当事人作出意思表示。解约权或者源于法律的规定，或者产生于保险合同的约定，前者称之为法定解约权，后者称为约定解约权。

保险合同成立后，具有法律约束力。投保人或者保险人欲解除保险合同，应当依照法律的规定或者保险合同的约定。根据《保险法》第14条和第15条的规定，解除保险合同的一般原则是，除非法律另有规定或者保险合同另有约定，投保人可以随时解除保险合同；除非法律另有规定或者保险合同另有约定，保险人不得解除保险合同。分述如下：

1. 投保人解除保险合同

我国《保险法》第15条规定："除本法另有规定或者保险合同另有约定外，保险合同成立后，投保人可以解除保险合同，保险人不得解除合同。"我国《海商法》第226条至第228条规定，保险责任开始前，被保险人可以要求解除合同，但是应当向保险人支付手续费，保险人应当退还保险费。除保险合同另有约定外，被保险人在保险责任开始后，不得解除保险合同。除法律或者保险合同的限制外，投保人可以任意选择解除保险合同。根据合同约定扣除在保险责任开始之日起至合同解除之日止的保险费，剩余部分予以退还；保险人要求解除合同，应当将自合同解除之日起至保险期间届满之日止的保险费退还被保险人。投保人解除保险合同，无须向保险人陈述其解除合同的理由，只要向保险人作出解除保险合同的意思表示，即以通知送达保险人即可。

合同一经成立，对当事人即具有法律约束力，当事人一方不得任意解除合同，但保险合同是个例外。[①] 至于投保人解除保险合同的法律后果如何，本书认为，保险合同为继续性合同，《保险法》规定的"解除保险合同"，实际上是使保险合同对将

[①] 黄克明：《保险合同解除权之研究》，载林咏荣主编：《商事法论文选辑》（上册），五南图书出版公司1984年版，第513页。

来发生终止的效力的结果，而不像非继续性合同般产生溯及效力（即保险合同的当事人依照法律规定或者保险合同的约定解除保险合同的，保险合同视为自始没有发生效力；当事人已领取的保险给付应当返还给对方）。即如果解释为解除保险合同，只对将来发生效力，无须恢复原状，则更为妥当。原则上解除合同后，保险人对已经经过保险期间的保险费无须返还。保险人承担保险责任已经经过的期间，等于是投保人（被保险人）的利益受到事实上的维护。投保人根据风险变化情况适时选择解除保险合同，会使保险人已经承担的风险所应当获得的利益化为乌有，将直接损害保险人依照保险合同所应当获得的利益。因此保险人只需返还保险合同解除后至合同期间届满之日止的保险费。在人身保险合同中，保险费除了具有保险对价的性质，还具有储蓄的性质，因此对纯保险费部分不予退还，只退还现金价值部分。对于趸交保险费，也应当在扣除已经过保险期间内的纯风险保险费后，向投保人返还剩余部分。①

2. 保险人解除保险合同

我国《保险法》第15条规定："除本法另有规定或者保险合同另有约定外，保险合同成立后，投保人可以解除合同，保险人不得解除保险合同。"本法另有规定的情况如投保人违反如实告知义务时，保险人有权解除合同（详见本书相关章节论述）。

（二）因其他原因而终止

保险合同的终止，是指保险合同在其存续期间内，因一定事由的发生，使合同的效力自终止时起归于消灭，有广义与狭义之别。狭义的终止，是指当事人行使终止权，使继续的合同关系向将来发生效力消灭，其特点在于当事人须行使终止权，合同效力始向将来消灭。至于广义的终止，除此狭义者外，还包括非因行使终止权的终止。这里保险合同的终止是广义上的终止。现就我国《保险法》所规定的合同终止的原因及效果，分述如下。

1. 保险期间届满

保险合同约定的保险期间是保险人为被保险人提供保险保障的期间。在保险期

---

① 为了避免解除合同发生自始无效而恢复原状的结果，我国《保险法》第38条和第68条，以及我国《海商法》第226条、第228条明确规定，即财产保险合同保险责任开始前，投保人要求解除合同的，应当向保险人支付手续费。保险责任开始后，投保人要求解除合同的，保险人可以收取自保险责任开始之日起至合同解除之日止期间的保险费，剩余部分退还投保人。人身保险合同投保人解除保险合同，已交足二年以上保险费的，退还保险单的现金价值；未交足二年保险费的，保险人按照合同约定在扣除手续费后，退还保险费。

间内，有些合同没有发生保险合同约定的保险事故，保险人的保险责任得以一直持续到保险期间届满。一旦超过约定的保险期间，保险人不再承担保险责任，保险合同也就自然终止，这是保险合同终止最普遍的原因。

2. 保险人终止

保险人终止，是指保险人彻底停止保险业务而消灭其经营保险业务的法律地位。依法设立的保险公司，因为被撤销、被宣告破产或者解散而终止。合同因自然人的死亡或者法人的终止而终止，保险合同也不例外。更有学者认为，保险合同当事人一方被宣告破产，保险合同终止，此为原则。① 我国台湾地区规定：保险人破产时，保险合同自破产宣告之日终止。日本《保险法》第 96 条规定：保险人受破产宣告时，投保人可以解除保险合同；投保人未解除保险合同的，保险合同在破产宣告后经过 3 个月时失效。我国《保险法》没有规定保险合同因保险公司的终止而终止，但是，考虑到我国破产立法有关尚未履行完毕的合同解除的规定，并依照法理，保险公司经营保险业务的地位因为保险公司的终止而消灭，不再具有享受权利和承担义务的能力，尚未履行完毕的保险合同应当终止。但是，保险合同因为保险人的终止而终止，并不具有绝对的意义。依照我国《保险法》第 87 条的规定，在保险公司被撤销或者被宣告破产时，尚未到期的人寿保险合同应当继续维持其效力，被撤销或者被宣告破产的保险公司应当将其持有的人寿保险合同和准备金转移给其他经营人寿保险业务的保险公司。对于终止保险业务的保险公司持有的人寿保险合同及准备金，其他保险公司不予接受而无法转让的，由金融监督管理部门指定经营有人寿保险业务的保险公司予以接受。所以，尚未到期的人寿保险合同不因保险公司终止业务而终止，被保险人或者受益人依该人寿保险合同所享有的利益不受影响。

3. 保险人完全履行赔偿或拒绝给付保险金义务

在保险合同中，保险人最主要的义务就是承担赔偿或给付保险金的责任。此时合同终止有两种情况：一种是满足了理赔条件，理赔后保单按合同约定终止；另外一种是不满足理赔条件，拒赔并终止合同。这里重点讲第一种情况。寿险被保险人死亡后，保险人理赔完毕，保险合同终止。在财产保险中，假如被保财产出现数次损失，只要保险人履行赔偿或给付保险金达到保险合同约定的保险金额总数时，无论一次还是多次，均属于保险人已实际履行了其全部保险责任，无论保险合同是否到期，保险人的保险合同义务已履行完结，保险合同终止。

---

① 桂裕：《保险法论》，元照出版有限公司 1981 年版，第 135 页。

4. 保险标的物全部灭失

财产保险的保险标的，非因保险合同所载的保险事故发生而是因其他原因导致全部灭失，保险合同终止。如果保险标的因其他原因导致全部损失，保险合同因其保险标的不存在，效力当然终止。

5. 合同主体行使合同终止权

我国《保险法》第 58 条规定，保险标的发生部分损失的，自保险人赔偿之日起 30 日内，投保人可以解除合同；除合同另有约定外，保险人也可以解除合同，但应当提前 15 日通知投保人。合同解除的，保险人应当将保险标的未受损失部分的保险费，按照合同约定扣除自保险责任开始之日起至合同解除之日止应收的部分后退还投保人。保险标的物因遭受部分损失而影响危险的增减，保险合同双方当事人均可能遭受不利，所以保险人与投保人均有终止合同的权利。终止后，已交付未损失部分的保险费应予返还。这项终止合同权，在赔偿金额给付后经过 30 日不行使而消灭。投保人与保险人均不终止时，除合同另有规定外，保险人对于以后保险事故所致的损失应承担的责任以赔偿保险金额的余额为限。

6. 法律规定的终止情况出现

由于法律规定的终止情况出现，无须当事人行使权利，保险合同即终止。保险人不承担保险责任，而且在余下的保险期间也没有履行保险责任的可能或必要。如《保险法》第 43 条、第 45 条规定：投保人、受益人故意造成被保险人死亡、伤残或者疾病的，因被保险人故意犯罪或者抗拒依法采取的刑事强制措施导致其伤残或者死亡的，保险人不承担保险金给付责任，投保人已交足两年以上保险费的，保险人应当按照合同约定向其他享有权利的受益人退还保险单现金价值。此类情况的发生虽未明确提出合同终止，但如果导致被保险人死亡，必然是合同终止。

三、保险合同终止的效果

由于保险合同属于一种持续性合同，按照民法法理，合同终止的，其效力自终止时起消灭而不再继续，并不溯及既往，所以双方当事人均无恢复原状的义务。保险人在合同终止前，已收受的保险费不必返还。但在合同终止后保险费如已交付，投保人对于已交付的保险费，则有返还的请求权。如保险标的物非因保险合同所载的保险事故而完全灭失以及部分损失而终止合同，如终止后的保险费已交付的，就应返还。保险合同的终止，是自终止时起，向后发生效力，合同已经履行的部分不再恢复原状。

保险合同的终止在性质上与保险合同的无效不同。保险合同的无效属自始无效，故与其有关的一切给付均无法律上的原因，其已受领的，原则上均可依不当得利请求返还。至于保险合同的终止指向将来发生终止的效力，在终止前合同已经履行的部分仍属有效。因此有关的已为给付，受领人无须返还。但法律另有规定的除外，如因故意违反如实告知义务而解除合同原则上无须返还保险费，但投保人出于重大过失的，保险人应返还投保人所交保险费。

四、民法与保险法的竞合问题

（一）民法上合同解除权与保险合同解除权的竞合

1. 问题的提出

民法典中对"合同的终止"的规定对保险合同是否适用？合同的终止分为自然终止和因解除而终止。自然终止就是合同期限届满、合同履行完毕、债权债务消灭等情形下的终止。因解除而终止就是合同因双方当事人行使解除权而终止。《民法典》和《保险法》均有关于合同解除权的规定，且存在明显差异。

2. 概念之分歧对比

（1）合同解除事由不同。《民法典》第563条第1款规定了五种当事人可以解除合同的情形。同时第563条第2款规定以持续履行的债务为内容的不定期合同，当事人可以随时解除合同，但是应当在合理期限之前通知对方。另外，《民法典》第580条还增加规定合同僵局情形下的当事人合同解除权。在一般合同情形下，双方当事人解除合同的权利是基本对等的；与之相反的是，保险合同双方解除合同的权利不是对等的，投保人有随时解除合同的权利，保险人只有在对方未如实告知的情形、投保人申报的被保险人年龄不真实，并且其真实年龄不符合合同约定的年龄限制的，因保险标的的转让导致危险程度明显增加，投保人、被保险人未按照约定履行其对保险标的的安全应尽责任、财产发生部分损失且保险人理赔完毕后和故意制造保险事故等特定情形下才享有解除合同权。这是普通合同解除权和保险合同解除权的重要区别之一。

（2）合同解除的期限不同。《民法典》第564条规定或者当事人约定解除权行使期限，期限届满当事人不行使的，该权利消灭。法律没有规定或者当事人没有约定解除权行使期限，自解除权人知道或者应当知道解除事由之日起1年内不行使，或者经对方催告后在合理期限内不行使的，该权利消灭。给解除权施加一个除斥期间限制是应该的，否则不确定性太大。《保险法》对保险合同解除权的除斥期间有特殊规定。按照《保险法》第16条、第32条的规定，保险合同解除权的除斥期间为"自保险人知道有解除事由之日起，超过三十日不行使而消灭。自合同成立之日起超过二年的，保险人不得解除合同"。《保险法》第 58 条规定部分损失的合同解除权，对于投保人而言，除斥期间为保险人赔偿后 30 日内，保险人在提前通知 15 日后也可以解除合同。但《保险法》对其他解除权的除斥期间并未作出特别规定，此为保险立法的疏漏。

保险人在投保人或被保险人违反如实告知义务时，依《保险法》第 16 条的规定有解除合同权，已如上述，除此之外也可能依民法有关错误、欺诈的规定行使撤销权，两者存在竞合时，按照特别法优于一般法的原则，应当优先适用《保险法》第 16 条的规定。德国《保险合同法》第 22 条①承认基于如实告知义务的解除权与基于欺诈的合同撤销权两者存在竞合，但撤销权优先适用，即如果保险人能证明投保人陈述构成欺诈，可以撤销保险合同，在保险事故发生后也是一样，且不受违反如实告知义务项下解除权除斥期间的限制。

《保险法》第 15 条明确规定：除本法另有规定或者保险合同另有约定外，保险合同成立后，投保人可以解除合同，保险人不得解除合同，意味着保险人基于最大诚信原则放弃了自己的合同解除权。在《保险法》对保险人合同解除权有特别规定的情况下，根据特别法优于一般法的规定，《保险法》的规定优先。因此即使发生所谓《民法典》下保险人的解除权与《保险法》下保险人合同解除权竞合的问题，也只能按照存在竞争性的适用规范"择二选一"的规则处理。保险人只能在投保人未如实告知《保险法》等规定的特定情形下才能解除合同，不能援引《民法典》第 563 条的规定（诸如同时履约抗辩权等）行使合同解除权。当然，《民法典》第 564 条关于合同解除权除斥期间的规定也不能适用于保险人合同解除权。

建议在修改《保险法》时将原来适用于第 16 条未如实告知义务和第 32 条如实告知年龄义务项下的合同解除权除斥期间拓展适用于其他保险合同解除权行使的情形。否则在《保险法》没有特别规定的情形下，适用《民法典》关于一般合同撤销权或解除权除斥期间的规定，必然会引发争议。民法上解除权的行使应自知道或者应当知道解除事由之日起 1 年内行使或经对方催告后在合理期限内行使。超过前述期间的，解除权消灭。民法上撤销权的除斥期间为：（1）相对期间，即自当事人知道或应当知道撤销事由之日起 1 年内，重大误解 90 日内；受胁迫，自胁迫行为终止之日起 1 年内。（2）绝对期间，即自民事法律行为发生之日起 5 年内。

---

① 德国《保险合同法》第 22 条（欺诈性）规定：保险人以投保人欺诈性不实陈述为由撤销保险合同的权利不受影响。

（二）民法上合同撤销权与保险合同解除权的竞合

按照我国《民法典》的规定，合同在欺诈、胁迫、重大误解和显失公平的情形下可以被撤销。对于何谓欺诈，《民法典总则编司法解释》第 21 条规定，故意告知虚假情况，或者负有告知义务的人故意隐瞒真实情况，致使当事人基于错误认识作出意思表示的，人民法院可以认定为《民法典》第 148 条、第 149 条规定的欺诈。《保险法》第 16 条基于违反如实告知义务产生的解除权与民法上因欺诈产生的撤销权构成竞合时如何取舍的问题，有三种学说。第一种是排斥说，认为特别法优于一般法，解除权排斥撤销权，保险人不得行使欺诈项下的撤销权，避免保险关系长期处于不稳定状态。[①] 第二种是选择说（或并存说），认为解除权和撤销权并存，保险人有选择权，可以优先选择对己更为有利的欺诈撤销权，保护相对处于弱势地位的保险人[②]，该说力图从解释论角度化解立法不足带来的弊端。第三种是折中说，认为欺诈性保险索赔与未如实告知构成要件和适用场景完全不同，不构成竞合，在构成欺诈性保险索赔情形下承认保险人的撤销权，建议设置"欺诈性索赔"专条，调整法定解除权范围[③]。目前，在我国选择说（或并存说）是主流学术观点。20 世纪 90 年代我国台湾地区也出现过保险人是否可以行使撤销权的争论，有学者认为"纵然《保险法》第 64 条保险人行使解除权的除斥期间已过，其仍得依民法欺诈之规定行使撤销权并无在利益权衡上有任何偏颇或是不妥之处，两者皆应是并行不悖的"。[④]在二者并存的情况下，保险人可以选择行使撤销权。[⑤] 我国台湾地区基层法院的判决也经常出现分歧，1997 年我国台湾地区司法机构先是排除"民法"上撤销权的适用，

[①] 参见于海纯：《保险人撤销权：保险法中的一种制度选择及其合理性追问》，载《中国法学》2020 年第 8 期。刘勇：《论保险人解除权与撤销权的竞合及适用》，载《南京大学学报》（哲学人文科学社会科学版）2013 年第 4 期。肖智夫：《欺诈投保中保险人法定解除权与撤销权适用困境及化解》，载《武汉交通职业学院学报》2022 年第 3 期第 24 卷。

[②] 参见马宁、郁琳：《论保险合同法定解除权与合同法中撤销权的竞合》，载《广西社会科学》2011 年第 1 期。王家骏：《欺诈性告知中保险人解除权与撤销权适用关系问题研究》，载《上海保险》2017 年第 3 期。仝以顺：《论投保欺诈背景下的保险人合同撤销权——以一起投保诈骗案件的两级法院判决为线索》，载《保险研究》2015 年第 3 期。肖昕：《论投保欺诈行为的法律规制》，载《保险职业学院学报》2021 年第 4 期。

[③] 参见雷桂森：《保险法上告知义务违反与民法上欺诈之关系》，载《人民司法》2013 年第 19 期。金东辉、李佳栋：《我国保险解除权与合同撤销权之竞合困局与解决进路》，载《郑州航空工业管理学院学报》2017 年第 3 期。

[④] 参见江朝国：《保险法基础理论》，中国政法大学出版社 2002 年版，第 236 页。

[⑤] 参见刘宗荣：《论违背据实说明义务之解除权与意思表示被欺诈之撤销权》，载《月旦法学杂志》2002 年第 2 期。

判决保险人不能撤销保险合同，而后又判决保险人可以撤销合同。台湾地区司法机构在同一年内做出两份截然相反的判决，令其司法界颇感茫然。为统一司法适用裁量标准，我国台湾地区司法机构于1997年11月5日召开民事庭会议，对上述两种判决结论进行讨论，会议最终决议：在投保人欺诈告知的情况下保险人仍不得撤销合同，自此此类案件的裁判标准才得以统一。① 本书赞同构成折中说，即《民法典》下保险人在受欺诈情形下的合同撤销权与《保险法》第16条保险人合同解除权的确会构成竞合。但是构成排斥性竞合时适用规范只能"择二选一"。有学者举例德国《保险合同法》认可两者竞合时民法中的欺诈撤销权不受影响，且对于欺诈性告知项下产生的撤销权不受告知义务解除权除斥期间的限制。但是我国《保险法》并无该例外规定，所以只能优先适用《保险法》的规定。由于《民法典》关于一方以欺诈手段让对方产生错误意思表示而订立合同，导致合同可以被撤销，因此我国《民法典》第148条、第149条与《保险法》第16条构成竞合关系时，在合同订立阶段的投保人欺诈或不如实陈述，只能优先适用《保险法》第16条的规定，而不能按照《民法典》第148条、第149条有关欺诈合同可撤销的规定主张撤销保险合同。

五、投保人欺诈性索赔请求与保险人任意合同解除权

合同订立时要求投保人或被保险人基于诚信原则订立保险合同，以我国《保险法》第16条告知义务的规定体现得最为显著。但对于合同存续期间有关诚信履约的规定则散见于各项规范中，例如《保险法》第52条规定的危险增加通知义务，又如《保险法》第27条规定的故意导致保险事故发生保险人可以主张免责。但涉及合同当事人或关系人的欺诈性索赔（如故意导致保险事故发生或虚假制造保险事故发生免责事由）请求时，保险人只能就《保险法》第27条主张免责（故意导致保险事故发生）或因保险事故并未发生而不负保险责任（虚假伪造保险事故发生）的情形，《保险法》第16条没有直接适用的余地。除此之外，如果被保险人仍生存（如虚称保险事故发生或故意夸大事故损失），合同效力不会因此受到任何影响，这对保险人严重不利。实际上欺诈性请求行为已经严重违反保险合同所应遵循的诚信原则，因此特别有另行规范的必要。

---

① 参见于海纯、邹伟康：《美国保险法上保险人撤销权问题研究》，载《保险研究》2020年第11期。

（一）境外立法例研究

1. 德国关于保险欺诈请求的重大事由解除权

德国保险法学说上关于重大事由解除权，主要基于《德国民法典》第 314 条第 1 款关于继续性合同（如雇佣、委托以及合伙）中合同利益完全依赖双方当事人的信赖关系，因此一方如有违反诚信原则破坏原有的信赖关系时，另外一方当事人可以因此重大事由解除合同。德国民法对于特定的继续性合同，允许当事人以"重大事由"（也有表述为"特别事由"或"正当事由"等）终止合同。此种重大事由与根本违约、可归责性无关，甚至可以是己方的原因而产生的事由。比如，《德国民法典》第 314 条第 1 款规定："继续性债之关系的任何一方当事人，无待终止期之遵守，得基于重大事由终止之。在斟酌个案所有具体情事且衡量双方利益后，维持该契约关系到约定之消灭期限或终止期限届满，对终止一方无期限可能者，有重大事由之存在。"① 保险合同同样属于继续性合同，同样高度依赖双方当事人基于诚信原则而维持其信赖关系，相关德国学说也多采取可以类推适用如现行《德国民法典》第 626 条（雇佣、劳动关系）与第 723 条第 1 款第 2 项（合伙）等特别解除权的规定。在德国保险合同上对于重大事由解除权，则归类为因特别事由所产生的特别解除权。② 此类特别解除权，包括德国《保险合同法》已经明文规定的违反通知义务、未交付第二期保险费或保险事故发生后当事人的解除权等，而重大事由解除权则属于法律未明文规定而通过解释产生的特别解除权。其中最重要的是关于重大事由的定义与认定，主要是指由合同的双方当事人从债权关系性质、行为与当事人双方利益的考虑出发，一方当事人对于合同继续存在的期待已经消失。例如故意致使保险事故发生的行为、伪造捏造保险事故发生而向保险人索赔、投保人教唆第三人故意导致保险事故发生（如投保人教唆第三人放火烧毁保险标的物）等。

2. 日本关于保险欺诈请求与重大事由解除权的发展

日本学者将当时瑞士《保险合同法》第 40 条关于欺诈性保险请求的解除权以及德国保险合同法学说与实务中的重大事由解除权作为引进日本重大事由解除权的基础③，并发出引入国内的倡议，而后在相关人寿保险条款设计以及判例中认可其效力从而逐渐成形，直至日本 2008 年新《保险法》（第 30 条、第 57 条以及第 86 条）特

① 台湾大学法律学院、台大法学基金会编译：《德国民法典》，北京大学出版社 2017 年版，第 305 页。
② 陈卫佐译：《德国民法典》（第 5 版），法律出版社 2020 年版，第 132 页。
③ ［日］中西正明：《故意のに事故招致と保険者の解约权，伤害保险合同の法理》，有斐阁 1992 年版，第 261 页。

别将此类情形赋予保险人重大事由解除权的条款进一步成文化。其主要规范分别为：（1）以欺诈保险金为目的的故意制造事故行为；（2）关于保险给付请求权的欺诈行为；（3）与前两者同程度破坏信赖关系的行为。针对前述三种情形，保险人均可以行使重大事由解除权。同时日本新《保险法》第31条、第59条以及第88条还分别规定了损失补偿保险、生命保险和伤害疾病定额保险的解除权效力：三种保险合同的解除都不具有追溯力。① 在保险人对于保险事故的保险金赔付责任上和投保人缴纳保险费的返还问题上，该法也有明确规定。关于解除合同后保险人是否需要返还投保人所缴纳的保险费，《保险法》第32条第1款、第63条、第64条分别对损失保险合同、生命保险合同解除后保险费退还问题作了规定②。

3. 英国保险法关于欺诈性保险索赔请求的现状与改革

与前述日本重大事由解除权拟解决的欺诈请求类似，英国法上相关发展则从相关欺诈性请求（Fraudulent Claim）的发展中可见一斑。为进一步规范欺诈性请求产生的法律效果，英国法律改革委员会对此进行了专门研究，并在2014年发布关于欺诈性请求的具体改革建议③。根据该项建议案，英国在2015年增订新保险法（Insurance Act 2015），而将欺诈性请求分别规定于该法第12条与第13条中，并于2016年8月12日实施。新法明确规定："对于被保险人提出的欺诈性索赔，保险人没有承担赔偿责任的义务。"即针对欺诈性请求时保险人不应承担保险责任，可以请求行使保险合同解除权且可以从该欺诈性行为发生之时起算向后失去合同效力。此外，保险人仍然需要对于该欺诈性行为前被保险人的正当请求承担责任。建议分别在英国

---

① 按照日本新《保险法》第31条、第59条以及第88条的规定，不是以权利行使后保险合同自始失去效力，而是从解除事由发生时作为起算点，因此不具有自始溯及力。在解除保险合同后，对于之前发生的保险事故如与合同解除涉及的（欺诈）事实没有因果关系，保险人仍需要承担给付保险金的义务。至于解除事由发生后的保险事故，因保险合同已经失去效力，保险人当然不用承担保险责任。

② 日本新《保险法》第32条规定损失保险原则上应当退费，但是由于投保人或被保险人的欺诈或强迫而撤销关于损害保险合同的意思表示的以及损害保险合同依据承保前事故就已经发生而被认定为无效（但是保险人知道该保险事故的发生而对该损害保险合同予以要约或承诺的除外）。第63条和第64条规定在生命保险合同原则上只需向投保人返还该合同终了时所具有的保险费准备金（在所收取的保险费总额中，用以充当有关该生命保险合同保险给付的、与使用用以决定保险费或保险给付额的预定死亡率、预定利率及其他计算基础而算出的金额相当之部分），但保险人承担支付保险给付责任的，不在此限。保险人保险费返还也是有限制的，即下列情形下，保险人不负返还保险费义务：由于投保人、被保险人或保险金受领人的欺诈或强迫而撤销关于生命保险合同的意思表示的；死亡保险合同依据在投保时投保人、被保险人就明知保险事故已发生而被认定为无效（但保险人知道该保险事故的发生而对该生命保险合同予以要约或承诺时）。

③ 葛淑梅：《英国保险法对欺诈性索赔的法律规制及对我国的立法启示》，吉林大学2019年硕士学位论文。

2015 年新《保险法》第 12 条第 1 项至第 3 项予以规定。如果是团体保险，其中一人有欺诈行为，保险人只能对该欺诈行为人主张相关权利，此项权利的行使不应影响其他善意团体成员。

（二）我国民法关于继续性合同的重大事由解除权规定

《民法典》第 563 条第 2 款第一次引入持续性合同的随时解除权（称重大事由解除权）。在《民法典》第 563 条第 2 款之外，《合伙企业法》第 46 条规定了不定期合伙协议合伙人随时退伙的权利。这类随时解除权或者重大事由解除权的目的都是在以持续履行债务为内容的不定期合同中，避免当事人无限期地受到合同约束，任何人都不能根据合同被另一个人永久地拘束，防止超出个人自主决定的范围。这种制度的目的也决定了其为强制性规范，当事人完全放弃此种任意解除权的约定是无效的。但是，当事人可以约定行使此种任意解除权的方法，例如约定提前 3 个月通知。[①] 实际上随时解除权与《德国民法典》中继续性合同解除权如出一辙，也是日本《保险法》中的重大事由解除权的民法基础。我国《民法典》第 563 条第 2 款规定："以持续履行的债务为内容的不定期合同，当事人可以随时解除合同，但是应当在合理期限之前通知对方。"该条承认当事人在继续性合同中的重大事由解除权，是《民法典》在原《合同法》第 94 条基础上新增的条款。对于一时性合同和继续性合同（水电气供应合同、租赁、保管、借用等）的解除规则做了分别处理。对丧失信赖基础的长期性合同，允许双方当事人随时解除合同摆脱长时间受合同束缚的忧患。可见，我国《民法典》已经借鉴《德国民法典》，引入了继续性合同的随时解除权或重大事由解除权制度。保险合同也是一种继续性合同，但由于我国《保险法》对合同解除有特殊规定，投保人有任意解除权，但保险人的解除权受严格限制，《民法典》第 563 条的规定只单独适用于投保人而能否适用于保险人单方解除保险合同的情形，值得研究。

（三）随时解除权或重大事由解除权能否准用于我国保险合同

保险合同存在的道德危险往往是保险人核保时关注的重点，对于保险合同成立时的欺诈或不如实陈述，我国《保险法》一般都有例如第 16 条如实告知义务等明文规定，但是对保险合同存续期间（履行过程中）发生的欺诈性索赔，却没有如英国 2015 年《保险法》、德国《保险合同法》第 20 条、日本《保险法》第 30 条一样赋

[①]　朱虎：《分合之间：民法典中的合同任意解除权》，载《中外法学》2020 年第 4 期。

予保险人合同终止权。为了打击保险欺诈行为，充分体现"最大善意"原则，现实中为解决保险人对保险合同解除难的问题，需要增加关于继续性合同解除的特别规则，以弥补保险合同解除制度存在的严重不足，这种制度不足主要表现在以下方面：

1. 现行制度设计不利于对保险欺诈行为的打击

我国《保险法》第27条没有解决反欺诈问题，主要表现在行为方式和主体限制过窄，因此有进一步完善的空间。我国《反保险欺诈指引》规定，保险欺诈（以下简称欺诈）是指假借保险名义或利用保险合同谋取非法利益的行为，主要包括保险金诈骗类欺诈行为、非法经营保险业务类诈骗行为和保险合同诈骗类欺诈行为等。除特别说明，本指引所称欺诈仅指保险金诈骗类欺诈行为，主要包括故意虚构保险标的，骗取保险金；编造未曾发生的保险事故、编造虚假的事故原因或夸大损失程度，骗取保险金；故意造成保险事故，骗取保险金的行为等。《保险法》第27条规定了被保险人或者受益人谎称发生保险事故，投保人、被保险人故意制造保险事故，伪造、变造有关证明、资料或者其他证据，编造虚假的事故原因或者夸大损失程度等情形下的民事法律后果。据此，上述民事责任的承担主体仅限于投保人、被保险人和受益人，但是现在公估、鉴定、证明人、保险代理、医药方等参与甚至与内部保险公司员工串通共谋下实施的保险欺诈活动时有发生，《保险法》第27条对特定三种主体以外的一般主体实施的保险欺诈未作任何规定。[①] 例如投保人谎称发生保险事故时，保险人无权解约；投保人与被保险人串通实施欺诈骗保、制造事故或者虚报事故，在被保险人没有死亡的情况下，保险人只有扣除虚报和追回已赔虚报的权利而无法按照《保险法》第27条的规定解除合同。因此除主体构成需要重塑外，还应当增加对第27条未涵盖的"夸大损失程度"等欺诈性索赔行为的制裁力度[②]。

2. 现行《保险法》没有对投保人欺诈等"重大事由"情形进行解除权制度安排

投保人任何时候都可以解除合同，而保险人的解除权被严格限制，保险人只有在合同相对方满足《保险法》第16条、第27条等规定情形下才享有解除合同权。在我国法律上，关于继续性合同的解除规则供给不足，故建议参考《民法典》第563条作为保险人解除继续性合同的法理基础，但由于《民法典》第563条就继续性合同的事由未作限制性规定，过于宽泛，建议应类推适用保管合同的"特别事由解除"，或者类推适用婚姻关系"感情已经破裂规则"由当事人请求解除[③]等情形，保

---

① 李玉泉、乔石：《保险欺诈主体的构成与法律责任》，载《保险研究》2021年第11期。

② 曹顺明、杨润宇、赵瑛：《保险诈骗罪若干问题研究》，载《保险研究》2021年第12期。

③ 韩世远：《继续性合同的解除：违约方解除抑或重大事由解除》，载《中外法学》2020年第1期。

险人仅在投保人欺诈性索赔时才可以经合理催告后行使合同解除权。保险交易的对价平衡原则要求保险人承保的风险与投保人支付的保险费保持均衡，否则危及危险共同体的存续、动摇保险制度的根基。[1] 保险人的风险管控不仅限于投保订约时，延续和贯穿于整个保险合同中。当投保人欺诈性陈述和欺诈性索赔行为发生影响其与保险人之间的信赖基础导致承保的风险加剧时应当允许保险人解除保险合同，这样才能加大打击保险诈骗的力度，真正保护保险人的利益。[2]

3. 我国《民法典》规定的因欺诈产生的合同撤销权不能为保险人提供反欺诈的制度救济

《保险法》对在保险合同履行期间的投保人欺诈和不实行为并无特别规定，但如前所述，由于《保险法》规定优先原则，不能适用《民法典》有关合同的解除权或者撤销权的规定，且用普通合同的解除权和撤销权的理论来解释欺诈性索赔项下产生的保险人解除权显然不甚合理，因为行使民法上的解除权需要达到"根本违约"（一方违约导致合同目的根本无法实现）的程度，行使民法上的撤销权需要在受欺诈、胁迫、重大误解和显失公平情形下作出错误意思表示的程度。

民法上的欺诈撤销权、合同违约解除权和保险法中基于投保时违反如实告知义务的合同解除权不能替代德日法项下的重大事由解除权（类似我国《民法典》第563条规定的继续性合同的重大事由解除权）。《民法典》规定的普通合同的解除权、撤销权制度或者《保险法》第16条规定中的保险人法定解除权也不能提供保险合同履行过程中欺诈性索赔产生的保险人解除权的合法性基础，而《民法典》中的持续性合同项下的重大事由解除权（第563条）却可以。鉴于《保险法》对合同订立后的欺诈行为项下保险人是否有合同解除权未作规定，不存在法条竞合问题，本书主张我国《民法典》中有关继续性合同中的重大事由解除权制度（第563条）准用于保险合同。换言之，对于欺诈性索赔请求，破坏保险合同双方当事人互相信赖基础的，保险人享有保险合同解除权，同时对已经发生的保险事故可以拒绝理赔。

4. 未来保险法引入继续性合同重大事由解除权制度的应有之义

欺诈性索赔产生的合同解除权在德日英保险法中意义尤为重要，原因在于弥补了其国内法（民法）未对保险合同这类继续性合同设置解除权从而无法提供反欺诈救济的法律漏洞。我国《保险法》第27条虽然规定了特定三种人故意制造保险事故

---

[1]　武亦文、杨勇：《保险法对价平衡原则论》，载《华东政法大学学报》2018年第2期。

[2]　闵建榕：《反保险欺诈的国际经验借鉴——基于立法维度和监管模式维度》，西南财经大学2020年硕士学位论文。

时保险人享有解除权，但该条存在进一步完善的空间。在修法之前，应允许适用我国《保险法》第15条规定项下保险合同约定的合同解除权，由保险人主张解除合同。本书认为，《保险法》第15条规定合同当事人意思自治约定的合同解除权在不违反法律法规强制性规定或公序良俗的前提下与保险法中的法定解除权同样受到法律尊重。即类似日本般先通过业界努力改进保险条款设计，在条款中约定特别事由合同解除权，同时希望法院按照我国《保险法》第15条规定尊重这种合同特别义务约定，并在投保人等违反条款约定义务触发保险人解除权时，支持保险人享有解除权。接下来，本书建议未来在修法条件成熟时完善《保险法》第27条，或者如日本保险法般直接引入保险人重大事由解除权，这样的话，无论保险合同条款有无特别约定合同解除权，均允许保险人以投保人存在欺诈陈述或欺诈性索赔行为等重大事由，基于《民法典》第563条规定解除保险合同。未来在《保险法》修订时引入重大事由解除权制度，应明确以下内容：

（1）行使解除权的事由。对于德国和日本重大事由解除权的发展以及英国对于欺诈性请求的改革建议与新修订的保险法，两者就其涉及保险合同的范围以及保险人可以行使的权利范围而言，德国和日本保险法让保险人可以请求的解除权范围更加广泛。但两国法制的发展同样源于投保人或被保险人严重违反诚信原则（最大善意）而让合同关系的信赖基础破坏而难以为继，因此认为应当让保险人获得保险合同终止权并使合同向后发生效力。虽然在日本法改革过程中，学者先后提出债务不履行、继续性合同以及主观危险增加类推适用三种学说，但该三种学说仍然没有妥善处理保险合同所涉及的道德危险与信赖关系是否破坏的根本问题。因此重大事由解除权的基础仍然应当以保险合同本身所具有的射幸性与诚实信用原则的遵守，如果保险合同关系存续将产生道德危险，一旦发生道德危险又让保险人因举证困难而不得不依约给付，因此有必要赋予保险人终止权。

由于我国《民法典》第563条对继续性合同解除权的规定过于宽松，解除事由未作任何限制，在保险领域适用该条规定的继续性合同解除权时应对解除权行使的事由作严格限制。结合近年来我国保险诈骗行为可以将重大事由解除权概括为：故意实施欺诈性索赔行为或者因重大过失未调查而放任虚假索赔行为符合下列情形的，保险人享有解除权：一是故意制造保险事故。例如公司濒临破产时公司总经理指使员工纵火烧毁企业财产。二是投保人或受益人杀害被保险人，伪造第三人杀害而向保险公司索赔。三是编造虚假保险事故，例如人身保险中将他人尸体当作被保险人尸体向保险公司索赔；与鉴定评估机构、医院等勾结出具虚假证明材料骗取保险金。

四是伪造编造有关证明、资料或者其他证据，编造虚假的事故原因或夸大损失程度。例如财产保险中夸大失窃物品价格或者数量，人身保险中将将自然死亡的被保险人伪装成意外身故，获取双倍保险金。① 五是虚构保险标的数量和价值进行高额投保或重复投保。② 六是其他导致合同双方信赖基础丧失的欺诈性索赔行为。

（2）解除权的后果。英、日、德三国涉及的重大事由解除权与终止权实际上效果是一致的，都是保险合同以欺诈行为发生的时点为基准起算向后失去效力。因此日本《保险法》关于解除权的效力，虽然与一般解除权产生的终止效力类似，但实际上仍有溯及至该重大事由发生的行为当时向后失去效力，而英国法律改革委员会也拥有同样的见解，即认为保险人可以就欺诈性索赔主张终止权而向后失去效力，但其终止的时点可以提前到欺诈行为事实发生之时而不是终止权行使之时，这点值得我国改革目前解除权行使问题时加以借鉴。就我国《保险法》关于合同存续期间违反通知义务所产生的解除权的后果而言，保险人可以主张解除权，但此时所产生的解除权的效果，基本上仍以回归一般民法的效果而使得合同效力溯及订立时无效。此时如果在欺诈行为发生前，本已有其他根据保险合同约定产生的正当给付请求，恐怕因溯及合同无效而产生对于丧失原先给付请求权或已受领而应当予以返还的问题。而如果以重大事由解除权而言，因为它是合同存续期间产生的而不是在合同订立时发生的，因此即使产生溯及效力而让保险人不承担保险责任，但只能溯及至欺诈行为或事实发生时，这样的规定是妥当的，因此我国《保险法》规范上应当对重大事由解除权与一般民法合同解除权溯及效力分别加以区分。

（3）合同效力与其他合同的关系。在英国的改革建议中仅让保险人可以就发生欺诈性索赔请求的保险合同行使合同终止权从而使合同效力发生变动，但不能延伸至被保险人与保险人其他保险合同关系中。反观日本《保险法》中重大事由解除权是以信赖关系是否遭受破坏为基础，保险人可以将行使解除权的范围扩张至其他保险合同。但该解除权也不能滥用。当然，只有在发生重大欺诈行为（如故意制造保险事故）对其他保险合同甚至被保险人与其他保险人订立的保险合同未来也因此存在高度道德危险可能而有解除其他合同的必要时，保险人才能行使对其他合同的解除权。

---

① 姜宇：《保险索赔欺诈的认定标准研究——以〈保险法〉第27条为中心》，华东政法大学2021年硕士学位论文。

② 我国《保险法》第56条关于重复保险规定，即使保险人发现也只能等到保险事故发生后按比例给付，而不能中途发现后主动解除多余的合同让保险标的价值与投保的保险金额相当。

下　编

保险合同分论

第十章　损害保险原理

第一节　危险范围的确定与损害的关系

保险制度产生的最基本概念，即通过危险共同团体的力量，保护被保险人在危险发生时免于遭受各种损失。危险具有各种不同的意义：可指灾害的本体如火灾、水灾、车祸等；也可指因灾害而产生的损害，如因火灾而致房屋遭毁，因车祸而致身体受伤等；甚至可指对灾害或损害发生可能的忧虑。凡此种种都可称为危险。保险法上的危险除了必须是"不可预料或不可抗力的事故"外，必须顾及该危险是否包括在保险合同范围之内。因为保险人不可能承担任何漫无限制的危险，即只有经限定的危险才属保险人应承担的范围，也只有如此，保险人才能计算出合理的保险费作为对价。这种属于保险人承保范围内的危险可称为"被保险的危险"，又称"保险的危险"。而所谓保险的危险并不全指保险的灾害（如火灾、水灾）本身，此灾害还必须引起损害，且此损害须已被保险（"被保险的损害"或"保险的损害"，如房屋全毁或半毁）。最需讨论的是该损害是否对被保险人造成损失或不利。即使灾害为保险灾害，造成的损害也在承保范围之内，但如果该损害和被保险人并无任何关系，则保险人也没有承担该危险的义务。由此可知讨论保险危险时，不可避免地须论及"被保险的关系"，又称"被保险的利益"。

一、保险的灾害

（一）包括的灾害（保险责任范围）

在任何保险合同中，都必须尽可能述明保险灾害的种类。所谓灾害，可定义为"造成损害或不利的可能性"，依此可知"灾害"一语在我国《保险法》上的用语即"事故"本身。在保险合同上灾害的种类虽应全面述明，但基于其种类的多样化，一般都仅以抽象的名词定义，如火灾、水灾、意外、生存、死亡或疾病等，然后在其他规定中，再订立何种风险或导致灾害的原因包括或排除在承保范围之内或之外。

基于损害保险（大都为财产保险）的恶意重复保险禁止原则，财产保险中的"火灾"或者说"火"如何定义？电闪是否属于火？是否必须有燃烧现象？在效果上和火相同的化学反应是否为火灾的一种？爆炸又是什么？在财产保险中，除了河川、湖水或大雨泛滥之外，因水管破裂引起的水灾是否也属于保险灾害？在死亡保险中，民法上失踪人死亡宣告是否也属保险法上"死亡"？在意外伤害保险中，遭蚊虫叮咬可否视为意外伤害？诸如此类问题都不是一般语言学的概念可回答的，属于保险法学研究的范围。就某一事故是否属于保险灾害，除了其发生需因不可预料或不可抗力造成的以外，还应参考其他法规——对于某灾害有特别定义、合同内容、司法实务判决、学术研究及秉承诚实信用原则和"保险合同目的"解释原则加以分析。尤其所谓"依保险合同目的解释原则"（不仅适用于保险灾害，也适用于保险关系及保险损害范围的探讨）更是在法规或合同内容对灾害无定义时发挥保险合同为最大善意合同的一把利器。在判断事故是否为保险灾害，且无法依法规或合同明文规定中获知时，须就该保险合同所欲保护被保险人的目的范围确定。该目的可以通过保险合同制定的过程、保险费计算的基础及其和其他类保险内容的比较来实现，不可拘泥于表面文字的解释而望文生义。以下列举欧陆保险法上的数例以供参考。德国《保险合同法》对于"火灾"并未直接在法条内下定义，而是规定在"一般火灾保险条款"第 1 条第 2 项："火灾，指由不是特定燃烧地点发生或越出燃烧地点，且能以自己的力量扩散的火。"这种火又称损害的火，英美法系称之为敌火（Hostile Fire），而和友火（Friendly Fire）对应。一般而言，火灾保险人只对因敌火引起的损害负保险赔偿的责任，据此，将物品投入家中壁炉中而遭受毁损，不属保险保护的范围。

盗窃保险的盗窃和刑法中有关盗窃的定义不尽相同，而是在保险法上具有特别的意义，目前德国一般盗窃保险条款规定，有下列情形之一者即属盗窃：（1）如果一窃贼毁坏门窗，翻越墙垣或以假钥匙或其他非依正当使用目的的工具侵入建筑物或建筑物内的处所。（2）在建筑物或建筑物内处所之内毁坏门窗或容器，或为开启门窗或容器使用非依其正当使用目的的工具。（3）以盗窃的目的潜入或为此目的隐藏在建筑物或建筑物内处所内，而在晚间行窃。（4）以使用真正的钥匙行窃，而该钥匙是以前三款规定，或抢夺，或以恐吓勒索方式得到的。此外在该条第 6 款又规定窃盗损害如由被保险人于同一处所共同生活或居住的人所致，保险人不负保险赔偿的责任。至于由被保险人自己或其家属或受雇佣的人所窃，依保险法一般的规定本在理赔范围之外，无须特别规定。由此可知保险合同订立者似已绞尽脑汁尽可能地述明保险灾害的种类与特征以满足保险法的要求，但在实务上仍不免发生争执，如所谓"和被保险人居住一起的人"所指的是什么？只借宿一晚的人是否属于"和被保险人居住一起的人"？种种问题只有依靠司法机关参考各家学说并审查合同的目的，才能作出公正的判决；或者保险监督管理机关在审查保险条款时，能发挥准司法地位的功能，要求保险业者尽可能详细记载保险灾害的种类以杜争端。

由上述可知，陆上保险的主要各种保险所承保的灾害（即所谓保险灾害）都有特定的范围，如火灾保险的火灾、健康保险的疾病、意外伤害保险的意外事故、盗窃保险的盗窃等。虽然各种被保险灾害的定义常有不明确的地方，但仍属所谓"灾害特定性"的保险（与此相对的概念则为"灾害全包性"或"灾害普遍性"的保险）。所谓灾害全包性原则即指保险合同所承保的灾害不限于某特定的灾害，而是包含所有可能发生的灾害，此原则大部分适用于运输保险，尤其是海上运输保险。保险人对于海上保险标的物，因"海上一切事变及灾害"所产生的毁损、灭失等均负责任。此外，战争的危险，除有相反的约定，也包括在内。海上运输保险合同所承保的灾害不仅限于某一特定的灾害，如火灾、盗窃、战争等，还包括所有船舶或货物在海洋上可能遭遇的灾害，如战争、火灾、敌人、海盗、海贼、盗窃、海难、抛弃、拘捕令、禁制、扣留船长、船长违职行为及其他一切海难等。但需注意的是，海上运输保险虽然基本上采纳"灾害全包性"原则，但如果没有违反法律强制性或禁止性的规定，当事人也可以合同方式限制其无限灾害的范围。更不可混淆的是，所谓"灾害全包性"并不是"损害全包性"的同义词，灾害和损害是两个完全不同的概念，如火灾为灾害，标的物受损则为损害。某一灾害或许为保险灾害，所造成的损害却不一定是保险损害，其是否为保险损害须由合同内容而定。之所以在此特别强调两个概念的区别，是因为一般人常认为海上保险人既然以承保所有海上可能发生的灾害为原则，所以除非合同有特别限制约定，其应负补偿任何因保险灾害所产生损害的责任，而实际上并非如此。

（二）不包括的灾害（除外责任或者免责条款）

1. 客观的不包括

由以上所述有关保险灾害的问题可知，如果在一个保险合同中明确地规定保险人所承保灾害的范围几乎不可能，那么在保险技术上除了正面地、尽可能地载明保险灾害的种类及其定义外，一般也可以反面的方式以"不包括条款"或除外条款来确定其范围。

每个保险合同内几乎都载有灾害不包括条款，其内容虽然不一样，但目的都在于通过此限制或排除该保险合同内所定保险灾害（即保险事故的范围）。依保险分类，除了海上保险因适用"灾害全包性"原则，而在除外条款中须将各种非保险灾害的种类列出外，在陆上保险的各类保险中，既然已采用"灾害特定性"原则，实在没有必要在不包括条款中列举和该保险种类不相关的灾害。例如，盗窃保险的保险灾害即为"盗窃"，因技术上的困难无法直接正面且明确地加以定义，导致须再借助除外条款加以辅助，将"保险标的物置存于连续三天无人居住及无人管理的房屋以致损失"或在内乱时发生的盗窃等灾害，排除在该盗窃保险合同所承保"盗窃"范围之外。这些就订约技巧而言是恰当的；至于"核反应、核辐射和放射性污染"和无保险灾害"盗窃"本来风马牛不相及，无须再明文规定。

2. 主观的不包括

关于保险合同危险承担范围的讨论，除了首先确定保险灾害（即何种灾害属于保险范围，何种灾害又不属于保险的范围）外，同时还要注意到，此保险灾害的发生必须是意外的，如果灾害的发生是当事人出于故意或预谋的，或当事人对于灾害的发生与否具有影响力的，保险人对因该灾害所致损失不负保险赔偿的责任。这种灾害在保险法上不称为"保险灾害"，其被排除在保险灾害范围之外的性质，又可称为除外灾害，且因其不包括是其主观上由被保险人本身的行为所致，所以学理上称之为"主观的除外灾害"而成为上述"客观的除外灾害"的相对概念，但两者都不属于保险人所承担保险灾害范围。

主观的除外灾害的法理基础在于保险制度的存在使被保险人因不可预料或不可抗力偶发灾害所遭受的损失，能通过保险人的补偿损害，达到分散危险于保险大众的目的，所以保险人所承担的保险灾害必须不由被保险人本身意思所左右。如果被保险人在主观上故意致使灾害发生，那么即使灾害在客观上属于保险灾害（如财产保险中的火灾），保险人也没有承担的道理，这是维护保险制度不可或缺的。所以主观的不包括灾害都直接规定在《保险法》条文之内，当事人不能以合同方式予以变更，所以又称为"当然的除外灾害"。如我国《保险法》第27条第2款规定，投保人、被保险人故意制造保险事故的，保险人有权解除保险合同，不承担赔偿或者给付保险金的责任，除本法第四十三条规定外，不退还保险费。第43条规定，投保人故意造成被保险人死亡、伤残或者疾病的，保险人不承担给付保险金的责任。第44条规定，以被保险人死亡为给付保险金条件的合同……被保险人自杀的，保险人不承担给付保险金的责任……第62条规定，除被保险人的家庭成员或者其组成人员故意造成本法第六十条第一款规定的保险事故外，保险人不得对被保险人的家庭成员或者其组成人员行使代位请求赔偿的权利。由此可知保险灾害如果是因投保人或被保险人或其代理人的故意造成的，则此灾害即成为主观的除外灾害，保险人不负承担的责任。另外一个问题是保险人对投保人、被保险人或受益人的过失所致的损害是否应负赔偿责任？以下将主观危险分为"故意行为""重大过失行为"以及"一般过失（或轻微过失）行为"三大类，分别说明其在保险法上的地位及评价。

（1）故意行为

对于保险事故的发生，影响力最大的当属被保险人的故意行为，又被称为道德危险。狭义的主观危险也是指故意行为。主观危险通常会破坏最大善意原则，所以原则上并非可保危险，应当排除在保险责任范围之外。这里的故意，其功能虽然是界定主观除外危险，但其概念内涵仍与民法所称故意相同，投保人或者被保险人必须对于保险事故及其所致的损害结果均有所认识、认可或者默认。如果投保人或者被保险人对于某一损害结果并没有积极促成或者予以认可，即使他的行为是故意行为也不是保险法上所称的故意。

如果保险合同中约定将投保人或者被保险人的故意行为所致损害也予以填补时，该等条款的效力如何尚存疑义。有学者认为此种约定因违背公序良俗而无效。此一观点如果适用于传统险种应该没有问题。但是保险险种众多且在不断发展中，部分新开发的险种，例如在产品责任保险中，投保人可以选择加保，在第三人因承保的责任事故受伤或者死亡时，保险人将在约定的保险金额范围内，承担被保险人对第三人或受伤人的损害赔偿责任。此种保险合同承保的费用支出均系投保人或者被保险人的故意行为产生，但同时也是这些险种所承保危险的典型特征。如果仍适用故意行为不赔原则，将使前述险种的功能难以发挥。

故意包括直接故意和间接故意。直接故意是指明知并故意追求其发生，间接故意是指已经预见其发生且其发生不违反其本意（放任其发生），但是举证投保人或被保险人"故意"十分困难，有必要采取宽松解释，例如被保险人故意挑衅或攻击第三人可能招来第三人的反击，导致被保险人死亡或受伤，这是被保险人进行挑衅行为之前能够合理预见的，若预见其发生，而发生又不违反被保险人本意，即认定存在放任结果发生的间接故意。故意是针对"结果"，而非针对"行为"而言的，也就是对于发生保险人应负保险给付义务的结果已经预见其发生，并积极促进其发生或其发生不违反本意而言。例如，被保险人非法穿越高速公路，被第三人超速驾驶的汽车撞死，其死亡的直接原因是被撞，但撞死的后果对被保险人而言是意外，保险事故的发生具有偶发性，但并不是被保险人的故意行为所致，保险人此时应负保险责任。

主观危险原则上虽然不具有可保险性，但是有时因特殊原因也可以被保险合同所承保。现行立法和实务承认的这种例外情形有三种：一是履行道德上的义务。被保险人故意造成保险事故的行为如果是其履行道德上的义务的原因，因为动机出于良善，不违反保险合同的最大善意原则，也没有滥用保险之处，应可将其与非故意行为作相同评价，承认其可保性，功能在于鼓励被保险人积极履行其道德上的义务，避免其因害怕失去保险保障而放弃保险制度所赖以建立的互助精神。例如我国台湾地区有法院规定："保险人对于因履行道德上的义务所致的损害，应负赔偿责任。"①二是人寿保险中的被保险人自杀。在人寿保险中被保险人的自杀属于主观危险的范畴，本来应该排除在理赔范围之外。我国台湾地区"保险法"第 109 条第 1 项明确将被保险人自杀排除在保险人责任范围之外，但是第 109 条第 2 项又规定："保险合同载有被保险人故意自杀，保险人仍应给付保险金额之条款者，其条款在订约二年后才产生效力。恢复停止效力的保险合同，其二年期限应自恢复停止效力之日起算。"我国《保险法》第 44 条规定以被保险人死亡为给付保险金条件的合同，自合同成立或者合同效力恢复之日起 2 年内，被保险人自杀的，保险人不承担给付保险金的责任，但被保险人自杀时为无民事行为能力人的除外。自杀条款的设置一方面稀释被保险人因保险制度萌生自杀的念头，同时提供偶发性自杀者的家属保险保障；同时为避免造成被保险人的逆选择（Adverse Selection），增加保险人的负担。三是交强险中被保险人的故意行为。为保护道交险中的受害第三人，我国《机动车交通事故责任强制保险条例》第 22 条第 1 款规定，有下列情形之一的，保险公司在机动车交通事故责任强制保险责任限额范围内垫付抢救费用，并有权向致害人追偿：驾驶人未取得驾驶资格或者醉酒的；被保险机动车被盗抢期间肇事的；被保险人故意制造道路交通事故的。有前款所列情形之一，发生道路交通事故的，造成受害人的财产损失，保险公司不承担赔偿责任。此一规定将被保险人的故意行为所致损害纳入主观承保范围之内，是因为需要特别保障交通事故的被害人。不过特别保护是有限度的，保险人仅限于在强制责任限额内承担垫付抢救费用，不承担财产损失。

---

① 我国台湾地区有一法院认为：丈夫因肝癌病危，被保险人为其妻子，紧急捐肝救夫，接受手术将其肝脏 70% 切除移植给其夫体内，并因此住院 10 天。法院认为被保险人捐肝所受伤害并无射幸性、突发性和不可预料性，故不能适用我国台湾地区的有关规定。该判决妥当性备受学者诟病。参见叶启洲：《保险法》（第 7 版），元照出版有限公司 2021 年版，第 277 页。

（2）重大过失行为

①我国《保险法》涉及重大过失条款，主要包括：第 16 条第 2 款、第 5 款——投保人故意或者因重大过失未履行前款规定的如实告知义务，足以影响保险人决定是否同意承保或者提高保险费率的，保险人有权解除合同。投保人因重大过失未履行如实告知义务，对保险事故的发生有严重影响的，保险人对于合同解除前发生的保险事故，不承担赔偿或者给付保险金的责任，但应当退还保险费。第 21 条——投保人、被保险人或者受益人知道保险事故发生后，应当及时通知保险人。故意或者因重大过失未及时通知，致使保险事故的性质、原因、损失程度等难以确定的，保险人对无法确定的部分，不承担赔偿或者给付保险金的责任，但保险人通过其他途径已经及时知道或者应当及时知道保险事故发生的除外。第 61 条第 3 款——被保险人故意或者因重大过失致使保险人不能行使代位请求赔偿的权利的，保险人可以扣减或者要求返还相应的保险金。上述情形都是针对投保人或者被保险人履行保险合同项下附随义务存在重大过失给保险人造成履约障碍时，保险人得以"过失相抵原则"进行比例酌减赔偿，而不属于把重大过失作为主观不包括风险加以排除的情形。

②重大过失行为的认定。重大过失是介于故意和一般过失之间的主观过错形态，最容易与间接故意混淆。有学者总结重大过失认定标准如下：第一，以行为人所处的环境和位置，行为人应当意识到只要采取一定防范措施就可避免损害发生，因为疏忽没有意识或者认识到但轻信可以避免。第二，在一个损害发生过程中行为人出现两个以上的过失，通常会被认为对该损失负有较大责任。第三，损害发生与过失行为存在因果关系。[①] 还有学者认为既然认为故意所致保险事故免责的立法宗旨在于排除异常高度风险而非在于对行为人的主观非难，由此故意或重大过失都无须采用意志说。事实上两者仅为确信程度的差异，如果故意的概率为 90%—100%，那么重大过失的概率就在 80%—90%。[②]

③保险人对重大过失造成的保险事故是否担责？重大过失是否属于保险人的责任范围？我国《保险法》对此未作规定。关于这一问题争议颇多，认为重大过失不予理赔的否定说，其主要理由包括：一是我国《保险法》对重大过失与故意行为是同等主观可归责评价的，保险人对于投保人和被保险人的重大过失行为所致损害应不负保险责任。立法者有意将投保人或被保险人的重大过失行为所产生的损害列入

---

① 卫文：《保险法上的"重大过失"》，载宋志华主编：《保险法评论》（第 5 卷），法律出版社 2013 年版，第 112 页。

② 岳卫：《故意所致保险事故免责规定中故意的意涵及指向》，载《保险研究》2022 年第 8 期。

保险人的主观承保范围之内，此源于我国民法一直将故意和重大过失列为同等恶劣的主观状态，从《民法典》17 处将故意和重大过失并列的条款中就可以明确，这一历史性因素应当予以尊重。二是《民法典》第 506 条规定，合同中的下列免责条款无效：（1）造成对方人身损害的；（2）因故意或者重大过失造成对方财产损失的。被保险人的重大过失所致损害若属于保险人的赔付范围之内，则与预先免除重大过失应负的责任无异。三是我国《民法典》第 1174 条规定，"损害是因受害人故意造成的，行为人不承担责任"。如受害人恰为被保险人，若允许被保险人疏于注意义务所致的损害直接转嫁给保险人，会进一步转嫁给社会上的其他投保人，将违反公共政策。①

"肯定说"学者则主张重大过失仍然应当理赔，或认为"相应减少保险理赔责任"。② 他们还以英美法和德国立法为例加以论证，主张英美法系很早就采取"原则担责、例外排除"的模式，1908 年瑞士《保险合同法》中确立了比例酌减原则。而德国也采取"全有或全无"的一概排除模式，但这一模式在 2008 年德国《保险合同法》引入比例赔付原则后有所改变。前述学者认为，较之于大陆法系国家在"全有或全无"模式影响下的一概拒赔模式，比例酌减原则更能反映对价平衡原则、保护消费者利益的时代要求。

本书认为，综观德国《保险合同法》，这些比例赔付条款涉及两个方面。一是投保人、被保险人履行附随义务（如告知、危险通知、事故报告、代位协助等）存在重大过失时，保险人可以根据过失相抵原则酌减赔付金额。同时德国《保险合同法》第 58 条（违反附随义务）规定：1. 在预约保险案件中，如果投保人故意不履行那些本该在保险事故发生之前就应当履行的附随义务，则对于有关此案个体风险的理赔申请，保险人不承担保险责任。2. 在投保人恶意违背附随义务的案件中，保险人可以在知悉上述情况起一个月内终止合同，但需要提前 1 个月通知投保人。可见在德国法下比例赔付并不适用于故意违反附随义务的情形。二是重大过失造成的保险事故，保险人需要担责，但可以根据投保人的过错程度相应减少保险赔偿金。本书认为不能混淆"履行附随义务方面的重大过失"与"作为保险事故原因的重大过失行为"之间概念的差异。就前者而言，如果从我国《保险法》现有的重大过失规定来

---

① 刘宗荣：《保险法——保险合同法及保险业法》（第 5 版），三民书局股份有限公司 2021 年版，第 190 页。

② 李飞：《被保险人重大过失致损与比例酌减原则》，载《东北大学学报》（社会科学版）2021 年第 4 期。

看，比例酌减原则早就引入中国法制且为司法实务普遍接受。如果说要引入比例酌减原则，将该原则在我国《保险法》第 16 条、第 21 条和第 61 条关于现有的重大过失规定的基础上进一步扩大到危险增加通知义务（第 52 条）、安全维护义务（第 51 条）及减损救助义务（第 57 条）等附随义务的履行方面即可。这样就可以与德国《保险合同法》第 56 条、第 57 条、第 77 条、第 82 条和第 86 条之规定一样，由于危险增加通知义务或者安全维护救助义务等附随义务履行方面存在重大过失导致保险事故发生，保险人则不得完全拒绝赔偿而须根据投保人过错程度相应减少赔付保险金的数额。

就后者而言，是否把"重大过失"视同"故意"般同样作为"主观不包括风险"，而保险人可拒赔呢？对此，我国《保险法》均未作明文规定，保险实务中多交由保险合同当事人依意思自治原则订立的具体合同条款而定。当然，在《保险法》无明文禁止时应允许当事人在合同中明确约定比例酌减赔付，不过这容易被法院判为免责或减轻责任条款而无效。日本保险法却仍然采取将故意和重大过失同等对待的观点。① 本书认为日本《保险法》将投保人或被保险人故意或重大过失均列入保险人免责范围（但责任保险中可赔付重大过失）的规定过于严苛，故建议在未来修法时参照德国《保险合同法》第 81 条规定重大过失致保险事故发生的②，保险人仍需赔付但可以根据投保人过错程度比例赔付。主要理由为：第一，《保险法》第 27 条第 2 款规定投保人、被保险人故意制造保险事故的，保险人有权解除合同，不承担赔偿或者给付保险金的责任。该条款并未将重大过失排除在保险人责任之外，这就为双方当事人在条款中约定保险人理赔重大过失行为留下适用空间。第二，《民法典》第 506 条规定的因故意或者重大过失造成对方财产损失的免责条款无效，是为债务人在债的履行行为上所应尽的注意义务。违反此注意义务的，将承担损害赔偿的责任。其含有浓厚的归责意义。但是在保险关系中被保险人与投保人之所以订立保险合同、交付保险费，其目的在于因不可抗力或者不可避免的事故或因自己的疏忽引起的灾害所致的损失可以得到保险人的补偿。因此保险事故发生的原因是否出

---

① 日本 2008 年《保险法》第 17 条（保险人的免责）规定：1. 对因投保人或被保险人的故意或重大过失所造成的损害，保险人不负损害填补责任。战争及其他动乱所造成的损害亦如此。2. 前款规定适用于责任保险契约（损害保险契约中，填补因被保险人承担损害赔偿责任所发生的损害之契约，以下相同）时，将该款中的"故意或重大过失"换读为"故意"。

② 德国《保险合同法》第 81 条（导致保险事故发生）规定：1. 如果投保人故意导致保险事故发生，保险人无须承担保险责任；2. 投保人基于重大过失导致保险事故发生的，保险人应根据投保人的过错程度减少保险赔偿金。

于投保人或者被保险人的故意或者过失行为，影响的只是该行为所致的损害是否属于保险人的主观承保范围的问题，而无关投保人或被保险人是否违反保险合同上的注意义务。此处的故意、过失与《民法典》第 506 条的故意和过失的功能有所不同，而毫无归责的意图在内。因此《民法典》第 506 条不能作为主张保险人可以因为被保险人的重大过失而免责的依据。第三，有类似德国《保险合同法》第 81 条的法律明文规定，保险合同中的比例赔付条款就不会被法院判令无效。第四，重大过失应予理赔应当视法律和合同约定而定。例如日本《保险法》第 17 条明确将故意和重大过失所致损失排除在承保危险之外，但责任保险中仅将故意所致损失排除在承保危险之外。德国《保险合同法》第 81 条规定故意导致保险事故发生，保险人不赔；重大过失导致事故发生，保险人根据投保人过错相应地酌减赔付。

目前我国保险实务中财产损失保险约款中一般将重大过失列为除外责任或者免责条款。火灾事故中，企财险保险人只要证明被保险人存在重大过失行为造成火灾即可免除保险责任。在责任保险条款中一般将重大过失列为承保责任。因为责任保险承保的范围就是被保险人侵权或违约行为给他人造成的损害赔偿责任。如果将重大过失列为除外责任就失去了责任保险的意义。例如董事责任险条款承保风险就是董监高的"不当行为"或"过错行为"导致的第三人遭受经济损失而依法应承担的经济赔偿责任。

【案例】重庆壮大包装材料有限公司与中国太平洋财产保险股份有限公司重庆分公司保险纠纷案①

裁判要旨：*被保险人的工作人员因操作不当导致保险事故发生且被保险人未对此进行过相应的安全培训与管理，未建立正规作业流程与方法，存在重大过失，保险人免除赔偿责任。*

基本案情：重庆壮大包装材料有限公司（以下简称壮大包装公司）通过案外人姚仕碧向太平洋财保重庆分公司投保财产综合保险。2018 年 11 月 20 日，壮大包装公司提交《财产综合险投保单续保》，载明投保人和被保险人均为壮大包装公司，保险标的"详见清单"，保险金额为 37850000 元，保险费 27000 元。2019 年 7 月 31 日20 时 10 分左右，壮大包装公司发生火灾。2019 年 8 月 1 日，江津区消防支队对李建全进行询问，在《询问笔录》中李建全陈述壮大包装公司平时系其本人和周胜在管理经营，发生火灾的辅助车间主要生产塑料颗粒，通常是处理公司生产不合格的防

---

① 案例来源：（2021）渝 05 民终 1021 号判决书。

水底膜和卫生巾的小包膜，以及一些边角料，即俗称的薄膜塑料，学名聚乙烯。这些不合格产品经过再加工生产成塑料颗粒，即防水底膜和小包膜的原材料之一。在此过程中，需要进行材料辨别，如果用打火机烧了之后，发现没有什么杂质，那这些废料经过辅助车间生产成塑料颗粒之后就可以再次使用，就用不着辅助车间生产成塑料颗粒。李建全同时陈述，公司在辨别材料这个环节上没有一套正规的流程或者操作方法，都是凭工人的经验来操作，公司也未就怎样辨别材料的工作对工人进行过相关培训和要求，但公司对员工做过生产安全、消防安全等工作的培训和要求。

　　裁判结果：一审法院认为，关于壮大包装公司在火灾事故中是否构成保险条款约定的重大过失的问题，《消防法》规定，禁止在具有火灾、爆炸危险的场所吸烟、使用明火，该规定系法律禁止性规定。壮大包装公司作为专业包装公司，应当知晓该规定并进行相应的消防安全培训。同时，涉案火灾所在的车间系生产塑料颗粒的车间，壮大包装公司应当知道生产活动的边角料属于易燃物，更应当提高防火的注意义务。但是，火灾事故现场的工作人员均陈述壮大包装公司的管理人员知晓员工用打火机选料的方式，并未予以制止，也未进行过消防安全培训，壮大包装公司举示的证据也不足以证明其对员工进行了相关的消防安全培训，设立了一套完整的、规范的、安全的选料流程。故应当视为壮大包装公司未尽到防火的注意义务，构成《保险条款》约定的重大过失行为。二审法院认为，根据保险条款"责任免除"部分第八条载明："下列原因造成的损失、费用，保险人不负责赔偿：（一）投保人、被保险人及其代表的故意或重大过失行为……"，在"释义"部分载明"重大过失行为：指行为人不但没有遵守法律规范对其的较高要求，甚至连人们都应当注意并能注意的一般标准也未达到的行为"。本案中，壮大包装公司作为专业包装公司，应当知晓消防法所规定的禁止在危险场所使用明火的规定，进行相应的消防安全培训和管理。但壮大包装公司明知涉案火灾所在的车间系生产塑料颗粒易燃物的车间，应提高防火的注意义务，但却未进行消防安全培训，允许或放任其员工使用打火机选料的方式，造成火灾，故应当视为壮大包装公司未尽到防火的注意义务，构成了《保险条款》约定的重大过失行为。

　　（3）一般过失（或轻微过失）行为

　　关于投保人或者被保险人的一般过失（或轻微过失）或者突发事件，属于被保险人的主观承保范围，这一点在学说和实务上均没有争议。例如，我国台湾地区规定"保险人对于投保人或者被保险人的过失所致的损害，负赔偿责任"，即明确将过失所致损害纳入主观承保范围。这里的过失既包括重大过失，也包括一般过失（或轻微过失）。对于损失的发生，若被保险人没有过失，可以称为意外事件，则该损失属于保险人的主观承保范围，否则此保险合同将丧失其存在的目的，也无分散危险的功能了。

如被保险人驾驶摩托车在高速公路上行驶遭撞击身亡，通常该被保险人对于保险事故的发生存在一般过失或者重大过失。此时保险人可否主张其保险给付也具有损害赔偿的性质，从而适用我国《民法典》关于过失相抵的规定，减轻或者免除其保险责任呢？对此我国《保险法》并无明文规定，但是保险给付的本质是履行合同的行为，与损害赔偿的性质并不相同。即使被保险人对于保险事故的发生具有过失，也不代表其违反对保险人所负的保险合同义务，此时的过失并无归责意义在内，纯粹属于保险合同主观承保范围的界定问题。依据前述的分析，"过失"既然属于保险合同的主观承保范围，保险人即应对该项损失承担全部保险责任，貌似并没有适用过失相抵原则的空间。实际上在确定被保险人与受害人之间的侵权、违约赔偿责任时仍有我国《民法典》第1173条过错相抵原则和第592条与有过失原则的适用，一旦被保险人赔偿责任确定，保险人须全额赔付，其保险责任不会再因被保险人过失行为程度不同而有调整。例如，被保险人因过错行为造成受害人医药损失费用共计50万元，但受害人也有过错（20%），法院按照过错相抵原则判定被保险人赔偿40万元，如果实际赔偿额不超过保险金，则因责任保险属于消极保险，保险人则按法院裁决确定的赔偿数额全额赔偿。如果该份责任保险金限额为30万元，则保险人的赔付以30万元为限。一旦赔偿金额经法院裁判或保险合同双方当事人协商确定后，保险人就在保险金额范围内承担全额赔付。在德国《保险合同法》第81条项下，被保险人因重大过失行为造成保险事故发生的，不论财产损失保险还是责任保险均可以适用比例赔付原则。且第81条置于损害保险一般规定中，对所有损害保险均适用，不因险种为财产损失保险或责任保险而异，确实值得未来我国修法时借鉴。

二、保险责任范围

（一）被保险的利益范围

界定保险人承担危险的范围，除首先要确定何种灾害属于保险人所承担的保险灾害之外，其次应确定保险人通过订立保险合同，欲保护的究竟是被保险人的何种利益。因为被保险人在生活中，希望通过保险合同来保护其各种现存或将来特定的利益，如对于某物的所有权人利益、抵押权人利益、质权人利益或期待可得的利益等，这属于积极保险的范围；或者希望在某事故发生时，本身的积极利益虽然没有遭受侵害，但依法律或实际情况需要支出或负担支出的义务，如撞伤他人、汽车未损；餐厅本身财物未损，但食物不洁致顾客食后害病；以及火灾发生时为救助房屋而发生的救助费用，该房屋虽未受损，但费用支出者能通过保险合同获得保护，这属于消极保险的范围。不论消极利益或积极利益，只要属于可被保险的（可被保险的也有，如不合法的利益）即可以为保险标的，学理上称之为可被保险利益。但可被保险利益种类繁多、范围极广，不可能由任一保险合同统括。因此，保险人和投保人必须以合同方式约定何种可被保险利益能为保险人危险承担范围涵盖，这种已被保险的利益就是所谓被保险利益，此和灾害被保险者称为保险灾害同理。有关保险利益的历史发展、种类及功能已在本书有关章节中详述，此处不再赘述。

就保险技术性而言，最明确的保险合同应为"一份保险合同承保一个保险利益"，但这种可能性微乎其微。因为同一保险灾害发生，同时侵害的可能是被保险人各种不同性质的利益，如海上货物托运人，任一事故造成货物毁损灭失时，货物所有人除了其所有权人保险利益外，期待利益也可能同时受到侵害；或者该货物本身虽未遭受毁损灭失，但因共同海损分摊责任的产生，使其消极利益受到侵害等。同理，海上事故发生时，船舶所有人，除了其船舶所有权人利益受到侵害外，也可能同时因此丧失运费请求权。所以一般而言，保险合同都同时包括数种不同的保险利益，理想式地以单一的保险利益分类将保险合同分为所有权人保险合同、抵押权人保险合同或请求权人保险合同等几乎不可能。为防止投保人或被保险人滥用保险制度不当得利，又须以保险利益为保险的标的，所以只有退而求其次，要求保险人和投保人须将保险利益的种类及范围载明在保险合同之上，如此才可能在保险事故发生时确定何人为真正受损害的人——损害即利益的反面。

但目前在各国实务上，基于传统的概念极少直接以"保险利益"或"被保险利益"的表达方式，将保险利益的种类及范围明确地记载在保险合同之上，只能通过"投保人""被保险人""标的物""赔偿项目"等方式来确定保险利益的范围。加上当事人对于保险法理论认识不清，乱用"投保人"和"被保险人"的名词，导致保险体系的破坏并引起不必要的纠纷。如运送人关于其受托依运送合同所运送的货物具有可被保险利益诚属当然，但这种利益为责任保险利益，即防止在运送过程中，因某事故发生所导致的损失而对托运人应负赔偿责任，而不是直接对于该货物的所有或利用的所有权人利益，因此所订的保险合同应属责任保险合同。但实务上常有运送人在受托货运之时，只向保险人声称"投保该货物"，保险人也未详查，即提供一般的货物运输保险，在保险合同上载明保险标的物为该运送货物。至危险事故发生该批货物遭受毁损灭失，保险人也以处理一般货物运输保险方式理赔，将保险赔偿金直接给托运人或先给运送人，然后再由其转交给托运人。这种法律现象表面来看，似无可议之处，其中却隐藏着一些亟待解决的问题，以该保险合同的投保人或被保险人是谁为例：

1. 如果投保人为运送人，被保险人为托运人，投保一般货物运输保险并无错误，保险标的为托运人的所有权人保险利益，保险赔偿应直接给予托运人，而不应给予运送人。且如果该货物在运送途中毁损灭失，依运送合同的规定，运送人应负损害赔偿责任，保险人在赔偿之后可以向被保险人（托运人）代位其行使赔偿请求权，保险主要的目的在于保护被保险人的利益，投保人不包括在内。至于投保人为什么为被保险人订立保险合同，属于两者间的内部问题——例如将保险费加于运费之中，不在讨论之列。

2. 如果运送人同时是投保人和被保险人，所订的保险合同是以责任保险利益为保险标的的货物运送责任保险合同，保险人只有在运送人（被保险人）依法对托运人应负赔偿责任时，才承担理赔的责任，而对该货物不可归责于托运人的原因发生毁损灭失不负保险赔偿的责任，这就是货物运输保险和货物运送责任保险不同的地方。且保险人赔偿的对象为运送人，托运人对该保险人无直接请求保险赔偿的权利，运送人再以其与托运人的法律关系为基础向托运人给付赔偿。但须注意的是，这种情形属于"以托运人的费用来保护运送人自己的利益"，托运人在订立合同时应特别注意运费的合理性。且就保险法理严格来说，如果该保险合同所保护的内容为一般货物所有人的利益而不是运送人的责任利益，则除非可以通过其他情形判断该合同也承担此责任保险利益，否则被保险人（运送人）就该所有权人保险合同而言，既然没有所有权人利益，那么该合同应属无效。

（二）不包括的保险利益范围

如同保险灾害般，以保险利益的概念探讨保险人危险承担范围时，除了正面确定哪个为保险合同内所包括的被保险利益外，同时也须兼顾反面的所谓"不包括的保险利益"。一般的各种保险合同内几乎都有条款规定何种利益属于不包括的保险利益。可以列举的条款众多，这些条款的规定并未直接以"不包括的保险利益"的方式，表达何种被保险人的保险利益不属于保险人危险承担范围，而以"物"为保险标的加以罗列。例如财产保险的保险利益必须符合以下3个条件：（1）属于被保险人所有或与其他人共有，而由被保险人负责的财产；（2）由被保险人经营管理或替他人保管的财产；（3）其他具有法律上承认的与被保险人有经济利害关系的财产。其中"替他人保管的财产"对保险人而言，本属于责任保险利益。目前使用的财产保险条款，以其所保的保险利益种类而言主要是所有权人保险利益，因此将之列为"不包括项目"并无不妥；同理，由"被保险人所有或与其他人共有……"的规定也可知，其承保的主要是所有权人保险利益。

不包括的保险利益不仅可见于所有权人保险利益的保险合同中，在以责任保险利益为主投保险利益的责任保险合同中也有类似的规定。如现行道路交通第三者责任附加险条款中，将"乘坐或上下被保险车辆上的一切人员和财产的伤亡和损失"列为不包括的范围，虽然被保险人对之也可能依侵权行为或合同关系仍须负赔偿责任。在机动车辆损失基本险中，保险车辆拖带未保险车辆及其他拖带物或者未保险车辆拖带保险车辆造成的损失也不属于道交责任保险利益范围。

凡此种种都是危险事故发生后，就保险利益的概念判断保险人是否须承担危险所应注意的事项。但就保险法的观点来看，保险合同内所订立的"不包括保险利益"条款，除非和"包括的保险利益"互相矛盾，而应依"诚信原则"或适用于解释附合合同的"有歧义条款"作不利于保险人的解释外，原则上对被保险人有拘束力，这是因为保险法对各种保险合同的被保险利益的范围设有原则性的规定，而将具体内容赋予保险人以合同方式另订。所谓"合同另订"本意是指，保险合同双方当事人基于意思自由、平等的原则，以同意的方式订立权利及义务的内容。但从实务来看，除少数个案以外，保险合同内容几乎全由保险人单方拟定，投保人或被保险人根本没有谈判的可能性，于是保险人关于被保险利益部分即常以"不包括的保险利益"的规定，竭尽所能剔除承担范围，这种做法诚属"合法"，但其内容是否"正当"则值得商议。为避免这种情形发生以保护被保险人，法律规定各种保险费率及保险单条款均应先报经主管机关核准才能出单（这是世界各国共同的立法例）。保险主管机关在审核保险条款时，除了审查其是否有违反现行《保险法》的规定外，更应实质性地就技术方面由保险专家审查其保险费率和保险人承保内容之间是否符合"对价平衡"原则，而不是任意由保险人以"不包括的保险利益"或其他方式随意限制危险承担范围。如果保险主管机关未善尽其责，则由司法机关本着独立自主、追求公平正义的原则，参考诚实信用及合同目的的法理作出最后判决。

"不包括的保险利益"除了在保险合同内直接载明外，还包括被保险人的不法利益，例如被保险人的保险利益为其对于某包可卡因的所有权人保险利益，或者对于某依法禁止运出国境的古董，虽有所有权人保险利益，但如果将之投保海上货物保险，则该保险利益变为非法。《保险法》对此虽无明文规定，但仍应适用于所有私法范围。《民法典》第143条规定的违反法律、行政法规的强制性规定或者违背公序良俗的民事行为无效即适例。

（三）保险的损害

被保险人在某灾害发生时所遭遇的损害，并不都应由保险人承担，只有该灾害属于保险灾害，且该损害因被保险人已投保的保险利益受到影响而产生时，才属保险的损害。以保险利益的分类分析，在积极保险利益的保险中，损害是指被保险人对于某一具有积极性财产价值客体的关系，因发生保险灾害受到侵害；反之，在消极保险利益的保险中，损害是被保险人对于某一具有消极性不利的客体的关系，因发生保险灾害而受到侵害的结果。据此在损害保险的范围内，可将损害简单地定义为利益的反面。所以在确定保险人是否应负保险赔偿的责任时，应先确定被保险利益是否遭到侵害，而不是直接以某物是否遭到毁损灭失为依据。一般来说，某标的物直接遭受毁损或灭失即间接表现为被保险人保险利益受到侵害，但也有例外。如在海上货物运输保险中，被保险人因共同海损分摊责任而遭受损害，但其自己所托运的货物并未遭毁损或灭失，标的物的损害是因保险灾害（事故）所致，但并非和被保险人遭受损害是完全相同的，这是要特别注意的。

就保险法上所谓损害的种类而论，可分为全损及分损两种，这种区别就目前《保险法》的规定来看，主要适用于损害保险。在损害保险中，保险利益所涉及的客体大多为物，而全损及分损的定义在传统观念上也仅适用于物，这从海商法有关将委付赋予和全损同样效果的规定即可知。但就保险利益学说（保险标的为保险利益，保险利益受到侵害则产生保险损害）而言，全损应为保险利益全部受到侵害，分损则属于保险利益部分受到侵害。此理由和上述物的毁损灭失并非保险利益受到侵害的理由相同，不再赘述。

凡属于保险损害的范围，不论全损或分损（除非合同内有所谓只保全损条款），保险人都应负保险赔偿的责任。但在实务中保险合同常有所谓"自负额"的规定，如机动车辆基本险条款规定，根据保险车辆驾驶人员在事故中所负的责任，车辆损失险和第三者责任险在符合规定的金额内实行绝对免赔率：负全部责任的免赔20%、负主要责任的免赔15%、负同等责任的免赔10%、负次要责任的免赔5%。此外也有的直接约定以一定金额为自负额。保险人对于自负范围不负赔偿的责任。其主要的目的在于促使被保险人在损害发生时，因未能百分之百受到补偿而提高警觉避免发生保险事故。

本书认为与投保人缴纳保险费义务对应的是，对于保险责任范围的损失或者危险，保险人负有全额赔偿危害事故损失或者给付保险金的义务。被保险人对造成保险事故发生存在重大过失或者一般过失时，保险人能否以此为由酌减给付呢？本书认为除保险合同条款明确被保险人的重大过失或者一般过失所致损害赔偿责任属于保险人除外责任情形外，如果保险事故的发生系由被保险人重大过失或者一般过失导致，让保险人完全免责对被保险人而言无疑过于严苛。

不可否认消极保险是被保险人因自身疏忽或者过失给他人造成损害而承担的赔偿责任，但是不能混淆责任保险和财产损害保险的概念。对于责任保险，保险人承保的是被保险人侵权或者违约行为给受害第三人造成损失的赔付责任，在确定被保险人赔偿责任时就分别有与有过失原则和过错相抵原则的适用。如果受害第三人在被保险人履约或者侵权过程中存在过错的，可以在被保险人的责任赔偿数额方面予以酌减。保险人此时仍然需要承担保险责任，但是可以根据被保险人履约或者侵权过程中受害第三人过错大小或者存在多个侵权人或者多个致害因素时根据过错比例原则酌减被保险人的赔付责任，从而使得保险人的赔付责任相应减轻。仍然以行人擅闯铁路被火车撞死为例，在确定道交部门的管理责任时因为行人的过错可以减轻道交部门的民事赔偿责任，此时保险人按照法院确定的酌减后的责任数额进行全额赔偿，因为消极保险无保险价值的限制，所以保险人名义上仍然承担全部的保险赔偿责任。对于积极保险而言，保险赔偿以不可预料的事件或者意外伤害事故等承保灾害给被保险人造成的财产或者人身损失，但是如果被保险人在履行保险合同过程中存在违反危险增加通知义务、违反安全防范和阻止损失扩大等附随义务或者因重大过失行为造成保险事故的发生时，保险人也有权追究投保人或者被保险人在保险合同履约过程中存在的重大过失和过失行为的违约责任，从而按照与有过失原则在保险金给付方面予以比例酌减。举例说明，甲为金融机构，与乙保险公司签订员工忠诚保证保险，在承保期间内，因甲的员工 A 的不诚实行为致使机构遭受 1000 万元的损失。甲请求乙给付保险金。乙抗辩称原告未督促员工切实履行其内控合规手册，并违反金库管理规定，应当采取必要措施就案涉损失的发生与有过失，酌减给付二分之一。甲对于自己的员工 A 有监督不周的责任，从而导致自己损害发生，可以适用《民法典》第 1173 条的过错相抵原则确定 A 与甲之间的损害赔偿数额。《民法典》第 592 条过失相抵的规定适用于违约责任，在本案保险人与甲之间的保险合同给付关系中貌似没有适用的余地，因为员工忠诚保证保险显然是以投保人或者被保险人或其代理人的过失为理赔条件。若保险人可以被保险人过失主张过失相抵，与保险条款规定保险人应负赔偿责任的本意相悖。但是如果保险合同另有约定，投保人或被保险人负有特定、具体的损害防止义务，而投保人与被保险人违反此义务，且与保险损害的发生确实有因果关系时，境外立法例有规定保险人可以视被保险人过错程度酌减保险给付，此种立法例也与保险合同的最大善意原则相符，值得我国参考。

对于不属于保险责任范围内的损失保险人全然拒赔本无须质疑，但是保险人在履约过程中也存在过错时，根据与有过失原则合同双方似有协商的必要。在这种司法环境下，保险人往往不得已对本不应当赔付的灾害损失但出于自身"销售误导、违规承诺等过错"和其他特殊原因适用与有过失原则而给付比例赔付。这也是保险行业的惯常做法，也被称为"通融赔付"。最高人民法院在福运汽车公报案例〔（2013）民申字第1567号〕中就是在保险合同未生效保险人本不应当承担保险赔偿责任的情形下对双方达成的和解协议的效力也予以认可，在投保人主张以保险人欺诈为由撤销和解协议的情况下，最高人民法院仍然认为赔偿和解协议应当信守。通融赔付也是比例赔付模式的一种表现。比例赔付制度的引入在欧美已成潮流，理应在我国《保险法》中也占有一席之地，从而得到法院的尊重和认可。但为克服通融赔付的随意性，本书建议修法时增设比例给付的法律依据，同时行业协会应当牵头制定规范通融赔付的相关制度和机制，规范对通融赔付的管理使其更好地为社会服务。

三、保险法上损害发生的原因

保险合同上保险人的主要义务，即在保险事故发生时应负保险赔偿的责任。除了要先确定，发生的灾害是否为被保险灾害；受伤害的利益，如对某物的所有权人利益是否为保险利益；产生损害的种类是否属于被保险损害以外，关键在于仍要确定被保险人遭受的损害是"因"保险灾害产生，保险人对于被保险人遭受的损害结果是否应负补偿责任，需视其原因是否发自保险灾害事故而定，如果两者之间并无任何"因果关系"，则无保险人的保险赔偿责任可言，这就是讨论保险法上因果关系的重要性所在。保险人对个别损害的填补责任以其承保的危险之间具有因果关系为要件，有争议时应当由被保险人对此承担举证责任。对于除外危险与损害的因果关系，则应当由保险人负担举证责任。但是保险法关于危险与损害之间的因果关系应当如何认定，理论上见解不一致。例如所谓"因果关系"的定义是什么？如果一个结果的发生只基于单一的原因，且此原因必定产生一定的结果，固无问题。但事实上有一个结果可能基于多数原因的情况。在这种情况下，某一原因未必发生单一的结果，而某一结果也未必全基于某一特定的原因，其中究竟应以什么作为具有保险法上法律效果的"原因"，《保险法》并无明文规定，所以这也是保险法学者研究的课题。

（一）因果关系在民法上的意义

保险法和民法都属于私法的范围，前者又为后者的特别法，所以在讨论保险法上的因果关系问题之前，首先就因果关系在民法上的意义作一个概述。

1. 责任成立因果关系

在民法中有关损害赔偿之债的成立，不论因侵权行为或合同不履行，损害发生原因的事实与损害之间，必须有因果关系存在：如果损害和某一行为或事实之间并无任何因果关系，对此行为或事实本应负责的人（无论采过失主义或无过失主义），即无须负损害赔偿的责任。因此因果关系在一般民法上首先扮演的角色，即在于确定责任成立与否，学理上称之为"责任成立因果关系"。

2. 责任范围限制因果关系

基于责任成立因果关系存在而可归责于债务人的损害，可能再引起其他的损害结果，这种后续的损害结果可延伸至无限，如受害人因加害人的行为以致身体受伤，发生医疗费用支出的损失，侵权行为和身体受伤支出医疗费用之间有因果关系（责任成立因果关系），所以加害人须负赔偿责任。如果受害人在受伤至医院治疗时，因感染细菌致破坏脑神经而在住院期间因精神失常无故杀死邻床的病人时，加害人对该病人的死因是否也须负赔偿责任？或者，汽车驾驶人因与加害人所驾驶的车辆碰撞，撞毁路旁的电线杆，致该附近电影院停电，观众因惊慌夺门而出、践踏他人以致死亡，也属此例。由此可知这种后继的损害可延伸无穷，如果这些都应由加害人承担，其可能因某次故意或过失的行为，遭受难以承担的后果。因此为了避免这种情形发生，法理上即要求在第一次损害的结果和后继延伸的损害之间也必须具有"因果关系"，否则原加害人对之不负赔偿责任，学理上称之为"责任范围限制因果关系"。

探讨民法上因果关系理论时，虽然同时涉及责任成立及责任范围限制上的问题，但其重点几乎都集中在责任范围限制之上。因为债务人的赔偿责任是否成立，除了其行为或某事实和债权人所受损害之间须具有因果关系之外，原则上仍要具备其他归责原因才行。例如赔偿义务人对其行为具有故意或过失的主观可归责原因，或者如属侵权行为的范围，加害人的行为除具有过失或故意外还必须是非法的。在讨论赔偿义务人的责任是否成立时，即使因果关系的认定过于宽松，也可通过其他主观归责原因的严格解释加以控制，以免其流于无限的后果。反之，在论及损害赔偿责任限制的范围时，因赔偿义务人首先造成的损害结果，可能因连锁反应引发一连串的后继性损害，而且这种损害依目前大陆法系有关损害赔偿法的理论及判例见解，并不以赔偿义务人的故意或过失为必要条件。因此，唯一剩下决定此"后继性损害"是否也必须由赔偿义务人承担的问题就只有靠"因果关系"的认定了。基于此，有关"责任范围限制因果关系"的探讨，更显其重要。

（二）因果关系在保险法上的意义

保险法上保险人所应补偿的损害，可分为抽象的损害及具体的损害，前者属于定额保险，后者属于损害保险。在定额保险事故发生时，如被保险人死亡或肢残体废，保险人只需依约定将保险金额给予应得的人即可，这就是保险人应赔偿的范围，此外不涉及其他所谓后继性延伸损害赔偿的问题。在损害保险中，当保险事故发生时，保险人不能像定额保险一样直接给付保险金额，而必须首先确定被保险人所受损害的范围，但损害范围的确定并不是依民法上损害的概念，而是要视《保险法》的规定或合同内容而定。例如机动车保险中汽车受损，依民法上损害的概念，除了汽车本身受损所支出的修理费用外，可能还包括因无法使用该车导致额外支出的费用，但是在保险法上极可能只将损害限定于汽车修理费用。在意外伤害保险中，保险人可以依条款规定，只负责意外伤害医疗费用支出的补偿，而不及于因伤害导致无法工作所受的其他损害。此外，若民法上并未规定赔偿义务人最高赔偿金额，只要属于赔偿义务人所应承担的赔偿责任，则无论数额多少，赔偿义务人都要承担；但在保险法上，因有保险金额的制度，所以可以限制赔偿额度。保险法上何种损害及其赔偿范围，几乎都由保险法或合同条款分别明确地规定，不像民法上有关损害赔偿范围的规定没有任何限制，因此德国著名保险法学者莫勒（Moeller）在1937年以比较民法上及保险法上"损害"的概念为题发表一著述，称保险法上的损害为"个别损害"，而民法上的损害为"总括损害"，以示两者的区别。在"个别损害"中既然何种损害及其赔偿范围都已特定，而不致像"总括损害"般，可能产生后继性损害是否也应由赔偿义务人负责的问题。所以因果关系理论探讨影响所及大抵在于判断某一保险灾害，如火灾、爆炸或闪电和损害之间是否存在具有法律效果的因果关系，而应否由保险人负责的问题则由法律规定或合同约定决定。保险法上因果关系讨论的重点在于"责任成立因果关系"而不是"责任范围限制因果关系"。

1. 条件说

依哲学及自然科学的观点，因果关系所指的"因"即对于某一结果的发生无法排除的所有条件及因素，如果没有这个条件，其结果就也不会发生。① 依该说，任一

---

① 赵越：《德国保险领域因果关系认定标准研究》，法律出版社2021年版，第96页。

无法排除的条件都是结果发生的原因，而且每一个条件对于结果的发生都具有同等的评价，因此条件说又称"条件等值说"。例如，某工厂发生火灾，员工因不上班外出旅游途中发生意外死亡。如果工厂不发生火灾，员工就不会外出旅游，不外出旅游，就不会发生意外而死亡，所以工厂发生火灾为死亡结果条件之一，此条件对于结果发生属于无法排除的，因此工厂发生火灾和员工死亡之间具有因果关系。顾客死亡和餐厅食物不洁有因果关系，因为如果餐厅食物清洁，肠炎就不会发生，肠炎不发生，则不用服药，也就没有服错药的情况，因此也不会发生死亡的事故。

2. 适当条件说（相当因果关系说）

针对上述"条件等值说"的缺点，19 世纪末德国弗莱堡生理学家冯·克里斯（Von Kries）首先提出就导致结果的各项条件须加以个别评价的概念，后由马克斯·鲁梅琳（Max Rumelin）及特雅格（Traeger）两位法学者加以理论化，以适用于损害赔偿法领域，其说被称为"适当条件说"或相当因果关系说。依特雅格的见解，某一结果发生条件，在结果发生时依一般客观的观点显然适当地增加该结果客观发生的可能性，即为适当的发生原因。另一学者恩内切鲁斯（Enneccerus）则以反面的方式就所谓"适当条件"下定义为"如果一事实依其一般的性质对于某一结果的产生无任何重要的关系，而只有加上其他特别情形，才成为结果产生的条件，则此事实不得视为适当条件"。此定义对后来德国法院的判决影响极深，也为学界广泛接受。该说认为：如果没有前者就没有后者，那么前者就是后者的原因，且二者之间要有通常可能性或者高度盖然性（即条件的适当性）。

此学说在民法上的地位经学界及判决确定之后，也主宰了保险法上有关因果关系范围的探讨。尤其是陆上保险，保险法学者哈根（Hagen）、布鲁克（Bruck）、林登莫尔（Lindenmeier）、普勒尔斯（Proelss）及艾根伐克（Ehrenzweig）更是极力主张适用。更激进者如罗利（Roelli）及基什（Kisch）甚至认为"适当条件说"也应适用于海上保险。暂且不论适当条件说是否适用于海上保险，至少在陆上保险的范围内，上述学者认为，保险合同为大众化的合同，保险人所应承担的危险即应为一般人所认同。因此，适当条件说以"一般客观的观点"为判断的标准，恰好符合保险合同的本质。至于其他只有在特殊状况之下才能造成某一结果，而保险法立法者或保险合同当事人未能考虑到的危险，不得作为判断保险人是否负保险责任的依据。反对"适当条件说"者也大有人在，如德国海上保险法专家黑特（Ritter）认为"适当条件说"不仅不适用于海上保险法，也不适合陆上保险法。依其见解，对于某一结果的产生固然须评价所有条件后再找出适当条件，但所谓适当条件既然定义为依一般客观的观点，那么即使不加上其他特殊情形，也可能引起此结果，极有可能发生某一结果同时存在数个适当条件的情况。例如，如果保险损害经调查发现经承保之灾害及另一未承保的灾害都为适当条件，或者两条件都属承保范围内但分属不同保险人承保，这时应如何处理？

3. 最近因果关系说（近因说）

基于上述反对"适当条件说"学者所提的问题，针对海上保险又发展出所谓"最近因果关系"的理论。最近因果关系说的主要任务在于由多数适当条件中再寻找出唯一具有法律效果的条件——最近因果关系。如果此条件为保险合同承保范围所包括，保险人即须负责；反之，则无保险赔偿责任可言。该说之所以在海上保险法中流行，是由海上事故经常是各种原因条件的结合所致，如自然灾害、海上航行技术及人为因素等。而且这些结合的条件，依"一般客观的观点"都可能造成这种损害的结果。因此如果依适当条件说，各个适当条件和损害结果之间均具有法律效果的因果关系，在各个适当条件都在承保范围之内的情况下，固然没有问题。如果其中有不属于承保范围内的，如损害发生既可能由自然灾害引起，也可能由战争引起，则保险人究竟应因该损害由承保灾害所致而负责任，还是因该损害是由不承保灾害所致而不需负赔偿的责任？为防止发生此问题，"最近因果关系说"只承认单一的条件为具有法律效果的条件，其他都属于"远因"。

目前在大陆法系海上保险法盛行的最近因果关系说，引自英美法系，但其理论实可追溯至14世纪初民法解释学者彭特斯（Petms）、贝拉佩尔蒂卡（Bellapertica）的著作中。而且所谓"最近原因"的意义也因学说的发展而有所不同。

（1）时间上的最近原因：早期的最近因果关系说认为，行为和结果之间有多数条件存在，而以最后发生的条件作为结果的原因。这种以时间上发生的顺序确定原因对于问题的解决而言固然简便，但有时也有不尽适用实情之处。例如如果原因和结果之间不是链状，不具有前后顺序的关系，而是以网状形态出现时，即无法找出哪个为最后的原因。

（2）效果上的最近原因：为了修正时间上最近因果关系说的缺点，于是发展出效果上最近原因说的理论。该说认为所谓"最近原因"并不是机械性地考察时间上发生的顺序，而是就其效果而论。在众多条件中，以其最重要的作为最近原因，即具有法律效果的原因。例如英国一著名的保险案例：一艘船舶投保了海上危险造成的损失，但敌对行为造成的损失除外。"一战"期间，该船在英吉利海峡被鱼雷击中，但仍驶抵勒阿弗尔目的港，因港口当局害怕船沉在码头泊位上，要求该船移至港外。由于海浪冲击，该船沉没至海底。法院认为，船舶损失的原因是被鱼雷击中而非海浪冲击。虽从时间上看，最近的原因是海浪冲击，但该船被鱼雷击中是处于支配地位和起决定性作用的原因。

4. 较重要最近因果关系说

最近因果关系说在传入大陆法系国家之后，曾遭批评。批评者认为，基于理论适用一致性，民法及陆上保险既然采取适当条件说（相当因果关系说），海上保险法也没有必要例外。但大部分学者则认为，适用适当条件说的结果常常发生某一结果同时具有多数适当条件的情况。这种情况虽然可就各该适当条件对于结果的发生给予百分比例的评价，而令保险人负比例赔偿的责任，但就实务而言，如何就各个条件一定比例衡量，不是一件易事，尤其海上事故的鉴定具有相当难度，的确不是陆上保险所能比拟的，所以确实有必要适用最近因果关系说。此外，德国学者林登莫尔主张，最近因果关系说在英美法系中直接就"各个条件"中选出最近的原因，而和私法上采用"适当条件说"有相悖的地方。但如果仅限于在"各个适当条件"中寻找最近原因，则最近因果关系说一方面符合"条件和结果间是否存在具有法律效果的因果关系以一般客观的观点加以判断"的原则，另一方面可以避免适当条件说的缺点，实属适当。基于最近因果关系的补充性，如果一个结果的发生源于多数条件，这些条件中只有一个条件为适当条件，那么该适当条件即为该结果法律上的原因，没有适用最近因果关系说的余地；反之，如果这些条件以适当条件的标准评价仍有多数条件为适当条件，则须选择其中最具有效力的为最近原因。因此林登莫尔首次将"最近原因"定义为"由结果发生的种类依一般客观的观点，不可避免或极可能（超过50%）造成该结果者"。依其见解，如果多数条件都适当可能造成某一特定的结果，而其中有一条件造成结果的概率既然超出50%，则其他适当条件造成结果的概率必然低于50%，所以不可能产生多数的"最近原因"。林登莫尔认为，最近因果关系说只能处于补充适当条件说的地位，以防止多数适当条件产生的情况下无从认定原因的困难。但其对于"最近原因"的定义在理论上不无疏漏。因为一结果的产生由多数的适当条件造成，其中很可能有一个适当条件，依一般客观的观点以超出50%的可能性单独造成该结果；同理，此多数的适当条件，就其个别的效力而言，也可能都只具有低于50%的效力，如此则又陷入适当条件说的问题。

基于此，另一学者霍勒（Holler）提出"较重要最近因果关系说"，主张对"最近原因"下另一定义为"依一般观念具有较重要效力的原因，为最近原因"，以比较的方式确定哪个为近的原因，在技术上显然优于以固定的百分比评断。但要注意的是，该说也认为最近因果关系说仅限于存在多数适当条件的情况下才具有补充适用的余地，这又和林登莫尔的见解相同。在大陆法系海上保险法的范围内，"较重要最近因果关系说"融合其大陆法系私法上的"适当条件说"和英美法的最近因果关系说的理论，为目前学界及法院所采纳。但适用该说确定何谓"较重的原因"时，难免容易引起争端，而最终决定者（法官）必须确实了解结果发生的事实原因，以在其"审判空间"内作出最恰当的判决。

5. "不包括占优势"原则

在陆上保险适用"适当条件说"的结果，是可能产生某一损害结果同时具有多数适当条件的情形。这时如果所有适当条件都属于承保灾害范围，则保险人负保险赔偿的责任。如果有不属于承保灾害范围内的，就须视其是否属于法律或合同条款明文规定的"除外灾害"而定：若是，则依"不包括占优势"原则，保险人不负保险赔偿的责任；反之，如果该未承保灾害只属于单纯未承保的灾害，那么保险人所承保灾害和保险损害间既然有适当条件关系，其仍应负理赔的责任。例如，地震导致房屋地基开裂墙体坍塌后又遭遇暴雨，房屋彻底倒塌。虽然地震和暴雨都是导致房屋损害的原因，但地震无疑是最决定性原因，而地震属于除外灾害，因此保险人根据"不包括占优势"原则可以免责。不过这一过于僵化的"全赔或全无"的理论被近年来流行的比例赔付原则所替代和修正，值得我们关注。

6. 比例因果关系说

有的学者建议将保险法因果关系进行类型化分析，对于一因一果的链状因果关系采取民法上的相当因果关系说，对于多因一果的伞状因果关系则主张视不同情况进行不同处理①。有学者明确主张对伞状因果关系采取比例因果关系说。理由是传统保险法运用近因理论对因果关系探讨很多，无论是效果上最近因果关系说还是不包括占优势原则，其本质在于寻找一个有效的和居于支配地位的原因，来判定该因是否在保险责任范围内从而确定保险人是否免责，与其这样不如借鉴原因力规则将"伞状因果关系"细分为复合原因、并存原因和混合原因，再根据绝对比例原则来解决是否赔付及赔付数额分配问题②。我国《保险法司法解释（三）》第 25 条规定："被保险人的损失系由承保事故或者非承保事故、免责事由造成难以确定，当事人请

---

① 武亦文：《保险法因果关系判定的规则体系》，载《法学研究》2017 年第 6 期。文婧：《保险法上意外伤害事故的判断及其证明》，载《法商研究》2017 年第 1 期。

② 吴勇奇、肖琳：《论保险法中的"伞状"因果关系下"原因力"规则的适用》，载《中国海商法研究》2014 年第 3 期。

求保险人给付保险金的，人民法院可以按照相应比例予以支持。"该解释摒弃不包括占优势理论，接受比例因果关系说。传统因果关系要求法官必须判定因果关系的必然性存在与否，而比例因果关系只要判定存在因果关系的可能性即可①。法官可以最大限度平衡双方利益而无须在全赔或全不赔的艰难选择中纠结。比例因果关系说是对传统因果关系理论的突破。②

第二节　保险代位的适用规范

一、适用范围

保险标的物如果因为第三人的故意或过失产生损害，而被保险人的这项损害又是在保险合同所承保的范围内，这时被保险人拥有两种请求权：（1）对于第三人的损失赔偿请求权；（2）对于保险人的保险金给付请求权。如果这两项请求权都能让被保险人任意行使，无异于使被保险人因为标的物的损害而获得双倍的利益，这很明显地违反了保险法上禁止不当得利的原则。为了防止这种问题产生，我国《保险法》第43条至第47条作了一系列的规定，使保险人在给付保险金后，相应取得对于应负责的第三人的赔偿请求权，避免被保险人不当得利。这种因法律规定由保险人取得被保险人赔偿请求权的权利，称为保险人的代位权。保险人是以自己的名义行使保险代位求偿权的。以下就保险人代位权的目的和法律性质、行使要件、效力范围以及适用限制等方面加以讨论。

二、法律性质

（一）保险领域的第三人清偿代位——保险代位求偿权

代位制度是传统民法中一项古老的重要制度，在功能和构成上代位制度与不当得利具有类似的法律理念和适用条件。代位包括主体代位和客体代位两种。主体代

---

① 陈聪富：《因果关系与损害赔偿》，北京大学出版社2006年版，第196页。

② 在曲某某诉中国大地财产保险股份有限公司威海中心支公司、中国大地财产保险股份有限公司石岛支公司保险合同纠纷案中，最高人民法院认为："在造成涉案事故的三个原因中，台风与船长、船员的疏忽属于承保风险，而船东的疏忽为非承保风险。在保险事故系由承保风险和非承保风险共同作用而发生的情况下，根据各项风险（原因力）对事故发生的影响程度，酌定大地保险石岛支公司对涉案事故承担75%的保险赔偿责任。"

位包括清偿代位和债权代位两种情形。清偿代位是指第三人代替债务人清偿债务后取代原债权人地位成为新的债权人。广义清偿代位还包括保证人代为履行保证债务后取代原债权人的情形（保证代位）以及保险人赔付后取代被保险人向侵权第三人求偿的情形（赔偿代位）。债权代位是指债权人凭借其对债务人享有的债权，在债务人怠于向次债务人请求债权时为保全债权目的代替债务人直接向次债务人求偿。客体代位就是物上代位。物上代位的适用前提是权利人丧失原物权，但存在一个适格代位物。我国《民法典》第524条是清偿代位的规定、第535条是关于债权代位的规定，第392条、第700条是关于共同保证情形下的代位规定。① 传统民法中代位的四种类型都能在保险法中找到适用情形，即分别表现为保险法中保险人代位权、信用保证保险中的保险人赔偿取得的对其他担保人的追偿权、受害第三人直接请求权、全损和委付产生的物上代位权。这四种情形，民法上的法理依据均可以归类为代位。不过虽然均名为代位，但四种代位有本质的区别，如不加对比分析，就经常容易混淆。现行保险法中这四种类型代位的法律属性存在较大的学说分歧，法理基础不明使得法官适用法律困难，规范中的模糊不清需要运用传统民法中的代位理论予以澄清。对民法代位制度进行系统化研究也有利于从复杂的当事人关系中清晰判断各种不同代位权利的法律属性，为解决保险司法实务难题提供理论支撑，促进民法和保险法两部法律之间的协调与统一。

我国学术界通说认为《保险法》第60条规范的保险代位求偿权的本质属于债权法定转移②，有的学者解释为不真正连带关系。③ 有的学者还认为，对于保险代位权大陆和英美两大法系分别形成了法定的债权转移与权利法定代位两种不同的制度安排，而英美法系的权利法定代位说更符合保险代位权的本质。④ 本书认为英美法系的权利法定代位说固然可取，但毕竟还是无法融入我国长期沿袭的大陆民法体系。保险代位与债权法定转移构成竞合，但有本质区别，法定债权转让理论无法避免被保险人不当得利，无法证明法定债权转移制度的合理性。本书认为《民法典》第524

---

① 《民法典》第392条规定担保人清偿后向债务人追偿，对于担保人之间能否相互追偿未予明确。但第700条规定了保证人在其承担的保证责任范围内享有债权人对债务人的追偿权，但对于保证人可否对债务人的其他物权担保人或者保证人行使追偿权也未加明确。
② 李玉泉主编：《保险法》（第3版），法律出版社2019年版，第88页。武亦文：《保险代位的制度构造研究》，法律出版社2013年版，第25页。
③ 侯杰中：《保险代位原则理论之再构建与适用——以多数人债务关系为中心》，中国政法大学2010年博士学位论文。
④ 黄丽娟：《论保险代位权制度的建构——以权利法定代位的制度选择为中心》，法律出版社2013年版，第11页。

条规定的第三人代位清偿制度为我们找到一种理论更好地解释保险代位求偿权的法律属性，并与我国整体的法律制度相衔接。

与境外立法例对比，我国在《民法典》出台之前，对于第三人代位清偿制度存在立法结构安排方面与内容上的欠缺。之前的《民法通则》和《合同法》都没有设置债的消灭一章，对于债的消灭的原因——清偿并没有集中周密的规定。① 甚至有人将原《合同法》第 65 条误认为第三人代偿制度。至于原《民法通则》第 35 条第 2 款、第 87 条、第 98 条第 1 项仅规定了合伙人、连带债务人和保证人代位清偿后有求偿权，未并承认其代位权；第 89 条第 2 项对于物上保证人不但未赋予其代位权，连求偿权都未加规定。② 原《担保法》第 12 条、第 31 条规定了保证人代位清偿，原《物权法》第 191 条规定了抵押财产受让人代位清偿（涤除权），但否认物上保证人的代位权和追偿权。我国关于第三人清偿制度的司法实践也是十分混乱。③ 这种状况在《民法典》颁布后有所改善。我国《民法典》第 524 条是一大创新，让代位清偿制度得以成为一般规定，弥补了之前的立法缺失。该条首先明确承认债务可以由第三人代位清偿，以及不得代位清偿的例外情形，同时也明确代位清偿的第三人可基于法律规定或当事人的约定取得原债权人对债务人的债权。该条虽不算完美，但足以为保险代位求偿权提供法理依据。

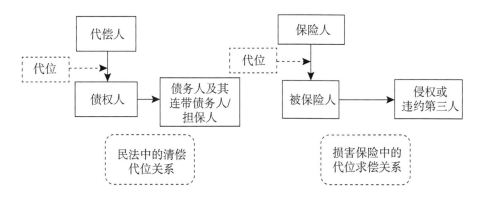

（二）第三人代位清偿的意义

1. 第三人代位清偿的定义

第三人代位清偿源于民法中债的消灭的一种方式——清偿，清偿分为债务人本

---

① 王轶：《代为清偿制度论纲》，载《法学评论》1995 年第 1 期。
② 王轶：《代为清偿制度论纲》，载《法学评论》1995 年第 1 期。
③ 高圣平等：《新担保法司法解释理解与适用》，法律出版社 2020 年版，第 184 页。

人清偿和第三人代位清偿。第三人代位清偿是指有利害关系的第三人因清偿债务，对于债务人有求偿权时，为确保其求偿权的效力，在其清偿的范围内，债权人的债权在法律上当然转移给清偿人（清偿人当然承受债权人的债权），使其可以行使代位权的制度。① 该制度肇始于罗马法，当时有所谓诉权让与利益或清偿人之代位、代位清偿等概念。② 近代大陆法系国家（地区）民法均继承该制度。《法国民法典》第1236 条规定："债务得由任何利害关系人清偿，例如共同债务人或保证人"，"债务亦得由无利害关系的第三人清偿"。③《德国民法典》《日本民法典》也分别确认连带债务人、保证人、物上保证人及其他第三人的代位清偿。④ 以上几部民法典对于代位清偿的效力乃至整个清偿代位制度都有严格细致的法律规定，达到兼顾各方当事人合法权利的目的。⑤ 只不过代位清偿规定的内容及形式不尽相同。例如《法国民法典》和《日本民法典》将代位清偿问题规定在债的消灭——清偿中，《德国民法典》和《瑞士民法典》则规定在债的效力当中。我国将代位清偿规定规定于《民法典》合同编第四章"合同的履行"中，而不是第七章"债的消灭"中。英美国家在风格上与大陆法系虽然多有不同，但也承认代位清偿制度。允许合同一方将其义务移交给第三方履行。⑥ 美国法称之为义务代行（delegation of duties）或代位权（right of subrogation），英国法则叫替代履行（vicarious performance）。第三方适当履行后，可基于让与人的同意而取得对合同另一方的债权。⑦

2. 第三人代位清偿的构成要件

根据我国《民法典》第 524 条的规定，第三人代位清偿成立的要件包括以下四个方面：

（1）清偿人是与债的履行有合法权益的第三人。传统大陆民法多用"有利害关系的第三人"一词，既允许有利害关系的第三人清偿，也允许无利害关系的第三人清偿，不过外国立法例通常规定"与债的履行无利害关系的第三人，违反债务人的意思进行清偿时，债权人可以拒绝受领。"⑧ 我国《民法典》中的"合法利益的第三

---

① 付晓波：《刍议第三人代为清偿制度》，南京师范大学 2016 年硕士学位论文。
② 李进元：《第三人代为清偿制度研究》，华东政法大学 2020 年硕士学位论文。
③ 罗结珍译：《法国民法典》，北京大学出版社 2010 年版，第 113—115 页。
④ 王轶：《代为清偿制度论纲》，载《法学评论》1995 年第 1 期。
⑤ 王利明：《论第三人代为履行——以〈民法典〉第 524 条为中心》，载《法学杂志》2021 年第 8 期。王轶：《代为清偿制度论纲》，载《法学评论》1995 年第 1 期。
⑥ 王轶：《代为清偿制度论纲》，载《法学评论》1995 年第 1 期。
⑦ ［意］彼德罗·彭梵得：《罗马法教科书》，中国政法大学出版社 1992 年版，第 319 页。
⑧ 王轶：《代为清偿制度论纲》，载《法学评论》1995 年第 1 期。

人"作何解释呢？我国学者认为第三人对债务履行具有合法利益主要包括第三人与债务人有人身关系或者在债务履行后第三人可以获得一定的财产利益。从实践中看履行债务具有合法利益的情形包括抵押物受让人代位清偿以消除抵押权（涤除权）、转租中次承租人代为支付租金以免自身承租权利受到损害以及母公司为子公司代位清偿债务而影响母公司评级等。①

（2）债务人不履行债务，清偿人已为清偿。"债务人不履行债务"这一特殊要件是其他国家和地区立法例中代位清偿制度所没有的，其缩小了代位清偿制度的适用范围。

（3）该债务能为第三人代为履行。通说认为不得由第三人清偿的债务有下列三种情形：①当事人另有约定不得由第三人清偿；②依债的性质不得由第三人清偿；③第三人无利害关系而作出清偿经债务人异议后债权人拒绝其清偿的。

（4）第三人（代偿人）须对债务人有求偿权。我国台湾地区民法学说将此作为第三人代偿的构成要件之一。② 即代位权的产生以清偿人有求偿权为前提，如果清偿人无求偿权时，当然没有代位权可言，因为代位权是为确保求偿权的效力而存在的。③ 举例说明，如连带债务人、不可分债务人、保证人、物权担保人等有求偿权，系基于法律明确规定或合同约定，此外凡不是以赠与的意思作出的清偿，均有求偿权。因赠与而作出的清偿，或抛弃其求偿权，或无利害关系的清偿，或形式上虽然是清偿他人债务实质上是清偿自己的债务就不存在求偿权。

3. 第三人代位清偿与其他概念的区分

（1）与法定债权转让、意定债权转让、意定债务转移以及与"向第三人履行的合同"和"由第三人履行的合同"的区分

①与法定债权转让的区别：结合《民法典》第 524 条关于代位清偿与债权转让的规定，应当承认债权法定转移是第三人代位清偿产生的实际后果之一，两者构成竞合但有本质区别。

②第三人代位清偿与意定债权转让相比，共同点都是取得债权人地位，不同点在于债权转让须以债权人同意为前提，而《民法典》第 524 条规定是代偿人可能根据第三人单方意思表示或法律规定赋予的权利，无须与他人合意。债权转让须依法通知债务人，否则对债务人不发生效力，但《民法典》第 524 条规定的债权转移无

---

① 王利明、杨立新、王轶、程啸：《民法学》（第 6 版），法律出版社 2020 年版，第 670 页。
② 郑玉波：《民法债编总论》，中国政法大学出版社 2004 年版，第 40 页。
③ 綦文秀：《代位清偿制度研究》，黑龙江大学 2014 年硕士学位论文。

此要求。

③第三人代位清偿与意定债务转移本质不同在于《民法典》第 524 条规定的代偿人取得债权人地位，而债务转移后的受让人取得债务人地位，且债务转移须取得债权人同意，但第三人代位清偿不受制于债权人或债务人的意思表示。

④"向第三人履行的合同"和"由第三人履行的合同"均为债务履行方式的设定，是债权实现的途径，而第三人清偿是债权实现的补强或救济的途径。从责任承担上看，当第三人（向第三人履行的合同中指债务人）未为清偿时，债务人须因此承担相应的责任，而在代位清偿关系中债务人无须为"第三人不履行"承担后果。①

（2）与其他代位制度的区分

我国《民法典》中规定的代位权有四种，分别是清偿代位、保证代位、债权代位和物上代位。保险代位属于清偿代位，与其他三种代位制度的区分如下：

①与债权代位的区分。我国《民法典》第 535 条是关于债权代位的规定，它是债权保全的一种手段，与第三人代偿产生的代位权有本质区别。

②与保证代位的区分。由于通常情况下保证人和物权担保人也被视为代位清偿制度项下有利害关系的第三人，因此保证人或者物权担保人对债权人作出清偿也可以适用我国《民法典》524 条的规定，取得债权人对债务人的债权。我国《民法典》第 700 条关于保证人在履行保证责任后"享有债权人向债务人追偿的权利"的表述与《德国民法典》第 774 条"被担保债权向保证人转移"等条款相同，应该有相同的法律效果，但我国《民法典》第 700 条规定保证人向债权人作出清偿后，在其承担保证责任的范围内向债务人追偿，是债权的法定转移，本质与第三人代位清偿无任何区别，其法律效果在法律无特殊规定时可以适用第 524 条的规定进行解释。我国《民法典》第 700 条的规定仅限于保证，是否适用于物权担保存在疑问。但我国有学者认为《民法典》关于保证合同的一般性规定同样应当适用于担保物权，从而担保物权人向债权人清偿后在其清偿的限度内承受债权人对主债务人的债权。②

③与物上代位的区分。我国《民法典》第 390 条是关于担保物权的物上代位的规定，与第三人代偿产生的代位求偿权的本质区别在于物上代位是一种所有权的代位，保险人一旦取得物上代位权就拥有了该受损标的物的所有权，处理该受损标的物的一切收益归保险人所有，即使该收益超过保险赔款。

① 林颖嘉：《民法典第三人代位清偿制度释论》，武汉大学 2022 年硕士学位论文。
② 赵雪慧：《保证人代位权与求偿权之关系研究》，烟台大学 2020 年博士学位论文。

（三）第三人清偿产生的求偿权与代位权

1. 第三人求偿权与代位权的定义

（1）求偿权。第三人清偿后产生债权相对消灭的法律后果，但第三人有权要求债务人清偿其所为的给付，该权利被称为求偿权或追偿权。[①] 这是一种因第三人清偿依法律规定直接产生的新的权利，其产生的依据在于第三人与债务人之间的法律关系，如委托关系、无因管理等。[②] 虽然我国《民法典》第 524 条没有明文规定第三人清偿后产生求偿权的法律效果，但根据我国《民法典》规定合伙人、连带债务人、保证人、物上保证人等主体在清偿后享有对债务人的求偿权可知有此效果。立法者未将求偿权规定于统一规范中，大概是采取了与德国、日本等相同的立法模式，该求偿权基于其基础关系产生，属于其固有权利。[③]

（2）代位权。第三人代位权是指第三人代位清偿后得以取代债权人地位的权利[④]，是指法律为保证第三人求偿权的实现将债权人所享有的担保权等从权利在求偿权的范围内向代偿第三人转移。关于代位清偿的性质有四种学说，分别是：①债权买卖说，认为第三人清偿是以买受债权为目的，故第三人受让债权系基于买卖关系；②拟制转让说，认为债权因第三人清偿而消灭，然而法律拟制其仍然存续；③赔偿请求权说，认为债权因第三人清偿而消灭，但法律重新赋予该第三人赔偿请求权[⑤]；④债权转移说，认为第三人清偿虽使原债权人丧失债权，但债权没有消灭，第三人基于清偿取得原债权人的地位以行使其权利，其效果与法定债权转移无异。债权转移说为法国和日本的通说[⑥]，我国《民法典》第 524 条第 2 款规定的"对债务人的债权转让给第三人"亦有此意。

2. 求偿权与代位权的区分

代偿的第三人既有求偿权，又有代位权。第三人作出清偿不论其就债的履行有无利害关系，有可能产生求偿权，也有可能不产生求偿权，有利害关系的第三人在作出清偿后产生求偿权的，即发生代位权。代位权与求偿权的区别主要表现为以下四方面：

---

① 冉克平：《民法典编纂视野中的第三人清偿制度》，载《法商研究》2015 年第 2 期。
② 林颖嘉：《民法典第三人代位清偿制度释论》，武汉大学 2022 年硕士学位论文。
③ 林颖嘉：《民法典第三人代位清偿制度释论》，武汉大学 2022 年硕士学位论文。
④ 林颖嘉：《民法典第三人代位清偿制度释论》，武汉大学 2022 年硕士学位论文。
⑤ 龚思涵：《非债务人抵押人与保证人之间相互求偿的解释路径》，上海大学 2021 年硕士学位论文。
⑥ 孙森焱：《民法债编总论》（下册），法律出版社 2008 年版，第 478 页。

（1）就权利的发生而言，第三人的求偿权是新生的债权，与原债权无关。原债权的担保与其他抗辩事由即不复存在，民事诉讼时效重新起算；代位权代偿的第三人清偿后在其清偿的限度内承受原债权人原有的权利，是根据法律规定发生权利转移的效果，为确保求偿权实现的目的。第三人承受原债权人对主债务人的原债权，因此原债权的担保、时效与其他抗辩事由仍继续存在。就权利的担保而言，求偿权在通常情形下并无担保可言，代位权则因继受原有债权，原有债权附有担保的也应一并继受，代偿的第三人可以行使担保权。

（2）就权利的抗辩而言，第三人对债务人行使求偿权时债务人不得以对抗债权人的事由对抗第三人，也不得以对债权人的债权对第三人主张抵销。反之，第三人行使代位权时，债务人可以对抗债权人的事由对抗第三人，也可以以对债权人的债权对第三人主张抵销。①

（3）就时效而言，求偿权是新成立的债权，其时效自成立时（第三人代偿完毕时）开始进行，适用《民法典》关于诉讼时效的规定。代位权则是受让原债权，依原债权的性质确定其诉讼时效期间，其诉讼时效期间的计算早在第三人作出代偿时就已经进行。我国现行立法中只有《保险法》第60条规定保险人在代位清偿后可以享有代位权，但因当时一般民事立法中与之相应的通用性规定的欠缺，让其解释与适用也不周全。② 我国《保险法司法解释（二）》第16条第2款规定，保险人代位求偿权的诉讼时效期间应自其取得代位求偿权之日起算。实际上求偿权和代位权的诉讼时效起算点是不同的，代位权属于继受原债权，其诉讼时效应以原债权的诉讼时效期限为准。如果是仅就保险人对侵权或违约第三人的求偿权而言，诉讼时效可以保险人完成清偿行为时起算。

（4）就利息而言，行使求偿权，依照我国《民法典》第579条规定可以请求给付利息、违约金，而行使代位权则因继受原债权的法律关系，其利息的请求权要根据原债权的法律关系确定。

求偿权与代位权之间是否存在竞合，要视代偿的第三人与主债务人之间的基础关系而定。例如，如果第三人基于债务人的委托而作出代偿，受托人可以依据民法典有关委托合同的约定向委托人（主债务人）求偿；如果是基于无因管理，无因管理人（第三人）可以依据民法典无因管理的规定行使权利；如果是基于保险合同关

---

① 冉克平：《民法典编纂视野中的第三人清偿制度》，载《法商研究》2015年第2期。
② 王轶：《代为清偿制度论纲》，载《法学评论》1995年第1期。

系，被保险人因受到侵权第三人的侵害或违约而遭受损失，保险人（第三人）在代债务人（侵权第三人）偿还债权人（被保险人）的债务后可以基于民法典关于侵权或合同的规定取得求偿权。但如果第三人代偿完全出于对债务人的赠与关系，此时第三人对债务人无求偿权。①

由于求偿权和代位权性质的差异导致二者在诉讼时效起算点和权利范围等方面的不同，也为代偿人实现自身权益提供了不同的路径选择。② 第三人究竟行使求偿权抑或代位权，完全由第三人选择，因为此两种请求权的竞合均以保障第三人权益为目的，如果第三人主张其中一种而获得满足，另外一种权利则归于消灭。③ 代位权行使既以确保求偿权的实现为目的，解释上应认为第三人仅就其行使代位权的限度内才能代位行使债权人的权利。④ 代位权的行使以求偿权的存在为前提。也就是因为保证求偿权实现的目的，才有代位权制度的设计。即使代位权的行使的结果对于第三人反而不利，对于求偿权的行使也不应当受到任何影响。因此就时效或利息的计算而言，可以依据求偿权的性质来定；就权利的担保而言，因第三人不得主张逾越原债权范围的权利，受到原债权担保范围的限制，其在担保以外的求偿权，仍不失其存在并具有其原有的效力。⑤

（四）第三人清偿代位产生的法律效力

1. 在代位人与债务人之间的效力

（1）代位的通知。我国《民法典》第 524 条规定的代位权产生的债权转移应当以"债权的法定转移说"为准，债权转移对债务人当然产生效力似乎并不像"意定债权转移"情形下以通知债务人为必要，否则对债务人不产生效力，通知的意义仅在于产生公示作用，阻却第三人向债务人清偿的效力。在损害保险中，出于保护善意第三人的需要，保险人应当将代偿的事实通知侵权第三人，以免侵权第三人因善意向被保险人进行赔偿或者给付。但该通知只是阻却第三人善意，不是债权转让对侵权第三人（即债务人）生效的前提条件。如果被保险人或者保险人未通知，第三人善意应受法律保护，被保险人应该就其从侵权第三人处接受的给付，对保险人负

---

① 胡梦杰：《〈民法典〉第三人清偿规则的解释论——以第 524 条为分析对象》，载《仲裁研究》2020 年第 4 期。
② 赵雪慧：《保证人代位权与求偿权之关系研究》，烟台大学 2020 年博士学位论文。
③ 李进元：《第三人代为清偿制度研究》，华东政法大学 2020 年硕士学位论文。孙森焱：《民法债编总论》（下册），法律出版社 2006 年版，第 844 页。
④ 綦文秀：《代位清偿制度研究》，黑龙江大学 2014 年硕士学位论文。
⑤ 冉克平：《民法典编纂视野中的第三人清偿制度》，载《法商研究》2015 年第 2 期。

有不当得利的返还责任。在损失事故发生后，如果被保险人或保险人基于其代位权的规定向第三人就损失赔偿请求权转移发出通知，侵权第三人不得再向被保险人（即原债权人）给付，否则不产生清偿的效力，保险人仍然可以继续向其请求赔偿损失，而侵权第三人只能依不当得利的规定向被保险人请求返还；反之，如果侵权第三人在损失事故发生后接到有关被保险人或保险人代位的通知，则其向被保险人所作的清偿就是无效的，侵权第三人在该损失赔偿范围内其赔偿义务仍未消灭，保险人仍然可以请求侵权第三人返还其对被保险人所为之给付或者赔偿。

（2）代位权的行使。我国《民法典》第 524 条第 2 款规定，债权人接受第三人履行后，其对债务人的债权转让给第三人，但是债务人和第三人另有约定的除外。对于合乎前述代位清偿的构成要件，并且已经发出代位通知的，清偿的第三人可以向债务人行使代位权，不过代位权的行使必须遵守以下两点：①行使的方法。第三人必须以自己的名义行使，因为此时债权人的债权已经转移到第三人，成为第三人自己的债权，实际上是行使自己的债权，行使的法律效果也归属于自己，所以应以自己的名义行使。②行使的范围。代位权行使的范围必须在其清偿的范围内。换言之，如果已经全部清偿的，则可以行使债权人的全部债权及有关的一切权利（有关权利，有基于债权而产生的，如损害赔偿请求权，债权人的代位权、债权人的撤销权即是；有基于债的担保产生的，如人的担保、物的担保权即是）。如果是部分清偿，则仅承受债权人的部分权利。

（3）抗辩权和抵销权的援用。就抗辩权而言，按照我国《民法典》第 548 条关于"债务人接到债权转让通知后，债务人对让与人的抗辩，可以向受让人主张"的规定，债务人接到债权转让通知后债务人对原债权人的抗辩可以向清偿人主张，换言之，侵权或违约第三人对原债权人（被保险人）的瑕疵抗辩权也可以对抗清偿人。就抵销权而言，按照我国《民法典》第 549 条的规定，有下列情形之一的，债务人可以向受让人主张抵销：①债务人接到债权转让通知时，债务人对让与人享有债权，且债务人的债权先于转让的债权到期或者同时到期；②债务人的债权与转让的债权是基于同一合同产生。

2. 在代位人与债权人之间的效力

（1）债权的法定转移

我国《民法典》第 524 条第 2 款规定："债权人接受第三人履行后，其对债务人的债权转让给第三人，但是债务人和第三人另有约定的除外。"第三人代位清偿实际上产生了债权法定转移的效果。同时，根据我国《民法典》第 547 条第 1 款"债权人转让债权的，受让人取得与债权有关的从权利"的规定，第三人可以向"从权利的债务人"追偿，与"可以向债务人追偿"并不冲突，可以说是一种双重追偿保障。但我国《民法典》对于代位人能否向从权利（担保物权）的债务人或者连带债务人追偿并不明确。损害保险中的保险人代位追偿的对象可以是侵权第三人及其他共同债务人。而《道路交通损害赔偿司法解释》第 18 条第 3 款规定，多辆机动车发生交通事故造成第三人损害，其中部分机动车未投保交强险，当事人请求先由已承保交强险的保险公司在责任限额范围内予以赔偿的，人民法院应予支持。保险公司就超出其应承担的部分向未投保交强险的投保义务人或者侵权人行使追偿权的，人民法院应予支持。《民法典》第 524 条第 2 款的规定是有利害关系的第三人的代位权，承认第三人的代位权是以确保其求偿权为目的。若无利害关系的第三人，即使清偿且有求偿权，也不发生代位权。第三人清偿后，债权人的债权在其清偿范围内当然转移于第三人以便于其行使代位权，此时债权的利益（如从属权利）及瑕疵一并转移给第三人。代位的转移仅为债权，至于与合同当事人的地位有关的合同解除权、撤销权，并不当然随同一起转移，因为第三人向债权人作出部分清偿以后，因债务人不履行剩余债权，仍然可以解除合同，但对于第三人已经作出清偿的部分，应依法返还。

（2）文件交付及有关情形的告知

债权人应将证明债权的文件交付清偿人，并应告知关于主张该债权所必要的一切情形。[1] 所以第三人作出全部清偿时，债权人应返还负债的借据，并给予债权转让证书，移交人保或物保的相关合同，占有担保物的，也应当一并移交。如果第三人仅为部分清偿，债权人也应将其事由记入负债的借据中，或给予债权部分消灭的公证文书，以便第三人可以据此行使债权。

本书力争试从我国现行民法体系中寻找我国现行保险法制中存在保险代位追偿权的法理基础，毕竟我国是实行民商合一的国家，《保险法》只有与《民法典》保持一致才能完成逻辑自洽和保障法律体系的内在统一，以保险特殊性为由脱离民法凭空创设权利和规则只会导致法律解释和司法适用的混乱。本书主张保险代位追偿权属于《民法典》第 524 条规定的代位清偿的理论范畴，同时对我国代位权制度与传统民法中代位权制度的差异作出合理解释以弥合两者差异，并使其能够合理解释保证保险中保险人代偿后产生的对混合担保人的追偿权。另外，本书在后续章节中还将运用我国《民法典》第 535 条规定的债权代位制度作为剖析责任保险受害第三人

---

[1] 张璐、崔永波：《论代位求偿权》，载《济宁学院学报》2009 年第 4 期。

直接请求权的理论基础，并从我国债权代位制度"债权保全"和"债权清偿"双重功能角度对我国债权代位理论与传统债的保全制度的差异进行新的阐释，使得债权代位理论能够涵盖责任保险中的受害人直接请求权。《保险法》中还有一项推定全损产生的委付制度，有学说认为其亦为一种物上代位。无论物上代位还是权利代位均有代位的共性，可以提炼和抽象出如民法中"不当得利"般的基本原则。由于体系视角和抽象关切的缺失，代位制度的完整图景尚不明确，代位的基本原理尚未浮现出来。为我国民事立法体系完备性考虑，有必要深入探讨现行法中的代位制度，为代位制度不同的司法适用场景（包括但不限于《保险法》中的保险代位追偿权、保证保险人的追偿权、责任保险中受害人直接请求权、委付制度）提供有力的理论支撑。

三、适用范围

（一）具有人身专属性的人寿保险（定额保险）——无代位权的适用

保险法上保险人代位权制度既然同时具有"维持第三人的损害赔偿义务""确定保险人的保险赔偿义务"及"防止被保险人不当得利"三种目的，可知其原则上并不适用于人身保险。因为人身保险的保险标的，如人的生命、身体的完整性，无法以金钱价值计算，即使人身保险的被保险人或其受益人由保险人处获得双倍的保险给付和由第三人（侵害人）处获损害赔偿，也不属于不当得利。但并不是所有人身保险都不适用保险代位权的规定，而是仅限于性质属于定额保险，如人寿保险或残疾保险；如果依其性质属损害保险，如医疗费用或丧葬费、分娩费用等，其合同的目的仅在于补偿被保险人因保险事故发生所支出的费用而已。这种消极利益的损害并不是不能以金钱价值计算，所以理论上仍应适用保险人代位权的规定。

（二）损失补偿性的健康保险或者意外医疗保险——有代位权的适用

如果被保险人投保的是健康保险，由其承保内容来看，可能同时具有定额保险（死亡或残废）及损害保险（疾病或分娩）的性质。同理，伤害保险也不纯属定额保险。如果因保险事故发生导致被保险人死亡或残疾，第三人对之也负有赔偿的责任，保险金及第三人的赔偿请求权都属于被保险人，受益人或其他应得的人（如被保险人死亡，受益人和对第三人的损害赔偿请求权人不是同一人时）并没有不当得利的现象；反之，如果被保险人所受的损失为医疗费用、分娩费用或其他费用的支出，前文对此已认为它是一种损害保险。其所受损害，除非保险合同另有约定，否则应只限于该费用的范围，因此仍应适用保险人代位权的规定，以防止发生不当得利的现象。因此，我国《保险法》第67条规定："被保险人因第三者的行为而发生死亡、伤残或者疾病等保险事故的，保险人向被保险人或者受益人给付保险金后，不享有向第三者追偿的权利……"该规定饱受学者诟病。通说认为医疗费用保险是否适用需加以区分。医疗费用保险可以分为补偿性医疗保险（亦称费用补偿性医疗保险）和非补偿性医疗保险（亦称定额给付性医疗保险）。补偿性医疗保险适用补偿原则和保险代位制度，非补偿性医疗保险不适用补偿原则和保险代位制度。

（三）损失补偿性的财产保险——有代位权的适用

1. 财产损失保险。财产损失保险有代位权的适用。在投保财产损失保险时，为避免被保险人既获得保险给付，又向侵权行为的第三人、债务不履行的第三人或者其他第三人请求损害赔偿，超过实际的损害，因此赋予保险人行使代位权。

2. 责任保险。责任保险的保险人在理赔后，通常承担最终的责任，没有行使代位权的机会。理由是责任保险赔偿的就是被保险人因自身过错给他人造成的损害赔偿责任，保险人理赔后取得第三人的代位权再向被保险人追索就失去了责任保险保护被保险人的初衷和目的。只有在极少数情况下，才可以行使代位权。

四、代位权的构成要件

我国《保险法》第60条规定："因第三者对保险标的的损害而造成保险事故的，保险人自向被保险人赔偿保险金之日起，在赔偿金额范围内代位行使被保险人对第三者请求赔偿的权利。前款规定的保险事故发生后，被保险人已经从第三者取得损害赔偿的，保险人赔偿保险金时，可以相应扣减被保险人从第三者已取得的赔偿金额。保险人依照本条第一款规定行使代位请求赔偿的权利，不影响被保险人就未取得赔偿的部分向第三者请求赔偿的权利。"根据该项规定，保险代位的要件包括：第一，被保险人因同一事故，对于第三者有损失赔偿请求权；第二，保险人已经给付保险金；第三，代位权的范围以不超过赔偿金额为限；第四，学埋上则补允为外一个要件：代位标的的一致性。以下分别加以说明。

（一）被保险人对第三人有损失赔偿请求权

1. 损失赔偿请求权

由保险人代位权规定具有防止被保险人不当得利的立法宗旨来看，保险人行使代位权须以被保险人对第三人具有赔偿请求权为先决要件。而所谓的赔偿请求权不仅因第三人的侵权行为产生，也包括第三人因合同关系对被保险人依法负赔偿责任。此由我国《保险法》第60条第1款规定"对第三者请求赔偿的权利"而未言"因第三人的侵权行为有损害赔偿请求权"可知。我国《保险法》第60条第1款规定的保险人代位权行使的对象不以侵权行为的第三人为限。倘若被保险人因保险人应负保险责任的损失发生，而对于第三人有损失赔偿请求权，保险人即可以在给付赔偿金额后，代位行使被保险人对于第三人的请求权。那种认为代位权行使的对象，限于侵权行为的第三人，即保险事故的发生限于由第三人的故意或过失所致，被保险人对之可以基于侵权行为请求其赔偿时，保险人才能代位行使这项损害赔偿请求权的观点显然有误。此外就法理而言，保险人代位权制度的主要目的，除了确定保险人的保险赔偿义务及第三人的赔偿义务外，还在于防止被保险人不当得利。被保险人在某保险标的受侵害的同时对第三人享有损害赔偿请求权，如被保险人基于保管合同的关系，在标的物遭窃时，可以向保管公司请求赔偿，也可能因同时获得保险赔偿金而不当得利，实在不能因为该赔偿原因是否为侵权行为而有所不同。因此，我国《保险法》第60条第1款的规定不限于因第三人的侵权行为所产生的损失赔偿请求权，凡第三人对该标的的毁损灭失须负损失赔偿责任的，都可以是保险人代位权行使的对象。但是不论是否因第三人侵权行为或依合同关系产生的损失赔偿请求权，都只限于因标的受损或灭失而直接产生的损失赔偿请求权。这观点也为《保险法司法解释（四）》所确认，其第7条规定："保险人依照保险法第六十条的规定，主张代位行使被保险人因第三者侵权或者违约等享有的请求赔偿的权利的，人民法院应予支持。"如果因其他法律关系而间接产生的请求权则不在第60条适用范围之内，如房屋焚毁，被保险人的亲友所答应赠与的重建款项。要注意的是，第三人对被保险人负有损失赔偿义务，依一般私法的原则虽然大都以具有故意或过失为要件，但也有例外，因此，第三人是否存在故意或过失的问题不属于保险人实行代位权的要件之一。

2. 第三人

（1）定义

我国《保险法》第60条所称的第三人是指被保险人以外的人，不以自然人为限，法人也包括在内，但对自然人有例外，即我国《保险法》第62条所规定的"除被保险人的家庭成员或者其组成人员故意造成本法第六十条第一款规定的保险事故外，保险人不得对被保险人的家庭成员或者其组成人员行使代位请求赔偿的权利"。保险事故发生后被保险人对第三人有损失赔偿请求权，保险人在给付保险赔偿金后，可以在其给付范围内代位被保险人向该第三人请求赔偿，但如果该第三人为被保人的家庭成员或其组成人员，则保险人虽仍负保险赔偿的责任，但在其履行保险赔偿之后，无法代位向其请求损失赔偿。因为这些人和被保险人有共同生活的关系，利害一致。如果保险人对之有代位请求权，实则与让被保险人自己赔偿无异，所以予以禁止。但如果损失发生是由于这些人的故意行为所致，则不在此限。否则无异于鼓励为恶，于理于情不通。

（2）家庭成员排除在代位追偿之外的特权

至于何谓家庭成员，或者其组成人员，我国《保险法》无明文规定。依本书之解，家庭成员可以认定为以永久共同生活为目的，成员个人收入视为家庭共同收入的同居一家的亲属（包括父母、子女、配偶、兄弟姐妹及其他近亲属）。除上述亲属外，现已与被保险人确立收养或继子女关系的人，也属于亲属的范畴。如果保险人对受被保险人扶养、抚养、赡养的人可以向其代位行使损失赔偿请求权，其负担终究仍转嫁至被保险人，丧失保险保护的意义。在《最高人民法院公报》案例"杨树岭诉中国平安财产保险股份有限公司天津市宝坻支公司保险合同纠纷案"中，杨树岭开车将其母亲撞伤，其母亲虽为直系血亲但非与杨树岭共同生活的家庭成员，故最高人民法院虽在判决中未正式定义其为家庭成员，但本书认为保单关于家庭成员的定义如果解释过宽不利于保护受害人的利益从而实现帮助被保险人转嫁风险的目的，所以利用违反免责条款明确说明义务一条认定该家庭成员免责条款无效，判决保险人负赔偿责任。但家庭成员排除在代位追偿范围之外是国际惯例条款必有其存在的合理性依据（欧陆民法中的债务混同原则）。家庭成员诚然不能过宽解释，只能限定于共同生活且成员收入视为家庭共同收入的同居一家的亲属较为妥当。

（3）被保险人组成人员排除在代位追偿之外

结合司法实践，通常而言，被保险人的组成人员包含为被保险人的利益或者接受被保险人的委托或者与被保险人有某种特殊法律关系而进行活动的人，包括为家庭日常生活需要而雇的佣人、司机、勤杂工，合伙人和代理人或者被保险人作为法人组织关联方，如股东、分公司等，这部分人常是代替被保险人履行行为的人，其履行职务的行为所造成的损害也最终由被保险人承担责任，故保险人不能向其求偿。且如无严重过错行为，被保险人也不会向该责任人主张权利。由于该受雇人员对外造成损失的责任一般由雇主（被保险人）承担，向受雇人员代位求偿无疑加重被保险人负担，无法实现被保险人通过保险转嫁风险的目的，故将受雇人员排除在代位追偿对象范围之外。投保人和被保险人为同一人的，保险人自然不得对投保人行使保险代位求偿权。但在投保人和被保险人不是同一人的情况下，因投保人自身造成保险事故的保险人仍可向投保人行使代位求偿权（《保险法司法解释（四）》第8条）。

【案例】杨树岭诉中国平安财产保险股份有限公司天津市宝坻支公司保险合同纠纷案①

裁判要旨：不论涉案机动车辆第三者责任险保险合同中的格式化免责条款关于"保险车辆造成被保险人或其允许的驾驶员及他们的家庭成员人身伤亡，不论在法律上是否应当由被保险人承担赔偿责任，保险人均不负责赔偿"的规定，以及关于"家庭成员包括被保险人的直系血亲和在一起共同生活的其他亲属"的解释是否具有法律依据、是否有效，该格式化免责条款都因上诉人未能尽到明确说明的义务而归于无效，该免责条款对被上诉人不产生约束力。

（4）实务中有关代位求偿涉及第三者判定的案例

①代驾过程中代驾公司导致标的车辆受损的代位问题。多数观点认为代驾人（或者代驾平台）系提供有偿的代驾服务，并非为被保险人利益所为，对保险标的车辆也不存在占有利益，因此代驾人不能成为涉案机动车保险合同的被保险人。代驾人作为第三人在提供有偿服务的过程中造成投保车辆受损并负全责，对被保险人的财产构成侵权，被保险人有权请求赔偿，如代驾服务过程中发生保险事故造成车损，保险人支付保险金后有权对代驾平台行使保险代位求偿权。

②挂靠关系中的代位求偿问题。市场经济下，一些具备资质的企业将资质外借，个人挂靠于企业，企业仅收取一定的管理费用，挂靠人自负盈亏，这种情形在建设工程、运输领域非常普遍。目前关于挂靠人和被挂靠单位的权利义务的规定存在于多个司法解释中，对外多以连带法律关系定位。这种对外连带关系的承担，应是将挂靠人和被挂靠单位作为一个整体进行法律评价，从保险利益的一致性上来讲，挂靠人对外是以被挂靠单位名义进行活动，外观上的活动与被挂靠单位具有利益一致性，挂靠人进行与挂靠相关的活动导致损害产生时，可以视为被挂靠单位的组成人员，保险人在赔偿后不得行使追偿权。

③投保人和被保险人并非同一人时，保险人是否对财产保险的投保人享有代位求偿权。关于该问题，存在争议。反对观点认为，投保人系与保险人签订保险合同的当事人，其与保险标的并非完全无关。其承担缴付保险费的义务，与被保险人的利益具有关联。因此，其不应属于可以被追偿的对象，不是第三者。赞成观点认为，

---

① 案例来源：《最高人民法院公报》2007年第11期。

依据我国《保险法》第 62 条的规定，对第三者的限制仅为被保险人的家庭成员或者其组成人员，此外，被保险人之外的主体均为第三者。因此，除非保险人与被保险人为同一主体或者为前述限制人员，否则，被保险人应属于第 60 条规定的第三者。《保险法司法解释（四）》第 8 条规定："投保人和被保险人为不同主体，因投保人对保险标的的损害而造成保险事故，保险人依法主张代位行使被保险人对投保人请求赔偿的权利的，人民法院应予支持，但法律另有规定或者保险合同另有约定的除外。"这一司法解释彻底解决了上述争议，为保险人向投保人行使代位求偿权设立了明确的司法依据，扫清了过往保险人向投保人追偿中遇到的障碍。

④可否向第三者的担保人行使代位求偿权的问题，尚存争议。第一种观点认为，代位求偿权所代位的标的是被保险人对造成损害有责任的第三者所享有的赔偿损失权，而担保人未对保险标的造成损害，非因其行为引发保险事故，故其不应该成为保险代位求偿权的请求对象。在因被保险人的担保人对保险标的造成损害、引发保险事故的情形下，保险公司才对担保人享有代位求偿权，该权利的法律依据是《保险法》关于保险代位权的规定，而非担保法关于担保权的规定。第二种观点认为，保险人承担保险责任后，在符合代位求偿权的情形下，代位取得被保险人对第三者的赔偿损失请求权，因担保权属于从权利，故被保险人当然取得该从权利，保险人可以向第三者的担保人主张担保权利。倾向观点认为，担保人如属于导致保险标的损害、造成保险事故发生的第三者，除其属于法定的代位求偿权行使的限制对象外，保险人均应对其享有代位求偿权。在其并非致害人的情形下，保险人能否在代位行使主债权的同时，当然取得从权利，还应结合保险代位求偿权的法理、担保法理以及当事人的约定综合进行认定。①

（二）保险人对被保险人已给付赔偿金

保险事故发生时，被保险人对第三人有损失赔偿请求权，故保险人依保险合同给付保险赔偿金之前，该请求权仍未转移于保险人，以避免被保险人一方面因损失赔偿请求权已转移而无法向第三人求偿，另一方面将来因故未获赔偿而面临两败俱伤的处境。所以保险人要先给付保险赔偿金之后，才取得代位权，且如果保险赔偿金额大于第三人的损失赔偿义务范围，保险人代位请求应仅以第三人所应赔偿的损

---

① 最高人民法院在"王记龙诉中国人寿财产保险股份有限公司芜湖市中心支公司财产保险合同纠纷"案中明确，被保险人起诉要求侵权人赔偿获得生效判决支持但未实际执行到位的，有权要求保险人承担赔偿责任，并不违反"一事不再理"原则，保险人履行保险赔偿责任后依法获得保险代位求偿权。

害额为限。这是因为第三人对于被保险人所受损害应负赔偿义务的范围，不因赔偿请求权人不同而异。

(三) 代位权的范围以不超过赔偿金额为限

上述保险人对第三人的代位求偿范围不得超过第三人本来对于被保险人的赔偿义务范围，这是就第三人的地位而言的。除此之外，如果保险赔偿金少于第三人应赔偿的金额，则保险人只能在其保险赔偿范围内向第三人代位求偿，剩余的部分仍归被保险人所有。依我国《保险法》第60条第3款规定，被保险人对第三人的损失赔偿请求权，只在保险人赔偿的范围内移转于保险人，对其他剩余部分，第三人仍不因此免责，而是由被保险人请求赔偿。这可以防止保险人赔少获多，而被保险人因保险赔偿反遭不利的后果。

例如价值100万元（保险价值）的房屋，投保80万元（保险金额）的财产保险，因第三人不慎失火，房屋全部被焚毁，保险人依约赔付80万元后，仅能在80万元的限度内代位。至于保险价值与保险金额相差的20万元，则由被保险人直接向第三人请求。又在不足额保险中，若属于部分损失，则保险人代位权的求偿额仍应按照比例分摊的原则决定。如上例，房屋部分被焚毁，损失额若为50万元，则保险人可以代位请求的数额仅为40万元。倘第三人财力有限，不能就损害额全部赔偿时，保险人在不损害被保险人原有权利的原则上，应按比例缩小范围。例如价值100万元的房屋，投保80万元的财产保险，全部损失额为100万元，但保险人依保险合同的规定仅需赔偿80万元即可。此时第三人财力仅能赔80万元，则应先由被保险人取得20万元的赔偿后，其余60万元才可以由保险人代位求偿。这样被保险人可以获得100万元的全额赔偿（原理见后述被保险人优先原则）。由此可见，我国《保险法》第60条第2款的规定似有探讨的余地。在解释上应当严格限定其只能适用于足额保险。且被保险人事先已经由第三人取得的赔偿从保险人保险给付中扣减的规定对被保险人是极不公平的。上例中，如是被保险人已获得80万元的第三人赔偿，保险人从其应付80万元给付中扣除后，不用再付保险金，则被保险人只能获得80万元赔偿，较保险法发达国家的立法例显见其对被保险人保护不周延之处。保险人行使代位求偿权向第三人的追偿范围仅限于已赔付的保险金金额，因保险事故产生的公估费、鉴定费等费用属于保险人在理赔程序中支出的必要费用，由其自行承担。保险人提起代位求偿权诉讼产生的律师费、仲裁费等费用除在保险合同中有约定外，也不得要求第三者承担。

保险人在赔付保险金后，在代位求偿权诉讼中向第三人主张已理赔保险金所对应利息的，法院通常不会支持，但在某些情况下也有可能支持。保险人向被保险人支付保险金系履行保险合同义务，系为第三人向被保险人代偿，故保险人提起保险代位追偿权诉讼时主张赔偿金的利息损失，于法有据。保险人支付理赔款后，因保险事故的责任人未及时赔偿，而遭受相关款项利息损失。保险人自支付赔偿之日起，取得被保险人向责任人要求赔偿的权利。因民事侵权引发的代位求偿权纠纷，追偿的责任尚处在不确定状态之中，因而由此责任而形成的债权也并非确定。只有在当事人对本案责任由法院作出裁定后，当事人迟延履行其应当履行的义务才产生迟延债务的责任问题。因此一般情况下保险人无权要求支付理赔款的利息。依照《保险法》第 60 条的规定，保险人行使代位求偿权的范围，一般仅限于其所支付的保险赔偿金。

（四）损害赔偿的标的必须一致

保险人代位权的法理在于防止被保险人在某一标的受损害时，对该标的损害同时获得双倍赔偿。因此如果保险人依保险合同关系赔偿的标的，和第三人依侵权行为或合同关系赔偿的标的不一致时，仍无法适用代位规定。这在学理上称为保险人代位权的标的"一致必要性"。例如，海上船舶保险人因被保险人投有定值保险而在保险事故发生时给付保险金额。此保险金额（即保险赔偿金）虽然和第三人对保险人应负损害赔偿金额一致甚至有超过的情况，依我国《保险法》第 60 条的规定，所有被保险人对于第三人的损害赔偿请求权似乎都移转于保险人。但是如果第三人应赔偿的是运费及船舶本身损害赔偿的总和，而保险人所赔偿的仅是船舶本身的损害，那么保险人仅能向第三人请求其因船舶本身受损所赔偿的数额。至于运费赔偿请求权，如果另有其他保险人时，则由其代位行使，否则仍归被保险人所有。

由此可知保险人对于第三人的代位赔偿请求权，一方面受到金额的限制（保险赔偿金额小于第三人的损失赔偿金额），以保险赔偿金额为限；反之，保险赔偿损失大于第三人的损失赔偿金额，则以第三人的赔偿金额为限。另一方面又受到赔偿标的一致性的限制。我国保险法虽无明文规定，但由第 60 条第 1 款"因第三者对保险标的的损害而造成保险事故的，保险人自向被保险人赔偿保险金之日起，在赔偿金额范围内代位行使被保险人对第三者请求赔偿的权利"用语，可知代位权的规定仅适用于同一标的遭受损害的情况。

被保险人的某一标的受到侵害，第三人依侵权行为规定或合同关系对被保险人须负损失赔偿责任时，保险人在依保险合同给付保险赔偿金额后，可以就其给付范围，在第三人的赔偿范围限度内，直接以自己名义向第三人请求赔偿，避免被保险人获取不当利益，同时也维持第三人的赔偿义务，及确定保险人的保险赔偿责任。

但此结论是在被保险人所受损失赔偿都已由保险人处获得满足的情形下得出的；如果被保险人由保险人处所获得的赔偿不足以弥补其所受损失，如不足额保险的情况，此时被保险人对第三人仍保有该不足部分的请求权，应无疑义。

五、代位求偿权的后果

《保险法》第 56 条的要件具备后即产生保险代位的效果，也就是债权的法定转移。

（一）债权转移的性质

众所周知，清偿是债消灭的原因之一。清偿分债务人本人清偿和第三人代偿。第三人代偿制度是大陆法系的传统制度，且极具特色，体现在民法上是法定代位和约定代位并存。从性质上看，代位清偿与债权让与类似，但学理上认为二者的目的、构成要件和法律效果均不相同。我国《民法典》第 524 条对第三人代为履行债务具有合法权益而履行及其后果作了规定，并在第 519 条对连带债务人对其他连带债务人代偿及其后果、第 700 条对保证人履行保证责任后对债务人的追偿权作了规定。我国《民法典》在合同编第 524 条规定了第三人代位清偿制度，为保险代位求偿权提供了民法法理依据，避免了我国《保险法》中的代位求偿权制度成为"无源之水、无本之木"。因此也便于人们解释保险人作为第三人向被保险人（债权人）清偿后取得对侵权第三人代位权的性质、范围，以及部分清偿的效果等方面内容。①

代位权的本质是被保险人对第三人债权的法定转移。所谓法定债权转移，是指被保险人对于第三人的请求权，当然地转移给保险人的权利转让行为。保险人成为新的债权人，可以自己的名义对第三人行使权利。这种债权转移，除无须转让行为外，其余法律效果与民法上的债权转让相同。损害保险的被保险人在保险事故发生后，对于第三人的损失赔偿请求权，在上述要件及范围内直接转移于保险人（故称法定移转），而无须被保险人和第三人的同意，其效力与债权转让相似，但有实质不同，已如前述。第三人在接到通知时，其可以对抗被保险人的事由，例如诉讼时效、抵销抗辩、过失相抵、合意管辖、仲裁协议等均可以对抗保险人。如果被保险人与第三人之间订立了仲裁协议的，该仲裁协议性质上虽然是一个程序性协议，但从属于被保险人与第三人之间的合同关系，第三人因仲裁协议产生的程序性利益不应因

---

① 韩京京：《论法国代位清偿制度及对我国的启示》，载《福州大学学报》（哲学社会科学版）2022年第 5 期。

保险代位而遭到剥夺，所以保险人代位时仍应受该仲裁协议的约束。如果被保险人在接受保险人的保险给付后，与第三人和解或抛弃其请求权，因其已不是真正的债权人，其处分不影响保险人已经取得的债权。如果第三人因善意向被保险人进行赔偿给付，虽然其善意应受法律保护，但被保险应就其以第三人获得的给付对保险人负有不当得利的返还责任。

债权转移后保险人可以直接以自己名义向第三人请求赔偿，而第三人也有义务向保险人履行其责任。若被保险人在接受保险给付后，与第三人和解，或者抛弃其请求权，因其已经不是真正的债权人，其处分行为不影响保险人已经取得的债权。保险人向第三人请求赔偿前，第三人是否仍然可以向被保险人履行赔偿义务，且其效力如何，《保险法》并无直接规定，所以只有依民法理论加以探讨。保险法上保险人的代位权虽然在性质上属债权法定移转，而我国《民法典》第524条规定的第三人代位清偿就是其民法法理基础。就法理而言，对被保险人负有损失赔偿义务的第三人在损失赔偿事故（即保险事故）发生之后，对原债权人的损失赔偿义务，不仅其赔偿范围不因债权人另订有保险合同而受影响，且关于其债务履行对象的注意义务，也不应因之而加重。若第三人因善意向被保险人进行赔偿或者给付，虽然其善意应受法律保护，但是被保险人应该就其从第三人处接受的给付，对保险人负有不当得利的返还责任。因此，在损失事故发生后，如果被保险人或保险人基于其代位权向第三人以损失赔偿请求权移转发出通知，第三人不得再向被保险人（即原债权人）给付，否则不发生清偿的效力，保险人仍然可以继续向其请求赔偿损失，而第三人只能依不当得利的规定向被保险人请求返还；反之，如果第三人在损失事故发生后未接到有关保险人代位的通知，则其向被保险人所作的清偿仍然是有效的，其在该损失赔偿范围内的赔偿义务因此消灭，保险人只能依不当得利的规定请求被保险人返还其从第三人处接受的给付或者赔偿。对于第三人也只能追索保险代位赔偿范围内扣除第三人已经向被保险人给付后剩余的部分，而不是所有的代位赔偿范围内的全部保险赔偿金额。该观点也被《保险法司法解释（四）》第10条所采纳。① 但本书认为代位下的法定债权转让不以通知债务人为必要，通知债务人仅为第三人善意的阻却条件。

---

① 《保险法司法解释（四）》第10条规定：因第三者对保险标的的损害而造成保险事故，保险人获得代位请求赔偿的权利的情况未通知第三者或者通知到达第三者前，第三者在被保险人已经从保险人处获赔的范围内又向被保险人作出赔偿，保险人主张代位行使被保险人对第三者请求赔偿的权利的，人民法院不予支持。保险人就相应保险金主张被保险人返还的，人民法院应予支持。保险人获得代位请求赔偿的权利的情况已经通知到第三者，第三者又向被保险人作出赔偿，保险人主张代位行使请求赔偿的权利，第三者以其已经向被保险人赔偿为由抗辩的，人民法院不予支持。

（二）转移的范围

如果保险人给付的数额与被保险人对于第三人请求权的数额不一致时，如何确定保险代位的债权转移范围，我国《保险法》并无明文规定，学说和实务讨论较多。通说认为以较低额为准。在保险人给付的保险金额低于被保险人遭受的损害时，被保险人仍然可以自行向第三人行使在保险代位之外的赔偿请求权。值得注意的是，保险法设置保险代位制度的目的在于避免被保险人获得重复赔偿以及维持第三人的赔偿责任。大陆法系法定债权转移理论仅仅是实现上述目的所使用的手段。英美法系保险代位所采用的是程序代位理论。不管是法定债权转让还是英美法的程序代位理论都是实现保险代位目的和法律效果的手段。这些理论的解释不能产生妨碍被保险人利益实现的结果。因此当保险给付与被保险人请求权的数额不一致时，究竟应如何认定债权转移的范围，学理上有不同的标准。

在足额投保的情况下，保险人给予的赔偿足以覆盖被保险人的全部损失，被保险人对加害第三人的请求权全部转移给保险人，被保险人没有剩余债权不存在"保险人基于代位权对加害第三人请求权"与"被保险人就剩余债权对加害第三人请求权"何者优先的问题。但是在不足额投保时或者虽然是足额保险但是保险人仅赔偿部分损失的情形下就会发生被保险人对加害第三人请求权只有一部分转移给保险人的情形，此时若加害第三人财产不足以赔偿全部债务就会产生"保险人基于代位权对加害第三人请求权"与"被保险人就剩余债权对加害第三人请求权"何者优先的问题。如果第三人的财产不足以清偿全部债务，被保险人的请求权与保险人的代位请求权的优先适用问题关系到被保险人的请求权能否获得满足，关于此点，有三种不同的见解。

1. 绝对理论。又称为"保险人优先说"，是指被保险人的请求权在保险给付的范围内均当然转移给保险人，剩余部分的请求权由被保险人行使。例如甲有一辆车，价值100万元，向乙投保机动车损险，保险金额约定为50万元。某日甲驾驶该车与丙驾驶的车相撞导致甲的车辆全损，甲就该事故有20%的过失，丙则有80%的过失。乙依约给付50万元保险金后，可以在什么范围内向丙代位行使甲的损害赔偿请求权？如果丙的清偿能力有限，仅有60万元的责任财产可以履行损害赔偿责任，则甲和乙在强制执行中应当如何进行分配呢？依据绝对理论，则在保险人给付的50万元保险金范围内，甲对丙的请求权转移于乙。因此甲还可以对丙请求赔偿的数额仅剩下30万元（80万元-50万元）。经过保险给付与侵权行为损害赔偿之后，甲可以获得 80 万元的损害赔偿，但是仍然有 20 万元的损害需要自行承担。[1]

2. 相对理论。又称为"比例转移说"。此说又称"保险人基于代位权对加害第三人请求权"与"被保险人就剩余债权对加害第三人请求权"平等顺位说，认为被保险人请求权转移给保险人的范围以保险金额与保险价值的比例确定。在上述案例中，被保险人共有 80 万元的损害赔偿请求权，保险人乙可以代位的数额，依据保险金额与保险价值的比例计算应为 40 万元［80 万元×（50/100）］。甲对于丙仍然剩余有 40 万元（80 万元-40 万元）的赔偿请求权，经过保险给付与损害赔偿之后，共有 90 万元的损害获得填补，仍有 20 万元的损害需要自行承担。

3. 差额理论。又称为"被保险人优先说"，是指优先考虑被保险人的损害填补。若被保险人的损害尚未获得完全的填补，其尚未获得填补部分的请求权（差额部分），并不转移给保险人，学理上又称为被保险人的限额优先权。[2] 在上述案例中，被保险人的损害为 100 万元，扣除保险给付 50 万元后仍然有 50 万元尚未获得赔偿，因此在这一额度内的损害赔偿请求权应保留在被保险人处而不转移。其损害赔偿请求权的数额为 80 万元，转移给保险人的请求权仅 30 万元（80 万元-50 万元＝30 万元）。从而被保险人的全部损害均可以获得补偿。

保险代位制度的目的在于防止重复保险及维持第三人赔偿责任，并非在于限制或剥夺被保险人的权利，不能因为保险代位的规定让被保险人遭受损失。绝对理论及相对理论处理的结果将造成被保险人的损害无法获得全部补偿，不能算是妥当的处理方式。差额理论较能兼顾被保险人的保护及禁止不当得利原则的维持，应属于较为稳妥的处理方式。[3]

保险人代位权的规定，其中一个理由在于防止被保险人不当得利。事实上，被保险人在全部获得赔偿之前，根本没有不当得利的可能，所以在被保险人因保险赔偿不足以补偿其损害而对第三人仍享有赔偿请求权时，如果其受偿和保险人行使代位权发生冲突时，应先保护被保险人的受偿权。即在被保险人获得全部清偿前，保险人不得实行代位权。故在比较法上，德国《保险合同法》第 86 条第 1 项规定："投保人对于第三人有赔偿请求权时，一旦保险人补偿其损害后该请求权转移给保险人。但权利转移的行使，不得不利于投保人。"该条但书就是被保险人的优先受偿权的理论基础和法律依据。该条表明在第三人财产不足以同时清偿被保险人的剩余债

① 叶启洲：《保险法》（第 7 版），元照出版有限公司 2021 年版，第 358 页。
② 参见温世扬主编：《保险法》（第 3 版），法律出版社 2017 年版，第 83 页。
③ 参见温世扬主编：《保险法》（第 3 版），法律出版社 2017 年版，第 83 页。

权以及保险人的代位权时，可以解决优先清偿权顺位问题。我国《保险法》对此虽无明文规定，但依损害保险人代位权规定的法理也可得知。应当注意的是优先受偿权所涉及的是程序法上被保险人与保险人的受偿次序的问题，并不否定保险人实体法上请求权的存在。在保险人对第三人的代位诉讼中，不应以被保险人尚未完全受偿以及其应有优先受偿权为由，否定保险人的请求权。

此外还应注意的是，保险人代位是法定代位，不因投保人行为而受到影响，但保险人是行使投保人的权利，第三人对于投保人的抗辩当然可以之对抗保险人。为避免投保人因有保险而从事妨碍保险人代位权的行为，所以对于投保人在保险人赔偿损失前后，有足以妨碍保险人行使代位权的行为，保险人在受妨碍的范围内免除给付金额或请求投保人返还所领取的保险给付。在前述案例中，依据差额说计算结果，被保险人甲对第三人丙仍然享有 50 万元的损害赔偿请求权，保险人乙则有 30 万元的请求权，假设丙的资力不足，仅有 60 万元的责任财产可供清偿，则若不承认甲的优先受偿权，则甲和乙应当依据债权比例平均分配 60 万元的责任财产。但是如果承认甲的优先受偿权，则丙的 60 万元责任财产应当优先清偿甲的 50 万元债权，余额再用来清偿乙的债权。

六、妨碍代位

（一）协助代位的义务

我国《保险法》第 63 条规定保险人向第三者行使代位请求赔偿的权利时，被保险人应当向保险人提供必要的文件和所知道的有关情况。协助代位是投保人、被保险人的一种附随义务。但《保险法》对违反这种附随义务的后果却没有规定。最高人民法院《保险法司法解释（四）》第 11 条弥补了这一缺憾。该条规定："被保险人因故意或者重大过失未履行保险法第六十三条规定的义务，致使保险人未能行使或者未能全部行使代位请求赔偿的权利，保险人主张在其损失范围内扣减或者返还相应保险金的，人民法院应予支持。"

（二）不得妨碍代位的义务

《保险法》第 61 条有关不得妨害保险人代位权及其后果的规定，同时兼顾了避免被保险人不当得利、维持第三人损失赔偿义务及确定保险人保险赔偿义务三种立法目的。如果被保险人对第三人的损失赔偿义务作出抛弃或免除的处分行为时，其效果如何？在保险合同成立后，被保险人不得放弃对第三人的求偿权或者就该求偿与第三人达成和解以减轻第三人的责任。否则，被保险人应当对保险人承担责任。被保险人因其放弃求偿权或者和解行为而损害保险人的代位权的，应当对保险人承担赔偿责任。被保险人放弃对第三人的赔偿请求权，因其发生在保险合同成立前后，或者发生在保险人给付保险赔偿前后，按照我国《保险法》第 61 条的规定具有不同的效果，分别论述如下：

1. 保险事故发生后，保险给付前

我国《保险法》第 61 条第 1 款规定，保险事故发生后，保险人未赔偿保险金之前，被保险人放弃对第三者请求赔偿的权利的，保险人不承担赔偿保险金的责任。这是原则，但保险人只能在被保险人放弃对第三人的权利致使其代位权不能行使的影响范围内，不承担给付责任。被保险人放弃对第三人的权利，严重侵害保险人利益，保险人可以拒绝承担保险责任。但如果保险人在不知情的情况下仍给付保险金，按照《保险法》第 61 条第 3 款的规定，被保险人故意或者因重大过失致使保险人不能行使代位请求赔偿的权利的，保险人可以扣减或者要求返还相应的保险金。若被保险人只是部分放弃对第三人的权利，例如与第三人达成和解而减轻第三人的损害赔偿责任，则保险人不能以此拒绝承担保险责任，保险人在其本可代位向第三人求偿的范围内不负保险给付的义务，在给付时可以相应扣减保险赔偿。保险事故发生后，在保险给付前，被保险人放弃对第三人的权利，保险人不知其事实而向被保险人给付赔偿金，保险人因被保险人弃权行为而丧失对第三人的代位权，可以向被保险人追回已给付的保险金。[①] 德国《保险合同法》第 86 条第 2 款明文规定："保单持有人（被保险人）应以规定的适用表格与期间妥善保全其损害赔偿请求权或担保该请求权的权利，且对于保险人主张上述权利提供必要的协助，保单持有人（被保险人）故意违背上述义务者，保险人在因此无法对第三人行使请求权的范围内免除保险给付的义务。保单持有人（被保险人）因重大过失而违背上述义务者，保险人得依保单持有人（被保险人）过失的程度相应减少保险给付。保单持有人（被保险人）必须就其无重大过失负举证责任。"所以，德国是依据被保险人侵害保险人代位权出于故意、重大过失、轻微过失分别赋予保险人免除保险给付、相应减少给付或者仍应当承担保险给付责任的效力。

保险实务中常见的运输保险中的责任限制条款就是适例。在许多运输合同或者运单的背面条款中，往往都会存在一些承运人的免责条款，例如，"一旦发生货损只

---

① 参见温世扬主编：《保险法》（第 3 版），法律出版社 2017 年版，第 84 页。

赔偿运费的三倍";"如果货损发生，由货运险保险公司负责赔偿，不足部分再由乙方（承运人）负责赔偿"等。那么这些责任限制条款的效力究竟如何？是否会导致保险人行使代位求偿权时的目的落空？在东京海上日动火灾保险股份有限公司上海分公司与新杰物流集团股份有限公司保险人代位求偿权纠纷一案中，法院的裁判认为：货物运输合同履行过程中托运人财产遭受损失，在承运人存在侵权与合同责任竞合的情形下，允许托运人或其保险人依据原《合同法》第122条选择侵权诉讼或合同诉讼。但是，托运人要求承运人承担侵权责任的，承运人仍然可以依据货物运输合同的有关约定进行抗辩。法院应依据诚实信用原则，综合考虑合同条款效力、合同目的等因素确定赔偿范围。① 在本案中，即使东京海上日动火灾保险股份有限公司上海分公司是依据侵权关系提起的代位求偿权纠纷诉讼，新杰物流集团股份有限公司在合同中的"三倍运费赔偿"责任限制条款依然可以适用。也即保险人提起代位求偿权纠纷诉讼的时候，无论是基于合同关系还是侵权关系提起，作为责任方的承运人都可以援引其赔偿责任限制条款对保险人进行相关的抗辩。而此时保险人的抗辩则要着重审查案涉的运输合同是否构成格式条款而定。运输合同中或者托运单的背面条款中，对于"三倍运费赔偿"责任限制条款已经作了提示说明，例如对于相应的责任限制条款进行加粗加黑，视为承运人对保险人已经履行说明义务，责任限制条款有效。如果是非格式条款，则在（2014）深中法商终字第1476号案中，最终法院认为《货物运输服务协议》第1.1条、第1.5条是经双方自愿、平等协商签订，深圳市恒路物流有限公司已经对包括《货物运输服务协议》第4.4条、第4.12条、第7.3条赔偿限额条款在内的所有条款作了充分而详细的说明，宝×公司对所有条款了解充分、全面。因此，《货物运输服务协议》第4.4条、第4.12条、第7.3条是双方对赔偿限额的特别约定，是协议双方的真实意思表示，责任方的赔偿责任限制条款是有效的。可见，保险人在与承运人订立运输保险合同时一定要审查其运输合同尤其是责任限制条款，一旦承保，事后就不能认定被保险人妨碍代位。

2. 保险给付后

保险人的代位权有效成立于保险合同订立时，自保险人给付保险赔偿金之日起，保险人的代位权转化为既得权，其行使不受被保险人行为的影响。被保险人放弃对第三人的损害赔偿请求权，对保险人的代位权不产生任何效力。依照我国《保险法》第61条第2款的规定，在保险事故发生后，若保险人已经向被保险人给付保险赔偿

---

① 案例来源：《最高人民法院公报》2019年第12期。

金，被保险人未经保险人同意，放弃对第三人的损害赔偿请求权，该行为无效。第 3 款规定，被保险人故意或者因重大过失致使保险人不能行使代位请求赔偿的权利的，保险人可以扣减或者要求返还相应保险金。在这种情况下，保险人仍然可以对第三人行使保险代位权，第三人不得以被保险人放弃损害赔偿请求权为由，对抗保险人的代位求偿权。但该无效行为能否对抗善意第三人值得研讨。在英美法下，保险人对第三人行使代位权，第三人无论如何都可以对抗被保险人的理由对抗保险人。原则上，不论有无保险合同或者保险事故是否发生，若被保险人放弃对第三人的赔偿请求权，或者同第三人就损害赔偿的数额达成和解，第三人因此取得的利益，不可以对抗保险人的代位求偿。因此也有学者认为我国《保险法》第 61 条第 3 款为兜底条款，包括其他所有的积极或消极妨碍保险人行使代位的行为。

3. 保险合同订立后，保险事故发生前

理论上，被保险人不得妨碍或损害保险人行使代位权。若被保险人在保险合同成立后，先于保险事故的发生放弃对第三人的赔偿请求权，直接损害保险人的合法权益，保险人可以不承担保险责任。但实务上为了交易的安全与稳定，保险人不能简单地以此为由，免予承担保险责任。

此种情形下，被保险人对第三者的弃权行为能否对抗保险公司，法律没有明确规定。但根据无效法律行为必须由法律明确规定的原则，被保险人放弃对第三者索赔权利的行为应该有效，且能对抗行使代位求偿权的保险公司。但被保险人对于保险人负有不妨碍其代位的附随义务，被保险人违反该义务时，保险人应可依此主张减免其理赔责任。同时被保险人在此期间的弃权行为可以归结为致使保险人代位权行使不能的"过错"，同时被保险人的弃权行为加大了保险人承担保险赔偿责任的风险构成"危险增加"，保险公司知情后可以根据《保险法》第 52 条的规定增加保险费或者解除合同。

4. 保险合同订立前

在保险合同订立之前，被保险人有可能与第三人在相关合同中约定免责条款或以其他方式预先放弃对第三人的损害赔偿请求权，此情形在货物运输、工程建筑业中十分常见。保险人在被保险人原可获得给付而意欲放弃的债权额度内免除实际的给付责任。例如，美国明尼苏达州最高法院 1971 年关于大北石油公司诉圣保罗火灾海事保险公司一案中的判决认为，保险合同中没有禁止被保险人订立免除他人赔偿责任协议的明确约定，被保险人有权诉请保险人给付保险赔偿金。需注意的是，这里所指的是被保险人对第三人的赔偿请求权已存在的情况。如果被保险人在订立保

险合同之前自始即预先免除或抛弃其对于第三人的赔偿请求权，则属于保险人承担危险范围估计的问题。被保险人应主动将其与第三人之间缔结的免责条款告知保险人。我国实行询问告知义务，被保险人告知以询问为前提。如果保险人对被保险人与第三人之间是否有免责条款或者弃权行为进行询问，被保险人未将真实情况告知，则保险人可以违反告知义务为由行使解除权，免除保险金给付责任。如果已经给付保险金的，保险人有权追回。但如果被保险人告知后（即使有"不实"的告知），保险人已同意承保的，视同弃权。除此之外，保险人知道或者应当知道的事实也不能以此为由行使解除权。一般认为含有免责条款的货运、邮递合同中的免责条款被广泛使用，保险人不得免责。[①] 在这种情况下保险人在保险事故发生后，一方面，无法向第三人代位求偿；另一方面，因这种免除或抛弃行为发生在保险合同成立之前，对事后才成立的保险合同的权利义务关系不产生任何影响，所以保险人仍然应承担赔偿保险金的责任。唯一可行的解决方法是保险人预先在保险合同中约定，被保险人或投保人应在保险合同订立时将这个事实告知保险人，否则属于违反如实告知义务，其结果依保险法上有关投保人或被保险人违反告知义务的法理推定。保险实务中，此种情形最为典型，如承运人与托运人签订的《货物运输协议》中往往会作出"承运人最高赔偿限额为人民币××万元，超过部分通过保险索赔""承运人赔偿的范围仅限于保险公司未赔偿部分"等类似约定，然后托运人再就托运货物向保险公司投保货损险。此种情形下，保险公司向托运人支付保险金后向承运人行使代位求偿权时，承运人就有权以《货物运输协议》中的约定来抗辩，且无权请求被保险人返还相应的保险金。当然，保险合同订立时，如果保险公司曾就是否存在上述放弃情形向投保人提出询问，且投保人未如实告知的，保险公司虽不能向第三者行使代位求偿权，但有权请求被保险人返还相应保险金。

七、代位权时效

（一）时效期间

保险代位权为保险人依法享有的权利，在性质上应当从属于被保险人对第三人的赔偿请求权。被保险人对于第三人的损害赔偿权，在性质上并不因为保险代位权的发生而有所变化。第三人因保险标的而应当承担的赔偿责任，或为侵权责任，或为违约

---

① 参见岳卫：《损害赔偿请求权的放弃与保险人的代位求偿权——以日本法的判例分析为中心》，载《南京大学法律评论》2009年第2期。

责任，被保险人以此对第三人享有的损害赔偿请求权，属于债权请求权的范畴，当然受法律规定的诉讼时效的限制。我国 1995 年《保险法》第 26 条及现行《海商法》第 264 条仅规定向保险人行使保险给付请求权的消灭时效。但消灭时效与我国民法上实行的诉讼时效和除斥期间又不是一回事（我国《保险法》未采纳消灭时效制度）。1995 年《保险法》第 26 条消灭时效的性质如何，学者业界争议较多，后 2009 年对《保险法》第 26 条作了修订，将消灭时效的规定修改为诉讼时效以杜争端。现行《保险法》第 26 条关于保险给付请求权的时效规定，当然不适用于保险代位权。保险代位权的时效，在《保险法》没有专门规定的情形下，应当适用《民法典》以及《海商法》《专利法》等其他有关法律的规定。① 至于保险代位权的时效类别、期间的长短以及起算时间，应当依照被保险人对第三人的请求权基础或者性质加以决定，保险人代位权时效也会因为被保险人对第三人请求权的时效届满而届满。

（二）期间的起算时间

有关代位权诉讼时效的起算时间，学者对此有各种不同见解。综合起来不外以下三种意见：

第一种意见认为：保险代位权时效应自保险人知道有赔偿义务时起算，因为保险人如果不知有赔偿义务，则无从代位行使其权利。保险人一般在知道保险事故发生之日才会知道自己有无赔偿义务，因此代位求偿权应当按照《保险法》的规定自保险人知道或者应当知道保险事故发生之日起算。② 但本书认为由于事故发生之日与保险人知悉有赔偿义务之日两者之间并不一致，甚至存在相当长的时间间隔，特别是由于请求权行使的对象不同因此应适用不同的标准认定保险人代位权时效的起算日。因此此说似有不妥。

第二种意见认为：因为保险人代位行使的是原来的请求权，损害赔偿请求权的诉讼时效自请求权可行使时起算。加害人依法所享有的权益，不因保险人代位行使而被剥夺。且保险代位权的本质是继承被保险人对第三人的请求权，保险人代位取得的权利，即被保险人对加害人的赔偿请求权，代位事实即使发生，对代位权诉讼时效的起算点和时效期间并不带来任何消长。此外，依"任何人不得将大于自己所有的权利转让他人"的法理，保险人的代位请求权自应受被保险人对第三人请求权同一限制。

---

① 例如依照我国《海商法》的规定，被保险人对于第三人因为海上货物运输、海上旅客运输、船舶租用合同、海上拖航合同、船的碰撞、海难救助、船舶发生油污损害而享有的赔偿请求权，《海商法》专门规定了其时效。保险人对第三人的代位权行使也应当依照《海商法》的时效规定。

② 参见《江苏省高级人民法院保险合同纠纷案件审理指南》第 8 条规定。

第三种意见认为：保险代位求偿权是一种新的独立的诉权，应当有自己独立的诉讼时效。这种观点为《保险法司法解释（二）》第16条所持。①

本书认为保险代位求偿权是保险人受让被保险人对第三人的债权，因此第二种意见更加符合民法理论，保险代位求偿权诉讼时效依据《民法典》有关债权转让理论规定跟原债权诉讼时效保持一致即可，保险法没有必要对此作出特别规定。《保险法司法解释（二）》第16条规定与《民法典》相悖不太合适。海商法项下的海上保险代位偿权起算时点就与《民法典》中的规定保持一致。《最高人民法院关于海上保险合同的保险人行使代位请求赔偿权利的诉讼时效期间起算日的批复》就明确，海上保险合同的保险人行使代位请求赔偿权利的诉讼时效期间起算日，应按照《海商法》第13章规定的相关请求权之诉讼时效起算时间确定。《海商法》第257条规定：就海上货物运输向承运人要求赔偿的请求权，时效期间为一年，自承运人交付或者应当交付货物之日起算。《最高人民法院民事审判第四庭涉外商事海事审判实务问题解答》第176条规定：海上货物运输保险合同的保险人依法取得代位请求权后，其与责任人之间仍为海上货物运输的法律关系，其行使代位请求赔偿权的诉讼时效也依海上货物运输法律关系所适用的法律规定。

我国《民法典》第524条虽然规定了第三人代偿，但未对代偿产生的代位权作系统规定，因此这里只能依据境外民法学上代位权理论来分析代位权的性质及其对诉讼时效起点判定的影响。按照境外民法学界通说，保险法中的代位请求权，是债权的法定移转，其性质为损害赔偿请求权的主体变更；赔偿请求权的内容并不因此有所变动。保险人是以自己名义直接对第三人行使代位权，这项请求权是由被保险人处移转而来，该第三人原可对抗被保险人的事由也可以对抗保险人。代位权不是一种独立的请求权，而是法定请求权转让，故保险法没有也不应当为其设定单独的诉讼时效期间。保险人向第三者行使代位求偿权的诉讼时效应当与被保险人向第三者行使赔偿请求权的诉讼时效相同。保险代位求偿权的诉讼时效应与被保险人原债权保持一致，按"任何人不得将大于自己所有的权利让与他人"的法理，其诉讼时效应与被保险人对第三者的求偿权一致，保险代位求偿权的诉讼时效期间从被保险人知道或者应当知道权利被第三者侵害时起计算。且第三人虽不能主张因被保险人有保险合同而受益，但也不宜使之因此而遭受不利，所以保险人的代位请求权诉讼时效应自被保险人知道或应当知道自

① 《保险法司法解释（二）》第16条规定：保险人应以自己的名义行使保险代位求偿权。根据《保险法》第60条第1款的规定，保险人代位求偿权的诉讼时效期间应自其取得代位求偿权之日起算。

已权利受到第三人侵害、可以行使请求权时起算。此规定对保险人而言虽然不利，但就使保险人早日确定理赔责任、迅速给予被保险人补偿的角度来讲，有其正面意义。因投保人和被保险人原因导致保险人在取得保险代位求偿权之前诉讼时效已经届满时，保险人可以通过《保险法》第61条第3款寻求救济。

（三）诉讼时效的中断

被保险人在取得保险赔偿金前，作为第三者的债权人，向第三者请求赔偿或者提起诉讼的，可以导致时效中断的法律后果。发生保险代位时，该债权上的时效利益一并转移至保险人，保险人在行使保险代位权时，就可以被保险人此前的上述行为主张时效中断。① 按照最高人民法院《民事诉讼时效司法解释》的规定，债权转让因通知债务人而发生诉讼时效中断的效果。因此保险人取得保险代位权后，保险人或者被保险人通知第三者的，诉讼时效从通知到达第三者之日起同样产生诉讼时效中断的效力。

八、保险代位诉讼的管辖问题

根据《保险法司法解释（四）》第12条的规定，保险代位求偿权性质上属于法定债权转移，保险人代位被保险人起诉第三者时，以被保险人与第三者之间法律关系的性质确定管辖法院，更有利于查明案件事实，便于诉讼。该条规定与华泰财产保险有限公司北京分公司诉李志贵、天安财产保险股份有限公司河北省分公司张家口支公司保险人代位求偿权纠纷案裁判规则是一致的。

【案例】华泰财产保险有限公司北京分公司诉李志贵、天安财产保险股份有限公司河北省分公司张家口支公司保险人代位求偿权纠纷案②

裁判要点：因第三者对保险标的的损害造成保险事故，保险人向被保险人赔偿保险金后，代位行使被保险人对第三者请求赔偿的权利而提起诉讼的，应当根据保险人所代位的被保险人与第三者之间的法律关系，而不应当根据保险合同法律关系确定管辖法院。第三者侵害被保险人合法权益的，由侵权行为地或者被告住所地法院管辖。

对于保险人行使代位求偿权是否受到被保险人与第三者之间仲裁协议的约束，当前全国各地各级法院对该问题的认定不尽相同，而目前在司法实务领域主要存在

---

① 上海市高级人民法院课题组：《保险代位求偿权纠纷案件的法律适用问题研究》，载《法律适用》2011年第5期。

② 案例来源：《最高人民法院关于发布第六批指导性案例的通知》（2014年1月26日）。

如下两种观点：（1）保险代位求偿权属于法定债权转让，被保险人和第三者在保险事故发生前达成的仲裁协议应当随着债权一并让与保险人，故仲裁协议对保险人具备法律约束力；（2）保险人并非仲裁协议签订主体，仲裁协议主要涉及程序性权利，具有独立性，不随债权转让，对保险人没有约束力。《九民纪要》颁布后，解决了上述分歧。根据《九民纪要》第98条的规定，被保险人和第三者在保险事故发生前达成的仲裁协议，对保险人具有约束力［如（2000）经终字第48号中国有色金属进出口河南公司与辽宁渤海有色金属进出口有限公司债权转让协议纠纷上诉案］。考虑到涉外民商事案件的处理常常涉及国际条约、国际惯例的适用，相关问题具有特殊性，故具有涉外因素的民商事纠纷案件中该问题的处理，不纳入本条规范的范围。从该条款看，关于仲裁协议或者管辖协议对于保险人的约束力问题，最高人民法院根据案件是否具备涉外因素而区别对待：第一，如案件具备涉外因素，仲裁协议或管辖协议对保险人不具备约束力。这很大程度上是为了保护国内保险公司和货主的利益，维护中国的司法管辖权。毕竟，在国际海运实务中，绝大部分提单约定的适用法律和管辖权均不在中国而是在英国伦敦等地，如中国法院对于此类涉外保险人代位求偿权案件不具备管辖权，将严重损害国内保险公司的追偿权益，进而损害国内货主的利益。第二，如案件不具备涉外因素，仲裁协议或管辖协议对保险人具备约束力，即应根据《保险法司法解释（四）》第12条的规定，以被保险人与第三者之间的法律关系确定管辖法院。正如，保险人以造成保险事故的第三者为被告提起代位求偿权之诉的，以被保险人与第三者之间的法律关系确定管辖法院。

九、代位权诉讼中基础法律关系的审查

代位追偿案件中，保险人向第三者主张赔偿时，往往遇到第三者的诸多抗辩，其中最常见的理由是保险人不应当承担赔偿责任、赔偿金计算错误等。对于第三者的此类抗辩，法院在审理时应如何处理，司法实践中存在诸多争议。一种观点认为应该依法审核保险合同法律关系，保障第三者对前期保险理赔重新核定的权利，以维护第三者的合法权利。另一种观点认为应重点审查被保险人与第三者的法律关系，对保险合同关系仅作形式审查，其他不予审查。对此，最高人民法院2015年12月24日发布并实施的《最高人民法院关于当前商事审判工作中的若干具体问题》明确规定："有证据证明保险人已向被保险人赔偿保险金的，法院应仅就被保险人与造成保险人事故的第三者之间的法律关系进行审理。保险人是否应当赔偿保险金以及赔偿金额是否有误，属于被保险人与保险人之间的保险合同纠纷，无需审理。"尽管如

此，仍有很多法院将保险合同法律关系纳入审查范围。对于海上保险纠纷案件是否审核保险合同法律关系，《海上保险司法解释》第 14 条进行了明确的规定："受理保险人行使代位请求赔偿权利纠纷案件的人民法院应当仅就造成保险事故的第三人与被保险人之间的法律关系进行审理。"此规定出台之后，海上保险纠纷案件中不予审理保险合同法律关系成为司法实践中各级法院一致执行的审判标准。《上海市高级人民法院关于审理保险代位求偿权纠纷案件若干问题的解答（二）》对于"在保险代位求偿权诉讼中，对第三者提出的有关保险合同无效、保险人不应承担保险赔偿责任、保险赔偿金额计算不当等抗辩，法院是否应予审查"的问题，认为"保险代位求偿权的取得属于法定请求权转让，保险人行使的是原属于被保险人的赔偿请求权，该赔偿请求权和保险合同属于不同法律关系，法院应当仅就造成保险事故的第三者与被保险人之间的法律关系进行审理。对第三者提出的保险合同无效、保险人不应承担保险赔偿责任、保险赔偿金额计算不当等抗辩，法院不应审查"。该文件出台后，上海市辖区法院对保险合同法律关系基本不再予以审查，而将审查重点转移到被保险人与第三人之间的基础法律关系上。

第三节　重复保险

一、重复保险的定义

重复保险就各国的立法例而言，可分为广义及狭义两种。狭义的重复保险，是指投保人就同一保险标的，同一保险利益，同一危险，在同一期间，与数个保险人分别订立数个保险合同，而其保险金额的总额超过保险价额的范围。例如日本《保险法》第 28 条第 2 项①即均属于狭义重复保险。广义的重复保险，是指投保人就同一保险标的、同一保险利益、同一保险事故与数个保险人分别订立数个保险合同，而该数个保险合同均须在同一保险期间内发生效力。广义与狭义的重复保险的不同

---

① 即就损害保险契约所应填补的损害，即使有其他损害保险契约也对其予以填补的，保险人就填补损害额的全额（适用前条规定的情形下，依照该条规定所应支付的保险给付额的全额）承担支付保险给付义务。两个以上损害保险契约所应支付的保险给付额之合计额超过填补损害额（若依照各损害保险契约所算出的填补损害额存在差异，则以其中的最高额为准。以下本款中相同）的情形下，当保险人中的一人支付了超过自己负担部分（填补损害额乘以各保险人无其他损害保险存在情形下所应支付的保险给付额与其合计额之比所得之数额。以下本款中相同）的保险给付，由此使全部保险人得以共同免责时，该保险人可以就超过自己的负担部分，向其他保险人按其各自的负担比例求偿。

之处在于，狭义的重复保险除具备广义的重复保险的要件之外，其保险金额的总和须超过该同一保险标的的保险价值。我国 1995 年《保险法》第 40 条的规定显然是广义的重复保险，不论保险金额总额是否超过保险标的的价值，均为重复保险，似有不妥。法律之所以规范重复保险，并赋予当事人通知的义务，是为了避免因超额保险违反损害补偿的原理造成道德危险。我国 1995 年《保险法》的规定，有悖上述法理。因此 2009 年修订的《保险法》第 56 条第 4 款将重复保险的定义修改为"重复保险是指投保人对同一保险标的、同一保险利益、同一保险事故分别与两个以上保险人订立保险合同，且保险金额总和超过保险价值的保险"，即改采狭义的重复保险的概念。

重复保险，依我国现行《保险法》第 56 条第 4 款的规定虽仅以投保人对同一保险标的、同一保险利益、同一保险事故分别向两个以上保险人订立保险合同，且保险金额总和超过保险价值为要件，但就保险法理而言，除此之外，保险有效期间也必须同一，否则不构成重复保险。因为如果投保人就同一保险标的、同一保险利益、同一保险事故分别向两个以上保险人订立保险合同，但这几个合同彼此之间的有效期间却没有丝毫的重叠之处，对于每一个保险期间来说，投保人与各保险人之间还是只存在一个保险合同，没有重复保险的问题，所以在定义上，应该加入"同一保险期间"较为妥当。

保险法之所以禁止重复保险，理由在于防止被保险人在保险事故发生时只受一个损害，却可能获得重复的保险赔偿，有违保险制度目的在于补偿损害的原则。通说认为，在受损标的价值无法估计时，如人身保险中的死亡保险或残疾保险等不适用重复保险禁止的原则，这种保险学理上称为定额保险，而和损害保险只补偿具体损害有别。我国《保险法》将重复保险规定置于财产保险合同一节中。

基于上述损害保险（大约为财产保险）的重复保险禁止原则，我国《保险法》第 56 条第 1 款规定，重复保险的投保人应当将重复保险的有关情况通知各保险人。我国《保险法》没有特别规定通知的方式，所以采取口头方式即可。如果保险合同另有约定通知须采取书面方式，此约定无效，理由已如前述。重复保险在经通知各保险人后，除另有约定外（如约定某一保险人赔偿之后，其他保险人即不负保险人赔偿的责任），各保险人按照其保险金额与保险金额总和的比例承担赔偿责任。重复保险的保险金额总和超过保险价值的，各保险人的赔偿金额总和不得超过保险价值。

二、重复保险的要件

重复保险应具备六个要件：（1）须同一保险期间。我国《保险法》第 56 条并未提及同一保险期间，但学者多认为须为同一保险期间。所谓同一保险期间，是指数个保险合同，不必始期与终期完全相同，仅其一部分的期间有交叉关系，发生共同的利害，即为重复保险，只要在同一保险期间内发生效力的两个或两个以上的合同，不问其成立的先后，均应为重复保险。本书认为重复保险的存在与否应以保险事故发生为判断时点。（2）同一保险利益。投保人对于保险标的须具有保险利益，目的在于避免道德危险，投保金额的多少，与道德危险有相当的关系。所谓同一保险利益，例如房主就同一房屋基于所有权的关系，订立数个火灾保险合同。（3）同一保险事故。如非对于同一保险事故，则不是重复保险。例如货物所有人就同一货物，一方面订立火灾保险合同，另一方面订立盗窃保险合同，二者非同一保险事故，所以不构成重复保险。（4）同一投保人与数个保险人分别订立数个保险合同。有学者认为，投保人必须为同一人，才能成立重复保险。由于保险合同的保障对象为被保险人（具有保险利益的人），所以判断重复保险的成立应当以被保险人为准。至于各个合同是否由同一投保人所订立并非重点，这仅影响该重复保险为善意或者恶意的重复保险的判断而已。如果数个投保人与数个保险人共同订立一个保险合同，则为共同保险，而非重复保险。所谓共同保险，是指两个以上的保险人对于同一标的物同时承保同一危险，在保险事故发生时，各按承保金额的比例承担赔偿责任。其情形与未超过保险价值的重复保险较为类似。唯一不同的是，重复保险是投保人积极就同一保险利益重复保险的结果；而共同保险则为多数保险人主动就同一标的物共同承保同一危险，从事承保的数个保险公司，可能仅以某一保险公司的名义签发保单，但在危险事故发生后，各按比例分担损失。（5）保险金额合计超过保险价值。重复保险合同的保险金额合计须超过保险价值，才受重复保险规定的规范。恶意重复保险仅仅适用于积极保险。若为消极保险，则应以保险金额合计超过损失额为要件，由于损失额在订约时通常无法预测，难以确认投保人或者被保险人有不当得利的意图，所以消极保险才能适用善意重复保险的规定。（6）数个保险人。保险实务上重复保险以与数个保险人分别订立数个保险合同为常见形态。若与同一保险人先后订立数个保险合同，应视为与同一合同超额承保[1]，类推适用超额保险的规定，超额部分应认定为无效。

---

[1] 参见刘宗荣：《保险法——保险合同法及保险业法》（第 5 版），三民书局股份有限公司 2021 年版，第 326 页。

三、重复保险的判断时点

关于重复保险的判断时点，学者之间及司法实务中各有不同的看法。有的认为，被保险人的实际损失既然要等到保险事故发生时才能计算，所以要等到该时点才能判断有无重复保险的存在。本书认为《保险法》关于重复保险的规定范围相当广泛，包括保险事故发生前的通知义务，重复保险存续中的减额与退费，以及保险事故发生后的保险给付责任分配，因此重复保险的判断自然不限于在合同订立时或者保险事故发生时，而应包括全部保险合同期间。从而先后订立的数个保险合同，均应该适用《保险法》关于重复保险的比例赔付规定。我国台湾地区将重复保险分为善意与恶意两种，只要是恶意（基于不当得利的目的）的重复保险，均作无效处理。将来我国《保险法》修改时建议增加一条"投保人意图不当得利而为重复保险的，基于此一意图订立的保险合同均无效"。

四、重复保险的适用范围

（一）境外学说分歧

国外学者如哈蒂·伊万尼（Hardy Ivamy）、米尔和卡马克（Mear & Cammack）认为补偿损害（Principle of Indemnity or Compensation of Loss）与重复保险（Double Insurance）的原则适用于非人寿保险（Non-Life Insurance），不适用于人寿保险（Life Insurance）。日本也有学者认为：（1）伤害保险金领取人，应是被保险人。被保险人一个人的合同可以有保险金最高额的限制。（2）与其他保险公司已签订保险合同的，申请投保时，必须通知保险人。（3）与其他保险公司是否签订有伤害保险合同，必须告知，不告知时，合同可以解除。如果告知没有与其他保险公司签订伤害保险合同，保险人在收集被保险人的所有合同后，其超过最高限额部分无效。

（二）我国保险法的规定

1. 人寿保险与禁止重复保险的关系

保险法关于重复保险的情形，是否适用于人身保险，各国学者争议颇多，各国保险法规定重复保险制度可适用于人寿保险的尚不多见。至于重复保险制度适用于健康保险及伤害保险的，不乏其例。就健康保险及伤害保险中的补偿性险种而言，其理论基础也在于补偿损害，所以应适用重复保险制度。那么人寿保险（定额保险）是否适用重复保险规则呢？

2. 死亡保险（人寿险和意外健康险的定额保险）也应当适用禁止重复保险原则

所谓人身无价，是主观上认为人身是无价之宝，所以其价值可以无限大。但就事实而言，在客观上仍有相当的标准可供遵循。例如在机动车三者险中，一位无业游民被货车撞成残疾，其赔偿金不是漫无限制的。依我国司法惯例，加害人一次赔偿总额以补偿被害人所受丧失或减少劳动能力的损害为限。因此应先根据《人身损害赔偿司法解释》认定被害人因丧失或减少劳动能力而不能陆续取得的金额，或因增加生活上的需要而陆续支出的费用额，两者加总为加害人一次应支付的赔偿总额。赔偿抚养费用也相同。上述司法实务根据收入或需要计算赔偿金额的方法，即属于一种客观评估人身价值的标准。在人寿保险中，一般根据其收入、地位、名誉等标准衡量其人身价值。一个人在几个保险人之间投保的死亡保险最高限额不得超过根据前述标准计算的身价。一位低收入者如果投保 500 万元以上的死亡保险，显然超过其身价，也与其收入不符，带有明显的道德风险（自杀或者以家属名义投保然后杀之以获取赔偿）。泰国普吉岛杀妻骗保案就是适例，受害人丈夫在其不知情的情况下投保 4500 多万元。[1] 由于各个保险公司之间处于信息孤岛状态，加之对投保客户私人信息的保护，一个人可能投保上亿元的巨额死亡保险而各个保险公司之间并不知情。特别是意外险中的死亡险最受诈骗者青睐，因为杠杆率高（300 万元的意外死亡保险人均保险费低至 100 元）。既然我国《关于父母为其未成年子女投保以死亡为给付保险金条件人身保险有关问题的通知》对儿童死亡保险规定了最高死亡保险限额，对于成年人也应当根据其收入、地位等标准确定死亡保险的最高限额。而且保险法上对人身保险也应当适用重复保险规则，要求投保人在订立人身保险合同时有告知在其他保险公司投保死亡保险及其数额的义务。如果违反该义务，保险人可以解除合同或按比例给付（给付总额不得超过最高限额）。成年人最高限额也应当由保险监督管理部门制定，当然可以把握不同成年人的收入情况制定不同档次和标准。我国现行《保险法》中将重复保险规定在财产保险合同一节中，因此不适用于人身保险。本书认为此有漏洞，未来应当予以修订完善。按人的生命或利害关系的价值金额，也有客观评价的标准，超过标准投保，应认为是超额保险。这时投保人重复保险时，须向保险人告知其在其他保险公司投保死亡保险的情况，使保险人据以衡量核保。假如故意不告知，且其金额超过评估价值过多，足以影响保险人对危险的估计，应适用保险法上对于重复保险所规定的违反通知义务所产生的法律后果。生存保险在

---

[1] 《陷取证困境"杀妻骗保"案受害方起诉天津保监局》，载《北京青年报》2019 年 1 月 29 日。

理论上也应适用重复保险。人的生活费用超过其通常合理生活需要的数额，即可认为是超额保险。但是生存保险因无道德危险的顾虑，所以没有超额保险的弊端。死亡保险不适用重复保险的主张无疑会大力助长保险欺诈。

3. 健康保险与伤害保险中费用补偿性险种可适用禁止重复保险原则

健康保险与伤害保险中，残疾与医疗给付应属于损害补偿，所以可适用重复保险原则。现在很多国家的健康保险，仅限于医疗，不包括死亡、残疾。至于伤害保险，除死亡、残疾外，尚可附加医疗给付。残废可分等级，依等级的轻重而给付，实际上含有补偿损害的意义。我国《健康保险管理办法》规定：医疗保险按照保险金的给付性质分为费用补偿型医疗保险和定额给付型医疗保险。医疗给付，通常可分三类：（1）分项给付，例如住院每日最高所付的数额，手术费每次最高所付的数额等。假如实际支付的医疗费用比约定金额高，则依约定金额给付。（2）按主保单保险金额的百分比给付，例如主保单保险金额为 20 万元，医疗给付如果为 15%，则每次最高给付 3 万元。如果实际支付的医疗费用较低，则按实数给付。（3）按日额给付，例如住院治疗，每日可按主保单保险金额的 2% 给付，不需要出具实际支付医疗费用的单据，而依约定金额给付，但在实务上仍有最高的限制：上述第一类和第二类均属直接补偿损害合同，应适用重复保险规定。假如在两家保险公司投保，事故发生后，实际支付的医疗费用高于一家保险公司的保险金额时，应适用分摊原则（Principle of Contribution），由两家公司共同分担。至于第三类虽不问实际支出医疗费用，但是就超过医疗费用的金额，可视为补偿医疗期间的其他支出或不能工作所丧失收入的损害，原则上保险赔付金额与实际丧失收入之间存在巨大差额，否则存在不当得利风险，仍有禁止重复保险原则的适用。因此人身保险中的健康保险与伤害保险，其残疾与医疗给付，可视同损害补偿的合同适用重复保险规定。

五、我国保险法重复保险的后果

（一）善意和恶意的重复保险

我国台湾地区规定重复保险应根据重复保险合同订立是否基于不当得利的意图而分为恶意重复保险和善意重复保险两种情形，以此来确定法律后果。

1. 恶意重复保险

所谓"恶意重复保险"是指投保人基于不当得利的意图而订立重复保险合同。我国台湾地区规定，此种重复保险无效。重复保险的各保险均归无效，此为多数法例及学者通说所肯定。在损失补偿原则下，保险的目的只在补偿实际损失，只有当损失已经发生时才可能进行实际损失的计算，所以损失补偿保险，除法律特别规定或合同特别约定外，保险利益的额度、保险利益的存在时际、保险标的的价值、超额、足额或不足额保险、重复保险、实际损失金额等，无不在损失发生时决定，与保险合同的订立时点无关，这是一脉相传的观念，却多为一般学者忽视。据此，重复保险是否成立的判断时点就是保险事故发生时，而不是保险合同订立时。但有学者认为，重复保险的成立，应以投保人与数个保险人分别订立的数个保险合同同时并存为必要。如果投保人先后与两个以上的保险人订立保险合同，先订立的保险合同即不是重复保险，因其合同成立时，尚未呈现重复保险的状态。投保人事后与其他保险人订立保险合同，故意不将先行订立保险合同的事实通知后一保险合同的保险人，后一保险合同应属无效，不是说成立在先的保险合同也属无效。这就是未能掌握重复保险的判断时点为损失发生时，而误以"合同订立时点"作为判断依据形成的"第一张保单有效，第二张以后的保单无效"的错误结论。这一错误结论不仅与多数立法例、法院判决及学说所公认的"恶意重复保险各保险合同无效"的见解相抵触，且将影响保险业的正常经营，故在将来立法修正时应明确"意图不当得利的重复保险，除另有约定外，各保险合同均无效"[1]。有人认为，消极保险（例如实报实销型医疗费用保险）因为在订约时无法确定保险价值，所以无法适用恶意保险规范。订约时有无设定保险价值与投保人是否有不当得利的意图应当是两回事，投保人企图重复领取医疗费用给付而重复投保的情况很多，所以本书认为消极保险仍有成立恶意重复保险的可能，只是此种情形属于例外而已。投保人是不是基于不当得利的意图而订立数个保险合同，在于投保人的主观认知，从客观上较难认定。在个案中，投保人是否确实履行我国《保险法》第56条规定的重复保险通知义务，固然可以作为认定有无不当得利意图的参考，但不能以此作为唯一的认定标准，而仍然应当根据投保人的年龄、智力认知水平、其订约时的保险金数额与其保险需求之间的关系、事后请求的保险金与其实际损害的差距等一切相关因素加以判断。我国台湾地区规定，恶意重复保险的保险人仍可以收取保险费。德国《保险合同法》第78条第3款规定："如果投保人订立重复保险的目的是获取非法财产利益，则基于上述意图订立的保险合同当属无效，保险人有权保有自合同成立时起至其知悉保险合同无效时止之保险费。"故保险人在善意不知道投保人有恶意重复保险的情况时所收取的保险费，无须承担返还之责。此规定是民法不当得利返还请求权的例外，以示

---

[1] 参见梁宇贤：《保险法》，瑞兴图书公司1995年版，第171页。

对恶意投保人的惩罚。

2. 善意重复保险

承认善意重复保险合同的效力，是各国立法的通例。所谓善意重复保险，是指重复保险状态的出现完全出于偶然，并非出于投保人或者被保险人不当得利的意图所为。例如投保人为自己的保险利益投保后，他人又为之订立保险合同（为他人利益的保险），导致承保范围重叠；或者投保人因订立数个不同险种的保险合同，但该数个保险合同的承保范围偶然重叠（房屋火灾保险与家具保险）等，就是明显的例子。

（二）损失分摊的原则

重复保险可能使被保险人获得比损失大的保险金额，违反保险法禁止不当得利的宗旨，因此有必要将此事实通知各保险人，避免各保险人在事故发生后给付太多的保险金，这就是我国《保险法》第56条第1款"重复保险的投保人应当将重复保险的有关情况通知各保险人"的立法目的。但不能理解的是，在接下来的规定中没有任何有关违反重复保险通知的效果，只有第2款规定了保险人按比例分担责任，如此一来，该款的规定似乎成为一纸空文，不论投保人通知与否，其法律效果都相同。

这个问题之所以产生，是因为我国《保险法》对于重复保险的法律效果未能从当事人主观心态的不同角度加以区分。尤其在被保险人意图以重复保险多领保险金的情况下，为了不使保险人发觉重复保险的存在，必定对此事守口如瓶。因为根据我国《保险法》第56条第2款的规定，即使东窗事发顶多也只是在保险标的价值内由各保险人按比例分担保险金而已。既然告知和不告知的效果一样，不告知又可能因为保险人未发觉重复保险的存在而不当得利，投保人或被保险人何必多此一举，去履行告知义务？如此一来，法律上的告知义务也就毫无意义可言了。要避免这个缺失，唯一可行的办法就是针对被保险人的主观心态，在法律上赋予不同的法律效果，对于诈领保险金而不当得利的被保险人处以一定程度的惩罚。也就是说，在重复保险的规定中，将被保险人的主观心态明确区分为恶意（订约之际即意图不当得利，或在合同有效期间知悉重复保险的事实而不通知各被保险人）与善意（缔约之后才知重复保险的存在，并且立刻通知保险人这一事实）。对恶意的被保险人，由于其企图以不正当的手段诈领保险金，破坏保险制度分散风险、补偿损害的原则，不妨规定各该合同均无效，使其丧失领取保险金的权利。相反地，善意的被保险人既然欠缺上述主观恶性，虽然不宜剥夺其领取保险金的权利，但仍需遵循保险法禁止不当得利的宗旨，各保险人此时给付的保险金总额不可超过被保险人遭受的损失。

只有善意的重复保险，各保险人才负比例赔偿之责，被保险人才能获取在损失范围之内的保险金。

我国重复保险的效力，因其保险金额的总额是否超过其保险价值而不同：（1）未超过保险价值。重复保险合同上的保险金额的总额，尚未超过保险价值时，应属于数个同一种保险合同的并存，各有其效力。（2）已超过保险价值。重复保险合同上保险金额的总额超过保险标的的价值，为真正的重复保险。其效力如下：①分别通知。重复保险的投保人应当将重复保险的有关情况通知各保险人。这是重复保险的投保人的通知义务。通过通知，使各保险人给付的保险金不致出现超过保险价值的情况。②比例分担。重复保险的保险金总额超过保险标的的价值，除另有约定外，各保险人对于保险标的的全部价值，仅就其所保金额负比例分担的责任，但赔偿总额不得超过保险标的的价值。③保险费的比例减少。重复保险的投保人可以就保险金额总和超过保险价值的部分请求各保险人按比例返还保险费。实际上还应包含各个保险的保险金额及保险费的减少在内。

六、重复保险中的保险责任的分配

（一）境外立法例分析

保险事故发生后善意重复保险的各个保险人的保险给付汇总后仍然以保险价值（积极保险）或者损害数额（消极保险）为法定上限，因此各保险人对内及对外如何分担保险给付责任，均予以特别规定。关于善意重复保险的责任分配，各国立法有所不同，大致可分为以下三种[①]：

1. 连带责任主义

连带责任主义，指所有的保险合同不论其成立的先后，均属有效，各保险人在其所保金额限度内负连带责任。采此主义者，有英国、加拿大、德国及法国等。保险人在给付保险金后，就个别的保险金额与保险金额总和的比例，可向其他保险人行使求偿权。此主义对投保人的保护甚为周全，但因所有的合同全部有效，所以投保人也须负担全部的保险费，此其不利之处。此学说的优点在于，一方面，可以避免其中保险人支付不能所造成的对被保险人利益保护的不周全，另一方面也可以免除被保险人须异议对于各保险人请求给付所产生的不便，并且在比例分摊制度中各保险人对于自身所应负担的额度可能产生争议（如主张其保险合同为溢额保险或列

---

① 参见叶启洲：《保险法》（第 7 版），元照出版有限公司 2021 年版，第 380—381 页。

明有除外责任或免责条款），如采取连带责任制度，就可以将此不利益转由具有专业知识的保险人承担并由其向其他保险人求偿。但就保险人而言，其在给付赔偿后向其他保险人求偿时可能会发生被保险人不告知其他保险人的存在或无法向其他保险人求偿的情形，如其中保险人为外国保险人而依据外国法律适用时无法对其索赔，在美国纽约州曾有判决认为，假如被保险人已经获得其中一个保险人超过其应负担部分（比例分摊主义）的给付时，其他保险人不得以此为由对抗被保险人的追诉，即使被保险人已经获得足额的补偿，此时前一保险人超过实际损失部分的赔偿视为保险人的赠与。① 虽然就此判决其见解不一定正确，但是保险人在本国采取连带主义的情形下，支付被保险人的保险金大多采取比例分担所计算的额度，因此对于其他保险人是否可以请求赔偿在其他国家法制下因有不同的见解而影响保险人的权益。况且被保险人订立数个保险合同本身即已违反保险合同的条件②，而保险人就此仍须负担连带责任明显不公。

2. 比例分担主义

比例分担主义，指不同重复保险的各保险合同，不论为同时或异时，各保险人就其保险金额与保险金额的总和的比例，负分担赔偿的责任。法国《保险合同法》第30 条与《海上保险合同法》第 13 条、英国《海上保险法》第 13 条、瑞士《保险合同法》第 51 条、第 71 条以及我国《保险法》采此主义。瑞士《保险合同法》第 53 条与第 70 条又规定，各保险人中有一个保险人给付不能时，其分担额由其他保险人依上述比例分担。而投保人需负担全部保险费，并须对各保险人分别请求给付，这是不利之处；但依瑞士《保险合同法》的规定，可避免一部分保险人给付不能的缺点。

3. 优先赔偿主义

优先赔偿主义，即将重复保险一分为二：（1）同时重复保险：在同时重复保险时，各保险人的负担额依个别的保险金额与保险金额的总和的比例决定，彼此间不连带。（2）异时重复保险：在异时重复保险时，依合同成立的先后负担保险金，后一合同的超过部分无效。由先订立保险合同的保险人负担保险金后，仍不足以弥补损害额时，依次由后订立保险合同的保险人负担。然而后订立保险合同的保险人的责任因前订立保险合同的保险人的赔偿而减轻，对各保险人之间的责任有失公平。

---

① 汪信君、廖世昌：《保险法理论与实务》，元照出版有限公司 2017 年版，第 146 页。

② 汪信君、廖世昌：《保险法理论与实务》，元照出版有限公司 2017 年版，第 146 页。

采此主义者，有日本旧《商法典》第 632 条、第 633 条[①]。相关立法尚有关于海上保险的法国《商法》第 334 条第 3 项、第 359 条的规定。但其规定在 1967 年 7 月 3 日《海上保险法》第 62 条废止，而在同法第 13 条改采按份主义（或称为比例分担主义）。[②] 过去日本旧《商法典》之所以采取优先赔偿主义，理由在于严格贯彻损害保险合同成立以被保险利益存在为前提，而重复保险分为保险订立的同时或异时而产生不同的效果。异时的重复保险（即后订立的重复保险）仅在其与前保险合同合计的保险金额超过保险价值的部分方为有效。为严格贯彻保险合同订立时需具备保险价值的原则，前一保险合同承保，后面的保险合同再承保就因其成为超额保险而无效。但"日本损害保险法制研究会"在 1995 年提出的《损害保险合同法修正案》放弃关于异时重复保险与同时重复保险的分类，将异时重复保险的优先主义改为不论是否同时，一律以各保险人责任为独立责任制，而被保险人可以自行选择保险人索赔。就日本实务而言，关于重复保险的条款约定中并不完全以优先主义为主，如火灾保险条款采取比例主义，不问同时或异时，保险人依据其保险金额对总保险金额的比例支付赔偿；运输保险、海上保险则规定保险人的责任以无其他保险合同存在时各保险合同所需负担的责任与各保险合同补偿额的合计额的比例确定其分摊。日本新保险法正式颁布实施后完全摒弃优先主义，而采取以独立责任为基础的连带责任。

（二）最大责任基础与独立责任基础

按照我国《保险法》第 56 条第 2 款的规定，我国采取比例分担主义原则，具体的做法是让各保险人依照保险金额与保险金额总和的比例承担赔偿责任。我国《保险法》第 56 条仅规定了保险人对于保险标的应负担的额度，而这种比例分担主义也容易造成保险人之间分担的不公平，近期外国立法例和实务中在最大责任基础说基础上有独立责任基础说的最新发展，值得我国参考借鉴。

1. 最大责任基础与独立责任基础的定义

针对各保险人应如何面对同一赔偿的分担关系，一直有争论。如各保险人应对此一赔偿采取比例分担原则，但此一比例究竟如何确定，则有最大责任基础与独立责任基础两种计算方法。

---

① 日本旧《商法典》第 633 条规定："相继订立数个保险合同的，前保险人先负担损害，若其负担额不足以填补全部损害时，由后保险人负担。"

② 鸿常夫：《重复保险论》，转引自汪信君、廖世昌：《保险法理论与实务》，元照出版有限公司 2017 年版，第 142 页。

所谓最大责任基础，是指各保险人的责任为其保险合同的保险金额与各保险合同的保险金额总和两者之间比例确定的分摊额。举例说明，甲分别投保 A、B 两个责任保险合同，其保险金额分别为 10 万元和 20 万元，事故发生时损失共 10 万元，则 A、B 保险人对此 10 万元的损失各承担三分之一与三分之二，即分别摊赔 3.333 万元与 6.67 万元。

而独立责任基础，是指保险人的责任为无其他保险合同存在时保险人依据其保险合同应负的责任与依据此计算求得的各保险人应负责任的总额两者之间的比例来确定该保险人应分摊的额度。同上例，如无 B 保险合同时，A 保险公司应负担 10 万元的责任；如无 A 保险公司承保时，B 保险公司也同样应当承担 10 万元的责任，则各保险公司应承担的责任总额为 20 万元。所以 A、B 对于 10 万元的损失应分摊的额度同为二分之一，即各分担 10 万元的赔偿。

2. 保险人之间损失分担在各国的实务运作

（1）日本《损害保险合同法修正提案》与日本实务运作

日本《损害保险合同法修正提案》第 632 条第 2 项规定："前项之场合，各保险人之间的分摊额为基于各保险合同的独立责任额对于基于全部保险合同独立分摊额的总额两者的比例。就损害为填补的保险人如超过其分摊额，可以就超额部分向其他保险人求偿。"[1] 日本新《保险法》第 20 条第 2 项即采取以独立责任为基础的连带责任主义。在保险事故发生后，就损害保险合同所应填补的损害，即使有其他损害保险合同也对其予以填补的，保险人就填补损害额的全部（适用前条规定的情形下，依照该条规定所应支付的保险给付额的全额）承担支付保险给付义务。两个以上损害保险合同所应支付的保险给付额之合计额超过填补损害额（若依照各损害保险合同所算出的填补损害额存在差异，则以其中的最高额为准）的情形下，当保险人中的一人支付了超过自己负担部分（填补损害额乘以各保险人无其他损害保险存在情形下所应支付的保险给付额与其合计额之比所得的数额）的保险给付，由此使全部保险人可以共同免责时，该保险人可以就超过自己的负担部分，向其他保险人按其各自的负担比例求偿。日本学说称之为"独立责任额全额主义"。但如果同一被保险人遭受的损害超过该个别保险合同的保险金额时是否可以就此损失的全额向该保险人索赔确需予以说明。但即使日本《保险法》已经规范保险人之间对被保险人请求权的分摊关系，该条文仍然是任意性规定，因此应当允许保险合同条款对此加以特

---

[1] 损害保险法制研究会：《损害保险合同法修正提案》，第 7 页，转引自汪信君、廖世昌：《保险法理论与实务》，元照出版有限公司 2017 年版，第 146 页。

别约定。在重复保险发生时，日本《火灾保险条款》第 5 条第 1 项等损害保险条款均采取独立责任制度。

（2）英国法院的见解

由于近年来分摊条款已经被大多数保单所采用，且容易计算赔偿分担，因此各保险人就按照独立责任的比例分摊原则计算分摊赔款额；如果没有分摊条款时，保险人的损失分摊建立在各保险人所承保的保险金额基础之上。[①] 但在实务中，各保险合同并非都为采取分摊条款的保单，或者各保险合同中所谓依比例分摊所承担的比例不一定非常明确。此时如何确定保险人应分摊的额度则有争议。在美国担保公司诉莱顿（American Surety v. Wrightson）一案中，汉密尔顿法官（Hamilton J.）主张各保险人所应负的责任应为如无其他保险存在时该保险人所应负担的责任而依此比例计算，称为独立责任基础。

此判决是美国法院的见解，英国法院在商业联合保险公司诉海登（Commercial Union Assurance Co. v. Hayden）一案中解决了最大责任分摊基础与独立责任基础的争议。在该案中被保险人分别向商业联合保险公司和劳埃德保险合作社（Lloyd's）投保公共责任保险，保险金额分别为 10 万英镑与 1 万英镑。某人在被保险人的建筑物内受伤，商业联合保险公司被该人索赔 4425.45 英镑。并且在给付后依据独立责任分摊基础计算向劳埃德保险合作社请求平均分摊赔款的各二分之一。但劳埃德保险合作社反对其请求并主张该项赔款的分摊应以各自的保险金额与全部保险金额的比例分摊，也就是采取最大责任基础说。唐纳森·丁（Donaldson J.）法官之所以倾向于最大责任基础，是因为该基础常适用于相同（Concurrent）且无分摊条款（Non-Average）的财产保险。然而上诉法院采取相反的见解而采取独立责任基础说，原因在于该种方式在商业判断上更具有合理性。凯恩斯·L. J.（Cairns L. J.）法官主要认为劳埃德保险合作社与被保险人约定保险金额为 1 万英镑时根本不会想到被保险人将来可以通过与另一保险人缔结另一保险金额为 10 万英镑的保险合同，进而想到未来一旦发生损失时仅对其十分之一负责。保险金额的意义在于防止不可预见的巨大损失的发生，保险人试图通过保险金额限制保单项下保险人责任的限额，与缔约时保险人自身核保定价过程无关。因为如果采取最大责任基础原则，该保险人遇到其保险金额范围的损失时将因被保险人订立有其他保险合同保险金额的不同而影响其应

[①] 所谓分摊条款是指假如被保险金额的总额在保险事故发生时，未能完全与被保险财产的价值一致时，被保险人必须承担一部分的损失。多数保单均具有此类条款，都是以独立责任额予以计算的。

负责的额度。而且最大责任基础与被保险人使用保险金额最大的目的在于防止不可预料的巨大损失的初衷是相悖的。

（三）最大责任基础与独立责任基础的比较

关于最大责任基础与独立责任基础两者究竟孰优孰劣的问题，由于独立责任基础源于责任保险，所以应首先就责任保险是否适用独立责任基础加以确认，如在责任案中适用独立责任基础最佳时，再讨论其他保险中对独立责任基础的适用情形。

1. 消极保险与独立责任基础。由于财产保险中属于消极保险的那一类险种均无法预先知悉事故发生时可能遭受的损失额度，所以在保险合同订立时，仅以保险金额作为保险人承担损失的最高限额。而保险金额对于责任保险或其他属于消极保险的意义在于防止不可预料的巨大损失发生影响保险人的承受能力。因此对于同一损失应当由各保险人予以分摊时，其计算应以无其他保险存在时其应负担的额度并依各保险人的独立责任总额对之依比例分摊。否则该保险人所承担的损失将因为其他保险合同保险金额不同而有不同的影响。适用最大责任基础有一项缺点，在于该保险合同以保险金额为上限，如何决定保险人的损失分摊成为问题，如英国汽车责任保险依据《公路交通法令（1972 年）》（Road Traffic Act 1972）时，如有多个保险合同且各保险合同都没有约定保险金额作为最大责任基础计算时难以适用以保险金额作为分担损失基础的计算公式。因此消极保险应当以独立责任制较为合理。

2. 积极保险与独立责任基础。积极财产保险虽然在英国实务中仍然适用最大责任基础，但是在日本损害保险实务中，不论是海上保险还是火灾保险，都以比例分摊主义为主。因为不论采取保险金额的比例或者采取独立责任额比例计算分摊基础，在发生全损时，依据各保险合同的保险金额比例与各保险合同的保险金额对同一保险标的保险价值损失额度比例确定各保险人应分摊的赔偿额度，基本上没有任何差异。但是发生部分损失时，如果各保险人的保单有免责额（起赔额或自负额）特约条款或免责额大小不一，以及实行损失填补的保险与比例填补的保险（即其为分摊条款特约的保险条款），依据两种方式计算的保险人分摊额度会因上述区别而产生差额。此时若依据保险金额的比例计算分摊略显不公平，以独立责任基础为计算分摊基础则较为公平。如甲投保 A、B 两个保险，A 保险具有分摊条款而其保险金额为 10万元，B 保单无分摊条款，且为损失填补保险其保险金额为 10 万元，事故发生时的保险价值为 20 万元，发生了 10 万元的损失，此时如以最大责任基础计算，由于 A 和B 的保险金额均为 10 万元，所以平均各分担 5 万元的损失，但此计算的结果使得 A保单中的分摊条款不产生任何效力。如果以独立责任基础计算，A 保单就其独立责任依据分摊条款计算结果为 5 万元，B 保单因无分摊条款则为 10 万元，所以对于 10 万元的损失，A 仅就其中三分之一负责，B 须就三分之二负责。所以采取独立责任基础比较能充分考虑各保险合同的差异性而使保险人之间的损失分摊更显公平合理。

七、重复保险的对外关系——连带责任

我国《保险法》第 56 条没有规定各保险人之间在被保险人索赔的保险赔偿范围内是否承担连带责任。这里必须特别指明的一点是，此做法有可能导致被保险人无法获得完全补偿。当重复保险的各保险人中有一人以上破产或丧失清偿能力时，由于各保险人所应负担的比例是固定的，一个保险人破产，并不影响其他保险人负担的金额，因此被保险人因为某一保险人未能支付或破产而不能领取的金额，无法让其他未破产或有能力支付的保险人支付。这种结果将造成被保险人意外的损失，违反保护被保险人的原则。本书认为，如果要解决这个问题，并尽量保护善意重复保险的请求权人并平衡各保险人的责任，外部关系应采取连带责任制，内部关系则采取独立责任制。德国《保险合同法》第 78 条第 1 款规定："为一利益，对于同一危险，投保数保险，而其保险金额总计超过保险价值，或基于其他理由，每一独立的保险人在无其他保险存在时所应给付的补偿总和超过损害总额时（重复保险），多数保险人就每一保险人依其合同对投保人应给付的金额负连带债务人的责任，但投保人全部的请求不得超过损害的总额。"针对重复保险时保险人的责任，同条第 2 款规定："善意的重复保险，其保险金额的总额超过保险标的价值的，除另有约定外，各保险人应就损失金额，对请求权人负担连带给付的义务。"至于各保险人间的求偿方式，则以连带债务的内部求偿权处理，详言之，各保险人间按独立责任额负比例分担的责任。所谓独立责任额，指保险人在无其他保险合同存在时，应单独对保险标的损失负给付责任的金额。[①] 日本《保险法》第 20 条第 2 款规定："在重复保险时，保险人中的一人支付了超过自己负担（填补损害乘以各保险人无其他损害保险存在情形下所应支付的保险给付额与其合计额之比所得之数额）的部分，由此使全部保险人得以共同免责时，该保险人可以就超过自己的负担部分向其他保险人按其各自的负担比例求偿。"如此规定的好处有二：（1）被保险人可自由选择向任何保险人请求保险金，至其数额完全能够补偿损失或未破产的保险人已给付完自身承保的额度

---

① 对于采连带责任制下发生重复保险时，各保险人间的外部关系与内部关系，德国保险法学者均有较为详尽的分析，可参见 Werber/WinterRz. 142—143；Sieg, S. 167—168。

为止，被保险人不必逐一向所有保险人请求，减轻诉讼或者财力的负担。（2）破产保险人无法支付的保险金，可以转由其他未破产的保险人在其自身所承保的范围内支付，被保险人可以减少或避免对于保险人破产风险的承担。本书建议我国《保险法》在重复保险对内关系方面应摒弃比例赔付主义而采独立责任基础制度，对外关系采取连带责任制。因为我国《民法典》第 178 条规定，连带责任依据法律或合同约定。在保险法未明确写入保险人对外关系连带责任之前，建议保险合同当事人在保险合同条款中加入分摊条款，明确未来各重复保险人之间的责任分摊关系（对内独立责任额度和对外连带责任）。这样的话，在其中一个保险人丧失支付能力时，被保险人有向其他任何保险人就该破产保险人应负担的独立责任额进行求偿的权利，这对加强被保险人利益、让其获得足额赔偿意义非凡。

八、重复保险的消除——解除权的行使

我国《保险法》第 56 条第 3 款规定重复保险的投保人可以就保险金额总和超过保险价值的部分，请求各保险人按比例返还保险费。虽然该条称超过的部分可以要求各保险人按比例返还保险费，但实际上还包括保险金额和保险费的减少。所谓"请求"并非严谨的法律用语，其意义相当于买卖合同瑕疵担保请求权中的请求，且具有形成权的性质。投保人一旦行使，保险金额及保险费均应当相应地减少。同时也应当允许通过减少保单数量的方式简化重复保险上的法律关系。比较法上，德国《保险合同法》第 79 条第 1 款规定，善意重复保险时投保人可以请求废止订立在后的保险合同，或请求减少后合同的保险金额至前合同未承保的数额并比例减少保险费。此规范一方面保护投保人不至于浪费保险费，另一方面，提供了"减少保险合同数量"这种选择的可能性，值得我国《保险法》修订时予以参考借鉴。

第四节　保险竞合

一、保险竞合的意义

保险竞合并非我国保险法上的固有概念，最早引用自美国保险法实务中的其他保险制（Other Insurance）。原本用于形容不同的投保人以同一保险标的物分别订立数个种类（名称）不同的保险合同，以至于在同一标的物上存有数个保险合同，且数个保险人依据不同保险合同的约定，均应对同一损害承担保险责任的情况。目前

在我国的《保险法》和其他相关法律法规中，并没有对保险竞合作出明确定义。

国内保险学界对保险竞合的定义也是各执一词。有的主张采用美国法律上对于保险竞合的定义，也有的在美国法律定义上进一步演绎发展。但多数认为，保险竞合是指在同一期间内，由于发生同一保险事故，导致基于同一保险利益投保的多份保险合同需同时支付保险金给同一主体的情形。[①] 应该注意，保险竞合不是重复保险，两者的明显不同在于：保险竞合的投保人可以是不同的投保人，重复保险的投保人一定是同一投保人；保险竞合的投保人对同一保险标的可以具有不同的保险利益，重复保险的投保人对同一保险标的具有同一保险利益。在保险竞合的情况下提供保险保障的保险人都有赔偿的义务，被保险人可以依据任何一张保单提出索赔。

在同一个标的物上的数个保险合同可能均为财产损失保险合同，也可能是财产损失保险与责任保险并存。其处理方式将因竞合的保险合同是否属于同一性质而有所不同。在财产损失保险合同与责任保险合同并存的情况下，因数个保险合同的给付对象并不相同，原则上可以用保险代位的方式来处理，并没有特别之处，因此有学者认为这并不是典型的保险竞合。[②] 例如货物的托运人以运送的货物投保货损险，运送人则另外以同一货物订立责任保险，若货物在运送途中因为运送人的过失致使货物发生毁损灭失时，货损险的保险人在给付被保险人（托运人）保险金后代位取得被保险人对于运送人的损害赔偿请求权；责任保险人则基于其保险合同负有代替被保险人（即运送人）代付损害赔偿责任的义务。结果，将由责任保险人终局地向货损险保险人给付赔偿金。

保险竞合可以定义为投保人以自己名义为被保险人自行投保两个以上种类不同的保险，或者投保人以自己为被保险人所投保的险种与以他人为投保人（即被保险人）的利益所投保的种类不同的保险，在保险事故发生时，各保险人就同一保险事故所致同一保险标的的损害均应对同一人承担赔偿责任的情形。保险竞合分为狭义的保险竞合与广义的保险竞合。狭义的保险竞合是保险事故发生时数个保险人应给付保险金的对象均为同一被保险人。若数个保险人各自应给付保险金的对象为不同的被保险人，即不能构成典型的保险竞合。在广义的保险竞合中，通过保险代位权行使的结果，必然由承保责任保险的保险人负担主要责任，非承保责任保险（即承保货物损失险）的保险人只承担次要责任。简言之，货物损失保险与责任保险竞合

---

① 参见张怡：《保险竞合制度研究》，载《法制与社会》2015 年第 15 期。

② 刘宗荣：《保险法——保险合同法及保险业法》（第 5 版），三民书局股份有限公司 2021 年版，第 352 页。

时，承保货物损失保险的保险人，只就责任保险的保险人偿付保险金之后的余额（不足部分）承担赔偿责任。至于狭义的保险竞合，保险人之间的责任分担必须根据彼此之间保险合同所记载的责任分配条款而定。

在多个财产保险并存或多个责任保险并存的情况下，因给付对象相同，为厘清各保险人之间的责任，在美国保险单中时常会有"其他保险条款"（Other Insurance Clause）的使用，约定该保险人与其他保险人应当如何分配保险责任。此类条款直接成为解决保险竞合，厘清分担理赔责任的依据，间接达到避免超额保险的道德危险，按照这类条款的约定方式大致可以分为三类：

1. 比例负责条款（Prorata Clause）。即约定保险事故发生时，若除了本保险合同承保外，还有其他保险合同承保时，本保险合同的保险人仅按照本保险合同保险金额与各个保险合同的保险金额的合计总额的比例计算其应当分摊理赔款的条款。比例分担条款的另外一种计算方法是：保险事故发生时若该保险事故所发生的损失还有其他保险合同承保时，本保险合同的保险人仅按本保险合同"单独应负保险理赔金额"与"其他各个保险合同单独应负保险理赔金额"合计总额的比例计算应负保险赔偿责任数额。

2. 溢额条款（Excess Clause）。即约定该保险单的保险人仅在其他保险人填补损失后仍有不足的部分，才由该保险人负责填补不足部分的损害的条款。

3. 不负责任条款（Escape Clause）。即约定在保险事故发生时，若除了本保险合同承保之外，还有其他保险合同承保时，本保险合同的保险人就不负任何赔偿责任的条款。由于不负责任条款将造成保险人可以对被保险人拒绝承担保险责任的后果，因此不受投保人的欢迎。此种条款最具杜绝道德危险、防止获取超额理赔的目的，因此早期法院对于此类条款曾持肯定态度。但是如果每个保险人的保险合同均订有"不负责任条款"，法院又肯定这类条款的效力，将造成所有保险人都可以逃避保险给付责任、被保险人索赔无门的后果，因此在此种特殊情况下法院通常会对不负责任条款采取否定的态度。

二、保险竞合的处理

（一）财产保险竞合的组合类型

财产保险的保险竞合包括"损失保险与损失保险的竞合"以及"责任保险与责任保险的竞合"两类，不包括损失保险与责任保险的竞合。因为只有"损失保险与损失保险"（例如房屋火灾保险与房屋内家具损失保险）、"责任保险与责任保险"

（例如医院为自己与医生护士投保医疗责任保险与医生护士为自己个人投保的医疗责任保险）才会发生被保险人请求权竞合的问题。至于损失保险和责任保险则是代位求偿的结果，最后责任都会落到承保责任保险的保险人身上，不会发生被保险人同时或先后向数个保险人行使请求权的问题。例如，甲以其所有的房屋向 A 保险公司投保火灾保险，相邻工厂乙向 B 保险公司投保责任险。某日，因为乙工厂焊接的过失发生火灾波及甲的房屋。此时甲有两个请求权：依据保险合同对 A 的保险金请求权以及依据民法的侵权行为对乙的侵权行为损害赔偿请求权。在 A 赔付完后，甲将请求权转让给 A，由 A 向乙行使代位权。乙在理赔 A 保险人之后，可以依据责任保险合同请求 B 进行保险给付，其结果就是最终责任落在承保责任险的 B 身上。

数个保险合同所使用的"其他保险条款"可能相容也可能不相容，此时如何决定数个保险人之间的责任，则存在疑问。在美国法上为避免被保险人重复获得补偿，同时保护被保险人不因"其他保险条款"的使用而蒙受不利，法院发展出一套复杂的处理法则。[①]

1. 如果各保险合同的其他保险条款均为比例负责条款时由各保险人按照承保比例分摊被保险人所遭受的损害。此种处理方式与比例负责条款的功能类似，所以没有疑问。

2. 如果竞合的其他保险条款均为溢额条款或者均为不负责任条款，在保险事故发生时，若这些保险人都不承担保险金给付责任，不仅违背被保险人的期待，而且也让保险人坐收保险费却无须担责，违背其投保的初衷。解决顺序如下：

第一步，应先审查一切相关情况再决定哪份合同为主要保险合同。在认定主要保险合同后，由该合同承担第一线的保险责任，其他合同承担第二线的保险责任。如果无法决定主要保险合同时，均视为主要保险合同。判断主要保险合同的因素如下：（1）各个保险人订立的保险合同，哪个是特别针对损失订立的。例如，医院为医院、全体医生及护士投保医疗责任保险，某护士又以自己为被保险人投保医疗责任保险。如果是该护士照顾病人有重大过失，发生侵权使病人受到伤害，导致保险事故发生，就发生保险竞合。此时该护士专门为自己投保的医疗责任保险应该就是针对该损失专门订立的，应当成为斟酌主要保险合同的因素。（2）各个保险人所承保的被保险人，哪个是主要债务人（最终责任者）。就上例而言，依照我国《民法

---

① 参见刘宗荣：《保险法——保险合同法及保险业法》（第 5 版），三民书局股份有限公司 2021 年版，第 335—363 页。

典》第 1191 条的规定，医院作为用人单位对病人也必须承担损害赔偿责任，但是医院在理赔之后，对于护士有内部求偿权，因此该护士是主要债务人。（3）各个保险合同中，哪一个保险人对保险事故发生应先承担保险给付的责任。例如债权人向两家保险公司分别以主债务人、一般保证人的债务不履行作为保险事故投保两份保证保险，若该一般保证人没有放弃先诉抗辩权，则承保主债务人债务不履行的保险有先履行的义务。①

第二步，主要保险合同承担第一线责任，次要保险合同承担第二线责任。

第三步，同时有数个主要保险合同或者次要保险合同时遵循下列方法解决②。

3. 分担保险金额的方法。若保险竞合的数个保险合同"都是主保险合同，都必须承担第一线的责任"或者"都是次要合同的，都必须承担第二线的责任"，那么数个保险人之间究竟如何分担其保险金呢？关于此点有"保险金额比例分摊法""阶梯等额分摊法""保险费比例分摊法"以及"单独应付保险金比例分摊法"四种方法。

（1）保险金额比例分摊法。就是保险竞合的数个保险人各自依据保险金额的比例负担给付保险金的责任。例如甲保险公司的保险合同订有不负责任条款，其保险金额为 40 万元，乙保险公司的保险合同订有不负责任条款，保险金额为 60 万元，如果发生保险事故造成 50 万元损失，甲和乙都必须负责，如果不能决定哪个是主要保险合同就都必须承担第一线的责任，而且以保险金额比例决定分摊的数额，即 50 万元的损失应分别由甲承担十分之四、乙承担十分之六，最后甲负责 20 万元、乙负责 30 万元的保险责任。

（2）阶梯等额分摊法。是指保险竞合的各个保险人不论其保险金额的大小，都先以数个保险金额最低者为上限，承担等额责任，如果又有不足额理赔的情形，就再以其他保险人的保险金额最低者为上限，承担等额的责任，直到获得全部理赔或各个保险人的保险金额用完为止。此种理赔分担方式，各个保险人分别以其保险金额为上限，形成阶梯形状的模型。在相同的阶梯内，各个保险人负担相同数额的责任，但各个保险人分别以其保险金额为最高的责任上限，因此又称为最大损失法。例如保险竞合的保险事故发生，甲保险公司的保险金额为 100 万元，乙保险公司的保险金额为 60 万元，丙保险公司的保险金额为 40 万元，三个保险公司均订有不负责任

---

① 刘宗荣：《保险法——保险合同法及保险业法》（第 5 版），三民书局股份有限公司 2021 年版，第 351 页。

② 刘宗荣：《保险法——保险合同法及保险业法》（第 5 版），三民书局股份有限公司 2021 年版，第 360 页。

条款或都订有溢额保险条款。如果保险事故发生，损失 180 万元，在不能辨别哪个是主要保险合同的情况下，三个保险公司都必须承担主要责任。因为丙的保险金额最低，因此甲、乙、丙首先以丙的保险金额为准，各负担 40 万元，还剩余 60 万元未获得赔偿，此时丙已经用完其保险金额，因此不必再承担责任，由甲、乙负责。因为乙的责任上限还有 20 万元，其次就应该由甲、乙各自负担 20 万元，此时乙的责任已经达到其保险金额上限。最后还有 20 万元没有获得赔偿，由甲独自负责。

（3）保险费比例分摊法。是指根据投保人给付各保险人保险费数额多少的比例决定各个保险人应负担的保险给付。

（4）单独应付保险金比例分摊法。是指在保险竞合的情形下，保险人各自应承担的分摊数额是以各个保险人假设在没有保险竞合的情况下单独应负担的保险金的比例来计算。

以上四种分摊法以保险金额比例分摊法为多数。但在保险范围不同时以阶梯等额分摊法、单独应付保险金比例分摊法为发展趋势，且已经为德国《保险合同法》第 78 条所采纳。阶梯等额分摊法和单独应付保险费比例分摊法可以分摊风险，符合保险人愿意承保更高保险金额的意图，且不违背各个保险人的意图。

（二）不同种类的竞合条款的处理

对于不同类型责任分摊条款的解决方法首先仍旧必须筛选出主要保险合同，以主要保险合同为权利义务分配的基础。关于主要保险合同的判断方法已如前述。如果不能判断哪个为主要保险合同，美国的学说以及法院的判决的如下做法可以作为参考：

1. 不负责任条款与溢额条款竞合。载有不负责任条款的保险合同的保险人应负第一线的保险责任，载有溢额条款的保险合同的保险人则仅就所溢额的部分负责，如此才能使有不负责任条款的保险人不至于动辄逃脱责任，避免不公平的结果发生。

2. 比例负责条款与溢额条款竞合。多数美国实务见解认为，载有比例负责条款的保险合同的保险人，应负第一线的保险责任，而载有溢额条款的保险合同的保险人则负第二线的保险责任。这是因为载有溢额条款的保险合同的保险人在同一标的物有其他保险人承保时，因就溢额部分均应负责，故其承担保险责任的机会较多。但载有比例负责条款的保单承保人仅在其他保险人也负第一线责任时，才与其他保险人负不利分担之责，其负责的机会较少。上述处理方式较能平衡各保险人之间的利益。[1]

---

[1] 刘宗荣：《保险法——保险合同法及保险业法》（第 5 版），三民书局股份有限公司 2021 年版，第 362 页。

3. 比例负责条款与不负责任条款的竞合。此时由载有比例负责条款的保险合同的保险人承担第一线的保险责任；至于载有不负责任条款保险合同的保险人则不负保险责任。主要理由是，载有比例负责条款的保险合同，本来就是计划以该合同的保险金额为责任上限，仅在他人也承担第一线保险责任时才与其他保险人负比例责任，故令其承担第一线的责任也不违其本意。而在有其他保险人承担第一线保险责任时，让载有不负责任条款的保险合同的保险人不负保险责任，也符合该等条款的本意。

（三）人身保险是否适用保险竞合理论问题

1. 人寿保险和意外健康险中的死亡保险是否适用保险竞合理论

有境外学说认为，人寿保险包括生存保险、死亡保险及生存死亡两全保险。因为死亡保险无价不会发生所谓超额赔付，因此没有保险竞合理论的适用空间。但本书认为人身保险似应有保险竞合的适用，必须设置死亡保险最高赔偿限额的行政规制，道理同重复保险（已如前述）。

2. 健康及意外伤害保险中的医疗给付、看护给付、住院给付以及失能减少收入给付对费用补偿型险种仍然适用保险竞合理论

健康保险或伤害保险中补偿性险种虽然属于人身保险，但就填补医疗费、看护费、住院费或收入减少损失而言，实际上兼具财产损失保险填补损失的性质。特别是现在许多国家不仅实行强制机动车三者险，而且还规定必须投保"机动车使用人伤害险"——承保被保险人及其家人使用车辆所受身体伤害，机动车使用人伤害保险通常与其他机动车强制保险构成保险竞合的关系。例如 A 向甲保险公司投保机动车使用人伤害保险，B 向乙保险公司投保机动车强制三者险。A 借用 B 所有的机动车因车辆瑕疵发生车祸导致身体受伤，此时 A 既可以向甲申请理赔，同时依照 B 与乙所定的机动车强制保险合同也符合"任何被允许使用被保险车辆的人遭受损害"的资格，也可以向乙请求理赔。其结果就是一个保险事故发生有两个保险合同可以提供保障，此时就会产生如何厘清保险合同所承担责任的问题。

3. 两种保险竞合条款

解决人身保险中具有财产保险性质的医疗保险、看护保险、住院保险以及收入减少保险的保险竞合问题，常见的有下列两种条款：

（1）溢额不负责任条款。保险合同通常订有下列条款："若被保险人使用非被保险人所有的车辆致身体受到伤害，而被保险人另有任何其他相似的保险可以适用，且该其他相似的保险对于该车辆是主要保险合同时，本保险只就实际损害超过主保险合同保险金额的部分负责。"主要保险合同承担第一线责任，次要保险合同承担溢

额部分的责任。如果主要保险合同的保险人承保的保险金额大于被保险人的实际损失，次要保险合同的保险人就不再需要负责；如果主要保险合同的保险人承保的保险金额小于被保险人的实际损失，则次要保险合同的保险人只需要承担超过主合同保险金额的部分。对此条款的效力，美国法院有三种看法：一是肯定说，只有少数法院采取此说。二是有限效力说，少数法院认为在不规避法律保护公共利益的范围内有效。法律规定有必须投保的最低限额的，该最低限额请求权应受保护。例如法律规定最低1万美元，保险人不得借保险合同中的溢额不负责任条款逃避责任。三是否定说，多数法院采取此说，认为这种条款让强制保险的功能大打折扣。保险人依照强制责任险的规定必须承担一定最低限度的保险给付责任，结果因为"溢额条款"让保险人完全不必负责或者不必负一定最低限额的责任，违背法律政策，而且保险人坐收保险费而无须担责，违背公平原则。美国上诉法院基本上采取否定说。这种态度也影响了保险条款的设计。

（2）比例分摊责任为主，溢额保险责任为辅的条款。由于大多数法院对于溢额不负责任条款采取否定态度，因此美国1977年保险服务局起草的未承保机动车保险单（1977年版本）中的"其他保险条款"重新草拟此种竞合条款，条文全文如下："有其他相似的保险合同承保时，本保险人只就本保险人分摊部分承担保险给付责任，本保险人分摊部分以本保险人的责任上限（即保险金额）与其他各保险人的责任上限（即保险金额）比例确定。但本保险人对于非属被保险人所有的车辆，以实际损失额扣除其他可请求的保险给付的余额为限。"也就是以比例分摊条款为原则，溢额保险条款为例外。这种条款较为合理，因此被广泛接受。①

三、我国保险合同的实务

目前国内保险学界，对于保险责任竞合下各方责任如何划分没有理论上的原则。保险实务中通常采用的方式有以下两种：

（一）以各方法律关系为基础，顺序分摊、先赔后追

这种方式，即财产所有权人为自身投保的保单（财险或货运险）通常为第一顺序赔偿险种；物流、仓储等机构投保的保单为第二顺序赔偿险种（包括财险、货运险、责任险等）。第一顺序保险公司在赔偿后取得代位追偿权，结合物流（仓储）等

---

① 刘宗荣：《保险法——保险合同法及保险业法》（第5版），三民书局股份有限公司2021年版，第356页。

合同的约定，启动追偿工作；或者相关保险公司赔付后根据侵权责任向最终责任方启动追偿。

（二）已知各方协商后比例分摊

已知各方协商后比例分摊的方式，在 2015 年"8·12 天津港火灾爆炸事故"中得以适用。此种快刀斩乱麻式的责任划分方法，在这类存在大量而复杂的保险竞合情况的事故中体现出了一定的优势。此处的比例分摊，通常是指按所有生效保单单独赔偿金额占赔偿金额总和的比例确定责任分摊比例。这样的分摊方式简单快捷，同时避免了行业内复杂的追偿关系。但从法律关系上看存在权利不清、再保摊赔计算错误等弊病。

我国没有保险竞合的概念，保单设计中也少见前述"其他保险条款"，但我国法院也参考部分学说见解，使用保险竞合的概念来处理类似案例。例如在中国人民财产保险股份有限公司西安市分公司与中国大地财产保险股份有限公司渭南中心支公司等保险人代位求偿权纠纷案的一审民事判决书中，法院认为洪某某与原告（人保财险）之间订立的国内货物运输险保险合同、被告鸿丰公司（王某某）与被告大地财险之间的车上货物责任险保险合同、陈某某与被告华安财险之间订立的第三者责任险保险合同均合法有效，本案三份保险投保人均不同，不属于重复保险，而属于几个保险人对同一事故的发生均负有赔付责任的保险竞合。本案因交通事故造成洪某某的苹果受损，原告基于其与洪某某之间的国内货物运输险合同关系对洪某某负有赔付义务，其赔付后可以依照该条法律规定向侵权人追偿。本案事故的发生是因王某某和陈某某的不谨慎驾驶行为引起，基于侵权行为，王某某应对事故造成的损失承担主要赔偿责任；陈某某或其雇主应当对事故造成的损失承担次要赔偿责任。王某某侵权造成的损失属于被告大地财险承保的车上货物责任险的赔偿范围；陈某某造成的损失属于被告华安财险承保的第三者责任险的赔偿范围，故被告大地财险和华安财险均应在保险限额内对原告承担给付赔偿金的义务。王某某与陈某某之间的主次责任按 70% 和 30% 划分，被告大地财险应支付原告赔偿金的数额为 72000.77 元×70% = 50400.54 元，超过其保险限额，故其仅在保险限额 50000 元范围内赔付原告；被告华安财险应支付原告赔偿金的数额为 72000.77 元×30% = 21600.23 元。该案例正好说明在广义保险竞合时物流责任保险人承担主要的终局的赔偿责任，而作为本案原告的人保财险作为货损险的保险人，其已经给付的全部保险赔偿有权从物流责任险的保险人（大地保险）和三者责任险的保险人（华安保险）处获得填补。

本书认为，我国保险法确有引入保险竞合概念的必要性。我国保险法上的重复保险似包含不同的投保人针对同一保险利益、同一保险事故订立同种类或不同种类的保险合同的情况，而且保险合同的名称种类相同并不是重复保险的要件之一，即使保险合同的名称种类不同，只要其所承保的保险利益与保险事故有重叠，也符合重复保险的定义。因此理论上美国法上的保险竞合的概念所欲处理的问题，似乎均已涵盖在我国保险法的重复保险的概念之中，没有单独使用保险竞合概念的必要。况且《保险法》第 56 条对于重复保险所规定的法律效果为比例分担制，该规定的性质不属于强制性规定，保险合同可以另行约定其他保险责任的分配方式。但本书认为重复保险是同一个被保险人投保多份保险合同形成的，对同一标的具有相同保险利益，与多个投保人投保产生对同一标的具有不同的保险利益的保险，与保险竞合有本质差异，且保险竞合项下的责任分配方式不限于比例分担制一种，所以《保险法》有增设保险竞合条款的必要。

第五节　与保险价值有关的规范

一、保险金额与保险价值

保险的灾害、利益及损害的确定，重点在于就保险法上的用语"危险"所含意义，讨论保险合同中保险人所可能承担的范围时。在确定某一危险是否属保险人所承担的范围时，首先必须确定损害是否发生，损害是否属于被保险的范围，这个被保险的损害是否因为被保险利益受到侵害而产生，且是由被保险的灾害引起的。但除确定被保险的危险外，保险合同的双方当事人仍然可以约定保险人保险赔偿的最高额，以限制其责任，这就是所谓"保险金额"的问题。论及保险金额时，如属于损害保险（如财产损失保险、责任保险），以及部分人身保险（医疗费用、丧葬费用保险）范围，基于损害保险只补偿具体损害、具体损害的范围限于标的价值之内、保险金额不得高于保险价值的法则，引申出保险价值的问题。保险金额和保险价值都是限制保险赔偿范围的因素之一，前者属约定的最高限制，后者则属法定的最高限制，彼此性质不同，确定方式也不同。

（一）保险金额

因保险事故发生遭受损害的，有可以按其保险利益的性质计算其价值的，如所有权人保险利益、期待利益、增值保险利益、运费请求权保险利益等积极保险利益或责任保险利益、必要费用保险利益等消极保险利益；也有无法以金钱价值计算的，如人的生命、身体的完整性等，但无论其损害的种类如何，保险合同双方当事人都可以约定一定金额作为保险赔偿的最高额，这就是保险金额。就纯理论而言，在损害保险中，保险金额并不是合同有效的必要因素。因为在损害保险中，保险的标的为保险利益，保险损害的范围也只限于保险利益。如果当事人之间未约定保险金额，那么在保险事故发生时，保险人即在被保险人遭受损害的范围内计算赔偿金额，如对某建筑物的所有权人保险利益价值50万元，则在全损时，保险人须给付保险赔偿金50万元；或在产品责任保险中，被保险人因其制造的药品具有瑕疵，对第三人须负100万元的赔偿金额，保险人在未约定保险金额的情况下，也须负100万元的保险赔偿责任。反之，在定额保险中，保险的标的为人的生命，或身体的完整性，如果因发生保险事故导致被保险人死亡或残疾，其价值如何计算则成问题。因此定额保险中，合同双方当事人应约定保险金额。

由上可知，不论保险合同种类如何，当事人都有必要约定保险金额，作为保险人在保险期间内所负责任的最高额度。既然说是约定，那么当事人原则上可以自由任意约定或在订立后改变，并以之作为计算保险费的基础。但在损害保险的积极保险中，保险金额须符合保险价值，否则将产生超额或不足额保险的问题。这点下面将专门论述，这里暂且不论。至于足额保险或损害保险中的消极保险，则没有这个问题。特别是在责任保险中，被保险人对于第三人可能承担的损害赔偿金额，法律并没有最高额的限制，所以保险金额应尽可能地提高以获得周全保护。

（二）保险价值

保险价值观念的起源和保险制度的本质有密不可分的关系，保险制度的主要目的就在于补偿被保险人的损害。被保险人的损害在保险法上可分为可以金钱价值计算的具体损害与不可以金钱价值计算的抽象损害两种。补偿具体损害属于损害保险的范畴，补偿抽象损害则为定额保险的问题。损害保险在于补偿被保险人的具体损害，而损害即为保险利益的反面，所以在计算损害范围时，要先计算保险利益即保险标的的价值。但被保险人通过保险人获得的补偿不得超过其遭受的损害，否则即属违反保险法上禁止不当得利的原则，从而使本具分散危险补偿损害的保险陷于具有赌博性质的行为。这也是规定重复保险、超额保险或保险人代位权的理由。至于补偿抽象损害的定额保险，其抽象损害既然无法以金钱价值计算，如人的生命、身体的完整性，被保险人即使获得无数的保险赔偿，也无法认定有"不当得利"之嫌。因此可知保险价值的概念只适用于损害保险的范围，且可将之定义为保险利益的价值（参考德国《保险合同法》第 88 条①）。保险人在保险事故发生后赔偿的范围不得超过被保险人实际遭受的损害，此损害的范围又只限于保险价值之内，所以在保险法上可谓"保险价值为保险人赔偿的最高额"，而和"保险金额为保险人依约定赔偿的最高额"有所不同。即使保险金额高于保险价值，保险人也只在保险价值范围内负保险赔偿的责任。

但需说明的是，上述保险价值的概念适用于损害保险，这是就防止被保险人不当得利而得出的结论：在积极保险中，保险价值即积极保险利益的价值，如所有权人保险利益、抵押权人保险利益，或期待利益等价值的计算，固然没有问题；即使在消极保险中，消极保险利益的价值也可计算，如责任保险利益或必要费用保险利益的价值都可以在保险事故发生时，以第三人的赔偿请求权数额或实际消耗的费用来确定。但就保险价值在保险合同订立技术性上具有限制保险金额的功能来看，保险价值的概念在消极保险中并无重大意义可言。因为在积极保险合同订立时，不论是定值保险还是不定值保险，保险合同双方当事人对保险标的（即积极保险利益）的价值都可估算，所以保险法可以要求保险金额须符合保险价值，否则即产生超额保险或不足额保险的问题。但消极保险利益的价值在合同订立之时根本无法预估，如果强求当事人所约定的保险金额在保险事故发生时须符合保险价值，无异于缘木求鱼，因此在消极保险中虽也适用"保险赔偿不得超过被保险人遭受具体损害的范围"的原则，但有关超额保险或不足额保险的规定则没有适用的余地。保险金额和保险价值不一致虽然会产生事实上超额保险或不足额保险的现象，但并不具有任何法律上的意义。

保险价值为决定保险理赔数额的依据，在损害保险合同中占有决定性的地位。因此，保险价值的认定显得十分重要。若认定过于严苛，不具弹性，虽能完全实现禁止不当得利的目的，却拖延保险合同缔结的时间及延滞保险理赔；反之，若太过浮泛，则使保险价值的定价流于形式化，同样无法防止不当得利。两者之间求得一个平衡的结论，恐非易事。有关保险价值估算，目前学说上有所谓主观说和客观说两种。② 前者对于标的物价值的估算完全任由当事人主观意志决定，但此方式不免引起纠纷，更有发生赌博行为之虞，实在不是一个妥当的方法。而后者以客观的市价认定，比较符合保险法则，也较公平，成为目前的通说。但若客观上也难以定价，

---

① 德国《保险合同法》第 88 条（保险价值）：除非双方当事人另有约定，保险价值应被认定为保险事故发生时替换或修理费用减去保险标的物折旧之费用。

② 袁宗蔚：《保险学》，三民书局股份有限公司 1990 年版，第 211 页。

如古董等，则可以改采主观说，这是例外。

既然保险价值的认定有一种客观方法可供遵循，在适用上应无疑问。但是究竟应在何时估算保险价值？此问题若欲追求完全损害补偿性，应在保险事故发生时，依当时的市价进行客观的评估，亦即采用不定值方式。但是如此一来，又引发另一个问题，即保险价值的定价并非易事，可能因双方当事人相互争执而拖延时日，致使保险理赔时间不确定地拖延，被保险人的损害无法立即得到填补，直接影响保险功能的发挥。为避免这一缺点，于是产生定值保险的概念。在缔结保险合同时即先将保险价值经双方当事人同意而估定，待将来保险事故不幸发生时，保险人即以原先定值的数额为理赔的依据，免除了重新估价的麻烦。虽然此制度也有无法避免的瑕疵，但定值保险是以容许某种程度内的不当得利避免保险事故发生时估价的麻烦，有其存在的价值。目前我国估算保险价值，即采用上述定值和不定值两种方式。

（三）定值保险与不定值保险

1. 定义

按照投保人和保险人是否事先约定保险价值，可以将财产保险分为定值保险和不定值保险两类。

定值保险合同成立后，如发生保险事故，造成财产全部损失时，无论保险标的的实际价值是多少，保险人都应当以合同中约定的保险价值作为计算赔偿金额的依据，而不必对保险标的重新估价。如果是部分损失，只需要确定损失的比例，该比例与双方确定的保险价值的乘积，即为保险人应支付的赔偿金额。若采用定值保险，则意味着即便出险时保险标的的实际价值低于约定的保险价值，保险人也应当以约定的保险价值为基础计算应赔偿的实际损失。定值保险可以说是财产保险的损失填补原则适用的例外。我国《保险法》第55条第1款是有关定值保险的定义："投保人和保险人约定保险标的的保险价值并在合同中载明的，保险标的发生损失时，以约定的保险价值为赔偿计算标准。"法律总是在公平与效率这两个价值观念中寻求平衡，当保险标的的保险价值容易变化或难以确定时，事先约定保险价值更符合经济效率原则。定值保险就是法律许可的用"以合同订立时，约定的保险价值"代替"保险事故发生时标的的实际保险价值"作为计算损害的标准，以简化保险事故发生时的理赔手续，但同时也可能引起当事人利用定值保险以图不当得利，将标的价值大幅提高，并以之作为保险金额的情况。所以德国《保险合同法》第76条①就规定"定值在这时显著地超过实际的价值不在此限……"因此在保险行业的实际操作中，定值保险合同较多适用于海上保险及一些以不易确定价值或"独一无二"的财产，如古董、艺术品等为保险标的的财产保险；而绝大多数的财产保险均采用不定值保险。

不定值保险指双方当事人在订立合同时只列明保险金额，不预先确定保险标的的价值，在危险事故发生后，再行估计其价值而确定其损失的保险。不定值保险合同中保险标的的损失额，以保险事故发生之时保险标的的实际价值为计算依据，通常的方法是以保险事故发生时，当地同类财产的市场价格来确定保险标的的价值。我国《保险法》第55条第2款是关于不定值保险的定义，即"投保人和保险人未约定保险标的的保险价值的，保险标的发生损失时，以保险事故发生时保险标的的实际价值为赔偿计算标准"。这里之所以将"保险标的的实际价值"作为损失赔偿计算标准而非直接作为实际损失，是因为出险时保险标的物的实际价值并不等于实际损失，而我们知道损害保险只填补实际损失。实际价值通常以公估机构在出险时对标的实际勘查后的估值为准，计算方式和方法有很多（例如用原值减去折旧后的剩余价值等于出险时的标的实际价值）。实际价值数额确定后还要看其是全部损失还是部分损失。如果为部分损失，则需要按照损失比例乘以全部损失计算实际损失；如以修补为赔偿方式时，则以预估的维修费用来计算得出标的实际损失。另外，标的实际损失并不是完全能100%受偿，还要视是全额还是不足额保险、是否存在免赔额或免赔率，或其他情况综合而定，通常会用保险标的在事故发生时的实际价值乘以一定比例得到最终的保险人应当支付的实际损失赔偿数额。例如《中国人保机动车盗抢保险条款》第10条关于保险金额和保险价值规定如下："保险金额由投保人和保险人在投保时被保险机动车的实际价值内协商确定。本保险合同中的实际价值是指新车购置价减去折旧金额后的价格。本保险合同中的新车购置价是指在保险合同签订地购置与被保险机动车同类型新车的价格（含车辆购置税）。投保时被保险机动车的实际价值根据投保时的新车购置价减去折旧金额后的价格确定。投保时的新车购置价根据投保时保险合同签订地同类型新车的市场销售价格（含车辆购置税）确定，并在保险单中载明，无同类型新车市场销售价格的，由投保人与保险人协商确

---

① 德国《保险合同法》第7条（定值保险）规定：投保人与保险人可以协商确定保险价值。保险价值同时也应当按照保险事故发生时保险标的的实际价值计算，除非在此时其显著超过了保险金额。如果保险金额低于保险价值，则保险人应根据保险金额与保险价值的比例承担保险责任，即使保险价值被高估时也是如此。

定。"第 23 条是关于理赔的规定，即"保险人按下列方式赔偿：（一）全车损失，在保险金额内计算赔偿，但不得超过保险事故发生时被保险机动车的实际价值。保险事故发生时被保险机动车的实际价值根据保险事故发生时的新车购置价减去折旧金额后的价格确定。保险事故发生时的新车购置价根据保险事故发生时保险合同签订地同类型新车的市场销售价格（含车辆购置税）确定，无同类型新车市场销售价格的，由被保险人与保险人协商确定。折旧金额＝保险事故发生时的新车购置价×被保险机动车已使用月数×月折旧率。（二）部分损失，在保险金额内按实际修复费用计算赔偿，但不得超过保险事故发生时被保险机动车的实际价值"。

我国财产保险实务中经常在出险保险单中的"以何种价值投保"一栏记载为"存货：账面余额、出险时的实际价值；固定资产：重置价、实际价值"，保险金额的确定方式则为"存货：估价、账面余额；固定资产：估价、账面原值"。一旦发生火灾等保险事故，保单中"以何种价值投保"一栏内记载的"存货：账面余额、出险时的实际价值；固定资产：重置价、实际价值"是对保险金额确定方式的约定还是对保险价值的约定？实务中常有争议。被保险人一般认为，该记载是对保险价值的事先约定，因此应认定本案保险合同为定值保险，存货和设备应当分别按照账面余额或重置价赔偿；保险人一般会抗辩该记载仅是记录了对保险金额的确定方式，而非对保险价值的约定，该保险仍为不定值保险，应按照保单条款约定确定保险标的出险时的实际价值后，以该保险价值为依据计算实际损失。本书倾向于保险人的观点，即一般财产保险合同的性质为不定值保险，应依合同约定，以保险标的出险时的实际价值为基础，确定被告的保险理赔数额。因为"约定并载明保险价值"并非判断是否构成定值保险的唯一要件。中国保监会 2007 年 9 月 28 日《关于机动车辆保险条款相关问题的复函》指出："定值保险合同在现行法律法规中并无明确的界定。从保险理论与保险实务经营看，判定保险合同是否为定值保险合同，主要看保险条款对赔偿处理的约定，即是否按保险合同约定的保险价值或实际损失进行赔偿，而保单上是否约定并载明保险价值并非认定定值保险合同的充分条件。"但是该观点不一定被法院所接受，保险人常常被法院判决须按照账面原值或重置价值全额赔偿。为避免发生类似的争议，本书建议保险公司就此类保险的保单条款作出以下修订：（1）将"以何种价值投保"修改为"以何种价值确定保险金额"；（2）在保单正面特别注明或条款中明确约定，"本保险为不定值保险"。

2. 理赔金计算方法

不论是定值保险还是不定值保险，两者都须以保险价值（即保险标的的实际价值）作为损害的计算标准。不同的是，前者以约定价值（定值）为保险价值，而后者则以保险事故发生时的实际价值减去标的物的折旧为保险价值。但损害的数额经计算确定之后，仍要再视标的是全部损失还是部分损失、该保险合同是否有超额保险或不足额保险的情形。如果属于全额保险，即保险金额等于保险价值，以保险价值（不论是定值保险还是不定值保险）为基础计算出来损害的数额，作为保险人应负保险赔偿的数额，无须再考虑保险金额的问题。

如果属于不足额，按照我国《保险法》第 55 条第 4 款关于"保险金额低于保险价值的，除合同另有约定外，保险人按照保险金额与保险价值的比例承担赔偿保险金的责任"的规定，按照下列公式计算保险人应理赔的数额：

$$定值保险 = 损失金额 \times \frac{保险金额}{保险价值（订约时的约定价值）}$$

$$不定值保险 = 损失金额 \times \frac{保险金额}{保险价值（出险时的实际价值）}$$

由此可知，在保险法上"计算保险人最后应赔偿数额的基础"是保险价值，而不是保险金额。保险金额除了为保险人的保险期间内所负责任最高额度外，在重复保险或超额保险或不足额保险的时候还具有"作为计算标准"的作用。

但是须附加说明的是，在全额保险中，以保险价值所计算出的损害，作为保险人应赔偿的数额。但全额保险不只适用于定值保险的情形，在不定值保险中，只要约定的保险价值和实际保险价值大致一致也是全额保险。前已述及，我国《保险法》关于定值保险不像德国《保险合同法》第 57 条但书规定，对约定的保险价值不得有显著超过实际价值的限制。因此，如果当事人所约定的价值即使和实际的价值相去甚远，只要保险金额与经定值的保险价值一致，即属全额保险，没有超额保险规定适用的余地。这种不正常情况事实上是因超额定值问题引起的，和我国《保险法》第 55 条第 2 款所指的"保险金额超过保险价值"规定项下的超额保险无关。因为保险标的物既经定值，且和保险金额一致，又何来超额之说？因此，对于超额定值问题，未见国内学者论及。《保险法》也没有明文规定这一问题，只能依保险法理分析。

本书认为：法律许可定值保险，不是默认超额或不足额定值合法。因为定值保险如果经定值且载明在合同中的保险价值一般与保险金额一致，极少见高于或低于保险金额现象（此在实务上虽难以想象，但理论上仍有可能），此时仍属一般的超额保险而直接适用有关超额保险的规定，和上述超额定值且定值的数额和保险金额一致的问题本质上完全不同。订约时如果保险金额高于或低于保险价值，则同样构成超额保险或不足额保险，此时按照我国《保险法》第55条有关超额部分无效以及不足额保险按比例赔付的规定处理即可。问题在定值保险中，目前《保险法》对定值数额未加限制，双方约定的保险价值可能大大地超过保险标的在投保时的实际价值，但该保险价值既经约定，具有约束双方当事人的效力，所以可谓"变相地承认超额保险"，这是保险法学者不得不承认的事实。超额定值问题不适用《保险法》第55条有关超额保险的规定。因为该条只适用于保险金额超过或者低于保险价值（即保险标的的约定价值）的情形，保险价值经当事人双方约定，且和保险金额一致，无法适用该条的规定。也就是说，超额定值是指双方约定的保险价值明显超过标的实际价值，此时保险人往往因疏忽而在不知情的情况下作为双方约定的保险价值记载于保单中。但是我国《保险法》未对上述超额定值作明文禁止，蕴藏着较大的道德风险。同样，不足额定值（双方约定的价值远远低于标的实际价值）问题也无法适用《保险法》第55条关于不足额保险的规定，因为其约定的保险价值虽然低于标的实际价值，但与保险金额一致，此种情形没有任何道德危险可言，因为约定的保险价值低于标的实际价值，实在看不出投保人能从不足额定值中获取任何额外收益，唯一的解释就是投保人财力有限，出于节省保险费目的降低保险价值约定，好歹获得部分保险保障。就恶意超额定值保险的效力问题，本书建议可以比照我国《保险法》第55条第3款恶意超额保险无效的效果规定，或者是否可援引我国《保险法》第16条有关投保人如实告知义务的规定来解决上述问题，即如超额保险（应为超额定值）是由于投保人的不实说明、遗漏、隐匿或出于其他恶意的原因造成的，保险人可以解除合同。但必须说明的是，我国《保险法》第16条的立法理由，在于避免投保人或被保险人因违反如实告知义务，使保险人错估危险的状况，而致产生保险费和保险人所承担的危险之间产生对价不平衡的现象。其重点在于"危险状况"如实告知的违反和保险价值的高低无关。因此，如果欲以之解决超额定值的问题，恐属牵强。此外，此方式只适用于投保人有恶意的情况。如果保险人无法证明超额定值是因投保人的恶意行为引起的，即无适用的余地。并且超额定值的产生除了从订约之时可能发生外，也可能因定值后，基于物价的变动而出现一客观的超额定值问题。对此我国《保险法》第16条的规定对这种善意的超额定值即无从适用，更何况订约时"定值"的产生并不是由"投保人的如实告知，保险人直接接受"而来，而是须当事人彼此同意"约定"所致，所以证明因投保人违反如实告知义务导致变更或减少保险人对于危险的估计，恐不是易事。

因此依本书的见解，对于超额定值所产生的问题，我国《保险法》既未规定，目前只有依法理的方式解决。即法律虽准许保险合同双方当事人可以约定方式确定保险标的的价值，此价值即为保险标的在保险事故发生时的价值而作为计算损失的标准，其主要的目的在于避免当事人在保险事故发生时再重新确定保险价值的困扰。因此如果定值的数额和实际价值相差无几或者在 10% 的比例范围内，严格说来，虽也有不当得利之嫌，但仍然可以为法律所容许。反之，如果定值的数额和实际价值之间有显著的差额，实际出于"投机专营"之动机，有悖"为免除重新确定保险价值"的立法目的，从维护《保险法》上禁止不当得利的原则出发，应当视该保险合同为不定值保险，恢复适用《保险法》有关不定值保险的规定。例如 A 为其所谓祖传宝石投保 100 万元定值保险，但宝石鉴定证书系其伪造，保险人出于疏忽，在不知情的情况下在保单中记载双方约定的保险价值为 100 万元，保险金额也约定为 100 万元。宝石被盗后，保险人从其他渠道知悉宝石实际价值只有 5000 元。对于这种超额定值问题，法院如仍判定赔付 100 万元，有悖最大善意原则。为体现严惩欺诈的目的，应按不定值保险的规定以出险时标的实际价值赔偿。

3. 定值保险不适用损失补偿原则

一般来说，依保险法原理和保险业惯例，定值保险不适用于棉花等价值易于确定的普通商品。但我国保险实务中工程机械设备财产损失保险常常以重置价格作为损失的计算标准，该约定构成损害保险中损失补偿原则的例外。在英美保险实务中一般仅对新购置的机器设备采取重置价格定损法。但我国财产损失保险单对机械设备等财产一律采取重置价格定损法，就容易出现纺织机等机械设备已经使用 20 年折旧后剩余价值几乎为零的情形下，保险公司仍需按照购置一套新机械设备的方法来补偿损失。因为此时保单明确约定"以出险时的重置价值确定保险价值"构成一种定值保险，即使保单中明文记载保单为不定值合同，保险人在出险时只能依定值保险的方法按照保险价值的约定数额赔偿，不存在实际损失补偿原则的适用。本书建议我国财产保险公司考量该按重置价格确定保险价值的做法的合理性，将保单条款中的"固定资产的保险价值是出险时的重置价值"改为"固定资产的保险价值按出险时的实际损失确定"。在订约时保险标的实际价值已明显低于约定价值（合同中约定出险的重置价值为订约时约定的保险价值），对于这种定值保险应按不定值保险处理，即恢复适用保险法有关不定值保险仅赔偿实际损失处理。但如无法律明文规定，恐难获法院支持。

【案例】张家港天铭纺织印染有限公司、人保苏州分公司财产保险合同纠纷民事案①

基本案情：一审民事判决中，原被告均认可《评估报告》中的低值易耗品实际损失额为109210.94元、棉纱的损失额为50239.6元，但对厂房和设备的理赔金额系以重置价损失确定还是实际价损失确定持不同观点，故本案的争议焦点为：理赔金额应以《评估报告》中的重置价损失额还是实际价损失额确定？原告天铭公司认为，保单背面条款约定："固定资产的保险金额由博爱新纳入按照账面原值或原值加成数确定；也可以按照当时重置价值或其他方式确定。固定资产的保险价值是出险时的重置价值。"原被告签订的保险合同真实合法有效，根据《财产一切险保险单》保险条款，厂房和设备确定保险价值的方式为重置价值，故理赔金额应以《评估报告》中的重置价损失额确定。被告人保苏州分公司认为：1. 在保险理赔中，保险价值是考察被保险人是否足额（超额）投保的参数，与确定保险标的的损失并无直接关系；2. 保险条款约定的"重置价值条款"是关于损失计算基数的约定，并非直接按重置价确定损失；3. 由于原告不可能按原型号织机重置，依据重置价条款第二项，保险价值依据变更为出险时的市场价值；4. 如果按"重置价值损失额"直接作为保险标的的损失额计算保险金，违反保险法的损失补偿原则，被保险人将取得不当利益。

最后法院认定，理赔金额应以《评估报告》中的重置价损失额确定，理由如下：1. 重置价值保险是为了适应被保险人重置财产的需要，保险人与投保人约定以超过实际价值的重置价值进行投保，是财产保险中按财产的重置价值来确定保险金额的一种特殊保险方式。对此，《中国保险监督管理委员会关于解释保险价值和重置价值问题的复函》（保监法〔2000〕9号）明确指出，重置价值是指投保人和保险人约定以重新购置或重新建造保险标的所需支付的全部费用作为保险标的的保险价值，并据以确定保险金额。案涉保险单明确案涉厂房、设备保险价值以202004账面原值确定保险金额，以出险时的重置价值确定保险价值，明确固定资产的保险价值是重置价值，并载明了重置价值条款，被告应按约支付原告以重置价值损失额确定的理赔款。2. 案涉保险单明确"保险价值以202004账面原值确定保险金额"，账面原值系固定资产建造时计入固定资产成本的价值，没有经过计提折旧或减值准备，以账面原值作为确定保险金额的依据，体现了重置保险不扣除折旧的特点。且由于重置保险允许保险价值大于扣除折旧后的实际损失，更能保护被保险人的利益，因此在保

---

① 案例来源：（2021）苏0582民初3452号。

险实务中，投保人选择重置价值保险要比投保一般的不定值保险承担更高的保险费率，正因如此，重置价值保险可以不适用财险损失补偿原则，亦可不严格适用不足额投保或比例赔付的规定。否则就无法满足被保险人投保重置价值的目的和费用，投保人支付更高保险费获得重置赔偿金的目的就会落空。3. 案涉保险单中载明的重置价值保险条款系被告人保苏州分公司拟定的格式条款，现双方对前述重置价值定义理解有两种以上解释的，依据《合同法》第 41 条（现《民法典》第 498 条）、《保险法》第 30 条的规定，亦应作出有利于被保险人一方的解释。况且，被告出具的保险单载明了"以出险时的重置价值确定保险价值"，其也是按照重置价值收取的保险费，根据《保险法》第 17 条第 1 款的规定，被告不仅应当尽到说明该条款真实含义的义务，也应当按照该条款的约定履行赔付义务。4. 被告人保苏州分公司认为，原告天铭公司不可能按原型号织机重置，符合"重置价值条款"约定的"若遇下列情况，保险价值变更为出险时的市场价值：（1）被保险人没有合理的原因和理由而推迟、延误重置工作；（2）被保险人没有对受损保险标的进行重置；（3）发生损失时，若存在重复保险且其他保险合同没有按重置价值承包中的"（2）被保险人没有对受损保险标的进行重置"，故保险价值变更为出险时的市场价值，但原告天铭公司陈述，其暂未重置的原因系公估工作刚结束及需要清理现场，其已正准备重置。由于《公估报告》系于 2021 年 6 月 17 日作出，且本案诉讼仍需一定时间，故其陈述的理由具有合理性，被告并未提供充足证据证明其主张，故本案并不符合保险价值变更为出险时的市场价值的情况。综上，被告的答辩理由不能成立，理赔金额应以《评估报告》中的重置价损失额确定。

4. 定额保险是否等同于定值保险

在定额保险中，如人寿保险的保险人在保险事故发生时直接以保险金额给付被保险人或受益人即可，无须考虑保险价值或不当得利的问题，定额保险之所以为"定额"就是这个原因。反之在损害保险中，尤其是积极保险，如财产保险中保险双方当事人在订约时虽也须估计保险标的的价值，以决定保险金额的多少，但在保险事故发生时，并不直接以当时所估计的价值来计算损害的范围，而是就损害发生时的价值计算。因为保险所要补偿的是被保险人在"保险事故发生时"遭受的损害，例如某一标的物在订立保险合同时市价为 100 万元，保险价值即为 100 万元，当事人也以之为保险金额，100 万元属于全额保险。半年后保险事故发生，该标的物的价格降为 95 万元，如果为全损，则保险人只需赔偿 95 万元，受损的部分如果只有 50%，则保险人只需理赔 47.5 万元，而不是 50 万元。因此为了避免在保险事故发生时确定保险价值的困扰，保险法允许当事人在订立合同时即约定保险价值，并以之作为保险事故发生时计算损害的标准，这就是定值保险的功能。由此可知足额保险和定值保险属于完全不同的概念，不可混淆。定额保险为损害保险的相对概念，不涉及保险价值的问题。保险人在保险事故发生时直接给付保险金额，无超额保险、不足额保险或重复保险规定的适用；定值保险为损害保险中积极保险的一种，纯为避免保险事故发生时保险价值估定困难的问题。保险事故发生时，保险人不是直接以约定的保险价值给付被保险人。此外，定值保险仍可能适用超额保险、不足额保险或重复保险规定，例如当事人将某保险标的定值为100万元，但是保险金额约定为50万元，就是不足额保险，适用不足额保险的规定。我国有的学者认为人寿保险都是定值保险，岂不是也将人寿保险视为损害保险？难道人寿保险的标的（人的生命）的价值在订约时和保险事故发生时有产生差异的可能吗？

二、全额保险、不足额保险、超额保险

保险事故发生后，定额保险（如人寿保险）的保险人只需将合同所约定的保险金额给付享有保险给付请求权人，没有其他计算损害的问题，这是因为其补偿的是无法以金钱价值计算的抽象损害。反之，在损害保险中虽也约定保险金额，但这只是保险人依合同约定的最高赔偿而已，而不像定额保险的保险金额一样为赔偿金额。为确定保险人保险赔偿的数额，要先计算确定损害的数额，计算损害则需确定保险价值（保险利益的价值），不论定值或不定值，作为计算实际损害的标准，这是因为损害保险的目的只在于补偿被保险人的具体损害。所以保险价值为保险人法律上的赔偿最高限额，具有防止保险法上被保险人不当得利的功能。损害依保险价值计算出来后，并不表示保险人即应按此数额给付保险赔偿金，而要视该保险合同是否约定全部承保该标的、保险金额是否符合保险价值而定。如果保险金额符合保险价值，即属全额保险（又称全部保险），依此保险价值计算出的损害数额即为保险人应付保险赔偿的数额。但如果保险金额高于保险价值时（学理上称为超额保险或超过保险），或者保险金额低于保险价值时（学理上称为不足额保险），又将如何？这也是下文将要论及的。但要注意的是，理论上同属损害保险的消极保险既然是以消极保险利益（如责任保险利益或必要保险利益）为保险标的，且其价值也可以用金钱价值来计算，所以全额保险、不足额保险或超额保险的概念似也可以适用。但保险金额都要在保险合同订立时即约定，而消极保险的保险价值只有在保险事故发生时才能确定。如果也像积极保险般要求当事人以全额保险为原则，要承担不足额保险或

超额保险在保险法上的后果，无异于强人所难。因此以下所讨论的内容只适用于积极保险的范围。

（一）全额保险

保险法上所谓全额保险，是指保险金额和保险价值一致的保险。这是最理想的保险，因为一方面，被保险人所具有的保险标的的价值，得到完全的保护，即在保险事故发生时，被保险人实际遭受的损害可以从保险人处得到完全的补偿，符合保险追求完全补偿损害的理想；另一方面，因计算保险费标准的保险金额未超过保险价值，所以投保人也无须多付不必要的保险费，这构成一种对价平衡。因此，为实现此理想，在不定值保险中，保险人在订约时，也要先查明保险标的的市价，以之为参考约定保险金额。此后在保险事故发生时，如果保险标的的市价和订约当时的市价仍然一致，则保险合同仍为全额保险。保险标的如果完全遭受侵害，被保险人损失的是该标的的全部价值，而该标的的价值既然和保险金额一致，保险人就应将保险金额全部付给被保险人。如果保险标的遭受部分侵害，则依该标的的价值计算出的损害数额即为被保险人遭受的损失，且保险金额和保险价值一致，所以该损失即全由保险人承担。反之，如果保险标的的价值在保险事故发生时，因某些因素发生改变，以致和订约时的价格不同，则该本应为全额保险的保险合同，即变为不足额保险或超额保险，其影响所及不仅是计算损害的标准（以保险事故发生时保险标的的实际价格而不以订约时的价格），且因该保险已不是全额保险，所以可能因不足额保险而需再以保险金额对保险价值的比例计算保险人应付保险赔偿的金额。如果为超额保险，则以保险事故发生时的保险价值所计算出来的损害数额不超过保险金额为限，保险人负保险赔偿的责任。

在定值保险中，保险合同双方当事人在订约之时，不仅参考保险标的在当时的市价，且明文约定将该价格视为将来保险事故发生时保险标的的价值，以之为计算实际损失的标准。一般而言，既然是保险标的定值，大抵都以该数额为保险金额而为全额保险。已约定保险标的价值，再约定较高的保险金额，对被保险人并无任何益处，所以理论上虽属可能，但实务上几乎很难实现。唯一可能的情况只有超额定值（不是超额保险）。此问题在前面"定值保险"部分已述及，无须再论。至于不足额保险也可能发生于定值保险，因为彼此双方虽约定以合同订立时所约定的保险价值为保险标的的遭受侵害时的计算标准，但投保人经济能力有限，不能支付足额保险全部的保险费，只能支付一部分（如80%），或者保险人也无意全部承保而只愿承保该标的价值的一部分（如80%），其余部分则应由被保险人自保。

据上所述，全额保险可发生在定值或不定值保险的情形中。在不定值保险的情形下，保险合同订立时可能是全额保险，但之后在保险期间，也许保险事故发生时可能因标的价值的改变而变为非全额保险，此需注意。

（二）不足额保险

所谓不足额保险，就以保险价值和保险金额之间的关系而言，即指保险金额低于保险价值的保险。保险金额既然不足以涵盖保险价值，则保险标的只能受到一部分的保护，所以又可称为"部分保险"。不足额保险不仅可能在保险合同订立之时发生，也可能在订约之后因某特定因素产生。且这种保险虽然大都发生在不定值保险的情形下，但属于定值保险的情况也不乏其例。

1. 在不定值保险中

（1）保险合同订立时，保险合同当事人并未约定保险标的的价值作为保险事故发生时计算损害的标准，但如果保险金额低于该保险标的的市价，即为不足额保险。这种情形可能出于当事人的故意（如投保人为节省保险费，或保险人为防止主观危险发生而约定被保险人须承担某部分的自保）或无意。

（2）保险合同在订立之时，当事人虽已查明保险标的的市价，且将之作为保险金额（全额保险），但保险合同订立之后，因市场因素或货币贬值，导致保险标的的价值上升，保险合同即由全额保险转为不足额保险。

2. 在定值保险中

（1）保险合同订立时，保险标的的价值已经当事人明文约定在合同之中，并以之作为保险事故发生时计算损害的标准；但当事人仍然可以自由约定较低的保险金额，成为不足额保险，理由同不定值保险中的（1）所述。

（2）保险合同在订立时，如果保险标的已经定值且和保险金额一致，基于"定值"在保险法上技术性的意义，原则上不可能有"由全额保险转变为不足额保险"的可能。

将保险标的的价值加以定值的原意即在于避免在保险事故发生时，再重新调查保险标的的价值。保险合同订立时所约定的价值，即使订约后有任何事实上的变动，不论升值与否，从保险法上来讲其保险价值仍旧不变。这种因"定值"制度所产生的结果，乍看起来，似乎不甚合理，但这种"不合理"的缺点，是"避免保险事故发生时重新调查保险价值"这种立法目的优点的对价。况且这种情形发生于不足额保险，保险人所负的保险赔偿不可能超过被保险人实际所受损失。同理，保险标的的实际价值在定值且全额保险合同订立后，虽可能因某种因素价值下降，导致全额保险变为超额保险，但实务中不常见。如果实际保险价值和约定价值之间有"显著"的差距，这就属超额定值的问题，我国《保险法》对之虽无规定，但依保险法法理"禁止不当得利原则"，其定值应视为无效，而直接适用有关不定值保险的规定，特别是在投保人明知标的实际价值而仍故意超额定值时。

由上述分析可知，不足额保险可能发生于上列不定值保险中的（1）（2）及定值保险中的（1）的情形，而其效果如何呢？德国《保险合同法》第75条（不足额保险）规定："保险事故发生时，如果保险金额显著低于保险价值，则保险人仅应按保险金额与保险价值的比例承担保险责任。"我国《保险法》第55条第4款规定："保险金额低于保险价值的，除合同另有约定外，保险人按照保险金额与保险价值的比例承担赔偿保险金的责任。"其计算公式为：损失额×保险金额/保险价值＝赔偿额。例如，在保险事故发生时，保险价值为12000元，保险金额为10000元：在全损时，保险价值即损失额，保险人的赔偿额为120000×10000/12000＝100000（元）。如果分损，损失额为6000元，则赔偿额为6000×10000/12000＝5000（元）。除此之外，不足额保险的比例分摊原则不仅适用于对保险标的受侵害直接产生的损失赔偿的计算，也应适用于对于保险人应偿还投保人或被保险人为避免或减轻损害采取的必要施救行为产生的费用，及保险事故发生后证明及估计损失所支出的必要费用的计算。

如果合同另有规定时，也可以不适用上列的计算方式。但需注意的是，我国《保险法》第55条第4款中所谓"除合同另有约定外"仍不得违反保险法上禁止不当得利的大原则，否则无效。从实务上，此"除合同另有规定外"是针对"第一危险赔偿方式"条款而言的。[①] 这种条款内容大都约定保险合同虽属部分保险，但凡在保险金额范围内所有的损失，保险人不得适用"比例分摊原则"而应全额赔偿。上例中保险金额10000元，保险价值12000元，如果为第一危险赔偿方式，而损失额为6000元时，则保险人须照实赔偿6000元，而不能依"比例分摊原则"计算。但如果为全额，损失额虽然是12000元，保险人仍依"保险金额为保险人所负责任的最高额"原则，只负10000元的保险赔偿责任。由此可知"第一危险赔偿方式"，在计算保险人赔偿额时，除要考虑保险价值外，还应以保险金额为限制保险人保险赔偿的因素，至于保险金额和保险价值之间的比例关系则无须加以考虑，成为积极保险中不足额保险法律后果适用的例外。反之，在消极保险中，如责任保险，这种例外却是一般现象。在积极保险中，保险价值，不论定值或不定值，在保险合同订立时即

---

① 秦道夫：《保险法论》，机械工业出版社2000年版，第199—201页。

可估算出来。被保险人或投保人所付的保险费（以保险金额为计算标准）无法成为"完全赔偿"的对价，所以保险法采"比例赔偿方式"，但例外允许当事人以"第一危险赔偿方式"条款约定全额赔偿（但仍不得超过保险金额），这在法理上并无不通的地方。至于消极保险虽然理论上和积极保险同属于损害保险的范围，也具有保险价值的概念，但其保险价值（保险标的的价值或消极保险利益的价值）只有在保险事故发生时才可能估计（因此也无定值保险的问题）。如果此时保险价值，如第三人请求赔偿的金额或必要支出的费用，高于保险金额，仍采比例分摊原则，对被保险人未免过苛，所以原则上应以"第一次危险赔偿方式"为原则。这也说明了保险法上不足额保险的概念不适用于消极保险的理由。

（三）超额保险

超额保险的定义是保险金额的约定超过保险标的的实际价值。这种定义既明确又简单，按理说应不致有错误。但可惜超额定值容易被误划入超额保险的范围内，造成超额保险适用上的混淆，有厘清的必要。

1. 超额保险发生的原因

超额保险因其发生原因的不同，可划分为真正超额保险与不真正超额保险。

（1）真正超额保险。保险合同缔结之时，保险金额超过保险价值的保险即为超额保险。这种情形不论定值或不定值，只要其保险金额超过保险价值即属于超额保险。在定值保险中，合同当事人虽然在合同缔结时，已约定保险标的价值，并以之作为计算保险理赔的根据，若因市场因素变化导致保险合同中的保险金额超过保险价值时，即产生超额保险。不定值保险理论上虽未约定保险价值，而将之留待保险事故发生时，再依当时的市价估算保险价值，但在实际运作上，因任何标的均有一个较合乎客观的相对价值存在，故在缔约时仍以此作为参考来约定保险金额。因此，若保险金额非常明显地超过该参考价值，仍然属于超额保险，而这就是设立我国《保险法》第55条的缘由。

（2）不真正超额保险。所谓不真正超额保险是指保险合同缔结时，不论定值保险或不定值保险，其保险金额均在保险价值之下或相等，但事后却因交易市场的剧变导致保险价值大幅下降，产生保险金额超出保险价值的情况，也构成超额保险。但因这种情形发生不是合同当事人所能控制的，故严格地来讲，应不属于超额保险，姑且称之为不真正超额保险。

不论真正超额保险、不真正超额保险，它们可能引发的结果并无二致，所以，德国、日本均未作区分，我国《保险法》第55条也是如此。

2. 超额保险的立法宗旨

禁止超额保险的立法宗旨为何？主要可区分为下列四种学说：（1）保险合同当然无效说。按"无保险利益，无保险"的法则，既然超额保险为保险金额超过保险标的价值，在保险价值即为保险利益的确认下，被保险人对于超额部分既无保险利益，则欠缺保险利益部分的保险合同无效是理所当然的。因此，《保险法》上的规定，在解释上应仅是一项注意规定而已；但此说以绝对无效说认定超额保险的效力，是否妥当不无疑问。（2）不当得利禁止说。此说认为若超额保险全部有效时，保险金的支付将超过实际损害，其结果如同赌博行为，招致道德危险，不仅对社会风气产生不良影响，也违反公共利益；因此，对于超额保险，基于保险政策上禁止不当得利的考虑，应将超额部分解释为无效。乍看之下，此说似乎合情合理，但是从损害保险的本质为损害填补的原则来讲，保险金额仅为保险事故发生时，保险人所应支付保险金的最高限额而已，不表示保险事故一发生，保险人即应支付此金额。因此，即使保险金额约定超过保险价值，并不表示被保险人可以取得超过实际损害的保险金，仍以标的物的实际价值作为理赔的依据，因此自始根本不可能发生不当得利的情况，所以这种学说是存疑的。（3）保险习惯制约说。此说主张，在损害保险实务运作上，因保险事故发生时，保险价值估算有相当困难，因此习惯上多以保险金额为保险价值。在有此保险习惯的情况下，若对保险金额的约定高于保险价值采放任态度时，被保险人所得利益将超过实际的损害，那就有招致赌博行为的道德危险。因此，有必要以立法方式限制保险金额的约定必须在保险价值的范围内。但是在早期的保险实务中或许有此习惯存在，时至今日是否仍然存在，则尚有相当大的疑问。若再进一步分析，则可发现其理论上的矛盾。首先，就该说的理论说明中，似可区分为两种情形：第一，保险合同当事人约定的保险金额超过保险标的的实际价值，又因有前述直接以保险金额为保险价值的习惯存在，故当事人即以此保险金额与保险价值一致，则应属超额定值，而非超额保险。第二，若当事人任意约定保险金额后，却不以此保险金额为保险价值时，则又与该说所据的习惯无关，故此说也不足采。（4）投保人保护说。此说认为若法律没有规定禁止超额保险，保险人可能假借其拥有的保险专业知识，引诱投保人订立一个超额保险的合同，或者在明知投保人提出的是一个超额保险的要约，却不加告知仍作出承诺，以获取超额保险的保险费。在损害事故发生时，仅仅依保险标的的实际价值理赔，造成只享受利益不承担危险的不公平现象，所以为防止保险人有这种不合乎诚实信用原则的行为，在保险合同订立时，设置保险金额应等同于保险标的当时价值的限制性规定。

前述四种学说均各有其理由，但第一、二、三说在理论上无法确切反映超额保险的真正含义，第四说较能确切地说明超额保险的规范目的，却有一个瑕疵，即此说以保险人违反诚信原则为出发点，但如前所述不真正超额保险仍然为法所禁止，而不真正超额保险是因保险合同当事人预期之外的原因导致保险价值下降才产生的，此非保险人所能控制，是否仍认为其违反诚信原则存在疑问。本书认为保险人具有专业的保险知识，并以此为营利的手段，本应承担较高的义务，因此即使事后发生不真正超额保险，保险人起码也应告知，但毕竟恶性没有如缔约时隐瞒事实重大，故仅在效力上进行修正即可，第（4）说可谓瑕不掩瑜，本书比较赞同。

3. 超额保险的认定时点

保险标的的价值在保险期间内会因市场因素变化产生涨跌变动，因此对于超额保险究竟以何时点作为判断的基准，法律上并未作明确的规定，只有依靠学说的解释。对此问题目前有四说：（1）保险合同缔结时说。此说认为应以保险合同缔结时为判断时点，采此说者主张超额保险的立法宗旨为保险习惯制约说及投保人保护说的当然结果。因为他们认为立法禁止超额保险，在于限制保险合同当事人任意约定保险金额，自应以合同缔结时作为判断时点，理论上始见一贯性。另外投保人保护说，认为禁止超额保险，旨在防止保险人滥用其保险知识，恣意获取超额的保险费，因此，须在保险合同缔结时即作认定并使投保人可以请求返还保险费，如此才见禁止的实际意义。（2）保险事故发生时说。本说为配合不当得利禁止说的立法宗旨主张，得利禁止既然目的在于防止保险事故发生时被保险人可能因订立超额保险而获取超过保险标的实际价值的利益，自应以保险事故发生时的市价作为超额与否的判断标准。（3）全保险期间说。本说主张不限于某一特定时点，只要在保险合同有效的期间内，都可以作为超额与否的判断时点。此为理论上当然规定说所持，此说以"无保险利益无保险"为立法根据，只要保险金额有超额的，被保险人对超过部分皆无保险利益，该部分保险合同即应为无效，而无论其发生时点为何。（4）最高价值时说。此说以保险合同期间内保险价值最高之时作为判断的基准点。最高价值时说与前述超额保险的立法宗旨并无直接的理论关联性，纯粹是基于保险政策的考虑。

超额保险认定的时点究竟应为何时，学说本身并无法律的根据，纯属裁量性问题。因此，在法无明文规定时，必须配合禁止超额保险的立法宗旨所推导的理论，否则在适用上将无法明确。对此，通说多认为我国《保险法》第55条是为禁止被保险人不当得利而设，其认定超额与否的时点既然未在法律上明文规定，即应采第二说为宜。

4. 超额保险的适用范围

超额保险是指保险金额超过保险标的的价值，已如前述，但不是所有的保险种类均适用禁止超额保险原则。究竟何种保险合同应受此原则的禁止？何种合同不适用？此应视其保险标的的性质及保险合同所保护的保险利益是否可以估价来区分。我国目前《保险法》将保险的种类大致划分为两大类，即财产保险与人身保险。在此二分类下，又细分若干的险种，其性质如何？意义何在？下文拟进一步阐明，以便确实掌握是否适用禁止超额保险原则。

（1）财产保险。财产保险也称产物保险，是当事人之间约定一方支付保险费，在保险事故发生，遭受财产上利益的损害时，由他方承担赔偿责任的合同。此财产的损失不仅可因被保险人的财物或无形利益直接受到损害，也可因被保险人对第三人负有损害赔偿责任而产生。但财产保险欲保护的标的并非指该保险合同内所定的标的物，如财产保险的房屋、机动车保险的汽车，或责任保险中的第三人身体、生命或财产等。财产保险的目的在于满足被保险人因享有保险利益的上述标的物发生损害而产生的补偿需要，故也称为"损害保险"或"填补具体需要保险"。

（2）人身保险。人身保险合同所保护的内容为被保险人生命、身体的完整不受侵害性，如人寿保险、健康保险或伤害保险等。人身保险基于生命、身体的无价性，保险合同当事人可自由约定保险金额。在保险事故发生时，直接以之作为赔偿额予以支付；因此，人身保险中的人寿保险（死亡保险）又称为"定额保险"或"填补抽象需要保险"。但本书认为，不能因为人身无价性，就可以任意无限地约定保险金额。人身保险虽多为定额保险，但为避免诱发道德危险，也应如未成年人一样为成年人设置死亡保险赔偿的最高限额的行政规制，特别是投保人投保多份寿险保单总赔付额过高极易诱发道德危险。

人寿保险所填补的为抽象性损害，保险标的具有无价性；财产保险则在于填补具体的损害，被保险人在保险事故发生时，只能在保险标的的价值范围内请求赔偿。超额保险既然在于规范保险金额不得超过保险价值，是否即可确定地说明，人身保险全不适用损害保险合同中有关重复保险、代位权、超额保险禁止等原则？或者，毫无例外地将上述三种原则适用于损害保险？本书认为，在人身保险中也有属于损害保险范畴的，如伤害及健康保险中的医疗费用保险、丧葬费用保险。此种保险在我国的保险分类中虽将其纳入人身保险，但其本质应属损害保险。因其目的仅在于填补具体的损害，所以保险代位规定在这里仍有适用的余地。但因其保险利益属消极性，保险标的的价值在缔约之际无法以金钱估计，故仍无法适用重复保险与超额保险的规定。在财产保险中的责任保险，因其保险标的为责任义务保险利益，存在于被保险人与第三人的损害赔偿请求相关的关系中，是一种消极性保险利益，与前述的医疗、丧葬费用保险合同一样，无法在缔约时明确估算，故也仅有少数场合代位权的适用，而不存在重复保险及禁止超额保险适用的问题。超额保险只有在损害保险中且标的价值可以金钱估计的填补具体损害的积极性保险利益中，才有适用的余地。

5. 超额保险的效力——我国立法需修补之处

我国超额保险未区分发生的原因，一律按保险金额超过保险价值的部分无效，有失公平，需依当事人对于超额保险的产生是否具有恶意而论其效果。

（1）善意的超额保险

①订约时，误估保险标的的价值，或因过失而未查明市价，致保险金额超过保险价值，例如保险标的的市价为 10000 元，误估为 12000 元，即参考此数为保险金额。有人误以为，在定值保险中，如果误估市价决定保险价额（值），并以之为保险金额也属超额保险。依本书的见解，超额保险是指保险金额超过保险价值（即保险标的的价值）。如果保险价值已经定值且和保险金额一致，则无超额保险的问题。至于误估市价并以之作为定价的标准，属超额定值问题，和超额保险无关。对此超额定值的问题，德国《保险合同法》第 76 条因设有"经定值的保险价值不得显著超过实际价值，否则定值无效"的规定而得以解决。但我国并无类似规定，依保险法理，"定值"保险的立法目的既然和保险法上禁止不当得利原则相冲突，即所定价值和实际价值有"显著"的差距时，应舍前者而取后者，视该"定值"保险合同为"不定值"保险合同。据此，在上例中，保险标的市价 10000 元，误估为 12000 元并将之定值，且和保险金额一致，如果法院认为所定价值和实际价值差距"显著"，则可视该保险合同为不定值保险合同。保险价值恢复为 10000 元，保险金额为 12000 元，保险金额超过保险价值，属超额保险。

②合同订立后，因保险标的的价值下降，保险金额超过保险价值，如订约时保险标的市价为 10000 元，保险金额也为 10000 元，但订约后保险标的价值降为 8000 元。

以上两者均属于善意的超额保险，即约定的最高赔偿金额高于保险价值，但是被保险人在保险事故发生时可能遭受的损害不可能超过保险价值，所以基于保险的目的在于补偿被保险人损害的原则，超额保险的效果为"合同的效果仅于保险价值的限度内有效"，超过的部分无效，以防止被保险人不当得利的可能。

（2）恶意的超额保险

恶意的超额保险是指超额保险的产生，是因当事人诈欺的行为所致。恶意超额保险只可能因保险合同订立之时，保险金额超过保险价值而发生；保险合同订立之后，因保险价值的下跌而构成超额保险（只可能发生在不定值保险中，当事人对保险价值下跌无法受个人因素影响），所以都属善意的超额保险。恶意超额保险在合同订立之时，理论上虽也可能存在发生于定值保险的情形，即当事人已明文约定保险标的的价值，此保险价值至保险事故发生时维持不变（不论实际价值的变动），而仍约定较高的保险金额（举例说明：双方订约时约定保险价值为100万元，约定的保险金额却为120万元）。但这种情形在实务上几乎不可能发生。对保险人而言，保险标的既已定值，其可能遭受的损害即以此价值为限，保险人所负的保险赔偿也不能超出此范围，为什么仍愿约定较高的保险金额而白白支付较高的保险费，即使意图诈欺，也只可能选择"超额定值"（即订约时投保人明知标的实际价值为50万元，但在合同中双方约定标的价值为100万元，约定的保险金额当然与约定价值一致为100万元），而不是超额保险。如果保险人在定值保险中图谋获取较高的保险费，将保险金额提高至明文约定的保险价值之上，被保险人既已知所约定的保险标的价值，应当不至于愚蠢至极而与保险人约定明显高于已知保险价值的数额为保险金额。只有在不定值保险的情形下，当事人较有可能在未约定保险价值之时，浑水摸鱼而订立超额保险合同。

关于恶意超额保险的效力，有三种学说：①全部无效说：德国《保险合同法》、法国《保险合同法》、意大利《民法》采此学说。②超过部分无效说：日本《保险法》采此学说。③可以解除合同说：我国台湾地区采此学说。为加重对恶意超额保险的惩罚，应当承认保险人可以解除合同，即恶意超额保险的效果应由保险法明文规定："……是由当事人一方的欺诈而订立的超额保险，超过的部分无效，他方亦可解除合同，并请求赔偿。"该规定目的在于惩罚投保人或被保险人的"恶意"，且将民法上"解除合同"及"损害赔偿请求权"并行的立法例延伸适用于保险法，原则上并无争议的地方。但是对于恶意超额保险，后果除了解除保险合同外，还须将保险费没收，不返还投保人。德国《保险合同法》第78条第2款规定恶意超额保险的效力都归于无效，至保险人知悉该超额保险的事实前，保险期间内的保险费归属保险人。而我国《保险法》不分超额保险出于善意或恶意，仅规定超过部分一律无效，似应予以修改。

6. 定额保险的给付数额

关于保险给付的数额在定额保险中因为保险合同所填补的是抽象损害，而非被保险人实际上的经济损失，所以保险人应当直接依据合同约定给付定额的保险金即可。

7. 损害保险的给付金额

基于禁止不当得利原则，保险人的给付数额除了依据合同约定的方式计算，还应当以保险金额为给付的上限。此外尚有实际损害数额的限制。保险给付如果超过被保险人的实际损失将发生保险法上的不当得利。被保险人若因保险事故发生同时对第三人（侵权行为人）取得损害赔偿请求权时，该损害赔偿请求权因主体不同而与保险给付请求权之间并无损益相抵的问题，被保险人可以择一行使。若被保险人从第三人处获得赔偿，保险人的给付义务同时相应酌减；若被保险人接受第三人的损害赔偿后仍请求并接受保险金的，应当依照不当得利的规定或者合同的约定，承担返还保险金的责任。若被保险人选择保险给付则属将来保险代位的问题（详见本书相关章节论述）。在损害保险中尤其是积极保险中，保险人给付数额的计算在确定损害损失数额后，还须根据个别保险合同为足额保险、超额保险或者不足额保险而定。对于消极保险，仅需要根据被保险人应当承担的赔偿的损失而定，一般没有足额保险、超额保险或者不足额保险的适用空间。

第十一章　责任保险

第一节　概　　述

一、保险给付请求权的性质之争

责任保险合同是指以被保险人依法对第三人承担的民事赔偿责任为保险标的的合同。通过责任保险，被保险人将其对第三人承担赔偿责任的风险转嫁给保险人。但是基于避免道德风险的考量，并不是所有的赔偿责任都可以转移。

责任保险的被保险人的保险给付请求权内容是什么，原先德国学界及实务界认为，被保险人依据保险合同所取得的权利为"金钱给付请求权"。依照传统金钱给付理论的见解，被保险人仅可以在保险事故发生后请求保险人给付保险金。从我国《保险法》第65条第1款至第3款对责任保险的定义来看，我国显然是在金钱给付理论的认知下作出规定的。前述规定的出发点虽然是为了避免发生被保险人接受保险金之后未将保险金用于赔偿受害人，杜绝事实上被保险人因他人受害而得利的不当结果。但其规定若造成被保险人无力先行赔偿，则非但自己无法从责任保险获得保护，受害人也无从获得任何补偿，因而备受学者批评。在《保险法》第65条第3款限制之下，受害人若不能从被保险人处获得赔偿，只能通过代位的方式向保险人请求给付。此外，《保险法》第65条第3款规定的结果也可能让人误解为在被保险人给付赔偿金给第三人之前，其保险给付请求权尚未产生。事实上此规定仅是为保障第三人而设，与保险请求权发生的认定并无直接关联。为了兼顾受害人的保护，德国采取另外一种处理方式。德国法院曾经表示，被保险人的请求权为免责请求权，并非金钱请求权，借此切断被保险人的其他债权人染指保险给付请求权的可能性[①]。此见解的变更目的在于强调对受害人的保护，随后成为德国学界和司法实务界的统一见解。同时保险人的义务更逐步扩大到对于不正当的请求权的防卫而形成的防卫

[①] 叶启洲：《保险法》（第7版），元照出版有限公司2021年版，第423页。

义务（防御义务）、抗辩义务，从而被保险人的免责请求权与防卫请求权并列成为一个统一的法律保护请求权的两种内容。

我国责任保险条款一般规定：保险事故发生后，被保险人因保险事故而被提起仲裁或者诉讼的，对由被保险人支付的仲裁或诉讼费用以及事先经保险人书面同意支付的其他必要的、合理的费用（以下简称法律费用），保险人按照本保险合同约定也负责赔偿。被保险人获悉可能发生诉讼或仲裁时，应立即以书面形式通知保险人；接到法院传票或其他法律文书后，应将其副本及时送交保险人。保险人有权以被保险人的名义处理有关诉讼或仲裁事宜，被保险人应提供有关文件，并给予必要的协助。对未及时提供上述通知或必要协助导致扩大的损失，保险人不承担赔偿责任。我国《保险法》第66条规定，责任保险的被保险人因给第三者造成损害的保险事故而被提起仲裁或者诉讼的，被保险人支付的仲裁或者诉讼费用以及其他必要的、合理的费用，除合同另有约定外，由保险人承担。学说上认为本条规定过于偏重保护保险人的利益，原因在于假如仅保险人抗辩而使被保险人胜诉时，保险人除负担抗辩费用外，无须负担任何保险金的给付责任，但如果其抗辩失败时保险人最多在保险金额范围内承担保险责任，其他责任损失须由被保险人自负，故建议将来修法时应该赋予保险人抗辩义务，如其无正当理由拒绝抗辩时应对被保险人承担一切损害的填补责任以及未履行附随义务给合同相对方造成损失的赔偿责任。[①]

二、责任保险合同中的保险人特殊权利义务

较之普通保险，责任保险中保险合同双方的一般权利和义务，如保险人的提示说明义务、投保人的如实告知义务、保险事故发生后被保险人的通知义务，其适用规则并没有不同。以上问题请参照本书保险合同总论部分的相关论述。下面先介绍责任保险中有关保险合同主体及相关第三人的特殊权利义务。

（一）和解的参与权

我国《保险法》对和解参与权并无规定，但是境外立法和保险实务中有详细的规定。我国直至2020年《保险法司法解释（四）》出台后才正式肯定责任保险中保险人的和解参与权[②]。保险实务中几乎所有类型的责任保险条款中均有保险人和解参

[①] 参见梁宇贤：《保险法新论》（修订新版），中国人民大学出版社2002年版，第297—298页。

[②] 《保险法司法解释（四）》第19条规定：责任保险的被保险人与第三者就被保险人的赔偿责任达成和解协议且经保险人认可，被保险人主张保险人在保险合同范围内依据和解协议承担保险责任的，人民法院应予支持。被保险人与第三者就被保险人的赔偿责任达成和解协议，未经保险人认可，保险人主张对保险责任范围以及赔偿数额重新予以核定的，人民法院应予支持。

与权的内容。如中国人民财产保险股份有限公司《产品责任险条款（国内）》第6条规定的"被保险人或其代表一旦获悉受害人提出的索赔或者就产品责任赔偿向人民法院提出诉讼、向仲裁机构提出仲裁申诉，被保险人应当立即书面通知本公司，并配合本公司及时勘查处理。未经本公司书面同意，被保险人不得作出任何许诺或赔偿"即是保险人和解参与权的约定。

此规定的目的在于避免被保险人因为签订了责任保险合同，随意承认超过实际责任范围的赔偿责任，或者与受害人达成不合理的高额和解或者赔偿，从而对保险人及危险共同体的利益造成损害。我国责任保险条款多有此约定，但是若未约定参与权条款，是否意味着被保险人未经保险人参与所作的和解、承认或者赔偿对于保险人均有拘束力，则有疑问。基于债的相对性原则，被保险人与第三人之间的任何协议，原则上应当没有约束保险人的效力，以免被保险人将不当和解或者赔偿的不利益转嫁给责任保险人。被保险人妨碍保险人参与权而作出的承认、和解或者赔偿，保险人并不当然免责，仅仅是不受该承认、和解或者赔偿的约束。至于保险人应当承担怎样的责任，如果双方不能达成协议，法院应当判断被保险人作出的承认、和解或者赔偿是否合理。

保险人参与后，对于被保险人与第三人之间的和解结果是否有同意权，法律无明文规定。解释上若仅承认并保障保险人的参与权，而没有同意权，被保险人仍然可以任意与第三人达成不合理的高额和解，并对保险人发生约束力，根本无法实现参与权的目的。因此应当采用肯定说，即和解结果原则上须经保险人同意，才能对其发生效力。但因责任保险中保险人依照保险合同应承担的责任以保险金额为给付的上限，被保险人的责任则通常没有上限，所以保险人若不适当地行使和解参与权及同意权时，极有可能造成被保险人需自行承担超过保险金额部分的损害，从而出现保险人与被保险人之间的冲突。为避免保险人滥用其和解参与权及同意权，损害被保险人的利益，应当认为若和解协议并无明显偏离被保险人实际上应负的赔偿责任时，保险人即有同意和解的义务。至于是否存在拒绝和解的正当理由，若有争议，应当由保险人承担举证责任。如果被保险人与第三人通过法院判决的形式确定其对第三人的损害赔偿请求权，其判决效力虽然不涉及案外第三人，但是因为该项责任的确定，是经过法院法官适用法律得出的判决结果，而不是依据当事人之间的意思表示决定的，因此法院判决所确定的责任数额原则上对于责任保险人应有约束力。

被保险人与第三者就被保险人所负的赔偿责任达成一致时可以确定赔偿责任，其后可以引发第三者的直接请求权。但在实践中，被保险人出于商业考虑或者为减轻行政处罚责任甚至刑事处罚责任等目的，可能最终承担不符合实际的赔偿责任，再要求保险人进行赔偿。此时，需要解决的问题为，被保险人与第三者就被保险人所负的赔偿责任达成一致的和解协议是否对保险人具有拘束力？司法实务中的主流观点认为：被保险人与第三者就赔偿责任自行达成的和解协议，对保险人不具有约束力，法院可以根据保险人的请求对相关事实和赔偿数额进行必要的审查和重新核定。例如，《浙江省高级人民法院关于审理财产保险合同纠纷案件若干问题的指导意见》（浙高法〔2009〕296号）第20条规定："在责任保险中，被保险人与第三者之间的赔偿金额已由生效判决确定的，被保险人据此请求保险人承担保险责任的，在保险合同约定的范围内，可予支持。如被保险人与第三者之间采取调解方式，法院出具民事调解书确认的，在审理后续财产保险合同纠纷案件中，法院根据需要可对相关事实进行必要的审核。"《保险法司法解释（四）》在第19条明确规定了保险人的和解参与权："责任保险的被保险人与第三者就被保险人的赔偿责任达成和解协议且经保险人认可，被保险人主张保险人在保险合同范围内依据和解协议承担保险责任的，人民法院应予支持。被保险人与第三者就被保险人的赔偿责任达成和解协议，未经保险人认可，保险人主张对保险责任范围以及赔偿数额重新予以核定的，人民法院应予支持。"此种处理模式，可以预防被保险人和受害第三人恶意串通损害保险人利益的道德风险。同时，亦需要法院推动设立严格的核定标准，不轻易否定被保险人与第三者之间和解协议确定的赔偿数额，以督促保险人积极参与该核定进程，进而认可和解协议，最终促使被保险人从纷繁复杂的诉讼中脱离出来，实现责任保险的真正价值。另外，建议被保险人在与第三人协商赔偿的过程中，主动告知保险人谈判进度和实质信息，争取获得保险人的事先认可；即便保险人反应消极，第三者或被保险人在其后向保险人主张赔偿金的诉讼过程中可以作为己方已经积极寻求和解途径的佐证。

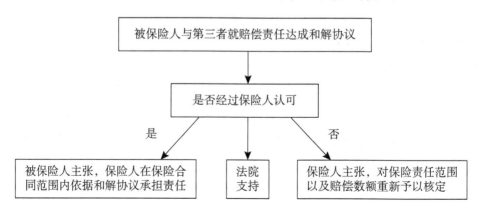

（二）对第三人直接请求权的抗辩权

依据传统责任保险理论，责任保险是被保险人（加害人）用来转移其依法应承担的损害赔偿责任的方式。在境外立法例中，责任保险的受害第三人并非保险合同的当事人，其与被保险人之间的损害赔偿关系（责任关系），独立于保险合同（补偿关系）之外。其中，保险人与被保险人之间因保险合同而建立的法律关系被称为"责任保险关系"，被保险人（加害人）与受害第三人之间的损害赔偿关系为"责任关系"。这是两种互相独立的法律关系，应严格加以区分。保险人是否应对被保险人提供保险保障与受害第三人可否对被保险人（加害人）请求赔偿应分别认定，基于债的相对性原则两个独立的债的关系，彼此严格分离，这就是所谓"分离原则"。但是在责任保险领域，受害第三人的地位更被提高到几乎相当于保险合同的当事人，而可以直接向保险人请求给付保险金，打破了分离原则的限制。

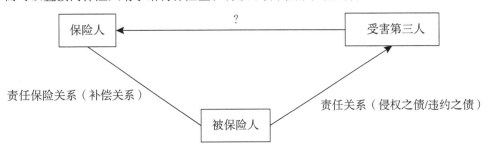

我国《保险法》第65条第2款前半段规定保险人对第三者的直接给付义务的情形，即被保险人对第三者应负赔偿责任确定且被保险人请求时，保险人有对第三者直接给付的义务。2009年修法时增加的第2款后半段则规定在保险人存在对第三者直接给付义务情形下，被保险人怠于请求的，第三者对保险金享有直接请求权。但是，责任保险事故中第三者直接向保险人请求索赔有三个并列的前提：一是被保险人对第三者承担的赔偿责任是确定的；二是被保险人对第三者承担的赔偿责任属于保险人的保险责任；三是被保险人怠于向保险人进行索赔。可见，《保险法》第65条第2款不能简单地理解为责任保险制度中，通过立法手段突破合同相对性原理，设置第三者直接请求权。现行《保险法》第65条的设置更倾向于在债关系相对性的框架下，类似对债的保全项下的债权人代位权进行规定。就保险人与被保险人而言，保险人就被保险人对受害第三人的赔偿责任负有给付义务，被保险人为债权人，保险人为债务人。就被保险人与受害的第三人而言，受害第三人对被保险人享有债权，但被保险人怠于行使其对保险人的债权，于是受害第三人为保全自己的债权，直接代位被保险人（债务人）行使对保险人的债权。《保险法》第65条虽未完整设置第三者直接请求权，但也为尽快结束多方主体间不稳定的关系、降低履行成本、加速争议解决付出了努力。

有境外立法例规定责任保险人应当与被保险人对第三人承担连带责任，内部关系上由保险人承担终局的责任，例如德国《保险合同法》第116条第1项的规定。不过应当注意的是该条仅适用于强制性的责任保险关系，不涉及任意订立的（非强制性）责任保险合同。因为我国连带责任关系的成立以法律规定或当事人之间明确的意思表示为限，所以在我国《民法典》或《保险法》未作明文规定时恐怕不能解释为连带责任。有学者认为，在现行规定之下，只能将保险人与被保险人解释为不真正连带债务关系。若受害第三人从保险人处获得权利的满足，就保险给付范围内，被保险人的赔偿责任消灭，这也是责任保险给付应该具有的法律效果。若被保险人的赔偿责任消灭，则保险人对受害第三人的赔偿义务消灭。但是被保险人就其自行赔偿的金额，可在保险人承保责任范围内，请求保险人向自己给付保险金。在第三人直接起诉保险人时，应当允许保险人对第三人主张保险合同上的抗辩权。例如员工丙、丁发生斗殴致丁死亡，该危险事故因不属于雇主责任保险条款承保的危险，保险人不承担保险给付责任。丁的父亲作为第三人直接向责任保险人请求赔偿时，保险人可以该危险不属于责任保险的保险责任承担范围为由进行抗辩。

三、第三人的地位

（一）分离原则

传统责任保险的分离原则，实际为合同相对性原则在保险法领域的体现，即合同仅对缔约当事人之间发生效力，双方的合同不得使第三人遭受损害。随着各国（地区）立法发展，在坚持合同相对性原则的同时，规定了若干例外。在责任保险领域，即对分离原则的选择适用，责任保险中不再固守分离原则。例如，德国2008年《保险合同法》第115条规定"第三人基于下述情形可以向保险人主张索赔：1. 依据《强制保险法》购买的责任保险项下需履行责任险义务；2. 保单持有人进入破产程序……"，即赋予第三人在强制责任险项下的直接请求权。分离原则是债的相对性原则下的副产物，其优点为法律关系明确，但是对受害人较为不利，因为受害人如果想从责任保险中获得赔偿，必须由被保险人向保险人请求给付再转向对受害人进行补偿。而被保险人领取保险金后可能挪作他用，或者被其他债权人扣押，这些风险均可能让受害人得到保护的目的落空。

（二）分离原则的修正

随着现代责任保险的功能由填补被保险人损失向兼顾保护受害第三人的利益转化，突破债的相对性原则，修正分离原则成为各国保险法的通行做法。比较法上主要有以下三种方式：（1）限制保险人对被保险人给付保险金。我国《保险法》第65条第3款即属于这种类型的修正，通过规定保险人不得在被保险人履行对第三人的赔偿责任之前，向被保险人给付保险金，一定程度上避免了被保险人将保险金挪作他用，但无法排除其他债权人染指。[①] 虽然设置第三人直接请求权，但其行使前提被设置了两个限制：一是赔偿责任确定，二是被保险人怠于请求。（2）被保险人请求权内容的转化。所谓被保险人请求权内容的转化，就是前述德国实务将被保险人请求权转化为法律保护请求权，去除金钱给付的色彩。这样，除被保险人已先行赔偿受害人的损害外，其并无金钱给付请求权，被保险人的其他债权人也不得扣押该保险请求权，大大提高了受害人通过责任保险获得保障的可能性。[②]（3）赋予第三人直接请求权。除保险合同约定外，在一些强制性责任保险中，为了更好地保护第三人的利益，法律直接赋予第三人直接请求权，彻底突破了债的相对性原则。例如《德国强制机动车保险人责任保险法》第3条规定，保险人应当与被保险人对第三人负连带责任，内部关系上由保险人负终局的责任。在美国路易斯安那州、纽约州等的法律准许受害第三人直接对责任保险人起诉，请求给付保险赔偿金。

【案例】仇玉亮等诉中国人民财产保险股份有限公司灌云支公司等意外伤害保险合同纠纷案[③]

裁判要旨：学校以免除己方责任为条件与家长签订人道主义援助补偿协议，应主要认定其所具有的补偿性，而非免除保险公司的赔偿责任，在学校怠于请求保险赔偿时，不应依据该协议剥夺受害人的保险索赔权。

（三）我国现行法关于第三人直接请求权的规定

我国《保险法》第65条第2款规定："责任保险的被保险人给第三者造成损害，被保险人对第三者应负的赔偿责任确定的，根据被保险人的请求，保险人应当直接向该第三者赔偿保险金。被保险人怠于请求的，第三者有权就其应获赔偿部分直接向保险人请求赔偿保险金。"根据该条文的表述可知，被保险人对第三人的赔偿责任

[①]　温世扬主编：《保险法》（第3版），法律出版社2017年版，第252页。

[②]　叶启洲：《保险法》（第7版），元照出版有限公司2021年版，第431页。

[③]　案例来源：《最高人民法院公报》2017年第7期。

确定且被保险人请求时，保险人有权直接向第三者给付保险金，但是这并不意味着在相同情形下第三者有权直接向保险人请求给付保险金。在以上情形下第三者只有消极受领保险金的权利并不能积极请求保险人赔付。《保险法司法解释（四）》为准确适用《保险法》第 65 条项下的第三者直接请求权专门明确了"赔偿责任确定"以及"被保险人怠于请求"这两个前提条件的适用情形。该解释第 14 条专门规定具有下列情形之一的，被保险人可以依照《保险法》第 65 条第 2 款规定请求保险人直接向第三者赔偿保险金：（1）被保险人对第三者所负的赔偿责任经人民法院生效裁判、仲裁裁决确定；（2）被保险人对第三者所负的赔偿责任经被保险人与第三者协商一致；（3）被保险人对第三者所负的赔偿责任能够确定的其他情形。如果根据前述规定，被保险人对第三者应负的赔偿责任已经确定，但是被保险人怠于请求的，则第三者有权就其应获赔偿部分直接向保险人请求赔偿保险金。为免产生疑义，《保险法司法解释（四）》设定一个独立条款对保险法规定"怠于请求"的情形作出界定，即被保险人不履行赔偿责任，且第三者以保险人为被告或者以保险人与被保险人为共同被告提起诉讼时，被保险人尚未向保险人提出直接向第三者赔偿保险金的请求的，可以被认定为属于《保险法》第 65 条第 2 款规定的"被保险人怠于请求"的情形。通常而言，构成"怠于请求"的情形包括被保险人的请求超出合理期限或者被保险人未能积极配合，从保护受害人的角度出发，《保险法司法解释（四）》将受害第三者以保险人为被告或者以保险人与被保险人为共同被告提起诉讼作为判断"怠于请求"的前置条件，并非意味着将对第三者设定一定的程序性要求，即其在直接主张赔偿保险金之前需要以保险人为被告或者以保险人和被保险人为共同被告向法院提出相应诉讼，只要有其他事实和证据表明"被保险人怠于请求即可"。

为进一步保护第三者的直接求偿权，《保险法司法解释（四）》第 20 条还规定："责任保险的保险人在被保险人向第三者赔偿之前向被保险人赔偿保险金，第三者依照保险法第六十五条第二款的规定行使保险金请求权时，保险人以其已向被保险人赔偿为由拒绝赔偿保险金的，人民法院不予支持。保险人向第三者赔偿后，请求被保险人返还相应保险金的，人民法院应予支持。"用"债的保全"项下的代位权理论解释我国《保险法》中附条件的受害第三者直接请求权再合适不过。我国《民法典》第 535 条规定："因债务人怠于行使其债权或者与该债权有关的从权利，影响债权人的到期债权实现的，债权人可以向人民法院请求以自己的名义代位行使债务人对相对人的权利，但是该权利专属于债务人自身的除外。代位权的行使范围以债权人的到期债权为限。债权人行使代位权的必要费用，由债务人负担。相对人对债务人的抗辩，可以向债权人主张。"受害第三者为保全自己的债权，有权以自己的名义直接向保险人行使代位求偿权。当然，由于债权的代位性，受害第三者向保险人提起诉讼的时效期限不能超过其对直接债务人（被保险人）可行使的诉讼时效期限。

然而，需要关注的是，与上述一般的责任保险不同，在特殊领域的强制责任保险法律制度中，明确赋予"责任保险第三者直接请求权"。如《民用航空法》第168条规定，仅在根据该法第167条第1项及第2项规定，保险继续有效或经营人破产的情况下，受害人可以直接对保险人提起诉讼，但不妨碍受害人根据相关保险合同的法律规定直接提起诉讼的权利，同时该法第167条和第168条规定了保险人的抗辩事由。再如，我国关于机动车发生交通事故侵权案件涉及的机动车第三者责任强制保险（以下简称交强险）和第三者责任商业保险（以下简称商业三者险）争议解决中，单独赋予被侵权人即前述讨论的第三者直接向保险人请求给付保险金的权利。根据《民法典》第1213条以及《道路交通损害赔偿司法解释》第13条与第22条的规定，第三者在道路交通事故损害赔偿案件中可将交强险的保险人、商业三者险的保险人与被保险人列为共同被告，这在一定程度上突破了合同相对性，赋予了被侵权人直接向保险人请求给付保险金的权利。该立法设计值得未来《保险法》立法修改时入法并推广至所有的责任保险领域。

【案例】IF财产保险有限公司芬兰分公司与张家港保税区弘园物流有限公司、中国人民财产保险股份有限公司张家港中心支公司保险人代位求偿权纠纷案①

基本案情：2016年2月，张家港市江南利玛特设备制造有限公司向瓦锡兰油气系统有限公司购买了一批压缩机，运输方式为海运。2016年3月28日，货物到达张家港保税区海关后存放于弘园公司仓库等待检验检疫。2016年3月29日，弘园公司仓库发生火灾，相关货物严重损坏。张家港市公安消防大队出具《火灾事故重新认定书》，认定起火原因排除外来火种，不排除木材自燃、电气线路故障引发火灾。原告IF财产保险公司芬兰公司系涉案货物的保险人，现已就所涉货损向被保险人（瓦锡兰油气系统有限公司）支付了货损理赔金1182821美元，并依法取得了代位追偿权。货损时货物处于被告弘园公司的保管之下，其未尽到妥善保管货物的义务，导致货物受损，应当承担赔偿责任。弘园公司向人保张家港公司投保有财产综合险，其中代保管财产的保险金额为107000000元，保险期间自2015年4月9日0时起至

① 案例来源：（2018）苏0582民初3989号。

2016年4月8日24时止。在弘园公司与原告就货损赔偿金额未达成一致且未向原告进行赔偿的情况下，弘园公司与人保张家港公司签订的《定损理赔协议》，由人保张家港公司向弘园公司支付赔款400万元人民币。

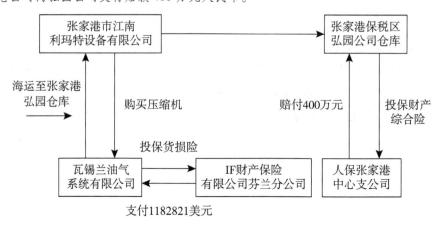

最后法院判决认为：《定损理赔协议》违反法律强制性规定，且涉嫌恶意串通损害原告利益，应属无效。且根据《保险法司法解释（四）》第20条之规定，人保张家港公司不得以其已向弘园公司赔偿为由拒绝赔偿原告，原告有权直接向人保张家港公司请求赔偿保险金。我国《保险法》第60条规定"因第三者对保险标的的损害而造成保险事故的，保险人自向被保险人赔偿保险金之日起，在赔偿金额范围内代位行使被保险人对第三者请求赔偿的权利……"，根据该规定，保险人在赔偿的保险金范围内有权向第三者请求赔偿。本案中，原告IF财产保险有限公司芬兰分公司已向被保险人瓦锡兰油气系统有限公司支付了保险金1182821美元，其有权向案涉保险事故的侵权方追偿。被告弘园公司作为保险标的的保管人，因保管不善造成涉案货物毁损，应当承担赔偿责任，故原告IF财产保险有限公司芬兰分公司要求被告弘园公司赔偿1182821美元的诉讼请求应当支持。

在上述案例中，由于被保险人对第三者所负的赔偿责任经人民法院生效裁判、仲裁裁决确认，人保张家港中心支公司需要向第三者直接支付1182821美元，而其准备向弘园公司追索已经支付的赔偿款时，弘园公司已经宣告破产。在责任保险中须等到被保险人对第三者所负的赔偿责任经人民法院生效裁判、仲裁裁决确认后再支付保险赔偿款，否则事先私下和解了事有时会后患无穷。

四、保险领域中的债权代位——责任保险中第三人直接请求权

（一）学说的争议

关于我国《保险法》第 65 条规定的责任保险中的第三人直接请求权的性质在世界范围内主要有以下七种学说。

1. 法定的并存债务承担说。该说认为被害人对被保险人享有侵权或违约之债权，被保险人为债务人，保险人因责任保险合同作为第三人加入债务关系成为债务人，原债务人在不免除债务下两人并存共负同一内容的债务。[①] 立足保险人、被保险人之间及其与第三人的关系视角来看，保险人取代被保险人的债务人地位对受害第三人承担债务，可以解释为法定债务承担说。以第三人视角来看，从权利发生的原因来讲应当可以采纳原始取得说，保险人不能以对抗被保险人的事由或者被保险人对抗第三人的事由对抗第三人。但本书认为债务承担需要当事人合意特别是债权人同意，而法律并未规定债务承担可以成立拟制情形。一般而言，并存的债务承担关系的成立需要债权人与承担人或债务人与承担人承担的合意，该说无法解释任何受害人即使在无合意下也可对责任保险人行使请求权。实际上保险人与加害人（被保险人）之间成立不真正连带责任，被害第三人有权选择侵权之诉向造成保险事故的被保险人主张权利，也有权选择合同之诉向保险公司主张权利，保险人一般为终局责任承担者。

2. 法定的利益第三人契约说。该说认为受害人的直接请求权出自保险人与投保人为第三人利益所订立的责任保险合同。该合同为第三人利益的意思表示不是订约双方的合意，直接来自法律的拟制。因此该合同具有我国《民法典》第 523 条规定的第三人利益合同的性质。法律规定可以成立第三人代向债权人履行债务的情形，仅限于当事人有约定的场合，且第三人（保险人）不履行债务或不符合约定，债务人需要向债权人承担违约责任，而在责任保险中保险人不履行债务，保险人对受害第二人（侵权人）并不承担违约责任。

3. 权利转移说。该说认为保险给付请求权为被保险人依照责任保险合同而享有的权利，在符合法律规定的条件时将之转移给受害人，受害人取得对保险人的直接请求权。这在英国为通说。英国 1930 年颁布的《第三人权利法》将被保险人的权利

[①]　张力毅：《交强险中受害人直接请求权的理论构造与疑难解析》，载《法律科学》2018 年第 3 期。

法定转移给第三人。① 我国司法实务的普遍观点认为第三人仅取得被保险人的地位而享有直接请求权，转移于第三人的权利并非被保险人在保险合同项下的所有权利和责任，仅以被保险人对第三人应当承担的责任有关的特定权利为限，而且受保险人就其保险责任而享有的全部或任何抗辩的支配。若被保险人虚假陈述、违反如实告知义务而隐匿事实或者违反担保，保险人可以之对抗第三人而不承担保险责任。②

4. 法定权利说（又称为"法律的特别规定说"）。该说认为由于缺乏传统的民商法规定作为责任保险中第三人直接请求权理论适用的基础，因此宜将之解释为该权利产生于"法律的特别规定"。1930 年《法国保险契约法》第 53 条规定：保险人对于受害人因为被保险人的责任所造成的损害事故而受到金钱上的不利结果，只要在保险金额的限度内该金额尚未被赔偿，保险人不得将应当给付的保险金额的全部或部分支付给受害人以外的任何人。因此法国学者认为受害人依照该条规定对保险人有直接请求权，而该请求权是通过立法而取得之债权。我国台湾地区"保险法"第 94 条也规定："被保险人对第三人应负损失赔偿责任确定时，第三人得在保险金额范围内，依其应得之比例，直接向保险人请求给付赔偿金额。"该说多用于解释交强险等政策性责任保险中第三人对保险人可以直接行使请求权，无须被保险人怠于请求保险人履行债权的前置条件等特殊情况。③

5. 原始取得权说。该说认为第三人直接请求权为与被保险人当时所拥有的权利同等内容、完全独立的权利，且这种权利的取得为依法的原始取得，该权利与保险人与被保险人之间的抗辩事由没有联系，因此保险人也不得以对抗被保险人的事由对抗第三人。原始取得说与法定权利说其实并没有本质区别。原始取得说在权利法定性基础上又强调强制性和直接性。

6. 债权代位说。该说认为第三人直接请求权本质上是民法中的代位权，是代位权在保险合同中的体现。④ 但也有学者持反对意见，认为虽然《保险法》第 65 条第 2 款中关于该权利的规定借鉴了代位权的相关内容，并且第三者直接请求权的限制条件与民法中的债权人的代位权相似。但第三者直接请求权并非债权代位在保险合同关系中的体现，因为二者在权利主体、客体、行使权利的条件、方式、效果等层面

---

① 刘宁：《论责任保险第三人的直接请求权》，山西大学 2006 年硕士学位论文。
② 陈云中：《保险学》，五南图书出版股份有限公司 1988 年版，第 508 页。
③ 张力毅：《交强险中受害人直接请求权的理论构造与疑难解析》，载《法律科学》（西北政法大学学报）2018 年第 3 期。
④ 郁佳敏：《责任保险中第三者代位权的法律思考》，载《上海保险》2010 年第 1 期。

存在差异，二者不能等同。①

7. 责任免脱给付说。该说认为责任保险的目的在于由保险人替代被保险人完成对受害人的给付，为避免被保险人推卸加害责任而设立第三人直接请求权。保险人与被保险人是不真正连带关系，受害人作为被保险人的债权人可以向被保险人或者作为连带保证人的保险人请求赔偿。第三人的直接请求权实际是对保险人在保险责任限度内的损害赔偿请求权，并非保险金请求权。②

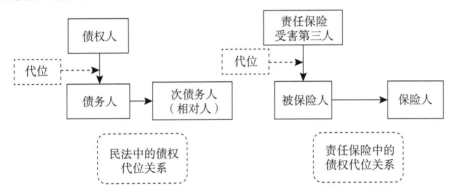

（二）属性分析

本书认为任意责任保险中可以采取前述第六种学说即债权代位说，对于强制责任保险则采第四种法定权利说（法律的特别规定说）。本书认为我国《民法典》完全可以作为第三人直接请求权解释适用的基础，无须撇开传统的民法理论另辟所谓法定权利说蹊径。该民法理论就是我国《民法典》第 535 条规定的债权代位制度。众所周知，第三人请求权是对责任保险中的分离原则的有限适用，第三人可以有条件地直接行使请求权，被保险人对第三人的赔偿责任确定且被保险人提出请求时，保险人有权直接向第三人给付保险金，但是这并不意味着在相同情形下第三人有权直接向保险人请求给付保险金。直接请求权被设置了两个限制：一是赔偿责任确定，二是被保险人怠于请求。在以上情形下第三人只有消极受领保险金的权利并不能积极请求保险人赔付。《保险法司法解释（四）》明确了《保险法》第 65 条"赔偿责任确定"以及"被保险人怠于请求"的适用情形。根据该条文的表述可知，这就是《民法典》第 535 条的债权代位制度在责任保险中的具体适用，是受害第三人在被保险人（债权人，相对于保险人而言）怠于向保险人请求保险金时，通过《民法典》

---

① 王艳艳：《责任保险第三者直接请求权研究》，华侨大学 2019 年硕士学位论文。
② 参见李薇：《日本机动车事故损害赔偿法律制度研究》，法律出版社 1997 年版，第 244—247 页。

第 535 条的债权代位制度取得对保险人的直接请求权。

我国债权代位的构成要件包括：1. 债务人的债权债务关系合法确定及到期。合法自不必多言；对于债权到期而言，若债权人对债务人的债权未到期就不能干涉债务人的债权。当然在主债权未到期但债务人债权存在"危险"时允许债权人采取"保全"措施（即我国《民法典》第 536 条规定的"例外"）。本书认为合同债权有"到期"之说，但对于侵权之债无"到期"之说，应在"到期"之后增加"或者可行使"。由于债权代位规定在我国《民法典》合同编"合同的保全"部分，因此债权代位的客体范围一般仅限于合同债权。2. 债务人对其相对人享有的权利不是专属于其自身的权利，且该权利适合行使代位权。3. 债务人已经陷于主债权的延迟履行而怠于行使其对相对人的到期权利（次债权）及从权利让债权人利益受损害。是否"到期"的审查包括债权人与债务人之间的法律关系以及债务人与其相对人之间的法律关系（代位权客体）两方面。法国在民法债权代位制度下对主、次债权审查标准是债权债务关系确实存在或债务人对债权未提出异议即可，并不需要债权到期和明确具体金额的要求。而我国《民法典》第 535 条要求代位权的客体以债权人对债务人的到期债权为限，没有考虑债务人对其相对人的权利（次债权）未到期的话可能导致代位权诉讼被驳回的后果。我国未以债务人资力不足作为要件，否则徒增债权人举证责任，严重影响代位制度的效果。总体而言，我国代位权行使的要件与传统民法和境外各国（地区）立法例相比存在一定差异。

债权代位与（清偿产生的）代位求偿权虽然都是代位权，但两者有本质区别。首先，适用的前提不同。债权代位是因债务人怠于行使次债权危及债权人主债权、债权人出于"债权保全"目的向债务人的相对人行使，即因债权保全取得代位。清偿代位是因第三人代替债务人履行债务而未获债务人清偿时向债务人行使，即因"清偿"行为取得代位。其次，是否发生债权转让。债权代位并不会因债权人代位而产生债权的当然转移，债务人并不退出债权法律关系，只有在债权代位诉讼中债权人从次债务人处全部获偿后，债务人的债务才消灭从而退出主债权关系。而清偿代位中发生债权的当然转移，在获全部清偿时债权人退出原债权法律关系。再次，取代的对象不同。清偿代位制度下代偿人取代的是债权人的地位，而债权代位制度下债权人取代的是债务人地位。最后，代位诉讼被告不同。债权代位的被告是次债务人（债务人的相对人），而代位求偿的被告是债务人或其共同债务人。故清偿代位制度无法解释责任保险中受害第三人的地位。责任保险中责任保险人是被保险人因过错造成保险事故给受害第三人造成损失的终局责任承担人，清偿代位求偿权只能由保险人向侵权或违约的第三人行使，而不能向受害第三人行使。代位权原理也决定了保险人代位追偿的对象不得为被保险人及其家庭成员（因被保险人投保的目的就是转移自身或利益共同体风险），但法律另有规定的除外。如根据《道路交通损害赔偿司法解释》第15条的规定，在交强险中，驾驶人恶意肇事〔无照驾驶、醉（毒）酒驾驶、故意制造保险事故〕的，受害第三人对其享有代位求偿权。

（三）实务问题

在我国现有法律体系下受害人直接请求权并不存在法律缺位的障碍，本书用债权代位理论来解释并解决司法实务中的具体疑难问题，从而证明其能为责任保险场景中第三人直接请求权提供统一的理论解决方案，包括交强险等政策性保险的特殊情形。即使在强制保险的无过失责任立法模式下其保险给付仍然与侵权责任的认定相结合，只不过如产品责任等般实行法定无过错责任，不影响受害人直接请求权的债权属性。

1. 受害人直接请求权行使的方式、客体

（1）传统民法理论和境外立法例对债权代位权行使方式不作限制，而我国仅限于以诉讼和仲裁方式行使。（2）代位权行使的客体。我国仅限于到期金钱债权，且非专属于债务人自身的债权。传统理论中债权代位的客体包括债权（非人身属性）、物权、地上请求权等权利及其从权利，也比我国"具有金钱给付内容的到期债权"更广泛，更强化对债权人利益的保护力度、更快实现债权清偿。（3）关于代位权行使而收回的财产如何分配，有以下两种学说：①"入库原则"说（又称债权人平等分配说）。按照传统民法理论和境外立法例，代位权的性质决定了债权人行使代位权的后果归属于债务人，成为债务人责任财产，各债权人平等受偿，称"入库规则"。②代位权人优先受偿说。我国采取第二种学说。我国债权代位制度主要承载"债权清偿"功能，这与立法设置代位权用于解决"三角债""讨债难"问题有关。

2. 受害人直接请求权行使的法律后果

（1）对债务人而言，有学者认为宜解释为未否定入库原则，而是在无其他共同债权人主张、依债务人指令所为或代位债权人依强制执行程序行使债权等诸种情况下，次债务人可以向该个别债权人清偿，发生清偿效力。[①]（2）对债权人而言，代位的效力归属于债务人，因此债权人就行使代位权支出的必要费用和支出，可以依据

---

① 崔建远：《债权人代位权的新解说》，载《法学》2011年第7期。

不当得利理论向债务人请求偿还。（3）就债务人的相对人而言①，凡基于两者法律关系之抗辩（包括权利发生的抗辩、权利存续之抗辩权利消灭之抗辩），债务人的相对人均得对抗债权人。我国《民法典》第 535 条第 3 款规定："相对人对债务人的抗辩，可以向债权人主张。"原因是基于权利的同一性债权人不可能通过行使债务人的权利而获得优于债务人的地位。即受害第三人行使直接请求权时次债务人对债务人的抗辩、抵销事由可以对受害人（债权人）行使。换言之，在受害人代位诉讼中，责任保险的保险人作为次债务人可以就保险合同关系中免责等抗辩事由（如保险人主张保险事故属于免赔范围）对抗受害第三人（债权人），但保险人不得就受害第三人与被保险人在侵权或违约形成的主债权关系中的抗辩事由对抗受害第三人。传统民法原理上次债务人不得就债权人与债务人之间的抗辩事由对抗债权人，毕竟责任保险的保险人与受害第三人未发生直接的法律关系。另外，保险人不得就受害第三人与被保险人因侵权或违约形成的债权关系中的抗辩事由对抗受害第三人。但是债权人行使代位权后次债务人因债务人的处分行为而取得的对债务人的抗辩权不能对抗债权人，因为有恶意串通逃避债务与妨碍债权人债权的嫌疑。②

3. 受害人行使直接请求权的范围

我国《民法典》第 535 条第 2 款规定："代位权的行使范围以债权人的到期债权为限。债权人行使代位权的必要费用，由债务人负担。"由此可见行使范围受到主债权和次债权额度的双重限制。当受害人从保险人处获得的保险赔偿不足以弥补其损失时，法院不再支持，但受害人可以另行起诉就不足部分继续向被保险人追偿。反之，如果债权人行使代位权的请求数额小于次债务数额时，债权人只能以其债权数额为限行使代位请求权。

4. 受害人代位诉讼的主体、债务人地位及管辖问题

代位诉讼中受害第三人代位债权人作为原告，债务人的相对人作为被告应无异议，问题在于实务中对债务人的地位有颇多争议。债权人提起代位权诉讼后，债务人原则上不能同时提起同一诉求的诉讼，因此债务人不能与债权人作为共同原告，由于没有共同的利害关系，作为共同被告也不适宜，无须承担诉讼后果，故对诉讼标的也没有独立请求权，因此只能作为无独立请求权的第三人参与诉讼。受害第三

---

① 由于我国债权代位权行使的范围不仅限于债权，因此这里不称为"次债务人"而叫作"债务人的相对人"。我国合同法及其司法解释原称作次债务人，《民法典》规定为"债务人的相对人"。

② 徐冰、吕明天：《代位权诉讼中对次债务人主张互负债务抵销的审查》，载《人民司法》2019 年第 29 期。

人同时起诉次债务人和债务人时如何确定管辖？本书认为是否允许抗辩（包括管辖权抗辩）涉及代位权制度整体构建问题，故应对仲裁协议和约定法院管辖条款持肯定态度。司法实务中受害第三人往往根据《民事诉讼法》中的"原告就被告"原则将被保险人和保险人同时列为被告，但两被告所在地法院均有管辖权吗？实际上若该诉讼以债权代位作为请求权基础，因受害人对被保险人的诉讼与受害人对保险人的诉讼两者请求权基础、法院管辖等规定均不一致，不宜合并审理，但两被告未就管辖权提出异议的例外。债务人不宜作为共同原告或被告参与债权代位诉讼，那么诉讼裁决的既判力是否及于债务人的问题就值得研究。为避免诉累，按照代位诉讼的效力归属原则，应当允许对债务人发生效力。

5. 债务人直接请求权诉讼时效的计算。有学者认为受害人直接请求权是一项独立的权利，对其直接请求权的诉讼时效应当单独立法，在立法缺位的情形下可以类推适用《保险法》第 26 条第 1 款规定的被保险人向保险人的保险索赔请求权的 2 年诉讼时效，只有当受害人知道有保险合同存在且知道相应的保险人时，诉讼时效才起算。[①] 但保险合同索赔权诉讼时效起算为客观时点（保险事故发生之日），并不因受害人是否知悉保险合同存在而有不同。受害人直接请求权诉讼的实质为代位权诉讼，代位权同时受制于债权人与债务人、债务人与第三人之间两个基础法律关系，故代位权诉讼的提起方应当在基础法律关系产生的债权有效诉讼时效内受法律保护，同时债权人对债务人的债权也需要满足"合法有效"的前提。责任保险中，受害第三人为保全债权目的代位其债务人的地位直接向债务人的相对人主张权利。在代位过程中，受害第三人享有因侵权或违约事实而产生的对被保险人（债务人）的损害赔偿请求权，同时也因债权代位取得被保险人对保险人的保险理赔请求权。那么受害第三人代位行使的是哪一种权利呢？本书认为，代位行使的应该是损害赔偿请求权而不是索赔权，故受害第三人以原损害赔偿债权的数额为限行使代位权。与保险人代位权不同，受害第三人对债务人的相对人只有法定出于债权保全目的产生的代位权，没有追偿权。在连带债务关系中，某个代替其他债务人偿还了全部或部分债务的债务人对其他连带债务人就其代偿的超出责任部分的份额有追偿权，但追偿权不是会随债权产生而产生的权利，而是因代其他债务人偿还债务产生的权利。受害第三人不会因赔偿请求权这个债权产生追偿权。这是债权代位制度与代偿代位制度

① 张力毅：《交强险中受害人直接请求权的理论构造与疑难解析》，载《法律科学》（西北政法大学学报）2018 年第 3 期。

的本质区别，故在债权代位制度下债权人只能行使代位权，不存在追偿权和代位权竞合从而债权人必须择一行使的问题。从保护受害人（债权人）的利益出发，《保险法》赋予受害人请求权的目的在于保全有效到期债权，如果不及时行使代位权债务人对第三人的债权会因诉讼时效期间届满而消灭。前述受害人的损害赔偿权和保险理赔求偿权均须保持合法有效才能保证代位权诉讼实现债权的目的。损害赔偿请求权的诉讼时效一般根据《民法典》第 188 条关于诉讼时效的规定而定，而保险合同索赔请求权的诉讼时效，就责任保险而言虽然应当依据《保险法》第 26 条规定为"知道或者应当知道保险事故发生之日起 2 年"，但《保险法司法解释（四）》第 18 条规定对"事故发生之日"作了新的解释，即"被保险人对第三者应负的赔偿责任确定之日"。该解释对第三人保护更为有利，可以避免第三人因不知保险合同而错过向保险人索赔的机会。一旦受害第三人在前述两项请求权的民事诉讼时效内提起代位权诉讼或仲裁，两项权利的诉讼时效均发生中断的效果。若受害第三人在代位权诉讼中未获得全额赔偿，此时损害赔偿请求权诉讼时效因中断而未届满，其仍然可以在损害赔偿请求权的诉讼时效内另行起诉债务人。

第二节 责任保险的保险责任范围

一、保险责任的限制因素

作为责任保险合同的保险标的的赔偿责任要受到以下几个方面的限制：

（一）法定的民事赔偿责任

责任保险承保的赔偿责任以法定的民事赔偿责任为限。非民事责任，如刑事责任和行政处罚责任不能作为责任保险标的，因为保险人替代责任人承担前述责任将大大降低刑罚和行政处罚的威慑功能，无异于鼓励犯罪和违法违规。同时民事责任必须是赔偿责任，责任的实际承担可以转化为损害赔偿或者其他可以用金钱方式衡量的赔偿责任。被保险人对第三人名誉侵权应承担赔礼道歉的民事责任，不得作为责任保险的标的，但是采用登报方式赔礼道歉的费用可以作为责任保险的保险标的。责任保险以被保险人对他人依法应负的民事赔偿责任为保险标的，在合同中无保险金额，而规定赔偿限额。责任保险的承保方式有两种：一种是作为其他保险的组成部分或附加部分承保，不作为主要险别单独承保，如机动车保险中的第三人责任险、船舶保险中的碰撞责任险等。另一种是作为主要险别单独承保。其形式有公众责任保险、产品责任保险、雇主责任保险、职业赔偿保险即职业责任保险等。该赔偿责任既可以是侵权产生的赔偿责任也可以是合同违约产生的赔偿责任。虽然我国《保险法》第 65 条第 4 款的规定并不能得到被保险人依法应当承担的赔偿责任限于侵权责任的结论，但最高人民法院在《保险法司法解释（四）》第 7 条规定保险人依照《保险法》第 60 条的规定，主张代位行使被保险人因第三者侵权或者违约等享有的请求赔偿的权利的，人民法院应予支持。被保险人对第三者请求赔偿的权利，可以是依侵权关系的侵权之诉，也可以是依合同关系的合同之诉，被保险人可以选择对自己有利的诉讼主张损害赔偿。

【案例】 中国平安财产保险股份有限公司江苏分公司诉江苏镇江安装集团有限公司保险人代位求偿权纠纷案①

裁判要旨：因第三者的违约行为给被保险人的保险标的造成损害的，可以认定为属于《保险法》第 60 条第 1 款规定的"第三者对保险标的的损害"情形。保险人由此依法向第三者行使代位求偿权的，人民法院应予支持。

（二）排除被保险人故意

责任保险的保险标的一般排除被保险人故意造成第三人损害的赔偿责任。我国《保险法》第 27 条第 2 款规定，投保人、被保险人故意制造保险事故的，保险人有权解除合同，不承担赔偿或者给付保险金的责任。因此如果保险合同约定将被保险人故意造成的保险事故列为除外责任，则这里的"故意"要注意以下三点：

1. 主体的特定性。故意致人损害的赔偿责任不得为责任保险的保险标的，仅限于被保险人自己的故意，他人的故意行为致损产生的赔偿责任仍然可以作为保险标的，例如雇员忠诚保险中，显然保险范围包括雇员的故意欺诈行为给用人单位造成的损害赔偿责任。雇主责任保险中保险责任范围也可以包括雇主对雇员的故意行为产生的损害赔偿责任，该损害对于雇主而言仍然是意料之外的，具有偶然性、意外性，所以雇员的故意行为也可以作为雇主责任保险的保险标的。

2. 故意的双重性。故意是指被保险人的故意行为造成了第三人的损害，且被保险人对该损害结果的发生持放任或者积极追求的心态，即故意包括行为的故意和结果的故意两个方面，例如被保险人闯红灯属于故意（行为的故意），但是交通事故这一损害结果的发生并非其所希望的（结果的故意），这种情况仍然不符合"故意不赔"原则。除了故意外，被保险人在其他主观心态下造成的第三人损害的赔偿责任

---

① 案例来源：《最高人民法院关于发布第 15 批指导性案例的通知》（2016 年 12 月 28 日）。

都可以作为责任保险合同的保险标的。所以，过错责任以及不考虑被保险人主观过错的无过错责任、违约责任导致的赔偿责任，都可以作为责任保险的保险标的。但出于控制风险的考虑，保险人通常对前述情况征收与其风险（承保范围）相适应的较高的保险费。

3. **违法性。** 这种故意行为一般具有违法的性质。纯粹的故意行为不能排除在责任保险承保范围之外。

（三）排除履约信用保证风险

履约信用保证风险就是指通过合同约定创设的赔偿责任，如前所述，责任保险承保此类损失不符合《保险法》的规定。《责任保险业务监管办法》规定，就某一违约事件来看，债权人面临的是义务人违约的信用风险，债务人可能因承担违约赔偿责任而受损。这意味着对于同一违约事件而言，信用风险与责任风险是一个硬币的两面。前者可以通过投保信用保险或者保证保险来实现对债权人的保护，后者可以通过投保责任保险来实现对债务人遭受损失的补偿，但是实质上仍然是对债权人的保护。换句话说，对于信用风险，保险公司可以通过改变被保险人用责任保险来承保。近年来，随着金融新业态的发展，信用保证保险的风险发生了变化，融资性信保业务积累的风险较大，甚至对少数保险公司的偿付能力构成威胁。为了有效防范与化解融资性信保业务所带来的风险，2020年5月中国银保监会出台《信用保险和保证保险业务监管办法》，加强对融资性信保业务的监管。在此背景下，为了避免个别保险公司改头换面用责任保险来承保融资性信用风险，《责任保险业务监管办法》明令禁止保险公司用责任保险合同来承保融资性信用风险，防患于未然。

（四）责任保险利益

虽然承运人并非涉案货物的所有人，但承运人负有确保货物安全运抵目的地的法定义务，当承运人实际承运货物，与货主签订赔偿协议且已履行完毕时，承运人对承运货物具有保险利益。但该保险利益属于责任保险利益，而非所有权利益。因此保险事故发生时，承运人对于货物并无相关物上的权利，不具有货运险保险标的的保险利益，承运人不能依据货运保险合同向保险人请求赔偿保险金。承运人对于其承运的货物不享有货主的所有人利益，故其投保货物运输险自始不具有保险利益，与其利益匹配的是承运人责任险。

【案例】上海申夏物流有限公司诉永安财产保险股份有限公司上海分公司财产保险合同纠纷案①

基本案情：永安财险上海公司、申夏物流公司签订《国内货物运输预约保险协议》（以下简称《货运险预约协议》），约定投保人、被保险人为申夏物流公司，适用条款为"永安保险（备案）〔2012〕N9 号国内水路、陆路货物运输保险条款——综合险"。后案外人北臣公司委托申夏物流公司将涉案货物从外高桥保税物流园区运输到福建省某中压仓库，双方签订《国内货物运输服务合同》。其后，申夏物流公司提取涉案货物，并委托案外人双业公司负责运输。2014 年 3 月，运输车辆在途经福清市龙天镇时，因刮损低压电线致涉案货物烧毁。浦东法院作出（2014）浦民二（商）初字第 3267 号民事判决，认定北臣公司应支付申夏物流公司运费，申夏物流公司亦应承担承运货物损毁的赔偿责任。货值与北臣公司应支付申夏物流公司的运费抵销，申夏物流公司仍应支付北臣公司差额 234825.50 元。申夏物流公司未履行前述生效判决，向永安财险上海公司提起诉讼主张保险人应对前述货物损失承担保险责任。

裁判结果：一审法院认定，申夏物流公司作为被保险人，对保险合同享有保险利益，具有保险金请求权。二审法院认定，申夏物流公司作为本案《货运险预约协议》项下投保人及被保险人，在本案中是否有保险利益，应看在事故发生时申夏物流公司对于运输中的货物有无物上的权利。根据本案查明的事实，在保险事故发生时，申夏物流公司对于受损货物并无相关物上的权利，不具有货运险保险标的的保险利益，故申夏物流公司不能依据货运险保险合同向永安财险上海公司请求赔偿保险金。永安财险上海公司作为专业保险公司，经营的货运险性质为财产险，应由货主作为被保险人；物流责任险为责任险，应由承运人作为被保险人系属明知。永安财险上海公司在订立合同过程中未依照诚实信用原则，确实充分、清楚无误地披露保险产品的重要事实，未适当履行告知义务，在申夏物流公司明示其主体身份和投保需求的情况下，与其建立了申夏物流公司作为被保险人的货运险合同关系，致申夏物流公司无法实现合同目的。永安财险上海公司应基于其过错对申夏物流公司就保险合同的合理期待利益受损承担相应的赔偿责任。

---

① 案例来源：（2016）沪 02 民终 2274 号。

二、保险事故的认定

(一) 关于索赔时效——对《保险法》第 26 条第 1 款的理解

《保险法》第 26 条第 1 款规定：人寿保险以外的其他保险的被保险人或者受益人，向保险人请求赔偿或者给付保险金的诉讼时效期间为 2 年，自其知道或者应当知道保险事故发生之日起计算。责任保险诉讼时效起算有损害事故发生说、被保险人受请求说、赔偿义务履行说、赔偿责任确定说四种学说。① 根据赔偿责任确定说，由于被保险人向第三者依法应负的损害赔偿责任已确定，被保险人的损失也相应得以确定，因此该说似乎更符合责任保险承保的保险标的是被保险人法定赔偿责任这一特性，《保险法司法解释（四）》确认采取第四种学说才让争议暂时告一段落。《保险法司法解释（四）》第 14 条规定：具有下列情形之一的，被保险人可以依照《保险法》第 65 条第 2 款的规定请求保险人直接向第三者赔偿保险金：（1）被保险人对第三者所负的赔偿责任经人民法院生效裁判、仲裁裁决确认；（2）被保险人对第三者所负的赔偿责任经被保险人与第三者协商一致；（3）被保险人对第三者应负的赔偿责任能够确定的其他情形。前款规定的情形下，保险人主张按照保险合同确定保险赔偿责任的，人民法院应予支持。显而易见，该司法解释采用的责任保险诉讼时效起点并非保险法规定的"保险事故发生之时"。责任保险事故包括客观损害事故发生和被保险人民事责任确定两部分。民事责任确定之日才是责任保险事故发生之日。即为保险人应赔之时，从该时点可得知保险人态度，保险人如随即拒赔也视为"权利受到侵害"。第四种学说因更贴近民法"知道或者应当知道权利受到侵害之时"而被《保险法司法解释（四）》所采纳，毕竟事故发生之日与赔偿责任确定之日可能旷日持久，以事故发生之日起算对被保险人保护不利。需要注意的是，《保险法》第 26 条关于诉讼时效的起始时间为被保险人"知道"保险事故发生之日起算。"被保险人'应当知道'保险事故发生之日起"并不是诉讼时效的起始时间。对于责任保险而言，其保险事故发生之日就是被保险人应对第三人承担法律责任确定之日。

(二) 关于期内发生制和期内索赔制

责任保险有两种不同的索赔基础，即期内发生制和期内索赔制。期内发生制，是指只要事故在保险期限内（包括追溯期）发生，无论索赔在何时提出，保险人均

---

① 参见陈梦琪：《责任保险的诉讼时效起算点问题探析》，载"海事界"微信公众号 2018 年 7 月 5 日。

在保险责任范围内予以赔付。期内索赔制，是指只有事故在保险期限内（包括追溯期）发生，且在保险单有效期间内提出索赔，保险人才予以赔付。采用期内发生制，对于在保险期限内发生的事故，被保险人可能会在保险期限终止后一段时间，甚至很长时间后才提出索赔。为了避免这个弊端，目前保险市场一般采用期内索赔制的承保方式，保险人对于保险期间届满后的索赔案件不负赔偿责任，可免除"长尾巴"责任。被保险人若欲继续获得保险保障，需每年向同一保险人续保。

（三）关于"追溯期"和"发现期"的约定

如前所述，保险责任的归属方式可以分为期内发生制和期内索赔制。在确定保险责任时，还应该注意在采用期内索赔制时，要分清有关"追溯期"和"延长报案时间"的约定。目前责任险一般采用期内索赔制。但此种承保方式可能会使保险人承受在保险单生效前，已经发生的赔偿责任。为防止此种情况，保险人多在保险单中订有"追溯期"，约定在该日以前所发生的事故不负赔偿责任。如果被保险人在保险单期满时不再续保或中途退保，保险人对于保险单失效后的索赔案不负赔偿责任，可以切掉"长尾巴"责任，对保险人较为有利。但对被保险人来说，则缺乏保障，于是产生"发现期"（又称延长报告期）的约定，使被保险人在发现期内提出的索赔得到保障。

三、责任保险的责任范围和责任限额

（一）责任范围

发生保险事故后保险人应承担的保险责任范围大小取决于责任保险合同的约定。若责任保险合同对保险责任范围没有作出明确约定的，除非法律有特别规定，保险人应当承担损失填补的责任。具体来讲，保险人承担的责任范围可以分为以下两类：

1. 被保险人的赔偿责任

保险人对被保险人依法应负的赔偿责任承担保险责任。被保险人承担的赔偿责任必须经法院判决，或者经保险人同意而达成的和解协议确认。

2. 条款约定"其他必要、合理费用"的赔偿范围

我国《保险法》第66条规定，责任保险的被保险人因给第三者造成损害的保险事故而被提起仲裁或者诉讼的，被保险人进行抗辩而产生的仲裁或者诉讼费用，以及其他必要的、合理的费用，原则上由保险人承担。但是该项规定并非强制性规定，可以在保险合同中约定排除。必要的、合理的费用产生的前提条件是保险事故发生

时，为减少被保险人的损失而发生的费用。费用虽然因保险事故而发生但不是为减少损失而发生的不能列入，如预防费用。责任保险的赔偿为实际事故发生时的相关费用及损害赔偿责任、法律费用之和不得超过每次事故（每人）责任限额和累计限额。

（二）责任限额

在一般财产损失保险合同中，保险人通过保险价值确定保险金额。责任保险也需要设定一定的范围来控制风险。由于责任保险的保险标的是被保险人对第三人的赔偿责任，并非具体财产，不存在保险价值。被保险人可以预估可能发生的赔偿责任大小，依据自己的财务能力，与保险人约定责任保险的赔偿限额。一旦责任保险的保险事故发生，保险人仅需就赔偿限额与损失限额加以比较，以两者中的较低者作为保险理赔金额。

第三节　机动车强制责任保险和商业三者险

一、机动车强制责任保险

（一）机动车强制责任保险的原则

1. 强制性原则

机动车强制责任保险是指保险公司对被保险机动车发生道路交通事故造成本车人员、被保险人以外的受害人人身伤亡、财产损失，在责任限额内予以赔偿的强制性责任保险。"强制"二字即表明只要机动车想进入交通道路，就必须缴纳该保险费，除了该机动车已经被注销、被办理停驶的或者被公安机关证实丢失的。在通常情况下，机动车强制责任保险的保险期间为 1 年，但是境外的机动车临时入境、机动车临时上路行驶或者距离报废期限不足 1 年的，保险期限可以少于 1 年。

（1）投保和承保的强制性。交强险是中国首个由国家法律规定实行的强制保险制度。其保险费实行全国统一收费标准。《交强险条例》第 10 条第 1 款明确规定：投保人在投保时应当选择从事机动车交通事故责任强制保险业务的保险公司，被选择的保险公司不得拒绝或者拖延承保。第 13 条规定：签订机动车交通事故责任强制保险合同时，投保人不得在保险条款和保险费率之外，向保险公司提出附加其他条件的要求。同时保险公司也不得强制投保人订立商业保险合同以及提出附加其他条件的要求。

（2）解除合同的限制和禁止。一是保险人不得任意解除。《交强险条例》第14条规定：保险公司不得解除机动车交通事故责任强制保险合同；但是，投保人对重要事项未履行如实告知义务的除外。投保人对重要事项未履行如实告知义务，保险公司解除合同前，应当书面通知投保人，投保人应当自收到通知之日起5日内履行如实告知义务；投保人在上述期限内履行如实告知义务的，保险公司不得解除合同。第15条规定：保险公司解除机动车交通事故责任强制保险合同的，应当收回保险单和保险标志，并书面通知机动车管理部门。二是投保人不得任意解除。第16条规定投保人不得解除机动车交通事故责任强制保险合同，但有下列情形之一的除外：（1）被保险机动车被依法注销登记的；（2）被保险机动车办理停驶的；（3）被保险机动车经公安机关证实丢失的。第17条规定：机动车交通事故责任强制保险合同解除前，保险公司应当按照合同承担保险责任。合同解除时，保险公司可以收取自保险责任开始之日起至合同解除之日止的保险费，剩余部分退还投保人。

2. 无过错责任原则

立法者认为，商业责任保险通常承保被保险人出于过失给第三人（受害人）造成的损害，该第三人（受害人）依照商业责任保险获得补偿的重大障碍之一是其需要对被保险人的侵权行为出于过失的主观要件负有举证责任。因此为使受害人不受该举证责任困扰，于是将机动车强制责任保险定位为"无过错保险"，让受害人不论在加害人有无过失的情况下均可以获得保险给付或交通事故赔偿基金的补偿。这意味着被保险人无责时，保险人仍然要承担赔偿责任，不过交强险设置了无责的赔偿责任限额，且比有责的赔偿责任限额低得多。

3. 法定限额制度

《交强险条例》第23条规定机动车交通事故责任强制保险在全国范围内实行统一的责任限额。责任限额分为死亡伤残赔偿限额、医疗费用赔偿限额、财产损失赔偿限额以及被保险人在道路交通事故中无责任的赔偿限额。机动车交通事故责任强制保险责任限额由国务院保险监督管理机构会同国务院公安部门、国务院卫生主管部门、国务院农业主管部门规定。无论被保险人是否在交通事故中负有责任，保险公司均将按照《交强险条例》以及交强险条款的具体要求在责任限额内予以赔偿。对于维护道路交通通行人员的人身财产安全、确保道路安全具有重要的作用，同时能减少法律纠纷、简化处理程序、确保受害人获得及时有效的赔偿。这种赔偿是以保障交通事故受害人获得基本的保障为目的，但也同时造成受害人只能享受基本保障的结果。2020 年 9 月 3 日，中国银行保险监督管理委员会官网发布《关于实施车险综合改革的指导意见》，其中明确规定，提升交强险保障水平，将交强险总责任限额从 12.2 万元提高到 20 万元，其中死亡伤残赔偿限额从 11 万元提高到 18 万元，医疗费用赔偿限额从 1 万元提高到 1.8 万元，财产损失赔偿限额维持 0.2 万元不变。具体而言，机动车强制责任保险赔偿的对象范围主要有本车人员和投保人以及投保人允许的驾驶人员。此外，赔偿范围局限在发生交通事故或者本车人员下车后被本车碰伤，但是驾驶人员下车后被本车碰伤或者本车人员在发生交通事故被甩出车外后被本车碰伤、为逃避交通事故跳车而被本车碰伤则不在赔偿范围。关于其中的赔偿限额，就医疗费用赔偿数额来看，被保险人无责任时为 1000 元，有责任时则为 18000 元，具体包括医疗费、诊疗费、住院费、住院伙食费、营养费、后续治疗费。就死亡伤残的赔偿限额来看，被保险人无责任时为 11000 元，有责任时则为 180000 元，其中包括交通费、住宿费、误工费、护理费、伤残赔偿金、残疾人生活辅助器具费、残疾赔偿金、丧葬费、死亡赔偿金、精神损害抚慰金。就财产损失而言，被保险人无责任时为 100 元，被保险人有责任时为 2000 元。

4. 第三人的直接请求权

《交强险条例》第 31 条第 1 款规定："保险公司可以向被保险人赔偿保险金，也可以直接向受害人赔偿保险金。但是，因抢救受伤人员需要保险公司支付或者垫付抢救费用的，保险公司在接到公安机关交通管理部门通知后，经核对应当及时向医疗机构支付或者垫付抢救费用。"但是该规定并非真正意义上的第三人直接请求权。例如，德国法的直接请求权，因其完全建立在"责任关系—责任保险"体制之下，且对于直接请求权的性质是采取"法定并存债务承担理论"，因此第三人的直接请求权本质上仍然是侵权行为损害赔偿请求权，只不过在强制汽车保有人责任保险法的设计下另赋予其保险法上的性质。因此德国法明确规定，责任保险人与被保险人对于第三人承担连带责任。第三人行使直接请求权，即为同时行使其损害赔偿请求权。其直接请求权的满足即为赔偿请求权的满足。保险人虽然不能以保险关系上的抗辩权来对抗第三人，但仍然行使责任关系上的抗辩权（例如与有过失抗辩）。但是我国《交强险条例》项下的直接请求权，因为无过错责任条款已经与侵权行为法脱钩，所以受害人的保险给付请求权已经不具有侵权行为请求权的性质，而只具有保险法性质。因此在特定情形下保险人不能以责任关系上的抗辩（例如侵权责任的不成立、过失相抵等）来对抗受害人。

5. 交通事故赔偿基金

与机动车强制责任保险密切相关的还有社会救助基金，社会救助基金主要用于受伤害者不能及时拿到抢救费用或者受害人家属不能及时拿到丧葬费的情况下，由社会救助基金先予垫付，然后由社会救助基金管理机构向责任人追偿，其通常出现在抢救费用超出了机动车强制责任保险责任限额或者机动车未参加机动车强制责任保险或者机动车交通肇事后逃逸的情况下。而社会救助基金的来源主要在机动车强制责任保险保险费中按照一定的比例提取资金和未按照法律法规规定投保机动车强制责任保险而产生的罚款，还有向交通事故责任人追偿后收回的财产和社会救助基金产生的孳息等。

（二）交强险的当事人

1. 交强险合同中的被保险人是指投保人及其允许的合法驾驶人。

2. 投保人是指与保险人订立交强险合同，并按照合同负有支付保险费义务的机动车的所有人、管理人。

3. 交强险合同中的受害人是指因被保险机动车发生交通事故遭受人身伤亡或者财产损失的人，但不包括被保险机动车本车车上人员、被保险人。

【案例】高淳县民政局诉王昌胜、吕芳、天安保险江苏分公司交通事故人身损害赔偿纠纷案①

裁判要旨：在交通事故引发的人身损害赔偿案件中，死亡受害人为城市生活无着的流浪乞讨人员，经公安部门刊发启事未发现其近亲属，政府民政部门作为原告提起民事诉讼，要求赔偿义务人承担赔偿责任的，因民政部门不是法律规定的赔偿权利人，与案件不存在民事权利义务关系，且其法定职责不包括代表或代替城市生活无着的流浪乞讨人员提起民事诉讼，故民政部门不是案件的适格诉讼主体，其起诉应依法驳回。

（三）保险责任

1. 承保范围

2021 年 9 月 17 日，中国保险行业协会向中国银保信、各车险经营公司印发了2020 年版《机动车交通事故责任强制保险条款》，也即 2020 年最新交强险条款。根据该条款，在中华人民共和国境内（不含港、澳、台地区），被保险人在使用被保险

---

① 案例来源：《最高人民法院公报》2007 年第 6 期。

机动车过程中发生交通事故，致使受害人遭受人身伤亡或者财产损失，依法应当由被保险人承担损害赔偿责任，保险人按照交强险合同的约定对每次事故在下列赔偿限额内负责赔偿：（1）死亡伤残赔偿限额为180000元；（2）医疗费用赔偿限额为18000元；（3）财产损失赔偿限额为2000元；（4）被保险人无责任时，无责任死亡伤残赔偿限额为18000元，无责任医疗费用赔偿限额为1800元，无责任财产损失赔偿限额为100元。死亡伤残赔偿限额和无责任死亡伤残赔偿限额项下负责赔偿丧葬费、死亡补偿费、受害人亲属办理丧葬事宜支出的交通费用、残疾赔偿金、残疾辅助器具费、护理费、康复费、交通费、被扶养人生活费、住宿费、误工费，被保险人依照法院判决或者调解承担的精神损害抚慰金。医疗费用赔偿限额和无责任医疗费用赔偿限额项下负责赔偿医药费、诊疗费、住院费、住院伙食补助费、必要的、合理的后续治疗费、整容费、营养费。

2. 垫付与追偿

一是保险公司的垫付责任。《交强险条例》第22条规定：有下列情形之一的，保险公司在机动车交通事故责任强制保险责任限额范围内垫付抢救费用，并有权向致害人追偿：（1）驾驶人未取得驾驶资格或者醉酒的；（2）被保险机动车被盗抢期间肇事的；（3）被保险人故意制造道路交通事故的。有前款所列情形之一，发生道路交通事故的，造成受害人的财产损失，保险公司不承担赔偿责任。这说明被保险人缴纳了机动车强制责任保险费并不意味着就可以免于承担赔偿责任。

二是社会救助基金的垫付责任。有些情形下无法找到应负责的保险人时由道路交通事故社会救助基金承担最后的救济责任。《交强险条例》第24条规定：国家设立道路交通事故社会救助基金（以下简称救助基金）。有下列情形之一时，道路交通事故中受害人人身伤亡的丧葬费用、部分或者全部抢救费用，由救助基金先行垫付，救助基金管理机构有权向道路交通事故责任人追偿：（1）抢救费用超过机动车交通事故责任强制保险责任限额的；（2）肇事机动车未参加机动车交通事故责任强制保险的；（3）机动车肇事后逃逸的。值得说明的是，在前述法定情形下保险公司抑或救助基金承担的最后的救济责任并不是真正的最后责任，为体现对道路交通事故责任人前述故意或者不法行为的惩罚，保险公司和救助基金在分别赔付后仍然保留对道路交通事故责任人追偿的权利。

【案例】天平汽车保险股份有限公司苏州中心支公司诉王克忠追偿权纠纷案①

裁判要旨：机动车驾驶人肇事逃逸的认定应当有法律依据。《交强险条例》第22条规定，以下三种情形造成的道路交通事故，由保险公司在交强险责任限额内承担垫付责任，并有权向致害人追偿：（1）驾驶人未取得驾驶资格或者醉酒的；（2）被保险机动车被盗抢期间肇事的；（3）被保险人故意制造道路交通事故的。机动车驾驶人肇事逃逸未在上述条款范围内，不应适用该规定予以处理。

（四）除外责任

1. 受害人自身原因

（1）受害人故意造成的交通事故的损失

受害人故意造成交通事故，保险人不负赔偿责任，这是2020年《交强险标准条款》第9条约定的除外责任条款。该条的法理依据就是我国《民法典》第1174条有关"损害是因受害人故意造成的，行为人不承担责任"的规定。这里的故意应当仅包括对结果的心理态度，即结果故意。行为人闯红灯是行为故意，但不一定会造成交通事故（结果故意），如果行为人故意为追求造成交通事故的目的而闯红灯，这才属于这里的故意行为。那么受害人酒后驾车问题如何处理呢？如果受害人虽然酒后驾车，但抱有安全驾驶回家的侥幸心理，结果与被保险车辆相撞造成自身受伤，这种情形保险公司可否依据《交强险标准条款》第9条规定主张免责呢？受害人酒后驾车的事实虽然构成刑事犯罪，但在侵权行为性质上仅构成过失相抵，可以依据与有过失的比例酌情减少其赔偿请求权，未必当然剥夺其赔偿请求权。如果此时保险人可以免责，无异于要求被保险人须自行负担对受害人的赔偿责任。因受害人过错行为而惩罚被保险人显然违反责任保险对于被保险人的保障功能。况且在受害人其他原因与有过失情况下，交强险的无过错原则刻意忽略受害人的过失使其获得十足的保险赔偿，因此即使酒后驾车情况下也不应完全剥夺该存在过失责任的受害人的保险给付请求权。

【案例】荣宝英诉王阳、永诚财产保险股份有限公司江阴支公司机动车交通事故责任纠纷案②

裁判要旨：交通事故的受害人没有过错，其体质状况对损害后果的影响不属于可以减轻侵权人责任的法定情形。法院生效裁判认为：《侵权责任法》第26条（现

---

① 案例来源：《最高人民法院公报》2018年第5期。
② 案例来源：《最高人民法院关于发布第六批指导性案例的通知》（2014年1月26日）。

为《民法典》第 1173 条）规定，被侵权人对损害的发生也有过错的，可以减轻侵权人的责任。《道路交通安全法》第 76 条第 1 款第 2 项规定，机动车与非机动车驾驶人、行人之间发生交通事故，非机动车驾驶人、行人没有过错的，由机动车一方承担赔偿责任；有证据证明非机动车驾驶人、行人有过错的，根据过错程度适当减轻机动车一方的赔偿责任。因此，交通事故中在计算残疾赔偿金是否应当扣减时应当根据受害人对损失的发生或扩大是否存在过错进行分析。本案中，虽然原告荣宝英的个人体质状况对损害后果的发生具有一定的影响，但这不是侵权责任法等法律规定的过错，荣宝英不应因个人体质状况对交通事故导致的伤残存在一定影响而自负相应责任，原审判决以伤残等级鉴定结论中将荣宝英个人体质状况"损伤参与度评定为75%"为由，在计算残疾赔偿金时作相应扣减属适用法律错误，应予纠正。

从交通事故受害人发生损伤及造成损害后果的因果关系看，本起交通事故的引发系肇事者王阳驾驶机动车穿越人行横道线时，未尽到安全注意义务碰擦行人荣宝英所致；本起交通事故造成的损害后果系受害人荣宝英被机动车碰撞、跌倒发生骨折所致，事故责任认定荣宝英对本起事故不负责任，其对事故的发生及损害后果的造成均无过错。虽然荣宝英年事已高，但其年老骨质疏松仅是事故造成后果的客观因素，并无法律上的因果关系。因此，受害人荣宝英对于损害的发生或者扩大没有过错，不存在减轻或者免除加害人赔偿责任的法定情形。同时，机动车应当遵守文明行车、礼让行人的一般交通规则和社会公德。本案所涉事故发生在人行横道线上，正常行走的荣宝英对将被机动车碰撞这一事件无法预见，而王阳驾驶机动车在路经人行横道线时未依法减速慢行、避让行人，导致事故发生。因此，依法应当由机动车一方承担事故引发的全部赔偿责任。

根据我国《道路交通安全法》的相关规定，机动车发生交通事故造成人身伤亡、财产损失的，由保险公司在机动车第三者责任强制保险责任限额范围内予以赔偿。而我国《交强险条例》并未规定在确定交强险责任时应依据受害人体质状况对损害后果的影响作相应扣减，保险公司的免责事由也仅限于受害人故意造成交通事故的情形，即便是投保机动车无责，保险公司也应在交强险无责限额内予以赔偿。因此，对于受害人符合法律规定的赔偿项目和标准的损失，均属交强险的赔偿范围，参照"损伤参与度"确定损害赔偿责任和交强险责任均没有法律依据。

（2）"按责赔偿、无责免赔"条款的效力

我国机动车商业车损险中约定保险公司按照机动车所负责任比例承担赔偿责任的条款的效力问题在实务界与理论界存在争议。实践中如何认定车损险中"按责赔付、无责免赔条款"的效力？大部分法院认为，保险人对于被保险人在合同约定的保险事故中遭受的财产损失承担的是赔偿责任，并适用民事赔偿的填平原则。而如果按照事故责任比例赔偿，意味着被保险人的损失不能获得全部赔偿，被保险人在保险理赔之外，还需要向有过错的第三人主张权利，承担不能获得赔偿的风险。并且，财产保险并非责任保险，被保险车辆的驾驶人在保险事故中的责任不应成为确定保险责任的依据。因此法院判决按责任比例赔付条款无效而认定保险人需先行承担全部车损，在赔付后可向有责任的另一事故方追偿。也有些法院直接依据《保险法》第 17 条的规定认为保险人未证明自己履行过明确说明义务，或者依据《保险法》第 19 条的规定认为保险人利用格式条款，免除自身依法应承担的义务，排除被保险人依法应享有的权利的情形而认定事故责任比例赔偿条款无效。有学者认为，车损险属于财产保险的一种，适用无过失原理，保险人系以危险事故发生所致于保险标的的损害为承保基础，按被保险人因而遭受的实际损害承担损失填补责任，至于事故发生是否属于被保险人的过失在所不问。危险事故的发生如果可归责于受害人与加害人双方，其比例如何？有学者认为其判断权在于主审法官。交通主管机构就事故可归责性及比例的认定仅仅产生行政法的效力，但不得径行作为民事赔偿的依据。① 《中国保险行业协会机动车商业保险示范条款（2020）》第一章机动车损失保险保险责任中没有规定按责比例赔付条款，但责任保险中的"按责赔付"条款被保留下来。② 本书认为，无论是车损险中的"按责赔付、无责免赔条款"还是第三者责任险中的"按责赔付条款"都应当是有效的。虽然貌似违反财产损失保险中填补被保险人所受全部实际损失或责任保险中承担全部赔偿赔偿的原则，但为维护社会秩序，行为人应当为自己的过错承担责任的原则也同样非常重要，"按责赔付、无责免赔条款"就是前两项原则的平衡，不应被认定为无效条款。"无责免赔"是指被保险人在无责时无须承担赔偿责任，如被保险人的车被撞产生损失应该由对方或对方保险公司赔偿。如果对方或对方保险公司延迟、拒绝给付，被保险人能否向自己

---

① 施文森：《试析江苏省高级人民法院关于新保险法之问卷》，载谢宪主编：《保险法评论》（第三卷），法律出版社 2010 年版。

② 《中国保险行业协会机动车商业保险示范条款（2020）》第 21 条规定："保险人依据被保险机动车一方在事故中所负的事故责任比例，承担相应的赔偿责任。被保险人或被保险机动车一方根据有关法律法规选择自行协商或由公安机关交通管理部门处理事故，但未确定事故责任比例的，按照下列规定确定事故责任比例：被保险机动车一方负主要事故责任的，事故责任比例为 70%；被保险机动车一方负同等事故责任的，事故责任比例为 50%；被保险机动车一方负次要事故责任的，事故责任比例为 30%。涉及司法或仲裁程序的，以法院或仲裁机构最终生效的法律文书为准。"

的保险公司请求先行垫付修车费用呢？此时车损险中无责被保险人的承保人不得以放弃向对方或对方保险公司代位追偿为由拒绝先行全额垫付。车损险中的"按责赔付"是指根据被保险人过错程度比例酌减保险金给付，酌减赔付可以视为对有过错的被保险人的一种惩罚，同时也可以避免在财产损失保险中保险人全额赔付被保险人车损后再向有责任的另一事故方追偿的烦琐。责任保险中的"按责赔付"条款是保险公司为降低自身经营风险同时督促被保险人谨慎驾驶的有效工具，符合我国《民法典》规定的过错相抵原则。责任保险的保险人一般都是责任的终局承担者，极少还有再向有赔偿责任的第三人代位追偿的情况。责任保险中"按责赔付"条款属于双方当事人特别约定条款，同样应得到当事人的严格遵守，这种当事人意思自治在不涉及违反《保险法》第 17 条时应得到法院的尊重。如不涉及司法或仲裁程序，保险人和被保险人完全可以依据前述"按责赔付"条款执行，保险人仅承担被保险人责任份额内的赔偿责任。如果事故双方当事人对交警部门事故责任归责性和比例认定不服可以通过司法或者仲裁程序解决。交警部门事故责任认定虽然不得径行作为民事赔偿的依据，但可以作为法院或仲裁机构确定民事赔偿责任的参考。本书建议，在被保险人存在过失时，仍然可以参照《德国保险合同法》第 81 条规定保险人可以根据投保人的过错程度相应减少保险赔偿金，而这种比例酌减给付原则适用于所有损害保险，不因财产损失保险或者责任保险而异。

（3）财产损失和间接损失不在赔付范围内

由于交强险的目的仅在于补偿交通事故受害人人身损伤和财产损失这个基本保障，因此对于此外的被保险人所有的财产及被保险机动车上的财产遭受的损失以及间接损失（主要是指被保险机动车发生交通事故，致使受害人停业、停驶、停电、停水、停气、停产、通信或者网络中断、数据丢失、电压变化等造成的损失以及受害人财产因市场价格变动造成的贬值、修理后因价值降低造成的损失等其他各种间接损失、因交通事故产生的仲裁或者诉讼费用和其他相关费用）均在交强险赔付范围之外。

【案例】中国平安财产保险股份有限公司大庆支公司与天宇选煤有限责任公司财产损失保险合同纠纷案①

基本案情：2017 年 10 月 30 日 14 时 40 分，七台河市天宇选煤有限责任公司（以下简称天宇公司）名下由司机王明杰驾驶的黑 K×××××号牌重型仓栅式货车，沿新

---

① 案例来源：《2021 年全国法院十大商事案例》（2022 年 1 月 29 日）。

兴区 S308 省道由西向东行驶，当车行驶至太河××秤附近路段，预穿越道路中间绿化隔离带掉头时，与同方向后方行驶的黑 K×××××号牌重型自卸货车相撞，造成黑 K×××××号牌重型自卸货车乘车人受伤，双方车辆受损的道路交通事故。后由七台河市公安局交通警察支队新兴大队出具七公交［新］认字（2017）第 2029 号道路交通事故认定：王明杰承担事故的全部责任，其他人员无责任。

事故发生后，因天宇公司在中国平安财产保险股份有限公司大庆支公司（以下简称平安保险大庆支公司）处投保交强险和商业险，多次催促平安保险大庆支公司对黑 K×××××号牌重型仓栅式货车核定损失进行维修，但平安保险大庆支公司拖延定损，致使天宇公司黑 K×××××号牌重型仓栅式货车延期定损超过约定 30 日，共计 58 天才定损。维修时间为 2017 年 12 月 28 日至 2018 年 2 月 7 日，平安保险大庆支公司于 2018 年 3 月 12 日支付维修款，使天宇公司车辆停运 32 天。七台河市旭太价格评估有限责任公司出具司法鉴定意见：经鉴定，黑 K×××××陕汽牌 SX5316CCY4V456 重型仓栅式货车日停运损失为 790.00 元。

本案争议焦点为平安保险大庆支公司是否应承担天宇公司的停运损失。一审法院认定：事故发生后天宇公司及时向平安保险大庆支公司报案申请理赔，而平安保险大庆支公司于 2017 年 12 月 28 日才对事故车辆损失进行核定，中间相差 58 天，根据《保险法》规定，自接到天宇公司请求后，应在最长不得超过 1 个月内作出核定损失的结论，但平安保险大庆支公司在此期间怠于履行法定定损、理赔的义务，应当承担违约责任，故对天宇公司超期定损的主张予以支持。关于天宇公司的逾期支付维修款停运损失的主张：平安保险大庆支公司为天宇公司车辆定损后，应当在车辆维修完毕后将维修款及时打入维修场所的账户内，而其怠于履行职责，造成天宇公司车辆一直无法取回，停运 32 天的损失。天宇公司车辆系营运车辆，平安保险大庆支公司应当预料到迟延定损、理赔会造成停运损失，故应对天宇公司停运的损失承担违约责任，对该主张予以支持。对于一审法院判决，平安保险大庆支公司认为：在双方的保险合同约定中不存在赔偿停运损失的约定，一审判决认定车辆未按时定损及未按时支付赔偿的责任在平安保险大庆支公司没有事实根据，向黑龙江省七台河市中级人民法院提起上诉。二审法院认定：天宇公司在平安保险大庆支公司投保了车损险，根据《保险法》第 23 条的规定，天宇公司车辆系营运车辆，平安保险大庆支公司未及时为天宇公司车辆定损及定损后怠于履行职责，造成停运损失，应当承担相应责任。

上述案件中，法院认为保险人未及时为被保险人的营运车辆定损，并在定损后怠于支付保险金，违反了《保险法》第23条的规定，保险人应对因此造成被保险人车辆的停运损失，包括超期定损停运损失、逾期支付维修款停运损失等承担赔偿责任。但本书认为该案不能过度解读，间接损失仅限于在保险人延迟赔付给当事人造成损失的前提下才会适用。受制于《保险法》第23条第2款对损失因果关系的要求，在被保险人或受益人提出类似性质的损失索赔时，该损失与保险人未及时履行赔付义务之间是否存在法律上的因果关系，仍然会成为法院审查的重点。

2. 隐藏性除外责任

《交强险条例》第22条规定："有下列情形之一的，保险公司在机动车交通事故责任强制保险责任限额范围内垫付抢救费用，并有权向致害人追偿：（一）驾驶人未取得驾驶资格或者醉酒的；（二）被保险机动车被盗抢期间肇事的；（三）被保险人故意制造道路交通事故的。有前款所列情形之一，发生道路交通事故的，造成受害人的财产损失，保险公司不承担赔偿责任。"这并不意味着保险人就可以免予承担赔偿责任，我国《保险法》第27条明确规定被保险人故意制造保险事故的，保险人可以免责。但交强险属于强制性保险，为保障受害人权益，《交强险条例》第22条规定保险人仍然应当依照保险法规定给付保险金，同时赋予保险人向加害人求偿的权利，以资平衡。由此可见，《交强险条例》第22条着眼于对受害人的保护，将一般责任保险的除外危险内部化，仍然责令保险人负担保险责任，但是在内部关系上再向被保险人代位使得被保险人负担终局的责任。但是保险人向被保险人代位求偿应当仅以第22条列举的事由与交通事故的发生有因果关系为限，不应无限扩大解释。这种情形下保险人取得的对被保险人的代位追偿权，其请求权基础仍然是受害人或其遗属依据民法中侵权行为法项下损害赔偿请求权的规定，而非《交强险条例》第22条（本条仅仅是请求权转移的依据，而不是请求权发生的依据）。如果受害人存在过失，被保险人在受保险人追偿时，由于转移前和转移后的权利是一致的，基于对受害人的抗辩事由可以同样向保险人主张。

3. 其他除外责任

（1）保险责任期间开始条款

车辆损失保险、机动车第三者责任保险、交强险等财产保险中通常会约定一个具体明确的保险责任开始期间。对此有的法院认为保险责任期间条款既不是免责条款更不是格式条款，属于特别约定条款，是双方当事人协商达成合意的结果，该条款合法有效。有的法院则认为该条款属于格式条款，未向投保人提示或者明确说明不产生效力，所以该条款无效。比较典型的例子就是"零时生效条款"[①] 和医疗保险"等待期条款"[②]。实务中对该类案件争议的焦点就是保险期间条款是否属于格式条款、免责条款，主要有两种意见。一种意见认为，责任期间条款是格式条款。理由是：（1）"期间条款"是格式条款。期间条款由起讫年、月、日和时点两部分组成，内容为投保人缴费后出单打印时点，具体责任起讫时点是保险人重复使用而预先打印好，事先未与投保人协商。（2）零时生效不符合交强险相关立法目的，违背监管层及时出单、全面保障的精神。[③] 另一种意见认为，责任期间条款不是格式条款，保险人不应当承担赔偿责任。理由是：（1）根据《保险法》第 13 条、第 14 条规定当事人可以对保险合同附加期限，保险责任期限属于附加期限之列。（2）责任期间条款并非重复使用，且具有可协商性，因此不能作为格式条款对待。（3）根据《保险法》第 18 条的规定，责任期间条款是保险合同的必备事项，虽然提前打印一些字样，但具体时点仍要投保人与保险人特别约定。根据保监会 2009 年出台的《关于加强机动车交强险承保工作管理的通知》，出单时可用投保人特殊要求的新的日期和时间覆盖原来的"零点"字样或特别约定"即时生效"。2010 年保监会在《关于机动车交强险承保中"即时生效"有关问题的复函》中明确未强制保险公司实行交强险出单时即时生效，投保人可以选择即时生效，若无证据证明投保人在订立合同时曾有异议，可认为投保人缴纳保险费即为对期间条款的同意。（4）期间条款不是免责条款。投保人缴纳一年的保险费，保险人的保险期限仍然为一年，尽管零时生效使得投保人在一段时间内得不到保障，但失效时点也相应延后，责任期限未缩短，并未免除或者限缩保险人的责任。[④]

保险人对责任期间条款这么重要的条款是否有告知投保人有即时生效选择权的义务，法律确实未明确规定，这造成保险人若无证据证明投保人对期间条款有确认

---

① 例如，某年 11 月 14 日 18 时许，被告曾某驾驶摩托车撞伤叶某，经认定曾某负事故全责。该车于当日（11 月 14 日）9 时投保交强险，保单上写的是"保险期间为 11 月 15 日 0 时至次年 11 月 14 日 24 时。"一审法院判决保险人赔偿叶某，保险人以保外出险不应赔偿上诉后，二审法院改判为：保险人无须赔偿，理由是出险时（11 月 14 日 9 时），保险合同尚未生效（保单上写的是 11 月 15 日 0 时生效）。这就是著名的"交强险次日凌晨生效条款"是否有效问题。

② 为规避道德风险，健康保险合同订立时保险公司一般约定保险合同生效后的 180 天或者 90 天为等待期，在等待期内即使发生保险事故，保险人也不承担保险责任。对于保险等待期是否属于免责条款，裁判尺度和保险理论学说争论也差异很大。因文章篇幅所限不再赘述，具体参见贺栩栩：《民法典格式条款的效力审查规范解读》，载《苏州大学学报》（哲学社会科学版）2020 年第 4 期。

③ 参见卢国伟、铁蔚丽：《次日零时起生效应被认定为格式条款》，载《人民司法》2010 年第 18 期。

④ 王蕴、司继宾：《机动车交强险"次日零时生效"条款的法律效力》，载《人民司法》2017 年第 28 期。

和同意，司法审判中就认定保险人未履行说明义务，最后还是可能就落到了格式条款和免责条款的法律规定上。① 在威科先行数据库中输入"次日凌晨生效"关键词并剔除无效案例后得到 29 个判决。② 其中只有 3 个判决倾向保险公司不赔，认为投保人并未对保单内容提出异议，视为认可，保单记载的保险期限为 2015 年 1 月 16 日 0 时至 2016 年 1 月 15 日 24 时，因此该保险合同属于附期限的合同，自所附期限届至时生效，自期限届满时失效③。该 3 个判决还强调保险单记载的保险期限属于保险合同基本内容之一，不属于格式条款中的免责条款，不应适用《保险法》第 17 条进行提示和明确说明。但是大多数判决还是认为责任期间条款属于格式条款中的免责条款。

（2）肇事逃逸免责条款

在机动车第三者责任保险及交强险中，保险格式条款通常会将交通肇事逃逸的情形约定为保险人不承担赔偿责任的免责条款。对于此类条款多数法院认定其无效。有的法院认为，该条款属于格式免责条款。交通事故就是约定的交通事故，交通事故发生意味着约定的赔偿条件成就，保险人即应按约履行赔偿义务。逃逸行为属于事后行为，并非交通事故的原因，其影响仅限于逃逸之后。就逃逸行为加重的责任部分，应由肇事方自行承担，但对于逃逸之前的责任，保险人不得免除赔偿责任。

---

① 胡稳：《对保险期间条款性质认定的疑难》，载《法制博览》2019 年第 11 期。

② （2020）豫 04 民终 3076 号；（2020）皖 0291 民初 2082 号；（2019）吉 0103 民初 5017 号；（2019）赣 01 民终 3114 号；（2019）陕 08 民终 4637 号；（2019）鲁 02 民终 9942 号；（2019）吉 01 民终 1791 号；（2018）豫 14 民终 5431 号；（2018）豫 01 民终 11672 号；（2018）辽 0114 民初 12669 号；（2018）豫 01 民终 12477 号；（2018）内 0602 民初 1001 号；（2018）冀 02 民终 3029 号；（2018）冀 02 民终 3011 号；（2017）冀 0281 民初 5851 号；（2017）豫 0324 民初 676 号；（2017）冀 0281 民初 314 号；（2017）晋 08 民终 2038 号；（2017）津 02 民终 1407 号；（2016）赣民申 565 号；（2016）豫 05 民终 3749 号；（2015）淄民三终字第 577 号；（2015）淄民三终字第 576 号；（2014）鲁民提字第 313 号；（2013）舞民初字第 1077 号；（2014）宣区民初字第 48 号；（2013）威商终字第 241 号；（2013）邯市民三终字第 254 号；（2010）甬镇商初字第 261 号。

③ （2015）淄民三终字第 577 号、（2015）淄民三终字第 576 号、（2017）冀 0281 民初 314 号。其中（2015）淄民三终字第 577 号判决认为：上诉人收到保单后，对于保单记载的内容包括承保险别、保险金额、保险费数额、保险期限等内容已知悉，核对保单内容后，若有异议，应通知被保险人进行批改，但上诉人并未对保单内容提出异议，视为认可。保单记载的保险期限为 2015 年 1 月 16 日 0 时至 2016 年 1 月 15 日 24 时，因此该保险合同属于附期限的合同，自所附期限届至时生效，自期限届满时失效。本案事故发生于 2015 年 1 月 15 日 14 时 30 分，并非在保险合同约定的保险期限内，故被上诉人不应对本次事故负保险理赔责任，原审判决对此认定正确，本院予以确认。保险单记载的保险期限属于保险合同的基本内容之一，不属于格式条款中的免责条款，不应适用《保险法》第 17 条的规定进行提示和明确说明，故上诉人主张保险合同记载的保险期限系免责条款，未经提示和明确说明不产生法律效力的上诉理由不能成立，本院不予采信。

对于此类条款，同一法院的不同合议庭也做出了截然相反的认定。如广东省高级人民法院有的合议庭持部分无效说①；有的合议庭则认为该条款虽然属于免责条款，但肇事逃逸是严重的违法行为，车辆的驾驶人、实际支配人都应当遵守法律法规的强制性规定，并理应知晓违反法律法规强制性规定行为应承担的不利后果，因此保险人只要尽到基本的提示义务即可，该条款仍然有效。②

二、商业三者险

按照《中国保险行业协会机动车商业保险示范条款（2020 年版）》（以下简称《示范条款》）的规定，机动车商业保险主险包括机动车损失保险、机动车第三者责任保险、机动车车上人员责任保险共三个独立的险种，投保人可以选择投保全部险种，也可以选择投保其中部分险种。保险人依照本保险合同的约定，按照承保险种分别承担保险责任。这里主要介绍机动车第三者责任保险。

（一）保险责任

保险期间内，被保险人或其允许的驾驶人在使用被保险机动车过程中发生意外事故，致使第三者遭受人身伤亡或财产直接损毁，依法应当对第三者承担损害赔偿责任，且不属于免除保险人责任的范围，保险人依照本保险合同的约定，对于超过机动车交通事故责任强制保险各分项赔偿限额的部分负责赔偿。

《示范条款》第 21 条规定，保险人依据被保险机动车一方在事故中所负的事故责任比例，承担相应的赔偿责任。被保险人或被保险机动车一方根据有关法律法规选择自行协商或由公安机关交通管理部门处理事故，但未确定事故责任比例的，按照下列规定确定事故责任比例：被保险机动车一方负主要事故责任的，事故责任比例为 70%；被保险机动车一方负同等事故责任的，事故责任比例为 50%；被保险机动车一方负次要事故责任的，事故责任比例为 30%。涉及司法或仲裁程序的，以法院或仲裁机构最终生效的法律文书为准。

（二）责任免除

《示范条款》第 22 条规定，在上述保险责任范围内，下列情况下，不论任何原因造成的人身伤亡、财产损失和费用，保险人均不负责赔偿：（1）事故发生后，被

---

① 郑岳龙：《商业三者险肇事逃逸免责条款无效——广东高院裁定安华保险公司申请再审交通肇事逃逸免责案》，载《人民法院报》2013 年 11 月 7 日。
② 参见广东省高级人民法院（2013）粤高法民二申字第 1015 号民事裁定书。

保险人或驾驶人故意破坏、伪造现场，毁灭证据。（2）驾驶人有下列情形之一者：①交通肇事逃逸；②饮酒、吸食或注射毒品、服用国家管制的精神药品或者麻醉药品；③无驾驶证，驾驶证被依法扣留、暂扣、吊销、注销期间；④驾驶与驾驶证载明的准驾车型不相符合的机动车；⑤非被保险人允许的驾驶人。（3）被保险机动车有下列情形之一者：①发生保险事故时被保险机动车行驶证、号牌被注销的；②被扣留、收缴、没收期间；③竞赛、测试期间，在营业性场所维修、保养、改装期间；④全车被盗窃、被抢劫、被抢夺、下落不明期间。

第23条规定，下列原因导致的人身伤亡、财产损失和费用，保险人不负责赔偿：（1）战争、军事冲突、恐怖活动、暴乱、污染（含放射性污染）、核反应、核辐射；（2）第三者、被保险人或驾驶人故意制造保险事故、犯罪行为，第三者与被保险人或其他致害人恶意串通的行为；（3）被保险机动车被转让、改装、加装或改变使用性质等，导致被保险机动车危险程度显著增加，且未及时通知保险人，因危险程度显著增加而发生保险事故的。第24条规定，下列人身伤亡、财产损失和费用，保险人不负责赔偿：（1）被保险机动车发生意外事故，致使任何单位或个人停业、停驶、停电、停水、停气、停产、通讯或网络中断、电压变化、数据丢失造成的损失以及其他各种间接损失；（2）第三者财产因市场价格变动造成的贬值，修理后因价值降低引起的减值损失；（3）被保险人及其家庭成员、驾驶人及其家庭成员所有、承租、使用、管理、运输或代管的财产的损失，以及本车上财产的损失；（4）被保险人、驾驶人、本车车上人员的人身伤亡；（5）停车费、保管费、扣车费、罚款、罚金或惩罚性赔款；（6）超出《道路交通事故受伤人员临床诊疗指南》和国家基本医疗保险同类医疗费用标准的费用部分；（7）律师费，未经保险人事先书面同意的诉讼费、仲裁费；（8）投保人、被保险人或驾驶人知道保险事故发生后，故意或者因重大过失未及时通知，致使保险事故的性质、原因、损失程度等难以确定的，保险人对无法确定的部分，不承担赔偿责任，但保险人通过其他途径已经知道或者应当及时知道保险事故发生的除外；（9）因被保险人违反本条款第28条约定，导致无法确定的损失；（10）精神损害抚慰金；（11）应当由机动车交通事故责任强制保险赔偿的损失和费用；保险事故发生时，被保险机动车未投保机动车交通事故责任强制保险或机动车交通事故责任强制保险合同已经失效，对于机动车交通事故责任强制保险责任限额以内的损失和费用，保险人不负责赔偿。

【案例】曹连成、胡桂兰、曹新建、曹显忠诉民生人寿保险股份有限公司江苏分公司保险合同纠纷案①

裁判要旨：在保险人责任免除条款及保险条款释义中，没有对机动车的认定标准作出规定的情况下，基于轻便摩托车生产厂家产品说明书、产品检验合格证（均显示该车为助力车）的误导，以及被保险人客观上无法取得机动车号牌的事实，作出案涉车辆不属于保险人免责条款中所规定的机动车之解释，符合一个普通车辆购买人及使用人的认知标准，应作出有利于被保险人的解释，案涉车辆应认定为不属于保险人免责条款中所规定的机动车。此时，被保险人在不领取驾驶证的情况下驾驶上述车辆，亦不属于免责条款规定的无证驾驶情形。

（三）责任限额

每次事故的责任限额，由投保人和保险人在签订本保险合同时协商确定。《示范条款》第26条规定：主车和挂车连接使用时视为一体，发生保险事故时，由主车保险人和挂车保险人按照保险单上载明的机动车第三者责任保险责任限额的比例，在各自的责任限额内承担赔偿责任。

（四）赔偿处理

发生保险事故后，保险人依据《示范条款》的约定在保险责任范围内承担赔偿责任。赔偿方式由保险人与被保险人协商确定。因保险事故损坏的第三者财产，修理前被保险人应当会同保险人检验，协商确定维修机构、修理项目、方式和费用。无法协商确定的，双方委托共同认可的有资质的第三方进行评估。

三、驾驶员和第三人身份转换的问题

因驾驶员实际控制车辆，对其转化为第三者应严格限制，以不能转化为原则。除驾驶人员完全从驾驶身份脱离外（如自愿下车、对车辆采取了安全措施、交通事故无责任），驾驶员不应转化为第三者，交强险和商业三者险均不能赔付。

（一）驾驶人不能转化为第三人的常见情形

1. 发生交通事故时驾驶人员被甩出车外后遭本车碾压。《江苏省高级人民法院关于当前商事审判若干问题的解答（二）》第11条规定："驾驶人属于被保险人，在任何情况下均不应认定为'第三者'。"且根据时空状况判断驾驶人是否属于"第三

---

① 案例来源：《最高人民法院公报》2014年第10期。

者"，可能会出现驾驶人故意制造保险事故请求保险赔偿的情形，引发道德风险。《深圳市中级人民法院关于审理道路交通事故损害赔偿纠纷案件的裁判指引》（深中法发〔2014〕3号）第2条规定："本车驾驶人被本车撞击导致伤亡的，该人员不属于交强险中的第三者，不属于交强险的赔偿范围……本车人员发生交通事故时被甩出车外后被本车碾压导致伤亡的，该人员不属于交强险中的第三者，不属于交强险赔偿范围。"

2. 驾驶人员因车辆未熄火，下车修理、休息、查看车辆状况或其他情形，遭本车碾压。《湖北省高级人民法院民事审判工作座谈会会议纪要》第1条规定，交强险中的"第三者"的范围应严格按照国务院《交强险条例》第21条的规定确定。被保险机动车发生交通事故时，如本车人员因机动车颠覆、倾斜等脱离了被保险机动车辆造成损害的，不宜将受害人认定为机动车第三者责任强制保险中的"第三者"，受害人请求保险公司承担限额赔偿责任的，不予支持。

3. 驾驶人员因未拉手刹车辆溜车，遭本车碾压。重庆市高级人民法院民二庭《关于车上人员正常离开被保险车辆后该被保险车辆伤害是否适用商业第三者责任险的答复》（2014渝高法民二复字第1号）指出："如经被保险人允许的合法驾驶人或其他车上人员因自身的过失（例如未拉紧手刹等），导致其正常下车后被该保险车辆造成损害的，因不存在侵权责任，缺乏适用责任险的前提，故保险公司主张不承担赔偿责任的，人民法院应予以支持。"《安徽省高级人民法院关于审理道路交通事故损害赔偿纠纷案件若干问题的指导意见》第10条规定："本车驾乘人员脱离本车车体后，遭受本车碰撞、碾压等损害，请求本车交强险赔偿的，人民法院予以支持。"

（二）驾驶人不能转化为第三人的依据

"根据侵权法基本原理，任何危险作业的直接操作者不能构成此类侵权案件的受害人。当他们因此而受到损害时，应基于其他理由（劳动安全）请求赔偿。"[1] 机动车驾驶人因其本人的行为，造成自己损害，他不可能成为其本人利益的侵权人，并对其损害要求自己保险的赔偿。因此，被保险人作为驾驶人时，不能纳入第三人的范围，驾驶人可以通过购买意外伤害险来承保自己遭受的损害。总的来说，不能转化的原因有三个：一是驾驶人员是车辆的实际操作和控制人，不能因自己的过错，获得对自己的赔偿。二是驾驶人员因自身过错造成自己的损害，无法形成侵权责任，

---

[1] 最高人民法院民事审判第一庭编著：《最高人民法院关于道路交通损害赔偿司法解释理解与适用》，人民法院出版社2015年版，第225页。

责任保险无法适用。三是驾驶人员属于交强险中的被保险人，不属于交强险的保险责任范围。

（三）驾驶人能转化为第三人的情形

1. 驾驶人因自身意愿正常下车后，已不具有实际控制车辆和获得车辆的运营利益的可能，遭本车碾压的，可转化为第三者。《广西壮族自治区高级人民法院关于审理机动车交通事故责任纠纷案件有关问题的解答》（桂高法〔2014〕261号）规定，车上人员能否转化为"第三者"作为本车交强险和商业三者险限额赔偿范围的理赔对象，应根据案情区别对待：（1）发生交通事故时，车上人员被抛出本车，一般不应认定其为本车的"第三者"；（2）车上人员正常下车后，遭受本车碰撞、碾压等伤害，可以认定其身份已经转换为本车的"第三者"。

2. 如驾驶员将本车安全停放在可合法停放的地方后，本车遭他车碰撞，本车再将驾驶员碾压，则驾驶人员可转化为第三者。

四、车上人员与第三人的转化

（一）以事故结果发生时所处的位置来判断

2008年的最高人民法院公报案例"郑克宝交通事故人身损害赔偿纠纷案"，认为"判断保险车辆发生意外事故而受害的人属于'第三者'还是属于'车上人员'，必须以该人在事故发生当时这一特定的时间是否身处保险车辆之上为依据，在车上即为'车上人员'，在车下即为'第三者'。机动车辆保险合同中所涉及的'第三者'和'车上人员'均为在特定时空条件下的临时性身份，即'第三者'与'车上人员'均不是永久的、固定不变的身份，二者可以因特定时空条件的变化而变化。"

（二）以事故车上人员被甩出车外是否遭受二次碰撞来判断

在最高人民法院2019年度案例"段某玲保险合同案"中，一审人民法院认为，本案受害者跳车时，交通事故尚未发生。其跳车后被车辆碾压时身份转化为车外人员，因此判令保险公司在交强险范围内进行理赔。区别于郑克宝案，该判决不仅要求受害者所处空间上的转化，而且要看是否在车外与本车接触后发生伤害。

（三）车上、车下人员身份固定，事故发生时在车上的人员不因脱离车辆而导致身份转变

最高人民法院民事审判庭第一庭编写的《民事审判参考与指导》发布题为"被保险车辆中的'车上人员'能否转化为机动车第三者责任强制保险中的'第三

者'"指导性案例,明确提出倾向性意见:"当被保险车辆发生交通事故时,如本车人员脱离了被保险车辆,不能视其为机动车第三者责任强制保险中的'第三者',不应将其作为机动车第三者责任强制保险限额赔偿范围的理赔对象。"《山东省高级人民法院关于审理保险合同纠纷案件若干问题的意见(试行)》第26条规定:"车上人员在车下时被所乘机动车造成人身或财产损害的,除合同另有约定外,保险人应按照责任强制保险和第三者责任保险承担保险责任。车上人员在发生交通事故时被甩出车外导致人身伤亡,被保险人或受害人要求保险人按照责任强制保险和第三者责任保险承担责任的,除合同另有约定外,人民法院不予支持。车上人员在发生交通事故时甩出车外后与所乘机动车发生碰撞导致人身伤亡,除合同另有约定外,保险人应按照责任强制保险和第三者责任保险承担保险责任。"

【案例】郑克宝诉徐伟良、中国人民财产保险股份有限公司长兴支公司道路交通事故人身损害赔偿纠纷案①

裁判要旨:1. 根据机动车辆保险合同的约定,机动车辆第三者责任险中的"第三者",是指除投保人、被保险人和保险人以外的,因保险车辆发生意外事故遭受人身伤亡或财产损失的保险车辆之下的受害者;车上人员责任险中的"车上人员",是指发生意外事故时身处保险车辆之上的人员。据此,判断因保险车辆发生意外事故而受害的人属于"第三者"还是属于"车上人员",必须以该人在事故发生当时这一特定的时间是否身处保险车辆之上为依据,在车上即为"车上人员",在车下即为"第三者"。2. 由于机动车辆是一种交通工具,任何人都不可能永久地置身于机动车辆之上,故机动车辆保险合同中所涉及的"第三者"和"车上人员"均为在特定时空条件下的临时性身份,即"第三者"与"车上人员"均不是永久的、固定不变的身份,二者可以因特定时空条件的变化而转化。因保险车辆发生意外事故而受害的人,如果在事故发生前是保险车辆的车上人员,事故发生时已经置身于保险车辆之下,则属于"第三者"。至于何种原因导致该人员在事故发生时置身于保险车辆之下,不影响其"第三者"的身份。

五、交通事故侵权损害赔偿与工伤赔偿的竞合问题

《工伤保险条例》第14条第6项规定,职工在上下班途中,受到非本人主要责任的交通事故或者城市轨道交通、客运轮渡、火车事故伤害的,应当认定为工伤。

---

① 案例来源:《最高人民法院公报》2008 年第 7 期。

根据该规定，劳动者除在工作时间和工作地点因工作原因遭受交通事故伤害外，认定为工伤需要满足"在上下班途中"和"非本人主要责任"两个条件。那么，受害者可以重复索赔吗？《社会保险法》第42条规定："由于第三人的原因造成工伤，第三人不支付工伤医疗费用或者无法确定第三人的，由工伤保险基金先行支付。工伤保险基金先行支付后，有权向第三人追偿。"此系关于民事侵权责任和工伤保险责任竞合的规定。《人身损害赔偿案件司法解释》第3条规定，劳动者因工伤事故遭受人身伤害，向人民法院起诉请求用人单位承担民事赔偿责任的，告知其按《工伤保险条例》的规定处理。因用人单位以外的第三人侵权造成劳动者人身伤害的，赔偿权利人请求第三人承担民事赔偿责任的，人民法院应予支持。前述规定似乎可以理解为工伤保险待遇和民事侵权赔偿二者可兼得。主要判定依据有：（1）《工伤保险条例》并没有规定取得了交通事故赔偿就不再享有工伤待遇，工伤赔偿与交通赔偿是两个不同的法律关系，不存在减扣的情况。因第三人造成工伤的职工或其近亲属，从第三人处获得民事赔偿后，可以按照《工伤保险条例》第37条的规定，向工伤保险机构申请工伤保险待遇补偿。（2）工伤保险责任与侵权赔偿责任属于不同的法律关系项下的责任承担方式，停工留薪期间工资与误工费不是同一个法律概念，不存在重复赔偿。（3）工伤赔偿是单位职工的一种保险待遇，是为尽快解决赔偿而设，并不当然免除侵权人的侵权责任。（4）工伤保险待遇系基于用人单位应当承担的法定义务，保险金与工伤保险待遇性质不同，产生的法律基础不同，两者并不矛盾，且现亦无法律法规规定前述被侵权人对前述两种款项不能共同主张。

劳动者同时又是交通事故受害人的，侵害人必须是用人单位以外的第三人才可获得双重赔偿。但在下列案例中由于侵害人同时是用人单位，第三人的责任保险人无须承担保险赔偿责任。

2018年10月24日，谢某驾驶粤×××××号重型非载货专业作业车在古巷镇福水路南倒车过程中，不慎碰撞到原告周某，造成原告受伤的交通事故。经交警认定，谢某承担事故全部责任，原告无责。原告的伤情经鉴定为十级伤残，原告诉诸法院，要求谢某、车主邓永峰、保险公司赔偿人身损失合计190939.03元。谢某在执行甲公司指派的工作职务中致同事（原告）受伤，而受伤的原告同时也是在执行甲公司安排的工作任务。由此，甲公司既是侵权主体，又是用人单位，谢某不属于用人单位以外的第三人，原告在本案中主张的损害并非由用人单位甲公司以外的第三人造成的，原告不享有可以获得工伤和侵权双份赔偿的权利，也不享有可以自由选择主张工伤赔偿抑或民事侵权赔偿的权利。最后法院判决在侵权主体与用工主体同一的情况下，原告依法只能按《工伤保险条例》的规定处理，其在本案中主张被告承担民事侵权赔偿责任不具有法律依据。另，根据机动车责任保险的基本原理及保险条款的相关约定，不管是交强险还是商业三者险，本案保险公司承担保险赔偿责任的前提和基础都是被告谢某和邓某峰以及第三人甲公司依法应因侵权行为对第三者承担民事赔偿责任，由此，保险公司也无须在交强险和商业三者险限额内承担赔偿责任。

第十二章　信用保险和保证保险

第一节　信用保险概述

一、定义和分类

信用保证保险是指以信用风险为保险标的的保险，分为信用保险和保证保险。信用保险通常由权利人直接向保险人投保，要求保险人承保义务人的信用，如果权利人因义务人不履行义务而遭受经济损失，保险人必须按照保险合同规定负责赔偿。实务中一般债权人为防范债务人的信用风险（到期不能支付货款等）而通过投保将交易的信用风险转移给保险人。从我国保险实务来看，信用保险一般分为出口信用保险、国内贸易信用保险和投资信用保险三种。

（一）出口信用保险

出口信用保险是各国政府为推动本国出口贸易、海外工程承包或投资项目，提高本国企业和产品的国际竞争力，保障出口商和投资方的收汇安全和银行的信贷安全，为企业在出口贸易、对外投资和对外工程承包等经济活动中提供风险保障的一项政策性支持措施。出口信用保险承保的风险包括政治风险和商业风险。政治风险是指买方所在国汇兑限制，禁止货物进口，撤销进口许可或不批准展延，颁布延期付款令，发生战争、叛乱、暴动等导致合同无法履行。商业风险是指买方或开证行破产或无力偿债、拖欠货款，拒收货物，开证行拒绝承兑。

（二）国内贸易信用保险

国内贸易信用保险是为中国境内注册的企业按合同约定交付货物或提供服务后，因买方商业风险造成的应收货款损失提供保障的产品。只承保买方破产、无力偿付债务、拖欠等商业风险，不承保政治风险。就承保范围而言，在我国境内注册的法人或其他组织均可成为被保险人，保险人承保的国内贸易合同应当满足以下三个条件：（1）买方是在我国境内注册的法人或其他组织；（2）合同以书面形式订立，且真实、合法、有效；（3）试销合同、寄售合同、代理采购合同、与一般消费者签订的贸易合同，不在承保范围之内。就免责条款而言，在以下情形下保险人可主张免除保险责任：（1）买方为被保险人的关联方；（2）被保险人的上游供应商与下游买方之间存在关联关系；（3）被保险人仅将所有权凭证交付买方，而无法证明其与买方之间发生了真实的实体货物交付。

（三）投资信用保险

投资信用保险是为鼓励我国企业对外投资，为中方股东或金融机构提供的，承担因政治风险导致的股权损失或债权损失的出口信用保险业务，包括债权投资保险和股权投资保险等产品。

中长期出口信用保险为金融机构、出口企业或租赁公司收回融资协议、商务合同或租赁协议项下应收款项提供风险保障，承保业务的保险期限一般为2—15年的项目类保险。例如中长期险（包括海外租赁保险）：重点支持我国大型单机和成套设备出口项目、对外承包工程项目、服务出口项目，向金融机构、出口企业或租赁公司提供的，承担因政治风险和商业风险导致的融资协议、商务合同或租赁协议项下应收款项损失，保险期限（宽限期+还款期）超过2年的出口信用保险业务。包括：出口买方信贷保险、出口卖方信贷保险、出口延付合同再融资保险、海外租赁保险等产品。

二、信用保险争议中的典型法律问题

我国尚未对出口信用保险专项立法。对于出口信用保险合同纠纷的处理，《最高人民法院关于审理出口信用保险合同纠纷案件适用相关法律问题的批复》（法释〔2013〕13号）作了一定规定，对出口信用保险合同的法律适用问题，《保险法》没有作出明确规定。鉴于出口信用保险的特殊性，人民法院审理出口信用保险合同纠纷案件，可以参照适用《保险法》的相关规定；出口信用保险合同另有约定的，从其约定。因此，司法机关对出口信用保险纠纷案件的裁判在尊重合同约定的前提下应当参照《保险法》确定。保险实务中常见的疑难问题包括以下几个：

（一）承保环节出口贸易的真实性审核问题

银行和被保险人通常会主张：保险人在承保时负有对出口贸易进行审核的义务，如保险人承保时未尽到审核义务，导致虚假贸易，则不能拒绝理赔或应承担损失赔偿责任。

出口信用保险的承保对象为出口商出口货物的应收货款，保险人通常在诉讼或仲裁中会提出贸易真实性抗辩，要求被保险人提供交付凭证、物流凭证，明确货物的物理位移来确定货物实体交付，否则不认可贸易的实际存在，但对于这种苛刻的交付条件，法院通常不会支持。在（2016）沪02民终5221号案件中，上海市第二中级人民法院认为，《合同法》第141条（现为《民法典》第603条）第2款第2项规定，"标的物不需要运输，出卖人与买受人订立合同时知道标的物在某一地点的，出卖人应当在该地点交付标的物……"。从上述法律规定来看，买卖合同中货物交付的概念并不局限于货物在物理空间上发生移转。被保险人在一审中提供的货权转移证明、标准仓单转让清单、入库单、提货单、收货证明等已形成证据链，足以证明被保险人已将其出售的天然橡胶交付给买方。对于保险人提出的上诉理由，法院不予采信。但在保险人提供了初步证据证明原告交易为虚构情况下，如果原告不能够提供充分证据证明交易的真实性，法院会支持保险人的主张。在（2013）金浦商初字第2300号案件中，浦江县人民法院认为，被保险人作为原告应承担其与进口公司存在贸易关系且损失已实际产生的举证责任，但其提供的售货确认书、发票、报关单、装箱单、提单均系复印件，不能确认其真实性。而进口公司均向保险人出具声明书否认了其公司与被保险人之间存在贸易关系，被保险人向保险人要求赔偿不能得到法院支持。实务中大量出现融资贸易，"无货"封闭式循环买卖，在形式上满足资金、货物封闭的"双循环"，资金需求方低卖高买、行为异常，且不存在真实的货物流转，由于没有货物的实际交付，这种融资性贸易并不在出口信用保险的承保责任范围内。

（二）融资协议项下银行对保险人的追偿权

利用出口信用保险进行贸易融资，其一般交易模式为：首先，出口商在出口货物或提供服务前向保险公司办理出口信用保险；其次，出口商、保险公司和银行三方签订《赔款转让协议》，约定当发生保险责任范围内的损失时，保险公司将应付给出口商的赔款直接全额支付给银行；最后，银行与出口商签订《融资协议》并向出口商提供短期贸易融资。尽管《赔款转让协议》约定了出口商将向保险公司的索赔权转让给银行，但在实务中，银行最终是否能够索赔成功，仍存在一定的不确定性。银行是否对保险公司享有索赔权，以及其行使索赔权的程序是否符合约定等都是法院的审理焦点。上诉人北京银行股份有限公司杭州分行就其与被上诉人中国出口信用保险公司浙江分公司之间的进出口信用保险合同纠纷一案，不服杭州市江干区人民法院作出的（2017）浙0104民初4740号民事判决，向杭州市中级人民法院提起上诉。杭州中院通过分析出口信用保险项下索赔权是否存在，以及本案合同关于索赔权转让给北京银行的约定，最终认定北京银行不享有对中信保的索赔权，维持一审法院对于北京银行基于保险理赔关系主张赔付的诉讼请求不予支持的判决。目前多数法院认为银行对保险人无索赔权。短期信用险融资案件涉及保险人、被保险人（国内卖方）与融资银行三方法律关系。有别于普通出口信用保险的两方结构，保险人除贸易真实性、纠纷先决条款、关联交易等出口信用保险典型抗辩事由外，针对融资银行的索赔主张，保险人可另外考虑两种抗辩思路：第一，程序抗辩。融资银行作为原告主体不适格。因常规赔款转让三方协议中，法律性质为保险人向第三方履行行为，银行并不直接受让索赔权，故无权直接向保险公司提起索赔诉讼（除非协议约定，并履行索赔权转让程序）。第二，实体抗辩。承保阶段中基础交易真实性的实质审查义务应由银行承担，保险公司仅承担单证的形式审查义务。主要依据为出口信用保险的特殊性、国际惯例，以及银行业监管要求等。

（三）承保的是特定信用主体的风险

出口信用保险属于政策性保险，其产生背景和操作流程均有别于商业保险。被保险人索赔受到信用限额和最高赔偿限额两个赔偿额度的约束。信用限额和最高赔偿限额是出口信用保险基于政策性保险的性质对保险责任所设定的两道防线，二者同时适用，共同发挥作用。信用限额是出口信用保险责任限额的一种，即保险责任控制手段之一，其本身不是一个险种。而且，信用限额也不是保险人的一种责任类型；被保险人事先取得特定买方的信用限额是信保公司承担保险责任开始的必要条件。信用限额申请是被保险人的义务，被保险人应就本保单约定保险范围内的出口涉及的每一买方或第一开证行向保险人书面申请信用限额，只有在保险人的批复不为零的情况下，保险人才承担保险责任。在保险人批复的信用限额为零的情况下，被保险人仍然出口的，保险公司不承担保险责任。贸易信用保险合同通常约定：（1）被保险人应就适保范围内的出口涉及的每一个买方向保险公司申请信用限额；（2）批复的信用限额只对其生效日后的出口有效；（3）对于任一买方，如果被保险人在出运前没有获得信用限额，则保险人对相应出口不承担赔偿责任。被保险人与限额买方之外的主体开展出口贸易（申请甲的限额，但实际向乙出口），或被保险人虚构与限额买方开展出口贸易，均不属于信用保险承保范围。被保险人遭遇冒名顶替的不法分子实施贸易欺诈造成的损失不属于信用保险保障范围。获批信用限额不是对实际交易主体或贸易真实性的确认（事实上也不可能：被保险人申请信用限额时，大多数情况下尚未与买方开展具体的出口贸易）。

（四）知险后出运问题

出口信用保险保单规定：保险人对"被保险人或其代理人知道或应当知道本条款第二条项下约定的风险已经发生，或者买方根本违反贸易合同或预期违反贸易合同，仍继续向买方出口所遭受的损失"不承担赔偿责任。常见争议有：什么叫"风险已经发生"；什么叫"已知风险"；拖欠风险发生后，后续出运前收回货款，后续出运是否构成"知险后出运"？实践中，出口信用保险合同通常会约定"知险后出运"为保险人免责事由，即对被保险人（卖方）知道或应当知道买方破产或无力偿付债务、买方拖欠货款、买方拒绝接收货物等风险，或者由于买方根本违反或预期违反销售合同，被保险人仍继续向买方出口所遭受的损失，保险人不承担赔偿责任。保险具有补偿性，约定"知险后出运"免责条款，目的是平衡保险人与投保人利益，避免投保人故意或滥用保险骗取保险金，符合公平原则和诚实信用原则。当前我国保险法律法规未对"知险后出运"作明确规定，人民法院在认定时，应从两方面标准入手：（1）该风险应具有可预见性。临时的、突发的、被保险人不可预见的风险不能作此认定。另外，对于从事特定领域或行业相关领域的被保险人，风险预见性和注意义务应当高于一般人。（2）该风险应具有较大的实际发生可能性。若出口贸易双方长期交易，存在滚动付款的交易习惯，则买方虽有未按约支付的货款，但卖方有足够理由相信依照交易习惯可以继续交易，不能仅因卖方有未收回的货款而继续出货就认定"知险后出运"。举例说明，如果卖方多次向买方出口货物，双方之间存在持续性合同关系，且非单次发货付款即时结清，而是卖方间断发货，买方连续付款对之前货款予以抵扣，即双方存在持续滚动付款的交易习惯。基于此，在买方并无预期违约、经济状况明显恶化等情况下，卖方并不能当然预见到不能收回货款的风险。此时保险人不能仅以买方未及时付款，而卖方又继续交易发货的情况主张"知险后出运"拒绝赔付。当然保险人在合同订立时对"知险后出运"条款应尽提示说明义务。

（五）贸易纠纷的认定

被认定存在贸易纠纷的情形主要有两种：一是贸易双方存在质量纠纷。被保险人出口的货物，有证据证明进口商对货物质量提出过异议，进而拒绝支付货款的，可能被认定存在贸易纠纷。贸易合同涉及出口货物质量、数量、价格、交货地点、交货时间等相关纠纷都可能被认定为贸易纠纷。二是出口商存在迟延交货的情况。被保险人在履行与进口商的买卖合同过程中，如果发生迟延交货的情况，导致进口商拒付货款，无论进口商是否存在合理的拖欠货款理由，在向法院主张保险金时，其迟延交货行为将可能被认定存在贸易纠纷。当法院经审理认定被保险人与进口商存在贸易纠纷，那么会支持纠纷先决条款，判决支持保险人。如果法院无法认定存在贸易纠纷，那么保单通用条款将会被法院纳入审理依据，判决支持被保险人。

（六）贸易纠纷理赔先决条款有效性问题

不同裁判机构对"贸易纠纷先决条款"的效力认定标准不一致，经过汇总，法院或仲裁机构认定"贸易纠纷先决条款"无效的理由一般有以下几点：（1）出口信用保险的设置，本意在于弥补被保险人参与跨境仲裁或诉讼能力上的不足，如果被保险人有能力通过跨境仲裁或诉讼维护自己的合同债权，则无须就买方拖欠货款或买方拒绝接收货物等情况购买出口信用保险，先进行跨境仲裁或诉讼会使被保险人购买此类保险的本意落空。（2）保险人要求投保人或被保险人"到买方所在国提起诉讼"，排除了被保险人选择其他国家法院进行诉讼的可能性，损害了投保人、被保险人或受益人依法享有的权利。（3）被保险人的责任仅在于确定债权数额，以便保险人赔付，只要法院或仲裁机构作出生效裁决，债权数额便得以确定。在债权数额确定后，还要求被保险人申请执行，加重了被保险人的责任。（4）国际贸易中，境外买方为了拒付货款，通常会找出若干理由、借口，否定交易关系和双方之间的债权债务关系便是其惯常使用的方式。如果买方提出因存在纠纷而拒付货款，保险公司就可以暂不予理赔，那么"贸易纠纷先决条款"将极大地成为保险人拖延理赔的"挡箭牌"。本书赞同争议先决条款的合法有效性，理由归纳如下：（1）根据最高人民法院批复，纠纷先决条件正属于"约定优先"的范畴。（2）该条款未导致保险人与被保险人的权利义务失衡。保险人要求被保险人积极行使其在贸易合同项下的权利，并未加重被保险人责任，也并未使保险人当然免责。（3）核心商业条款，如宣告无效将会引发道德风险，与出口信用保险制度初衷相悖。在中国出口信用保险公司宁波分公司与宁波市易元照明科技有限公司的再审案件〔（2020）浙民再19号〕中，浙江省高院作出了与四川省高院一样的认定，认为从双方对保险条款中"贸易纠纷先决条款"的批改内容看，该条款强调了被保险人可先行与买方协商争议，协商不成，则先由被保险人进行仲裁或诉讼，在获得已生效仲裁裁决或法院判决并申请执行之前，保险人不予定损核损。该条款既未排除被保险人索赔等依法享有的权利，亦未排除保险人依法应承担的赔付义务。如被保险人通过诉讼或仲裁确定了对境外买方享有的债权，保险人即应向被保险人赔付，投保人的投保目的并未落空。

且《保险条款》第 13 条第 3 项载明，诉讼、仲裁等产生的费用，由保险人与被保险人按权益进行分摊，说明"贸易纠纷先决条款"并未加重被保险人的责任。

（七）内贸险融资性贸易问题

融资性贸易类型和表现形式主要包括以下几方面：（1）资金空转型的融资性贸易。"以贸易之名，行融资之实"，"无真实货物需求，收取固定收益"，"走单、走票、不走货"，"串通虚构，实质为借贷关系"。（2）内贸险除外责任。"实体货物交付"：无实体货物交付，保险人不承担保险责任；"上下游关联关系"：如果被保险人的上游供应商与被保险人的下游买方存在关联关系，对被保险人与上述下游买方的交易引起的损失，保险人不承担赔偿责任。真实贸易+实体货物+实际交付（不包括所有权凭证交付情形）才能确认贸易的真实性，如被保险人希望其已完成实体货物交付的主张得到法院支持，应当举证证明其对货物具有实际控制权，且货物确实发生了物理上的转移，证据类型包括但不限于货权转移证明、出仓单、入库单、提货单、收货证明、物流凭证、运输协议书、运输付款回单、运输业增值税专用发票等。例如，在"厦门海投物流有限公司、中国出口信用保险公司厦门分公司保险纠纷案"〔（2019）闽 02 民终 3343 号〕中，福建省厦门市中级人民法院认为："双方就此产生的争议在于海投公司交付给买方谷丰公司货物是否属于实体货物交付的问题，而非海投公司与谷丰公司之间是否存在买卖合同关系、买卖合同是否真实履行的问题。一审法院对此作出区分和认识，并在此基础上认为（2015）厦民初字第 880 号海投公司诉谷丰公司、林建阳、林淑霞买卖合同纠纷一案的民事判决书仅确认了海投公司与谷丰公司之间存在买卖合同关系的事实，但并未就其交付方式是否符合'实体货物交付'予以认定，故不能直接作为认定双方存在'实体货物交付'事实的依据，是正确的。"以上案例认为，已生效买卖合同纠纷判决仅确认了被保险人与下游买方之间存在买卖合同关系，但是并未就交付方式是否符合"实体货物交付"予以认定，不能直接作为对货物交付事实的确认。

第二节　保证保险

一、定义

保证保险通常由义务人投保，保险人以保证人的身份为义务人提供信用担保，如果由于义务人的行为导致权利人遭受经济损失时，在义务人不能补偿权利人损失的情况下，由保险人代替义务人补偿权利人的经济损失，并拥有向义务人进行追偿的权利。

二、保证保险和信用保险的区别

1. 两者的联系：信用保证保险是以信用风险为保险标的的保险，它实际上是由保险人（保证人）为信用关系中的义务人（被保证人）提供信用担保的一类保险业务。在业务习惯上，因投保人在信用关系中的身份不同，信用保证保险分为信用保险和保证保险两类。因此，信用保险与保证保险同属于信用保证保险范畴。

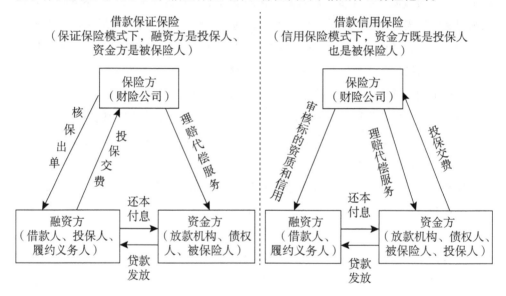

2. 两者的区别主要表现在：（1）信用保险的投保人是债权人，承保的是被保险人（或债务人）的信用风险，除保险人外，保险合同中只涉及债权人和债务人两方。保证保险是债务人应债权人要求投保自己的信用风险，受益人是被保险人，保险公司实际上是保证人。在保证保险中，保险公司为了减少风险往往要求义务人提供反担保（即由其他人或单位向保险公司保证义务人履行义务的法律行为），这样，除保险公司外，保证保险中还涉及义务人、反担保人和权利人三方。（2）在信用保险中，被保险人缴纳保险费是为了把可能因债务人不履行义务而使自己受到损失的风险转嫁给保险人，保险人承担着实实在在的风险，必须把保险费的大部分或全部用于赔款（甚至仍有可能亏损）。保险人赔偿后虽然可以向责任方追偿，但成功率很低。在保证保险中，债务人（投保人）缴纳保险费是为了使自己在没有能力履约的情况下由保险人代为向债权人履约，使债权人作为被保险人能够从保险人处获得赔偿。

三、保证保险的分类

按照学术通说和我国实务，主要将保证保险分为履约保证保险和员工忠诚保险两大类。

1. 履约保证保险合同，是指投保人不履行义务而使得被保险人遭受损失时，由保险人承担赔偿责任的一种保证保险。其中履约保证保险合同的投保人即被保证人（债务人），被保险人即被保证人的相对人（债权人）。在性质上，履约保证保险属于为第三人利益而订立的合同。履约保证保险合同的种类很多，主要分为融资性保证保险、工程履约保证保险两种。

2. 雇员忠诚保险合同，又称为诚实保证保险合同，是因为雇员的不诚实行为而使被保险人遭受损失时，由保险人负赔偿责任的一种保证保险。雇员忠诚保险合同的雇员为被保证人，雇主为被保险人，雇主和雇员都可以是投保人，为雇主未来可能因雇员行为遭受的损失投保并独立承担缴纳保险费的义务。雇员忠诚保险只承保雇员所为的与其职务相关的行为所造成的经济损失风险，其责任范围包括雇员因盗窃、抢劫、欺诈、侵占、贪污、非法挪用、隐匿、伪造或者其他不法行为让被保险人遭受经济利益损失的行为。[1]

四、保证保险的性质

（一）性质之争

保证保险合同的法律性质之争由来已久。关于保证保险的形式，有三种学说：

1. 保险说：保证保险符合保险的基本法律特征，是一种新型的财产保险，所承保的是被保险人的债权因债务人不履行义务而无法实现的信用风险。[2] 该说认为保证保险具有无因性，因而保证保险关系与基础债权合同关系是相对独立的，其效力不

---

[1] 中国大地财产保险股份有限公司雇员忠诚保证保险条款的保险责任包括：在一并满足以下三个条件的基础上，保险人根据本保险合同的约定，负责赔偿被保险人的雇员在工作过程中的欺骗和不诚实行为所造成被保险人的直接经济损失：（一）被保险人的雇员在保险期间实施欺骗和不忠诚行为；（二）被保险人在保险期间或保险期间结束后 6 个月内或其雇员死亡、被解雇或退休后 6 个月内发现其雇员的不忠诚行为，以先发生者为准；（三）被保险人在发现其雇员不忠诚行为之后 12 个月内向保险人提出索赔。

[2] 参见宋刚：《保证保险是保险，不是担保——与梁慧星先生商榷》，载《法学》2006 年第 6 期。

受基础债权合同效力的影响。1999 年 8 月 30 日，中国保监会在《关于保证保险合同纠纷案的复函》（保监法〔1999〕第 16 号）中指出：保证保险是财产保险的一种……是保险人向权利人提供担保的一种形式……，在该案中，天字号矿与郴县保险公司之间签订了保证保险合同，因此，他们之间因履行该项合同所引起的纠纷，属于保险合同纠纷，应按保险合同的约定确定保险人是否应承担赔偿责任。福建省高级人民法院倾向于认定保证保险合同系财产保险合同，具有独立的合同效力，应当适用保险法、合同法及其相关法律、法规、司法解释。福建省高级人民法院民二庭《关于审理保险合同纠纷案件的规范指引》第 26 条规定："保证保险合同是指借款合同或借款担保合同的债务人向保险人投保，当因债务人不履行借款合同或借款担保合同约定的义务，导致债权人权益受到损失时，由保险人承担保险赔偿责任的财产保险合同。保证保险合同效力独立于借款合同或借款担保合同效力之外，不具有从属性。"第 27 条规定："人民法院审理保证保险合同纠纷案件，应当适用保险法、合同法及其他相关法律、法规和司法解释。"2010 年 6 月 24 日，最高人民法院在给辽宁省高级人民法院《关于保证保险合同纠纷案件法律适用问题的答复》（〔2006〕民二他字第 43 号）中指出："汽车消费贷款保证保险是保险公司开办的一种保险业务。在该险种的具体实施中，由于合同约定的具体内容并不统一，在保险公司、银行和汽车销售代理商、购车人之间会形成多种法律关系。在当时法律规定尚不明确的情况下，应依据当事人意思自治原则确定合同的性质。你院请示所涉中国建设银行股份有限公司葫芦岛分行诉中国人民保险股份有限公司葫芦岛分公司保证保险合同纠纷案，在相关协议、合同中，保险人没有作出任何担保承诺的意思表示。因此，此案所涉保险单虽名为保证保险单，但性质上应属于保险合同。同意你院审判委员会多数意见，此案的保证保险属于保险性质。"

2. 保证说：保证保险为保险公司以保险方式开办的保证业务，具有担保合同的功能。[1] 其理由主要有：（1）保证保险具有三方当事人，符合保证法律关系的主要特征。（2）保险是对因偶然事故所致损害进行填补，其所承保的危险应当具有偶发性，而保证保险合同将投保人的故意行为纳入了承保范围，不符合保险的特征。（3）保证人在承担保证责任后，有权向债务人追偿，而保证保险中的保险人在承担赔偿责任后即可以向债务人追偿。（4）保证保险合同不具有独立性，依附于借款合同，符合保证合同的特征。2000 年 8 月 28 日，最高人民法院《关于中国工商银行郴州市苏

---

[1] 参见梁慧星：《保证保险合同纠纷案件的法律适用》，载《人民法院报》2006 年 3 月 1 日。

仙区支行与中保财产保险有限公司湖南省郴州市苏仙区支公司保证保险合同纠纷一案的请示报告的复函》（〔1999〕经监字第 266 号）中指出："保证保险虽是保险人开办的一个险种，其实质是保险人对债权人的一种担保行为，……，应按借款保证合同纠纷处理，适用有关担保的法律。"2013 年最高人民法院对中国人民财产保险股份有限公司葫芦岛市分公司与中国建设银行股份有限公司葫芦岛分行保证保险合同纠纷案件进行再审时认定其为保险人对债权人的一种担保行为，不能优先适用保险法及其相关规定。因此，"保证保险为保证而不是保险"应当视为最高人民法院关于保证保险的性质的最新认定。

3. 混合说：认为保证保险具有保证与保险的二元属性，蕴含着保障各方当事人合法权益的双重救济模式，其性质取决于当事人双方约定的保险条款、保险合作协议以及类似担保文件的具体约定。[①] 如果条款约定的是一旦通知保险人即负无条件付款义务，就是独立保函，保证保险人承担独立于基础合同关系的独立责任；如果约定的是当债务人不履行债务时，保险人向被保险人（债权人）承担保险责任的，就是连带保证；如果约定的是当债务人不能履行债务时，保险人向被保险人（债权人）承担保险责任的，就是一般保证。在一般保证和连带保证的情形下，保证保险合同属于基础合同的从合同。连带保证保险人在承担保证责任时，既可以主张《民法典》担保规则下保证人的救济权利，也可以同时主张适用保险法项下双方当事人依据意思自治确定的保险责任范围、免责和除外责任等约定条款。这种学说对保险人利益保护而言最为有利。这也符合民法"实质重于形式"的原则。最高人民法院 2010 年向辽宁省人民法院作出的《关于保证保险纠纷法律适用问题的答复》中指出："汽车消费贷款保证保险是保险公司开办的一种业务……在当时法律规定尚不明确的情况下，应根据当事人意思自治原则确定合同的性质。"最高人民法院 2019 年《九民纪要》指出："……通过穿透式审判思维，查明当事人的真实意思。"本书认为，保证说对保险人更为有利，毕竟民法规定了 43 种使担保和保证无效的理由。[②]

（二）保证保险合同性质之争的本质探析

保证说和保险说的核心分歧主要表现在以下几个方面：

1. 是否承认保证保险的独立性，保证保险是否依附于借款合同？如果借款合

---

① 参见王颖琼、魏子杰、徐彬：《保证保险二元性思辩及其法律适用》，载《河北法学》2004 年第 4 期。
② 陈诗斌：《民法典时代保证人不承担责任的 43 种情形（六）》，载"诗斌说法"微信公众号 2022 年 12 月 30 日。

同无效时，保证保险人能否主张从合同的保证保险无效？即使主合同有效，但是担保合同无效（例如担保合同未经投保人签字认可）的情形下，债权人、担保人有过错的，担保人能否主张承担民事责任的部分不应超过债务人不能清偿部分的二分之一？

2. 在保险条款对保证方式约定不明时，能否援引默认一般保证原则而享有优先抗辩权？

3. 如果债权人另有债务人或者第三人提供的物权担保，或者债权人有第三人提供的保证，或者债权人既有物的担保又有人的担保的混合担保的情形下，保险人能够主张债权人应当先就债务人提供物保后受偿，欠缺部分由保险人补足；在前述情形下，如果保险人先于债务人提供的物保实现而代为履行保证保险责任后，能否取得物上代位权一并向该等物的担保物权人主张追偿，或者按照从属性原则对该借款合同的从合同（担保物权或保证合同）的担保物权人或保证人进行追索？

4. 在物的担保灭失且债务人存在过失时或者债权人主张放弃物的担保的情形下，保证保险人能否主张在保险赔偿中相应扣减灭失标的物的金额？

5. 在实际债权人和名义借款人不一致且债权人明知，或者借款合同的债权人和债务人未经保险人同意，协商变更借款合同内容，加重债务或变更借款合同的履行期限，借款合同债权人转让全部或部分债权的情形下，保险人能否主张未经保险人书面同意借款合同发生变更而免除保证责任？

6. 保险金额一般仅为债务人未还本金和利息之和，而不是普通保证中还负责赔偿未还本金和利息外的违约金、赔偿金以及逾期利息。保险人是否可以援引保险金条款主张仅赔偿逾期本金及利息，还是要承担全部逾期本金、利息、罚息和违约金等？

7. 是否承认保证保险免赔率/额以及免责或者除外责任条款、保险金额和免赔率条款的有效性？例如在资金方未严格按照贷款政策进行放贷等免责条款或者除外责任情形时保险人可否主张免除保证责任？

以上方面也不能穷尽保险说和保证说的实质区分。一言以蔽之，如果主张保证保险系保险，那就是保证担保的那套规则无法适用于保证保险合同纠纷，保证保险人也无法援引在《民法典》担保规则下保证人的救济措施主张自己的权利，例如主合同无效、保证保险合同也无效，主合同发生变更或者转让未经保证人同意的保险人可以免除保证责任、在有物的担保的情况下如无其他约定时应当先执行物的担保等救济权利。如果主张保证保险是保证，则虽然可以主张上述担保或者保证规则下保证人的救济权利，但是保证保险人无法援引保证保险条款中的保险责任范围、保险金、责任免除或者免责条款主张免责。

本书比较赞同混合说的观点，即保证保险既是保险也是保证，既可以享受保证保险条款的除外责任和免责条款带来的免责，又可以主张保证规则下保证人的权利，例如在担保竞合时主张担保物权优先，在保证方式约定不明时默示一般保证从而享受优先抗辩权。在借款合同无效时，保险人可以主张保证保险合同作为从合同也无效。特别是在《民法典》颁布实施后，鉴于默示一般保证规则的确立，对保证方式约定不明或者没有约定的保证保险被认定为一般担保，可能对保险公司更为有利。但是如果保险条款约定无条件承担债务人未付款责任的，应当按照连带责任担保对待。

有的保证保险条款对保证期间作了明确规定："保险人承担信用保证保险责任的期限：自借款合同生效之日起至借款合同履行期间届满之日后两年止。"有的却没有，例如《农户小额信用贷款保证保险条款》第 12 条就只规定了保险期间而非保证期间。该条款第 12 条保险期间规定："保险期间自农户借款合同项下贷款发放之日起，至农户借款合同约定的、清偿全部贷款本息之日止，以保险单载明起讫时间为准，但追偿不超过 3 年。"该条款将债务履行期限视同保险期限，但是对保证期间未作出约定，估计是将保险期限与保证期间混淆或者没有意识到两者的区别。该条款应当被认为对保证期间没有约定或者约定不明，如果是《民法典》颁布后新成立的保证保险，可以适用《民法典》有关规定将保证期间视为债务履行期限届满之日起 6 个月。如果《民法典》颁布前成立的保证保险，可以适用担保法及其司法解释的规定，对保证期间没有约定的应当视为债务履行期限届满之日起 2 年。如果投保人在该保证期间未向保险人索赔（主张保险人履行保证责任的权利），保证保险人可以免于承担保证责任。

另外，保证保险中一般都有保证责任范围、保险金条款还有免赔额或者免赔率条款、除外和免责条款的规定，这些规定都是保险合同独有的。本书认为即使保证保险视为保证，也应当将前述条款视为双方对保证合同内容另有约定，在不违背保证的基本原则基础上，按照当事人意思自治原则认定免赔额等条款的合法有效。

第三节 保证保险业务常见争议问题

一、保证保险中一般保证与连带保证的区分

充分重视和利用《民法典》默示一般保证规则的变化。保险合同作了诸多重大修改，特别是有关默示一般保证、先诉抗辩权等规定对保证保险人来讲都十分有利。

首先，保险人要看保险合同有关保证责任的约定是一般保证还是连带保证。如果保险条款对担保方式没有约定或者约定不明，则可以向法院主张一般保证。那么区分一般保证和连带保证的关键点在哪里呢？合同约定的内容非常重要。在（2017）最高法民申 2406 号案中，最高人民法院认为依据《担保法》第 17 条（现为《民法典》第 687 条）规定，区分一般保证和连带保证的关键在于当事人是否明确约定了保证人享有先诉抗辩权。合同双方约定借款人不能按期向出借人履行偿还义务，担保人即应向出借人承担保证责任，故担保人并不享有先诉抗辩权，其应对借款承担连带保证责任。《最高人民法院关于涉及担保纠纷案件的司法解释的适用和保证责任方式认定问题的批复》规定："担保法生效之前订立的保证合同中对保证责任方式没有约定或者约定不明的，应当认定为一般保证。保证合同中明确约定保证人在债务人不能履行债务时始承担保证责任的，视为一般保证。"因此本书认为一般保证和连带保证的区分往往就在一个"能"字上面，债务人不能履行债务时始承担保证责任的，为一般保证；债务人不履行债务时始承担保证责任的，为连带保证。《担保制度司法解释》第 25 条规定："当事人在保证合同中约定了保证人在债务人不能履行债务或者无力偿还债务时才承担保证责任等类似内容，具有债务人应当先承担责任的意思表示的，人民法院应当将其认定为一般保证。当事人在保证合同中约定了保证人在债务人不履行债务或者未偿还债务时即承担保证责任、无条件承担保证责任等类似内容，不具有债务人应当先承担责任的意思表示的，人民法院应当将其认定为连带保证。"该条是判断一般保证和连带保证的重要依据。对债权人而言，建议明确约定为连带责任保证，否则将视为一般保证，对于保证人的建议则相反，应约定为一般保证。《担保制度司法解释》第 25 条在《最高人民法院关于涉及担保纠纷案件的司法解释的适用和保证责任方式认定问题的批复》的基础上，对一般保证和连带保证的内涵作了进一步的丰富，但是总体思路未发生变化。

其次，司法实践中对担保方式没有约定或约定不明的典型情形，包括但不限于以下四种情形：一是保证人在借条或主合同上仅以保证人的身份签字或者盖章，但并没有明确其保证方式；二是仅约定债务人不偿还或没有按期偿还债务的，由保证人承担责任；三是同时成立的主合同与担保合同对于保证方式的约定不一致，或者既有承担连带保证的意思表示，又有承担一般保证的意思表示；四是在保证合同中没有约定一般保证还是连带保证，仅有无条件承担保证/担保/偿还责任的相关表述。《民法典》对于以上约定不明或者没有约定的情形，规定应当按照"一般保证"处理。以某保险公司《农户小额信用贷款保证保险条款》为例，其第 5 条规定"投保人未按照与被保险人签订的农户借款合同的约定履行还款义务且投保人拖欠任何一期达到 30 日以上的，保险人对投保人应偿还而未偿还的贷款本金和利息按照本保险合同约定负责赔偿"，这样约定表明保险人承担的是连带责任。在贷款时贷款银行一般处于强势地位，如果保证保险条款约定的是一般责任，贷款银行一般是不会接受的，只会接受保证保险人承担连带责任的保单条款。而保险人一般会通过诉讼中主张条款约定的一般保证而非连带保证来脱责。如何正确理解和适用保险条款关于保证方式的规定就成为保证保险案件成败的关键。因此《民法典》颁布后保险人应当在设计保证保险条款时明确保证方式，必要时对旧报备条款进行修订。对于《民法典》颁布前已经报备施行的条款，对保证责任或方式作出约定的相关条款，保险人方的诉讼代理律师一定要准确把握。未来可以预期保证保险合同中保证方式条款的解释定性问题会成为保证保险纷争中的核心焦点问题之一。

二、保险领域的保证清偿——保险人能否向其他担保人追偿

信用保证保险中银行贷款人在保险人之外还会寻求债务人自保、第三人保证或担保等增信措施，因此会发生保险代位求偿权项下保险人如何行使对其他担保人的追索权问题。如果债权人另有债务人或者第三人提供的物权担保，或者第三人提供的保证，抑或债权人既有物的担保又有人的担保的混合担保的情形下，保险人在行使代位权时可否向担保人进行追偿？如果同一债务上多个担保物权人或者保证人有共同担保或保证的意思自不必多说，他们之间构成连带责任关系。但是如果他们之间并没有共同担保的意思联络，相互之间是否享有追偿权在司法与保险实践中也存在较大的争议。我国有学者认为保险人在履行完赔付责任后可以向混合担保人行使代位权，但基于保证保险是保险不是保证的理论，混合担保人无权就其承担的责任向保险人追偿；而保险人可以依据代位权的性质先要求投保人（债务人）自物担保

优先受偿，不足部分再向其他混合担保人进行追偿。① 在《民法典》颁布实施之前，《上海市高级人民法院民事审判第五庭关于审理保险代位求偿权纠纷案件若干问题的解答（一）》（沪高法民五〔2010〕2 号）规定，除法律另有规定或保险合同另有约定外，赔偿请求权因保险代位求偿权转让给保险人时，是一种法定的"债权转移"，被保险人对第三人的保证债权、抵押权等从权利一并转移给保险人，保险人有权对保证人、抵押人行使保险代位求偿权。保险人承担保险责任后，在符合代位求偿权的情形下，代位取得被保险人对第三人的赔偿损失请求权；因担保权属于从权利，故保险人当然取得该从权利，保险人可以向第三人的担保人主张担保权利。② 但是这一规定可能会与我国《民法典》第 392 条、第 700 条的规定相背离。有关同一债务上存在多个物权担保人或者保证人之间是否享有相互追偿权存在否定说和肯定说两种学说分歧，目前否定说为通说。③

否定说主张，在混合担保的受偿原则及内部追偿关系上，我国实行债权人自由选择主义，但在有债务人自己提供的物的担保时实行债务人优先负担主义。在没有合同约定的情况下，既有第三人物保，又有第三人保证的，债权人可以就物的担保实现债权，也可以请求保证人承担保证责任。但该担保人（保证人）承担责任后，并不能取得大陆法系民法上常说的代位权，只能向债务人追偿，而不能向其他担保人（保证人）追偿。否定说认为同一债务上的若干物权担保人（保证人）之间如果缺乏意思联络则不能构成共同担保（连带责任）的合意，相互之间不能享有追偿权。对于同一债务上有两个以上保证人之间的内部求偿关系，我国《民法典》第 699 条规定："同一债务有两个以上保证人的，保证人应当按照保证合同约定的保证份额，承担保证责任；没有约定保证份额的，债权人可以请求任何一个保证人在其保证范围内承担保证责任。"第 700 条规定："保证人承担保证责任后，除当事人另有约定外，有权在其承担保证责任的范围内向债务人追偿，享有债权人对债务人的权利，但是不得损害债权人的利益。"

我国《民法典》第 392 条原则上仅承认物权担保人或保证人在代偿后向债务人追偿，但幸运的是并未明确否认同顺位担保人之间的相互追偿权，因此存在进一步类推适用和法律解释的空间。肯定说认为如果否定物权担保人或保证人之间的追偿

---

① 张旭东：《保证保险代位权问题研究》，载《保险研究》2022 年第 7 期。
② 张雪楳：《论保险代位求偿权的行使范围》，载《法律适用》2011 年第 5 期。
③ 崔建远：《混合共同担保人之间无追偿权》，载《法学研究》2020 年第 1 期。王利明：《论担保物权的立法构造——民法典物权编应规定混合共同担保追偿权》，载《东方法学》2019 年第 5 期。

权而只能向债务人追偿，这时债务人通常破产或丧失清偿能力导致承担责任的那个担保人（保证人）成为"倒霉"的终局责任承担者，势必会导致各个担保人之间的想方设法相互推诿。在我国，担保人在承担担保责任后构成《民法典》第524条的代偿情形，其不仅取得原债权人对债务人的追索权，而且依据担保的从属性，法定债权转让后代偿的担保人同时取得附着于该债权上的从权利（担保物权），因此享有对其他担保人和保证人的追索权。但类推适用毕竟存在法律依据不足的问题，因此本书建议未来对《民法典》作出解释时将第524条类推适用于多个物权担保人或保证人为同一债务提供担保的情形，即使不存在意思联络，只要是为同一债务担保既可以拟制成立共同担保（连带责任保证），承认同等顺位的担保人之间处于平等地位①，相互之间具有追偿权（而不以当事人有明确相互间追偿权的约定或者在同一基础关系合同上在保证人处签字为限），且各个担保人之间在无约定时可以按照法定比例确定各自责任份额，担保人（包括保证保险人）对超出自己责任份额的部分可以向其他担保人（包括保证保险人）追偿。

就境外立法例而言，对同一债务存在多个物权担保人或保证人之间的内部责任分担大致存在两种具有代表性的处理方式：（1）按照担保人的人数平均分摊。此种份额确定方案简单、高效，且符合人保与物保地位平等的精神。德国即采取此种方案。日本属于修正后的人数平分方案，《日本民法典》第501条第5项规定："在保证人与物上保证人之间，按其数量代位债权人。但物上保证人为数人时，对于保证人负担部分之外的余额，按各财产的价格代位债权人。"（2）按照价值比例进行分摊。在担保人提供的担保物价值低于保证债务数额时，人数平均分摊原则显露弊端。表现在：一是担保人承担的担保责任可能超过其提供的担保物价值，二是未能体现担保人提供担保时所预计的责任风险，而比例分摊原则基本能够解决这一问题。债务人如有保证人时，保证人应分担的部分，根据保证人应负的履行责任与抵押物价值或责任限定金额比例予以确定。抵押物的担保债权额少于抵押物之价值的，以该债权额为准。举例说明，对于一项60万元的债务，甲以30万元的不动产作为抵押，乙提供全额连带保证，在债务人不履行债务时，甲应当承担的责任份额计算方式为60×[30÷（30+60）]，责任份额为20万元；乙应当承担的责任份额计算方式为60×[60÷（30+60）]，责任份额为40万元。在乙承担保证责任后，可以向甲追偿20万

---

① 高圣平：《混合共同担保之研究——以我国〈物权法〉第176条为分析对象》，载《法律科学》（西北政法大学学报）2008年第2期。

元。这是一种更为公平合理的方法，且计算方式亦不复杂，司法实践易于掌握。

我国《民法典》第 524 条承认第三人代偿取得代位权，第 547 条承认债权人转让债权的，受让人取得与债权有关的从权利，但第 392 条和第 700 条却否认担保人代偿后取得债权的从权利（担保物权），构成内部自身两个制度之间的矛盾。承认担保人取得代位权后可以向债权人的任何一个从权利人（担保人）追偿，而如果担保人之间没有份额的公平分配，就会造成各保证人之间循环追偿的问题，违背民法强调的公平和平等基本原则，因此境外立法例承认就同一债务的各个担保人之间即使不存在意思联络也构成共同担保、内部形成连带关系是有道理的。

保险人根据《保险法》第 60 条及《保险法司法解释（四）》第 7 条的规定行使代位求偿权，本质上是代位行使原属于被保险人（债权人）对第三人的赔偿请求权。保险人对被保险人进行赔付后，被保险人将其享有的债权转移给保险人，原债权债务关系的内容不变，但其债权人则变更为保险人，故保险人行使此权利时，应视为与被保险人处于同一地位。保险代位权的本质是保险人代侵权或违约第三人（债务人）对被保险人（债权人）作出清偿后，代位取得债权人对债务人的债权而产生的债权的法定转移。保险人在代偿后取得被保险人（贷款银行）享有的担保债权，按照大陆法系传统民法理论可以向该债权的物上担保人和保证人进行追偿，其法理依据就是前述第三人代偿制度。在保证保险的场合，如果贷款银行既有担保人又有保证保险人，担保人履行完担保责任后能否向保险人追偿呢？有学者认为，保证保险是保险不是保证，其具有独立性，应当适用《保险法》来证明保险人不能以保证人名义取得代位权。债法上担保人的诸多抗辩权，保险人并不能全部行使，故保险人应当全额承担保险责任而非担保关系中的按照约定份额或法定比例承担。保险人承担保险责任后可以向其他物权担保人或保证人追偿，但其他物权担保人或者保证人在履行完担保或保证责任后也因为保证保险人的独立性而不能向保险人追偿。[①] 本书不赞同这种观点。如前所述，《民法典》第 392 条和第 700 条未肯定多个担保人或保证人之间的相互追偿权，因此在目前未作出类推适用的扩大解释的情况下贷款合同上多个担保人或者保证人以及保险人之间均不应当有相互追偿权。但本书还是建议对《民法典》第 392 条和第 700 条作出扩大解释，换言之，即使不承认保证保险为"担保"或"保证"，保险人只不过不能通过担保代位或保证代位的方式取得代位权而已，并不妨碍保险人通过第三人代位清偿制度取得代位权，从而继受原债权（包

---

① 张旭东：《保证保险代位权问题研究》，载《保险研究》2022 年第 7 期。

括从权利在内）的全部权利。保证保险人与贷款合同上其他物权担保人和保证人一样应当处于平等地位，不应因保证保险属于保险而具有的所谓的独立性从而影响其取得代位权，其他物权担保人或保证人履行完担保责任后也可以代位取得被保险人的债权人地位，从而依据保险合同就超过自己应当承担的保证责任份额的部分向保险人行使追偿权。仍举前例，对于一项 60 万元的债务，甲以 30 万元的不动产作为抵押，乙提供全额连带保证，丙保险公司提供 30 万元保险金的保证保险，在债务人不履行债务时，甲应当承担的责任份额计算方式为 $60×[30÷（30+60+30）]$，责任份额为 15 万元；乙应当承担的责任份额计算方式为 $60×[60÷（30+60+30）]$，责任份额为 30 万元；丙保险公司应当承担的责任份额计算方式为 $60×[30÷（30+60+30）]$，责任份额为 15 万元。在乙承担完 60 万元保证责任后，可以向甲、丙分别追偿 15 万元。同样，如果保险人承担了 30 万元的保险责任，其可以就超出其份额的 15 万元分别向甲追偿 5 万元、向乙追偿 10 万元。债权人在保险人丙赔付后仍然可以就剩余的 30 万元债务向甲或乙追偿，直至其债务全部获偿。

在目前我国《民法典》未就类推适用作出明文规定的情况下，仍然可以通过当事人意思自治在保险合同约款中就担保人之间的追偿权作出特别约定，因为《民法典》第 392 条和第 700 条承认当事人可以通过意思自治对保证人之间的相互追偿权作出特别约定。在保险实务中，有部分保险公司的条款明确了保险人行使代位求偿权的对象包含其他物权担保人和保证人。另外，债务人自物担保本应处于第一优先受偿地位，但有时第二清偿顺位物权担保或保证人在履行完担保责任后才发现债务人自物担保并未被执行，处于第二顺位物权的担保人或保证人可否在除向债务人追偿的选择外就债务人自物担保优先受偿，我国《民法典》对此并未作出明文规定。因此保证保险条款中也可以约定："在债务人有提供自保情形优先执行物保时，保证人应当坚持仅对债权人执行自保后仍未偿还的债务承担责任。"

二、保证保险中违约金条款效力之争

贷款类信用和保证保险合同中的当事人为投保人（债务人）与保险人，被保险人为债权人。在债务人未能按约定向债权人履行还款义务时，视为保险事故发生。[①]保险人基于保证保险合同的约定负责向被保险人赔偿，赔偿的款项包含剩余全部未

[①] 2020 年 5 月，中国银保监会下发的《信用保险和保证保险业务监管办法》（银保监办发〔2020〕39 号），确认保证保险是指以履约信用风险为保险标的的保险，其投保人为履约义务人，被保险人为权利人。

还本金及债权人与债务人在借款合同中约定的利息、复利和罚息等。同时，保险人还会在保证保险合同中与投保人约定相应的违约金条款，要求投保人在保险人理赔后的一定期限内向保险人归还全部理赔款及应付未付保费，否则构成违约需承担相应违约责任。可以看出，保证保险合同中的违约金基本上是以尚欠全部款项（全部赔偿款项+应付而未付保费）为基数，从保险人赔偿当日开始按每日千分之一即年息36%标准计算。因此，在保证保险合同纠纷中，保险人对投保人的诉讼请求通常包含三个方面：一是要求投保人支付理赔款，该部分费用即为保险人向被保险人支付的费用；二是要求投保人支付未付保费，包括已到期未付保费及剩余保险期间内的保费；三是以全部尚欠款项为基数按一定标准支付违约金。其中，对于违约金的处理，在司法实践中往往争议最大。对于保证保险合同中约定的违约金条款是否有效存在两种学说：第一种是无效说，认为保证保险合同中的违约金条款应属无效。保险人只能在代位求偿范围内主张权利，而不能额外另行主张违约金。第二种是有效说，该说主要是从私法的意思自治原则出发，论证违约金条款的合理性。①

首先，关于保险人的违约金请求权与保险人的代位求偿权之间的关系。实际上，在保证保险合同纠纷中，保险人向投保人主张权利的请求权基础并不具有同一性，其一方面是基于保证保险合同约定及《保险法》规定向导致保险事故发生的投保人（债务人）行使代位权，另一方面也会基于其与投保人之间的保证保险合同约定向投保人主张欠付的保费、代偿本金及违约金的求偿权，因此从请求权基础分析，保险人实际上是基于其与投保人之间签订的保证保险合同提起的求偿权诉讼。代位权的依据在于法律的规定，求偿权的依据在于双方订立的基础保险合同的约定。两者构成竞合关系。其次，关于保证保险合同中的违约金条款与借款合同中的违约金条款之间的关系。债权人主张的违约金是从债务人违约到保险人代为清偿这一期间的损失赔偿，而保险人主张的违约金发生在其代为清偿后到投保人实际清偿完毕之日这一期间。一个是针对借款合同不履行产生的违约责任，另一个是针对投保人不履行保证保险合同而产生的违约责任，两个违约责任实际上并不冲突，没有产生投保人（债务人）承担双重违约责任的后果。按照前述竞合关系处理的原则，保险人可以自主选择对己有利的请求权，选择哪一种请求权完全由代偿第三人（保险人）决定，因为此两种请求权的竞合均以保障第三人权益为目的，如果第三人主张其中一种而

① 葛少帅、杨卉：《贷款保证保险合同中违约条款的效力》，载《人民法院报》2018年12月26日，第7版。李慧：《借款保证保险实务问题探究》，载《保险研究》2020年第12期。

获得满足，另外一种权利则归于消灭。此时求偿权显然对保险人更为有利，且诉讼时效重新计算，不受原贷款债权诉讼时效的影响，因此应当允许保险人以保险合同项下的求偿权为请求权基础提起诉讼。在实际司法裁判中，只要违约金条款的具体内容没有违反法律法规的强制性规定，出于对当事人意思自治的尊重，应认定违约金条款的效力，不过法院可以根据法律法规的相关规定，对违约条款约定的金额过高者进行适当的调整。

四、保证保险合同纠纷的法院管辖问题

（一）实践中的争议

保证保险合同纠纷大致分为两种，第一种是债务人未能按约向债权人还款，则视为发生保险事故。此时一般存在两份合同，即保证保险合同和基础合同即借款合同。如前所述，无论是保险合同还是借款合同一般都是由保险公司或者金融机构提供的格式合同，其中约定的管辖一般都是有利于金融机构或者保险公司。在借款人与金融机构签订的借款合同中约定的管辖一般是"贷款方"或"出借方"等有利于金融机构的管辖。而借款人与保险公司签订的相应保险合同、保单等资料会约定有利于保险公司管辖。到底是根据借款人和保险公司约定的管辖法院起诉处理，还是向借款人和金融公司签订借款合同或贷款合同等约定的管辖法院起诉存在争议。第二种是保险人代位求偿权纠纷，往往需要基于被保险人与第三人之间的合同关系或侵权关系确立管辖法院。如果同时存在第三人提供担保的情形，则保险人在选择不同请求权基础的情况下，管辖法院将更为模糊。

（二）在认识请求权性质的基础上确定法院管辖

这种情形下需要根据请求权基础的不同进行类型化分析。因为保证保险合同具有特殊性，不能完全适用代位权诉讼需要根据基础法律关系确定关系的原则。实践中保险人在支付理赔款后，必然会穷尽原债权人的权利，向原借款合同的担保人发起追偿，或者向投保人（债务人）发起追偿，或者向保险人的反担保人发起追偿。

1. 保险人向原借款合同的担保人发起追偿的情形。实践中保险与保证在担保债权实现的功能方面确实类似，也因此有了类似的衍生问题，最典型的就是保险人赔偿保险金后可能向原债权人的担保人求偿。此时，保险人主张权利将涉及保证保险合同以外的人。因保险人与担保人之间往往通过书面形式约定，此时保险人向担保人主张权利则缺乏直接的合同依据，故保险人会提出代位求偿权之诉。虽然保险代

位求偿权的对象是否能及于担保人，在学理与实践上尚有较大争议，但单就管辖而言，因保险人与担保人（第三人）之间并无意思联络，如以保证保险合同为案由、以保证保险合同约定的管辖规则确定法院，显然对担保人不公平。根据《保险法司法解释（四）》第12条的规定，保险人以造成保险事故的第三者为被告提起代位求偿权之诉的，以被保险人与第三者之间的法律关系确定管辖法院。保险人代被保险人（债权人）之位向担保人行使权利时，自应当根据原债权人与担保人之间的法律关系（担保合同）确定管辖。

2. 保险人向投保人（债务人）请求偿还理赔本金及其违约金、追偿律师费用等情形。这属于代位权诉讼，需要根据被保险人与第三人之间的法律关系（借款合同约定的管辖条款）确定管辖。此时保险人的请求权基础是基于保证保险合同项下的求偿权，实际上是超越了代位权的范畴，但仍适用保证保险合同约定的法院管辖条款。[①] 保险人在代偿后向投保人主张还款，实际上是按照双方订立的独立的保证保险合同关系，向作为违约方的投保人主张权利。虽然从责任的承担主体来看，保险人依据保证保险合同或是根据法定的保险人代位求偿权，均会殊途同归地指向投保人（债务人），保险人代位求偿权是以赔偿金额范围为限，向实际造成被保险人损害的第三人主张权利。而实践中，保险人主张实际的价款除了其向被保险人支付的借款本息之外，还会根据保证保险合同的约定主张欠付的保费、违约金、资金占用损失乃至律师费、保全担保费等诉讼支出。虽然其中部分约定效力如何属于实体判断问题，但就请求权基础及保险人所期望达到的结果而言，选择保险人代位求偿权作为案由时，保险人的保费主张就会缺乏法律依据。保险人根据其与投保人签订的保证保险合同提起诉讼，法律关系更为贴切明确，对于双方权利义务的审查思路也将更为清晰。故本书建议，案由固然需要根据当事人诉争的法律关系结合原告诉讼请求来确定，但如果相关纠纷仅局限于保证保险合同的各方当事人之间、投保人（债务人）不能履约而造成保险事故时，保险人在向被保险人赔偿保险金后，向债务人主张权利，宜定性为保证保险合同关系，并适用保证保险合同的纠纷管辖原则。

3. 保险人向保险人的反担保人（连带）就前述费用发起追偿的情形。这也分两

---

① 保证保险合同及保单上往往会约定管辖，管辖法院应当根据保证保险合同的约定确立。当然极少数情况会出现保证保险合同未约定管辖或约定不明的情况，那么按照《民事诉讼法》确定的保险合同的纠纷管辖原则来判断。因此，若履约保证保险合同未约定管辖，即应由被告住所地或保险标的物所在地法院来管辖。被告住所地自然容易理解，需要解释的是履约保证保险由于不存在保险标的物，因此保险标的物所在地法院不适用。

种情形，一种是保险人同时起诉投保人和（连带）反担保人；这种情况可以依据《担保制度司法解释》第 21 条第 2 款有关"债权人一并起诉债务人和担保人的，应当根据主合同确定管辖法院"的规定，按照保证保险合同确定管辖。另外一种情形是保险人仅起诉（连带）担保人。这本质上是保险人与反担保人（连带）之间的法律关系，需要根据反担保合同有关管辖的约定确定管辖。在反担保合同没有管辖约定时，可以按照《担保制度司法解释》第 21 条第 3 款关于"债权人可以单独起诉担保人且仅起诉担保人的，应当根据担保合同确定管辖法院"的规定确定管辖。

五、保险诈骗等犯罪行为对保证保险合同效力的影响

如果作为基础法律关系的借款合同存在严重诈骗行为而被法院以《民法典》第 146 条、第 154 条认定无效，保险人能否以基础合同无效来主张保险合同无效从而免责呢？如果将保证保险视为保证，根据主从合同关系，主合同无效保证保险合同也无效。不过此时保证保险人不是完全免责，而是需要根据《民法典》的规定按照过错程度的大小承担相应责任。① 这对保证保险诉讼代理人而言，基础合同因诈骗犯罪无效而主张免责不失为一个好的诉讼策略。一般诉讼代理律师在处理保证保险纠纷民事诉讼前要从以下几个方面着手寻找基础合同关系中存在的犯罪线索。

1. 对当时投保情况和全年资产进行现场尽职调查，面谈借款人了解是否存在实际借款人和名义借款人不一致、借款到账后被实际借款人转移、挪用和侵吞等情况。如果贷款银行对顶名贷款事实明知并在整个贷款过程中有亲自参与、指使等行为构成恶意串通的情形，保证人免除承担保证责任。

2. 了解是否存在其他导致主合同无效的情形从而使得保险人的从合同无效而不用承担保险责任的情况。例如了解是否存在借款人诈骗贷款等涉嫌故意犯罪等情况。因为在借款人如果被刑事判决确认构成骗取贷款罪，同时贷款银行或其工作人员构成非法放贷罪的情形下，已经有最高人民法院生效判决确认借款人与银行员工恶意串通为骗取贷款所订立的借款合同无效［参见最高法（2020）民申 4709 号兴业银行股份有限公司南昌分行、江西金灶资源再生利用有限公司金融借款合同纠纷再审案］。由于保证保险合同是从合同，在主合同无效的情形下，保证从合同也无效，保

---

① 《民法典》第 388 条规定：设立担保物权，应当依照本法和其他法律的规定订立担保合同。担保合同包括抵押合同、质押合同和其他具有担保功能的合同。担保合同是主债权债务合同的从合同。主债权债务合同无效的，担保合同无效，但是法律另有规定的除外。担保合同被确认无效后，债务人、担保人、债权人有过错的，应当根据其过错各自承担相应的民事责任。

证人无须承担担保责任。

3. 了解被保险人是否在保证保险投保单上亲笔签名以及存在其他导致保证保险（从合同）无效的情形，从而减轻、免除保险人保险责任承担的情况。按照《担保制度司法解释》第 17 条的规定，主合同有效而担保合同无效，担保人有过错而债权人无过错的，担保人对债务人不能清偿的部分承担赔偿责任；债权人与担保人均有过错的，担保人承担的赔偿责任不应超过债务人不能清偿部分的二分之一；债权人有过错而担保人无过错的，担保人不承担赔偿责任。如此一来，保险人的保险责任也相应大大降低。

六、履约保证保险独立性的认定

建设工程保证保险，是由保险公司为建设工程合同履约信用风险提供保障的保证保险。目前我国开展的建设工程保证保险的常见类型包括投标保证保险，履约保证保险，工程质量保证保险，工程款支付保证保险和工资保证保险。保险实践中，部分保险人除签发保险单外，也有保险人向被保险人同时签发保证保险凭证的。保险人签发的保证保险凭证的法律性质问题，也往往成为相关纠纷案件中的争议焦点。前述保证保险凭证措辞通常包括"收到被保险人书面说明……时无条件支付……"。目前有裁判观点倾向于将其认定为独立保函，并判令保险公司履行付款义务。《最高人民法院关于审理独立保函纠纷案件若干问题的规定》第 1 条规定：本规定所称的独立保函，是指银行或非银行金融机构作为开立人，以书面形式向受益人出具的，同意在受益人请求付款并提交符合保函要求的单据时，向其支付特定款项或在保函最高金额内付款的承诺。前款所称的单据，是指独立保函载明的受益人应提交的付款请求书、违约声明、第三方签发的文件、法院判决、仲裁裁决、汇票、发票等表明发生付款到期事件的书面文件。独立保函可以依保函申请人的申请而开立，也可以依另一金融机构的指示而开立。开立人依指示开立独立保函的，可以要求指示人向其开立用以保障追偿权的独立保函。第 3 条第 1 款规定：保函具有下列情形之一，当事人主张保函性质为独立保函的，人民法院应予支持，但保函未载明据以付款的单据和最高金额的除外：（1）保函载明见索即付；（2）保函载明适用国际商会《见索即付保函统一规则》等独立保函交易示范规则；（3）根据保函文本内容，开立人的付款义务独立于基础交易关系及保函申请法律关系，其仅承担相符交单的付款责任。可见，即使保险凭证载明保险人提供的是保证保险，但保险凭证明确收到被保险人"请求付款的单据"，保证在一定时期内无条件给付被保险人不超过事先约定的最高金额的款项的，符合独立保函的形式要件和见索即付的实质要件，依法应认定为独立保函。保险人向作为被保险人的工程业主方出具的保险凭证载明"无条件支付""付款最高金额"的，符合独立保函的形式要件和见索即付的实质要件，依法应认定为独立保函。

【案例】厦门市某房地产开发有限公司与某财产相互保险社等独立保函纠纷案①

基本案情：2019 年 4 月 17 日，厦门市某房地产开发有限公司（以下简称厦门某公司）就凤南中心小学扩建工程（施工）项目进行公开招标，《标准施工招标文件》载明：投标保证金为 50 万元。投保人可以采用现金、银行保函、担保保函、投标保证保险、福建省建筑业龙头企业年度投标保证金其中之一形式提交投标保证金。投标须知第 18.3 款约定投标人的投标文件存在投标须知第 20.6 款规定的雷同情形之一，其投标保证金不予退还。后贵州筑造公司参加厦门某公司凤南中心小学扩建工程（施工）项目投标，投标函中写明"随同投标函提交汇友保险社的投标保证金一份，金额为 50 万元"。

2019 年 5 月 17 日由某财产相互保险社（以下简称某保险社）向厦门某公司出具的《投标保证保险（凭证）》载明：被保险人：厦门某公司，鉴于厦门某公司接受贵州筑造公司于 2019 年 5 月 21 日参加凤南中心小学扩建工程（施工）的投标，并向我方投保建设工程投标保证保险。我方愿意无条件地、不可撤销地就投保人参加本项目投标，向被保险人提供投标保证保险，兹承诺，在收到被保险人书面通知，说明下列事实中的任何一条时，保证在 7 日内无条件地给付被保险人金额为不超过人民币 50 万元的款项：……3. 投标人的投标文件存在投标须知第 20.6 款规定的雷同情形之一。

裁判结果：北京市朝阳区人民法院认为：本案中，某保险社出具的《投标保证保险（凭证）》明确在收到厦门某公司的书面通知说明事实时，保证在 7 日内无条件地支付不超过 50 万元的款项。该保函已载明开立人保证在 7 日内无条件支付款项，对据以付款的单据明确仅为"说明事实"，亦明确了付款最高金额，故《投标保证保险（凭证）》符合独立保函的形式要件和见索即付的实质要件，依法应认定为独立保函。

关于某保险社根据《保险条款》第 26 条约定提出索赔申请时需要提交书面证明和资料，本院认为，首先，某保险社提交的《保险条款》为通用条款，无签字盖章，

---

① 案例来源：（2020）京 0105 民初 70292 号。

从证据形式上看不足以证明其为签订保险合同时所用条款；其次，即便《保险条款》与涉案保证保险凭证同为协议组成部分，从《保险单》《保险条款》《汇友相互附加先行赔偿及追偿保险条款》（2018）与《投标保证保险（凭证）》的关系看，《投标保证保险（凭证）》系向被保险人厦门某公司出具的保险凭证，是厦门某公司据以索赔的唯一依据，是否符合索赔条件应以其上载明的内容为准；最后，《保险条款》第26条"提交书面证明和资料"与独立保函的单据性并不冲突，并不能以此推翻独立保函的性质认定。故本院对某保险社上述抗辩意见不予采纳。

第十三章 人身保险

第一节 人寿保险

一、概述

人寿保险是以人的生命为投保标的的保险，又称为生命保险。其保险事故包括死亡和生存两种类型，前者称为死亡保险，后者则称为生存保险。年金保险就是以被保险人的生存为给付条件的生存保险。保险事故既包括死亡又包括生存的，称为两全保险。不论保险合同是以被保险人的生存、死亡抑或生存或者死亡作为给付条件，保险人给付的保险金都不是被保险人的生命法益的替代物或补偿，只是以被保险人生存或者死亡作为给付保险金的约定要件而已。保险金额并不是被保险人生命的定价，或以收入的高低等方式作为衡量标准确定保险金的上限。此外我国保险实务上常常在人寿保险合同中有"失能保险金"的约定，如果被保险人因故致残时保险人也可以依据其失能的程度给付一定比例的失能保险金。这种失能给付的约定，并不是以被保险人死亡或者生存为给付要件，所以也不是典型意义的人寿保险承保的风险，而具有健康保险或意外伤害保险的特性，不过是因为保险实务需要以及被保险人的需求而合并承保，属于人寿保险与健康保险及意外伤害保险的混合合同。

由于人的生命客观上无法以金钱估计其价值，因此保险给付并非取决于被保险人在保险事故发生时实际上遭受的损失，只是按照保险合同事先约定的数额给付，因此人寿保险在保险分类上属于定额保险，且为定额保险中最为典型的险种。损害保险中特有的禁止不当得利原则及其下位制度，在人寿保险中并不能适用。我国的保险代位制度规定于《保险法》中的财产保险一节，仅适用于财产保险，而不适用于人身保险。关于重复保险，也不适用于人寿保险；至于超额保险，体例上也隶属于财产保险合同一节，适用于海上保险、财产损失保险、保证保险及其他财产保险，并不适用于人身保险。由于人寿保险以人的生命为投保标的，隐藏的道德危险巨大，且与被保险人的人格权息息相关，因此道德危险的管控成为人寿保险第一个规范的重点。同时人寿保险是一种长期性险种，与多为短期保险的财产保险不同，商品设计常常具有储蓄性，因长期保险单的保单现金价值是投保人享有的一项重要权益，所以保单权益的归属成为人寿保险第二个规范的重点。

二、人寿保险的道德危险防范

英美保险法的传统是凡保险合同必有保险利益的要求，同时作为财产保险和人身保险防止道德危险的方法，大陆法系国家则没有这种保险利益的要求。例如德国《保险合同法》从 1908 年制定以来从来没有要求投保人对被保险人的生命具有保险利益（另见本书关于保险利益的说明）。《保险法》第 31 条规定了人身保险合同的保险利益，采"家属主义+劳动关系+同意主义"。关于这条的规定，已经在本书相关章节加以论述，此处不再赘言。

（一）死亡保险的被保险人同意权

我国《保险法》第 34 条第 1 款规定，在以死亡为给付保险金条件的人身保险合同中，未经被保险人同意并认可保险金额的，该人身保险合同无效。但是，如果是父母为其未成年子女投保的，将不受此款的限制。此外《保险法司法解释（三）》第 3 条也规定，人民法院在审理以死亡为给付保险金条件的人身保险合同纠纷时，还应当主动审查投保人是否征得了被保险人同意以及是否认可了保险金额。根据《保险法司法解释（三）》第 1 条的规定，在以死亡为给付保险金条件的人身保险合同中，被保险人作出同意以及认可保险金额的意思表示时，既可以采取书面方式，也可以采取口头形式或者其他形式；既可以在合同订立时作出，也可以在合同订立后予以追认。同时，符合下列情形之一的，可认定为被保险人同意投保人为其订立保险合同并认可保险金额：（1）被保险人明知他人代其签名同意而未表示异议的；（2）被保险人同意投保人指定的受益人的；（3）有证据足以认定被保险人同意投保人为其投保的其他情形。该规定超越了只承认书面形式的单一可能，使得同意权的行使方式更加多元化，更能保护被保险人的合法权益。《保险法司法解释（三）》第 2 条规定：被保险人以书面形式通知保险人和投保人撤销其依据《保险法》第 34 条第 1 款规定所作出的同意意思表示的，可认定为保险合同解除。

（二）合同成立后的道德危险评估权（同意的撤销权）

根据《保险法司法解释（三）》第 2 条的规定，被保险人有权随时撤销其同意，从而解除该人身保险合同。被保险人在合同成立后一旦发觉有道德风险的端倪，随时可以撤销其同意权。此外同意撤销权的行使对投保人、受益人的权益并无实质上的影响。① 根据《保险法》第 47 条规定，如果投保人解除保险合同，保险人应当退还保单的现金价值。因此如果被保险人合同生效后撤回同意权视同投保人单方行使合同解除权，投保人可以请求保险人退还保单现金价值（2 年以上保险单）。受益人虽经指定但是可能随时因为投保人和被保险人的变更而归于消灭，此时受益人享有的期待权不具有权利的性质，不受法律保护。

（三）保险合同转移及质押时的道德危险评估权

根据我国《保险法》第 34 条第 2 款的规定，在以死亡为给付保险金条件的人身保险合同中，保险人所签发的保险单未经被保险人书面同意的，投保人不得转让或者质押。需要注意的是，就被保险人同意的方式而言，要求的是"须经被保险人书面同意"，死亡保险合同的生效仅要求被保险人同意即可，至于何种形式在所不问。而死亡保险的转让或者质押则要求被保险人出具书面的同意书。较之未成年人死亡合同生效要件，比同意的形式而言要求更加严格。

（四）未成年人死亡保险的同意权

我国《保险法》第 33 条规定投保人不得为无民事行为能力人投保以死亡为给付保险金条件的人身保险，保险人也不得承保。父母为其未成年子女投保的人身保险，不受前款规定限制。但是，因被保险人死亡给付的保险金总和不得超过国务院保险监督管理机构规定的限额。《保险法司法解释（三）》第 6 条规定，未成年人父母之外的其他履行监护职责的人为未成年人订立以死亡为给付保险金条件的合同，当事人主张参照《保险法》第 33 条第 2 款、第 34 条第 3 款的规定认定该合同有效的，人民法院不予支持，但经未成年人父母同意的除外。只有父母才能为其未成年子女投保死亡保险，未成年人的其他监护人在父母双亡后是否可以为该未成年子女投保死亡保险的问题，保险法并未明确规定，值得探讨。根据《中国保监会关于父母为其未成年子女投保以死亡为给付保险金条件人身保险有关问题的通知》（保监发〔2015〕90 号）第 1 条的规定，父母为其未成年子女投保的人身保险，在被保险人成年之前，被保险人不满 10 周岁的，合同约定的保险金额总和以及实际给付的保险金总和不得超过 20 万元；被保险人已满 10 周岁但未满 18 周岁的，不得超过 50 万元人民币。

---

① 樊启荣：《保险法诸问题与新展望》，北京大学出版社 2015 年版，第 373—374 页。

三、受益人和受益权

（一）受益人的意义

1. 受益人

又称保险金领取人，依我国《保险法》第 18 条第 3 款的规定是指"人身保险合同中由被保险人或者投保人指定的享有保险金请求权的人。投保人、被保险人可以为受益人"。可见，受益人是享有保险金请求权的人。

基于私法自治原则，合同当事人可约定将保险合同上将来可能发生的保险金请求权转让给受益人，此受益人据此而成为唯一具有领取保险金权利的人。受益人，顾名思义为纯享受利益之人，不负交付保险费义务，受益人的保险金请求权为固有的权利，不是继受而来的。如果保险金额约定在被保险人死亡时给付其所指定的受益人，此金额即不得为被保险人的遗产，因此即使受益人同为被保险人的继承人，被保险人的债权人仍不得就其保险金进行扣押。此外，如果受益人故意致被保险人死亡，依法丧失其受益权；如果杀害未遂，其受益权也丧失。

2. 指定权人

有权指定受益人的是被保险人或投保人。我国《保险法》第 39 条规定："人身保险的受益人由被保险人或者投保人指定。投保人指定受益人时须经被保险人同意。"因此有学者主张受益人对被保险人也必须具有保险利益就略显多余。投保人为与其有劳动关系的劳动者投保人身保险，不得指定被保险人及其近亲属以外的人为受益人。被保险人为无民事行为能力人或者限制民事行为能力人的，可以由其监护人指定受益人。撤销或者变更受益人时也要遵守该规定。受益人的指定或者变更性质上属于无相对人的单独行为，不但无须得到保险人同意，对保险人的通知也仅仅属于对抗要件。若保险人在保险合同条款中限制投保人、被保险人指定受益人的权利，属于对投保人或者被保险人的不当限制，该限制条款无效。受益人的指定如果侵害投保人、被保险人的债权人的债权，债权人也可以依据民法相关规定予以撤销。若指定权人仅有限制行为能力，其指定未经其法定代理人同意或者追认，其指定行为无效。我国《保险法司法解释（三）》第 9 条第 1 款规定："投保人指定受益人未经被保险人同意的，人民法院应认定指定行为无效。"

由于在财产保险或人身保险中，享有保险金请求权人本应为被保险人，所以在人身保险中，根据我国《保险法》第 42 条的规定，如果未指定受益人或受益人指定不明无法确定，受益人先于被保险人死亡或依法丧失、放弃受益权，又无其他受益人，其保险金应作为被保险人的遗产处理。如果在被保险人死亡时保险金将成为被保险人的遗产，又规定"依照以死亡为给付条件的合同所签发的保险单，未经被保险人书面同意，不得转让或质押"，也说明谁应是人身保险保险金请求权的支配者。但订立合同的当事人为投保人，且如果投保人和被保险人不是同一人，由第三人订立的死亡保险合同须经被保险人同意，并约定保险金额，否则合同无效。上述限制，都是为了被保险人的生命及身体安全，同时避免产生主观危险。可以说，它们是人身保险中一种不可变易的原则。不过，我国《保险法》第34条第3款却对这项原则设下了例外的规定："父母为其未成年子女投保的人身保险，不受本条第一款规定限制。"此外，还作了对于无民事行为能力人不得作为死亡险被保险人的原则性规定，如果由父母来充当投保人，也可以例外。从这两条的规定中，我们可以归纳出保险法的一项原则：父母可以为未成年子女甚至无行为能力子女投保死亡险，无须经过其子女的同意，然后再依照"被保险人为无民事行为能力人或者限制民事行为能力人的，可以由其监护人指定受益人"的规定，指定自己为受益人。这项原则的立法宗旨，可能认为父母爱护子女单纯地出于天性，没有发生道德危险的顾虑，因此不需要有严格的限制。而实际上，英美等国家中，父母杀害子女的事件未曾绝迹；在我国凌虐子女致死的情形，也时有所闻。这也是保险实务中保险监督管理部门对儿童的死亡保险给付规定一个最高限额的缘故。我国《保险法》第39条、第41条规定投保人或被保险人都可指定受益人，指定受益人后，被保险人或者投保人可以通过书面形式通知保险人进行变更。保险人收到变更受益人的书面通知后，应当在保险单上批注：投保人变更受益人时须经被保险人同意。《保险法司法解释（三）》第10条规定："投保人或者被保险人变更受益人，当事人主张变更行为自变更意思表示发出时生效的，人民法院应予支持。投保人或者被保险人变更受益人未通知保险人，保险人主张变更对其不发生效力的，人民法院应予支持。投保人变更受益人未经被保险人同意，人民法院应认定变更行为无效。"第11条规定："投保人或者被保险人在保险事故发生后变更受益人，变更后的受益人请求保险人给付保险金的，人民法院不予支持。"在保险事故发生前，受益人享有的受益权是一种期待权，是否能够实现尚不确定，故投保人、被保险人可以随时变更受益人，但在保险事故发生后，受益人的受益权转化为保险金给付请求权，该权利不再是期待权，而是确定性的权利，故投保人、被保险人不能再变更受益人。

3. 受益人的资格

受益人既然可以由投保人或被保险人约定或指定，受益人的资格又并无任何限制，所以投保人或被保险人也可以将自己作为受益人。以投保人自己为受益人的保险合同称为"为自己利益的合同"，这种合同也可能是他人为保险标的的"第三人利益合同"，在后一情形，只需要投保人与该他人具有保险法规定的亲属关系或劳动关系，抑或在没有前两者关系情况下征得被保险人（即该他人）的同意，保险合同即成立生效。第三人代付保险费，不影响该保险合同效力。

保险法原则上对于受益人的资格没有特殊限制，所以投保人可以任意指定，不要求投保人或被保险人与受益人之间存在亲属关系、劳动关系或者须征得受益人同意。但是我国《保险法》第 39 条第 1 款、第 2 款规定："人身保险的受益人由被保险人或者投保人指定。投保人指定受益人时须经被保险人同意。投保人为与其有劳动关系的劳动者投保人身保险，不得指定被保险人及其近亲属以外的人为受益人。"受益人有效指定必须符合两个条件：一是投保人指定受益人时须经被保险人同意；二是投保人为与其有劳动关系的劳动者投保人身保险，不得指定被保险人及其近亲属以外的人为受益人。实践中员工发生人身意外死亡后一般先由用人单位垫付医药抢救和丧葬抚恤费，而后用人单位想通过投保意外险并将自己列为受益人的方式转嫁风险，在人身保险合同中约定被保险人近亲属以外的用人单位为死亡保险金受益人，该指定是否有效？某建筑公司（以下简称 A 公司）为其工人向保险公司投保了团体人身意外伤害保险，保险期间为 1 年，保险金额为 10 万元／人。《团体人身意外伤害保险条款》第 4 条规定："被保险人在保险单有效期间，因意外伤害事故以致死亡或残废的，……给付全部或部分保险金额。"在受益人一栏填写 A 公司。保险期间内某日，A 公司一名员工于某在作业过程中发生意外事故导致身亡。事故发生后，A 公司按国家关于工伤保险的有关规定，向于某的家属交付了丧葬补助金、供养亲属抚恤金和一次性工伤死亡补助金。保险公司向 A 公司支付了保险金 10 万元。于某家属得知该情况后，要求 A 公司将保险金转交。A 公司不同意，认为于某已经享受了工伤保险待遇，作为团体人身意外伤害保险投保人的 A 公司应获得经济补偿。双方因保险金的归属问题发生争议。第一种意见认为将被保险人死亡求助金请求权指定为其所在单位，属于单位利用自己的优势地位侵犯其员工（被保险人）的合法权益，逃避自己应当承担的员工意外伤害赔偿责任，应当认定无效。第二种意见认为受益人指定属于被保险人生前将保险金请求权让渡第三人，该约定符合被保险人真实意思表示，应当确认其效力。法院最后采纳第一种意见。这种情形下一般法院按照《保险法》第 39 条第 2 款的规定对用人单位将自己列为受益人的做法不予支持，因此用人单位转嫁风险最好的方式还是购买雇主责任险。在保险事故发生后，被保险人家属将身故保险金的全部或部分转让给第三人（含用人单位）的，法院一般会支持。这种做法得到《保险法司法解释（三）》第13条规定的明确肯定，该条规定："保险事故发生后，受益人将与本次保险事故相对应的全部或者部分保险金请求权转让给第三人，当事人主张该转让行为有效的，人民法院应予支持……"

除此之外在立法上也不应该对受益人的资格设置任何限制。因为保险合同所产生的权利属于投保人的财产权，不论其指定任何人为受益人来领取保险金，均属于对自己财产的处分自由，受到宪法的保护。不过常见的情况是，投保人订立保险合同多是为自己的家属或者亲属提供基本的生活保障。保险人若在保单条款中限制投保人、被保险人指定受益人的范围，属于对投保人、被保险人显失公平的条款，应当认定该条款无效。保险监督管理机构即便以部门规章或行政规范性文件等方式间接对受益人资格加以限制，因没有法律依据，也不产生法律效力，对投保人或者被保险人没有约束力。受益人因享有保险金请求权，故应具有民事权利能力。在指定子女或者法定继承人为受益人的情况下，被保险人在保险事故发生时已经存在但尚未出生的胎儿，根据《民法典》第16条的规定，若将来并非死胎，也应当认为是保险合同的受益人。

4. 适用范围

有关保险受益人的第一个疑难问题是：保险受益人的概念是否也适用于财产保险？否定说认为受益人的概念是人身保险独有的概念。因为人身保险（尤其是死亡保险）中常以被保险人的死亡为保险事故，保险事故发生后，被保险人已经无法领取保险金，故有在被保险人之外另行指定受益人的必要。但财产保险中没有此问题，若使用受益人的概念，可能产生实际受领保险给付的人并非遭受损害的人的结果，与保险法上的损失填补原则相悖。所以受益人的概念应仅限于人身保险。那么财产保险合同中约定的"受益人条款"是否有效？一种意见认为受益人是人身保险合同特有概念，因此否认财产保险中指定受益人的合法性，也否认财产保险合同中指定的受益人有向保险公司申请索赔的请求权和向法院起诉的诉权。另一种意见认为受益人是人身保险合同中的特有概念，故在财产保险合同中约定的受益人不是保险法意义上的受益人，其实质是被保险人将自己请求保险金的权利通过债权转让的方式让渡给第三人而使该第三人成为财产保险合同中的"受益人"，其享有权利的基础是被保险人向其转让保险金请求权。该约定经被保险人同意又无其他无效情形的，可以确认其效力。也有部分地方性司法文件认可这种做法。① 本书也认同这种做法。虽然财产保险并不存在受益人概念，但财产保险合同也可以依据《民法典》第522条以第三人利益合同的方式订立。因此若财产保险中约定受益人，而且明确约定保险金额应优先给予保险标的物的抵押权人，该受益人或抵押权人虽不是保险法上的受益人，但仍属于利他合同的第三人，可以在保险合同约定的范围内，向保险人请求给付保险金。

（二）受益权的性质

投保人、被保险人指定受益人后，如未抛弃其处分权（含变更及撤销原指定），受益人的受益权性质上仅属于一个期待利益权，并非确定的权利，投保人、被保险人可以随时变更或者撤销其指定，其受益权消灭。此外，如果受益人在保险事故发生前死亡，则其受益权也随着消灭，不得由其继承人继承。受益权的丧失有以下三种情形：

1. 先于被保险人死亡

受益人原则上不得先于被保险人死亡，否则受益人的存在即丧失其意义，所以，受益人以在请求保险金额时生存为限。具体是我国《保险法》第42条规定的"被保险人死亡后，有下列情形之一的，由保险人依照《中华人民共和国继承法》的规定履行给付保险金的义务：（一）没有指定受益人，或者受益人指定不明无法确定的；（二）受益人先于被保险人死亡，没有其他受益人的；（三）受益人依法丧失受益权或者放弃受益权，没有其他受益人的"。这个原则也适用于指定债权人为受益人的情形，如果受益人先死亡而无其他受益人时，则保险合同恢复至无指定受益人的状态，保险金额在死亡保险中应属于被保险人的遗产，在生存保险中则属于被保险人，债权人的继承人这时只能以一般债权人的身份对其请求清偿，而不能以受益人的身份直接向保险人请求给付保险金额。投保人在指定受益人后可以随时变更受益人，或将保单利益让与他人，或以保单质借，或终止保险合同领取退还的现金价值。由此可见，投保人在其生存期间对保单保留完全的所有权，不给予受益人任何现实利益，受益人的指

---

① 《绍兴市中级人民法院关于审理涉及机动车保险领域民商事纠纷案件若干问题的指导意见》第8条（特别约定"第一受益人"）：在涉及机动车财产保险诉讼中，合同双方被保险人与保险人特别约定了"第一受益人"，若机动车构成全损且无证据表明第一受益人已经放弃要求保险人支付保险金，应由第一受益人主张相关权利，投保人、被保险人作为原告的主体不适格。但有证据证明第一受益人只享有部分保险利益的除外。《重庆高级人民法院关于保险合同纠纷法律适用问题的解答》（渝高法〔2017〕80号）规定，财产保险合同中约定的"受益人条款"是否有效？答：受益人是人身保险合同中的特有概念，故在财产保险合同中约定的受益人不是保险法意义上的受益人，其享有权利的基础是被保险人向其转让保险金请求权。该约定经被保险人同意又无其他无效情形的，可以确认其效力。

定仅是投保人意欲在其死后保险金应归于何人对保险人所作的一种指示。保险人对受益人不负任何义务，受益人对保单仅有一种期待利益而非既得利益。

2. 受益人致被保险人死亡

我国《保险法》第 43 条规定：投保人故意造成被保险人死亡、伤残或者疾病的，保险人不承担给付保险金的责任。投保人已交足两年以上保险费的，保险人应当按照合同约定向其他享有权利的受益人退还保险单的现金价值。受益人故意造成被保险人死亡、疾病或者伤残的，或者故意杀害被保险人未遂的丧失受益权。所谓受益人故意致被保险人死亡，是否须经法院判决定罪后才丧失受益权，《保险法》对此未作进一步规定。在解释上，应以受益人是否故意致被保险人死亡加以判断，而不应以其是否受刑之宣告作为决定的依据。① 如果受益人虽因加害被保险人的行为而受刑之宣告，但若其行为并不是出于故意，很难认定其丧失受益权。反之，若受益人确曾故意致被保险人死亡，即使因证据上不符合有罪的标准未受宣告之刑，也应认为丧失受益权。若受益人的行为确实是出于过失、自卫或其行为当时有精神无常的情况，其受益权不受影响。

受益人故意杀害被保险人，所丧失的仅仅是个人的受益权。保险人的给付义务并不因此免除，在无其他受益人的场合下，保险金应作为被保险人的遗产，该受益人如果同时也是被保险人的法定继承人时能否继承？根据我国《民法典》第 1125 条第 1 款第 1 项的规定，继承人故意杀害被继承人，丧失继承权。虽然丧失受益权的条件比丧失继承权严格，受益人丧失受益权后，未必当然丧失继承权。但近年来，美国各州法院或依据《遗产分配法》（The Statute of Distribution）的规定或基于公序良俗的考虑，均禁止受益人以继承人的身份接受保险金的给付。受益人如果以继承人

---

① 在美国立法例上由于刑事与民事的举证程度不同，刑事上有罪与无罪的判决与民事上权利的得丧并不一致，当事人也不得以受益人在刑事案件中受刑之宣告而主张其受益权当然丧失。例如，在 Carterv. Carter［88so · 2d153c（F）a. 1956］一案中，被保险人死亡时保险金应按以下顺序给付于（1）妻；（2）子女；（3）父母。受益人妻子枪杀被保险人丈夫，被控二级谋杀罪，因证据不足被判无罪。受益人以无罪判决为依据请求保险人给付。被保险人之子女，其父基于受益人曾承认杀害被保险人，若容许受益人继续享有受益权有悖公序良俗，主张保险金归其领取。Florida 最高法院在判决保险金给付被保险人之父时说：受益人虽经开庭判决无罪获释，但刑事举证程度与民事举证程度不同。刑事须举证至无相当怀疑的程度（beyond reasonable doubt）+可判罪，民事则以优势证据（preponderance of evidence）为已足。本案受益人曾承认杀人，其之所以获判无罪实由于对于刑事审判技术巧妙运用。此一判决既不得作为民事案件的证据，也不为民庭所当然采纳，而应依据保险法上既定的原则，受益人如故意杀害被保险人，其受益权即告丧失。本案保单所谓被保险人死亡时无受益人生存者，应包括受益人丧失资格不能领取保险金的情形。据此，保险金应依照保单规定归属被保险人之父，若以受益人现仍生存为理由而将保险金作为遗产，则受益人的妻子仍可以继承人的身份继承，其结果无异于奖励受益人杀害被保险人。

的身份诉请保险人给付，依据宾夕法尼亚州最高法院意见，遗产的分配或保险金作为遗产后，受益人是否因而间接受惠与保险人在保单下所负的给付义务无关，保险人不得拒绝给付。但受益人所领取的保险金应为被保险人的债权人及其他继承人的利益，成立拟制信托。我国《保险法》第43条第2款规定受益人故意造成被保险人死亡、伤残、疾病的，或者故意杀害被保险人未遂的，该受益人丧失受益权。但是该规定仅适用于受益人丧失受益权的情形。如果有其他受益人且没有丧失受益权，则丧失受益权的受益人原有的权利应当如何处理呢？解释上可能的处理方式有两种：一是将该不法受益人视为不存在，其受益权按比例归属其他受益人所有；二是作为被保险人的遗产。关于这一问题，有学者建议应当视受益人及受益权的指定方式而定，属于保险合同意思表示的解释问题。如果依照受益人指定方式认为投保人已经具体指定各该受益人的受益权数额，则其他受益人可请求的数额不变，该不法受益人原可分得的部分，作为被保险人的遗产处理。反之，如果各受益人的权利按照比例进行分配或者分配的数额或比例不明确，则应将该不法受益人视为不存在，由其他受益人按照比例取得全部保险金。①

保险人在受益人谋杀被保险人后虽以承担给付义务为原则，但在下列两种情形下，法院基于公序良俗或防范诈欺的考虑，均免除保险人的给付义务：（1）受益人同时为投保人时。我国《保险法》第27条第2款规定，投保人故意制造保险事故的，保险人不负给付保险金的责任。该款是就投保人同时为受益人的情形而言的。若受益人为其他第三人，其受益权不因投保人谋害被保险人而受到影响。举例来说，夫以妻的生命投保寿险，指定自己为受益人，夫谋杀妻，夫不得请求保险人给付。在受益人同时为投保人的情况下，法院之所以免除保险人的给付义务，其理由不外乎有三：投保人谋杀被保险人属于除外危险；保险合同在成立之初即具有欺诈的性质；投保人为保险合同利益的唯一权利人。在美国立法例上，保险人无须退还现金价值，但我国《保险法》第27条第2款也规定："投保人、被保险人故意制造保险事故的，保险人有权解除合同，不承担赔偿或者给付保险金的责任；除本法第四十三条规定外，不退还保险费。"（2）受益人为被保险人唯一继承人时，美国西弗吉尼亚州最高法院基于公序良俗的考虑，免除保险人的给付义务。

3. 特定身份关系的丧失

在保险实务中时常有投保人以特定身份关系作为受益人的指定方式，例如受益

---

① 叶启洲：《保险法》（第7版），元照出版有限公司2021年版，第545页。

人栏填写夫、妻、子女或者法定继承人等。这种指定方式称为类名指定，至于直接记载受益人的姓名，则可称为具名指定。在保险实务中，具名指定与类名指定均为常见的指定方式。因为保险法并没有对指定方式有任何强制性规定，故二者都是合法的指定方式。若同时记载受益人的姓名以及其与被保险人的身份关系，即使受益人姓名和其与被保险人的身份关系不一致，也应当理解为具名指定。例如，已婚的甲男指定其同居女友张某为其寿险保单受益人，在受益人一栏填上"我的配偶：张某"，同时注明张某的身份证号码。但甲男的真实配偶为王某。此时受益人的姓名与身份关系不一致，应视为具名指定，以张某为受益人。本书认为双重指定应视为具名指定，即使后续身份关系发生变化，原指定的受益人仍然有效。《保险法司法解释（三）》第9条第2款第3项有关"约定的受益人包括姓名和身份关系，保险事故发生时身份关系发生变化的，认定为未指定受益人"的规定存在问题。[①]由于在类名指定时受益人的认定系链接到一特定关系上，而此项特定关系未必均固定不变，则应以何一时点作为认定受益人的时点，不无疑问。作为认定时点的理论上有订约时和保险事故发生时两种。前者主张订约时作为认定时点，即应以订约时被保险人与该受益人的特定关系确定该受益人为何人。即使后续该特定关系有所改变，均不影响其受益权。后者主张应以保险事故发生时该特定关系确认何人为受益人。因为如果投保人有意在订约时直接以该关系确定受益人，其大可使用具名指定的方式，但是其反而使用类名指定的方式，推测其真实意思应该是有意待保险事故发生时再确定受益人。如果坚持订约时就确认受益人，有时会发生违反社会常理的结果。例如投保人指定子女或者继承人为受益人，保险期间又生一女，投保人后因意外事故死亡，后出生的该女因为并非订约时的子女或者继承人，能否享受受益权呢？对此存在争议，第一种意见认为订约时的法定继承人即为本件保险合同的受益人，不受保险合同订立后继承关系变动的影响。这种裁判标准固然具有标准明确的优点，但是缺点是违背当事人的真实意思表示。第二种意见认为以保险事故发生时的继承人作为受益人可能更符合投保人的真实意思。对此《保险法司法解释（三）》第9条第2款已有明确规定：当事人对保险合同约定的受益人存在争议，除投保人、被保险人在保险合同之外另有约定外，按照以下情形分别处理：受益人仅约定为身份关系，投保人与被保险人为同一主体的，根据保险事故发生时与被保险人的身份关系确定受

---

① 梁鹏：《保险合同中受益人双重指定纠纷的解决——姓名与身份关系之间的选择》，载《中国应用法学》2022年第5期。

益人；投保人与被保险人为不同主体的，根据保险合同成立时与被保险人的身份关系确定受益人。如上例，由于投保人与被保险人是同一人（否则投保人尚生存的情形下完全可以探究其真意），保险事故发生时，后出生的女儿为投保人子女，可以作为受益人。本书认为类名指定一律以保险事故发生时的身份关系确定受益人即可，无须考察保险合同订立时的身份关系。关于该身份关系是与投保人的关系还是与被保险人的关系，应视为与被保险人的关系为宜。例如保单受益人仅记录为"配偶"，此时默认为被保险人在事故发生时的配偶。

（三）受益人产生、确定及受益权认定中常见疑难问题

1. 未指定受益人与指定法定继承人为受益人的区别

二者最后可能均由法定继承人领取保险金。但如果未指定受益人，则依我国《保险法》规定，保险金额作为被保险人遗产；如果指定为法定继承人，则法定继承人以受益人的身份领取保险金，保险金不作为遗产。需要注意的是投保人须将受益人的关系写清楚，免得引起其是投保人或被保险人的法定继承人的争议。如果被保险人的法定继承人放弃继承，其作为被指定的受益人仍然可以领取被保险人的身故保险金。我国《保险法司法解释（三）》第9条第2款第1项规定，受益人约定为"法定"或者"法定继承人"的，以《民法典》规定的法定继承人为受益人。

2. 受益人与被保险人同时死亡

（1）如果受益人与被保险人同时罹难，不能确定其死亡先后顺序的，则保险金的归属可能发生问题

我国《保险法》2009年修订时新增第42条第2款规定，受益人与被保险人在同一事件中死亡，且不能确定死亡先后顺序的，推定受益人死亡在先。为贯彻上述《保险法》条文的立法原意，应认为受益人在被保险人死亡时已不生存，保险金应作为被保险人的遗产。1988年3月24日《最高人民法院关于保险金能否作为被保险人遗产的批复》中也明确，根据我国保险法有关条文规定的精神，人身保险金能否列入被保险人的遗产，取决于被保险人是否指定了受益人。指定了受益人的，被保险人死亡后，其人身保险金应付给受益人；未指定受益人的，被保险人死亡后，其人身保险金应作为遗产处理，可以用来清偿债务或者赔偿。《保险法司法解释（三）》第15条规定，受益人与被保险人存在继承关系，在同一事件中死亡且不能确定死亡先后顺序的，人民法院应根据《保险法》第42条第2款的规定推定受益人死亡在先，并按照保险法及本解释的相关规定确定保险金归属。依照《继承法司法解释》第3条规定，相互有继承关系的几个人在同一事件中死亡，如不能确定死亡先后时

间的，推定没有继承人的人先死亡。死亡人各自都有继承人的，如几个死亡人辈分不同，推定长辈先死亡；几个死亡人辈分相同，推定同时死亡，彼此不产生继承，由他们各自的继承人分别继承。我国《民法典》第 1121 条沿袭了原《继承法司法解释》第 3 条的规定。由于《保险法》与《民法典》继承编关于同时死亡推定截然相反，在实务中引起司法适用的困惑。

举例说明：甲为自己投保一份意外伤害保险，受益人为其母亲乙。在一次事故中甲开车载其母乙和其父丙同时遇难，甲未婚无子女。保险公司拒赔，理由是按照《保险法》第 42 条的规定，甲和乙在同一事故中死亡，不能确定死亡先后顺序的，确定受益人乙先死亡，该 200 万元事故保险金作为被保险人甲的遗产处理，但甲未婚无子女，父母也过世，因此保险公司免于承担给付保险金责任。丙尚有一个兄弟 D 在世。乙尚有三位兄弟姐妹 A、B、C 在世，后者诉至法院要求继承乙 200 万元全额身故保险金，理由是按照继承法的规定，相互有继承关系的数人在同一事件中死亡，难以确定死亡时间的，推定没有其他继承人的人先死亡。都有其他继承人的，辈分不同的，推定长辈先死亡。因为甲和乙互为继承人，且乙为长辈，应推定乙先死亡。由于乙已经没有第一顺位继承人，所以由其第二顺位的三位兄弟姐妹继承。对于该案的处理，法院最终判决应当按照"特别法优于一般法"优先适用《保险法》的规定，即该身故保险金作为被保险人甲的遗产处理。对此保险公司和死者家属均达成共识；然后就是按照继承法的规定确定其遗产继承的顺序和份额的问题了。甲的法定继承人有乙和丙，但由于乙和丙都有其他继承人，且父母辈分相同，应认定同时死亡，相互不发生继承，分别由他们各自的继承人继承。因此该 200 万元身故保险金分别由乙和丙的第二顺位继承人 A、B、C、D 继承，A、B、C 共同继承乙的份额 100 万元，D 单独继承丙的份额 100 万元。

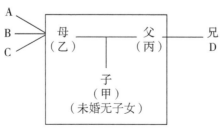

在车祸中三人同时身亡

（2）受益人先于被保险人死亡，没有其他生存的受益人的，保险金作为被保险人的遗产

依据保险法的一般原理，如果保单指定了多个受益人，其中一名或数名受益人与被保险人同时罹难，其他受益人的地位不受影响，仍有权利受领保险金，此时，被保险人的法定继承人无权领取保险金。举例说明：夫妻甲和乙共同驾车在车祸中同时死亡，难以确定死亡的先后顺序。妻子乙的前夫 A 曾经为乙投保人寿保险，受益人为乙及乙的丈夫，保额为 50 万元。另外一份保单是丈夫甲为乙投保的人寿保险，受益人为乙和他们的女儿丙，保额为 100 万元。150 万元保险金如何分配？本书认为，对于第一张保单而言，根据《保险法司法解释（三）》第 9 条规定，投保人和被保险人为不同主体时根据合同成立时与被保险人的身份关系确定受益人，即乙和乙的前夫 A 为受益人。由于乙身亡，A 作为生存的其他受益人享受全部保险金 50万元。第二张保单中身故保险金 100 万元应当由作为受益人之一的女儿丙领取。为避免争端，建议对同时罹难条款加以完善，增加规定："受益人与被保险人均已死亡，且不能确定死亡先后顺序的，如保单尚有其他生存受益人，由其他生存受益人领取保险金；如保单没有其他生存受益人，按照被保险人的遗产处理。"

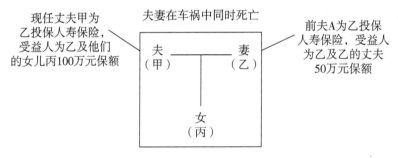

（3）多数受益人中有人先于被保险人死亡时保险金的分配

实务中对于保险事故发生前部分受益人死亡或放弃、丧失受益权的情形下其应得份额如何分配的问题有较大争议。例如多数受益人之中如果有人先于被保险人死亡，该死亡受益人受益份额是由其他受益人受领，还是作为被保险人的遗产？是否成为我国《保险法》第 42 条的未指定受益人？若是，则作被保险人的遗产处理，其余的受益人不能领取"该受益人应享受的那部分"保险金；如果不是，则虽不作被保险人的遗产处理，但该受益人应享受的份额究竟应作何分配呢？《保险法司法解释（三）》第 12 条对此作了明确规定："投保人或者被保险人指定数人为受益人，部分受益人在保险事故发生前死亡、放弃受益权或者依法丧失受益权的，该受益人

应得的受益份额按照保险合同的约定处理；保险合同没有约定或者约定不明的，该受益人应得的受益份额按照以下情形分别处理：（一）未约定受益顺序及受益份额的，由其他受益人平均享有；（二）未约定受益顺序但约定受益份额的，由其他受益人按照相应比例享有；（三）约定受益顺序但未约定受益份额的，由同顺序的其他受益人平均享有；同一顺序没有其他受益人的，由后一顺序的受益人平均享有；（四）约定受益顺序及受益份额的，由同顺序的其他受益人按照相应比例享有；同一顺序没有其他受益人的，由后一顺序的受益人按照相应比例享有。"简要归纳规则如下：有约定从约定，无受益顺序和受益份额约定，由其他受益人平均或按比例享有。

四、人寿保险合同效力的特别约定

（一）不可抗辩条款

不可抗辩条款又称不可争条款，以我国《保险法》第16条为例，其基本内容是：投保人故意或者因重大过失未履行前款规定的如实告知义务，足以影响保险人决定是否同意承保或者提高保险费率时，自保险人知道有解除事由之日起，保险人的合同解除权超过30日不行使而消灭。自合同成立之日起超过2年的，保险人不得解除合同；发生保险事故的，保险人应当承担赔偿或者给付保险金的责任。不可抗辩条款一般仅限于保单有效性的争议，旨在禁止因投保人欺诈、隐匿或重大误述而对保单的有效性提出争议。该规则也有例外，在欺诈性冒名顶替、缺乏可保利益、蓄意谋杀被保险人等情况下，即使争议期结束，保险人也可提出抗辩。一般来说，保险人基于以下几种事由所提出的抗辩不受不可抗辩条款的拘束：（1）未缴纳保险费导致合同效力中止的情形，不受不可抗辩条款的约束。（2）投保人必须对保险标的具有可保利益，以防止利用生命赌博和道德危险因素。因此，保险利益的争辩不在此规则的调整范围内。（3）此规则适用一般的欺诈行为，但部分欧美和欧陆国家保险法也承认特别严重的欺诈行为仍可能使合同无效（不受2年时效限制），如冒充被保险人进行体检等行为。在保险实务中，不可抗辩条款主要存在于具有长期性的人寿保险中。部分具有续保条款的健康保险和意外伤害保险也可以适用。

（二）年龄误告条款

年龄误告条款按照我国《保险法》第32条的规定，是指当真实年龄不符合合同约定的年龄限制的，保险人可以解除合同，并按照合同约定退还保险单的现金价值，但是自合同成立之日起超过2年的除外；误告年龄大于真实年龄而导致多缴保险费时，可以无息返还多交部分的保险费；误告年龄小于真实年龄，保险人可要求被保险人补缴少交的差额及产生的利息或按比例承担给付保险金额责任。至于投保人缔约时主观上是善意还是恶意，在所不问。即使是善意的，例如投保人不知被保险人户籍或身份证登记、记载的年龄有误，也不影响投保人行使合同解除权。需要注意的是保险人的此项解除权与其在保险法上的其他解除权一样，也受到不可抗辩和弃权原则的制约。

（三）不丧失价值条款

不丧失价值条款指保险人在合理的范围内，允许投保人自由处理其保险单现金价值的一种合同约定。又称不丧失价值任选条款。投保人有四种方式可供选择：退保并领取退保金、将原保险单的现金价值改为缴清保险、将原保险单的现金价值改为展期保险、保单贷款和展期条款。（1）退保并领取退保金。退保金是投保人在保单期满前退保所能获得的现金总额，即保险合同上列明的现金价值。（2）将原保单的现金价值改为缴清保险。即将保险单上的现金价值作为趸交保险费，在原保单的保险期限和保险责任不变的情况下，重新确定保险金额。缴清保险自原保单失效之日起立即生效，险种与原保单相同，保额为原保单现金价值减未偿还保单贷款和利息之和后所能购买险种的最高金额。缴清保单是指保险责任、保险期限与原保单相同，只是保险金额较原保单减少的一种保险。（3）将原保单的现金价值改为展期保险。即投保人以原保单的现金价值扣除未偿还保单贷款本息后的金额作为趸交保险费，购买一种定期死亡保险。此种保险的金额不变，保险期限为趸交保险费所能允许的最长期限。如果是两全保险合同，经过一定时期后，保单上的现金价值用于交付与原保险合同期限相同的定期死亡保险合同后仍有剩余，其剩余部分可投保生存保险，也可以退还给投保人。展期保单是指将原保单的保险责任改为死亡保险责任、原保险期限改为定期且保险金额不变的一种新保单。以上三种处置保单现金价值的方式适用情况有所不同。第一种方式对那些不想继续投保的人适用，第二种、第三种方式适用于那些由于种种原因无力继续缴纳保险费，又不愿意使保单失效的投保人，这样就可以利用保单的现金价值来维持保单的效力。保险合同中自动垫缴保险费条款就是对后两种情况的规定。（4）保单贷款和展期条款。投保人可以利用保单的现金价值贷款，在贷款到期后未能偿还贷款的，保险人对于投保人不能按期归还贷款的，可按照贷款协议约定进行展期业务处理。保单质押贷款展期期限累计不得超过原贷款期限。保单质押贷款展期后，贷款期限仍应在保单有效期内。投保人如果在展期过后仍然无法偿还贷款的，且未偿还的保单贷款本息之和超过保单现金价值时，保险公司可依据贷款协议约定对保单进行效力中止处理。

（四）保险合同复效和宽限期条款

1. 保险合同的效力中止

我国《保险法》第 36 条规定："合同约定分期支付保险费，投保人支付首期保险费后，除合同另有约定外，投保人自保险人催告之日起超过三十日未支付当期保险费，或者超过约定的期限六十日未支付当期保险费的，合同效力中止，或者由保险人按照合同约定的条件减少保险金额。被保险人在前款规定期限内发生保险事故的，保险人应当按照合同约定给付保险金，但可以扣减欠交的保险费。"

（1）中止的原因。保险合同的效力中止，是指保险合同的效力暂时中止，在符合法定条件或者约定的条件时，可以恢复合同的效力。中止保险合同应当满足三个基本条件：①投保人逾期未交保险费。投保人在支付首期保险费后，不能在保险合同约定的缴纳保险费的日期或者交费宽限期内向保险人缴纳保险费。②投保人逾期未交保险费的期间已经超过 60 日。投保人在保险合同约定的交费日期后经过 60 日没有缴纳保险费，或者保险合同对投保人缴纳保险费约定有交费宽限期，投保人在交费宽限期经过后超过 60 日没有缴纳保险费。③保险合同没有约定其他补救办法。保险合同对于如何处理投保人未交保险费的情形，没有规定中止合同效力以外的其他解决办法，诸如解除保险合同、减少保险金额、保险费自动垫交等。只有满足上述条件，保险合同才可以中止。

（2）中止后的效力。保险合同在中止期间，保险人不负担危险的责任。保险合同中止后，保险人没有解除合同的权利，既然不解除，则仍可恢复，这与保险合同的终止有别。

2. 保险合同的复效

我国《保险法》第 37 条规定："合同效力依照本法第三十六条规定中止的，经保险人与投保人协商并达成协议，在投保人补交保险费后，合同效力恢复。但是，自合同效力中止之日起满二年双方未达成协议的，保险人有权解除合同。保险人依照前款规定解除合同的，应当按照合同约定退还保险单的现金价值。"已经中止的人寿保险合同，在符合一定的条件时，可以恢复合同的效力；否则，保险人可以解除保险合同。恢复保险合同的效力，称为保险合同的复效。保险合同的复效，只能适用于效力中止的人寿保险合同。人寿保险合同的复效应具备的要件分析如下：（1）投保人向保险人提出复效请求。在保险合同效力中止后，投保人希望恢复保险合同效力的，应当正式提出复效申请，以备保险人决定是否同意保险合同的复效。投保人不提出复效申请的，保险合同的效力不能自行恢复。在保险合同中止效力后 2 年内，投保人请求复效的，保险人应当和投保人协商复效的各项条件。投保人提出复效申请，是否应当在保险合同的复效申请保留期限内提出？理论上认为，复效申请的保留期间，为恢复合同效力的前提条件，投保人提出复效申请，不得超过复效申请的保留期间。如果保险合同约定，在保险合同中止效力后，投保人可以在复效申请保留期间（例如 2 年）提出复效申请，否则，保险合同不得恢复其效力。依照我国保险法规定，保险合同中止效力后 2 年内，投保人可以申请复效。在此期间，除非保险合同另有约定，保险人不得解除保险合同。这就是说，如果保险合同中止效力后经过 2 年，投保人没有申请复效的，保险人有权解除保险合同。显然，保险合同中止效力后 2 年期间，为投保人提出复效申请的保留期间。在此期间，投保人可以随时提出复效申请。但是，复效申请的保留期间，并不是投保人提出复效申请的先决条件。超过该期间，投保人并不是不能提出复效申请，它仅构成保险人解除保险合同的理由之一。如果保险人在复效申请保留期间经过后解除保险合同的，投保人丧失提出复效申请的基础。但是，如已超过复效申请的保留期间，保险人没有解除保险合同的，并愿意接受投保人提出的复效申请，投保人超过复效申请保留期间所提出的复效申请，并不是没有意义。所以，投保人向保险人提出复效申请，可以在保险合同中止效力后任何期间提出，除非保险合同另有约定或者保险人已经依法解除中止效力的保险合同。（2）被保险人请求复效时符合投保条件。在保险合同效力中止期间，被保险人的各种情况可能发生变化，而使其有可能不符合保险人规定的承保条件。被保险人不符合保险人规定的承保条件的，保险人可以拒绝承保。对于已中止效力的保险合同，投保人也不能请求复效。所以，被保险人在保险合同效力中止的期间内，只有仍然符合投保条件，保险合同才能够复效。（3）投保人补交保险费。在保险合同效力中止前未交的保险费以及中止期间应当缴纳的保险费及其利息，投保人应当一次交清。（4）保险人和投保人就复效条件达成协议。投保人请求保险人恢复保险合同的效力，但只有经过保险人同意接受投保人的复效请求的，保险合同才能恢复效力。如果保险人和投保人关于保险合同的复效不能达成协议，保险合同能否复效还要视具体情况而定。《保险法司法解释（三）》第 8 条规定："保险合同效力依照保险法第三十六条规定中止，投保人提出恢复效力申请并同意补交保险费，除被保险人的危险程度在中止期间显著增加外，保险人拒绝恢复效力的，人民法院不予支持。保险人在收到恢复效力申请后，三十日内未明确拒绝的，应认定为同意恢复效力。保险合同自投保人补交保险费之日恢复效力。保险人要求投保人补交相应利息的，人民法院应予支持。"

（五）被保险人的自杀条款

自杀条款一般出现在人寿保险合同中，尤其是在以死亡为给付条件的保险合同中。自杀条款是寿险合同特有的条款之一，即规定自杀不属于保险责任范围，保险人不负给付保险金责任的条款。不少国家在保险条款中对自杀有时间上的规定，如果被保险人在特定的期间（通常为签单生效或复效之日起2年）内自杀，保险人不负给付保险金责任，只限于退回已缴纳的保险费（可以计息或不计息），2年后就不把故意自杀列为除外责任，保险人仍应给付保险金，其原因在于人寿保险的主要目的是向受抚养者提供保障。此外，由于自杀是死亡的原因之一，编制生命表时已考虑了这个因素，保险费的计算正是以生命表为依据。把自杀这一除外责任限制在2年内主要是为了减少逆选择，防范蓄意自杀者购买人寿保险。一般来说，寿险合同中的自杀条款常被作为免除责任的条款，即把自杀作为保险的除外责任。我国《保险法》第44条第1款规定："以被保险人死亡为给付保险金条件的合同，自合同成立或者合同效力恢复之日起二年内，被保险人自杀的，保险人不承担给付保险金的责任，但被保险人自杀时为无民事行为能力人的除外。"可见我国《保险法》对企图通过自杀领取保险金而办理复效的，另设2年抗辩期的起算点。笔者认为，自杀条款中的自杀为故意自杀，该故意是指对结果的故意。为寻求刺激的窒息所致身亡不属于自杀，因为行为人虽然对"刺激"行为是故意实施，但对死亡的结果没有故意。我国《保险法司法解释（三）》第21条还明确，保险人以被保险人自杀为由拒绝给付保险金的，由保险人承担举证责任。受益人或者被保险人的继承人以被保险人自杀时无民事行为能力为由抗辩的，由其承担举证责任。

五、除外责任

（一）法定除外危险——投保人、被保险人、受益人的犯罪行为

1. 被保险人的故意行为致自身死亡

我国《保险法》第45条规定："因被保险人故意犯罪或者抗拒依法采取的刑事强制措施导致其伤残或者死亡的，保险人不承担给付保险金的责任。"根据我国刑事诉讼法的规定，强制措施指公安机关、人民检察院、人民法院为了有效地同犯罪作斗争，依法对犯罪嫌疑人、被告人所采取的限制或剥夺人身自由的方法和手段。刑事强制措施包括以下五种：拘传、取保候审、监视居住、拘留、逮捕。如何认定被

保险人违反了责任免除情形呢？（故意犯罪或抗拒依法采取的刑事措施）其构成要件可以分为三个方面：（1）主观方面是指被保险人均是在明确知道其行为后果的情况下，仍然采取了上述行为或者放任了上述行为的发生。（2）客观方面是指要求被保险人在客观上实施了上述行为（一般须由公安及法院等机关作出裁决和认定），并且该行为与保险事故之间构成了因果关系。（3）主体方面是指被保险人在实施上述行为时，都需要具备相应的认知能力。如果被保险人涉嫌实施犯罪行为因证据不足而被不起诉的，应当不构成保险法所谓的"故意犯罪"。同样，虽因实施犯罪行为被判处刑罚，但若其行为并不是出于故意，被保险人的行为确实是出于过失、自卫或其行为当时有精神失常等情况，保险人就应当履行保险赔付责任。例如被判处交通肇事的刑事处罚，但很难认定其故意犯罪。另外，若被保险人因故意犯罪致自身死亡，免予刑事处罚宣判，是否认定为故意犯罪？是否能以刑事追诉或有罪判决作为唯一判断标准？若确曾故意致被保险人死亡，但未被刑事判决处罚，保险人可否免除保险责任？对此不无疑问。境外有关学术争论分歧较大。我国《保险法司法解释（三）》第22条对此明文规定："保险法第四十五条规定的'被保险人故意犯罪'的认定，应当以刑事侦查机关、检察机关和审判机关的生效法律文书或者其他结论性意见为依据。"第23条还规定："保险人主张根据保险法第四十五条的规定不承担给付保险金责任的，应当证明被保险人的死亡、伤残结果与其实施的故意犯罪或者抗拒依法采取的刑事强制措施的行为之间存在因果关系。被保险人在羁押、服刑期间因意外或者疾病造成伤残或者死亡，保险人主张根据保险法第四十五条的规定不承担给付保险金责任的，人民法院不予支持。"

2. 投保人的故意行为

我国《保险法》第43条第1款规定："投保人故意造成被保险人死亡、伤残或者疾病的，保险人不承担给付保险金的责任。投保人已交足二年以上保险费的，保险人应当按照合同约定向其他权利人退还保险单的现金价值。"

3. 受益人的故意行为

我国《保险法》第43条第2款规定："受益人故意造成被保险人死亡、伤残、疾病的，或者故意杀害被保险人未遂的，该受益人丧失受益权。"

（二）约定除外危险——犯罪行为致死问题

保险实务上常见以保单条款约定其他除外责任，其中争议较大的是"犯罪致死"的问题。保险人常常在保险单条款中约定，被保险人因打架、斗殴、吸毒等违法犯罪行为，甚至诸如酒驾、肇事逃逸、无证驾驶等法律、行政法规中的禁止性规定情形所致的损害，保险人不负保险责任，甚至有的保单还将被保险人故意挑衅或故意行为而导致的打斗、被袭击或被谋杀，也列为保险合同约定的责任免除范围。被保险人犯罪行为应当如何理解，实务中曾有不同见解。例如被保险人实施盗窃，攀爬至建筑物外时不慎自屋顶或房屋外墙坠落致死，在其包内发现螺丝起子、美工刀、手套、虎头钳等工具，其行窃意图昭然若揭，如仍然纳入保险责任，与保险合同的公序良俗原则相违背。保险制度在于分担风险，立法精神不保护以非法手段所致的保险理赔，因此《保险法》第45条所称的犯罪行为，不限于必须与刑法上的犯罪构成要件完全相符，仅被保险人有犯罪意图，行为具有社会违法性即应当包括在内。刑法纵然对盗窃的预备行为没有明文处罚规定，但是如果已经构成保险合同特约条款所列被保险人的犯罪行为，保险人可以免除给付保险金的责任。有学者认为，"犯罪行为"应采取广义解释，以被保险人是否实施故意犯罪加以判断，而不应以是否受刑罚宣告作为决定的依据。但也有学者采取从严解释的原则，认为所谓犯罪行为，必须是法律明文规定需要判以刑罚的行为。因此保险公司不得免除保险给付责任。但将故意犯罪过程中所产生的风险也列入保险承保范围内，有违保险合同的最大善意及公序良俗原则。[1] 原保监会曾有过这样一个批复文件——《关于保险条款中有关违法犯罪行为作出除外责任含义的批复》（保监复〔1999〕168号）。根据"意思自治"的原则，保险条款中的约定与法律、法规中的授权性规范或任意性规范虽有不同或重叠，但不抵触的，约定有效，对保险合同当事人有约束力。由于各个险种的条款，尤其是财险、寿险条款之间将违法犯罪行为列为除外责任的意义有很大不同，因此，对于违法行为、违法犯罪行为、犯罪行为或故意犯罪行为在除外责任条款中的含义，应结合各个条款的具体内容，作符合逻辑的、公平的解释，不能一概而论。《保险法司法解释（三）》第22条、第23条的规定仍然可以适用。在保险条款中，如将一般违法行为作为除外责任，应当采用列举方式，如酒后驾车、无证驾驶等；如采用"违法犯罪行为"的表述方式，应理解为仅指故意犯罪行为，否则将一般违法行为列为除外责任有失公平。对于犯罪行为，如果当事人尚生存，则应依据刑事侦查机关、检察机关和审判机关的生效法律文书或者其他结论性意见来决定是否构成犯罪。对于违法犯罪行为、犯罪行为或故意犯罪行为构成除外责任或责任免除，除保险合同有明确的约定外，应理解为被保险人实施的犯罪行为与保险事故的发生具有因果关系。在实务中，如果被保险人在犯罪过程中死亡，即使法院已经不追究

---

[1] 叶启洲：《保险法》（第7版），元照出版有限公司2021年版，第552页。

责任了，不判决"故意犯罪"，保险公司仍然可以考虑拒付保险金，当然作出这一个决定的前提是有故意犯罪事实的根据和达到刑事追责的标准。

六、保单现金价值的权益保障

（一）保单现金价值的意义

保单现金价值是指带有储蓄性质的人身保险单所具有的价值，是投保人要求解约或退保时，寿险公司应该发还的金额。保险人为履行合同责任通常提存责任准备金，如果中途退保，即以该保单的责任准备金作为给付解约的退还金。此部分金额形式上所有权属于保险人，但实质上归属于投保人。因此《保险法》人身保险合同一节中有数条规定用以保障投保人享有的保单现金价值。即使投保人与被保险人并非同一人，因保单现金价值来自投保人所缴纳的保险费，因此该权益仍然归属于投保人，而不是被保险人。我国只有缴纳2年以上保险费的寿险保单才承认有现金价值。我国《保险法》第47条规定，投保人解除合同的，保险人应当自收到解除合同通知之日起30日内，按照合同约定退还保险单的现金价值。但除解除合同情形外，投保人基于保险合同积累的保单现金价值为一潜在的财产上的利益，只要保险费缴纳2年以上，即使尚未发生"解除合同"返还的事由，也属于投保人可以随时主张的权益。若属于婚后投保的积累，在投保人与配偶之间进行婚姻财产分割时，应纳入婚后财产范围；如果投保人有负债，保单现金价值属于投保人的责任财产，在投保人破产或者清算时应当纳入破产财产及清算财产范围。如果投保人死亡，保单现金价值也应当列为其遗产。如果投保人为恶意逃债而变更投保人，债权人或者其他权益享有人可以行使追回权。

（二）保单质押贷款

保单质押贷款，是指人身保险公司按照保险合同的约定，以投保人持有的保单现金价值为质，向投保人提供的一种短期资金支持。保险公司开展的保单质押贷款是基于保险主业的一项附属业务，是为便利投保人而对其开展的保单增值服务。保险公司对超过一年期且具有保单现金价值或者账户价值的个人人身保险，在保险合同有效期内且犹豫期满后，均可依据保险合同约定向符合申请条件的投保人提供保单质押贷款。在保单质押贷款期间，保险合同未出现中止或终止情形的，保险公司应按照保险合同约定履行保障责任。在保单质押贷款期间给付保险金的，保险公司和投保人可约定优先偿还保单质押贷款的本息。保险公司开展保单质押贷款业务，相应保险产品的条款中应包含保单质押贷款条款。保单质押贷款的申请人为投保人，保险公司不得向投保人以外的第三方提供保单质押贷款服务。保险公司应采取有效措施核实投保人身份，确认贷款申请为其本人真实意思表示。以死亡为给付保险金条件的保险合同，被保险人非投保人本人的，投保人申请保单质押贷款须经被保险人书面同意。保险公司应采取有效措施核实被保险人身份，确认同意贷款申请为其本人真实意思表示。保单质押贷款利率不得低于相应保险产品的预定利率。万能保险保单质押贷款利率不得低于贷款办理时的实际结算利率。保单质押贷款金额不得高于申请贷款时保单现金价值的一定比例（通常为 80%）。保单质押贷款申请办理时间应在保险合同犹豫期满后，贷款期限应在保单有效期内，每笔保单质押贷款期限不得超过 12 个月。投保人应当按照贷款协议约定按期足额归还保单质押贷款。保险公司应在保单质押贷款到期前向投保人发送还款通知，通知应包括还款期限、还款金额、逾期后果等信息。保险公司不得接受投保人使用信用卡以透支方式清偿贷款本息。保险公司对于投保人不能按期归还贷款的，可按照贷款协议约定进行展期业务处理。保单质押贷款展期期限累计不得超过原贷款期限。保单质押贷款展期后，贷款期限仍应在保单有效期内。保险公司应制定保单质押贷款展期处理流程，并明确告知贷款申请人。保险公司应制定保单质押贷款逾期标准、处理流程、计息方式、产生不良信用记录的情形等事项，并明确告知贷款申请人。当投保人未偿还的保单贷款本息之和超过保单现金价值时，保险公司可依据贷款协议约定对保单进行效力中止处理；合同效力因贷款原因而中止的，保险公司应向投保人发送通知及后续工作提示，相关贷款状况信息应及时报送金融信用信息基础数据库。当投保人全部清偿保单贷款本金和利息，且向保险公司申请并恢复保单合同效力后，保险公司应将贷款偿还信息及时报送金融信用信息基础数据库。

（三）保单解除及其强制执行

寿险保单可被强制执行已成共识。继浙江省、江苏省等地方法院明确保单现金价值可以被强制执行后[1]，上海市高级人民法院于 2021 年 11 月 4 日发布《关于建立被执行人人身保险产品财产利益协助执行机制的会议纪要》（以下简称《会议纪要》），明确被执行人的人身保险保单的现金价值可被强制执行。人民法院因执行工

---

[1]　浙江省高级人民法院 2015 年 3 月 6 日《关于加强和规范对被执行人拥有的人身保险产品财产利益执行的通知》，江苏省高级人民法院 2018 年 7 月 9 日《关于加强和规范被执行人所有的人身保险产品财产性权益执行的通知》。

作需要，依法要求保险机构协助查询、协助冻结或协助扣划被执行人人身保险产品财产利益的，保险机构应当予以协助。在协助扣划的办理形式要件中，《会议纪要》提到"协助扣划文书应载明被执行人的身份信息、需协助扣划的保单信息、扣划金额、法院账户信息及其他要求协助的具体内容"。同时，在对保单现金价值的规范执行上，《会议纪要》指出，冻结或扣划投保人（被执行人）的现金价值、红利等保单权益时，当投保人、被保险人或受益人均为被执行人同一人时，人民法院可直接冻结或扣划；当投保人（被执行人）与被保险人或受益人不一致时，人民法院应秉承审慎原则，保障被保险人或受益人相关赎买保单的权益。此外，《会议纪要》还规定了特殊免除执行的保单类型。重大疾病保险、意外伤残保险、医疗费用保险等人身专属性较强、保单现金价值低的产品，人民法院应秉承比例原则，一般不作扣划。

第二节　健康保险

一、概述

健康保险与后述伤害保险，在保险分类上均同时包含损害保险和定额保险，所以有学说称之为"中间保险"或者混合保险。关于失能保险给付、死亡残疾定额给付以及定额型的医疗费用给付，在性质上均为定额保险，没有不当得利禁止原则的适用。但是实报实销型（含医疗给付型）的医疗费用保险，因所补偿的损失系可以用金钱加以计算的具体损害，所以属于损害保险，理论上应当适用禁止不当得利原则。关于重复保险原则的适用，详见本书相关章节的论述。至于保险代位规定只适用于财产保险，而不适用于人身保险，这一规则与保险理论不符，学界关于修正的呼声已久。前已述，健康保险的医疗费用保险适用保险代位并无理论上的困难。

二、常见争议条款

（一）免赔额、免赔率条款

医疗风险主要是门诊医疗风险和住院医疗风险，其中最主要的是住院医疗风险，因此消费者一般会优先投保住院医疗保险。但是，住院医疗保险属于补偿性保险，而补偿性保险是根据实际支出进行补偿，且补偿额度不能超过实际支出。为此，保险公司一般会对住院医疗保险规定一个免赔额，即如果医疗费用低于免赔额，则被保险人不能获得赔偿；如果医疗费超出免赔额，保险公司将按一定比例进行赔付。

健康保险免赔额条款中的免赔额又称"自负额",是指在保险合同中规定的损失在一定限度内保险人不负赔偿责任的额度,可以减少一些频繁发生的小额赔付支出,提高被保险人的责任心和注意力。综上所述,免赔额条款是医疗保险的主要特征之一,健康保险中主要有三大免赔额条款,即单一赔款免赔额、全年免赔额、按每年赔款总计以及集体免赔额(对团体投保的被保险人而言)。因为免赔额能消除许多小额索赔,理赔费用就大为减少,从而可以降低保险费。

（二）等待期条款

保险公司设置等待期(又称"观察期")是用于防范被保险人虽无恶意但客观上"带病投保"情形,譬如被保险人已疾病潜伏于身但症状未显,既无求医问诊的经历,也无自我不适的感觉,在投保后疾病恰好发作从而被诊断为重大疾病。因投保人投保时恪守诚实信用原则,保险公司不能以投保人恶意投保,违反如实告知义务为由拒赔,故通过设置等待期条款以防范此风险。一般来说大多数医疗险的等待期为30天,部分长期型医疗险如保20年的,等待期会稍微长一些,为90天。银保监会在《健康保险管理办法》第27条明确规定:"疾病保险、医疗保险、护理保险产品的等待期不得超过180天。"谈保险等待期就不得不提"保险期间"的概念。2019年4月1日实施的《保险术语》(GBT 36687-2018)第2.23条对保险期间的释义为保险责任的起讫期间,通俗讲就是保险公司承担保险责任的期间(与保险合同有效时间不同)。《保险术语》第4.3.3.3条规定等待期又称免责期、观察期,是指从保险合同生效日或最后一次复效日开始至保险人具有保险金赔偿或给付责任之日的一段时间。由此可知,等待期应为保险期间开始前的一段期间。在"等待期"内,保险合同虽然生效但保险人承担保险责任的时间尚未开始,故又名为"保险责任等待期",即等待保险责任开始的时间。按《保险法》第13条"依法成立的保险合同,自成立时生效"及第14条"保险合同成立后,投保人按照约定交付保险费,保险人按照约定的时间开始承担保险责任"的规定,保险合同可以约定其生效时间与保险责任开始时间为不同的时间点,这也是等待期设置的法律依据。德国《保险合同法》在健康保险一章第197条专门规定了等待期①,作为保险实务中等待期条款的法律基础,值得我国未来保险立法借鉴,正式入法可以杜绝或减少司法界常将该等条款认

---

① 德国《保险合同法》第197条(观察期)第1款规定:如果双方当事人约定了观察期,则在疾病费用保险、日常医疗补贴保险、日常疾病补贴保险中上述期限不得超过3个月,在分娩、心理治疗、口腔治疗、牙齿修复保险中上述期限为8个月。在长期护理保险中,上述期限不能超过3年。

定为无效的现象。

(三) 医保范围用药条款

在责任保险、交强险及意外伤害保险条款或补偿性医疗费用保险中保险格式条款通常会约定保险人按照国家基本医疗保险标准核定人身伤亡或医疗费用的赔偿金额，即通常所称的医保范围用药条款。商业医疗保险只对承保对象实际产生的医疗费用提供报销，而不同的商业医疗保险的报销范围是不同的。费用报销型险种：可报销住院医疗费用，但不同产品的报销范围有不同规定。部分商业医疗保险的保险合同规定，实际医疗费用须在社保报销范围内才能报销。若已从社保或其他社会福利机构取得赔偿，保险公司仅给付剩余部分，社保不能报销的（进口药、特效药、特护病房等），此类商业医疗保险同样不能报销，其作用仅在于对社保报销后，对需按比例自负的部分进行赔偿。而部分商业医疗保险则规定，只要是实际发生的合理费用，都可按比例或在一定免赔额后，得到保险公司赔偿。对于此类条款，有的法院认为这仅是对医疗费用的理赔范围所作的限制，是保险人就承保风险范围的具体界定，不是免责条款，也不属于无效条款。但更多的法院则从其限制了被保险人的选择权、加重伤者的费用负担、保险合同双方不得作出限制其他第三人权利的约定、采用何种医疗方案及使用何种药物治疗是被保险人无法控制事项、未履行提示及明确说明义务等角度认为该条款属于无效格式条款。《保险法司法解释（三）》第18条规定："保险人给付费用补偿型的医疗费用保险金时，主张扣减被保险人从公费医疗或者社会医疗保险取得的赔偿金额的，应当证明该保险产品在厘定医疗费用保险费率时已经将公费医疗或者社会医疗保险部分相应扣除，并按照扣减后的标准收取保险费。"第19条规定："保险合同约定按照基本医疗保险的标准核定医疗费用，保险人以被保险人的医疗支出超出基本医疗保险范围为由拒绝给付保险金的，人民法院不予支持；保险人有证据证明被保险人支出的费用超过基本医疗保险同类医疗费用标准，要求对超出部分拒绝给付保险金的，人民法院应予支持。"

【案例】段天国诉中国人民财产保险股份有限公司南京市分公司保险合同纠纷案①

裁判要旨：根据2002年修订的《保险法》第17条第1款、第18条的规定，订立保险合同，保险人应当向投保人说明保险合同的条款内容。保险合同中规定有关于保险人责任免除条款的，保险人在订立保险合同时应当向投保人明确说明，未明

---

① 案例来源：《最高人民法院公报》2011年第3期。

确说明的，该条款不产生效力。据此，保险人有义务在订立保险合同时向投保人就责任免除条款作出明确说明，前述义务是法定义务，也是特别告知义务。如果保险合同当事人对保险人是否履行该项告知义务发生争议，保险人应当提供其对有关免责条款内容作出明确解释的相关证据，否则该免责条款不产生效力。

（四）医疗方式问题

保险公司以保险合同格式条款限定被保险人患病时的治疗方式，既不符合医疗规律，也违背保险合同签订的目的。被保险人有权根据自身病情选择最佳的治疗方式，而不必受保险合同关于治疗方式的限制。保险公司不能以被保险人没有选择保险合同指定的治疗方式而免除自己的保险责任。

【案例】王玉国诉中国人寿保险公司淮安市楚州支公司保险合同纠纷案①

裁判要旨：原、被告对双方之间存在的保险合同关系及原告所患的主动脉疾病均无异议，只是对原告没有采取开胸而是行主动脉夹层覆膜支架隔绝术治疗疾病是否属保险责任范围产生争议。原、被告双方订立的保险合同已明确约定重大疾病的保险范围有"主动脉手术"，该合同第 23 条第 10 款项目是对医疗术语"主动脉手术"的解释和描述，以进一步明确保险责任范围。"主动脉手术"指为治疗主动脉疾病而进行的手术，主动脉指胸主动脉和腹主动脉，不包括胸主动脉和腹主动脉的分支血管。由此可见，胸主动脉和腹主动脉疾病应属原、被告签订的康宁终身保险合同约定重大疾病的保险责任范围。本案中，根据江苏省人民医院司法鉴定所法医学鉴定意见书及答复函意见，原告王玉国所患主动脉夹层斯坦福德 B 型（stanford B 型）疾病属于主动脉疾病，符合康宁终身保险合同约定重大疾病的保险责任范围。该合同第 23 条第 10 款项目关于"实际实施了开胸或开腹进行的切除、置换、修补病损主动脉血管"显然不属于对疾病症状的解释和描述，而是对于疾病治疗方式的限制，排除了被保险人享有的对疾病治疗方式的选择权。按通常理解，重大疾病并不会与某种具体的治疗方式相联系。对于被保险人来说，其在患有重大疾病时，往往会结合自身身体状况，选择具有创伤小、死亡率低、并发症发生率低的治疗方式而使自己所患疾病得到有效治疗，而不会想到为确保重大疾病保险金的给付而采取保险人限定的治疗方式。保险人以限定治疗方式来限制原告获得理赔的权利，免除自己的保险责任，该条款会认定无效。而且，随着医学技术的进步，外科手术向微创化发展，许多原先需要开胸或开腹的手术，已被腔镜或介入手术所取代，而重大疾

---

① 案例来源：《最高人民法院公报》2015 年第 12 期。

病的保险期间往往很长甚至终身，因此保险人以被保险人投保时的治疗方式来限定被保险人患重大疾病时的治疗方式不符合医学发展规律。保险公司不能因为被保险人没有选择合同指定的治疗方式而拒绝理赔。故判决被告赔付原告保险金 4 万元。

（五）指定医院条款

意外伤害医疗保险条款中经常规定，保险人仅对被保险人在二级（含二级）以上公立医疗机构发生的住院费用承担保险责任；保险责任范围为保险人对被保险人在中国大陆境内因意外伤害事故或等待期后因疾病，在本合同约定的医疗机构发生的符合通常惯例且医学必需的医疗费用，对于被保险人经过公费医疗、社会医疗保险等补偿报销后剩余的住院医疗费用。争议的问题是被保险人未在保险合同所指定的医院就医，保险公司应否承担其住院医疗保险金的保险责任。法院多支持被保险人的诉讼请求，认为保险公司在保险合同中指定就医医疗机构，减轻或免除自身责任而加重对方责任，应属无效条款。不过，《保险法司法解释（三）》第 20 条规定："保险人以被保险人未在保险合同约定的医疗服务机构接受治疗为由拒绝给付保险金的，人民法院应予支持，但被保险人因情况紧急必须立即就医的除外。"

（六）保证续保条款

按照《健康保险管理办法》第 4 条第 5 款的规定，保证续保条款是指在前一保险期间届满前，投保人提出续保申请，保险公司必须按照原条款和约定费率继续承保的合同约定。我国监管机构对医疗险"保证续保"的核心定义有三个层面的要求：条款不变、规则不变、费率表不变，类似于一款长期健康险。但是实际情况是前两点容易做到，第三点费率表不变很难做到。任何一家保险公司都不能承诺保证续保到终身，而是需要根据保险的赔付情况进行费率调整，避免赔偿失去偿付能力。但为招揽保险费，市场上虚假"噱头"的保证保险条款很多，已经引起很多销售误导和理赔纠纷。

第三节 意外伤害保险

一、概述

意外伤害保险就是被保险人在保险期间内因遭受意外事故导致身体受到伤害或者因此残疾、死亡时，保险人依照合同约定给付保险金的一种人身保险合同。虽然下述公报案例认定意外伤害保险不适用损失补偿原则，但目前通说认为要视保险条款对事故损失的填补方式而定。如果约定死亡时给付固定金额，就是定额给付，不适用损失补偿原则。如果保险责任填补因意外伤害医疗期间的实际医疗费用，就是补偿性保险，适用损失补偿原则。下述公报案例出台时间较早，认为人身保险一律不适用损失补偿原则。但随着人们对保险的认识逐渐提高，人身保险中某些损失补偿型险种也适用"损失补偿原则"，这已被社会广泛接受，相信保险方面的裁判规则也会相应不断变化和完善。

【案例】李思佳诉西陵人保公司人身保险合同纠纷案①

裁判要旨：根据保险法规定，意外伤害保险属于人身保险，不适用财产保险中的"损失补偿原则"。保险合同中有保险人责任免除条款的，在订立保险合同时，保险人应当向投保人明确说明；未明确说明的，该条款不产生效力，保险公司应当按照合同约定理赔。

二、承保范围

（一）意外伤害的要素

意外伤害是指人们因意外导致身体受到伤害的事件。包含以下四个要素：

1. 非本意的：意料外的或不是故意的事故，如飞机坠毁、轮船沉船等事故。

2. 外来的：非身体内部原因造成的事故，如食物中毒、猫抓狗咬等。

3. 突发的：意外伤害是在极短时间内发生的，无法防御的，如高空坠物、发生车祸等。

4. 非疾病的：非疾病引起的身体伤害。

【案例】赵青、朱玉芳诉中美联泰大都会人寿保险有限公司意外伤害保险合同纠纷案②

裁判摘要：意外伤害是指由于外来的、突发的、非本意的、非疾病的原因导致身体受到伤害的客观事件。饮酒过量有害身体健康属生活常识，被保险人作为完全民事行为能力人，对此完全可以控制、避免，故饮酒过量导致身体损害不是基于外来的、突发的和非本意的因素，不属于意外伤害，被保险人据此申请保险公司支付保险金的，人民法院不予支持。

---

① 案例来源：《最高人民法院公报》2006年第7期。

② 案例来源：《最高人民法院公报》2017年第9期。

（二）争议

1. 脑卒中与摔倒

意外伤害险的被保险人有高血压和脑梗病史，又因摔伤造成重度颅脑损伤，根据鉴定机构对被保险人死因的鉴定结论，应当按照疾病、意外对于死亡结果的参与度比例来认定保险人承担相应比例的给付责任。[①]在被保险人本身罹患基础疾病的情况下，某项事故的发生仅为死亡诱因，并非近因，被保险人无权以意外导致死亡向保险人主张意外伤害险赔偿。即便被保险人在事故发生前罹患基础疾病，但是如后续其已获得治疗并恢复，则事故通常被认定为意外伤害险中的近因。只有在现有证据均不能证明导致被保险人死亡的单一近因时，才能根据事故发生的原因比例分摊保险人与被保险人的责任。在适用比例分摊原则时，比例的分配通常也会参考公平原则、当事人过错责任原则判断具体的责任比例。死亡近因系病理性因素还是意外伤害已无法查明，在此基础上，鉴于双方当事人对死亡原因无法查明均有过错，法院酌定保险人与当事人分摊一定的责任比例。

【**案例**】王某花、王某波等与某财产保险有限责任公司人身保险合同纠纷案[②]

基本案情：王某彬与王某花系夫妻关系。二人育有王某波、王某超、王某懿三名子女。王某彬的父亲王某明于 2010 年 8 月 12 日死亡。王某彬的母亲刘某枝作出书面声明放弃对王某彬遗产的继承。2018 年 11 月 28 日，重庆某广告传媒有限公司作为投保人，为王某彬等 6 人向某财产保险公司投保主险"意外伤害身故、伤残"和附加险"意外伤害医疗费用""意外住院生活津贴"。2019 年 10 月 10 日，王某彬经120 急救入郏县人民医院进行抢救，2019 年 10 月 14 日，王某彬经治疗无效死亡。死亡原因为丘脑出血。

裁判结果：重庆市渝中区人民法院认为：按照保险条款约定，意外伤害是指遭受外来的、非本意的、非疾病的客观事件。从事发情况来看，王某彬在楼梯上摔倒，当时出现意识模糊，经医疗机构诊断为丘脑出血，于 4 日后医治无效死亡。就发生"摔倒"而言当属意外事件，不排除因摔倒而引发脑血管病变，即病案材料中所述"急性动态起病"，但王某彬确有"高血压、脑梗"的病史，故亦不排除起病后发生摔倒。现有证据均不能证明导致王某彬死亡的单一近因。根据《保险法司法解释（三）》第 25 条的规定，被保险人的损失系由承保事故或者非承保事故、免责事由

---

① 王静：《保险案件司法观点集成》，法律出版社 2016 年版，第 202 页。

② 案例来源：（2020）渝 0103 民初 27222 号。

造成难以确定，当事人请求保险人给付保险金的，人民法院可以按照相应比例予以支持。综合本案具体情况，本院确定由保险人按照50%的比例给付保险金为宜。

2. 猝死和高原反应

理论上"猝死"和"高原反应"导致死亡的本身属于疾病死亡，没有太多争议。世界卫生组织对"猝死"的定义为：平素身体健康或貌似健康的患者，在出乎意料的短时间内，因自然疾病而突然死亡。故疾病与"猝死"之间存在因果关系。因此除非保险合同有特别约定，"猝死"并不属于意外伤害保险的保险责任范围。具体到个案中，需要结合出险人自身情况以及出险环境等多种因素综合判断，有条件的应当提交医学鉴定，结合临床病史、案情、尸体解剖和实验室检查资料辨明疾病或损伤与死亡的关系，明确各因素的参与度。"猝死""高原反应"的定义属于减轻保险人责任的条款，需要明确说明。法官结合实际情况规范使用自由裁量权。对于确实无法查明的，且同时存在保险责任和除外责任共同因素的情况，适用我国《保险法司法解释（三）》第25条。不过适用比例分摊原则时，应当建立统一的参与度评价体系，根据证据材料进行参与度等级的认定，规范自由裁量权。

3. 伤残比例赔付

《人身保险伤残评定标准》（以下简称《评定标准》）属于行业规范，对其效力认定一直存在争议。从历史沿革来看，《评定标准》（中保协发〔2013〕88号）最早源于1998年7月11日中国人民银行颁布的《关于下发〈人身保险残疾程度与保险金给付比例表〉的通知》，后来保监会又发布《关于继续使用〈人身保险残疾程度与保险金给付比例表〉的通知》（保监发〔1999〕237号）。这些通知明确规定下发比例表的目的是规范保险公司人身保险残疾程度的核定，便于产品开发，有利于费率测算，且要求各保险公司新报备的险种条款中对残疾程度的定义及保险金给付比例必须按照《人身保险残疾程度与保险金给付比例表》执行。但实务中对伤残比例赔付表及条款效力认定不一。有的法院认为人身保险残疾程度与保险金给付比例表不属于免责条款，《评定标准》为国务院保险监督管理机构将给付保险金的标准与被保险人的伤残程度相对应而设定并明令要求业内各保险公司在商业保险中采用的人身伤残保险金给付标准。保险合同约定关于保险人按照《评定标准》给付保险金的，并未在保险公司承担保险责任的范围内减轻或排除其应当承担的风险与损失。故《团体意外伤害保险条款》中有关残疾保险金责任的约定不属于《保险法司法解释（二）》第9条规定的"比例赔付或者给付"，进而不应当认定为免除保险人责任的条款。有的法院认为《评定标准》列明的残疾程度进行赔偿的条款，缩小了其赔偿责任范围，实质上属于免除、减轻保险人责任的条款，应当认定为"免除保险人责任的条款"。依照法律规定，在保险合同订立时，保险人应当对保险合同中免除保险人责任的条款，履行提示义务和明确说明义务，未作提示或者明确说明的，该条款不产生效力。[①]

（三）因果关系和原因力规则

"多因一果"导致保险事故发生的，如果多个原因之间与保险事故的因果关系难以确定的，按比例分摊原则，对以前多持"全有或全无"的绝对性传统观点提出了修正，对被保险人的保护更加细致周全。《广东省高级人民法院关于审理保险合同纠纷案件若干问题的指导意见》（粤高发〔2011〕44 号）第 17 条即规定："多个原因造成保险事故，其中有承保风险又有非承保风险的，被保险人主张保险人按承保风险占事故原因的比例或者程度承担责任的，人民法院应予支持。"《保险法司法解释（三）》第 25 条规定："被保险人的损失系由承保事故或者非承保事故、免责事由造成难以确定，当事人请求保险人给付保险金的，人民法院可以按照相应比例予以支持。"不过，能否适用比例分摊原则还要受制于保险条款的约定，举例说明，如果意外伤害保险条款中的保险责任范围表述为："被保险人因遭受意外伤害，并自事故发生之日起 180 日内，以此事故为直接且单独的原因身故"等诸如通过"直接、单独、唯一的原因引起的损害"之类的条款约定来严格限制保险给付责任的风险范围，此时比例分摊原则也不能适用。

第四节　投资型保险

一、投资型保险在境外发展的历史

投资型保险在美国被称为变额保险。变额保险是在有最低保额保证下，投资风险由保户自行承担的一种保险商品，最大的特点是保险合同内规定保险公司应将保单的责任准备金另外设立账户，财会独立并投资于指定项目，保险公司应就该基金投资运用的结果来增减死亡或全残保险金额，因此被保险人死亡或全残时，保险金额的给付随着保险期间不同而变化，故称为变额保险。主要种类分为变额人寿保险（Variable Life Insurance）、变额年金（Variable Annuity）以及变额万能寿险（Varri-

---

① 参见湖北省武汉市江汉区人民法院（2013）鄂江汉民二初字第 00253 号民事判决书。

able Universal Life Insurance，VUL）。在英国，投资型保险被称为单位连接保险（Unit Linked Assurance）或份额连接保险（Equity Linked Assurance）。在德国，投资型保险被称为基金连接保险（Fondsgebundene Versicherung）。在荷兰，投资型保险被称为份额保险（Fractiererzekering）。加拿大则称这种有基金投资成分的保险为分离基金投资保证（Segregated Fund Investment Guarantees）。日本的投资型保险以美国的投资型保险为师，主要有变额保险，又可以分为有期型（以定期寿险为基础）以及终身型（以终身寿险为基础）和变额年金两种。

变额保险就是保额变动的保险。这种保险的收益随着投资收益的大小上下波动，目的在于稳定死亡收益和购买力，以补偿在通货膨胀条件下定额保险所提供的保险收益与实际保障的差异。变额年金最早是由美国教师保险和年金协会（TIAA）于1952年设计，并由该协会建立的基金组织——大学退休证券基金（CREF）专门提供给大学教员，作为退休金计划的一部分。在该组织的带动下，美国的保险公司开始设计和销售变额年金。发展初期，变额年金产品设计简单，是作为享有税赋优惠且具有多样化基金选择的退休金计划，客户可自行选择投资账户并承担全部投资风险，不提供任何最低保证。20世纪80年代，保险公司开始在变额年金中提供最低身故利益保证（GMDB），用于在股市表现较差的时候保护客户。20世纪90年代初期，为满足合格退休金计划的法规要求，变额年金产品开始提供最低年金给付保证（GMIB），用于在股市表现较差的时候，保护客户的退休年金水平不受重大损失。随后，最低累计利益保证（GMAB）和最低退保利益保证（GMWB）相继出现。这些变额年金满足了投保客户养老、投资、保底三大需求，且遇到资本市场繁荣向上的大好时机，因此获得了极大的发展。在美国，个人寿险年金产品的80%属于变额年金产品。投保变额寿险产品，不仅满足了客户的投资需求，还使客户获得税收优惠。因此，变额年金在美国保险市场发展势头良好。目前，美国投资型保险商品占保险市场五成以上，投资型保险商品中的年金保险占七成以上，其中含有保证领取期间变额年金（或者期满一次性取出保障金额）保险占六成以上，成为市场的主流。

在日本，变额年金由哈特福德（Hartford）等美资保险公司于1999年引入。日本人理财观念较保守，风险承受能力较低，在近几年的低利率环境下，开始转向报酬较高的变额年金险，再加上日本社会的老龄化趋势越来越受到重视，也使得变额年金险成为日本保险产品中的“新宠儿”。日本的变额年金在短短10年间快速发展，至2007年，日本变额年金资产余额已达到16.5万亿日元（超过1.5万亿美元），约占个人养老保险产品的70%。此外，西欧国家变额寿险占人寿保险费的比例从1997

年的 21% 上升到了 2001 年的 36%；变额年金在东南亚等保险市场也非常流行，是当地年金的主要形态。

二、我国的投资型保险

（一）主要投资型保险险种

我国《保险法》没有规定投资型保险，实为缺憾。投资型保险兼顾投资和保险，适合的投保人类型是具备承受一定风险能力、有稳健长期理财需求、同时获得长期连续保障的投保人。实务中投资型保险常见的有分红保险、投资连结保险和万能保险三种，不过由于分红保险无须设立单独账户以及利润来源不同，分红保险并不是严格意义上的投资型保险。分红、万能、投资连结保险的区别主要表现在以下几方面：

1. 分设账户的区别。分红险的保障和分红账户是混合的；而万能产品设有保障账户和一个单独的投资账户，其投资账户有保底的功能（目前保底预期年化利率为 1.75%，2.5%）；投资连结险也是保障账户和投资账户分离，并设置有几个不同投资账户，虽然回报可能会很高，但是也存在风险，对于投资账户形态而言，可供选择的有激进型、稳健型、保守型等多种形态。但需要注意的是，保单持有人所缴纳的全部保险费并不是投连和万能险的投资账户资金，而是应扣除不菲的初始费、管理费等以及保障成本费用后的资金余额。

2. 投资渠道及投资比例的区别。按照目前我国的规定，分红险的投资渠道主要为：（1）大额银行长期协议存款；（2）国债；（3）AA 级以上信誉企业债券；（4）国家金融债券；（5）同行业拆借；（6）证券一级市场（10%）、证券二级市场（10%）；（7）直接或间接投资国家基础设施建设等。投资连结保险和万能保险设立的投资账户，除了可以做债券等投资外，其投资股票二级市场的比例前者可以为 100%，后者不能超过 80%。

3. 利润来源的区别。分红保险的红利主要来自三个方面，分别是费差益、死差益和利差益，也就是保险业界常说的三差分红，此外还有退保差益等微弱因素的影响。其中，费差益指保险公司实际费用率小于预定费用率产生的盈余，死差益指实际死亡率小于预定死亡率产生的盈余，利差益指实际投资回报率大于预期年化利率产生的盈余。虽然其保障部分的资金预期年化利率为 2%—2.5%，但允许保险公司每年向投保者派发可浮动的红利，包括现金分红、保额分红等形式，因此从分红险的投资渠道来看，保险公司的投资预期年化收益水平通常也会水涨船高，一定程度上起到抵御通货膨胀的作用。按照保险监管部门的规定，保险公司至少应将分红险在每一个会计年度末可分配盈余部分的 70% 分配给分红保单持有人，而未分配盈余则用于平滑年度红利，使之每年分红水平保持相对稳定，避免出现大起大落，有些保险公司还在保险合同终止（减保、退保、发生理赔）时，把未分配盈余不低于 70% 的部分以终了红利的形式兑现给客户；而投连险和万能险的利润则来自投资账户的预期年化收益。

4. 投资风险性的区别。以历史预期年化收益率来看，从分红险、万能险到投资连结险，三者的历史预期年化收益率是逐步升高的，所以风险性相应的也是越来越大。投资连结险的投资预期年化收益与风险由保单持有人承担，所以风险性较高；而万能险的投资预期年化收益与风险由保险公司与客户共同承担，风险性相对较小；分红险的投资渠道预期年化收益相对稳定，风险最小。

5. 缴费灵活度不同。万能险与投连险具有缴费灵活、保额可调整的特点。例如万能保险，它在支付了初期最低保险费之后，只要保单投资账户足够支付保单费用（包括最低投资金额和保障成本等），客户甚至可以暂停保险费支付。而分红险交费时间及金额固定，一旦承保，保额不可调整（但可退保或者减保，并获得相应的现金价值）。

（二）投资型保险在法律适用上的常见问题

投资型保险在法律适用上可能产生一些问题，例如：

1. 保险概念的周延性问题。保险制度关于弥补损失的主要目的必须修正。从保险制度的历史演进观察，保险制度的主要目的在于填补被保险人经济利益上的损失。而保险合同法上的保险利益原则以及损失补偿原则对于投资型保险产品而言没有任何适用的价值。我国《保险法》第 2 条关于保险的定义似乎有修正的必要。

2.《保险法》第 16 条如实告知义务应如何适用投资型保险也是一大问题。《保险法》第 16 条的立法目的在于维护诚实信用原则以及对价平衡原则。但是投资型保险产品，除了基本的管理费用或年金保障外，大部分保险费用于专设账户的投资，与《保险法》第 16 条系以整个危险共同体对价平衡原则为出发点，投保人所缴纳的全部保险费是基于危险的对价而言的情况明显不符。因为投保人缴纳的保险费大部分用于投资，该部分与对价平衡无关。因此如果投保人或者被保险人在投资型保险的寿险保障部分，违反如实告知义务，保险人解除合同后可否主张连同专设账户的资产一并拒绝返还，值得讨论。

3.《保险法》第 17 条明确说明义务的适用问题。投资型保险产品除了保障部分外还有投资部分，投资部分采取的投资策略以及投资风险也不同，直接关系投资者的风险承受能力，因此保险人除了履行《保险法》第17条的明确说明义务外，还应当履行投资者适当性义务。变额保险因为保额随时变动，对于保单现金价值、解约金或保单贷款等有关保险客户权益的规定相当复杂，因此保险公司在销售此种保险时，必须附加特别说明书。在投保人发出有约束力的意思表示之前，保险人应当按照《九民纪要》第72条的要求了解客户的个性化需要、了解拟销售的产品，将适当的保险产品销售给适合的投保人。投资者适当性义务履行的法律后果与《保险法》第17条未履行的后果截然不同。如何恰当区分两者界限，不因保险人未履行投资者适当性义务而适用《保险法》第17条导致法律适用错误，值得研究。

4. 投资型保险如何适用《保险法》第34条也会存在争议。因为《保险法》第34条的立法目的在于保护未成年人利益，若为其投保死亡保险，须征得被保险人父母的同意。但是在投资型保险产品中例如万能保险、投资连接保险，虽然含有死亡给付的保障内容，但多以专设账户投资资产的总值或与投保时的保险金额中较高者为给付的死亡保险金。这与原《保险法》第34条为防范第三人通过少量保险利用未成年人的死亡博取高额的保险金所引发的道德危险的目的，相去甚远。投资型保险产品引发道德危险的可能性比传统寿险低得多。因此应否严格适用《保险法》第34条的规定，值得研究。

综上，投资型保险属于人身保险的一种，在性质上不同于《保险法》所规范的普通人身保险种类，如人寿保险、健康保险、伤害保险以及年金保险，所以既然现行保险法将保险区分为财产保险和人身保险，那就有必要在人身保险一章中专设投资型保险一个种类，明确其定义与相关保险合同法上应排除适用的规定。目前仅有监管部门规范性文件加以零星规定，通过下位法排斥上位法（保险法）的适用，极易产生"子法逾越母法"的质疑。

第五节　保险（金）信托制度

一、历史发展

保险金信托起源于1886年的英国。英国推出保险金信托产品——"信托安全保险"，主要用来规避家族财富传承的风险。1902年，人寿保险信托在美国兴起，发展出不可撤销人寿保险金信托，保险金可以按照自身意愿安排运用，以满足家人未来生活需求。1925年，日本开始通过生命保险信托，功能与人寿保险信托相似。2001

年，在我国台湾地区，万通银行开展人寿保险信托业务。直到 2014 年，中信保诚人寿与中信信托在中国联合推出保险金信托业务——传家，以信托公司作为保险金受益人。随后，中德安联与宜信博诚和长安信托携手，在经代渠道推出"保险金信托"服务，算是逐渐拉开了保险金信托的序幕。

二、保险信托与保险金信托

（一）保险信托

美国保险信托主导模式是不可撤销信托。该模式是将保单与其他房产、证券等财产一并设立不可撤销信托，投保人（保单持有人）将保单的所有权转移给受托人（信托机构）以明确放弃变更或者撤销受益人的权利的方式让保单受益权成为信托财产。保单上一旦设定不可撤销信托，意味着投保人须将保单及其一切附随于保单的权利都转移给受托人（包括保单受益人变更权、解约权、保单转让权、保单质押权等），受托人则依据信托合同约定接收信托财产并对之进行管理运用以及将信托收益支付信托受益人。不可撤销信托的目的在于将保单收益从保单持有人的应税遗产中剥离出来，以合理规避未来的遗产税和继承税。

日本的生命保险信托分为保险金信托和保险债权信托两种。前者以人寿保险金为信托财产，具体是指委托人在保险事故发生时将保险金交给信托机构进行管理、经营和分配收益等[1]；后者是指以人寿保险金请求权（一种金钱债权）为信托财产，在具体运作上类似于美国在保单上设立的不可撤销信托。从实践上来看，1996 年日本新保险业法颁布后，信托公司和保险公司都可以经营保险金信托业务。[2] 主流产品是"支援安心生活的信托"，运作模式就是先签订保险合同再签订信托合同，即投保人（被保险人）先与保险公司签订人寿保险合同并指定保险受益人，受益人基于人寿保险合同有保险金的受领权利；之后再由保险受益人与信托公司缔结信托合同并指定自己为信托受益人，另外约定保险合同期满或者保险事故发生时即委托人指定信托公司为保险金受领人，由受托人（信托公司）领取保险金，并以此保险金依据信托合同约定，为受益人利益管理运用，并向受益人交付管理运用的收益。当事人之间的法律关系如下图所示：

---

[1] 但有学者认为保险金信托实际上属于单纯的金钱信托，因为作为信托财产的保险金是在保险合同终止后才产生并转为信托财产，保险合同与信托财产并无交集。转引自任自力、曹文泽：《保险金信托的法律构造》，载《法学》2019 年第 7 期。

[2] 任自力、曹文泽：《保险金信托的法律构造》，载《法学》2019 年第 7 期。

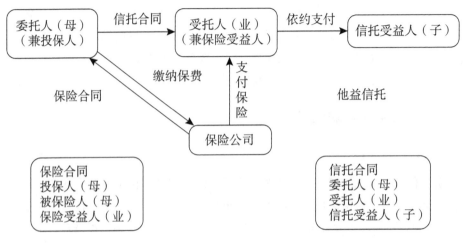

（二）保险金信托

我国早在 2001 年就颁布了《信托法》，保险金信托近几年发展很快。我国《信托法》第 2 条规定，信托是指委托人基于对受托人的信任，将其财产权委托给受托人，由受托人按委托人的意愿以自己的名义，为受益人的利益或者特定目的，进行管理或者处分的行为。信托关系包括委托人、受托人与受益人三方。从信托法关于信托行为的立法定义可以知道信托的要素有二：一是信托财产的转移，二是信托财产的管理和处分。因此委托人不仅是将财产权转移占有给受托人，还必须是转移权利的外观。信托的标的或客体在条文上系规定为财产权，因此必须是可依金钱计算价值的权利才行。

我国实务上的保险信托，实际上应该称为保险金信托，属于金钱信托的一种，与英美法上的保险信托不同。保险金信托是指投保人与保险公司签订保险合同，再由保险受益人与信托合同受托人签订信托合同，约定在发生保险理赔或保险金给付时由保险公司直接将保险金交付受托人，受托人再根据信托合同的约定管理运用，定期或不定期将资金收益转交受益人。需要注意的是保险合同的受益人并不是受托人，而是信托合同的委托人。这就是保险金信托 1.0 版本，是单纯的保险合同与信托合同相结合的合同。在委托人与受托人签订信托合同时装入信托的财产仅仅是保险受益权（期待权）。信托公司只能收取低额的设立费。只有等触发给付条件，保险公司赔付的资金进入信托账户后，信托公司才收取管理费。当事人之间的法律关系如下图所示：

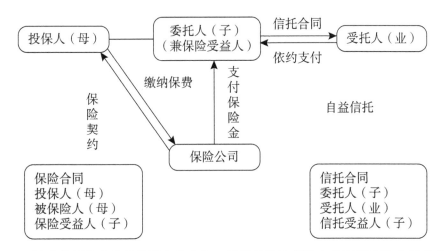

　　1.0 保险信托模式是目前设立的主流，目的是解决保险金的再管理和个性化分配及传承的问题，这种模式对保险公司友好，因为寿险保单长达 20 年，其间可对续期保险费进行投资运用并受益，且在事故发生时仅需要将保险金代为转交信托机构即可。在实务中，投保人需要放弃受益人变更权才能成立保险金信托。因为保险不是财产，不能认为投保人对保险有财产权，从而该项财产权转移至受益人，而是投保人放弃受益人变更权使保险受益人的期待利益成为期待权（既得权），从而符合信托财产确定性这一特征而将财产权转移给受托人，成立保险金信托。但投保人放弃受益人的变更权并不是绝对产生保险金信托的标的变为确定的财产，仅仅是降低保险金信托标的的变更概率而已，投保人或者被保险人仍然可以通过行使其他权利危及受益人的受益权（例如投保人不交续期保险费、退保等）。而且投保人放弃受益人变更权在受益人先于被保险人死亡时也可能产生很多法律问题。因为受益人先于被保险人死亡，保险合同恢复到未指定受益人的状态，保险金的请求权在没有其他指定受益人的情况下，作为被保险人的遗产予以继承，受益人的信托财产落空，而且当保险金信托的保险受益人与信托合同的受益人是同一人时，如果受益人死亡，信托目的将无法实现，而产生信托合同终止或解除等问题。如果此时投保人并未放弃处分权，投保人只需重新指定受益人就可以解决问题，避免不必要的法律争议。英美法中人寿保险单中保险人的相对人只有被保险人，不分投保人和被保险人。因此不存在被保险人先于投保人死亡的情形。但是大陆法系人寿保险中有投保人和被保险人，在 1.0 版本中如果投保人和被保险人不是同一人，当投保人先于被保险人身故时保单可能会被作为投保人的遗产进行分割，从而造成信托合同落空，或投保人因债务纠纷导致保单被执行，或者投保人不交保险费、退保等情况也会导致信托无法获得保险金而终止。在 1.0 模式下，在保险理赔金进入信托专户前，仍然可以被法院强制投保人解除合同并执行保单现金价值，难以达到彻底的风险隔离效果。由此产生了 2.0 模式，类似于一种金钱债权信托。即投保人在保险公司缴纳初期保险费，将剩余保险费委托给信托公司设立资金信托，将保险合同的受益人和投保人都变更为信托公司，由信托公司管理并按时缴纳保险费，该模式一开始就设立了资金信托，信托公司可收取管理费。这种模式解决了投保人先于被保险人身故或投保人退保、更改受益人等风险，同时还隔离自然人作为投保人的债务风险。但对于保险公司来说，面临保险合同修改和其他合规风险，其并没有动力去推动它。而保险金信托 3.0 模式设立时投保人及受益人即为信托公司。委托人以其自有资金设立信托，委托信托公司购买保险，信托公司作为受托人用信托财产支付保险费并与保险公司签订保险合同。3.0 模式可以从投保阶段、保单持有、理赔之后三个维度为客户的保单提供全方位托管服务，也可以实现将投保品种由传统的人寿保险扩大为多种保险类别，让保险成为信托资产配置的组成部分，进一步发挥保险金信托在实现财富管理方面的作用。由于投保利益等原因，这种模式目前实操落地的较少。

（三）保险信托与保险金信托的区别

主要表现为以下四方面：（1）标的不同。英美法上的保险信托的标的为保险合同；而保险金信托的标的是保险金。最大的差异在于英美法系国家的保险合同性质上类似于可转换的有价证券，我国保险合同基本上受限于《保险法》关于保险利益的规定，所以本质上并不具有可转换的价值。（2）性质不同。保险金信托是以保险金为信托标的，本质上属于金钱债权信托；而保险信托的法律关系及信托标的，表明保险信托性质上属于"保险+信托"。（3）信托种类不同。基本上保险信托的保险合同投保人与信托合同的委托人均为同一人，再加上保险受益人为信托合同的受托人，而非信托受益人，所以保险信托基本上属于他益信托。而保险金信托因为本质上属于金钱债权信托，所以在合同的设定上可以将保险受益人、信托委托人即信托受益人，归属于同一人，故应当属于自益信托。（4）是否交税不同。保险信托属于他益信托，原则上应当算入信托委托人（即保险合同的被保险人）死亡的遗产范围内，需要征收遗产税。但是在保险金信托中，非信托合同的委托人，本质上属于自益信托，所以在被保险人死亡时并不存在收取遗产税或继承税的问题。

（四）保险金信托与家族信托的区别

家族信托是指信托公司接受个人或者家庭的委托，以家庭财富的保护、传承和管理为主要信托目的，提供财产规划、风险隔离、资产配置、子女教育、家族治理、公益（慈善）事业等定制化事务管理和金融服务的信托业务。家族信托具有专业理财优势，它能"个性化定制"资产组合，全球化配置资产，从而实现财产的保值和增值。可以被放入家族信托的财产类型十分丰富，除了常见的货币资金、金融资产之外，还包括企业股权、不动产、艺术品等。作为信托财产的保险类型，一般都是大额终身寿险和大额年金。保险金信托的财产，正如其定义所列明的，是保险金的请求权，例如以终身寿险设立的保险金信托，一般以保额计算信托财产规模。两者也有交叉的情形。如果说2.0模式是先有保险再有信托，那么3.0模式则更为完备和彻底，现金作为信托财产置入信托后，再购买保险。信托设立时的财产类型就不仅局限于保险自身了，而是保险金信托和家族信托的融合，能更大范围地发挥信托在风险隔离、传承、税务筹划等各方面的综合作用。

（五）保险金信托与风险隔离作用

保险金信托是否具有风险隔离的目的，应视保险金信托模式不同而有所区别。

1. 1.0模式的保险金信托

在该模式下，信托账户在保险事故发生前没有资金流入，而只有在保险事故发生后，理赔保险金才会进入信托账户，而此前具有现金价值的保单是可以被司法机关强制执行的。例如，在（2021）最高法执监35号案中，最高人民法院认为："保险合同解除后，保险单的现金价值一般应归属于投保人，可以成为执行标的。"在（2020）最高法执复71号案中，最高人民法院认为："被执行人负有采取积极措施履行生效裁判的义务，在其无其他财产清偿债务的情况下，理应主动依法提取案涉保险单的现金价值履行债务。"可见，1.0模式的保险金信托在保险理赔金进入信托专户前，比较难以达到风险隔离效果。[1]

2. 2.0模式和3.0模式的保险金信托

这两种模式下的保险金信托，因委托人先行订立信托合同，委托财产转入信托账户成为信托财产，该部分财产符合信托财产的"独立性"。但如符合《信托法》第

---

[1]　王民：《探析保险金信托的不同模式与风险隔离功能》，载"CPCU国际大使"微信公众号2022年4月14日。

17 条规定的情形仍然有可能被法院强制执行。[①] 信托的财产隔离作用并不意味着委托人可以恶意损害债权人的利益。根据《信托法》第 17 条第 1 项和第 12 条的规定可知，若在设立信托前，债权人对拟设立信托的财产享有权利，委托人却利用设立信托的方式转移该财产，就损害了善意第三人的利益，该情形下可以申请法院强制执行；同时，若委托人设立信托损害其债权人利益的，债权人有权申请人民法院撤销该信托，但此时，申请人应承担严格的举证责任，须在规定的期限内，即在知道或应当知道撤销原因之日起一年内提出撤销的申请，并提供有力的证据证明该信托设立损害了其债权。

　　未来我国可以探索借鉴日本允许保险公司开展保险金信托业务，避免保险公司与信托公司之间的磨合成本和信托架构设计上的叠床架屋。毕竟信托是英美法制中最被引以为傲的制度之一，而已经拥有完整信托法制的中国，也应当妥善加以运用，一方面可以满足广大群众委托理财、财富管理与传承的需要，另一方面也可以增加保险商品的多样性，促进保险市场繁荣和更多财富积累，迎接应对老龄化社会带来的挑战。

第六节　团体保险

一、团体保险的意义

　　团体保险是指保险人与投保人订立的以团体所属多数人为被保险人，并指定被保险人个人为受益人的一种保险（A Single Insurance）。由于团体保险可以降低保险人经营成本，保险费低廉，因此成长非常迅猛。团体保险中的投保人主要是指用人单位或团体；被保险人为单位员工或团体辖下的成员，用人单位本身也可以是被保险人。通常团体保险中还有附带（附加）被保险人，即单位员工或团体辖下的成员作为被保险人投保时，可以连同其家属作为附带被保险人一并纳入承保范围。境外立法例中的"附加被保险人"制度值得我国立法借鉴与参考。

　　团体保险只有一个合同，但被保险人为多数人，且凡属于投保人（用人单位或

---

　　① 《信托法》第 17 条规定了四种允许法院对信托财产强制执行的情形。也即，除了这四种情形，信托财产均不得被强制执行。这四种情形为：（1）设立信托前债权人已对该信托财产享有优先受偿的权利，并依法行使该权利的；（2）受托人处理信托事务所产生债务，债权人要求清偿该债务的；（3）信托财产本身应担负的税款；（4）法律规定的其他情形。

团体）辖下的成员，保险人都有接纳其为被保险人的义务，不得拒绝，但保险人与投保人一般约定新增员工或成员必须在到职后一定期间内才能纳入承保范围，逾期保险人可以拒绝或要求符合一定条件（例如体检合格）才可以加入，合同续约更新时也是一样。团体保险的保险费采用浮动定额制，即每增加一个被保险人保险费即增加一定金额，保险费的总额随之浮动。所以投保人交付的保险费会随着被保险人人数的增减而上下浮动。

二、团体保险的种类

团体保险以团体成员是否与所属单位或团体分担保险费分为"分担保费型"（A Contributory Group Plan）团体保险和"不分担保险费型"团体保险（A Non-Contributory Group Plan）。团体保险也可以根据险种进行分类，例如团体人寿保险、团体年金保险、团体健康保险、团体意外伤害保险等。

根据受益人群属性进行分类，在美国，目前广泛用于出借人（银行）与借贷人团体（Creditor-Debtor Group）、劳工联盟团体（Laborunion Groups）、工厂职工团体（Industrial Group）、商人团体（Trade Group）、专业人士组织（Professional Associations）等。[1]

三、团体保险的要件

（一）保险利益

就人身保险的保险利益而言，大陆法系认为没有保险利益存在的必要，只要被保险人同意即可，而英美立法例多采取利益主义，包括：（1）法律承认的经济利益；（2）因血缘或婚姻形成的家属关系所生的利益。我国采"家属主义+劳动关系+同意主义"。我国人身保险利益规则经历从 1995 年《保险法》第 11 条的统一规则模式，到 2009 年《保险法》第 31 条、第 48 条的区分规则模式转变。2009 年修正保险法时将家属主义扩展到劳动关系，但仍没有英美立法例所采之利益主义范围广泛。我国保监会发布的《关于促进团体保险健康发展有关问题的通知》（保监发〔2015〕14号）明确提及的政府为城镇职工等特殊群体投保的团体保险、乘客团体意外伤害保险、旅客团体意外伤害保险、公共场所意外伤害保险等，已经超出了劳动关系的范畴。这些新型团体投保时的保险利益，一般采取《保险法》第 31 条的同意主义规

---

[1] 刘宗荣：《保险法——保险合同法及保险业法》（第 5 版），三民书局股份有限公司 2021 年版，第 615 页。

则。但如果需要征得团体保险每个被保险人同意，对于流动性较强的乘客团体意外伤害保险、旅客团体意外伤害保险、公共场所意外伤害保险而言，确为苛求。为证明"被保险人的同意"以求合规，导致现实中大量本可为团单覆盖的风险均转为个单操作，徒增不少成本，且让投保人不胜其烦而放弃投保，不利于被保险人保护，因此放开团体保险的保险利益要求确有必要。

团体保险是社会安全保障体系的重要组成部分。企业等团体是社会基本组成单位，借助团体保险的普及促进了社会全体成员福利的流行和普及。随着社会的发展，团体对其成员的责任类型不断拓展，一是从员工福利向其他法定责任扩展，典型的是承运人对旅客的安全责任，公共场所管理人或者群众性活动的组织者对活动参与人的安全保障义务等。二是逐渐突破有限的法定责任向约定责任拓展。实务中存在一些依法成立的协会、民间团体、俱乐部等以其章程或管理规则等形式向成员承诺提供约定的福利或者承担约定的责任。此类约定责任的存在，也成为保险人向投保人签发团险的合法性基础。从运行机制上看团体并不希望其成员发生人身安全事故，在防范意外风险方面，团体与其成员具有利益的共同性，允许团体在其责任和义务的范围内投保可以确保其投保动机的正当性，而且团体保险已经从团体成员的资格条件、受益人指定、团体最低人数限制或投保比例等加以限制，保险赔偿范围也局限于该种责任和义务产生的不利益，完全可以控制逆向选择，过滤掉投保动机不真诚的团体。因此团体保险没有明显的道德风险，将保险法中人身保险利益原则（"家属主义+劳动关系+同意"主义规则）适用于团体保险并不符合其真实风险状况。本书建议可考虑完全废止被保险人同意规则在人身保险中的适用，从狭窄的亲属关系、劳动关系扩至英美法中的保险利益（最广泛的利益主义）来管控道德风险。未来保险法修正时可以将团体保险单列一节，对个人保险和团体保险的保险利益区别对待，同时将团体保险的保险利益定义为团体对其组成成员所负有的责任和义务，在团体保险中不再适用被保险人同意规则。

（二）死亡保险的同意

公司以其员工为年金计划的被保险人投保死亡保险，是否需要被保险人同意？学校以其学生为被保险人投保平安保险，是否必须经过学生或学生家长（法定代理人）同意？乡村集体经济组织以其成员为被保险人投保死亡保险，是否必须经过组织成员的同意？旅游团体意外保险是否需要旅客同意？承运人团体意外险是否需要每个乘客的同意？公共场所意外险中，群众性活动举办方或建筑物公共场所所有人、管理人是否需要征得所有活动参与者以及公共场所往来人员的同意？而且企业年金或者团体养老保险一般也包括身故责任，是否需要征得团体内每个被保险人的同意？为未成年人订立死亡保险以及保险金额都必须经过该未成年人父母同意，即是否必须适用我国《保险法》第34条的规定？

从我国对以死亡为给付保险金条件的合同，被保险人同意的形式来看，其经历从1995年《保险法》第55条的"书面同意"到2009年第34条的"同意"模式的转换。但是我国保险法仍未将个人保险与团体保险加以区分。本书认为，由于团体保险没有道德风险的顾虑，有各种预防道德逆选择措施，且我国《保险法》第39条第2款明确规定"投保人指定受益人时须经被保险人同意。投保人为与其有劳动关系的劳动者投保人身保险，不得指定被保险人及其近亲属以外的人为受益人"。故已有这样的风险防范措施，只要存在劳动关系，用人单位为全体员工投保团体年金福利计划无须征得每个员工的同意，况且这是利他合同，被保险人没有理由不同意，团体保险的道德风险存在的可能性极小。2008年德国《保险合同法》第150条规定："人寿保险得为投保人或第三人为之……人寿保险是以他人为被保险人的死亡（为保险事故）而订立，且约定的保险金额超过通常的丧葬费用的，非经他人同意不产生效力。但是本规定对于公司年金计划的团体生命保险不适用之。"前述规定的但书部分值得我国保险立法参考借鉴。我国《保险法》未对个人保险和团体保险区分对待，实有修法之必要。

四、团体保险逆选择的预防

为了控制团体人寿保险的风险程度，避免逆选择的产生，提高团体人寿保险的承保质量和保险公司的财务稳定性，在团体人寿保险的核保中必须控制团体的风险。保险人一般采取下列措施控制团体寿险风险：

（一）投保团体成立的目的

要求投保团体必须是依法成立的组织，要有自身专业活动，投保团体寿险只是该组织的附带活动。投保团体必须不是为以获得保险为目的而组合到一起的。有的国家还通过规定团体设立的最低时限、团体的活动规则等来保障团体的成立不以购买保险为目的。例如美国《团体人寿保险定义与标准条款示范法案》第1节第E条规定，协会团体除了应当不以购买保险为目的的设立以外，还应当有效运作至少2年。日本《团体人寿保险经营基准》规定，成员结合度最低的第四类团体须设立2年以上。[1]

---

[1] 周志：《社会治理现代化背景下团体保险合同的制度构想》，法律出版社2022年版，第67页。

（二）被保险人的适格性要求

为获得保险费的优惠，投保团体不可以是有保险需求的个人临时组成的团体。团体内参加保险的人必须是正式的、现职的、全职员工。一般团体人寿保险是针对在职人员，即不仅是在单位领取工资、缴纳社保的人员，而且是正常工作的人员，已退休和退职的人员不在此列。兼职、临时人员一般也不得参保。但是如果单位特别要求，也可以接受。该类团体保险通常还可以将被保险员工的家属，例如配偶、子女列入共同被保险人。正如我国《保险法》第39条禁止用人单位为员工投保人身保险时指定被保险人及其近亲属以外的人为受益人。该措施可以有效降低团体人身保险的道德风险。[①]

（三）对投保的团体有最低人数和最低投保比例的限制

一般团体保险的最低人数和最低投保比例与逆风险呈负相关。最低人数限制越高，投保最低比例越高，发生不健康个体投保的逆向选择越低。以前美国依据被保险人是否参与投保人共同缴纳保险费，对不同类型的团体保险设置不同的最低投保比例的要求。[②] 许多州立法要求团体的所有成员均须参与投保，投保比例为100%。对于保险费分摊性团体保险，可以降至75%。不过这种规定过于强硬，缺乏灵活性，后来美国NAIC的团体保险示范法废止了最低投保比例的规定。日本1951年最初制定的《团体人寿保险营运基准》中规定分摊型团险最低投保比例为75%，其后降至现行的50%。[③] 我国台湾地区"团体寿险示范条款"第10条第1款以及"团体伤害险示范条款"第13条第1款将最低投保比例交由合同双方自行确定。我国保监会2015年发布的《关于促进团体健康保险发展有关问题的通知》规定最低投保人数为3人，之前最高的最低投保人数5人和最低投保比例75%的要求也因为保监会1999年发布的《关于人身保险业务有关问题的通知》（保监发〔1999〕15号）以及2000年《关于规范人身保险经营行为有关问题的通知》（保监发〔2000〕133号）被废止而取消。

（四）对参加团体保险的被保险人投保金额有限制

一般团体保险对每个被保险人的保险金额按统一的规定计算。比如，可以规定所有被保险人的保险金额相同，也可以按照被保险人的工资水平、职位、服务

---

① 樊启荣：《保险法诸问题与新展望》，北京大学出版社2015年版，第439页。
② 周志：《社会治理现代化背景下团体保险合同的制度构想》，法律出版社2022年版，第71页。
③ 陈文辉：《团体保险发展研究》，中央编译出版社2005年版，第4页。

年限等标准，分别制定各人的保险金额。但因为团险费率较低，企业投保目的仅在于提供最低保障，不愿意过高投保徒增负担，因此被保险人保额较低或是有严格限制。

（五）限制团体成员申请参加团体保险的期限

团体的成员如果能够随时参加该团体的团体保险，则可能发生团体的成员平时（健康时）不参加保险，一旦发现健康不佳又急忙参加团体保险，发生逆选择现象。因此保险人多限制团体成员申请参加团体保险的期限。例如限于到职后30天内申请或限定必须在原团体保险期间届满前申请保单更新的，超过其期间才申请参加团体保险或申请保单更新，必须另行以个案核保方式，经通知成员（被保险人）到保险人所指定的医院检查，并经保险人同意承保后，保险合同才对其发生效力。

五、团体保险经办人的法律地位及法律责任

（一）法律地位

单位或者团体中负责办理团体保险的人称为经办人。就其与被保险人的关系而言，美国法院有不同的见解。有主张认为经办人是投保单位或团体的代理人[①]；也有主张认为经办人是保险人的代理人，但以前者为通说。

在"和家人寿保险公司诉钱德勒先生"一案中，保险人与公司之间签订有团体保险合同，承保范围包括公司的员工发生住院、医疗死亡或其他意外事故。依据该保险合同正本的约定，公司员工若要参加团体保险，必须在到职后31天内申请保险，已经投保的人，必须在该保险的保险期间届满前申请更新，团体保险合同才能对其生效或继续生效。若申请人或被保险人逾期申请，必须以自己的费用提出证明其有适保性并经保险人承诺后保险合同才开始对其生效或继续有效。原告之夫克莱德是欧莱布雷卡车公司聘用的卡车司机，在1978年6月23日突然死亡，受益人（即原告）请求保险人给付保险金，但被保险人拒绝。保险人拒绝的理由是原告之夫到职之后超过31天才申请参加保险，并不当然在团体保险被保险人的范围内，依照约定必须以自己的费用提出证明，证实其适保性并经保险人同意承保。但本案中发生一个插曲，即投保人欧莱布雷卡车公司委托杜伦特女士负责办理团体保险事宜（经办人），杜伦特女士误解正本合同所定条款的意义，向原告之夫说明保险合同将在收

[①] 周志：《社会治理现代化背景下团体保险合同的制度构想》，法律出版社2022年版，第14页。

到参与保险的申请书 31 天后生效。密西西比州最高法院在审理本案时认为本案的争议焦点在团体保险情形下负责承办保险的经办人杜伦特女士究竟是保险人的代理人还是被保险人的代理人？如果是保险人的代理人，她就有权变更保险合同的内容；如果是被保险人或为自己（当用人单位同时也是被保险人时）的代理人，则无权变更合同内容。最后该法院认定经办人无权代理保险人变更保险合同条款的内容，判决保险人胜诉。①

在"博森先生诉西部人寿保险公司案"中，投保人 R&F 房屋修理配件公司，于 1974 年向西部人寿保险公司申请参加团体保险，本保险包括生命保险、医疗费用保险、意外事故补偿保险、大病医疗保险。该保单于 1974 年 2 月 7 日签发并生效，可以选择投保人之配偶或未婚子女作为附带被保险人纳入承保范围。该团体保险计划包括多个种类，其中 A 型保险规定，可以将自己以及自己之家属作为承保范围且上班工作开始 30 日内无须提供可保性的证明，原审原告博森先生就购买了这一保险。西部人寿保险公司分发了宣传手册，手册上规定："如果在先前规定的 30 天之后为您符合条件的家属的利益申请投保，必须向本公司提交充分的可保性证据。自本公司同意后生效。本公司将在生效之日通知您"；总保险单规定："投保人应向公司提供有关员工参加保险、保险数额变更以及保险终止等保险公司为管理保险所需的信息。保险公司有权在任何合理的时间核查投保人所持有的与保险相关的记录"。但博森先生在本争议产生之前一直没有看到该宣传手册。博森先生在 1976 年 6 月 23 日开始上班。他的医疗保险将于另一保险结束时即 1976 年 10 月 1 日才能生效。在上班之前，他向公司的所有者朗琴先生询问有关保险事宜，朗琴先生告诉他在工作 6 个月后可以将他和他的家属纳入承保范围而无须提供可保性证明。原告遂想等其他保险到期之后再申请该保险，后来在 1976 年 9 月 1 日他填写自己及家属的投保申请连同保险费交至西部人寿保险公司。1976 年 11 月 3 日，西部人寿保险公司发函告知博森先生称"申请未在规定时间提交，须提供相关证明"。收到本函后朗琴先生也忙前忙后协调 2 周仍然无果遂将实情告诉博森先生。与此同时，博森先生女儿患病需要大笔医疗费用。博森先生请求支付大额医疗费用的主张基于该保险合同未生效而遭到拒绝，遂起诉至法院要求赔偿。法院最后判决认为：如果投保人履行本属于保险人的保险管理和营销职能，那么投保人就是保险人的代理人，但如果投保人没有履行

---

① 参见刘宗荣：《保险法——保险合同法及保险业法》（第 5 版），三民书局股份有限公司 2021 年版，第 617 页。

本属于保险人的保险管理和营销的职能就不是保险人的代理人，而作为被保险人的代理人所作陈述归责于他自己，最后法院判决保险人胜诉。①

（二）法律责任

经办人一般负责为被保险人办理投保和退保事宜，人多事杂，不免发生经办人怠于通知保险人办理保险或者合同变更的错误。一般有以下三种情形：

1. 经办人怠于通知保险人办理保险或办理保险更新，且未缴纳保险费

在发生保险事故时，保险人可以不承担保险给付的责任。该遭受意外的员工可以以违约或侵权行为为由起诉投保单位或团体承担损害赔偿责任。② 该员工也可以以侵权行为直接起诉有故意或者过失的经办人请求损害赔偿，其所在单位或团体在向该员工履行赔偿责任后，可以对经办人行使内部求偿权。

2. 因经办人的过失未为刚入职的人办理保险并未缴纳保险费

被投保单位或团体有新入职员工能否自动成为被保险人一般必须按照保险条款或者法律规定而定。我国实务中遇此情形时，保单规定投保单位须通知保险人并与保险人办理有关批改以更新被保险人名单。美国保险实务中出现相关案例，即投保单位或团体怠于通知将新入职人员纳入被保险人名单而让其在遭受意外事故不能获得保险赔偿时，可以违约或侵权行为为由起诉投保单位或团体承担损害赔偿责任。③ 该新入职员工也可以侵权行为直接起诉有故意或者过失的经办人请求承担民事代理项下的损害赔偿责任，其单位或团体在向该新入职员工履行赔偿责任后，可以对经办人行使内部求偿权。

3. 因经办人的过失为已经离职的人继续办理保险并缴纳保险费

既然已经离职的被保险人已经丧失被保险的资格，保险人理应不承担保险给付的责任，保险人仅需返还已经收取的那部分保险费即可（保险人若拒绝返还保险费，原员工或团体成员可以直接请求保险人返还，同时也可以侵权为由要求经办人对该保险费承担连带偿还责任）。保险人如果在不知情的情况下给予理赔或给付保险金，保险人仍然可以不当得利为由就该部分赔偿请求获赔的前员工返还，并要求经办人

① 李海龙：《团体保险中的"代理规则"与"通知—损害规则"——以美国两则典型判例为中心》，载《西南政法大学学报》2008 年第 6 期。

② 刘宗荣：《保险法——保险合同法及保险业法》（第 5 版），三民书局股份有限公司 2021 年版，第 620 页。

③ 刘宗荣《保险法——保险合同法及保险业法》（第 5 版），三民书局股份有限公司 2021 年版，第 634 页。

作为被保险人的代理人与该前员工承担连带责任。

六、如实告知义务和明确说明义务在团体保险中的适用

（一）如实告知义务

有学者建议如实告知义务的主体应当从投保人扩张至被保险人，但此建议未注意团险和个险的区分。在团体保险核保时，保险人通常不对被保险人进行逐个询问，而主要关注团体的性质、规模、人员构成、流动性强弱等重要事实，衡量危险的标准也在于团体危险的大小。因此团体保险中告知义务的主体不应该包括被保险人。原则上投保团体的所有成员都当然成为承保对象，但是也有两个例外：一是对未在合理期间参保的被保险人，保险人一般单个核保，需要完成体检等手续后，团体保险才对之生效。二是对小型团体投保，由于内在风险较高，美国允许保险人对团体成员个人进行个人核保，但为尽可能扩大保险的覆盖范围，美国把这种个体风险评估限定在仅能用于决定团体的费率水平而不能针对某个特定人拒保或提高保险费。[①]

（二）明确说明义务

有学者建议保险人明确说明义务的对象也应当从投保人扩张至被保险人，但该建议未注意个险和团险的区分。若将团体保险保险人明确说明义务的对象扩张至被保险人存在履行上的障碍。[②] 在境外的团体养老保险合同中，免除或降低团体保险的保险人的信息披露义务是常见的。

七、团体保险内容的变更

团体保险内容的变更是团体保险最困难的问题，容易产生争议。境外保险实务中，团体保险的详细内容记载在正本保险合同中，同时会发给所有被保险人每人一份简单文字描述的节本。只有保险人和团体保险经办人持有正本保险合同全文。被保险人持有的可能只是简单文字描述的证明用的保险凭证而已。甚至在我国保险实务中保险人也没有义务发放这种保险凭证。因此为保障被保险人利益，团体保险内容的变更面临的第一个问题就是保险人有无将变更内容逐一通知被保险人的义务；第二个问题是团体保险内容的变更是否必须征得每个被保险人同意。关于以上两个

---

① 周志：《社会治理现代化背景下团体保险合同的制度构想》，法律出版社 2022 年版，第 151 页。
② 周志：《社会治理现代化背景下团体保险合同的制度构想》，法律出版社 2022 年版，第 160 页。

问题，由于被保险人人数众多意见纷杂难以统一，事实上无法获得被保险人的一致同意，因此通说认为团体保险的内容变更无须征得各个被保险人的同意，但必须把变更后的内容通知各个被保险人，其怠于通知的，保险人的义务仍然以变更前已经存在的保险合同的内容为准。

八、团体保险的终止

团体保险的终止分为两种情形：一种是团体保险合同对个别员工或者团体成员的终止，但团体保险合同仍然存在；另一种是团体保险合同的全部终止。团体保险合同的部分终止主要原因包括：（1）被保险人丧失被保险的资格，例如员工因劳动合同终止而离职；（2）被保险人主动退出投保团体保险的团体等。全部终止的是指保险人与被保险人所属的团体终止团体保险，终止的原因包括合同到期而自然终止，团体保险的投保人主动解除合同等。团体保险可否因为投保人主动解除合同而终止，主要有三种学说：第一种是被保险人合同解除说。认为在利他合同中只有被保险人才享有合同解除权①，或者至少个别被保险人享有合同解除权②。第二种是被保险人同意说。为避免投保人随意行使解除权损害被保险人利益，解除前应当征得全体被保险人同意。③ 第三种是通知被保险人说。我国学者认为被保险人对投保人变更、解除合同应当享有知情权。④ 我国银保监会颁布的《健康保险管理办法》第46条规定投保人解除团体健康保险合同时向保险人提供已通知被保险人退保的有效证明即可，未见要求必须征得全部被保险人同意。美国的一般观点是：如果团体保险完全终止，应通知每个被保险人；如果只是对个别员工或团体成员终止，例如被保险人丧失被保险的资格，则只要通知该被保险人即可。但美国团体人寿保险标准条款第G条规定，保险人向每一位被保险人出具的证明书中应当声明和告知被保险人享有保险合同转换权（赎买权）。⑤

我国《保险法》第15条规定了投保人的任意解除合同权。《保险法司法解释（三）》第17条进一步规定："投保人解除保险合同，当事人以其解除合同未经被保险人或受益人同意为由主张解除行为无效的，人民法院不予支持，但被保险人或者

---

① 张春红：《利他人寿保险合同投保人任意解除权研究》，载《上海保险》2013年第9期。

② 邹海林：《保险法学的新发展》，中国社会科学出版社2015年版，第123—124页。

③ 周玉华编：《最新保险法经典疑难案例判解》，法律出版社2008年版，第258—259页。

④ 石慧荣：《团体保险争议的诉讼处理——兼论团体养老保险合同的解除》，载《浙江工商大学学报》2009年第6期。

⑤ 孟昭忆：《国际保险监管文献汇编（NAIC卷）》，中国金融出版社2008年版，第241页。

受益人已向投保人支付相当于保险单现金价值的款项并通知保险人的除外。"即认为被保险人和受益人出资向投保人受让保险合同权益（赎买）的情形下限制投保人解除权行使。投保人是保险合同的当事人，被保险人和受益人仅为保险合同的关系人，《保险法》第 15 条规定的任意解除权属于投保人，其行使无须经过被保险人或受益人同意，因此被保险人或受益人无权主张无效。但为了平衡被保险人或受益人的利益，本条后半段规定了被保险人或受益人的介入权，因为投保人对于保险合同所具有的最根本的利益就是保单现金价值，当被保险人或受益人已向投保人支付保单现金价值并通知保险人后，投保人的解除权理应受到限制。但《保险法》第 15 条和《保险法司法解释（三）》第 17 条均未区分个人保险和团体保险性质差异而对投保人合同解除权造成的影响。如果适用于团体保险，恐失公平。团体保险人数众多，投保人单方解除保险合同势必危及众多被保险人的利益，但征得全部被保险人同意也不具有可操作性，因此有学者建议采被保险人通知说较为妥当，投保人可以解除团体保险，但投保人至少在解除合同前负有通知每个被保险人的义务，同时赋予被保险人"介入权"，允许部分被保险人将团体保险转换为个人保险。[1] 本书亦赞同此说。

---

[1] 周志：《社会治理现代化背景下团体保险合同的制度构想》，法律出版社 2022 年版，第 185 页。

第十四章 再保险

第一节 概 述

一、再保险合同的定义

我国调整再保险的主要部门规章包括中国银行保险监督管理委员会制定和颁布的《再保险业务管理规定》《财产保险公司再保险管理规范》《关于加强财产保险公司再保险分入业务管理有关事项的通知》《关于实施再保险登记管理有关事项的通知》。中国保险行业协会先后颁布实施的《财产再保险临时分保业务操作指引》及《财产再保险临时分保业务要约及承诺范例》《财产再保险比例合同范本》是重要的行业惯例，不属于强制性规范，但是对实务具有重大参考意义。

所谓再保险是指保险人将其承担的直接保险业务或原始保险责任以分保形式转移给其他保险人的行为。再保险以原保险的存在为前提，所以又称为分保险或者保险的保险。再保险合同又可以称为分保合同，是原保险的对称，是指保险人将其承担的保险责任转移给其他保险人而订立的保险合同。我国《保险法》第 28 条第 1 款规定："保险人将其承担的保险业务，以分保形式部分转移给其他保险人的，为再保险。"由此可见，保险人只能以其承保的部分原保险责任与其他保险人订立再保险合同。现行立法排除了通过再保险合同转移全部原保险责任的可能性。

二、再保险合同与相关概念的区别

（一）再保险合同与共保合同

共同保险，简称"共保"，是指两个或两个以上保险人签订共保协议或者成立共保体，使用同一保险合同，对同一保险标的、同一保险责任、同一保险期限和同一保险金额进行的保险。《中国保险监督管理委员会关于加强财产保险共保业务管理的通知》（保监发〔2006〕31 号）第 1 条规定："规范的共保业务应符合以下要求：

（一）被保险人同意由多个保险人进行共保；（二）共保人共同签发保单，或由主承保人签发保单，同时附共保协议；（三）主承保人向其他共保人收取的手续费应与分保手续费平均水平有显著区别。"共同保险中各共保人承担的是保险合同项下对被保险人应承担的保险责任。各共保人在承保时会签署共保协议对共保的出单、理赔流程、保险费收取与分配、理赔款项分摊、首席共保人与其他共保人的权利义务，特别是约定某一共保人（首席共保人）具有全权处理所有理赔事宜的概括性授权，处理结果对共保人具有约束力等内容进行明确约定，事后共保人有义务按照共保协议中约定的比例分享保险费和分摊理赔款等成本费用。在保险责任的认定方面，共保合同和一般保险合同没有区别。而对于再保险合同我国目前大多理论见解认为其性质上应属于责任保险合同，保险标的为原保险人对被保险人承担的保险责任。不过其与责任保险合同以被保险人对他人依法应负的民事赔偿责任不同，再保险人承担的责任基于再保险合同产生。一方面再保险具有独立性，再保险人是否要承担摊赔责任要探究再保险合同对各方权利义务的约定；另一方面具有对原保险合同的直接依附性，因此要对原保险合同中保险人是否要承担保险责任进行实质性审查。即再保险人责任的认定较共同保险而言多一个步骤。现实中也可能出现虽然构成保险事故原保险人需要赔偿，但再保险人基于原保险人违反再保险合同的约定不承担责任的情况。

（二）再保险合同与重复保险合同

两者明显的区别在于再保险形成于原保险人和再保险人之间单一的保险合同关系；而重复保险形成于被保险人与数个保险人之间的数个保险合同关系。原保险人分保的目的在于分散其所承担的原保险责任风险，确保自身财务稳定。不过再保险和重复保险均可能存在超额约定的情况，再保险和重复保险均遵循损失补偿原则，再保险合同项下只要原保险下发生保险事故及实际赔付，再保险人就需要按照实际损失补偿原保险人、进行摊赔。按照我国《保险法》第56条的规定，重复保险各保险人赔偿金额总和不得超过保险价值，各保险人按照其保险金额与保险金额总和的比例承担赔偿责任。

（三）再保险合同与原保险合同

两者的关系可分为两点：（1）相互依存关系。再保险是基于原保险的成立而存在，所以不能脱离原保险而独存，原保险有赖再保险，才能分散其危险，因此二者关系密切：①原保险人因原保险合同的保险事故发生，才对被保险人负给付保险金的义务，并基于此，原保险人可以请求再保险人履行再保险金的给付。②再保险所承保的责任，属原保险所承保责任的一部分或全部，因此原保险无效、解除、终止，再保险也产生相同的效果。③再保险合同的保险期间，当事人无约定时，应认为其存续期间与原保险相同，并将原保险责任开始日作为再保险的开始日，在原保险期间届满时，再保险也即终止。（2）分别独立关系。在性质上，再保险合同依附原保险合同而存在，因原保险合同解除或终止，再保险合同也随之解除或终止。在法律效果上，二者各自独立，各有不同的当事人及效力，所以二者在法律上的效力有三：①原保险合同的被保险人，对于再保险人无赔偿请求权。原保险合同与再保险合同，在法律上为不同的合同，无主从关系。再保险合同的当事人，是原保险人及再保险人，而被保险人不在其内。②再保险人不得向原保险合同的投保人，请求交付保险费。原保险合同与再保险合同，各有其独立性，并无继承关系，所以再保险人不能因原保险人不给付保险费，而直接向原保险合同的投保人请求给付。③原保险人不可以再保险人不履行再保险金额给付的义务为由，拒绝或迟延履行其对于被保险人的义务。本书认为再保险甚至可以认为是一种独立险种，无须以传统险种分类来理解。我国司法实务中再保险合同的争议和诉讼判决比较少，这主要是因为再保险合同的高度商业性，使合同争议大多依据商业惯例加以处理，而非进入诉讼程序。

三、再保险合同的性质

关于再保险合同的性质有非保险合同说和保险合同说两种，非保险合同说又分为合伙合同说、委托代理合同说、保证合同说和债务转让说四种。保险合同说又分为原保险合同说、财产损失保险合同说、责任保险合同说和新型保险合同说四种。目前法学界通说认为再保险合同属于责任保险。从我国《保险法》第28条规定来看并未明确再保险合同的性质，但是根据一切原保险的保险责任风险都可以转移至再保险之中可见再保险属于一种特殊的责任保险。[①]

再保险合同虽然在原保险合同的基础上产生，两者却是相互独立的，并不是主从关系。除法定再保险外，原保险人通常会根据自身的承保能力、承保风险和责任性质及其具体经营状况自主决定是否需要分出保险责任给其他保险人。原保险合同和再保险合同依据各自合同而定，两合同的保险人均依各自合同的约定各负其责。

---

① 温世扬：《保险法》（第3版），法律出版社2016年版，第275—277页。

主要表现在三方面：（1）主体不一致。原保险合同是原保险人和被保险人，再保险合同是原保险人和再保险人。（2）保险标的不一致。原保险合同的保险标的是物、责任、信用、债权或者其他权益、人的身体或者生命。再保险合同承保的是原保险人对被保险人的保险责任。（3）权利义务各自独立。基于合同的相对性再保险人不能向原保险的被保险人或者投保人主张再保险费，原保险的被保险人和受益人也不能直接向再保险人主张保险金给付义务。只有原保险人履行了原保险合同项下的保险金给付义务，才可以向再保险人请求给付。原保险人不能以再保险人不履行再保险给付义务为由拒绝承担自己在原保险合同项下的保险金给付义务；当原保险人因破产或者其他原因不能履行原保险合同项下的赔偿义务时再保险人不得因此免除对原保险人的再保险的赔偿义务。

第二节　再保险合同的内容

一、再保险合同的种类

（一）比例再保险和非比例再保险

按照责任限额分类，再保险可分为比例再保险和非比例再保险。

1. 比例再保险又可分为成数再保险、溢额再保险及成数和溢额混合再保险。成数再保险是指原保险人将每一危险单位的保险金额按照约定的比例分给再保险人的再保险方式。溢额再保险是指由保险人和再保险人签订协议，对每一危险单位确定一个由保险人承担的自留额，保险金额超过自留额的部分称为溢额，为再保险人承担。成数和溢额混合再保险是指将成数再保险和溢额再保险组织在一个合同里，以成数再保险的限额，作为溢额再保险的起点，再确定溢额再保险的限额。

2. 非比例再保险又可分为险位超赔再保险、事故超赔再保险和赔付率超额再保险。险位超赔再保险是指以每一危险单位所发生的赔款来计算自负责任额和再保险责任额。事故超赔再保险是指以一次巨灾事故所发生的赔款的总计来计算自负责任额和再保险责任额。赔付率超额再保险是指按照赔款和保险费的比例来确定自负责任和再保险责任的一种方式，即在约定的某一年度内，对于赔付率超过一定标准时由再保险就超过部分负责至某一赔付率或金额。

（二）临时再保险、合同再保险及预约再保险

按照分保安排分类，再保险可分为临时再保险、合同再保险及预约再保险。临时再保险是指在安排时需要将分出业务的具体情况和分保条件逐笔告诉对方，对方是否接受或者接受条件多少完全可以自由选择。合同再保险是指分出公司和接受公司双方事先通过合同将业务范围、地区范围、除外责任、分保佣金、自留额、合同限额、账单的编制与发送等各项分保条件用文字予以固定，明确双方的权利和义务。预约再保险是介于临时再保险和合同再保险之间的一种安排方式。一般而言，它对于分出公司而言相当于临时再保险，而对于接受公司来说相当于合同再保险，对于分出公司没有强制性，对接受公司具有强制性。

二、再保险合同的主要内容

再保险是明确关于分出公司和接受公司双方权利义务法律关系的协议。再保险合同并没有标准模板，合同的主要条款基本上由双方约定，经过双方签署后生效。在合同编制前双方一般对再保险的主要条件都已经由分出保险人用分保条款或者摘要表等文件递送再保险接受人作为缔约的根据。在再保险合同中除这些已经约定的条款外还有一些国际上通用的条款，其内容基本为大家所熟悉所以不用事先约定只是在合同中列明。本节只就比例再保险和非比例再保险合同的主要条款加以说明。

（一）比例再保险合同的主要内容

1. 再保险分出人赔案通知义务

中国法下的相关规定——再保险分出人应及时向接受人提供重大赔案信息，不能以任何理由拒绝履行或拖延履行发送出险通知、提供赔案资料的义务。合同中有特别约定——理赔控制条款、理赔合作条款、理赔通知条款等。我国未规定未履行通知义务的法律后果。参照国际做法，合同明确约定赔案通知是再保险人承担责任的先决条件，则再保险人以违反赔案通知义务为由拒绝分摊存在合同依据。参照适用《保险法》第 21 条的规定，故意或者因重大过失未及时通知，致使保险事故的性质、原因、损失程度等难以确定的，保险人对无法确定的部分，不承担赔偿或者给付保险金的责任。再保人对此承担举证责任。

2. 共命运条款

比例再保险的基本特点就是原保险人与再保险人按比例承担责任分享保险费。因此习惯上比例再保险合同本身就隐含这一条款。共命运分为共承保命运和共理赔

命运。前者是指分出公司不论以什么样的条件接受的业务，只要是合同范围内的，再保险人均接受。后者是指分出公司只要作出赔款承诺，包括可能有的诉讼费用，再保险人将无条件地支付再保险赔款。原保险人有自主理赔的权利，在原保险人根据保险条款尽职厘定损失的前提下，其理赔决定自动适用于再保险人。不过共命运条款不一定同时包括共核保和共理赔条款两部分，有时仅限于共核保。例如《财产再保险比例合同范本》（2021 年版）第 12 条就是典型的共核保条款：在符合本合同约定的前提下，再保险接受人跟从再保险分出人的承保结果。再保险接受人对分保至本合同项下的每一笔业务的责任，应符合保单的所有约定、条款、豁免以及变更，但与本合同条款相悖的除外。若再保险接受人拒绝分摊，应承担举证责任证明存在适用"共命运原则"的例外，包括：（1）原保险人没有向再保险人告知披露或虚假陈述关于投保人的关键信息，导致再保险人因为错误信息接受分保，则再保险合同本身存在效力瑕疵问题。（2）分出人未根据保险条款尽职厘定损失。所谓"尽职"，在我国法下无具体规定或案例，但如果有明显重大过失，或者存在欺诈或恶意串通等行为，通常会被视为"未尽职"。（3）分出人的理赔超出原保单保险责任范围。（4）分出人的理赔超出再保险合同约定的保险责任范围（包括超出再保险人同意分保的风险类型、条件、地域范围、责任限额等）。（5）分出人的通融赔付、分出公司自身的坏账、倒闭等财务风险。（6）再保险合同约定特别的理赔条件，如理赔合作条款，即约定原保险人与被保险人达成的任何理赔须得到再保险人的同意，且作为再保险合同的条件，未经再保险人同意的理赔决定，再保险人不承担赔偿责任。共命运条款的前提是坚持最大诚信原则。因为再保险人享有的保险费和承担的赔款完全由分出人决定。

3. 更改条款

本条款规定在再保险合同订立后由于风险标的状况在双方履行合同过程中发生变化进而相关的合同条件也需要作出相应的变更。只要双方同意在任何时候任何一方均可以书面方式对已经签订的再保险合同作出修改。任何形式的书面修改文件一经双方有签字权人签署即为本合同整体不可分割的组成部分，对签约双方均有约束力，双方均应遵守。

4. 错误、遗漏条款

在合同执行过程中一方可能会发生一些错误、延迟、疏忽或者遗漏，但只要是非故意的，另一方即不应因此而拒绝履行此后相关义务。换言之，双方应该继续履行有关权利义务，一如这些错误等未曾发生，但是一旦发现这些错误或者疏忽等就应当立即加以纠正。不过也有例外：如果再保险合同针对相关澄清或其他措施有时限规定，且已超过此时限，则任何一方不得对此错误或遗漏进行修正。

5. 错误或不完整信息

又称原保险人的如实告知义务条款。本合同条件是基于再保险分出人在合同成立前提供给再保险接受人的信息。如果再保险分出人向再保险接受人提供了前者知道或应当知道的错误或不完整的信息，则对合同作以下处理：如果再保险接受人获知真实信息后会拒绝提供再保险的，则本合同无效。如果再保险接受人获知真实信息后会以更不利于再保险分出人的条件提供再保险的，则应相应修改合同并自始生效。本条是假设再保险接受人作为合理谨慎的再保险人，其在获知真实信息后可能会采取的行动，除非再保险分出人能够证明再保险接受人不会做出此决策。

6. 非连带责任条款

各再保险接受人在本合同项下的义务是相互独立而非连带的，并以其各自承保的份额为限。各再保险接受人对因任何原因未履行其全部或部分义务的其他再保险接受人所承保的部分不承担任何责任。

7. 理赔跟从条款

在保单和本合同条款承保范围之内，赔案由再保险分出人处理并对再保险接受人具有约束力，前提是再保险分出人已经支付或将要支付赔款。再保险接受人应有权利按其份额得到与该赔案相关的残值或追偿款。再保险分出人支付给被保险人的通融赔付只有事先得到再保险接受人书面同意时才对其有约束力。

8. 出险通知

再保险分出人在估损金额超过或可能超过摘要表约定金额时，应及时以书面形式通知再保险接受人。通知应包括有关赔案事实、法律评估以及估损金额等信息。在发出通知后，再保险分出人应及时将任何有关该索赔或损失的进展情况通知再保险接受人。

9. 理赔合作赔案由再保险分出人负责处理

对根据出险通知条款应及时通知的赔案，经再保险接受人要求，再保险分出人应与再保险接受人或其指定的其他人及时合作。

10. 仲裁条款

仲裁一般具有一裁终裁的优势，所以订约双方会选择仲裁方式解决双方争议，再保险的仲裁范围往往涉及再保险合同效力、条款解释、订约双方权利、义务等内容，所以选择权威的仲裁机构和公正、专业的仲裁员至关重要。例如《财产再保险比例合同范本》（2021 年版）仲裁示范条款规定：在本合同有效期内或者期满后，凡因本合同引起的或与本合同有关包括合同订立、效力等的任何争议，本合同当事人在一方当事人提出协商要求后 60 日之内仍未协商解决的，双方均同意将该争议提交给中国国际经济贸易仲裁委员会（CIETAC）申请仲裁。除下列规定外，仲裁应按照申请仲裁时中国国际贸易仲裁委员会现行有效的仲裁规则进行。仲裁庭由 3 名仲裁员组成。除当事人另有约定外，仲裁庭由从事国际保险或者再保险业务或者以专业身份为该业务提供咨询的人员（包括退休人员）组成，从业经验不少于 10 年。如果具有上述经验的仲裁员不在中国国际贸易仲裁委员会仲裁员名册内的，应当指定仲裁员名册以外的仲裁员。

（二）非比例再保险合同的主要内容

有些比例再保险合同的基本条款在非比例再保险合同中同样适用，但是一般不应用共命运条款，非比例再保险合同应用的主要条款有：

1. 责任恢复条款

责任恢复条款是指当合同项下所给付的任何补偿部分已经用尽，则所用尽的金额应当自任何损失事故开始之时起自动恢复直至到期时为止。（1）超赔分保的责任额如同原保险的保额，在赔付后保额就要相应减少。但再保险分出人特别是巨灾超赔合同分出人，为了继续保持原有责任额，一般需要在超赔分保合同中对此作出明确的责任恢复规定。（2）关于恢复次数。有的没有次数限制，如责任险和意外险的超赔合同。有的有次数限制，如巨灾超赔合同，通常规定为一次责任恢复。责任恢复次数一般以责任额为单位进行计算，一次责任恢复即一个责任额的全损金额，而不是按每次责任恢复的实际损失金额来计算。（3）责任恢复保险费。责任恢复有些情况下是免收再保险费的，有些情况下则需要分出人缴纳一定的追加费用。追加保险费以恢复金额、时间和原有保险费这三个因素为依据来计算。由于在计算追加保险费时合同尚未到期，所以一般先按最低预收保险费来计算，等合同到期后视保险费收入和赔款支出的情况进行调整。

2. 最后净损失条款

最后净损失条款是指在有关任何损失事故中为分出人实际支付的数额，包括诉讼费用和其他一切损失费用（但不包括分出人的办公费用和员工的薪金），并且将残余价值追偿和摊回款包括一切其他再保险摊回款，从该损失中减除。最后净付赔款归纳起来可以列成简单公式如下：在规定的责任范围内的实际损失支付总额+诉讼费用+其他费用（分出人职工的工资除外，但专家费用包括在内）-损余款项-从其他再保险摊回的赔款。

3. 事故损失条款

事故损失条款是指原保险人的最后赔款净损失：任何一次事故或起因于同一原因的一系列事故造成的全部个别损失的总和。对于巨灾事故在合同中通常采用"时间条款"，这是对事故在时间的持续和地区范围方面给予限制，大致分为三种情况：（1）对于飓风、台风、地震和火山爆发等自然灾害规定为连续72小时。（2）对于暴乱、内乱和恶意破坏也规定为连续72小时，并限于在同一城、镇或乡的范围之内。（3）关于其他任何类型的巨灾事故为连续168小时。如果事故的持续时间超过上述规定，则分出人可将其划分为两个或多个损失的事故，但时间上不能重叠。事故开始的时间也可以由分出人选择，但最早不能超过分出人所登记的第一次损失的时间。对于在时间上较长的巨灾事故虽然可以由分出人选择开始的时间和划分损失事故的次数，但是巨灾超赔合同一般是有恢复责任的限制，并且要加收保险费。由于时间的选择和划分次数的不同，分出人和再保险人对同一巨灾事故所分担的责任也就不同。

4. 时间条款

在事故损失条文中已经说明了事故损失的含义，但鉴于自然灾害波及面广、持续时间长、情况较为复杂等因素，有些合同除应用"事故损失条款"以外还专门增加一条一次事故特殊扩展条款即时间条款。本条款主要适用于巨灾超赔合同，也是对事故损失条款的补充。在本条款中对于"一次事故"在时间方面的限制是72小时，有的合同规定为48小时。但是为了便于计算总损失，对于一次事故的确定有如下基本原则：（1）对于飓风、台风、地震和火山爆发等自然灾害造成的损失虽然没有地区范围的限制，但必须是由同一自然灾害在规定的时间内所造成的损失，如地震损失必须归因于同一震中的地震或海震。（2）对于暴乱、内乱和恶意破坏，除时间方面的限制外还有地区方面的限制，例如限于在同一城、镇或乡的范围之内来计算所发生的总的损失。（3）对于时间限制的运用，分出人被允许选择期间所开始的时间，但不能早于分出人第一次登记的损失所发生的时间。如果事故延长至所规定的时间，分出人被允许采取对其最为有利的方式将事故时间分为两个或者多个期间，但以每个期间不能与其他期间重叠为条件。

5. 指数条款

指数条款也叫稳定条款或者调整条款。现举国际市场上广泛应用于第三者责任险和工资津贴指数条款为例:"考虑不确定的赔款支付期和通货膨胀给本合同项下发生的赔款金额对双方分配数额的影响,特别约定按以下公式进行调整:(支付金额×基本指数)/支付日指数=调整的价值"。当再保险合同生效时与赔款时货币价值发生变化的,通过签订指数条款,以指数来重新核算和调整两者的数值,使赔款受币值影响的高涨部分,由原保险人和再保险人共同来分摊。

第三节　再保险合同常见疑难问题

一、再保险合同的成立与生效

1. 再保险合同的形式

与传统原保险合同一般以保险单、保险凭证等书面形式为证明不同,再保险分出人与接受人就主要条款达成一致意思表示,再保险合同即成立。在最高人民法院审理的中华联合保险股份有限公司诉现代财产保险(中国)有限公司再保险合同纠纷一案〔(2017)最高法民申34号〕中,再保险合同的成立以交易各方对分保业务的书面或电子邮件确认为准。双方应在再保险合约成立之后签署正式的书面再保险合同。签署书面再保险合同不是再保险合同成立的前提条件。① 再保险合同的主要业务条件包括基本风险信息(承保责任范围、责任免除、免赔额、责任限额、风险区域范围、再保险期限等)、临分分出份额、再保险手续费、再保险经纪费(如有)、法律适用和争议解决等。若再保险接受人承诺时附加了意向承保份额、附带了合同成立前提条件及保证条款,则分出人对再保险接受人意向承保份额、附带的合同成立前提条件及保证条款予以最终确认后,临分合同正式成立。

2. 保险费交付与再保险合同生效的关系

支付保险费是不是再保险合同成立及生效的要件?如果再保险合同中约定了PPW条款,以按时支付保险费作为再保险合同生效的条件,则未支付保险费将会导

---

① 詹昊:《中国保险诉讼裁判规则集成——保险诉讼经典案例判词逻辑分类汇编(下)》,法律出版社2019年版,第898页。

致再保险人不予承担相应保险责任。否则，合同以再保险人作出承保承诺之时成立并生效。

二、再保险人与代位求偿权

代位求偿原则同样适用于再保险合同。在保险人代位求偿法律关系中，再保险人对第三者是否享有代位求偿权的问题，目前我国法律、行政法规、司法解释以及部门规章尚无明确规定，在学理上存在不同理解与认识，主要包括肯定说和否定说。[1]

1. 肯定说。该说认为，再保险人对第三者有代位求偿权。主要理由是：再保险人（再保险合同的保险人）在再保险合同所约定的危险发生时负有给付保险金给原保险人（再保险合同的被保险人）的义务。在原保险合同中，被保险人对于第三人的损害赔偿请求权在保险人给付被保险人的范围内转移至原保险人。而转移给原保险人的权利，在再保险人依照再保险合同给付原保险人后在理赔的范围内又转移给再保险人。原保险人对于再保险人赔偿金额的范围内不能再代理被保险人向第三人行使已经转移给再保险人的损失赔偿请求权。因此损害保险中代位求偿权的规定仍然适用于再保险。

2. 否定说。该说认为，再保险人对第三者无代位求偿权。主要理由是：再保险合同与原保险合同是相互独立的，再保险人与第三者分属不同法律关系，他们之间不产生直接权利义务，应当根据合同相对性分别处理。责任保险中的被保险人为给他人造成损害应承担责任的人，即被保险人就是致害人，故不存在可以代位求偿的第三方，而再保险既然具有责任保险的性质，适用责任保险的规定，故再保险人当然无代位求偿权。从可操作性及便利性来看，允许再保险代位求偿并不经济，也不现实。再保险人往往数量更多，且可能散布在世界各地，对再保险人而言，分别行使代位求偿权，可操作性不强，也会给相关各方带来诉累，徒增困扰。

本书认为，再保险合同规定在《保险法》第二章保险合同第一节一般规定中，所以再保险合同适用《保险法》关于保险合同的规定。保险人以其所承保的危险转向其他保险人投保的行为，性质上属于分担危险的责任保险合同，是损害保险的一种，适用损害填补规则，因此原保险人订立再保险合同后可以获得的保险给付的范

① 参见贾清林、周传植：《保险人代位求偿时无须扣除已获取的再保险赔偿》，载《人民司法》2020年第17期。

围不能大于其遭受的实际损失（即原保险合同项下所应负的给付义务）。责任保险并不是一概排除保险人的追偿权。在存在再保险且保险人已经赔付的情形下，不真正连带债务的理论基础依然存在，再保险人对保险人承担合同之债，致害第三者对保险人承担损失赔偿之债，构成不真正连带债务，故在理论上再保险人在赔付范围内应享有对第三者的代位求偿权。[①] 况且再保险合同仍保有一般保险合同所具有的射幸性、双务性、诺成性等法律性质，同时因其射幸性而强调再保险合同在权利义务履行上也须遵守诚信原则。不过实务中再保险人的代位权因险种不同而略有差异。对于比例选择再保险合同，由于再保险人和再保险被保险人属于分担风险的性质，再保险人是按照他的赔付比例分享原保险人的代位追偿所得。如果非比例选择再保险合同属于超额损失分保，任何代位追偿所得均按照超额损失分保责任的顺序进行分配，即从承担最高超额损失责任的再保险人依次往下分配。如果使用比例固定再保险合同，若代位追偿所得能够确定为某一特定风险的，则可在成数分保的再保险人之间按成数比例分配。在非比例固定再保险情况下，由于再保险人是对原保险人的全部风险或其中一部分风险进行再保险，再保险人可能无法取得代替原保险人进行追偿的权利；不过，原保险人作为再保险被保险人未能以正常商业方式行使代位追偿权，这有可能会成为再保险人就对原保险人再保险合同项下的补偿数额提出异议的理由。

三、再保险人能否越过原保险人直接起诉致害人

在存在代位追偿权的情况下，如果代位追偿所得可以确定属于分入风险，再保险人对原保险人的这种代位追偿所得拥有留置权；再保险人拥有在原保险人丧失偿付能力时获得这种代位追偿所得的权利，再保险人的这种权利优于原保险人的其他债权人。再保险人通常无权强迫原保险人行使原保险合同项下的代位追偿权；除非是再保险合同，再保险人使用固定再保险合同时也不能以原被保险人的名义对第三责任方提起诉讼。原保险人可以将对原被保险人行使的权利转让给再保险人；再保险人也可以以授权的方式将追索权让与原保险人，原保险人从第三人处获得赔偿后再将其中属于再保险人的份额返还给再保险人。本书认为两种方式均可，至于具体情形对于第三人的求偿究竟是由谁行使，要根据诉讼或者和解的方便

[①] 参见贾清林、周传植：《保险人代位求偿时无须扣除已获取的再保险赔偿》，载《人民司法》2020年第 17 期。

性来决定。

实务中基于诉讼和和解的方便性，再保险人多将代位权让与或授权保险人行使，保险人再将请求所得返还给再保险人。① 就我国司法实践而言，涉及保险人代位求偿权纠纷的案件很多，通常的做法是由保险人对第三者行使代位求偿权后再摊回给再保险人。甚至有些地方的规范性文件直接明确再保险人并不享有对第三者的代位求偿权。《浙江省高级人民法院关于审理财产保险合同纠纷案件若干问题的指导意见》中就明确："再保险人对造成保险事故发生的第三者不享有保险法规定的代位求偿权，但再保险人对原保险人行使代位求偿权所获得的赔偿额有权要求按再保险比例予以返还。"上海市高级人民法院民事审判第五庭《关于审理保险代位求偿权纠纷案件若干问题的解答（一）》中也规定"再保险人无权向第三者行使保险代位求偿权"，"保险人可以就全部金额向第三者行使保险代位求偿权，获得赔偿后按再保险合同分摊给再保险人"。而就欧美、日本等国家的司法实践而言，法院多确认再保险人的代位求偿权，但在行使方式上出于诉讼经济的角度考虑，一般认可由原保险人统一行使，即由保险人向第三者追偿实际赔付的全部赔偿金，然后再将追偿所得按相应比例分摊给再保险人。

四、代位求偿时应否扣除再保险赔付

就行业监管而言，2012 年 7 月 1 日保监会曾发布《财产保险公司再保险管理规范》，其中第三章第一节第 6 条规定："对存在追偿可能性的保险事故，分出公司应积极向责任方进行追偿，及时把追偿情况告知再保险接受人。追偿成功后，分出公司应把属于再保险接受人的追偿款及时返还再保险接受人。"2018 年 1 月中国保险行业协会也曾发布《财产再保险合约分保业务操作指引》，其中第 6.7 条规定，对存在追偿可能性的保险事故，再保险分出人应积极向责任方进行追偿，并及时将追偿情况告知再保险接受人；追偿成功后，再保险分出人应将属于再保险接受人的追偿款按照合约约定及时返还再保险接受人。前述规定尽管没有明确再保险人是否享有代位求偿权，但明确指引由原保险人负责进行追偿，并将追偿成功后的赔偿款再返还再保险人。

在（2018）最高法民终 1334 号案中，最高人民法院认为五家保险公司共同承保

---

① 参见贾清林、周传植：《保险人代位求偿时无须扣除已获取的再保险赔偿》，载《人民司法》2020年第 17 期。

海力士公司投保后，又将大部分风险和责任分保给其他境内外数十家再保险人；保险事故发生后，五家保险公司与海力士公司达成赔付协议且已实际支付 8.6 亿美元，后从再保险人处获得 90% 以上甚至 99% 的再保险赔偿。现五家保险公司向第三者成道公司行使保险人代位求偿权，有相应的事实和法律依据，且不需要扣除已经获取的再保险赔偿，可以就全部赔偿金额向第三人主张追偿，并在追偿成功后再根据再保险合同的约定及相关规定或者惯常做法将追偿款返还再保险人。当然如何返还非本案审理范围，可由保险人与再保险人另行协商解决。①

---

① 参见贾清林、周传植：《保险人代位求偿时无须扣除已获取的再保险赔偿》，载《人民司法》2020 年第 17 期。

后 记

《保险合同法新论》分为两个部分，第一部分为保险合同总论。该部分按照《民法典》第一编第六章民事法律行为和第三编第一分编合同通则的章节顺序，从合同订立、合同解释、合同效力、合同履行、合同变更与转让、合同终止逐一探讨民法与保险法之间的辩证关系。第二部分是保险合同分论，就实务中出现的保险合同的重点、热点和疑难问题进行分析。本书是从保险法自身的特性出发来阐释和论证民法如何为保险法提供法理起源和基石，以及保险法如何通过后续发展形成诸多不同于民法的制度安排。保险法不是独立王国，如果过分强调保险法的独特性，会使其偏离民法的基本法理和规则，停留在片面的法解释学的层面上。现代保险法制度经几个世纪的发展才成为今天的模样。我们需要运用比较法学的分析方法，通过与世界范围内尤其是保险制度比较发达国家和地区保险法制度的比较中领悟并获得洞察该制度发展前景的有益提示，但比较的目的不是把一种制度或模式强加于另一种，而是关注不同制度模式下人们处理和解决那些共同问题不同的态度和方式。对于当今中国而言，我们还应从所处的巨大变革的现实背景出发，运用历史分析方法进行回顾式的检讨与总结的同时，高屋建瓴地进行前瞻性的学术构造。在了解现存保险法律制度的历史成因基础上，研究现存制度与目标制度（制度的应然状态）的差异及其成因，为保险法制度的过渡与变迁寻找有益的线索和途径。希望本书的些许主张和观点能够为我国《保险法》的不断完善再尽一份绵薄之力，同时也为广大保险法学工作者、保险实务工作者提供理论研究与实务参考。

承蒙中国人民保险集团股份有限公司原执行董事、副总裁、中国人民健康保险股份有限公司原副董事长、总裁李玉泉博士的厚爱，欣然为本书作序，感谢中国法制出版社领导的支持，感谢朱自文编辑的精心审校，感谢黄桃明夫妇在疫情期间克服困难从境外邮寄给我许多保险法律资料。没有诸位的鼎力扶持和帮助，本书难以顺利再版。由于保险法博大精深，新情况新问题层出不穷，本人水平和能力有限，本书的错误和疏漏在所难免，恳请大家批评指正。

周玉华

2023 年 4 月于北京

图书在版编目（CIP）数据

保险合同法新论／周玉华著．—北京：中国法制
出版社，2023.6
ISBN 978-7-5216-3371-9

Ⅰ．①保… Ⅱ．①周… Ⅲ．①保险合同-合同法-研
究-中国 Ⅳ．①D923.64

中国国家版本馆 CIP 数据核字（2023）第 067227 号

责任编辑：李宏伟　　　　　　　　　　　　　　　　　　封面设计：杨鑫宇

保险合同法新论
BAOXIAN HETONGFA XINLUN

著／周玉华
经销／新华书店
印刷／北京虎彩文化传播有限公司
开本／710 毫米×1000 毫米　16 开　　　　　　　印张／31.5　字数／560 千
版次／2023 年 6 月第 1 版　　　　　　　　　　　2023 年 6 月第 1 次印刷

中国法制出版社出版
书号 ISBN 978-7-5216-3371-9　　　　　　　　　　　　　定价：118.00 元

北京市西城区四便门西里甲 16 号西便门办公区
邮政编码：100053　　　　　　　　　　　　　　传真：010-63141600
网址：http://www.zgfzs.com　　　　　　　　　编辑部电话：010-63141836
市场营销部电话：010-63141612　　　　　　　　印务部电话：010-63141606

（如有印装质量问题，请与本社印务部联系。）